Tendenzen in der Entwicklung des Jugendstrafrechts
seit der Jugendgerichtsbewegung

Schriften zum Strafrecht und Strafprozeßrecht

Herausgegeben von Manfred Maiwald

Band 68

PETER LANG
Frankfurt am Main · Berlin · Bern · Bruxelles · New York · Oxford · Wien

Bettina Kraft

Tendenzen in der Entwicklung des Jugendstrafrechts seit der Jugendgerichtsbewegung

PETER LANG
Europäischer Verlag der Wissenschaften

Bibliografische Information Der Deutschen Bibliothek
Die Deutsche Bibliothek verzeichnet diese Publikation in der Deutschen Nationalbibliografie; detaillierte bibliografische Daten sind im Internet über <http://dnb.ddb.de> abrufbar.

Zugl.: Göttingen, Univ., Diss., 2002

D 7
ISSN 0938-6181
ISBN 3-631-51175-2

www.peterlang.de

Meinen Eltern

Vorwort

Die Arbeit hat im Wintersemester 2002/2003 der Juristischen Fakultät der Georg-August-Universität zu Göttingen als Dissertation vorgelegen. Literatur und Gesetzesänderungen sind bis Mitte 2002 berücksichtigt.

Mein Doktorvater, Herr Professor Dr. Manfred Maiwald, gab den Anstoß zu dieser Arbeit. Ihm danke ich für die Anregung und die geduldige Betreuung. Die Gewißheit seiner Unterstützung hat erheblich zu dem Gelingen der Arbeit beigetragen. Zu Dank bin ich ihm darüber hinaus für die Aufnahme der Arbeit in seiner Schriftenreihe verpflichtet. Mein Dank gilt auch Herrn Professor Dr. Wolfgang Sellert für die freundliche Übernahme des Zweitgutachtens. Auch seine interessierten Nachfragen und Ermutigungen während der Bearbeitung haben mich bestärkt.

Danken möchte ich meiner Familie, insbesondere meinem viel zu früh verstorbenen Vater, der mich mit dem notwendigen Vertrauen ausgestattet hat, um ein solches Projekt in Angriff zu nehmen, und meiner Mutter, die mit immerwährendem Verständnis den Fortgang der Arbeit unterstützt hat. Gedankt sei außerdem meinem Lebensgefährten Ralf Bettermann, der mir in zahlreichen Diskussionen Denkanstöße gegeben, mit fast schon unerschöpflicher Geduld und Tatkraft die verschiedenen Phasen der Arbeit mit mir durchlebt und mir die Kraft und den Freiraum gegeben hat, die Arbeit schließlich fertigzustellen.

Hannover, im Juni 2003 *Bettina Kraft*

Inhaltsverzeichnis

Einleitung

Die „Tendenzen in der Entwicklung des Jugendstrafrechts“ - seit...

Bereits an diesem Punkt müssen die Grenzen der Bearbeitung des Themas festgelegt werden, um nicht Gefahr zu laufen, ins Uferlose abzudriften. Gedacht war zunächst an die Bearbeitung der Tendenzen, also der kriminalpolitischen Strömungen, „seit 1923“, dem Jahr, in dem das erste Jugendgerichtsgesetz in Kraft getreten ist. In jenem Jahr waren aber längst die Fundamente für das Jugendstrafrecht gelegt, die es für die Arbeit noch zu erfassen gilt, um die sich anschließende Diskussion nachvollziehen zu können. Die Betrachtung muß also - wie in Kapitel 1 zu sehen sein wird - früher ansetzen.

Das Thema der Dissertation bietet einem Bearbeiter[1] nicht nur in zeitlicher, sondern auch in inhaltlicher Hinsicht schier unbegrenzte Möglichkeiten und damit große Freiheiten, zwingt aber zugleich zu einer Auswahl von bestimmten Themen. Es ist im Rahmen einer Dissertation unmöglich, den Strömungen in jedem einzelnen Bereich des Jugendstrafrechts nachzugehen. Auch die Begrenzung der Tiefe der Bearbeitung stellt eine Herausforderung dar. Die Verf. kann daher keinen Anspruch auf Vollständigkeit erheben - weder bei den aufgegriffenen Themen, noch bei der erfaßten Literatur. Anhand der ausgewählten Gebiete werden Tendenzen festgestellt, die auch auf die anderen Bereiche übertragen werden können. So wird ein Überblick über die Entwicklung durch die verschiedenen Zeitabschnitte hinweg ermöglicht. Dies hat zur Folge, daß große und überaus interessante Bereiche, wie zum Beispiel die Vollstreckung sowohl von Jugendarrest und Jugendstrafe, als auch die Jugendstrafe selbst, verbunden mit den Fragen um die Aussetzung zur Bewährung, nicht oder jedenfalls nur im unmittelbaren Zusammenhang mit anderen Gebieten behandelt werden. Die Verf. bedauert, daß diese Bereiche weitgehend unberücksichtigt bleiben, verweist aber bei sich bietender Gelegenheit auf weiterführende Literatur.

Auch bei der unüberschaubaren Literatur mußte eine Auswahl getroffen werden. Die Verwertung von vornehmlich zeitgenössischen Aufsätzen gewährleistet ein zeitnahes Aufgreifen der jeweiligen Strömung. Ein Abbild der Verhältnisse des jeweiligen Zeitabschnitts hat die Verf. auf diesem Wege eingefangen. Die Hauptströmungen der jugendstrafrechtlichen Diskussion werden dadurch erfaßt.

---

1 Aus Gründen der besseren Lesbarkeit wird in der Arbeit auf eine geschlechterspezifische Unterscheidung verzichtet.

Allerdings war eine gewisse Zurückhaltung bei der Bewertung als „herrschende Ansicht" geboten, da es doch mehr oder wenig zufällig ist, wer wann wieviel veröffentlicht hat.

Die Arbeit will nicht die Ursachen der Kriminalität Jugendlicher und Heranwachsender untersuchen. Insoweit wird auf die zahlreichen kriminologischen Forschungsarbeiten verwiesen. Auch die Entwicklung der Kriminalität in Zahlen wird nur vereinzelt angesprochen.

Zum Aufbau der Arbeit sei auf Folgendes hingewiesen: Jedes Kapitel behandelt einen bestimmten Zeitabschnitt, wie er sich im geschichtlichen Ablauf natürlich abgrenzen läßt. Jedem Kapitel - quasi als allgemeiner Teil - vorangestellt ist ein kurzer chronologischer geschichtlicher Abriß über die wichtigsten Geschehnisse des behandelten Zeitabschnitts im Zusammenhang mit dem Jugendstrafrecht. Im Anschluß daran wird auf einzelne Themenstränge näher eingegangen, die den jeweiligen Zeitabschnitt prägen und anhand derer sich die Tendenzen plastisch aufzeigen lassen. Auf diese Art und Weise gelangt man zu einer oder mehreren Gesamttendenzen am Ende des jeweiligen Zeitabschnitts, wobei die Ergebnisse wiederum auf der zeitlichen Schiene untereinander verglichen werden können.

Dieses Herausarbeiten der Tendenzen in der jugendstrafrechtlichen Entwicklung, basierend auf einer breiten Grundlage in der Literatur und praktisch über den gesamten Zeitraum spezifisch jugendstrafrechtlicher Diskussion hinweg, ist Ziel der Arbeit. Abgesehen von dem Umstand, daß die Aufbereitung und Gegenüberstellung der Tendenzen per se im historischen Kontext von Interesse ist, existiert ein Bedarf für diese Art der Untersuchung der Strömungen, da anhand der Entwicklung in der Vergangenheit Erkenntnisse für die gegenwärtige Diskussion und zukünftige Entwicklung zu gewinnen sind. Hierzu leistet die Arbeit ihren Beitrag.

Kapitel 1 - Die jugendstrafrechtliche Entwicklung bis zum Erlaß des JGG von 1923

Widmet man seine Aufmerksamkeit den Tendenzen in der Entwicklung des Jugendstrafrechts, wird schnell offenbar, daß die Betrachtung früher beginnen muß, als zum Zeitpunkt des Erlasses des ersten Jugendgerichtsgesetzes im Jahre 1923. Denn zwischen der Behandlung erwachsener Straftäter und jugendlicher Delinquenten bis zu einem Alter von ungefähr 20 Jahren werden bereits lange vor diesem bedeutungsvollen Jahr der Jugendstrafrechtsgeschichte Unterschiede gemacht. Daher gibt dieses erste Kapitel als Einführung in die Thematik der Arbeit einen Überblick über die geschichtliche Entwicklung des Strafrechts bezogen auf Delinquenten jugendlichen Alters. Es wird hier aber nur auf den konkret mit dem Erlaß des JGG im Jahre 1923 im Zusammenhang stehenden geschichtlichen Hintergrund, insbesondere der Entwicklung der sogenannten „Deutschen Jugendgerichtsbewegung“, eingegangen. Für ein weiter in die Vergangenheit reichendes Interesse an der besonderen Behandlung von Kindern und Jugendlichen im Strafrecht muß an dieser Stelle auf die einschlägige Literatur verwiesen werden.[1]

I. Einführung

Als Ausgangspunkt für die Beschreibung der Entstehung eines Jugendgerichtsgesetzes im Jahre 1923 wird das ausgehende 19. und beginnende 20. Jahrhundert gewählt, eine Zeit, die später als das „anbrechende Jahrhundert des Kindes“ bezeichnet werden wird.[2] Die Grundlage des Geschehens bildet ein Deutschland, welches sich von der Reichsgründung im Jahre 1871 bis zum Ersten Weltkrieg sehr schnell vom Agrar- zum Industriestaat entwickelt und in dem die große Binnenwanderung vom Land in die städtischen Industriezentren einen wirtschaftli-

---

1 Vgl. z.B. *Holzschuh*, Diss. 1957; *His*, Strafrecht im Mittelalter 1920, S. 61ff.; *Schaffstein/Beulke*, Jugendstrafrecht 1998, S. 28ff.; auch die Aufsätze von *Welker*, RdJB 1969, S. 306ff.; *Roth*, ZNR 1991, S. 17ff. geben einen guten Überblick. Zur Geschichte des Strafvollzugs: *v. Hippel*, ZStW 18 (1898), S. 419ff.; S. 608ff.; *Cornel*, Jugendstrafvollzug 1984, S.13ff.

2 Angelehnt an den Titel eines Buches der schwedischen Schriftstellerin *Ellen Key*, vgl. zu den Einzelheiten des gesellschaftspolitischen Hintergrunds der „Entdeckung der Jugend“ *Dörner*, Erziehung durch Strafe 1991, S. 22ff.

chen und sozialen Wandel mit sich bringt.[3] Weitgehend ungeklärt ist, welche sozialpolitischen Mittel zur Reaktion auf die Neuerungen in der Gesellschafts- und Wirtschaftsordnung erforderlich sind. Einen der brisantesten Teile dieser „sozialen Frage" stellte das sogenannte „Jugendlichenproblem" dar.[4]

1. Die Reichskriminalstatistik von 1882

Einen Anstoß dafür, sich gerade in jener Zeit verstärkt wissenschaftlich und kriminalpolitisch mit der Jugendkriminalität zu befassen, gibt die im Jahre 1882 erstmalig erscheinende Reichskriminalstatistik.[5] Unerwartet machen nach deren Erfassung die jugendlichen Delinquenten einen erheblichen Prozentsatz an der Gesamtkriminalität aus. Nach damaliger Einschätzung werden diese Ergebnisse (und auch das weitere Ansteigen der Prozentzahlen in den folgenden Jahren) als Indikator für die Unzulänglichkeit und Wirkungslosigkeit der Regelungen bezüglich der Jugendlichen im geltenden RStGB angesehen und tragen zum Beginn der heftigen Debatte um eine besondere Behandlung jugendlicher „Verwahrloster" und „Krimineller" gegenüber entsprechenden Erwachsenen bei.[6]

2. Das Marburger Programm - Franz von Liszt

Einen weiteren Grundstein für die Beschäftigung mit einem Jugendstrafrecht legt die Diskussion um Reformen im (allgemeinen) Strafrecht. 1882, also im Erscheinungsjahr der Reichskriminalstatistik, stellt *Franz von Liszt* in seiner Antrittsvorlesung an der Universität Marburg das sogenannte „Marburger Programm" vor.[7] *Von Liszt* entwickelt eine moderne Strafrechtslehre mit dem Ziel, eine Legitimation für Strafrecht in der Gesellschaft zu finden. Er legt seiner Lehre die Annahme zugrunde, daß Strafe ursprünglich eine „Triebhandlung" gewesen sei, also eine nicht durch Zweckvorstellung bestimmte soziale Reaktion gegen soziale

---

3 Vgl. zum gesellschaftlichen Gesamtkontext dieser Zeit *Dörner*, Erziehung durch Strafe 1991, S. 26ff.

4 S. auch *Dörner*, Erziehung durch Strafe 1991, S. 27.

5 *Reichskriminalstatistik 1882*.

6 Vgl. *Miehe*, Anfänge der Diskussion 1968, S. 1f.; aus der zeitgenössischen Literatur *Appelius*, Behandlung jugendlicher Verbrecher 1892, S. 8ff.; *Aschrott*, Verbrecherische Jugend 1892, S. 1ff.

7 In Aufsatzform unter dem Titel „Der Zweckgedanke im Strafrecht" abgedruckt in ZStW 3 (1883), S. 1-47.

Störungen.[8] Diese „Triebhandlung“ habe sich im weiteren Fortschritt der geistigen Entwicklung in eine „Willenshandlung“ gewandelt, wobei der Zweckgedanke die Willenshandlung von der Triebhandlung unterscheide.[9] Dies habe die Objektivierung der Strafe und Anpassung derselben an den Zweckgedanken zur Folge gehabt, wodurch die Strafe in den Dienst des Rechtsgüterschutzes gestellt worden sei.[10] Allein die zweckhafte Strafe habe nach seiner Ansicht eine Berechtigung. Und der Zweckgedanke stelle die Grundlage für die richterliche Strafzumessung dar. Aus dem metaphysischen Prinzip der Strafe, welches den absoluten Theorien zugrunde liege, lasse sich ein festes Prinzip des Strafmaßes nicht ableiten.[11] „Das völlige Gebundensein der Strafgewalt durch den Zweckgedanken ist das Ideal der strafenden Gerechtigkeit. Nur die notwendige Strafe ist gerecht.“[12] Als Konsequenz seiner Überlegungen fordert *von Liszt*, die rechtsgüterschützende, verbrechensverhindernde Wirkung der Strafe mit wissenschaftlicher Bestimmtheit durch die Geisteswissenschaften feststellen zu lassen.[13]

Nach der Ansicht *von Liszts* habe die Zweckstrafe drei Wirkungen, nämlich „Besserung“, „Abschreckung“ und „Unschädlichmachung“, die sich im einzelnen Fall ausschlössen; anhand dieser Wirkungen könne eine für den jeweiligen Delinquenten gerechte, täterbezogene Strafe entwickelt werden, die sich mit den Begriffen „Besserung der Besserungsfähigen und -bedürftigen“, „Abschreckung der Gelegenheitsverbrecher“ und „Unschädlichmachung der Unverbesserlichen“ beschreiben lasse.[14] Das jeweilige Maß der vergeltenden Strafe müsse sich nicht nach dem Begriff der Tat, sondern nach der Tat des Täters richten.[15] Zusammengefaßt fordert *von Liszt* in seinem Marburger Programm ein spezialpräventives Täterstrafrecht, bei dem die Sanktionierung des Täters im Verhältnis zum Tatunrecht zu stehen habe.[16]

---

8 Vgl. *v. Liszt*, ZStW 3 (1883), S. 1(7ff.).
9 So *v. Liszt*, ZStW 3 (1883), S. 1(17ff.).
10 *V. Liszt*, ZStW 3 (1883), S. 1(18ff.).
11 S. *V. Liszt*, ZStW 3 (1883), S. 1(23ff.).
12 *V. Liszt*, ZStW 3 (1883), S. 1(31).
13 Vgl. *v. Liszt*, ZStW 3 (1883), S. 1(32f.).
14 Vgl. weitere Einzelheiten bei *v. Liszt*, ZStW 3 (1883), S. 1(33ff.).
15 *V. Liszt*, ZStW 3 (1883), S. 1(44).
16 Vgl. die Interpretationsansätze bei *Dörner*, Erziehung durch Strafe 1991, S. 30ff. und *Holzschuh*, Diss. 1957, S. 164.

3. *Weitere Entwicklung mit besonderem Augenmerk auf die Jugendgerichtsbewegung*

Gegen die neuen Ideen *von Liszts* erhebt sich Widerspruch insbesondere aus den Reihen der Vertreter der klassischen Strafrechtsschule. Diese sind der Ansicht, daß mit den neuen Thesen und Forderungen die Grundauffassung des geltenden Strafrechts beiseite geschoben und das Strafbedürfnis der Allgemeinheit mißachtet werde.[17]

Das Marburger Programm findet aber auch zahlreiche begeisterte Anhänger, die sich in der „soziologischen Strafrechtsschule" sammeln und bestrebt sind, die neuen Ansätze in der Praxis umzusetzen. Dafür eignet sich besonders der Bereich des Strafrechts für jugendliche Delinquenten. Es kommen nicht nur Juristen, sondern auch Anthropologen, Psychologen, Psychiater sowie Soziologen und Pädagogen zusammen, also sämtliche Kreise, die für die Gestaltung des neuen Jugendstrafrechts zu jener Zeit bestimmend sind.[18]

Aus der soziologischen Strafrechtsschule, die vorrangig auf den erwachsenen Straftäter blickt, formiert sich bald die „Jugendgerichtsbewegung", die erheblichen Einfluß auf die Entstehung des JGG 1923 nehmen wird. Zunächst gründen aber im Jahre 1889 *von Liszt*, der Belgier *Prins* und der Holländer *van Hamel* die „Internationale Kriminalistische Vereinigung" (IKV) als internationales Forum zur Verbreitung und Durchsetzung der kriminalpolitischen Ideen der soziologischen Strafrechtsschule.[19] Die erste Jahresversammlung der IKV findet im selben Jahr in Brüssel statt.[20] Bereits dort wird die Reform strafrechtlicher Vorschriften auch in Bezug auf junge Täter eingehend diskutiert und das Prinzip Vergeltung für junge Menschen für besonders ungeeignet erklärt, und es wird die bis heute immer wieder zitierte Aussage geprägt, daß der Jugendliche nicht etwa als „kleiner Erwachsener" eine quantitativ geringere Schuld habe als ein Erwachsener, sondern er qualitativ vom Erwachsenen zu unterscheiden sei.[21] Auf der zweiten Tagung der Deutschen Landesgruppe IKV in Halle im Jahre 1891 wird das Programm der „modernen Schule" aufgestellt.[22] Für die grundlegende Bearbeitung

---

17 Vgl. nur *Dörner*, Erziehung durch Strafe 1991, S. 33.

18 Vgl. die Einzelheiten bei *Holzschuh*, Diss. 1957, S. 167f.

19 Vgl. die *IKV-Satzung*, ZStW 9 (1889), Beilagenheft S. 1-3, die übrigens bei der Zielbestimmung der Vereinigung kein Wort über das Problem der jugendlichen Straftäter verliert.

20 Vgl. zur Tagesordnung *IKV-Jahresversammlung*, ZStW 9 (1889), S. 25f.

21 Aufgegriffen z.B. von *Appelius*, ZStW 11 (1891), Beilagenheft S. 68; *Felisch*, 1. Jugendgerichtstag 1909, S. 85(94).

22 Vgl. den Gesamtbericht der *IKV*, ZStW 11 (1891), Beilagenheft, S. 10ff. Das Thema lautete: „Nach welcher Richtung hin ist eine Umgestaltung der über eine Behandlung jugendlicher Verbrecher im StGB gegebenen Bestimmungen wünschenswert?"

des Themas setzt die Landesgruppe eine Kommission ein.[23] Diese tagt im Juli 1891 in Eisenach und legt als Ergebnis ihrer Beratungen die sogenannten „Eisenacher Vorschläge“ vor.[24] Diese Vorschläge werden von den Reformkreisen ausgiebig begutachtet, im Dezember 1891 auf einer Konferenz in Berlin diskutiert und die Ergebnisse in Beschlußform zusammengefaßt.[25] Anschließend erhält *Appelius* den Auftrag, anhand der vorliegenden Materialien einen Bericht und einen Gesetzesentwurf auszuarbeiten. Bereits 1892 veröffentlicht dieser dann mit seinem Bericht einen „Entwurf eines Reichsgesetzes betreffend die Behandlung und Bestrafung jugendlicher Verbrecher und verwahrloster jugendlicher Personen“[26], der auf der dritten Versammlung der IKV-Landesgruppe Deutsches Reich im Jahre 1893 in Berlin beraten wird.[27] Die Versammlung nimmt den Entwurf mit großer Mehrheit an und beschließt, den Erlaß eines Reichsgesetzes über „staatlich überwachte Erziehung“ bei Reichskanzler und Reichstag zu beantragen.[28] In Beantwortung der entsprechenden Anfrage wird jedoch erklärt, daß ein einheitliches Gesetz nicht in Aussicht stehe, da das BGB zur Verabschiedung anstehe, welches Regelungen zur Zwangserziehung enthalte.[29] Zum zentralen Thema wird die Reform des Jugendstrafrechts auf dem 26. und dem 27. Deutschen Juristentag in den Jahren 1902 und 1904. Im September 1906 wird auf der deutschen Landesversammlung der IKV in Frankfurt a.M. wiederum eine Kommission zur Frage der strafprozessualen Behandlung Jugendlicher eingesetzt; die Tätigkeit der Kommission und auch das Verfahren gegen Jugendliche werden auf einer weiteren Versammlung der Landesgruppe Deutsches Reich in Posen 1908 behandelt.[30] Die Charakteristik des Ziels der Jugendgerichtsbewegung wird wie folgt beschrieben: „Gerade wie eine Mutter oder ein Vater soll der Staat auch durch seine richterliche Tätigkeit versuchen, den Keim zu antisozialem Verhalten

---

23 Diese besteht aus *v. Liszt*, dem Staatsanwalt *Appelius*, dem Gefängnisdirektor *Krohne* sowie dem Leiter der preußischen Erziehungsanstalt Wabern *Keßler*, s. *IKV*, ZStW 11 (1891), S. 74; vgl. auch näher dazu *Miehe*, Anfänge der Diskussion 1968, S. 1(4).

24 Abgedruckt bei *Appelius*, Behandlung jugendlicher Verbrecher 1892, S. 226-232 (Anlage III); *Aschrott*, Verbrecherische Jugend 1892, S. 57-62.

25 Vgl. die „Berliner Beschlüsse“ bei *Appelius*, Behandlung jugendlicher Verbrecher 1892, S. 233f. (Anlage IV); *Aschrott*, Verbrecherische Jugend 1892, S. 63f.

26 Der Entwurf findet sich als Anlage I bei *Appelius*, Behandlung jugendlicher Verbrecher 1892, S. 201-222.

27 S. dazu die Thesen für diese Versammlung als Anlage II bei *Appelius*, Behandlung jugendlicher Verbrecher 1892, S. 223-225.

28 Vgl. Einzelheiten bei *Dörner*, Erziehung durch Strafe 1991, S. 38.

29 Vgl. zu den Einzelheiten nur *Dörner*, RdJB 1992, S. 144(148).

30 Vgl. zu den Versammlungen der *IKV*, die das Thema „Jugendliche“ zum Hauptgegenstand hatten, die Zusammenfassung bei *Felisch*, Mitteilungen der IKV 21 (1914), S. 366ff.

zu unterdrücken und die Kinder zu brauchbaren Gliedern der Gesellschaft zu machen."[31]

Neben den Diskussionen in der Lehre gibt es bald auch praktische Auswirkungen der Reformbemühungen. Im Jahre 1908 werden durch die Änderung der Geschäftsverteilung besondere Jugendabteilungen bei den Gerichten geschaffen und in den folgenden Jahren entstehen diese „Jugendgerichte" fast schlagartig überall in Deutschland.[32]

Um die Jugendgerichtsbewegung weiter zu institutionalisieren, veranstaltet die „Deutsche Zentrale für Jugendfürsorge" vom 15. bis 17.03.1909 den 1. Deutschen Jugendgerichtstag in Berlin mit dem Thema „Das Jugendgericht". Der Jugendgerichtstag wird in der Zukunft bis heute zu einer festen Einrichtung werden.

Im legislativen Bereich werden dann wiederum Neuerungen im Zusammenhang mit einem Strafrecht für jugendliche Delinquenten in Angriff genommen. Ab 1909 berät der Reichstag über den Entwurf einer Novelle zur StPO und eines Gesetzes zur Änderung des GVG.[33] Darin widmen sich einzelne Paragraphen, aber auch ein besonderer Abschnitt dem „Verfahren gegen Jugendliche".[34] Der Entwurf scheitert nach dreijähriger Beratung im Reichstag.[35] Ebenfalls im Jahr 1909 entsteht ein „Vorentwurf zu einem Deutschen Strafgesetzbuch" (*Vorentwurf StGB 1909*), der auch Regelungen über Jugendliche enthält.[36] Dieser Vorentwurf scheitert ebenfalls.[37] Mit beiden Entwürfen befaßt sich der vom 29.09. bis 01.10.1910 zu dem Thema „Strafe und Erziehungsmaßregeln sowie deren Abgrenzung" stattfindenden 2. Deutschen Jugendgerichtstag in München. In den Jahren 1911 und 1912 finden die 14. und 15. Tagung der Landesgruppe Deutsches Reich der IKV mit dem Schwerpunkt auf dem „Jugendlichenproblem" statt.[38]

Nunmehr wird - wie schon im Zusammenhang mit den Jugendgerichten - ein weiterer Erfolg der Jugendgerichtsbewegung in der Praxis erzielt: Die Einrichtung des ersten deutschen Jugendgefängnisses am 1. August 1912 in Wittlich an der Mosel. Vorausgegangen war eine Initiative von Professor *Freudenthal,* der 1906 auf der Versammlung der Deutschen Landesgruppe IKV anknüpfend an

31 Vgl. *Ruscheweyh*, Jugendgericht 1918, S. 56.

32 Vgl. *Pieplow*, Deutsches Jugendgericht 1988, S. 605(611ff.).

33 *Entwurf GVG/StPO 1909.*

34 Vgl. den Überblick bei *Ruscheweyh*, Jugendgericht 1918, S. 132ff.

35 Vgl. nur *Dörner*, Erziehung durch Strafe 1991, S. 48f.

36 S. §§ 68-70 *Vorentwurf StGB*, Reichs-Justizamt 1909, S. 15, Begründung S. 255ff.

37 Vornehmlich an dem Widerstand von Reichsregierung und einigen Länderregierungen, materiell-rechtliche Änderungen vor Beendigung der Gesamtstrafrechtsreform zu akzeptieren, vgl. *Dörner*, RdJB 1992, S. 144(150f.).

38 Vgl. die kurze Berichterstattung bei *Felisch*, Mitteilungen der IKV 21 (1914), S. 366(378ff.).

amerikanische Verhältnisse und Erfahrungen dazu aufgerufen hatte, in geeigneten Anstalten den gesonderten Jugendstrafvollzug empirisch zu erproben.[39] Im Anschluß daran verfaßt er 1911 eine Denkschrift[40] und übersendet sie dem preußischen Innenministerium, wo sie sofort positiv beschieden wird. Aus Mitteln der Georg Speyerschen Nachlaßverwaltung kann das Vorhaben ohne Änderung des bestehenden Rechts auf dem Verwaltungsweg realisiert werden.[41]

Einen gesonderten „Entwurf betreffend Strafverfahren gegen Jugendliche" (im Folgenden: *E 1912*) legt die Reichsregierung im Jahre 1912 dem Bundesrat vor.[42] Dieser ruft Enttäuschung hervor und stößt auf heftige Kritik, weil er nicht die geforderten Neuerungen zum Inhalt habe, sondern im wesentlichen eine Wiederholung der Novelle von 1909 zur StPO darstelle.[43] Er wird aber auch begrüßt, weil er anerkenne, daß strafbare Handlungen Jugendlicher anders beurteilt werden müßten, als die Taten Erwachsener und daraus die Folgerung gezogen werden könne, daß in vielen Fällen Erziehung besser sei als Strafe, sowohl für den Jugendlichen als auch für die Allgemeinheit.[44] Auch die Verabschiedung dieses Entwurfs scheitert.[45] Der im Oktober 1912 in Frankfurt am Main stattfindende 3. Jugendgerichtstag hat den *E 1912* beziehungsweise das Verhältnis von Strafe und Erziehung ebenfalls zum Thema. Zur gleichen Zeit wird dem Reichstag wiederum ein Entwurf eines Gesetzes betreffend die Änderungen des GVG und der

---

39 Vgl. *Freudenthal*, ZStW 27 (1907), S. 121(141), der sich im jugendstrafrechtlichen Bereich insgesamt weniger Geduld und mehr Mut zur Erprobung und schnelleren Umsetzung von Reformvorschlägen wünscht.

40 Abgedruckt unter *Freudenthal*, MSchrKrimPsych 1912/13, S. 577ff.

41 Vgl. Einzelheiten dazu, insbesondere zum Ablauf des Umsetzungsverfahrens *Freudenthal*, DJZ 1913, Sp. 133(134); weitere Details auch bei *Dörner*, Erziehung durch Strafe 1991, S. 53ff.

42 Dieser Entwurf ist abgedruckt bei *Bleek*, MSchrKrimPsych 1912/13, S. 490ff. Er ging nach Erledigung im Bundesrat dem Reichstag zu, vgl. *E 1912*; vgl. hierzu auch *v. Liszt*, Bericht 13. Kommission 1913, S. 1733ff.; *Wellstein*, MSchrKrimPsych 1914, S. 193(212-213) und eine kurze Zusammenfassung der Änderungen des Entwurfs bei *Bleek*, MSchrKrimPsych 1912/13, S. 625f.

43 Vgl. *Bleek*, MSchrKrimPsych 1912/13, S. 490(492), der sich wundert, daß die Reichsregierung nicht ein vollständiges Gesetz über das Strafverfahren, den Strafprozeß und den Strafvollzug bei Jugendlichen Übeltätern ausgearbeitet hat; vgl. *Wellstein*, MSchrKrimPsych 1914, S. 193; auch *Schultz*, MSchrKrimPsych 1914, S. 45f. mit einer Zusammenfassung der Hauptforderungen; vgl. zu den Reaktionen, aber auch zu dem Inhalt des Entwurfs *Ruscheweyh*, Jugendgericht 1918, S.138ff.

44 So *v. Lilienthal*, DJZ 1912, Sp. 1201, nach dessen Ansicht aber noch einiges zu regeln übrig bleibe (Sp. 1206).

45 Wiederum hauptsächlich an dem Vorhaben von Reichsregierung und Bundesrat, alle materiellrechtlichen Fragen einer Gesamtreform des materiellen Strafrechts vorzubehalten, s. insgesamt dazu *Dörner*, Erziehung durch Strafe 1991, S. 49.

StPO vorgelegt.[46] In der Zwischenzeit setzt das Reichsjustizamt eine Strafrechtskommission ein, die 1913 den Entwurf eines deutschen StGB (*Entwurf StGB 1913*) vorlegt, welcher in den §§ 12, 22 Regelungen über Jugendliche trifft und gleichfalls nicht verabschiedet wird.[47]

Auch während des Ersten Weltkriegs werden die außerparlamentarischen Aktivitäten auf diesem Gebiet fortgesetzt. Im April 1917 berät der 4. Jugendgerichtstag in der sogenannten „Kriegstagung" über die Grundlagen und Tätigkeit der Jugendgerichtshilfe. Das wichtigste Ergebnis ist die Gründung des Ausschusses für Jugendgerichte und Jugendgerichtshilfen als Organ der Deutschen Zentrale für Jugendfürsorge.[48] Im Dezember 1917 überreicht *von Liszt* dem Reichstag eine auf dem Jugendgerichtstag beschlossene Denkschrift dieses Ausschusses, in der gefordert wird, entweder den Entwurf von 1912 erneut einzubringen oder durch ein „Notgesetz" endlich die wichtigsten Reformforderungen zu erfüllen.[49] Der Reichstag beschäftigt sich zwar während der Beratungen des Reichsjustizhaushaltes im Mai 1918 mit dieser Initiative, kommt aber zu keinem Entschluß.[50] Im Frühjahr 1918 wird die Arbeit an der Reform des allgemeinen Strafrechts wieder aufgenommen. 1919 veröffentlicht das Reichsjustizministerium eine überarbeitete Fassung des StGB-Entwurfs von 1913 (*Entwurf StGB 1919*), in dem Bestimmungen zu Jugendlichen in einem eigenen Abschnitt zusammengefaßt sind.[51] Weil die umfassende Strafrechtsreform nicht absehbar ist, aber der Erlaß des Jugendwohlfahrtsgesetz in Aussicht steht, wird das Jugendstrafrecht 1920 aus der Gesamtreform-Diskussion herausgenommen und der Entwurf eines Jugendgerichtsgesetzes (im Folgenden: *E 1920*) im Februar desselben Jahres dem Reichstag vorgelegt und veröffentlicht. Die materiell-rechtlichen Bestimmungen orientieren sich an den Vorschlägen des *Entwurf StGB 1919* und die Vorschriften über das Verfahren schließen sich an die Beschlüsse der Reichstagskommission zu dem *E 1912* an.[52] Der 5. Jugendgerichtstag in Jena 1920 nimmt zu dem JGG-Entwurf Stellung und beschließt, ihn „als geeignete Grundlage eines neuen Rechts" zu begrüßen.[53]

---

46 *Entwurf GVG/StPO 1914.*

47 S. *Entwurf StGB 1913*, S. 11, 13; vgl. auch *Dörner*, Erziehung durch Strafe 1991, S. 49f.

48 *Deutsche Zentrale*, Kriegstagung 1917, S. 111f.

49 Vgl. den Bericht über die Denkschrift (*o. V.*) in ZblJugR 1917/18 (9. Jg.), S. 175f.

50 Vgl. *Dörner*, Erziehung durch Strafe 1991, S. 48f.; *dies.*, RdJB 1992, S. 144(151).

51 S. *Entwurf StGB 1919*, 15. Abschnitt „Kinder und Jugendliche", §§ 129-137.

52 Vgl. die Einzelheiten bei *Dörner*, RdJB 1992, S. 144(151).

53 Verbunden mit einigen Änderungswünschen, s. *Anträge und Entschließung*, 5. Jugendgerichtstag 1920, S. 72(74).

Da die Vorlage auf den Entwurf einer StPO von 1920 zugeschnitten und an das neue Reichsgesetz für Jugendwohlfahrt (RJWG) angepaßt werden muß, bedarf es doch noch erheblicher Umarbeitungen.[54] Der vom Reichsjustizministerium überarbeitete Entwurf wird in zwei Lesungen im November 1921 und März 1922 beraten und nach nochmaliger Änderung am 05.10.1922 verabschiedet (im Folgenden: *E 1922*).[55] Nachdem sich das Gesetzgebungsverfahren noch einige Zeit verzögert hat,[56] tritt das langersehnte Jugendgerichtsgesetz dann im Jahre 1923 in Kraft.

II. Die Altersgrenzen

Nach diesem geschichtlichen Abriß über den äußeren Verlauf der Entwicklung soll nunmehr näher auf die einzelnen Punkte der jugendstrafrechtlichen Diskussion inhaltlich eingegangen werden. Einen Schwerpunkt bilden dabei die Altersgrenzen.

1. Regelungsgehalt der §§ 55 bis 57 RStGB

Die §§ 55 bis 57 des ersten reichseinheitlichen Strafgesetzbuchs aus dem Jahre 1871 (*RStGB*[57]) regeln die Behandlung von jugendlichen Straftätern. Nach § 55 RStGB tritt das Strafmündigkeitsalter mit Vollendung des 12. Lebensjahres ein. Personen unterhalb dieser Altersgrenze sind nicht strafbar. Zwischen dem 12. und 18. Lebensjahr liegt die Phase der relativen Strafmündigkeit, § 56 RStGB. Nach der gesetzlichen Regelung ist ein relativ Strafmündiger freizusprechen, wenn er bei Begehung der Tat „die zur Erkenntnis ihrer Strafbarkeit erforderliche Einsicht nicht besaß“. Besitzt der Jugendliche dagegen bei Begehung der Tat diese Einsicht, ist die Strafe zwingend zu mildern, wie § 57 RStGB es vorsieht.

Im Jahre 1874 findet zu dem Thema „absolute Strafmündigkeitsgrenze“ eine Debatte im Deutschen Reichstag statt. Mangels staatlicher Reaktion auf Kriminalität von unter 12jährigen wird der Gesetzgeber aufgefordert, die Altersgrenze

---

54 Vgl. *Kiesow*, ZblJugR 1922/23 (14. Jg.), S. 205; das RJWG wurde in der Zwischenzeit verabschiedet: Reichsgesetz für Jugendwohlfahrt v. 09.07.1922, RGBl. I, Jg. 1922, S. 633ff.

55 Vgl. *E 1922*, Verhandlungen des Reichstags; vgl. die Zusammenfassung des *E 1922* bei *Kiesow*, ZblJugR 1922/23 (14. Jg.), S. 205(206ff.).

56 Vgl. Details zum Gesetzgebungsverfahren bei *Dörner*, Erziehung durch Strafe 1991, S. 68f.

57 RGBl., Jg. 1871, S. 127ff.

weiter abzusenken oder sogar ganz abzuschaffen.[58] Der Reichstag sieht dies jedoch als den falschen Weg zur Bekämpfung der Jugendkriminalität und -verwahrlosung an und bevorzugt eine vormundschaftliche Regelung für diese Altersgruppe.[59] Daraufhin wird bei der Novelle zum RStGB von 1876[60] bei § 55 ein zweiter Absatz eingefügt, wonach gegen unter 12jährige die zur Besserung und Beaufsichtigung geeigneten Maßnahmen nach Maßgabe der landesgesetzlichen Vorschriften getroffen werden können.[61]

2. *Die absolute Strafmündigkeitsgrenze*

Diese Ergänzung des § 55 RStGB beendet aber keineswegs die Diskussion um die Frage, bis zu welchem Alter ein Kind als absolut strafunmündig anzusehen ist. Vielmehr wird das Thema in den folgenden Jahren erst aktuell. In der Diskussion finden sich Stimmen für unterschiedliche Altersgrenzen, wobei allerdings die gänzliche Abschaffung der absoluten Strafmündigkeit von niemandem ernsthaft gefordert wird. Eine Gruppe will die 12-Jahres-Grenze beibehalten.[62] *Krohne* spricht sich auf der Landesversammlung der IKV im Jahre 1891 für das 14. Lebensjahr aus[63] und *Appelius* fordert, die Strafmündigkeitsgrenze bei dem 16. Lebensjahr festzuschreiben.[64] Die Eisenacher Vorschläge entsprechen der Forderung von *Appelius*; Personen unter 16 Jahren sollen danach sowohl bei Straffälligkeit als auch bei drohender Verwahrlosung der staatlich überwachten Erziehung unterstellt werden.[65]

---

58 Vgl. Einzelheiten zu der Debatte bei *Dörner*, RdJB 1992, S. 144f.

59 Näheres bei *Dörner*, RdJB 1992, S. 145.

60 Vgl. das Gesetz betreffend die Abänderung von Bestimmungen des Strafgesetzbuches für das Deutsche Reich vom 15.05.1871 und Ergänzung desselben vom 16.02.1876, RGBl., Jg. 1876, Nr. 6, S. 25(26).

61 Die Länder erlassen daraufhin Zwangserziehungsgesetze, vgl. dazu *Roth*, ZNR 1991, S. 17(24f.); *Dörner*, RdJB 1992, S. 144(145f.).
Ab 1900 regelt § 1666 BGB das Vormundschaftswesen. Die erzieherische Alternative zur Freiheitsstrafe stellt die Zwangserziehung oder auch „Fürsorgeerziehung" dar, deren Begründung in der Notwendigkeit einer längeren und intensiveren Beeinflussung delinquenter Kinder gesehen wird, als es innerhalb der kurzen Freiheitsstrafen möglich sei, vgl. zu den Einzelheiten *Roth*, ZNR 1991, S. 17(32f.); *Dörner*, RdJB 1992, S. 144(146).

62 Vgl. z.B. *Schmölder*, GS 49 (1894), S. 157(169; 189); *van Calker*, 26. Juristentag 1902, S. 237(256).

63 *Krohne*, ZStW 11 (1891), Beilagenheft S. 12 (These 1); S. 72.

64 *Appelius*, ZStW 11 (1891), Beilagenheft S. 10 (These 1); S. 69f.

65 Vgl. Pkt. I der Eisenacher Vorschläge, abgedruckt als Anlage III bei *Appelius*, Behandlung jugendlicher Verbrecher 1892, S. 226f.

Auf der dritten Landesversammlung der IKV im Jahre 1893 fordert *Appelius* dann (nur noch) die Anhebung der Grenze auf das 14. Lebensjahr.[66] Auch *von Liszt* spricht sich zunächst für eine Grenzziehung bei dem 16. Lebensjahr aus, ermäßigt seine Forderung dann auf das 14. Lebensjahr.[67] Auf der Berliner Tagung, auf der die Eisenacher Vorschläge diskutiert werden, findet die Forderung nach Erhöhung der Strafmündigkeitsgrenze auf das 14. Lebensjahr die größte Zustimmung, verbunden mit der Möglichkeit, zwischen 14 und 18 Jahren Zwangserziehungsmaßnahmen allein oder in Verbindung mit der Strafe zu verhängen.[68] Entsprechendes ist in dem Gesetzesentwurf von *Appelius* geregelt.[69] Und auch *Aschrott* spricht sich für eine derartige Lösung aus.[70] Auf dem 26. Juristentag wiederholt *von Liszt* seinen Appell für die 14-Jahres-Grenze, verbunden mit der Forderung, die Periode bedingter Strafmündigkeit vom 14. bis zum 21. Lebensjahr zu erstrecken.[71] Auf dem 27. Juristentag wird die Forderung nach Anhebung der Altersgrenze auf das vollendete 14. Lebensjahr sowie für eine Altersstufe der relativen Strafmündigkeit zwischen 14 und 18 Jahren wiederholt[72] und - unter der Voraussetzung ausreichender disziplinarer und vormundschaftlicher Maßregeln - mit großer Mehrheit angenommen.[73] Auch der Entwurf von *Köhne* aus dem Jahre 1908 legt sich auf 14 Jahre fest.[74] Wieder andere Stimmen plädieren für das 16. Lebensjahr,[75] und zwischen dem 16. und 21. Lebensjahr solle entweder auf Strafe oder staatlich überwachte Erziehung oder auf beides erkennen können.[76]

Der *Vorentwurf StGB 1909* sieht in § 68 die Erhöhung der Strafmündigkeitsgrenze auf das 14. Lebensjahr vor.[77] Und im Zusammenhang mit dem *E 1912*

---

66 *Appelius*, ZStW 13 (1893), S. 741(754); vgl. auch Pkt. I 1. seiner Thesen auf S. 741.

67 *V. Liszt*, Kriminalität 1900, S. 331(346ff.).

68 Ziff. 1, 3 der Berliner Beschlüsse, abgedruckt als Anlage IV bei *Appelius*, Behandlung jugendlicher Verbrecher 1892, S. 233; vgl. zur Diskussion auch *Appelius*, Behandlung jugendlicher Verbrecher 1892, S. 41ff.; 89ff.

69 §§ 1 und 4 des Entwurf eines Reichsgesetzes, als Anlage I abgedruckt bei *Appelius*, Behandlung jugendlicher Verbrecher 1892, S. 201f.

70 *Aschrott*, Verbrecherische Jugend 1892, S. 22.

71 *V. Liszt*, 26. Juristentag 1902, S. 259(293).

72 *Klein*, 27. Juristentag 1904, S. 97(100;106).

73 Vgl. *Krohne*, 27. Juristentag 1904, S. 655(656).

74 *Köhne*, E 1908, S. 1(3).

75 *Raschke*, Strafrechtliche Behandlung 1904, S. 10ff.; 19; sie schlägt weiter vor, für straffällige Kinder unter 16 Jahre einen besonderen Gerichtshof zu schaffen, mit der Befugnis, bestimmte Besserungsmittel (Zwangserziehung, Verweis, Überweisung an die Schulbehörde) zur angemessenen Bestrafung anzuordnen (S. 12ff.; 19f.).

76 Wobei bestimmte Strafmittel ausgeschlossen sein sollen, vgl. *Raschke*, Strafrechtliche Behandlung 1904, S. 14; 20f.

77 *Vorentwurf StGB*, Reichs-Justizamt 1909, S. 15; Begründung S. 256.

diskutiert der Reichstag (ein weiteres Mal) über die Strafmündigkeitsgrenze.[78] Auch in diesem Zusammenhang finden sich wieder Stimmen, die jede der genannten Grenzen unterstützen, wobei die grundsätzliche Anhebung als eine so allgemeine Forderung behandelt wird, daß es auf Unverständnis träfe, wenn die Kommission ihre Durchsetzung versäumen würde.[79] Der *Entwurf StGB 1919* setzt die Strafmündigkeitsgrenze bei 14 Jahren fest.[80] § 2 *E 1920* enthält die 14-Jahres-Grenze.[81] Auf dem 5. Jugendgerichtstag findet sich neben der Fürsprache für die 16-Jahres-Grenze sogar der Antrag, die Strafmündigkeit erst mit dem vollendeten 18. Lebensjahr beginnen zu lassen.[82] Von den Teilnehmern beschlossen wird der Kompromißvorschlag der 14-Jahres-Grenze, wobei eine Art „Bestrafungsmündigkeit" ins Gespräch gebracht wird, nämlich den Ausschluß der Anwendung der Gefängnis- und Haftstrafen bis zur Vollendung des 16. Lebensjahres.[83] Die KPD beantragt bei den Beratungen zum *E 1920* im Rechtsausschuß des Reichstags die Erhöhung der Strafmündigkeitsgrenze auf das vollendete 16. Lebensjahr, wogegen die Praxis zu jener Zeit die Grenze bei 12 Jahren beibehalten möchte.[84] Der *E 1922* enthält schließlich die 14-Jahres-Grenze.[85]

Die Argumente für (und gegen) die Änderung der absoluten Strafmündigkeitsgrenze sind zahlreich. Hauptargument für eine Grenzziehung bei 14 Jahren ist der „Eintritt in das Erwachsenenleben". Mit 14 Jahren werde gewöhnlich die Volksschule verlassen, eine Lehre begonnen und aus dem Elternhaus fortgegangen.[86] Ein weiteres Argument ist die Vermeidung von Stigmatisierungs- und Ansteckungseffekten. Delinquenten unter 14 Jahren müßten wegen des negativen Einflusses gerade der kurzen Freiheitsstrafe so lange wie möglich vor dem Gefängnis bewahrt werden.[87] Auch die Berührung mit dem Strafverfahren müsse so lange wie möglich vermieden werden.[88] Es sei dringend erwünscht, daß das

---

78 Vgl. *v. Liszt*, Bericht 13. Kommission 1913, S. 1733(1735-1737); vgl. auch die Zusammenfassung der Forderungen bei *Wellstein*, MSchrKrimPsych 1914, S. 193(194f.).

79 So *Wellstein*, MSchrKrimPsych 1914, S. 193(194).

80 *Entwurf StGB 1919*, 15. Abschnitt „Kinder und Jugendliche", §§ 129-137.

81 *E 1920*, S. 3; vgl. auch die Begründung, S. 10; 13.

82 *Anträge und Entschließung*, 5. Jugendgerichtstag 1920, S. 72.

83 Vgl. *Anträge und Entschließung*, 5. Jugendgerichtstag 1920, S. 72(73).

84 Vgl. Näheres bei *Dörner*, RdJB 1992, S. 144(152).

85 *E 1922*, Verhandlungen des Reichstags, S. 1; vgl. auch die Begründung auf S. 8ff.

86 Vgl. z.B. *Krohne*, ZStW 11 (1891), Beilagenheft S. 72; *Appelius*, Behandlung jugendlicher Verbrecher 1892, S. 43f.; *v. Liszt*, Kriminalität 1900, S. 331(342ff.); *Klein*, 27. Juristentag 1904, S. 97(101f.); *Gleispach*, 3. Jugendgerichtstag 1912, S. 53(58); *Wellstein*, MSchrKrimPsych 1914, S. 193(194f.).

87 So die übereinstimmende Ansicht aller Befürworter der 14-Jahres-Grenze.

88 So ein Argument bei der Beratung des *E 1912* bei *Wellstein*, MSchrKrimPsych 1914, S. 193(194).

staatliche Strafrecht einsetze, wenn die „Schulzucht" aufhöre.[89] Ein förmliches Gerichtsverfahren könne erhebliche Störungen in den Bereich der Volksschule bringen.[90] Auch wird die Beobachtung gemacht, daß die meisten Kinder zwischen 12 und 14 Jahren - gerade bei der „allgemeinen sittlichen Reife" - unterentwickelt seien und große Ungleichheiten des Entwicklungsstandes vorlägen.[91] Schließlich sei es bereits gängige Praxis, keinen Jugendlichen unter 14 Jahren zu verurteilen, was auch gesetzlich festgeschrieben werden müsse.[92]

Als Argumente für die 16-Jahres-Grenze wird die biologische und psychologische Unreife Jugendlicher bis zu diesem Alter angeführt. Gerade das Alter zwischen 14 und 16 Jahren sei durch die Pubertät besonders schwierig; erst dann sei die Gesamtentwicklung bis zu einem gewissen Grad abgeschlossen.[93] Das für die 14-Jahres-Grenze angeführte Schulentlassungs-Argument wird umgekehrt: Diese schwierige Umstellungsphase sei zur Grenzziehung gerade ungeeignet.[94] Auch klingt bereits das Problem von Jugendkriminalität als ubiquitäres und passageres Phänomen an.[95]

Für die 12-Jahres-Grenze spreche, daß auch Jugendliche unter 14 Jahren nicht selten schwere Delikte begingen; Ersatz der Freiheitsstrafe durch Fürsorgeerziehung stehe in solchen Fällen im Widerspruch zu Rechtsanschauungen, die eine Reaktion durch Strafe verlangten und schädige die Autorität der Rechtsordnung schwer.[96] Für diese Altersgruppe solle zwar die Möglichkeit geschaffen werden, in allen Fällen von der Verfolgung abzusehen, in denen Erziehungsmaßnahmen angezeigt seien; wenn aber die Altersgrenze erhöht werde, gebe es gar keine Zugriffsmöglichkeit mehr auf die gerade am erziehungsbedürftigsten 12- bis 14jährigen.[97] Außerdem werde diese Grenze gerade der früheren geistigen Reife

89 S. *Klein*, 27. Juristentag 1904, S. 97(101f.).

90 Vgl. die Einzelheiten bei *Klein*, 27. Juristentag 1904, S. 97(102f.), der es mit dem Satz „ein Schulkind gehört nicht in das Gefängnis" auf den Punkt bringt; ähnlich bereits *v. Liszt*, Kriminalität 1900, S. 331(347); auch *Appelius*, ZStW 13 (1893), S. 741(754) weist darauf hin, daß die Volksschule ein Kind nicht ausstoßen könne, weil es im Gefängnis war und dieses bei Rückkehr das „Verderben in die Volksschule hinein" trage.

91 S. *Klein*, 27. Juristentag 1904, S. 97(100f.).

92 So die Einschätzung von *Klein*, 27. Juristentag 1904, S. 97(103); *Wellstein*, MSchrKrimPsych 1914, S. 193(195).

93 Vgl. *Appelius*, ZStW 11 (1891), Beilagenheft S. 69; ähnlich auch *Raschke*, Strafrechtliche Behandlung 1904, S. 10ff.; 19.

94 *Dörner*, faßt in RdJB 1992, S. 144(149) die Argumente zusammen.

95 Vgl. die Einzelheiten bei *Dörner*, RdJB 1992, S. 144(149).

96 So *van Calker*, 26. Juristentag 1902, S. 237(256).

97 Vgl. *Wellstein*, MSchrKrimPsych 1914, S. 193(195).

der großstädtischen Jugend gerecht.[98] Obwohl die Argumente zahlreich sind, wird die Grenzziehung bei 14 Jahren bevorzugt.

3. *§ 56 RStGB - Reifebeurteilung*

Neben der Frage, in welchem Alter die Strafunmündigkeit endet, werden die Kriterien für die Beurteilung der Strafmündigkeit in der Phase zwischen 12 und 18 Jahren (§ 56 RStGB) diskutiert. Die Beibehaltung einer solchen Phase der relativen Strafmündigkeit wird (unabhängig von der jeweiligen Ober- und Untergrenze) überwiegend nicht in Frage gestellt.[99]

§ 56 RStGB knüpft für die Strafmündigkeit an die „zur Erkenntnis der Strafbarkeit erforderliche Einsicht“ an. An dieser Formel wird bemängelt, daß einseitig nur auf die intellektuelle Reife beziehungsweise das intellektuelle Einsichtsvermögen abgestellt und die allgemeine geistige und sittliche Entwicklung nicht berücksichtigt wird. Demgemäß wird gefordert, auch den besonderen sozialen und psychischen Entwicklungsstand zu berücksichtigen.[100] Die Feststellung müsse auf „die Ermittelung der sittlichen Reife des Angeschuldigten ausgedehnt werden“.[101] Grundlage dürfe also nicht allein der Verstand sein, sondern ebenso der Wille, also die Fähigkeit, der verstandesmäßigen Einsicht entsprechend zu handeln.[102]

Als schwierig erweist sich die Schaffung einer brauchbaren und passenden Formulierung für die Formel.[103] Daher wird dann auch die (völlige oder teilweise) Abschaffung der Formel gefordert, weil diese keine hinreichend bestimmte

---

98 So *Schmölder*, GS 49 (1894), S. 157(198).

99 Vgl. z.B. *Krohne*, ZStW 11 (1891), Beilagenheft S. 12; 72; § 4 des Entwurfs eines Reichsgesetzes von Appelius, Anlage I bei *Appelius*, Behandlung jugendlicher Verbrecher 1892, S. 201(202); Pkt. II der Eisenacher Vorschläge, Anlage III bei *Appelius*, Behandlung jugendlicher Verbrecher 1892, S. 226(227f.); Ziff. 3 der Berliner Beschlüsse, Anlage IV bei *Appelius*, Behandlung jugendlicher Verbrecher 1892, S. 233; *Schmölder*, GS 49 (1894), S. 157(171ff.); *v. Liszt*, 26. Juristentag 1902, S. 259(293); *van Calker*, 26. Juristentag 1902, S. 237(256); *Klein*, 27. Juristentag 1904, S. 97(105ff.); §§ 1, 3 des Entwurfs von *Köhne*, E 1908, S. 1(3); etwas anders: *Appelius*, ZStW 11 (1891), Beilagenheft S. 11; 70 (nach 16. Lebensjahr volle Strafbarkeit aber mit Milderungsmöglichkeiten).

100 Einzelheiten der Diskussion finden sich bei *Miehe*, Anfänge der Diskussion 1968, S. 1(29); *Dörner*, Erziehung durch Strafe 1991, S. 18; 21; s. dort auch Fn. 2; *Roth*, ZNR 1991, S. 17(30f.), jeweils m. w. N.

101 So die Forderung von *Klein*, 27. Juristentag 1904, S. 97(110).

102 Vgl. *Felisch*, 1. Jugendgerichtstag 1909, S. 85(95); *Hertz*, Vorschläge 1918, S. 24(25); *ders.*, DJZ 1918, S. 90(91).

103 So die Erkenntnis von *Aschaffenburg*, MSchrKrimPsych 1912/13, S. 234(235f.).

Richtschnur zur Unterscheidung biete.[104] Die daraus folgende prinzipielle Strafnotwendigkeit und die darin liegende Härte könne zum einen durch das Absehen von Strafe bei „besonders leichten Fälle“ ausgeglichen werden; zum anderen könne auch die Möglichkeit des bedingten Strafaufschubs in Verbindung mit der Löschung der Strafe einen Ausgleich bringen.[105] Der *Vorentwurf StGB 1909* sieht ganz von einer Stufe der bedingten Strafmündigkeit ab und sieht in § 69 im Alter zwischen 14 und 18 Jahren Milderungs- und Erziehungsmöglichkeiten vor.[106] *Appelius* möchte als Voraussetzung für die Bestrafung allein und ausschließlich die sittliche Reife sehen.[107] Auch *v. Liszt* spricht sich für den Wegfall der Formel aus und will dem Richter die völlig freie Wahl zwischen Strafe oder staatlich überwachter Erziehung geben.[108]

Schmölder schlägt anknüpfend an die 12-Jahres-Grenze ein neues Konzept vor: Eine gesetzliche Vermutung für beschränkte Strafmündigkeit zwischen 12 und 18 Jahren, wobei diese Vermutung sowohl zugunsten mangelnder wie zugunsten vollständig entwickelter Strafmündigkeit zu entkräften sein soll.[109] Bei Strafunmündigkeit solle dann der Freispruch erfolgen,[110] bei Entkräftung der gesetzlichen Vermutung zugunsten einer voll entwickelten Strafmündigkeit solle Erwachsenenstrafrecht mit der Annahme von milderen Umständen zur Anwendung kommen.[111] Für die beschränkt Strafmündigen, also dem Regelzustand kraft ge-

104 *Appelius*, ZStW 11 (1891), Beilagenheft S. 11 (These 4a); S. 68; *ders.*, Behandlung jugendlicher Verbrecher 1892, S. 21ff.; *Krohne*, ZStW 11 (1891), Beilagenheft S. 12 (These II); vgl. auch *Aschrott*, Verbrecherische Jugend 1892, S. 23f., der allerdings die Forderung nach Abschaffung abhängig macht von der Anhebung der Strafmündigkeitsgrenze, da bei über 14jährigen nur ausnahmsweise erhebliche Bedenken an der zur Bestrafung notwendigen Reife bestehen würden und von der Möglichkeit, das Strafmittel zu verhängen, welches der Individualität am besten entspricht.

105 So *Aschaffenburg*, MSchrKrimPsych 1912/13, S. 234(235).

106 Der Begriff „Unterscheidungsvermögen“ des § 56 RStGB sei unklar und habe entweder zu Schwierigkeiten oder zu einer nur rein schematischen Handhabung geführt, vgl. *Vorentwurf StGB*, Reichs-Justizamt 1909, Begründung S. 257f.

107 *Appelius*, ZStW 13 (1893), S. 741(754); s. auch Pkt. II. 3. seiner Thesen auf S. 741(742).

108 *V. Liszt*, Kriminalität 1900, S. 331(348f.); *ders.*, 26. Juristentag 1902, S. 259(293); ähnlich auch *Raschke*, Strafrechtliche Behandlung 1904, S. 16f, die die Frage stellen will, welche Maßregel die geeignetste ist; ähnlich die Entschließung des 27. Juristentags bei *Krohne*, 27. Juristentag 1904, S. 655(658).

109 S. *Schmölder*, GS 49 (1894), S. 157(171; 175).

110 Bei Anzeichen von Verwahrlosung gegebenenfalls verbunden mit der Abgabe des Verfahrens an den Vormundschaftsrichter, so *Schmölder*, GS 49 (1894), S. 157(175; 181).

111 *Schmölder*, GS 49 (1894), S. 157(175; 181).

setzlicher Vermutung, sollten neue außerordentliche Strafmittel zur Verfügung stehen.[112] Umgesetzt wird in der Folgezeit keiner seiner Vorschläge.

Vielmehr setzt sich mehr und mehr die Forderung durch, die Formel für die Bestimmung der relativen Strafmündigkeit um die „Fähigkeit, sich nach der erforderlichen Einsicht zu verhalten“ zu ergänzen. § 3 *E 1920* bestimmt, daß ein Jugendlicher dann nicht strafbar sein soll, wenn er „wegen zurückgebliebener Entwicklung oder mangels geistiger oder sittlicher Reife unfähig war, das Ungesetzliche der Tat einzusehen oder seinen Willen dieser Einsicht gemäß zu bestimmen“.[113] § 3 *E 1922* stellt dann allein auf die geistige und sittliche Entwicklung ab, entspricht aber im übrigen § 3 *E 1920*.[114] Diese Einschränkung wird unter anderem aus praktischen Erwägungen begrüßt.[115]

4. *Straftäter zwischen 18 und 21 Jahren*

Ein weiterer Bestandteil der Diskussion um die verschiedenen Altersstufen ist die Frage, ob auch Straftäter im Alter zwischen 18 und 20 oder 21 Jahren anders zu behandeln sind, als ältere Delinquenten. So wird auf der Landesversammlung der IKV im Jahre 1891 die Einbeziehung der Täter bis 20 Jahre in die Gruppe der bedingt Strafmündigen gefordert, da sich mit 20 Jahren die Jugend von den Erwachsenen scheide;[116] auch wird ein Übergangsstadium vom 16. bis 18. Lebensjahr vorgeschlagen.[117] Die Eisenacher Vorschläge sehen ebenfalls die obere Grenze der bedingten Strafmündigkeit bei 20 Jahren.[118] Diese Forderung wird allerdings begleitet von einer Skepsis gegenüber der noch möglichen erzieherischen Beeinflußbarkeit. Auf der Berliner Konferenz findet sich daher nur eine Mehrheit für die obere Begrenzung der relativen Strafmündigkeitsphase bei 18

---

112 Vgl. weitere Einzelheiten zu diesem Konzept bei *Schmölder*, GS 49 (1894), S. 157(171ff.; 175, 181ff.). Die Strafmittel sollten sein: Verweis, Geldstrafe, körperliche Züchtigung, Überweisung in ein Besserungshaus und ein neues Erziehungsmittel, die „Überweisung in die Familie“ (S. 185).

113 *E 1920*, S. 3; Begründung S. 13f.

114 *E 1922*, Verhandlungen des Reichstags, S. 1; Begründung, S. 10.

115 So *Hertz*, ZblJugR 1922/23 (14. Jg.), S. 209, der allerdings die theoretische Richtigkeit bezweifelt.

116 Vgl. *Krohne*, ZStW 11 (1891), Beilagenheft S. 12 (These 2); S. 72: Das Alter bis 20 Jahre sei gewählt worden, um zu verhindern, daß der Jugendliche zu einer Strafe verurteilt werde, die ihn von dem Eintritt in das Heer abhalte, so daß ihm dann diese „Zucht“ verschlossen bleibe.

117 *Appelius*, ZStW 11(1891), Beilagenheft S. 11 (These 4b); S. 70.

118 Vgl. Pkt. II der Eisenacher Vorschläge, abgedruckt als Anlage III bei *Appelius*, Behandlung jugendlicher Verbrecher 1892, S. 226(227).

Jahren; bis 21 Jahre sollen aber bestimmte Strafmittel unzulässig sein.[119] Es gibt auch Stimmen, die sich ausdrücklich und entschieden gegen die strafrechtliche Sonderbehandlung dieser Altersgruppe aussprechen.[120] In dem Entwurf eines Reichsgesetzes von *Appelius* wird diese Altersgruppe gar nicht berücksichtigt.[121]

Auf dem 26. Juristentag schlägt *v. Liszt* vor, dem Richter bei Delinquenten im Alter zwischen 14 und 21 Jahren im Einzelfall die freie Prüfung zu überlassen, ob Strafe oder staatliche Erziehung eintreten solle.[122] Durch Erhöhung der Obergrenze entfalle die Notwendigkeit, für erwachsene Besserungsfähige besondere Bestimmungen zu treffen; eine Besserung über dem 21. Lebensjahr sei aber wohl ausgeschlossen.[123] Andere Teilnehmer dieses Juristentags lehnen die Anhebung der 18-Jahres-Grenze ab, weil dies eine Schwächung des Strafschutzes bedeuten würde, denn gerade die Altersstufe zwischen 18 und 20 Jahren weise die höchste Kriminalitätsziffer auf.[124] Der 27. Juristentag lehnt die Anhebung der Altersgrenze auf 20 oder 21 Jahre ab.[125] Einige Zeit später wird vorgeschlagen, die 18- bis 20jährigen zwar dem materiellen Strafrecht, aber dem Jugendstrafverfahren zu unterstellen.[126] Ein 18jähriger Straftäter sei für die Rechtsordnung weit gefährlicher als ein Jugendlicher und seine Straftaten viel gewalttätiger; er sei auf der anderen Seite noch kein fertiger Mensch und eine Jugendfürsorge, die bei diesem Alter abbreche, leiste halbe Arbeit.[127] Der *E 1922* bezieht diese Altersgruppe

---

119 Vgl. Nr. 6 der Berliner Beschlüsse, abgedruckt als Anlage IV bei *Appelius*, Behandlung jugendlicher Verbrecher 1892, S. 233(234); vgl. zu der Diskussion auch *Appelius*, Behandlung jugendlicher Verbrecher 1892, S.80ff., der sich gegen diese „dritte Altersstufe" wendet, aber die Möglichkeit anspricht, die vor dem 18. Lebensjahr angeordnete Erziehung auszudehnen.

120 So z.B. *Aschrott*, Verbrecherische Jugend 1892, S. 21f.; *Schmölder*, GS 49 (1894), S. 157(177ff.).

121 Entwurf eines Reichsgesetzes, abgedruckt als Anlage 1 bei *Appelius*, Behandlung jugendlicher Verbrecher 1892, S. 201-222.

122 Vgl. *v. Liszt*, 26. Juristentag 1902, S. 259(293).

123 So *v. Liszt*, 26. Juristentag 1902, S. 259(294).

124 So *van Calker*, 26. Juristentag 1902, S. 237(256f.); *Kahl*, 26. Juristentag 1902, S. 210(227).

125 Vgl. *Krohne*, 27. Juristentag 1904, S. 655(657f.); zu den Einzelheiten auch *Klein*, 27. Juristentag 1904, S. 97(106ff.), der argumentiert, daß unter 18- bis 21jährigen Straftätern durchaus gefährliches „Rowdytum" anzutreffen sei, daß Personen in diesem Alter wirtschaftlich selbständig seien und sich als erwachsen fühlten und sie es nicht verstehen würden, wenn man sie nicht „als voll wollte gelten lassen"; auch wegen der Militärpflicht sollte keinesfalls die Altersgrenze angehoben werden.

126 Vgl. Tagungsbericht bei *Elsa v. Liszt*, ZblJugR 1922/23 (14. Jg.), S. 221(222f.); ähnlich *Francke*, ZblJugR 1922/23 (14. Jg.), S. 211(212).

127 *Francke*, ZblJugR 1922/23 (14. Jg.), S. 211(212).

nicht mit ein, wohl, weil die Umsetzung der Reformvorschläge noch nicht spruchreif gewesen ist.[128]

5. Ergebnis

Die „richtigen" Altersgrenzen für Strafunmündigkeit, beziehungsweise eine relative Strafmündigkeit, stellt ein wichtiges, wenn nicht sogar das zentrale Thema in der Diskussion um die Sonderbehandlung von Straftätern im Alter zwischen 12 und 20 Jahren dar. Zum einen bieten die §§ 55 bis 57 RStGB den Anlaß für die Auseinandersetzungen insbesondere zwischen den konservativen Gruppen und den Reformkreisen, zum anderen liegen keinerlei praktische Erfahrungen hinsichtlich der erzieherischen Einwirkungsmöglichkeiten vor, so daß die Debatte - wie aufgezeigt - oft mit überraschenden Argumenten geführt wird. Die Tendenz geht dahin, die Strafunmündigkeit bei 14 Jahren enden zu lassen und daran eine Phase der relativen Strafmündigkeit anzuschließen, die an das Erfordernis der geistigen und sittlichen Reife knüpft. Die Sonderbehandlung von Delinquenten ab 18 Jahren wird zwar in Erwägung gezogen, die Vorschläge sind jedoch bislang zu wenig konkret, um tatsächlich eine Tendenz für die Ausgestaltung gesetzlicher Normen feststellen zu können.

III. Umfang und Inhalt des Begriffs Erziehung

Wesentlicher Inhalt der Diskussion der modernen Schule und Ziel der Jugendgerichtsbewegung ist die Verringerung vergeltender Sanktionen gegenüber jugendlichen Delinquenten zugunsten von erzieherischen Maßnahmen.

1. Die Erziehung straffälliger Jugendlicher

Wie im Zusammenhang mit der Strafmündigkeit in diesem Kapitel bereits aufgezeigt wurde, ist die Diskussion um eine erzieherischen Einwirkung auf Kinder und Jugendliche zunächst geprägt von einem „entweder Zwangserziehung oder Strafe", je nach Alter[129] oder nach Wahl des Richters[130]. Dies mündet in die For-

---

128 So auch die Vermutung von *Hertz*, ZblJugR 1922/23 (14. Jg.), S. 209.

129 Also einer Strafmündigkeitsgrenze, wobei zu jener Zeit auch die Zwangserziehung (oder „staatlich überwachte Erziehung") für sog. verwahrloste Kinder und Jugendliche eine neue Forderung darstellt.

derung nach einer Zwischenphase für ein bestimmtes Alter, in der Strafe und erzieherische Maßnahmen nebeneinander stehen sollen.[131] Eine Zwangserziehung auch von straffälligen Jugendlichen solle (entweder in einer Familie oder einer Erziehungsanstalt) von der „Obrigkeit" geregelt und beaufsichtigt durchgeführt werden.[132]

Diese Überlegungen zur Neuordnung des Rechts für Kinder und Jugendliche rufen in den jugendstrafrechtlichen Diskussion jener Zeit Zweifel hervor. Sie gelten der grundsätzlichen Eignung der Mittel des Strafrechts zur Erziehung und Besserung und der allzu optimistischen Einschätzung des Erfolgs der öffentlichen Zwangserziehung.[133] Jugendlichen Rechtsbrechern ausschließlich mit Erziehung zu begegnen, sehen zum Beispiel die Teilnehmer des 27. Juristentags als nicht zu verwirklichen an.[134] Der Gesetzesentwurf von *Köhne* bringt die Diskussion voran und enthält eine Subsidiaritätsbestimmung in § 3, nach der ein straffälliger Jugendlicher nur zu bestrafen ist, wenn „durch Erziehungsmaßnahmen seine Besserung nicht erreicht werden kann".[135]

In der Folgezeit wechselt der Gegenstand der Diskussion, und es wird nicht mehr bestritten, daß Erziehung überhaupt für jugendliche Straftäter zur Verfügung stehen soll, sondern gefragt, wie die Erziehungsidee im Jugendstrafrecht im Detail umgesetzt werden kann und wie ihre Position - vornehmlich in spezialpräventiver Hinsicht - zu bestimmen ist. Dabei geht es insbesondere um die Frage des Verhältnisses von Erziehung und Strafe. Der *Vorentwurf StGB 1909* will zwar dem Erziehungsgedanken in größerem Umfang Rechnung tragen, warnt aber vor radikalen Schritten, die die Erziehung zur Regel und die Strafe zur Aus-

---

130 Vgl. die These III von *Krohne*, ZStW 11 (1891), Beilagenheft S. 12; 72: Zwischen dem 14. und 16. Lebensjahr soll der Richter die Wahl haben, ob er Strafe oder Zwangserziehung anordnet.

131 Vgl. z.B. §§ 4-6 des Entwurfs eines Reichsgesetzes von *Appelius*, Anlage I bei *Appelius*, Behandlung jugendlicher Verbrecher 1892, S. 201(202f.); Pkt. II der Eisenacher Vorschläge, Anlage III bei *Appelius*, Behandlung jugendlicher Verbrecher 1892, S. 226(227f.); Ziff. 3 der Berliner Beschlüsse, Anlage IV bei *Appelius*, Behandlung jugendlicher Verbrecher 1892, S. 233.

132 So z.B. § 33 des Entwurfs eines Reichsgesetzes von *Appelius*, Anlage I bei *Appelius*, Behandlung jugendlicher Verbrecher 1892, S. 201(209); Pkt. I, 4 der Eisenacher Vorschläge, Anlage III bei *Appelius*, Behandlung jugendlicher Verbrecher 1892, S. 226.

133 Vgl. *Kahl*, 26. Juristentag 1902, S. 210(227); ähnlich *Klein*, 27. Juristentag 1904, S. 97(109f.; 115ff.); s. dazu auch *Miehe*, Anfänge der Diskussion 1968, S. 1(26).

134 Vielmehr sprechen sie sich für ein Nebeneinander von Strafe und Überweisung zur Fürsorge- oder Zwangserziehung aus, vgl. *Krohne*, 27. Juristentag 1904, S. 655(657).

135 *Köhne*, E 1908, S. 1(3); vgl. auch die Begründung auf S. 13.

nahme machen würden.[136] Es wird zum Beispiel angemerkt, daß zwar ein „absoluter Kampf" gegen Strafe im Jugendstrafrecht nicht gebilligt werden, Strafe aber wegen ihrer Nebenwirkungen entbehrlich beziehungsweise schädlich sein könne.[137] Erziehung könne Strafe aber nicht vollständig ersetzen, da dies die generalpräventive Wirkung beeinträchtigen würde.[138] Die „Besserungsstrafe" müsse sich damit begnügen, Jugendliche zu sozial tauglichen Menschen (ohne Rückfälligkeit) zu machen, Erziehung werde dahin streben, ethisch wertvollere Motive für ein Verhalten zu schaffen.[139]

Man findet in der jugendstrafrechtlichen Literatur zu jener Zeit aber auch weiterhin konservative Stimmen, die an einem Straf- und Sühneprinzip in einem Strafrecht für Jugendliche uneingeschränkt festhalten wollen. Insbesondere *Foerster* ist hier zu nennen, nach dessen Ansicht eine „ernste Sühneordnung" unentbehrlich sei, um den Täter dazu zu bringen, „seine Tat schwer zu nehmen"; die Strafe sei pädagogisch unersetzlich, es gebe keine durchgreifende Erziehung ohne Strafe.[140] Die „moderne Theorie mit ihrem Allesverzeihen" sei die schlimmste pädagogische Irrlehre.[141] Die bildende Kraft der Sühne dürfe dem bildungsfähigsten Alter am wenigsten vorenthalten werden, die Jugend komme sonst in ein falsches Verhältnis zur sittlichen Ordnung und zu ihren eigenen Delikten.[142] „Eine Erziehung ohne Strafe ist eine entnervte und entnervende Erziehung".[143] Auch kritisch, aber weitaus „moderner" äußert sich *Köhne*, der mit einer Verminderung der Kriminalität nur rechnet, wenn Straf- und Besserungsmittel sich die Waage halten und in einen inneren Zusammenhang zueinander gebracht würden.[144] *Hertz* dagegen lehnt „ganz klar" die Grundsätze der reinen Vergeltung bei Jugendlichen ab; bei ihnen sei nur die einen erzieherischen Zweck verfolgende und dazu auch geeignete Strafe berechtigt, wobei im Vordergrund

---

136 Dies wäre im Interesse der Gesellschaft und im Interesse des Jugendlichen selbst nicht am Platze, vgl. die Begründung zum *Vorentwurf StGB*, Reichs-Justizamt 1909, S. 258ff.

137 Vgl. *Gleispach*, 3. Jugendgerichtstag 1912, S. 53(57f.).

138 *Gleispach*, 3. Jugendgerichtstag 1912, S. 53(55).

139 So die Einordnung von *Gleispach*, 3. Jugendgerichtstag 1912, S. 53(57).

140 Nur so werde der Täter in ein klares Verhältnis zu den Realitäten des Lebens gerückt, so *Foerster*, Schuld und Sühne 1911, S. 18; ähnlich *ders.*, 3. Jugendgerichtstag 1912, S. 9(11).

141 *Foerster*, Schuld und Sühne 1911, S. 19.

142 Vgl. *Foerster*, Schuld und Sühne 1911, S. 23; *ders.*, 3. Jugendgerichtstag 1912, S. 9(15).

143 *Foerster*, Schuld und Sühne 1911, S. 26.

144 Die Furcht vor einer Grenzverwischung zwischen Strafe und Erziehung sei ein Produkt abstrahierender Theorie und dem wirklichen Leben völlig fremd, so die Ansicht von *Köhne*, DtStrafRZ 1914, Sp. 298(301).

die Besserung stehen müsse.[145] Dies habe aber keine „weichliche und schwächliche“ Gegenwirkung bei strafbaren Handlungen Jugendlicher zur Folge; unter wesentlicher Herabminderung der Kriminalstrafe durch geeignete Erziehungsmittel und Ordnungsstrafen, in denen sich der Sühnecharakter ausdrücke, könne vielmehr bedeutend energischer eingewirkt werden.[146] Alles in allem besteht also keineswegs Einigkeit über die Frage, was Erziehung im Verhältnis zur Strafe und für das Strafverfahrens gegen Jugendliche bedeuten soll. Vielmehr werden vage Vorstellungen zum Ausdruck gebracht, die zunächst wenig umsetzbar erscheinen.

Die Entwürfe eines Jugendgerichtsgesetzes aus den Jahren 1920 und 1922 versuchen, die Forderungen nach erzieherischer Ausrichtung des Jugendstrafrechts umzusetzen. Nach § 4 *E 1920*, dem in der Begründung so bezeichneten Kernpunkt des Entwurfs, hat das Gericht bei einer mit Strafe bedrohten Handlung eines Jugendlichen zu prüfen, „ob Erziehungsmaßregeln erforderlich sind, um den Jugendlichen an ein gesetzmäßiges Leben zu gewöhnen“.[147] Wenn das Gericht diese für ausreichend hält, hat es von Strafe abzusehen und die Erziehungsmaßregeln anzuordnen, sofern sie nicht bereits angeordnet sind; das Gericht kann aber auch auf Strafe und Erziehungsmaßregeln nebeneinander erkennen.[148] §§ 5 und 6 *E 1922* übernehmen weitgehend diese Regelung.[149] Nach den Reaktionen auf die Entwürfe scheint die Umsetzung gelungen: Der *E 1922* drücke den Grundgedanken aus, daß dem Jugendlichen nicht mehr ein Strafgesetz gegenüberstehe, sondern ein Erziehungsgesetz, in dem nicht nach der Strafe des Jugendlichen zu fragen sei, sondern danach, was geschehen müsse, damit der Jugendliche nicht wieder strauchele und an ein gesetzmäßiges Leben gewöhnt werde.[150] Es sei fast einhellige Meinung der Praktiker zum *E 1922*, daß ein entsprechendes Gesetz zur Folge habe, daß bei geeigneter Ausgestaltung der Erziehungsmaßnahmen Strafe nur noch in Ausnahmefällen angewendet werden müsse.[151]

145 *Hertz*, Vorschläge 1918, S. 24; *ders.*, DJZ 1918, Sp. 90(91).
146 So *Hertz*, DJZ 1918, Sp. 90(91); *ders.*, Vorschläge 1918, S. 27.
147 *E 1920*, S. 3; vgl. auch die Begründung S. 14.
148 *E 1920*, S. 3. Nach der Begründung zu dem Entwurf (S. 14) lassen sich zu der Frage, wann dieser Fall vorliegt, keine allgemeinen Regeln aufstellen.
149 S. *E 1922*, Verhandlungen des Reichstags, S. 1, mit der Erweiterung, daß entweder das Gericht selbst die Erziehungsmaßregel auswählen kann oder dies dem Vormundschaftsgericht überlassen wird.
150 So *Kiesow*, ZblJugR 1922/23 (14. Jg.), S. 205(206); vgl. auch die Begründung zu §§ 5, 6 *E 1922*, Verhandlungen des Reichstags, S. 10f.
151 So der Eindruck von *Hertz*, ZblJugR 1922/23 (14. Jg.), S. 209, wobei dies seiner Ansicht nach aber keinen Verzicht auf den Sühnegedanken bedeute.

Die Situationsbeschreibung von *Aschaffenburg* im Jahre 1912 bestätigt, daß über die Notwendigkeit des Ausbaus der erzieherischen Behandlung kein Zweifel besteht, wohl aber darüber, wie weit erzieherische Maßregeln ausgedehnt werden sollten und darüber, welcher Art sie sein müßten.[152] Über die verschiedenen Möglichkeiten der Umsetzung wird diskutiert, wobei zunächst die bereits vorhandenen Maßnahmen mit vermeintlich erzieherischem Effekt herangezogen werden.

Wie bereits angesprochen, wird in der „staatlich überwachten Erziehung", also der „Fürsorgeerziehung" (die entweder als Heimerziehung in einer „Fürsorgeerziehungsanstalt" oder in einer geeigneten Familie durchgeführt wird), die Alternative oder Ergänzung zur Strafe gesehen. Dies wirft allerdings Probleme auf. So solle eigentlich die Fürsorgeerziehung nicht Strafe, nicht Sühne sein, sie enthalte aber eine so gewaltige Einwirkung auf das Leben des Delinquenten, daß sie stärker wirke und weit mehr gefürchtet sei, als die zeitige Gefängnisstrafe.[153] Jedenfalls unterscheide sie sich vielfach nicht von der Gefängnisstrafe und was die „Körperstrafe" betreffe, seien die „Zuchthäusler" besser gestellt, als die „Fürsorgezöglinge".[154]

Weiterhin gibt es die sogenannte „Schutz- oder Erziehungsaufsicht". Diese weniger einschneidende und heute als „Erziehungsbeistandschaft" bezeichnete Maßnahme beläßt den Jugendlichen in seinen Lebensverhältnissen und stellt ihm eine Person zur Seite, die erzieherisch tätig werden soll. Die Maßnahme stehe für die ganze Breite „mäßigen" Verschuldens und geringerer Verwahrlosung zur Verfügung, regelmäßig in Verbindung mit dem Druck der bedingten Strafaussetzung.[155] Positiv sei, daß sich der Sühnegedanke durch (angeordnete oder freiwillige) Wiedergutmachungsleistungen praktisch umsetzen lasse.[156] Gefordert wird, daß diesen Sühneleistungen die „festere Form" einer Geldstrafe (als Ordnungsstrafe) durch die Auflage zur Zahlung eines Geldbetrags gegeben werden solle.[157] Andere Möglichkeiten einer Wiedergutmachung werden (noch) nicht diskutiert.

Der „Verweis" wird bereits nach § 57 Abs. 1 Ziff. 4 RStGB bei Jugendlichen angeordnet und stellt demgemäß eine „Strafart" dar mit der Folge, daß er im Urteil ausgesprochen und in das Strafregister eingetragen wird. Der Verweis wird

---

152 Vgl. *Aschaffenburg*, MSchrKrimPsych 1912/13, S. 234(236f.).
153 Sie werde daher doch als „Sühne" gewertet und empfunden, so die Erfahrung von *Hertz*, Vorschläge 1918, S. 24(27).
154 So die Beobachtung von *Aschaffenburg*, MSchrKrimPsych 1912/13, S. 234(237).
155 Vgl. *Hertz*, Vorschläge 1918, S. 24(27).
156 S. *Hertz*, Vorschläge 1918, S. 24(28f.).
157 *Hertz*, Vorschläge 1918, S. 24(29).

regelmäßig im Anschluß an die Verurteilung erteilt.[158] Diese Praxis verfehle aber den Zweck, da meistens der Jugendliche, der mit einer fühlbaren Strafe gerechnet habe, dann froh sei, so „billig" davon gekommen zu sein und beim Verlassen des Sitzungssaals die Sanktion bereits vergessen habe.[159] Aber die Erfahrung habe gelehrt, daß die Verweiserteilung wirkungsvoll gehandhabt werde könne, insbesondere, wenn sie der Straftat „auf dem Fuße folge".[160] Wegen der doch überwiegend als positiv eingeschätzten Wirkung wird eine entsprechende Sanktion unter dem Namen „Verwarnung" für das Jugendstrafrecht gefordert. Diese würde zwar inhaltlich in ihrer Sühnewirkung der Strafe des Verweises gleichstehen, sei aber vorzugswürdig, weil sie das öffentliche Urteil und die Tatsache der Vorbestrafung erspare.[161]

Die *E 1920* und *E 1922* titulieren die speziell auf Erziehung ausgerichteten Rechtsfolgen als „Erziehungsmaßregeln" und bestimmen, daß insoweit jede Anordnung über die Erziehung oder Unterbringung des Jugendlichen getroffen werden kann, sehen also von einer abschließenden Aufzählung ab.[162]

Insgesamt wird über bestimmte Erziehungsmaßnahmen, deren Ausgestaltung und Durchführung noch keine grundlegende Diskussion geführt.

3. Verknüpfung Vormundschaftsrecht - Strafrecht

Die spätere Zweispurigkeit von Strafrecht und staatlicher Erziehung bei nicht delinquenten Jugendlichen (unter dem Begriff „Vormundschaftsrecht" erfaßt) ist in jener Zeit noch nicht vorgezeichnet; vielmehr ist die Verknüpfung beider Bereiche anfänglich sehr eng. Dem entsprechend wird zum Beispiel gefordert, ein einheitliches Jugendrecht für alle Bereiche zu schaffen, welche die Jugend betreffen,

158 So die Erfahrung von *Philipp*, ZblJugR 1915/16 (7. Jg.), S. 279(280).

159 Wobei diese Erkenntnis dazu führe, daß Richter davon absehen und auch in leichteren Fällen eine kurze Freiheitsstrafe verhängen, so *Philipp*, ZblJugR 1915/16 (7. Jg.), S. 279(280).

160 Vgl. *Philipp*, ZblJugR 1915/16 (7. Jg.), S. 279(280f.).

161 *Hertz*, Vorschläge 1918, S. 24(27).

162 Als Beispiele nennen beide Entwürfe die Ermahnung, die Überweisung in die Zucht des gesetzlichen Vertreters oder der Schulbehörde, Schutzaufsicht und Fürsorgeerziehung, vgl. § 5, *E 1920*, S. 3; § 5 *E 1922*, Verhandlungen des Reichstags, S. 1. Für die beiden einschneidendsten Maßnahmen Schutzaufsicht und die Fürsorgeerziehung wird später klargestellt, daß sich ihre Durchführung nach dem JWG (und eben nicht nach dem JGG) bestimmt, vgl. *Kiesow*, ZblJugR 1922/23 (14. Jg.), S. 205(206).

und von dem das Strafrecht nur einen Teil ausmachen soll.[163] Die Umsetzung dieses Vorschlags gelingt jedoch aufgrund finanzieller Schwierigkeiten, rivalisierender Zuständigkeiten und fachlicher Kontroversen nicht.[164] Es wird auch die Ansicht vertreten, daß der Strafrichter über Erziehungsmaßnahmen gar nicht entscheiden könne, dies vielmehr dem Vormundschaftsrichter überlassen bleiben und demgemäß an ihn überwiesen werden solle, wenn Erziehungsmaßregeln geboten seien.[165] Das Strafrecht habe die Aufgabe der Aufrechterhaltung der Staatsautorität, so daß man grundsätzlich und scharf Strafe und Strafmittel von der ganz anders gearteten Aufgabe des Staates, „gemeingefährlichen Zuständen wie der Verwahrlosung der Jugendlichen zu begegnen“, trennen müsse; letztere Aufgabe zu lösen sei Sache der Verwaltung, nicht der Strafjustiz.[166] Das Erfordernis der Trennung beider Bereiche wird auch in der Praxis gesehen. Beim Frankfurter Jugendgericht werde die erforderliche vormundschaftliche Maßnahme - wenn eine Verurteilung erfolgt ist - im Anschluß an die Hauptverhandlung eingeleitet.[167] Und die Entschließung des 5. Jugendgerichtstags enthält ausdrücklich die Forderung, von der Anordnung der Erziehungsmaßnahmen im Strafurteil abzusehen.[168]

Nach anderer Ansicht solle der Strafrichter legitimiert werden, im Strafurteil auf Erziehungsmaßnahmen zu erkennen,[169] wobei dies wiederum mit einer Vermischung der Begrifflichkeiten einher geht. Strafe unterscheide sich qualitativ nicht von Erziehung, vielmehr müsse jede Strafe einen erzieherischen Einfluß ausüben.[170] Jede vernünftige Strafe habe Erziehungsaufgaben zu erfüllen, und

---

163 Vgl. z.B. *Felisch*, 1. Jugendgerichtstag 1909, S. 85(93); später in *Felisch*, Jugendgesetz 1917, S. 1 forderte er ein Gesetzbuch, „das lückenlos das gesamte öffentliche und bürgerliche Recht der Jugend einschließlich aller Verfahrensarten und Vollzugsmaßnahmen, auch derer der Verwaltungsbehörden, enthält“.

164 Vgl. zu den Einzelheiten *Dörner*, Erziehung durch Strafe 1991, S. 52f.; insbes. Fn. 55 zu den „fachlichen Kontroversen“.

165 Vgl. *Klein*, 27. Juristentag 1904, S. 97(115ff.) der empört konstatiert: „Das würde heißen, einen Schuldigen zur Zwangserziehung verurteilen.“

166 So *Klein*, 27. Juristentag 1904, S. 97(116), der weiter ausführt, daß „das gesunde Rechtsgefühl des Volkes“ eine solche Verquickung von Strafe und Erziehung nicht begreifen würde.

167 Vgl. *Allmenröder*, Jugendgericht 1912, S. 1(15).

168 *Anträge und Entschließung*, 5. Jugendgerichtstag 1920, S. 72(74).

169 Denn wenn dem Gericht diese Möglichkeit genommen werde, werde sich „in allen kritischen Fällen, in denen am ehesten ein Jugendlicher zu retten ist, die alte, liebe Gewohnheit des Strafens“ durchsetzen, so die Prognose von *Liepmann*, 5. Jugendgerichtstag 1920, S. 29(33).

170 Jede andere Strafe sei mangelhaft, so *Liepmann*, 5. Jugendgerichtstag 1920, S. 29(31).

Strafe könne durch Erziehung ersetzt werden.[171] Nicht durchgreifen würde das Gegenargument, daß sich in der Hauptverhandlung nicht der Erfolg der jeweiligen Erziehungsmaßregel voraussehen lasse, denn genausowenig könne man den Erfolg einer Strafe voraussehen.[172]

Die *E 1920* und *E 1922* entscheiden sich dafür, daß das Jugendgericht grundsätzlich selbst Erziehungsmaßregeln anordnen darf.[173] Die enge Verknüpfung der Rechtsgebiete zeigt sich aber auch im Gesetzgebungsverfahren, zum Beispiel auf der Sachverständigenkonferenz zum *E 1922* in dem Vorschlag, zunächst dem Vormundschaftsrichter die Strafsache zu übergeben, damit er über die Weiterleitung an die Staatsanwaltschaft entscheiden könne.[174] Die Überlegung, daß die Jugendgerichte die Grundentscheidung zur Erforderlichkeit von Erziehungsmaßnahmen treffen sollten, alles übrige der Vormundschaftsbehörde zu überlassen ist, wird in dem *E 1922* ausdrücklich nicht umgesetzt, weil die Beurteilung der gleichen Angelegenheit verschiedenen Behörden zugewiesen, das Verfahren zerrissen und der Jugendliche wiederholt vor den Richter gestellt werde; im übrigen wird befürchtet, daß sich das Gericht zum Absehen von Strafe schwerer entschließen werde, wenn es keine Gewähr dafür habe, daß für die Erziehung des Jugendlichen etwas Durchgreifendes geschehe.[175] Der *E 1922* nimmt zu dem Streit, wer die jeweilige konkrete Erziehungsmaßregeln auswählen soll, einen vermittelnden Standpunkt ein: Nach § 5 Abs. 2 S. 1 kann der Strafrichter sie entweder selbst anordnen oder muß aussprechen, daß Erziehungsmaßregeln erforderlich sind und dann die Auswahl der konkreten Maßnahme dem Vormundschaftsgericht überlassen.[176] Diese versöhnliche Lösung wird begrüßt[177], und es wird als große Gefahr angesehen, daß die Funktion des Straf- und des Vormundschaftsrichters, die man eben gekoppelt habe, wieder auseinanderfallen könnten.[178] Andere sehen es wiederum als Mangel an, auf welche Art und Weise versucht werde, Erziehungsmaßnahmen und Strafe in nähere Beziehung zu setzen.[179] Es sei zu empfehlen, dem Vormundschaftsrichter den Vortritt, also einen Einfluß

---

171 So *Liepmann*, 5. Jugendgerichtstag 1920, S. 29(32).

172 *Liepmann*, 5. Jugendgerichtstag 1920, S. 29(32).

173 *E 1920*, S. 3, § 4; *E 1922*, Verhandlungen des Reichstags, S. 1, § 5.

174 Vgl. den Tagungsbericht von *Elsa von Liszt*, ZblJugR 1922/23, S. 221(222).

175 *E 1922*, Verhandlungen des Reichstags, Begründung S. 11.

176 *E 1922*, Verhandlungen des Reichstags, S. 1; vgl. auch die Begründung zu §§ 5, 6 auf S. 10f., ähnlich auch schon die Begründung zu § 5 *E 1920*, wobei die Vorschrift noch abweichend formuliert war, vgl. *E 1920*, S. 3; 15.

177 Vgl. z.B. *Kiesow*, ZblJugR 1922/23 (14. Jg.), S. 205(206)

178 *Hertz*, ZblJugR 1922/23 (14. Jg.), S. 209f.

179 Vgl. für viele *Francke*, ZblJugR 1922/23 (14. Jg.), S. 211(212).

auf das Strafverfahren zu geben.[180] Entschärft wird der Streit jedoch durch die § 16 Abs. 2 *E 1920* und § 19 Abs. 2 *E 1922*, die die Geschäfte des Jugendrichters und des Vormundschaftrichters an einem Gericht mit mehreren Richtern denselben Personen in die Hände legen.[181]

4. Ergebnis

Bei einer Gesamtbetrachtung der Diskussion um die Idee „Erziehung" im Strafrecht jener Zeit zeigt sich, daß diese zwar im Grundsatz gewollt, jedoch anfänglich relativ konzeptlos und wenig konkret diskutiert wird. So thematisieren zum Beispiel nach der Einschätzung von *Pieplow* aus heutiger Sicht die Berichte von *Appelius* und *Aschrott* die „Erziehung" als das Paradigma für den Ablösungsprozeß vom Strafrecht, wobei dies zunächst nur ein „Hinauswerfen" von Strafrechtlern aus dem Strafrecht bedeutet habe und dieser Fingerzeig viel zu konturlos sei, als daß zu jenem Zeitpunkt Umsetzungschancen bestanden hätten.[182] Und nach *Roth* stelle das wesentliche Charakteristikum der Bewegung die starke Ausrichtung am Zweckgedanken dar, die eine einseitige Betonung der Spezialprävention bedinge, wobei aber eine Entkriminalisierung im Sinne eines Verzichts auf Sanktionen jedenfalls nicht angestrebt werde.[183] Im Ergebnis ist der Standort der Erziehung in einem speziellen Strafrecht für Jugendliche, ihre Bedeutung und deren Umsetzung mittels bestimmter Reaktionsformen in jener Zeit keineswegs bestimmt. Die Unsicherheiten im Umgang mit der Erziehung zeigen sich auch noch in den Entwürfen zum neuen Jugendgerichtsgesetz.

IV. Der Jugendarrest

Wann genau die Idee eines Arrests für Jugendliche aufgekommen ist, der der heutigen Ausgestaltung als Zuchtmittel entspricht oder der jedenfalls als Vorläufer gelten kann, läßt sich nicht bestimmen. In der jugendstrafrechtlichen Diskussionen um die Jahrhundertwende findet sich dieser Gedanke jedenfalls noch

---

180 *Francke*, ZblJugR 1922/23 (14. Jg.), S. 211(212): Mit der Praxis der Wahlmöglichkeit des Strafrichters werde man sich allenfalls abfinden können in der Hoffnung, daß es in der Praxis zur Regel werde, dem Vormundschaftsrichter die Anordnung zu überlassen.

181 *E 1920*, S. 6, Begründung, S. 22; *E 1922*, Verhandlungen des Reichstags S. 3; auch Begründung, S. 17.

182 Vgl. *Pieplow*, Erziehung 1989, S. 5(8).

183 So die Einschätzung von *Roth*, ZNR 1991, S. 17(32).

nicht.[184] Auf dem 2. Jugendgerichtstag 1910 wird eine Art Jugendarrest, wie er in der Schweiz praktiziert wird, vorgestellt.[185] Als „Vater der Idee des Jugendarrests“ wird aber später der Pädagoge *Foerster* genannt.[186] In seinem im Jahre 1911 erscheinenden Buch greift er die Sanktion der schweizerischen „Schulgerichte“ auf und nimmt sie zum Vorbild für den Vorschlag eines Gefängnisses für Jugendliche, einem sogenannten „Jugendarrest“.[187] Dieser solle weder „bloße Verwahrung“, noch „bloße Zwangserziehung“, sondern „ernsthafte Strafe“ sein, mit ernsthafter Arbeitstherapie, aber nicht als „Vorstrafe gerechnet werden und gerade für das erste Delikt eines Jugendlichen zur Verfügung stehen“.[188] Seine Forderungen wiederholt *Foerster* ein Jahr später auf dem 3. Jugendgerichtstag.[189] Wenn auch angezweifelt wird, daß es sich bei den Äußerungen von *Foerster* tatsächlich um die erste Konzeption des Jugendarrests nach heutigem Verständnis handelt, so ist jedenfalls im zeitlichen Anschluß an seine Ausführungen feststellbar, daß in der jugendstrafrechtlichen Diskussion diese Sanktionsform immer wieder aufgegriffen wird. Die „Geburtsstunde des Jugendarrests“ ist somit in diesen zeitlichen Bereich einzuordnen.

Während des Ersten Weltkriegs wird die Einführung eines Arrests als Disziplinarstrafe als „kriegswichtige“ Maßnahme zu Bekämpfung der Jugendverwahrlosung und -kriminalität erwogen, jedoch nicht durchgesetzt.[190] *Hertz* regt dann 1918 die Möglichkeit von kurzzeitigem Jugendarrest als weitere sogenannte „erzieherische Ordnungsstrafe“ neben der Geldstrafe an.[191] Dieser solle zum Bei-

---

184 So auch das Ergebnis der Untersuchung von *Meyer-Höger*, Jugendarrest 1998, S. 15ff., die dort nachvollziehbar ausführt, daß trotz der Verwendung des Begriffs „Arrest“ von einigen Autoren noch nicht der Grundstein für den Jugendarrest nach heutigem Verständnis gelegt wird.

185 Vgl. zu den Einzelheiten nur *Meyer-Höger*, Jugendarrest 1998, S. 19ff., die sich gegen die Annahme ausspricht, in dem schweizerischen Vorschlag ideengeschichtliche Ursprünge des Jugendarrests zu sehen.

186 Von *Sieverts*, Jugendarrest 1961, S. 150(154); *Schaffstein*, Gedächtnisschrift Kaufmann 1986, S. 393(394); ähnlich auch *Pfeiffer*, MschrKrim 1981, S. 28(30).
Kritisch dazu steht *Eisenhardt*, Kurze Haft 1980, S. 9ff.; auch *Meyer-Höger*, Jugendarrest 1998, S. 23f. sieht dies anders: Die Annahme sei ungenau, wenn nicht sogar falsch, denn *Foersters* Konzeption sei nichts anderes als die gedankliche Entwicklung einer jugendgemäßen Freiheitsstrafe beziehungsweise eines jugendgemäßen Strafvollzugs.

187 Vgl. *Foerster*, Schuld und Sühne 1911, S. 24f.

188 So *Foerster*, Schuld und Sühne 1911, S. 25.

189 *Foerster*, 3. Jugendgerichtstag 1912, S. 16f.

190 Vgl. die Zusammenstellung der einzelnen Stimmen, die sich dafür aussprechen, bei *Meyer-Höger*, Jugendarrest 1998, S. 24ff.

191 S. *Hertz*, Vorschläge 1918, S. 24(30).

spiel bei „Vergehen des unüberlegten Übermuts“, die über den Umfang von dummen Streichen hinausgehen würden, verhängt werden können.[192]

Obwohl immer wieder angesprochen, wird die Einführung eines Arrests als „Besinnungshaft“ zur Vermeidung von kurzer Freiheitsstrafe in den verschiedenen Entwürfen zum JGG 1923 nicht aufgenommen. Durchsetzen kann sich diese Sanktionsmöglichkeit in jener Zeit nicht. Dafür erscheinen die verschiedenen Diskussionsbeiträge aber auch noch nicht konkret genug. Es sieht so aus, als entwickele sich der Gedanke gemächlich, und erst in einem weiteren, noch vorzunehmenden Schritt erfolgt die detailliertere und genauere Ausarbeitung eines Konzepts für den Jugendarrest.

V. Besonderheiten des Strafverfahrens gegen jugendliche Delinquenten

Bei der Diskussion um eine allgemeine strafrechtliche Sonderbehandlung jugendlicher Delinquenten spielt auch die Frage nach einer besonderen Behandlung vor Gericht eine Rolle.

1. Spezielle Jugendgerichte

Seit 1905 erörtert der Berliner Amtsrichter *Köhne* Möglichkeiten für die Bildung eines Jugendgerichts.[193] Er kann seine Vorstellungen kurze Zeit später in die Praxis umsetzen. Wie bereits in der Einführung angesprochen, werden im Jahre 1908 ohne Änderung der Rechtslage im Wege der Geschäftsverteilung besondere Jugendgerichte geschaffen. Bis heute ist umstritten, ob sich das erste deutsche Jugendgericht in Frankfurt am Main oder in Köln etabliert hat.[194] Jedenfalls bilden sich ausgehend von der gewollten Verknüpfung von Vormundschafts- und Strafgericht zwei unterschiedliche Systeme. Nach dem „Frankfurter System“ ist der Strafrichter zugleich Vormundschaftsrichter für die von ihm abgeurteilten Jugendlichen. Im Gegensatz dazu übernimmt nach dem „Kölner System“ der Vormundschaftsrichter zugleich die Funktion des Strafrichters für die Jugendlichen, die nach dem Anfangsbuchstaben ihres Namens in seine Abteilungen fallen.[195]

---

192 So *Hertz*, Vorschläge 1918, S. 24(30), nach dessen Ansicht ein mehrstündiges Einsperren an Sonntagnachmittagen nicht im Gefängnis, sondern in besonderem Polizeigewahrsam genügen solle.

193 Vgl. *Allmenröder*, Jugendgericht 1912, S. 1.

194 Vgl. bereits *Ruscheweyh*, Jugendgericht 1918, S. 101, Fn. 3 und näher dazu *Pieplow*, Deutsches Jugendgericht 1988, S. 605(608ff.).

195 Vgl. nur *Ruscheweyh*, Jugendgericht 1918, S. 102.

Fast gleichzeitig mit den beiden genannten nehmen eine Vielzahl weiterer Jugendgerichte ihre Arbeit auf.[196]

Bereits im Jahre 1912 treffen 692 Amtsgerichte im gesamten Reichsgebiet spezielle Maßnahmen im Verfahren gegen jugendliche Straftäter, und es sind 212 Jugendgerichte eingerichtet.[197] Die Forderung geht dahin, Jugendgerichte beziehungsweise besondere Jugendabteilungen bei den Gerichten schnellstmöglich flächendeckend einzurichten.[198] Der *E 1912* enthält aber keine entsprechende Vorgabe.

Es kommt zu keiner Vereinheitlichung der beschriebenen Systeme. Vielmehr hat jedes Gericht seine besondere Eigenart und Organisation, und die Verfahren weisen kein einheitliches Bild auf.[199] So ist es (wie bereits im Zusammenhang mit der Erziehung ausgeführt) keineswegs allgemeine Meinung, daß das Jugendgericht vornehmlich Strafgericht sei oder daß ein Strafrichter Erziehungsmaßnahmen verhängen dürfe.[200] Daher wird auch weiterhin über ein optimales Konzept für das Jugendgericht diskutiert. Die Aufgabe solle in erster Linie an der Erziehung des jugendlichen Straftäters festgemacht werden, aber auch der sühnende Charakter dürfe nicht verleugnet werden.[201] Aus der bloßen Vereinigung des vormundschaftsgerichtlichen und strafrichterlichen Verfahrens in einer Hand solle die organisierte Verbindung der Tätigkeit des Jugendrichters, Staatsanwalts und aller amtlich oder freiwillig mit der Fürsorge für die Jugendlichen befaßten

---

196 Vgl. die Aufzählung bei *Ruscheweyh*, Jugendgericht 1918, S. 103. *Pieplow* (Deutsches Jugendgericht 1988, S. 605(611ff.)) ist der Ansicht, daß die Jugendgerichte in Frankfurt und Köln nicht modellhaft für die übrigen Jugendgerichte in Deutschland gewesen sein könnten, weil zumindest gleichzeitig eine Vielzahl weiterer Gerichte zu arbeiten begannen; vielmehr weist er - kritisch - auf den amerikanischen Einfluß hin.

197 *Ruscheweyh*, Jugendgericht 1918, S. 103f.

198 Vgl. bereits *Felisch*, 1. Jugendgerichtstag 1909, S. 85(96f.: Forderung, „Jugendgerichte obligatorisch im ganzen Reiche als solche“ einzusetzen); *Bleek*, MSchrKrimPsych 1912/13, S. 490(494) m. w. N.; vgl. auch *Wellstein*, MSchrKrimPsych 1914, S. 193(199ff.).

199 Vgl. die detaillierte Beschreibung der Einrichtung der Jugendgerichte in den verschiedenen Ländern bei *Ruscheweyh*, Jugendgericht 1918, S.96-131.

200 Vgl. z.B. § 9 des Entwurf eines Reichsgesetzes, als Anlage I abgedruckt bei *Appelius*, Behandlung jugendlicher Verbrecher 1892, S. 201f., der die Zuständigkeiten für Strafen und Erziehungsmaßnahmen deutlich trennt; *Klein*, 27. Juristentag 1904, 97(116) sieht das Strafverfahren als Anlaß, die zuständige Stelle auf den ungenügenden Stand der Erziehung des Angeklagten hinzuweisen.

201 So für das Frankfurter Jugendgericht *Allmenröder*, Jugendgericht 1912, S. 1; vgl. auch die Beschreibung des dortigen Verfahrens bei *Allmenröder*, Jugendgericht 1912, S. 1(6-16).

Organe entstehen.[202] Im Jahre 1914 macht *Köhne* darauf aufmerksam, daß nicht einmal die technische Bedeutung des Wortes „Jugendgericht" feststehe.[203] Hierzu wird die Ansicht vertreten, daß es sich nur um ein „echtes Jugendgericht" handele, wenn die Ämter des Vormundschafts- und des Jugendrichters in einer Person vereinigt werden.[204] § 16 *E 1920* und im Anschluß daran § 19 *E 1922* verwenden den Begriff „Jugendgericht" und sehen vor, daß an Amtsgerichten mit mehreren Richtern die Geschäfte des Jugendrichters und des Vormundschaftsrichters denselben Richtern übertragen werden sollen.[205]

2. *Das „jugendgemäße Verfahren"*

Untrennbar verbunden mit der Institutionalisierung der Jugendgerichte ist die Diskussion um die Auswirkungen eines Strafverfahrens auf Jugendliche und die Anforderungen an ein „jugendgemäßes Verfahren".

a) Stand der Diskussion

Das allgemeine Strafverfahren wird als ungeeignet, wenn nicht sogar schädlich für jugendliche Delinquenten angesehen.[206] Bereits auf dem 26. Deutschen Juristentag spricht man sich dafür aus, das Strafverfahren gegen Jugendliche als eine „besondere Art des Verfahrens" auszugestalten.[207] In der weiteren Diskussion kristallisieren sich folgende grundlegende Forderungen heraus: Aus dem gesamten Verfahren sei das Erziehungswidrige fernzuhalten beziehungsweise die Erziehung in jedem Stadium im Auge zu behalten.[208] Die Lebens- und Erziehungs-

---

202 So die Vorstellung für das Frankfurter Jugendgericht von *Allmenröder*, Jugendgericht 1912, S. 1; *Klein*, 27. Juristentag 1904, S. 97(120) hält dagegen Sondergerichte wegen der Überschneidungen der Aufgabenbereiche nicht für nötig und nicht zweckmäßig.

203 So *Köhne*, Dt.StrafRZ 1914, Sp. 298.

204 So die Ansicht von *Wellstein*, MSchrKrimPsych 1914, S. 193(200ff.); vgl. auch *Köhne*, DtStrafRZ 1914, Sp. 298(301); *ders.*, E 1908, S. 1(4) (§ 10); Begründung, S. 1(24).

205 *E 1920*, S. 6; Begründung S. 21f.; *E 1922*, Verhandlungen des Reichstags, S. 3.

206 Vgl. z.B. *Klein*, 27. Juristentag 1904, S. 97(119) und dort die Zusammenstellung von geltenden Verfahrensvorschriften, die speziell Jugendliche betreffen (S. 119).

207 *Kahl*, 26. Juristentag 1902, S. 210(229), bestätigt auf dem 27. Juristentag von *Klein*, 27. Juristentag 1904, S. 97(120).

208 *Allmenröder*, 1. Jugendgerichtstag 1909, S. 38(39); *ders.*, 3. Jugendgerichtstag 1912, S. 67(70).

verhältnisse des Jugendlichen müßten ermittelt werden.[209] Das Vorverfahren sei zu beschleunigen.[210] Die Verteidigerbestellung müsse obligatorisch sein.[211] In der Hauptverhandlung sei die Öffentlichkeit zu beschränken beziehungsweise auszuschließen.[212] Denn zum einen dürfe der „noch unverdorbene und sonst anständige Jugendliche" nicht ohne Not öffentlich zur Schau gestellt und in seinem Ehrgefühl verletzt werden, und zum anderen solle sich der „schlimme jugendliche Übeltäter" nicht in der öffentlichen Verhandlung oder anläßlich des gesamten Verfahrens wichtig vorkommen.[213] Jugendliche müßten von den erwachsenen Straftätern getrennt werden, da die Jugendlichen von ihnen „nichts Gutes lernen können".[214] Außerdem müsse die Möglichkeit gegeben sein, den Jugendlichen jederzeit aus der Verhandlung zu entfernen[215] oder ihn obligatorisch während der Schlußvorträge auszuschließen[216].

209 Vgl. *Appelius*, Behandlung jugendlicher Verbrecher 1892, S. 138ff. *Schmölder*, GS 49 (1894), S. 157(192) vertritt die Ansicht, der Richter müsse die „Machthaber" sehen, um sich Klarheit zu verschaffen; ähnlich *Klein*, 27. Juristentag 1904, S. 97(122).

210 *Kahl*, 26. Juristentag 1902, S. 210(229).

211 So *Appelius*, Behandlung jugendlicher Verbrecher 1892, S. 143f. mit der Einschränkung „wenigstens vor der Strafkammer"; vgl. auch *Riß*, 1. Jugendgerichtstag 1909, S. 14(21), der hierfür Personen aus dem Kreis der Jugendgerichtshilfe auswählen will; *Bleek*, MSchrKrimPsych 1912/13, S. 490(496) befürwortet eine sofortige Bestellung bei der Verhaftung; vgl. auch §§ 6ff. des E 1912 bei *Bleek*, MSchrKrimPsych 1912/13, S. 490(491), der entweder auf einen Verteidiger oder einen Beistand abstellt.

212 *Appelius*, Behandlung jugendlicher Verbrecher 1892, S. 141ff.; vgl. auch § 22 des Entwurf eines Reichsgesetzes, als Anlage I abgedruckt bei *Appelius*, Behandlung jugendlicher Verbrecher 1892, S. 201f.; *Kahl*, 26. Juristentag 1902, S. 210(229); *Fischer*, 1. Jugendgerichtstag 1909, S. 30(32); *Allmenröder*, Jugendgericht 1912, S. 1(18), *Schultz*, MSchrKrimPsych 1914, S. 45(47); § 11 E 1912 bei *Bleek*, MSchrKrimPsych 1912/13, S. 490(491f.); a. A. *Köhne* (E 1908, S. 1(29f.), der die Kontrolle des Richters gewahrt haben und der Verbreitung des Verfahrens in der Öffentlichkeit Nutzen zusprechen will.

213 So *Klein*, 27. Juristentag 1904, S. 97(121); vgl. auch *v. Liszt*, Kriminalität 1900, S. 331(346).

214 Vgl. *Riß*, 1. Jugendgerichtstag 1909, S. 14(17); ähnlich auch *Schultz*, MSchrKrimPsych 1914, S. 45(47); *Köhne*, § 12 E 1908, S. 1(5); § 11 E 1912 bei *Bleek*, MSchrKrimPsych 1912/13, S. 490(491); dagegen aber *Fischer*, 1. Jugendgerichtstag 1909, S. 30(32).

215 *Allmenröder*, Jugendgericht 1912, S. 1(18). Mit Hinweis darauf, daß es eine Art Größenwahn im Angeklagten wecken müsse, wenn er sehe, daß er zum eigentlichen Mittelpunkt der Hauptverhandlung gemacht werde, *Elwert*, 2. Jugendgerichtstag 1910, S. 99(104f.).

216 So die Forderung von *Elwert*, 2. Jugendgerichtstag 1910, S. 99(107) insbesondere im Hinblick auf das Plädoyer des Verteidigers.

Die *E 1920* und *E 1922* übernehmen die Forderungen weitgehend. Nach § 25 *E 1920* und § 29 *E 1922* sind bei den Ermittlungen möglichst frühzeitig die Lebensverhältnisse des Beschuldigten zu erforschen sowie alle Umstände, die „zur Beurteilung seiner körperlichen und geistigen Eigenart dienen können".[217] Der *E 1920* will dabei auch der Jugendgerichthilfe eine gesetzliche Grundlage geben.[218] Der *E 1922* nimmt dies etwas zurück und spricht ausdrücklich nur von der Zuziehung des Jugendamtes.[219] § 23 *E 1920* sieht vor, daß ein Verteidiger auch dann (neben den allgemeinen Voraussetzungen) bestellt werden soll, wenn der Beschuldigte „wegen seiner Jugend der eigenen Wahrnehmung seiner Rechte nicht gewachsen erscheint".[220] § 27 *E 1922* beschränkt dies in dem Sinne, daß ein Verteidiger bei schwersten Verbrechen bestellt werden soll, und wenn es aus besonderen Gründen, namentlich bei verwickelter Sach- oder Rechtslage, angemessen erscheint.[221] Nach § 18 *E 1920* und § 21 *E 1922* sind die Verhandlungen nicht öffentlich, wobei bestimmten Personen, die an dem Jugendlichen oder der Tat ein besonderes Interesse haben, der Zutritt grundsätzlich gestattet ist.[222] Im Gegensatz zu dem *E 1922* hat der *E 1920* noch vorgesehen, daß trotz Ausschlusses der Öffentlichkeit während der Verhandlung das Urteil öffentlich verkündet wird.[223] Nach § 27 Abs. 1 *E 1920* und § 31 *E 1922* soll die Hauptverhandlungen so gestaltet werden, daß eine Berührung des Jugendlichen mit erwachsenen Angeklagten vermieden wird.[224] Wenn von einzelnen Erörterungen ein nachteiliger Einfluß auf den Jugendlichen zu befürchten ist, kann er davon ausgeschlossen werden, wobei ihm nach seiner Rückkehr der wesentliche Inhalt der Erörterungen mitzuteilen ist, § 27 Abs. 2 *E 1920* und § 31 Abs. 2 *E 1922*.[225] Hervorzuheben ist schließlich, daß nach § 30 Abs. 2 *E 1920* und § 36 Abs. 2 *E 1922* das Verfahren nach § 211 StPO (also ein Verfahren ohne zwingende schriftliche Anklage und ohne Entscheidung über die Eröffnung zur Hauptverhandlung unter der Voraussetzung, daß sich der Beschuldigte freiwillig gestellt hat, nach vorläufiger Festnahme dem Gericht vorgeführt wird oder wegen einer Übertretung verfolgt wird[226]) gegenüber Jugendlichen unzulässig ist.[227]

---

217 *E 1920*, S. 8; *E 1922*, Verhandlungen des Reichstags, S. 5.
218 Vgl. *E 1920*, Begründung S. 25.
219 Vgl. § 29 Abs. 3, *E 1922*, Verhandlungen des Reichstags, S. 5
220 *E 1920*, S. 7; Begründung S. 24f.
221 *E 1922*, Verhandlungen des Reichstags, S. 4; Begründung S. 20.
222 Vgl. *E 1920*, S. 6; Begründung S. 22; *E 1922*, Verhandlungen des Reichstags, S. 3.
223 *E 1920*, S. 6
224 *E 1920*, S. 8; *E 1922*, Verhandlungen des Reichstags, S. 5.
225 *E 1920*, S. 8; *E 1922*, Verhandlungen des Reichstags, S. 5.
226 Die Begrifflichkeit ist hier nicht ganz einheitlich. Das Verfahren nach § 211 StPO wird grundsätzlich zusammengefaßt unter dem Begriff „beschleunigtes Verfahren",

b) Die Einstellung des Verfahrens

Diskutiert wird die Überlegung, das Legalitätsprinzip nach § 152 StPO im Strafverfahren gegen Jugendliche abzuschaffen oder jedenfalls einzuschränken. Für die Beschränkung des Legalitätsprinzips in bestimmten Fällen spreche die Zeitersparnis; auch dürfe aus psychologischer Sicht ein harmloser erster Vorfall nicht aufgebauscht werden, denn der Jugendliche fühle sich dann wie eine wichtige Persönlichkeit.[228] Einzelne Stimmen führen gegen den Vorschlag an, daß mit der Abschaffung des Legalitätsprinzips die Jugendgerichte ihre „segensreiche pädagogische Wirksamkeit" verlieren würden, da nur noch die Aburteilung derjenigen über 14 Jahre alten Jugendlichen übrig bleibe, bei denen Strafe den Erziehungsmaßnahmen vorzuziehen sei.[229] Die Tendenz geht aber dahin, daß der Staatsanwalt und/oder der Richter die Wahl zwischen Straf- und Erziehungsverfahren erhalten soll[230], gegebenenfalls auch nur bei (leichten) Übertretungen und Vergehen von 12- bis 15jährigen.[231]

Innerhalb der Gruppe, die für ein Wahlrecht zwischen Straf- und Erziehungsverfahren eintritt, herrscht Uneinigkeit darüber, wer die Entscheidungskompetenz erhalten soll. Wohl überwiegend wird der Richter als die richtige Stelle angesehen.[232] Gegen den Staatsanwalt spreche, daß er keine sichere Beurteilungsgrundlage gewinnen könne, weil ihm insbesondere aufgrund der recht dürftigen Angaben in der Strafanzeige eine genaue Erforschung der persönlichen Verhältnisse des Jugendlichen nicht möglich sei.[233] Außerdem sei unklar, ob der Staatsanwalt vorwiegend das Interesse des Jugendlichen oder auch - und inwieweit - das Interesse des Verletzten und die des Staates zu berücksichtigen habe.[234] Es

---

der *E 1920* nennt es aber „vereinfachtes Verfahren", so wie das spätere jugendgerichtliche Verfahren bezeichnet wird.

227 Vgl. *E 1920*, S. 9; *E 1922*, Verhandlungen des Reichstags, S. 6.

228 Vgl. *Aschaffenburg*, MSchrKrimPsych 1912/13, S. 234(238): „Mancher Jugendstreich verdiene es wirklich nicht, durch den Staatsanwalt von Amtswegen verfolgt zu werden", so *Klein*, 27. Juristentag 1904, S. 97(126).

229 Hierfür eine besondere Organisation zu schaffen, lohne kaum der Mühe, so *Köhne*, DtStrafRZ 1914, Sp. 298(300).

230 Vgl. z.B. § 18 des Entwurfs von *Köhne*, E 1908, S. 1(6; Begründung: S. 28)); *Allmenröder*, Jugendgericht 1912, S. 1(17), *Aschaffenburg*, MSchrKrimPsych 1912/13, S. 234(237).

231 *Schmölder*, GS 49 (1894), S. 157(199f.).

232 Vgl. z.B. *Hertz*, Vorschläge 1918, S. 24(34); *Köhne* dagegen will dem Staatsanwalt die Wahl zwischen Antrag auf Erziehungsmaßnahmen und Erhebung der öffentlichen Klage zubilligen, vgl. E 1908, S. 1(28).

233 So *Pemerl*, 2. Jugendgerichtstag 1910, S. 127(135).

234 Wobei er darauf aufmerksam macht, daß sich der Strafrichter in nicht viel besserer Lage befinde, wenn er nach der Eröffnung des Hauptverfahrens oder im Hauptver-

bestehe die Gefahr des Vorwurfs einer Klassenjustiz, weil Erwägungen des Staatsanwalts bei der Einstellung nicht nach außen bekannt würden.[235] Das Mißtrauen gegen die Objektivität der Staatsanwaltschaft gehöre anscheinend zu den unauslöschlichen Vorurteilen der „allgemeinen Volksmeinung".[236] Es wird auch überlegt, die Staatsanwaltschaft aus dem Ermittlungsverfahren als überflüssig völlig auszuschalten und das Verfahren der Vormundschaftsbehörde beziehungsweise dem Vormundschaftsrichter zu übertragen.[237] Erst wenn der Jugendrichter eine kriminelle Ahndung für erforderlich erachte, solle er die Akten an die Staatsanwaltschaft abgeben.[238] Denn jede Straftat erscheine zunächst als Verwahrlosungssymptom und betreffe daher den Vormundschaftsrichter. Erst wenn er zu dem Ergebnis komme, daß eine Kriminalstrafe erforderlich sei - daß also der Jugendliche einem Erwachsenen gleichgestellt werden müsse - sei der Zeitpunkt zum Eingreifen des Staatsanwalts gekommen.[239] Das strafrechtliche Verfahren sei also nur als letzte Konsequenz und damit in der geringeren Zahl der Fälle durchzuführen.[240] Nach wieder anderer Ansicht ist es im Grunde gleichgültig, ob der Richter oder der Staatsanwalt die Prüfung vornehme, da der einzelne Fall nach vernünftigem Ermessen daraufhin geprüft werde, ob eine Bestrafung als richtige Maßregel erscheine.[241]

Bereits der *Vorentwurf StGB* von 1909 sieht Einstellungsmöglichkeiten vor. Nach § 69 Abs. 2 kann das Gericht „neben oder an Stelle einer Freiheitsstrafe die Überweisung des Jugendlichen zur staatlich überwachten Erziehung anordnen", wenn die Tat hauptsächlich als Folge mangelhafter Erziehung erscheint oder sonst anzunehmen ist, daß Erziehungsmaßregeln erforderlich sind, um den Täter an ein gesetzmäßiges Leben zu gewöhnen.[242] In besonders leichten Fällen kann ganz von Bestrafung abgesehen werden.[243] Auch der *E 1912* gestattet die Durch-

---

handlungstermin das Verfahren einstellt, vgl. *Pemerl*, 2. Jugendgerichtstag 1910, S. 127(135f.).

235 So *Pemerl*, 2. Jugendgerichtstag 1910, S. 127(135f.); ähnlich *Allmenröder*, 3. Jugendgerichtstag 1912, S. 67(69), der ein solches Vorgehen in der Praxis festgestellt habe.

236 So *Aschaffenburg*, MSchrKrimPsych 1912/13, S. 234(237f.).

237 Z.B. von *Felisch*, 1. Jugendgerichtstag 1909, S. 85(96); *Bleek*, MSchrKrimPsych 1912/13, S. 490(495f.); ähnlich auch *Schultz*, MSchrKrimPsych 1914, S. 45(46); *Hertz*, Vorschläge 1918, S. 24(34f.).

238 *Hertz*, DJZ 1918, Sp. 90(93).

239 Dann soll der Staatsanwalt nicht an die Entscheidung des Vormundschaftsrichters gebunden sein, sondern noch seinerseits das Verfahren einstellen können, so die Ansicht von *Hertz*, Vorschläge 1918, S. 24(35).

240 *Hertz*, DJZ 1918, Sp. 90(91f.).

241 S. *v. Lilienthal*, DJZ 1912, Sp. 1201(1203).

242 *Vorentwurf StGB*, Reichs-Justizamt 1909, S. 15; Begründung S. 258ff.

243 Vgl. *Vorentwurf StGB*, Reichs-Justizamt 1909, Begründung S. 262.

brechung des Legalitätsprinzips insoweit, als nach den §§ 3f. Erziehungs- und Besserungsmaßregeln einer Bestrafung vorzuziehen sind und wenn sich dies ergibt entweder keine Klage erhoben oder nach Klageerhebung das Verfahren eingestellt und an die Vormundschaftsbehörde abgegeben werden soll.[244] Die „freie Hand“ des Staatsanwalts bei dieser Entscheidung der Klageerhebung wird entsprechend den obigen Ausführungen kritisiert und wenigstens eine richterliche Kontrolle gefordert.[245] Ansonsten würde eine das Individualinteresse tief berührende Entscheidung ohne Rechtsmittel in die Hände einer Verwaltungsbehörde gelegt.[246] Der *E 1920* gibt den Gedanken der Vorlagen von 1909 und 1912, das Legalitätsprinzip zu durchbrechen, weitgehend auf und normiert in § 26 die Einstellungsbefugnisse der Staatsanwaltschaft nur in engen Grenzen:[247] Sie kann mit Zustimmung des Jugendrichters von der Erhebung der Anklage absehen, wenn gegen den Beschuldigten bereits Fürsorgeerziehung angeordnet ist und mit Rücksicht hierauf weitere Maßnahmen nicht erforderlich erscheinen. Wenn die Hauptverhandlung bereits angeordnet ist, kann das Gericht auf Antrag der Staatsanwaltschaft das Verfahren einstellen. Nach § 7 Abs. 4 *E 1920* kann das Gericht - wo es angemessen ist - ganz von Strafe absehen.[248] Auf dem 5. Jugendgerichtstag wird eine darüber hinausgehende Einstellungsbefugnis der Staatsanwaltschaft gefordert, wenn „der verbrecherische Wille des Täters gering und nach den Umständen entschuldbar und die Folgen der Tat unbedeutend sind“.[249] Der *E 1922* erweitert die Einstellungsbefugnisse wieder. Nach § 9 Abs. 4 *E 1922* kann auch weiterhin das Gericht in besonders leichten Fällen von Strafe absehen, wenn die Tat ein Vergehen oder eine Übertretung ist.[250] § 30 *E 1922* gibt der Staatsanwaltschaft nunmehr die Befugnis, mit Zustimmung des Jugendrichters von der Erhebung der Klage abzusehen, wenn bereits eine Erziehungsmaßregel angeordnet worden ist und weitere Maßnahmen nicht erforderlich sind oder - dies stellt die Neuerung dar - anzunehmen ist, daß das Gericht nach § 9 Abs. 4 von der Strafe absehen wird; wenn Klage bereits erhoben ist, kann das Gericht mit Zustimmung der Staatsanwaltschaft die Einstellung des Verfahrens beschließen.[251] Mit der

---

244 §§ 3f. E 1912 bei *Bleek*, MSchrKrimPsych 1912/13, S. 490; vgl. auch *Wellstein*, MSchrKrimPsych 1914, S. 193(205).

245 Im Ansatz *Bleek*, MSchrKrimPsych 1912/13, S. 490(495); so auch *Wellstein*, MSchrKrimPsych 1914, S. 193(205f.)

246 *Köhne*, DtStrafRZ 1914, Sp. 298(299f.).

247 *E 1920*, S. 8; vgl. auch die Begründung S. 25f.

248 *E 1920*, S. 4; vgl. auch die Begründung S. 17.

249 So *Liepmann*, 5. Jugendgerichtstag 1920, S. 29, der zusätzlich ausreichende Ermittlungen zu Tat und Person fordert und die Anordnung von erzieherischen Maßnahmen des Jugendrichters.

250 *E 1922*, Verhandlungen des Reichstags, S. 2.

251 *E 1922*, Verhandlungen des Reichstags, S. 5; Begründung, S. 21.

Entscheidung des *E 1922*, auch der Staatsanwaltschaft weitgehende Einstellungsmöglichkeiten zu geben, scheint sich die Forderung nach Durchbrechung des Legalitätsprinzips für das Verfahren gegen Jugendliche durchgesetzt zu haben.

3. Einigungsstelle für Jugendliche

Bereits im Jahre 1917 wird die später in den 80er Jahren als modern gepriesene Idee eines „Täter-Opfer-Ausgleichs" vorgestellt. *Winkler* erörtert zum Zwecke der Entlastung der Rechtspflege die Gründung einer Einigungsstelle für Jugendliche durch die Jugendfürsorgevereine.[252] Bei leichteren strafbaren Verfehlungen solle der Verletzte nicht gleich zum „Kadi" laufen, sondern zunächst zum Jugendfürsorgeverein kommen; dort werde dann unter Mitwirkung der rechtskundigen Vereinsmitglieder mit dem Jugendlichen und dessen „Gewalthaber" ein Vergleich geschlossen mit dem Inhalt, „daß der Jugendliche erforderlichenfalls mit Hilfe seines Gewalthabers die Leistung des Schadensersatzes übernimmt und der Verletzte nötigenfalls und möglichst unter dem Versprechen einer Vertragsstrafe sich verpflichtet, bei pünktlicher Leistung des Schadensersatzes eine Strafanzeige nicht zu erstatten, auch ihre Erstattung nicht anzuregen".[253] Voraussetzung eines derartigen Vertrags sei, daß der Jugendliche die Tat wenigstens in ihrem wesentlichen Umfang einräume.[254]

In rechtlicher Hinsicht bestehen Bedenken, ob darin, daß die Einigungsstelle den Geschädigten von der Erstattung einer Strafanzeige fernzuhalten suche, eine strafbare Begünstigung nach § 257 RStGB liege und daß wegen der zivilrechtlichen Natur des Einigungsvertrags dieser keinen unmittelbaren Einfluß auf die Einleitung oder Fortsetzung eines Strafverfahrens auszuüben vermag.[255] Zu der Einrichtung einer Einigungsstelle und damit der Umsetzung der Ideen von *Winkler* in dieser konkreten Form ist es nie gekommen.

---

252 Vgl. *Winkler*, Dt. Jugendgerichtsarbeit 1917, S. 41ff.

253 So die Vorstellung von *Winkler*, Dt. Jugendgerichtsarbeit 1917, S. 41.

254 *Winkler*, Dt. Jugendgerichtsarbeit 1917, S. 41(42).

255 *Winkler* selbst (Dt. Jugendgerichtsarbeit 1917, S. 41(42)) benennt diese Bedenken, gelangt aber zu dem Ergebnis, daß sie der Umsetzung des Vorschlags nicht entgegenstehen; auch *Ruscheweyh*, Jugendgericht 1918, S. 85ff. greift das Thema auf und diskutiert den Vorschlag differenziert.

4. Ergebnis

Fast wie von selbst entwickeln sich zu jener Zeit die Jugendgerichte. Die Praxis wagt den ersten Schritt und etabliert diese, ohne daß eine gesetzliche Vorgabe abgewartet wird. Vorhersehbar ist dabei allerdings die uneinheitliche praktische Umsetzung. Diese tritt tatsächlich ein, so daß deutlich die Forderung nach Schaffung einer gesetzlichen Grundlage erhoben wird. Im Detail gehen die Vorstellungen auseinander. Weitgehende Einigkeit besteht aber darüber, daß auch das Verfahren vor diesen Jugendgerichten „jugendgemäß" ausgestaltet werden soll. Die Vorschläge in diesem Zusammenhang sind konkret und werden auch von den verschiedenen Gesetzesentwürfen übernommen. Bereits zu jener Zeit wird eine Notwendigkeit für die Schaffung von Einstellungsmöglichkeiten gesehen. Die Diskussion über ein besonderes Verfahren des Jugendgerichts ist auf breiter Ebene angelegt, und es findet sich sogar ein Vorschlag, der in die Richtung eines heute als Täter-Opfer-Ausgleich bezeichneten Wiedergutmachungsprojekts zielt.

VI. Die an der Entscheidungsfindung beteiligten Personen

Lange vor Erlaß des JGG wird über besondere Anforderungen gesprochen, die bei der Behandlung von jugendlichen Straftätern an die jeweils agierenden Personen zu stellen sind.

1. Richter und Staatsanwalt im Strafverfahren gegen Jugendliche

In der jugendstrafrechtlichen Diskussion jener Zeit werden an die Persönlichkeit und die Ausbildung der Richter, die in Strafsachen, die Jugendliche betreffen, tätig sind, besondere Anforderungen gestellt.[256] Es wird ausdrücklich darauf hingewiesen, daß die Richter nach Persönlichkeit und Erfahrung besonders geeignet sein müßten.[257] Neben dem juristischen wird ein pädagogisches und psychologisches oder sogar psychiatrisches Wissen jener für erforderlich gehalten[258], genauso wie ein „starkes sittliches Gefühl" und ein „gefestigter ethischer Charak-

---

256 Einen Überblick über „das Bild vom Jugendrichter in der Entwicklung des Jugendkriminalrechts" gibt *Hauber*, ZblJugR 1977, S. 315ff. m. w. N.

257 Vgl. *Wellstein*, MSchrKrimPsych 1914, S. 193(200f.).

258 *Köhne* will dies aber nicht in seinem Gesetzesentwurf festschreiben, sondern greift das Thema in der Begründung auf, vgl. E 1908, S. 1(23); *Fischer* (1. Jugendgerichtstag 1909, S. 30(36)) fordert u. a. Kurse für die Jugendrichter in Psychologie und Psychiatrie.

ter", verbunden mit „sittlichem Ernst".[259] Die Tätigkeit des Richters solle sozial ausgleichend sein.[260] *Allmenröder* schlägt eine anders geartete persönliche Qualifikation vor. Es sollten vor allem solche Richter mit Jugendsachen betraut werden, die selbst in der Jugend nicht tadellos gewesen seien und die dies nicht vergessen hätten.[261]

Zu den genannten Persönlichkeitsmerkmalen soll eine besondere Ausbildung hinzukommen: Eine kriminalpolitische Schulung mit Erkenntnissen über die Verbrechensursachen, die Besichtigung von Gefängnissen und Strafanstalten, pädagogische Fortbildungen, Kenntnisse in Psychologie und die Kenntnis der aktuellen sozialen Fragen[262] und auch spezielle Unterrichtskurse.[263]

Genauso wie die Richter sollen auch die im Jugendstrafverfahren tätigen Staatsanwälte eine besondere Persönlichkeit und Ausbildung aufweisen. Zum Beispiel ist im „Frankfurter Jugendgericht" auch ein Staatsanwalt tätig, der die erforderlichen Kriterien aufweist. Dies wird ausdrücklich begrüßt, denn nur so sei es möglich, die Einheitlichkeit der Behandlung jugendlicher Straftäter in vollem Maße sicherzustellen.[264] Nötig sei die weitere Verbreitung von spezialisierten Jugendstaatsanwälten, ebenso wie die Konzentration der Verfahren gegen jugendliche Straftäter bei den Staatsanwaltschaften in einer Hand.[265]

Die *E 1920* und *E 1922* sehen eine Umsetzung und Festschreibung all dieser Reformforderungen auf Gesetzesebene nicht vor.

2. *Der Verteidiger im Strafverfahren gegen Jugendliche*

Auch über die Person des Verteidigers in Jugendsachen wird zu jener Zeit diskutiert. Eine nicht sachgemäße Verteidigung, die sich bemühe, Verfehlungen in jeder Weise „zu verschönigen" und die zu einer Freisprechung führe, werde der „heilsamen Scheu des Jugendlichen vor dem Strafgericht" Abbruch tun.[266] Die Aufgabe des Verteidigers in Jugendstrafsachen sei schwierig und verantwortungsvoll und werde bislang von gewissen Verteidigern nicht in zufriedenstellen-

---

259 So *Rupprecht*, Dt.StrafRZ 1914, Sp. 500(501f.).
260 *Rupprecht*, Dt.StrafRZ 1914, Sp. 500(502f.).
261 Wobei er mit dieser Aussage als Erwiderung auf *Fischers* Forderung nach einer psychiatrischen Bildung wohl eher provozieren will, vgl. *Allmenröder*, 1. Jugendgerichtstag 1909, S. 38(41).
262 Vgl. *Rupprecht*, Dt.StrafRZ 1914, Sp. 500(503f.); *Schultz*, MSchrKrimPsych 1914, S. 45(47).
263 *Rupprecht*, Dt.StrafRZ 1914, Sp. 500(506).
264 S. *Allmenröder*, Jugendgericht 1912, S. 1(2).
265 Vgl. z.B. *Köhne*, Dt.StrafRZ 1914, Sp. 298(300; 301).
266 So *Riß*, 1. Jugendgerichtstag 1909, S. 14(17).

der Weise ausgeübt.[267] Der Vorschlag, spezielle Jugendvertreter aus den Kreisen derjenigen Anwälte zu wählen, welche auf die erzieherischen Interessen ihrer Klienten die nötige Rücksicht nehmen, wird aber insbesondere im Hinblick auf die Wahlverteidigung als wenig aussichtsreich angesehen.[268] Zur Praxis berichtet *Allmenröder* auf dem 1. Jugendgerichtstag, daß Verteidiger im „Frankfurter Jugendgericht“ nur selten gesehen würden, und sie wohl eingesehen hätten, daß das Jugendgericht für sie kein Platz sei.[269] Andere stehen der Verteidigung nicht gänzlich ablehnend gegenüber. Gerade bei bedeutenden Fällen sei die Verteidigerbestellung notwendig.[270] Ein Angeklagter im jugendlichen Alter sei sicherlich am wenigsten fähig, seine Parteirechte wahrzunehmen.[271] § 23 *E 1920* nimmt dies zum Anlaß, die notwendige Verteidigung auf die Fälle auszudehnen, in denen der Beschuldigte wegen seiner Jugend der eigenen Wahrnehmung seiner Rechte nicht gewachsen erscheint.[272] Und § 27 *E 1922* differenziert den Anwendungsbereich der notwendigen Verteidigung weiter.[273]

Neben diesen Überlegungen zu dem Erfordernis eines speziellen Verteidigers denkt man über die grundsätzliche Funktion des Verteidiger in Jugendsachen nach. Die Aufgabe des Verteidigers gehe über das „Rühren des Herzens“ hinaus, sei aber auch nicht die, den „jungen Sünder reinzuwaschen“.[274] Er habe die Rechte seines Mandanten in dem Sinne zu wahren, daß er dem Gericht gegenüber die Straftat so beleuchte, daß das Verhalten des Angeklagten erklärlich und verständlich[275] und der Sachverhalt vollständig aufgeklärt werde, so daß nichts unerörtert bleibe, was zugunsten des Angeklagten spreche.[276] Insgesamt müsse der Verteidiger dafür sorgen, daß der junge Angeklagte nicht schwerer belastet er-

---

267 Insbesondere dürfe das Plädoyer, in dem möglicherweise ein Freispruch beantragt werde, nicht zu Ohren des jugendlichen Angeklagten gelangen, so *Elwert*, 2. Jugendgerichtstag 1910, S. 99(106f.).

268 S. *Elwert*, 2. Jugendgerichtstag 1910, S. 99(107).

269 So *Allmenröder*, 1. Jugendgerichtstag 1909, S. 38(40).

270 *Bleek*, MSchrKrimPsych 1912/13, S. 490(494f.); auch *Köhne* hält in bestimmten Fällen die Verteidigerbestellung für notwendig, geht aber nicht auf eine besondere erzieherische Befähigung oder Ausbildung ein, vgl. *Köhne*, E 1908, § 16, S. 1(6) und die Begründung dazu auf S. 1(27); vgl. auch *Fischer*, 1. Jugendgerichtstag 1909, S. 30(32f.), der ausdrücklich auch Frauen als gewählte Verteidiger zulassen will.

271 So *Bleek*, MSchrKrimPsych 1912/13, S. 490(495).

272 Vgl. *E 1920*, S. 7, Begründung S. 24f.

273 *E 1922*, Verhandlungen des Reichstags, S. 4; vgl. auch die Begründung auf S. 20f.

274 *Bleek*, MSchrKrimPsych 1914, S. 238(239); ähnlich *Schultz*, MSchrKrimPsych 1914, S. 45(47).

275 Vgl. *Schultz*, MSchrKrimPsych 1914, S. 45(47).

276 Die Ermittlung gehe zunächst auf Feststellung des Straffalls, so *Bleek*, MSchrKrimPsych 1914, S. 238(239).

scheine, als es der Wahrheit entspreche; er habe Unwahrheiten des Angeklagten entgegenzutreten und vielfach Geständnisse anzuraten.[277] Der Verteidiger soll also im Jugendstrafverfahren eine andere Stellung als im Erwachsenenstrafverfahren einnehmen. Ihm werden aus erzieherischen Gesichtspunkten Beschränkungen seiner Verteidigungsstrategie auferlegt.

3. Schöffen in Jugendsachen

Die Gerichte, die das Jugendstrafrecht anwenden, sind „normale" Strafgerichte, so daß sie zum Teil auch mit Schöffen besetzt sind. Auch an die Schöffen werden besondere Anforderungen gestellt. Zum Beispiel fordert *Köhne* in seinem Gesetzesentwurf in § 10 Abs. 1 sowie in § 11 S. 2 eine „Spezialjury" von zwei Schöffen, die bestimmten Berufsgruppen angehören sollen.[278] § 2a Abs. 2 *E 1912* verlangt Schöffen, die in der Jugenderziehung besonders erfahren sind.[279] Kommentare zum *E 1912* weisen darauf hin, daß es weniger auf die Erfahrung in der Jugenderziehung ankomme - die habe schließlich jeder Vater und jede Mutter - als auf die Erfahrung in der Jugendfürsorge.[280] Auch Volksschullehrer sollten berufen werden dürfen, aber gegen die Zuziehung von Geistlichen und Frauen wird Widerspruch erhoben, wobei gerade über das Schöffenamt für Frauen lebhaft gestritten wird.[281] § 17 *E 1920* stellt dagegen besonders darauf ab, daß es sich um einen Mann und eine Frau handeln soll, die in der Jugendfürsorge besonders erfahren sind.[282] Auf dem 5. Jugendgerichtstag, der sich mit dem *E 1920* befaßt, ist das Thema „weibliche Schöffen" ein Punkt der Tagesordnung. Es wird zum Ausdruck gebracht, daß die Nichtzulassung von Frauen zum Schöffenamt eine Behandlung als „Staatsbürger 2. Klasse" bedeuten würde.[283] Da die Berufung der

---

277 *Bleek*, MSchrKrimPsych 1914, S. 238(240).

278 Dabei soll es sich ausschließlich um Lehrer, Ärzte, Geistliche und in der Jugendfürsorge bewährte Personen handeln, vgl. *Köhne*, E 1908, S. 1(5) und die Begründung auf S. 1(24).

279 Abgedruckt bei *Wellstein*, MSchrKrimPsych 1912, S. 193(213).

280 Vgl. zu der Diskussion *Wellstein*, MSchrKrimPsych 1912, S. 193(202).

281 Vgl. die Einzelheiten bei *Wellstein*, MSchrKrimPsych 1912, S. 193(202ff.); für die Heranziehung von Frauen zu Jugendschöffen spricht sich *Schultz*, MSchrKrimPsych 1914, S. 45(47) aus und weist darauf hin, daß die gegnerische Seite wirklich stichhaltige Argumente dagegen bislang nicht erhoben habe.

282 *E 1920*, S. 6, Begründung S. 22; in der Begründung wird die besondere Eignung von Frauen für dieses Amt hingewiesen.

283 „Wenn wir aber einen Teil unseres Volkes, weil es ein anderes Geschlecht hat, von der Mitwirkung an Gemeinschaftsaufgaben ausschließen, dann entstehen ungerechte

Schöffen als Angelegenheit der Länder angesehen wird, enthält der *E 1922* keine ausdrückliche Anordnung, daß es sich um einen Mann und eine Frau handeln muß.[284] Nach der Begründung sei aber die Berufung von Frauen zu Jugendschöffen „ohne weiteres statthaft", bei der Besetzung mit zwei Schöffen müsse aber auf jeden Fall ein Mann dabei sein.[285] Sonderschöffen, also solche mit besonderer beruflicher Qualifikation, werden teilweise auch konsequent abgelehnt.[286]

4. Ergebnis

Bereits vor Erlaß des ersten Jugendgerichtsgesetzes wird eine besondere Aus- und Fortbildung von den Richtern und Staatsanwälten, die in Jugendsachen tätig sind, für unentbehrlich gehalten. Im Vordergrund steht aber der Wunsch nach einer besonderen Persönlichkeit mit bestimmten charakterlichen Eigenschaften. Trotz dieser für jene Zeit sehr modern wirkenden Ideen handelt es sich hier um einen Bereich, in dem - wie auch in den nächsten Kapiteln aufgezeigt wird - die Forderungen am wenigsten Niederschlag in der Praxis erfahren. Zwar werden dort gerade zu Beginn der Umsetzung der neuen Ideen Richter und Staatsanwälte eingesetzt, die an der Arbeit im Jugendstrafrecht sehr interessiert sind. Die Zugangsvoraussetzungen zu diesem Arbeitsbereich werden aber nicht ausdrücklich von speziellen Vor- oder Fortbildungen oder auch den angesprochene Fähigkeiten abhängig gemacht. Die Diskussion um die Person der Schöffen bietet Einblicke in die Stellung der Frau in der Gesellschaft jener Zeit. Insgesamt nimmt dieses Thema aber eine eher nebensächliche Position ein.

VII. Zusammenfassung

Dieses Kapitel zeigt die ungeheuere Bandbreite der Deutschen Jugendgerichtsbewegung auf. Zum Teil handelt es sich um aus dem Erziehungsdenken jener Zeit geborene Ansätze, die sich in der Folgezeit nicht durchsetzen lassen. Oft finden sich aber moderne Gedankengänge, die im Laufe der Zeit in den verschiedenen Jugendgerichtsgesetzen wiederzufinden sind oder um deren Einführung bis heute gekämpft wird. Jedenfalls werden in jener Zeit viele „Steine ins Rollen"

Gesetze", so die deutliche Stellungnahmen von *Berent*, 5. Jugendgerichtstag 1920, S. 54(55).

284 § 20 *E 1922*, Verhandlungen des Reichstags, S. 3.

285 Vgl. die Begründung zu § 20 *E 1922*, Verhandlungen des Reichstags, S. 17f.

286 Vgl. hierzu die Details bei *Wellstein*, MSchrKrimPsych 1912, S. 193(203f.); ähnlich auch *Berent*, 5. Jugendgerichtstag 1920, S. 54(57).

gebracht und das Fundament für ein umfassendes Jugendstrafrecht gelegt. Diese Zeit der Erkenntnis und neuer Ideen ist aber auch geprägt von dem Aneinanderprallen konservativer Denkstrukturen mit der modernen Schule, wobei der Streit mit dem anstehenden Erlaß des JGG zugunsten der letzteren ausgeht.

Kapitel 2 - Die Tendenzen in der Zeit zwischen 1923 und 1943

Dieses Kapitel stellt den wesentlichen Inhalt das JGG 1923 vor und gibt einen Überblick über die Reaktionen auf das neue Gesetz. Außerdem widmet es sich den Tendenzen im Jugendstrafrecht in der sogenannten Weimarer Zeit, also in den Jahren von 1919 bis 1933, und unter dem nationalsozialistischen Einfluß ab 1933.

I. Einführung

Das JGG 1923 wird am 16. Februar 1923 im Reichsgesetzblatt veröffentlicht[1] und tritt am 1. Juli 1923 in Kraft.

1. Der Inhalt des JGG 1923

Zu Beginn klärt das JGG 1923 seinen Anwendungsbereich: § 1 JGG 1923 definiert als Jugendlichen im Sinne des Gesetzes alle 14- bis 18jährigen. Nach § 2 ist derjenige nicht strafbar, der noch nicht 14 Jahre alt ist. Und in § 3 wird die Forderung erfüllt, die strafrechtliche Verantwortung relativ Strafmündiger nicht allein an ihrer „verstandesmäßigen Einsichtsfähigkeit", sondern an ihrer „geistigen oder sittlichen Entwicklung" festzumachen. Eine grundlegende Neuerung im Strafrecht stellt die Konzeption des Gesetzes als Täterstrafrecht dar. Dies spiegelt sich in § 31 JGG 1923 wider, der anordnet, daß nicht nur Ermittlungen über die Tat, sondern auch über die Persönlichkeit des Jugendlichen anzustellen sind.

Als Reaktionsmöglichkeiten auf die Straftat eines Jugendlichen stehen zum einen Erziehungsmaßregeln, zum anderen die verschiedenen Strafen des Erwachsenenstrafrechts, wie unterschiedliche Arten des Freiheitsentzugs und die Geldstrafe zur Verfügung. Eine besondere stationäre Sanktion für Jugendliche kennt das JGG 1923 nicht.

§ 5 JGG 1923 bestimmt, daß bei Straffälligkeit eines Jugendlichen das Gericht immer zu prüfen hat, ob Erziehungsmaßregeln erforderlich sind. Eine Maßregel kann das Jugendgericht entweder selbst anordnen oder die Erforderlichkeit

1 Jugendgerichtsgesetz vom 16.02.1923, RGBl. I, Jg. 1923, S. 135ff.

feststellen und die Auswahl und Anordnung dem Vormundschaftsgericht überlassen. Dies ist gemäß § 5 Abs. 3 JGG 1923 auch möglich, wenn der Täter nach § 3 nicht strafbar ist. Eine gesetzliche Neuheit bietet die Regelung des § 6 JGG 1923. Es handelt sich hierbei um die erste gesetzliche Regelung des Grundsatzes vom Vorrang der Erziehung gegenüber der Strafe. Denn nach dieser Vorschrift muß das Gericht von Strafe absehen, wenn es Erziehungsmaßregeln für ausreichend hält.

In § 7 Abs. 2 JGG 1923 werden unterschiedliche Erziehungsmaßregeln aufgezählt, wobei der Katalog nicht abschließend ist.

§ 9 JGG 1923 ordnet an, daß die Strafen des allgemeinen Strafrechts bei Jugendlichen zu mildern beziehungsweise zu verkürzen sind. Das zulässige Höchstmaß der jeweiligen Freiheitsstrafe wird in § 9 Abs. 1 - 3 auf zehn Jahre festgesetzt und § 9 Abs. 4 eröffnet „insbesondere in leichten Fällen" die Möglichkeit, von Strafe abzusehen. Darüber hinaus wird in den §§ 10 bis 15 JGG 1923 die bereits langjährig praktizierte bedingte Strafaussetzung festgeschrieben.

Auch zum Bereich des Jugendstrafvollzugs finden sich in diesem Gesetz Regelungen. § 16 Abs. 1 JGG 1923 enthält folgenden programmatischen Grundsatz: „Der Strafvollzug gegen einen Jugendlichen ist so zu bewirken, daß seine Erziehung gefördert wird." In § 16 Abs. 2 bis 4 wird erstmals die Trennung des Jugend- vom Erwachsenenstrafvollzug gesetzlich festgeschrieben. Und nach § 16 Abs. 5 soll der Strafvollzug gegen Jugendliche reichseinheitlich durch die Reichsregierung geregelt werden, was aber in der Folgezeit nicht geschieht.

Ab den §§ 17ff. JGG 1923 werden in einem zweiten Abschnitt des Gesetzes die Vorschriften über das Jugendstrafverfahren zusammengefaßt. § 17 Abs. 1 S. 1 JGG 1923 stellt für die Zuständigkeit der Jugendgerichte auf die „Jugendlichkeit" im Zeitpunkt der Anklage ab.

Ein dritter Abschnitt (§§ 43ff. JGG 1923) regelt das Inkrafttreten des Gesetzes, die notwendige Änderung anderer Gesetze und die Behandlung von bereits laufenden Verfahren gegen Jugendliche.

2. Allgemeine Reaktionen

Das JGG 1923 stellt bei weitem nicht die Errungenschaft dar, um die die Jugendgerichtsbewegung gekämpft, beziehungsweise die sie sich erhofft hat. Damit es überhaupt zu der Verabschiedung kommt, werden viele Kompromisse eingegangen. Dazu zählen zum Beispiel die Herauslösung der Reform des Teilbereichs Jugendstrafrecht aus der Gesamtstrafrechtsreform, der Verzicht auf ein einheitliches Jugendrecht und eine nur eingeschränkte Auswahl von Sanktionen.

Am besten charakterisiert *Radbruch* das Gesetz mit seinen schon fast als berühmt zu bezeichnenden und viel zitierten Worten: „Das Gesetz ist gewiß ein hocherfreulicher Fortschritt, aber seit langem nicht mehr ein kühner Wurf. (...) Und so ist der geschilderte langwierige und weitschichtige Entwicklungsgang dieses Gesetzes vielleicht geeignet, gegenüber der Maxime, kleine Reformen abzulehnen um großen Reformen nicht vorzugreifen, einen alten Gemeinspruch für künftige Fälle wieder zu Ehren zu bringen: daß der Sperling in der Hand besser ist als die Taube auf dem Dache.“[2]

Bedenkt man allerdings, daß bis heute in vielen Bereichen der damaligen Diskussionsgegenstände noch keine allgemeine Übereinstimmung in Praxis und Lehre besteht und weiterhin heftig um Aufgaben und Funktion des Jugendstrafrechts gestritten wird, dürfen an den damaligen Gesetzgeber und die jugendrichterliche Praxis doch keine zu hohen Erwartungen gestellt werden. Bemerkenswert ist, daß es überhaupt gelungen ist, ein Gesetz auf einem so umstrittenen Gebiet zu schaffen. Schließlich werden auch wesentliche Forderungen der Jugendgerichtsbewegung verwirklicht.

3. Die Entwicklung in der Weimarer Republik

Die Erwartungen, die an den Erlaß des JGG 1923 geknüpft worden sind, werden in den ersten 10 Jahren seiner Geltung kaum erfüllt. Das liegt unter anderem daran, daß von den Neuerungen, wie zum Beispiel den als Alternativen zur Strafe gedachten Erziehungsmaßregeln, von der Praxis nur wenig Gebrauch gemacht wird.[3]

Das Thema Jugendstrafrecht wird mit Erlaß des JGG 1923 nicht beiseite geschoben. Der 6. Deutsche Jugendgerichtstag findet bald nach Erlaß des JGG im September 1924 in Heidelberg statt. Zentrales Thema ist das neue Jugendgerichtsgesetz und seine Umsetzung. Und der folgende Jugendgerichtstag im Jahre 1927 in Stuttgart hat die „Durchführung des Jugendgerichtsgesetzes als Personenfrage“ zum Generalthema. Einige Monate zuvor wird eine Sachverständigenkonferenz der DVJJ in Potsdam über „Die strafrechtliche Behandlung der über 18 Jahre alten Minderjährigen“ veranstaltet.[4] Die DVJJ unterbreitet die wesentli-

---

2 *Radbruch,* ZblJugR 1922/23 (14. Jg.), S. 249(251).

3 So die Einschätzung von *Pfeiffer*, Kriminalprävention 1989, S. 40.

4 Vgl. einen Bericht über die Konferenz (*o. V.*) in ZblJugR 1927/28 (19. Jg.), S. 106ff.

chen Ergebnisse der Konferenz zusammen mit „einem auf ihnen fußenden Gesetzentwurf" in einer Eingabe vom 08.08.1927 dem Reichsjustizministerium.[5]

Auch im Zusammenhang mit der angestrebten Reform des allgemeinen Strafrechts bleibt das Jugendstrafrecht im Gespräch.[6] Änderungen zum JGG enthält zum Beispiel der den Abschluß des Strafrechtsreformwerks bildende „Amtliche Entwurf eines Einführungsgesetzes zum Allgemeinen Deutschen Strafgesetzbuch und zum Strafvollzugsgesetz" von 1929 (im Folgenden: *E EGStGB 1929*). Auch wenn das Thema Jugendstrafrecht immer wieder aufgegriffen wird, ergibt sich insgesamt in jenen Jahren nicht das Bild einer lebhaften Diskussion.

4. Der nationalsozialistische Einfluß ab 1933

In der NS-Zeit erfährt das Jugendstrafrecht gesteigerte Aufmerksamkeit.[7] Jugendgerichtstage werden allerdings nach 1927 (bis 1950) nicht mehr veranstaltet. In den Jahren ab 1933 steht die nationalsozialistische Reform des allgemeinen Strafrechts[8] und die sogenannte „Verreichlichung der Justiz" im Vordergrund.[9] In der Lehre wird vereinzelt die Diskussion fortgeführt, das JGG zu beseitigen und den reformierten Bereichen des Strafrechts, des Strafprozeßrechts beziehungsweise des Gerichtsverfassungsgesetzes zuzuordnen.[10]

Anfang Dezember 1934 gründet die Akademie für Deutsches Recht auf Betreiben der Reichsjugendführung einen Jugendrechtsausschuß für Jugendarbeits-, Jugenderziehungs- und Jugendstrafrecht, der das Jugendrecht im nationalsoziali-

---

5 Sowohl die Ergebnisse als auch der Entwurf eines erweiterten Jugendgerichtsgesetzes sind abgedruckt bei *Francke*, ZStW 48 (1928), S. 588(591ff.).

6 Vgl. die Einzelheiten und Eckpunkte der Reformbemühungen im allgemeinen Strafrecht bei *Wolff/Dörner*, RdJB 1990, S. 54(56), insbes. Fn. 14 (S. 63).

7 Zu den Einzelheiten nationalsozialistischer Jugendstrafrechtspolitik und dem Justizalltag soll an dieser Stelle verwiesen werden auf das Buch von *Wolff*, Jugendliche im Dritten Reich, welches weitaus detailreicher die Situation der Jugend zu jener Zeit beschrieben hat, als es hier möglich ist.

8 Die bereits aus der Weimarer Republik stammende amtliche Strafrechtskommission wird im Jahre 1933 neu besetzt und beauftragt, die Strafrechtsreform vorzubereiten; bei ihrer Arbeit wird das Jugendstrafrecht nur gestreift, vgl. eine kurze Beschreibung der Arbeit der Kommission (mit Konzentration auf den Jugendarrest) bei *Meyer-Höger*, Jugendarrest 1998, S. 47ff.

9 S. nur *Wolff*, ZNR 1991, S. 41(42).

10 Insgesamt habe das Jugendstrafrecht in der Zeit von 1933 bis 1936 eher im „Windschatten" der NS-Strafrechtsreform gestanden, so die nachträgliche Beurteilung von *Wolff*, ZNR 1991, S. 41(42); so auch *Meyer-Höger*, Jugendarrest 1998, S. 35ff.

stischen Sinne reformieren soll.[11] Auf der konstituierenden Sitzung bekundet der Reichsjustizkommissar *Frank*, daß im Mittelpunkt des Nationalsozialismus das Ringen um die Jugend stehe.[12] Der Staatssekretär *Freisler* vertritt die Auffassung, daß ein deutsches Jugendrecht nur von Nationalsozialisten geschaffen werden könne, da man nur als Nationalsozialist die Jugend richtig sehe.[13] Der Jugendrechtsausschuß wird Ende 1937 in Unterausschüsse (oder Arbeitsgemeinschaften) unterteilt, wobei dessen Arbeit als Ersatz für die einer amtlichen Kommission im Gesetzgebungsverfahren gedacht ist.[14] Angesichts der personellen Auswahl der Teilnehmer an diesem umfassenden Diskussionsforum ist eine „regimegetreue" Ergebnisleistung gewährleistet.[15]

Zur „Neuordnung des Jugendstrafrechts" wird auch im Jahre 1938 eine Tagung der „Gesellschaft für deutsches Strafrecht" veranstaltet, die unter anderen Beratungsgegenständen auch über das Jugendstrafrecht eine „öffentliche mündliche Auseinandersetzung in Rede und Gegenrede gebracht" hat.[16] Und im Jahre 1939 findet zu diesem Thema eine Reichstagung des Sozialen Amtes der Reichsjugendführung in München statt.[17]

Der Jugendrechtsausschuß der Akademie für Deutsches Recht verabschiedet zwischen 1938 und 1941 mehrfach Leitsätze für eine vollständige Neuordnung des Jugendstrafrechts, auf deren Grundlage, aber nicht deckungsgleich verschiedene Referentenentwürfe des Reichsjustizministeriums erarbeitet werden.[18] Die Ergebnisse des Jugendrechtsausschusses werden nur teilweise Grundlage der vielfältigen politischen Entscheidungen im Jugendstrafrecht. Zur gleichen Zeit gibt es nämlich heftige Auseinandersetzungen zwischen dem Reichsjustizministe-

---

11 Ein Bericht über die Gründung und die erste Sitzung des Jugendrechtsausschusses findet sich (*o. V.)* in ZBlJugR 1934/35 (26. Jg.), S. 277ff.

12 Vgl. die Wiedergabe der Aussage in dem Bericht *o. V.*, ZBlJugR 1934/35 (26. Jg.), S. 277.

13 Vgl. *o. V.*, ZBlJugR 1934/35 (26. Jg.), S. 277(279).

14 S. *Wolff*, ZNR 1991, S. 41(42).

15 Ein Teil der Beteiligten stammt aus den juristischen Fakultäten der Breslauer, Kieler und Königsberger Universitäten, die (im Nachhinein) als „politischer Stoßtrupp" des Nationalsozialismus gelten, da die dortigen Lehrstühle nach politisch-ideologischen Gesichtspunkten besetzt worden waren; aber auch verschiedenste Interessenvertretungen aus Politik und Verwaltung, wie Polizei, Reichsjugendführung, Reichsjustizministerium und „Nationalsozialistischer Volkswohlfahrt" (NSV) sind immer beteiligt, vgl. zu den Einzelheiten *Wolff*, ZNR 1991, S. 41(46ff.); *ders.*, 22. Jugendgerichtstag 1992, S. 644(646f.); auch *Meyer-Höger*, Jugendarrest 1998, S. 38ff.

16 S. den Bericht von *Webler*, DJugh 1938/39 (30. Jg.), S. 339f.

17 Deren Ergebnisse *Kümmerlein* in DJ 1939, S. 167ff. zusammenfaßt.

18 Vgl. nur *Wolff*, ZNR 1991, S. 41(42f.). In der Folgezeit wird ein umständliches und wenig effektives Umlaufverfahren zwischen den Ministerien und den Parteiinstitutionen zur Genehmigung eines Gesetzentwurfs in Gang gesetzt.

rium und der Polizei- und SS-Führung um Kontrollzuständigkeiten, Kompetenzbereiche und neue Sanktionentypen, denn parallel zu den Aktivitäten der Akademie werden schon ab Kriegsbeginn von den verschiedensten Stellen neue gesetzgeberische und exekutive Maßnahmen gegen Jugendliche angeordnet.[19] Bei diesem Nebeneinander von Expertenberatungen und Gesetzgebungsentscheidungen wollen die einen eine Jugendstrafrechtsreform und die anderen die Disziplinierung und Verbrechensbekämpfung im Krieg.[20] Die „Verordnung gegen jugendliche Schwerverbrecher" vom 04.10.1939[21] wird zum Beispiel auf direkte Intervention *Hitlers* erlassen.[22] Auswirkungen auf jugendliche Straftäter haben auch die „Verordnung gegen Volksschädlinge" vom 05.09.1939 und die „Verordnung gegen Gewaltverbrecher" vom 05.12.1939.[23]

Entscheidend für diese „Gesetzgebungsmaßnahmen" waren Konferenzen im Reichssicherheitshauptamt und im Reichsjustizministerium.[24] Von überragender Bedeutung ist eine Sitzung Anfang Februar 1940 unter dem Vorsitz von *Göring*, die Maßnahmen über „die Jugendbetreuung im Krieg" zum Gegenstand hat.[25] Auf diese Sitzung wird bis zur Verabschiedung des JGG 1943 immer wieder Bezug genommen, und selten waren die Entscheidungsträger des Dritten Reichs so vollständig versammelt.[26] Inhaltlich bringt die Sitzung die Entscheidung über den Jugendarrest, über die polizeiliche Jugendschutzverordnung und über die Jugendschutzlager der Polizei; die Einführung der unbestimmten Verurteilung wird zunächst zurückgestellt, weil sich eine Auseinandersetzung zwischen Justiz und Polizei anbahnt.[27]

Die Einführung des Jugendarrests erfolgt durch die „Verordnung zur Ergänzung des Jugendstrafrechts" (JugendarrestVO) vom 04.10.1940.[28] Die Akademie für Deutsches Recht veranstaltet zur Einführung des Jugendarrests eine Festsit-

19 Vgl. Einzelheiten bei *Wolff*, 22. Jugendgerichtstag 1992, S. 644(647ff.).
20 S. *Wolff*, 22. Jugendgerichtstag 1992, S. 644(647ff.).
21 RGBl. I, Jg. 1939, S. 2000.
22 Vg. zu den Hintergründen *Wolff*, 22. Jugendgerichtstag 1992, S. 644(649).
23 Verordnung gegen Volksschädlinge vom 05.09.1939, RGBl. I, Jg. 1939, S. 1679; Verordnung gegen Gewaltverbrecher vom 05.12.1939, RGBl. I, Jg. 1939, S. 2378; vgl. zu der Beeinflussung des Jugendstrafrechts im Detail *Wolff*, 22. Jugendgerichtstag 1992, S. 644(650ff.).
24 S. *Wolff*, ZNR 1991, S. 41(44).
25 Vgl. die Beschreibung bei *Wolff*, ZNR 1991, S. 41(44f.) m. w. E.
26 Als wichtigste Teilnehmer sind Generalfeldmarschall *Göring*, Reichsminister *Dr. Frick*, Reichsminister *Dr. Göbbels*, Reichsminister *Rust*, Reichsführer SS und Chef der Deutschen Polizei *Himmler* und Staatssekretär *Dr. Freisler* zu nennen; für die vollständige Auflistung der Teilnehmer wird verwiesen auf *Wolff*, ZNR 1991, S. 41(44).
27 Vgl. die Einzelheiten bei *Wolff*, ZNR 1991, S. 41(44f.).
28 RGBl. I., Jg. 1940, S. 1336ff.

zung.[29] Die Verordnung vom 10.09.1941[30] bringt die „gesetzliche" Einführung der unbestimmten Verurteilung.[31]

Die Reformarbeiten sind aber neben der Umsetzung der NS-Ideologie geleitet von dem Bestreben, eine Wiederholung des im Ersten Weltkrieg beobachteten Anstiegs von Jugendkriminalität und Verwahrlosung im Zweiten Weltkrieg zu verhindern.[32] Die Verhältnisse dafür werden nunmehr als günstiger eingeschätzt.[33] Und tatsächlich ergibt sich (jedenfalls offiziell) bis 1941 kein mit dem Ersten Weltkrieg vergleichbares Anwachsen der Jugendkriminalität.[34] Bezüglich des Zahlenmaterials wird allerdings deutlich darauf hingewiesen, daß es nicht uneingeschränkt übernommen werden dürfe, da die nach der Machtergreifung vorgenommene weitgehende Amnestie vom 09.09.1939 die Statistik zum günstigen hin verfälsche und die Verfolgungsintensität nachgelassen habe.[35]

---

29 Vgl. den Bericht über diese Sitzung von *Webler*, DJugh 1940/41 (32. Jg.), S. 132ff.

30 Verordnung über die unbestimmte Verurteilung Jugendlicher vom 10.09.1941, RGBl. I, Jg. 1941, S. 567f.

31 Da die unbestimmte Verurteilung dem Bereich Jugendstrafe zuzuordnen ist, wird im Rahmen der Arbeit nicht näher auf sie eingegangen. An dieser Stelle wird daher auf den detaillierten Überblick über die Entwicklung der unbestimmten Verurteilung, insbesondere im Zusammenhang mit der Jugendkriminalpolitik im Dritten Reich bei *Dörner*, MschrKrim 1991, S. 236ff. Bezug genommen.

32 *Exner*, ZStW 60 (1941), S. 335f. faßt die Ursachen des Anstiegs der Kriminalitätsrate zusammen: Die Jugendlichen seien zu wenig beaufsichtigt worden, weil sich Vater und Mutter wegen Kriegsabwesenheit oder Arbeitseinstellung nicht genügend um ihre Kinder haben kümmern können; es habe kein Unterricht abgehalten werden können, weil auch die Lehrer eingezogen worden seien, weil die Kinder Kohleferien hatten etc.; auch die Lehrherren seien im Feld gewesen, die jungen Arbeiter und Arbeiterinnen hätten häufig in der Spätschicht arbeiten müssen oder seien arbeitslos gewesen; schließlich hätten auch Einquartierungen in privaten Wohnungen und die Verdunkelung eine Rolle gespielt.

33 *Vornefeld* (DJ 1939, S. 1862) begründete dies damit, daß durch die disziplinierte Führung der Hitlerjugend die Jugend durch enges kameradschaftliches Zusammensein völlig kontrollierbar sei. „Gerade die „Beaufsichtigung der Jugend durch besonders ausgewählte und gründlich geschulte Jugendliche, die besser als alle anderen die jeweilige Gefahrenlage ihrer Kameraden kennen, stellt eine Beaufsichtigung dar, wie sie vor der Machtübernahme auch in Friedenszeiten niemals dagewesen ist".

34 Vgl. die Untersuchung von *Exner*, ZStW 60 (1941), S. 335(336).

35 Vgl. *Exner*, ZStW 1941, S. 335(336f.); s. auch *Freisler* in dem Bericht von *Kümmerlein*, DJ 1939, S. 167(168): Manche Deliktsgruppen wie Autodelikte, Automatenräubereien etc. würden kriegsbedingt überhaupt nicht mehr verwirklicht; ungünstig beeinflußt werde die Statistik allerdings durch die vielen Verurteilungen wegen des neuen Vergehens der Arbeitsverweigerung und auch die jugendliche Bandenkriminaliät nehme zu.

Zum Abschluß der Einführung ist ausdrücklich hervorzuheben, daß das JGG 1923 in der nationalsozialistisch geprägten Zeit keineswegs allgemein einen schlechten Ruf hatte. *Kümmerlein* bezeichnet es zum Beispiel als „eines der wenigen guten gesetzgeberischen Leistungen der Systemzeit".[36] Nach seiner Ansicht enthält es aufgrund der wertneutralen Formulierungen auch neue Gedanken beziehungsweise neue Inhalte.[37]

II. Die Altersgrenzen

Die Frage nach den „richtigen" Altersgrenzen für die Strafmündigkeit von Jugendlichen beschäftigt auch weiterhin die verschiedenen Diskussionskreise. Unter nationalsozialistischem Einfluß werden die gesetzlich festgelegten Grenzen vollständig aufgeweicht.

1. Die absolute Strafmündigkeitsgrenze

§ 2 JGG 1923 erhöht die absolute Strafmündigkeitsgrenze in Abänderung des § 55 RStGB vom 12. auf das 14. Lebensjahr. Die erneute heftige Diskussion um diese Grenze vollzieht sich ab 1927 auf politischer Ebene im Rahmen der Beratungen des Rechtsausschusses des Reichstags über die Entwürfe für ein neues Strafgesetzbuch.[38] Dabei findet sich eine erhebliche Zahl von Stimmen für die Anhebung der Grenze auf das 16. Lebensjahr. Anfang der 30er Jahre können überraschend SPD, KPD und NSDAP gegen den Willen der Reichsregierung die Erhöhung des Strafmündigkeitsalters auf das 16. Lebensjahr im Parlament durchsetzen; zu einer gesetzlichen Umsetzung dieses „Erfolges" kommt es jedoch in der Folgezeit aufgrund der sehr kurzen Regierungsperioden der Kabinettsregierungen sowie der Einstellung der Arbeit des Rechtsausschusses nicht.[39]

Die parlamentarische Auseinandersetzung bewirkt auch das Wiederaufgreifen des Themas außerhalb des Reichstags, jedoch nicht mit jener Heftigkeit. In Fortführung der Diskussion finden sich wieder die Forderungen, die Grenze herauf-

---

36 *Kümmerlein,* DJ 1943, S. 529.

37 So *Kümmerlein*, DJ 1943, S. 529.

38 Vgl. *Dörner*, Erziehung durch Strafe 1991, S. 75; *dies.*, ZNR 1994, S. 58(59ff.).

39 Vgl. zur parlamentarischen Arbeit Ende der 20er und Anfang der 30er Jahre *Dörner*, Erziehung durch Strafe 1991, S. 79f.; *dies.*, ZNR 1994, S. 58(66f.).

zusetzen[40], sie beizubehalten[41] und auch, sie zu senken. In der Tendenz lehnen richterliche Kreise die Anhebung der Altersgrenze ab, Pädagogen befürworten sie und Ärzte nehmen eine oft nicht ganz klare Mittelstellung ein.[42]

Für die Anhebung spreche, daß Rücksicht auf die Erziehung und die Reife des Jugendlichen genommen werden und dabei das „Entwicklungsalter" maßgebend sein müsse und nicht das „Kalenderalter".[43] Der Beginn der Pubertät sei gerade die ungeeignetste Zeit, um die strafrechtliche Verantwortung beginnen zu lassen.[44] In seiner so bezeichneten „Streitschrift" mit dem Thema „Wider das Jugendgericht" fordert *Webler* im Jahre 1929 in nach seiner Ansicht konsequenter Umsetzung der Erkenntnisse der modernen Psychologie und Pädagogik die Heraufsetzung des absoluten Strafunmündigkeitsalters auf das 18. Lebensjahr.[45] Vom 12. bis zum 18., vielfach bis zum 22. Lebensjahr experimentiere die Natur mit den Jugendlichen bis zum Abschluß der Entwicklungsperiode, bis zur Prägung eines bestimmten Charakters; einen jungen Menschen in diesem Zustand für eine Handlung ernsthaft verantwortlich zu machen, sie ihm im Sinne des StGB zuzurechnen, sei unmöglich.[46]

Das Hauptargument für die Beibehaltung des 14. Lebensjahres als absolute Strafmündigkeitsgrenze bleibt die Beendigung der Volksschulpflicht in diesem Alter und der damit verbundene „natürliche Einschnitt" im Leben der Jugendlichen.[47] Die Reichskriminalstatistik weise einen hohen Anteil an straffälligen 14-

---

40 Die guten Erfahrungen seit 1923 würden durchaus ein Fortschreiten auf dem Weg der Erhöhung des Strafmündigkeitsalters zulassen, so *Noppel*, ZblJugR 1927/28 (19. Jg.), S. 200(201ff.); mindestens auf das 16., besser auf das 18. Lebensjahr sei die Grenze heraufzusetzen, so *Noppel/v. Düring*, ZblJugR 1927/28 (19. Jg.), S. 200(203; 207).

41 Für viele *Noppel/Francke*, ZblJugR 1927/28 (19. Jg.), S. 227; *Noppel/Kramer*, ZblJugR 1927/28 (19. Jg.), S. 227(230f.).

42 So die Beobachtung von *Noppel/v. Düring*, ZblJugR 1927/28 (19. Jg.), S. 200(203); *Hartung*, Festschrift für v. Frank 1930, S. 539(545).

43 Vgl. *Noppel/v. Düring*, ZblJugR 1927/28 (19. Jg.), S. 200(204).

44 S. *Noppel/v. Düring*, ZblJugR 1927/28 (19. Jg.), S. 200(205).

45 Wobei bis zum 18. Lebensjahr die Aufgaben des Jugendgerichts dem Vormundschaftsrichter zu übertragen seien, vgl. *Webler*, Wider das Jugendgericht 1929, S. 3ff.

46 So die Argumentation von *Webler*, Wider das Jugendgericht 1929, S. 4.

47 Vgl. *Noppel/Francke*, ZblJugR 1927/28 (19. Jg.), S. 227f.;229; die Hinausschiebung des Eintritts des Jugendlichen in den Wirtschaftsprozeß (z.B. durch Schulabgangs im 9. Schuljahr oder eine allgemeine Vorlehre) in der Zukunft könne die Forderung nach Heraufsetzung der Strafmündigkeit begründen (S. 227(228)); vgl. auch *Noppel/Kramer*, ZblJugR 1927/28 (19. Jg.), S. 227(230); *Hartung*, Festschrift für v. Frank 1930, S. 539(546).

und 15jährigen aus, den man nicht ignorieren könne.[48] Darüber hinaus seien generalpräventive Gesichtspunkte zu beachten.[49] Für die Anwendung des Strafverfahrens auf Jugendliche in diesem Alter spreche auch, daß es stärkere Rechtsgarantien biete, als etwa das Verfahren der freiwilligen Gerichtsbarkeit, dem der Vormundschaftsrichter unterworfen sei.[50] In der Tendenz scheinen Jugendgerichtspraxis und Justizverwaltung gegen eine Anhebung Position zu beziehen, wobei wohl auch die Befürchtungen über die enormen Kosten des Ausbaus erzieherischer Maßnahmen eine Rolle gespielt haben dürfte.[51]

Unter nationalsozialistischem Einfluß wird weiter über die Strafmündigkeitsgrenze diskutiert, jedoch vor einem sich ändernden Hintergrund. So fordert *Webler* 1935 in Abänderung seiner einige Jahre zuvor vertretenen Ansicht die Herausnahme der beiden Altersstufen von 14 und 15 Jahren aus dem Jugendstrafrecht (und auch eine einzuschränkende strafrechtliche Behandlung der 16- und 17jährigen), denn es komme ihm darauf an, daß das Jugendgericht in erhöhtem Maße den Charakter eines echten Strafgerichts zurückgewinne, in dem reine Erziehungsmaßnahmen zahlenmäßig zurücktreten und lediglich das Verfahren den noch minderjährigen Rechtsbrechern in erhöhtem Maße gerecht werde.[52]

Eine sich ändernde Einstellung zu der rechtlichen Stellung des Jugendlichen wird mit der Forderung deutlich, die Strafmündigkeitsgrenzen zwar beizubehalten, aber nicht starr zu gestalten; vielmehr solle durch den Gesetzgeber die Möglichkeit geschaffen werden, die Grenzen der Behandlung nach Jugendstrafrecht nach oben oder unten auszudehnen.[53] Im übrigen seien auch die gerade 14jährigen oder auch die noch 13jährigen durchaus in der Lage, das Unrecht der Tat einzusehen und sich von diesem Unrecht „freizuhalten".[54]

2. § 3 JGG 1923 - Reifebeurteilung

Nach § 3 JGG 1923 ist ein relativ Strafmündiger dann nicht strafbar, wenn er zur Zeit der Tat nach seiner geistigen oder sittlichen Entwicklung unfähig war, das Ungesetzliche der Tat einzusehen oder seinen Willen dieser Einsicht gemäß zu

48 Vgl. die Zahlen bei *Hartung*, Festschrift für v. Frank 1930, S. 539(547ff.).
49 So *Hartung*, Festschrift für v. Frank 1930, S. 539(547).
50 Dazu nur kurz *Hartung*, Festschrift für v. Frank 1930, S. 539(547).
51 So die nachträgliche Vermutung von *Dörner*, ZNR 1994, S. 58(64).
52 *Webler*, ZBlJugR 1935/36 (27. Jg.), S. 47(51).
53 *Neeße*, Leitsätze 1938, S. 97, der als HJ-Rechtsexperte die Position der Reichsjugendführung vertritt und dessen Vorschlag dann auch der späteren gesetzlichen Regelung entspricht, vgl. dazu näher *Dörner*, ZNR 1994, S. 58(69).
54 So *Keßler*, ZAkDtR 1938, S. 838ff.

bestimmen. Mit der Anknüpfung an die geistige oder sittliche Entwicklung wird die im vorigen Kapitel angesprochene Forderung nach Erweiterung des bis dahin geltenden § 56 RStGB erfüllt.

Gegen die Gesetzesänderung wird der Vorwurf erhoben, daß einer Prüfung nach § 3 JGG 1923 nicht mehr die Bedeutung zukomme, wie der früheren Prüfung der Einsichtsfähigkeit, weil der Richter nunmehr auch bei Bejahung der Verantwortlichkeit von Strafe absehen und bei Verneinung der Verantwortlichkeit Erziehungsmaßregeln anordnen könne.[55] Von anderer Seite wird die Erforderlichkeit der Prüfung hervorgehoben und es als ideal empfunden, wenn sich bei jedem Jugendamt ein Arzt befände, der jeden Jugendlichen, der zur Anklage komme, kurz begutachte.[56]

1939 fordert *Keßler* die Abschaffung von § 3 JGG 1923, mit der Folge, daß Jugendliche ab 14 Jahren generell strafmündig wären, da für die Regelung kein Bedürfnis besehe und sie keinerlei praktische Bedeutung habe.[57] Eine Sonderbehandlung der jugendlichen Delinquenten wäre durch Anpassung des Maßes der Schuld an die Reife des Jugendlichen gewährleistet.[58] Dies würde das Rechtsbewußtsein des Jugendlichen stärken, und er werde zu „soldatischer, selbständiger und verantwortungsbewußter" Haltung erzogen. § 3 JGG 1923 sei dagegen gerade ein Freibrief für Entschuldigung und Abwälzen der Verantwortung.[59]

3. *Die Verordnungen zum Schutz gegen jugendliche Schwerverbrecher*

Das gesamte System der Altersgrenzen wird im Dritten Reich für eine bestimmte Gruppe von 16- bis 21jährigen Delinquenten durch die Verordnungen „zum Schutz gegen jugendliche Schwerverbrecher" ausgehebelt.

a) *Die Verordnung vom 04.10.1939*

Die Verordnung zum Schutz gegen jugendliche Schwerverbrecher vom 04.10.1939[60] bestimmt, daß jugendliche Delinquenten ab 16 Jahren, die zum Tatzeitpunkt die Reife eines Erwachsenen haben, auch wie ein solcher zu bestrafen sind. Anknüpfungspunkt ist die tatsächliche Reife. Weitere Voraussetzungen

55 Gegen diesen Vorwurf wendet sich *van Dühren*, Jugendrichter 1927, S. 17(19f.).
56 So *van Dühren*, Jugendrichter 1927, S. 17(21), der sich auch für die Anlegung eines strengen Maßstabs ausspricht.
57 Vgl. *Keßler*, ZAkDtR 1938, S. 838ff.
58 So die Vorstellung von *Keßler*, ZAkDtR 1938, S. 838(839).
59 S. *Keßler*, ZAkDtR 1938, S. 838(839).
60 RGBl., Jg. 1939, Teil I, S. 2000.

sind entweder, daß die Tat den Jugendlichen als Schwerverbrecher qualifiziert, also eine „besonders verwerfliche und verbrecherische Gesinnung" aufweist oder daß der „Schutz des Volkes" eine derartige Bestrafung erfordert. Außerdem ist gegen „jugendliche Schwerverbrecher" Anklage vor dem Erwachsenengericht zu erheben.

Die Verordnung zeigt, wie groß der nationalsozialistische Einfluß auf das geltende Recht ist und wie verhältnismäßig einfach diese doch erheblich in das Rechtssystem eingreifenden Vorschriften im Verordnungswege durchgesetzt werden können. Die Verordnung wird im jugendstrafrechtlichen Schrifttum weitgehend begrüßt. Mit ihr solle die Flut von Jugendkriminalität und Jugendverwahrlosung des Ersten Weltkriegs für den Zweiten Weltkrieg eingedämmt werden.[61] *Vornefeld* lobt die Verordnung, weil dort „bereits zu Beginn des Krieges die Ausmerzung der nach menschlicher Erfahrung Unerziehbaren" sichergestellt werde.[62] Er behauptet: „Damit wurde eine alte Forderung erfüllt: die Schwererziehbaren, Unerziehbaren und erbbiologisch Minderwertigen aus der Gemeinschaft der Gesunden auszuscheiden."[63] Die generalpräventive Tendenz entspreche dem Charakter der Verordnung als Kriegsverordnung und der Umstand, daß der Jugendliche möglicherweise doch noch erziehbar sei, müsse zurücktreten hinter dem Allgemeininteresse.[64] *Exner* zeigt anhand der Verordnung die Tendenz auf, die nach seiner Meinung kennzeichnend für die neue deutsche Rechtsentwicklung sei: Die Auflockerung der festen Gesetzesgrenzen zugunsten einer materiell gerechten und richtigen Entscheidung des Einzelfalls.[65] Er betont, daß dafür ein Bedürfnis bestehe, auch dann, wenn es auf Kosten der Rechtssicherheit und Rechtsklarheit gehe.[66]

Den Anknüpfungspunkt für die Beurteilung bildet die Reife eines 18jährigen - aber nur eines 18jährigen Deutschen.[67] So führt *Exner* aus: „Wenn ein Italiener, Spanier oder Jude mit 17 Jahren schon vermöge seiner rassischen Eigenart den Entwicklungsstand eines achtzehnjährigen Deutschen hat, so ist er eben frühreif im Sinne der Verordnung. Er hat die volle Schuldfähigkeit, wie sie die Anwendung des Erwachsenenstrafrechts voraussetzt. Ausdrücklich entschieden ist das in diesem Sinne für einen Juden, sowie für einen Ungarn, ...".[68] Die Ausführungen

---

61 So *Exner*, ZStW 60 (1941), S. 335.
62 Vgl. *Vornefeld*, DJ 1940, S. 1205(1206).
63 *Vornefeld*, DJ 1940, S. 1205(1206).
64 *Vornefeld*, DJ 1939, S. 1862(1863).
65 So *Exner*, ZStW 60 (1941), S. 335(338).
66 Vgl. *Exner*, ZStW 60 (1941), S. 335(338).
67 Vgl. zu den Merkmalen, die für die Beurteilung der Frühreife herangezogen werden sollen *Exner*, ZStW 60 (1941), S. 335(338ff.).
68 So *Exner*, ZStW 60 (1941), S. 335(340).

bedeuten nicht weniger, als daß diese Volksgruppen grundsätzlich aufgrund ihrer „rassischen Eigenart" frühreif im Sinne der Verordnung anzusehen sind. Diese Menschen werden pauschal, ohne individuelle Beurteilung, dem strengen Anwendungsbereich der Verordnung unterworfen. Nach *Exner* soll außerdem in den Anwendungsbereich der Verordnung fallen, wer niemals das geistige und sittliche Niveau eines Erwachsenen erreichen werde, weil er geistig unterentwickelt sei und demnach in jugendlichem Alter genauso handele, wie im Erwachsenenalter; bis zum 18. Lebensjahr sei kein Wandel zu erwarten und damit stehe er einem Erwachsenen gleich.[69]

Aus heutiger Sicht stellt die Verordnung eines der zu jener Zeit neuen, spezifisch nationalsozialistischen Gesetze zur „Vernichtung aller Volksfeinde" dar, das die Bindung einer Rechtsfolge an eine bestimmte Straftat aufgehoben und die Bestrafung eines („sozial und erbbiologisch defizitären") „Verbrechertyps" und eines beliebig definierbaren „gemeinschaftsschädigenden" Verhaltens eingeführt hat.[70]

b) Die Zweite Verordnung zum Schutz gegen jugendliche Schwerverbrecher

Anfang der 40er Jahre erarbeitet das Reichsjustizministerium auf Weisung von *Freisler* den Entwurf einer zweiten Verordnung zum Schutz gegen jugendliche Schwerverbrecher.[71] Mit jener Verordnung will man de facto die Strafmündigkeitsgrenze vollständig beseitigen, indem die oben genannte „Verordnung zum Schutz gegen jugendliche Schwerverbrecher" auch gegen Jugendliche unter 16 und das Jugendstrafrecht für unter 14jährige Anwendung finden soll.[72] Der Entwurf wird zwar nicht realisiert. Zur Begründung wird einerseits auf die negative Wirkung im Ausland verwiesen; im übrigen wird ein Bedürfnis verneint, weil in der Neufassung des Reichsjugendgesetzes in § 3 Abs. 2 die ausnahmsweise Sen-

---

69 Vgl. *Exner*, ZStW 60 (1941), S. 335(341). Noch weitergehend fordert er, für die sogenannten „frühkriminellen angehenden Zustandsverbrecher", also die „ausgesprochen psychopathischen kriminellen Jugendlichen", ganz auf das Erfordernis der Frühreife zu verzichten und sie im künftigen Strafgesetzbuch gleich ähnlich den jugendlichen Schwerverbrechern zu behandeln, da gerade „die Übelsten" nie die geistige und sittliche Reife eines durchschnittlichen 18jährigen erreichten, die Gemeinschaft aber auch gegen die unausgereiften Kriminellen geschützt werden wolle (S. 349).

70 Zustimmungswürdig insoweit *Dörner*, ZNR 1994, S. 58(71).

71 Vgl. zu den Einzelheiten *Wolff*, ZNR 1991, S. 41(52); *Dörner*, ZNR 1994, S. 58(72), die aber zum Entstehungszeitpunkt und Inhalt des Entwurfs unterschiedliche Angaben machen.

72 So die Kerngedanken der Verordnung, vgl. *Wolff*, ZNR 1991, S. 41(52); *Dörner*, ZNR 1994, S. 58(72f.).

kung der 14-Jahresgrenze auf zwölf Jahre sowieso vorgesehen sei.[73] Allein die Planungen zeigen aber die Absicht der „Entgrenzung“ [74] der Rechtsstaatlichkeit um so deutlicher.

4. *Sonderbehandlung der 18- bis 21jährigen*

Mit dem JGG 1923 wird die Forderung nach Einbeziehung der Straftäter in der Altersstufe zwischen 18 und 21 Jahren nicht umgesetzt, bleibt aber weiterhin ein zentraler Forderungspunkt.

a) *Die Entwicklung in der Weimarer Zeit*

Wieder einmal geht der gesetzlichen Anerkennung des Sonderstatus dieser Altersgruppe die praktische voraus. Bereits Anfang 1925 beginnt man bei dem Amtsgericht Berlin-Mitte, die Einzelrichterstrafsachen gegen 18- bis 21jährige Angeklagte dem Jugendgericht zuzuweisen.[75] Viele Gerichte übernehmen diese Praxis durch entsprechende Geschäftsverteilung.[76] Das gerichtliche Verfahren und die Behandlung der Delinquenten ist dem des JGG angenähert und entspricht der bisherigen Erfahrung mit jugendlichen Straftätern.[77]

Aber trotz dieser „schleichenden“ praktischen Umsetzung der Forderung der Lehre wird an der gesetzlichen Umsetzung weiter gearbeitet. Im April 1927 geht es auf der Sachverständigenkonferenz der DVJJ allein um die „strafrechtliche Behandlung der über 18jährigen Minderjährigen“ [78]. Grundkonsens besteht auch hier über eine Sonderstellung für die 18- bis 21jährigen Delinquenten.[79] Die völ-

---

73 Vgl. Näheres bei *Wolff*, ZNR 1991, S. 41(52); *Dörner*, ZNR 1994, S. 58(73).

74 Vgl. zu der Einschätzung auch *Wolff*, ZNR 1991, S. 41(52).

75 Vgl. zu den Einzelheiten dieser Entwicklung, insbes. zu dem Anstoß durch *Francke* bei der Aussprache auf dem 6. Jugendgerichtstag *Hartung*, Festschrift für v. Frank 1930, S. 539(554). Der 6. Jugendgerichtstag sieht die Erstreckung des Jugendstrafrechts auf die 18- bis 20jährigen als nächste Aufgabe an und empfiehlt ein schrittweises Vorgehen, zunächst im Verwaltungswege, vgl. *Entschließung I*, 6. Jugendgerichtstag 1924, S. 56.

76 Vgl. die Einzelheiten bei *Dörner*, Erziehung durch Strafe 1991, S. 81f.; auch Fn. 39; aus der zeitgenössischen Literatur z.B. *Scheidt*, ZblJugR 1927/28 (19. Jg.), S. 13; *Blumenthal*, ZblJugR 1927/28 (19. Jg.), S. 321.

77 Vgl. den Bericht über die Praxis bei *Blumenthal*, ZblJugR 1927/28 (19. Jg.), S. 321; auch *Scheidt* ZblJugR 1927/28 (19. Jg.), S. 13f. äußert sich positiv und setzt sich für eine Ausweitung dieser Praxis ein.

78 Vgl. den Bericht über die Konferenz (*o.V.*) in, ZblJugR 1927/28 (19. Jg.), S. 106ff.

79 *O.V.*, ZblJugR 1927/28 (19. Jg.), S. 106.

lige Gleichstellung dieser Altersgruppe mit den Jugendlichen erscheine aber nicht zweckmäßig, weil diese jungen Leute zwar noch nicht völlig erwachsen seien, in Jugendpflege, Jugendbewegung und im gesellschaftlichen Leben mit dem 18. Lebensjahr aber ein deutlicher Einschnitt gemacht werde.[80] Die Konferenz empfiehlt einstimmig, den über 18 Jahre alten Minderjährigen in Strafrecht, Strafprozeßrecht und Strafvollzug eine Mittelstellung einzuräumen.[81] Insbesondere sollen besondere Strafrahmen aufgestellt werden und grundsätzlich die Jugendgerichte zuständig sein.[82]

In die breite Öffentlichkeit rückt die Diskussion um die Einbeziehung von über 18jährigen in das Jugendstrafrecht durch den sogenannten „Steglitzer Schülermordprozeß" aus dem Jahre 1928 gegen den 18jährigen Oberprimaner *Paul Krantz*.[83] Dabei geht es um einen Mord und einen Selbstmord, die Berliner Oberprimaner in einem „morbiden Klima von Aggression, Erotik und Lebensüberdruß" verübten.[84] Für die Öffentlichkeit interessant wird das vor dem Erwachsenengericht stattfindende Verfahren durch die Verhandlungsführung des Gerichts: „Unter den bohrenden, peinlichen Verhörmethoden des Gerichts, das in aller Öffentlichkeit emotionale und sexuelle Details juristisch dingfest machen wollte", brachen der Angeklagte und eine Zeugin mehrfach nervlich zusammen.[85] Durch diese Vorkommnisse vergrößert sich der Druck, 18- bis 21jährigen der Zuständigkeit des Jugendgerichts zu unterstellen.[86]

In dem *E EGStGB 1929* wird erstmalig eine entsprechende Regelung eingearbeitet. Er fügt eine Zwischenstufe zwischen beschränkter und unbeschränkter

---

80 *O.V.*, ZblJugR 1927/28 (19. Jg.), S. 106. Wie bereits in der Einleitung dargestellt, werden die Ergebnisse der Konferenz zusammen mit dem Entwurf eines erweiterten JGG 1927 beim Reichsjustizministerium eingereicht; sowohl die Ergebnisse als auch den Entwurf teilt *Francke*, ZStW 48 (1928), S. 588(591ff.) im Wortlaut mit.

81 Vgl. die Einzelheiten bei *Francke*, ZStW 48 (1928), S. 588(592ff.).

82 Details des Vorschlags finden sich bei *Francke*, ZStW 48 (1928), S. 588(593ff.); s. auch den Entwurf ab S. 596ff.

83 Vgl. den eingehenden Bericht über den Vorfall sowie die besondere Erfassung von „Jugend" zu jener Zeit bei *Lange*, Schülermordprozeß 1928, S. 412ff.: „Der Prozeß wurde als Symptom für eine „Krise der Jugend" begriffen, die sich bis dahin hauptsächlich in Roman und Drama ereignet hatte." (S. 412).

84 So die Kurzfassung der Ereignisse bei *Dörner*, Erziehung durch Strafe 1991, S. 83, Fn. 41; vgl. auch die nähere Beschreibung bei *Lange*, Schülermordprozeß 1928, S. 412(413f.).

85 So *Lange*, Schülermordprozeß 1928, S. 412(417). Er führt aus, daß die Öffentlichkeit sich insbesondere deshalb gegen diese Methoden empört habe, da sie gar nicht notwendig gewesen seien, weil sich von Anfang an gezeigt habe, daß kein des Mordes Schuldiger vor Gericht gestanden habe.

86 Vgl. dazu auch *Hartung*, Festschrift für v. Frank 1930, S. 539(556); *Dörner*, Erziehung durch Strafe 1991, S. 83.

Strafmündigkeit für den Zeitraum zwischen 18 und 21 Jahren ein und sieht in einem § 12a JGG für diese Altersgruppe besondere (gemilderte) Sanktionen vor.[87]

Besonders hervorzuheben ist, daß sich sowohl die Gegner als auch die Anhänger der „modernen Schule“ einer besonderen Behandlung dieser Altersgruppe aussprechen. Mit *Wolff/Dörner* läßt sich das so begründen, daß die Frage für alle Strömungen kein grundsätzliches Problem darstellt:[88] Nach Ansicht der konservativen Kreise ist das Jugendstrafrecht milder als das allgemeine Strafrecht; für die Reformkreise, die in der Strafe Erziehung suchen, muß dies auch für die Heranwachsenden gelten, die ohnehin im Strafvollzug die Mehrheit stellen, und für die, die nach einem substantiell neuen Jugendrecht suchen, stellt die Sonderbehandlung der Heranwachsenden einen ersten Schritt in diese Richtung dar.

b) *Einflüsse des Nationalsozialismus*

Auch bei der Umgestaltung des Jugendstrafrechts im nationalsozialistischen Sinne legt man Wert auf die Einbeziehung der Altersgruppe von 18- bis 21 Jahren. Wie aber bereits bei den Altersgrenzen zu sehen war, haben sich die Motive für die Forderung auch hier im Laufe der Zeit geändert. Nach der Ansicht *Schaffsteins* werde die Diskussion des Heranwachsendenproblems genau aus der gegenteiligen Motivation heraus geführt, als das in der Weimarer Zeit der Fall gewesen sei.[89] Im Gegensatz zu den damaligen „individualistischen Erweichungstendenzen“ unter der Parole „Durchsetzung der Erziehungsstrafe“ solle im erzieherisch geprägten nationalsozialistischen Jugendstrafrecht der Sühnegedanke in den Hintergrund treten, um den delinquenten Jugendlichen und auch Heranwachsenden zu einem „tauglichen Glied der Volksgemeinschaft“ zu erziehen.[90] Über die konkrete Ausgestaltung der Sonderbehandlung jener Altersgruppe gibt es jedoch keinen Konsens. Wie bereits dargestellt wird die Ansicht vertreten, daß eine obligatorische oder fakultative Anwendung des Jugendstrafrechts eine fakultative Strafmilderung darstelle, wobei einige meinen, daß dafür kein Bedürfnis bestehe, weil der Heranwachsende in den seltensten Fällen vermindert schuldfähig sei.[91] Vielmehr genüge es, den normalen Strafrahmen bis zu seinen Grenzen auszunützen und der Besonderheit der 18- bis 21jährigen durch ausnahmsweise

---

87 S. *E EGStGB 1929*, S. 42; vgl. zu den Einzelheiten auch *Dörner*, Erziehung durch Strafe 1991, S. 84; *Hartung*, Festschrift für v. Frank 1930, S. 539(557ff.).

88 So *Wolff/Dörner*, RdJB 1990, S. 54(60).

89 Vgl. *Schaffstein*, DJ 1937, S. 347ff.

90 So *Schaffstein*, DJ 1937, S. 347.

91 *Schaffstein*, DJ 1937, S. 347(348f.).

Überstellung in den Jugendstrafvollzug gerecht zu werden.[92] Auch andere Stimmen halten eine völlige Gleichstellung nicht für richtig, fordern aber eine Zwischenstufe, entsprechend der Regelung im *E EGStGB 1929*.[93] Dabei wird – bezeichnenderweise - ausdrücklich darauf hingewiesen, daß dieser Vorschlag nicht einer „Verweichlichung“ des Strafverfahrens gegen jene Altersstufe diene.[94] Bei der Ausgestaltung des Strafrechts der (wie sie nun genannte werden) „Halberwachsenen“ dürfe man nicht nur von der Persönlichkeit des Minderjährigen ausgehen, sondern es müßten auch das Vergeltungs- und Sühnebedürfnis der „Volksgemeinschaft“ und generalpräventive Notwendigkeiten Berücksichtung finden.[95] Die spätere gesetzliche Regelung über Heranwachsende entspricht im großen und ganzen dem Vorschlag *von Schirachs*, die 18- bis 21jährigen den Jugendlichen dann gleichzustellen, wenn sie in ihrer Entwicklung so zurückgeblieben sind, daß sie praktisch den Jugendlichen der erwähnten Altersstufe entsprechen.[96]

Die Entwicklung zeigt, daß zwar grundsätzlich die Forderung aus der Weimarer Zeit nach einer Sonderbehandlung der 18- bis 21jährigen auch in der NS-Zeit immer weiter erhoben wird. Zugleich ist aber ein anderer Ausgangspunkt Anlaß für diese Forderung. Die „Verweichlichungstendenzen“ der Weimarer Zeit will man keinesfalls in den Reformvorschlägen sehen. Vielmehr ist Hintergrund die (noch mögliche) Erziehung des „Halberwachsenen“ zu einem wichtigen Glied der „Volksgemeinschaft“.

5. Ergebnis

Gerade in dem Bereich der Altersgrenzen wird der Einfluß die NS-Ideologie auf das Jugendstrafrecht deutlich. Zum einen ist die Tendenz zu erkennen, daß auch

92 So der Vorschlag von *Schaffstein*, DJ 1937, S. 347(348f.).

93 Für diese Zwischenstufe sollten der Erziehungsgedanke und der Gedanke der Jugendpflege hervorzuheben sein, so *Peters*, ZblJugR 1935/36 (27.Jg.), S. 37(45f.); *ders.*, ZStW 56 (1937), S. 495(504f.) fordert in dieser Zwischenstufe eine Behandlung nach Einzelpersönlichkeit und Einzelfall; vgl. auch *Messerer*, ZStW 56 (1937), S. 485(491f.).

94 Vgl. *Peters*, ZblJugR 1935/36 (27.Jg.), S. 37(45f.); *ders.*, ZStW 56 (1937), S. 495(498f.); *Messerer*, ZStW 56 (1937), S. 485(492).

95 *Peters*, ZStW 56 (1937), S. 495(505f.): Wenn nötig müsse daher auch beim Halberwachsenen das Erwachsenenrecht volle Anwendung finden. Vgl. auch *dens.*, ZStW 56 (1937), S. 495(507ff.) zu den Details der Anpassung des Halberwachsenenstrafrechts an das Jugendstrafrecht.

96 Der künftige Jugendrichter werde die Entwicklungsstufen berücksichtigen müssen, so *v. Schirach*, DjD 1939, S. 153(159).

die Altersgruppe der 18- bis 21jährigen zumindest dem Jugendstrafrecht angenähert werden soll, zum anderen wird normiert, daß ein Teil der über 16jährigen Jugendlichen unter bestimmten Voraussetzungen nach Erwachsenenstrafrecht bestraft werden kann. Ohne förmliches Gesetzgebungsverfahren wird mit der Verordnung zum Schutz gegen jugendliche Schwerverbrecher die obere Grenze der relativen Strafmündigkeit aufgeweicht und der Weg für (auf vermeintliche Rechtsnormen begründete) Willkürentscheidungen der Richter eröffnet. Und bei der Forderung nach Einbeziehung der „Halberwachsenen" in das Jugendstrafrecht geht es nicht um die jeweilige Person, sondern um den Vorteil für die Volksgemeinschaft.

III. Der Erziehungsgedanke, insbesondere die Erziehungsmaßregeln

Diese Anknüpfung an „das Volk" beziehungsweise die Volksgemeinschaft als Ganzes zu Lasten des Individuums in der NS-Zeit wird auch bei der Stellung der Erziehung deutlich. Vorab wird aber die Weimarer Zeit auf die erzieherischen Tendenzen im Jugendstrafrecht hin untersucht.

1. Standort der Erziehung im neuen JGG

Das JGG 1923 enthält keine inhaltlichen Überlegungen zum Erziehungsbegriff oder zu seinem Ziel und klärt diesen Begriff auch nicht. Der Streit um das Verhältnis zwischen Erziehung und Strafe ist daher durch den Erlaß des JGG 1923 nicht gegenstandslos geworden.

a) Die Weimarer Zeit

In der Weimarer Zeit ist in der Praxis die Tendenz festzustellen, daß die restriktive und strafrechtliche Auslegung der Vorschriften jugendliche Straftäter betreffend beibehalten beziehungsweise das pädagogische Potential des JGG 1923 nicht ausgeschöpft wird. Zwar wird angenommen, daß auch bei der Bestrafung des Jugendlichen der erzieherische Gedanke an erster Stelle stehen müsse.[97] Jede Ahndung müsse ihre Berechtigung aus dem Ziel schöpfen, den Jugendlichen, der sich als asozial erwiesen habe, möglichst der „sozialen Brauchbarkeit" zuzufüh-

97 So *van Dühren*, Jugendrichter 1927, S. 17.

ren.[98] Gänzlich verzichten will man aber auf den Strafgedanken in der Jugenderziehung nicht.[99]

Es existieren kaum empirische Untersuchungen zu der damaligen Sanktionspraxis im Jugendstrafrecht. Zu Erziehungsmaßregeln unter Verzicht auf Strafe wird offenbar nur ein verschwindend geringer Anteil jugendlicher Delinquenten verurteilt.[100] Als Ursache für dieses Verweilen im traditionellen Strafendenken kommen mehrere Faktoren in Betracht. Das Erwachsenenstrafrecht wird (noch) beherrscht von den absoluten Straftheorien, und die von der höchstrichterlichen Rechtsprechung und der Lehre geprägte Strafrechtsdogmatik vertritt den Vergeltungsgedanken beziehungsweise generalpräventive Gesichtspunkte. Die Diskrepanz zwischen JGG 1923 und RStGB scheint daher unüberwindbar. Hinzu kommt der desolate finanzielle Zustand der Weimarer Republik. Aufgrund dieses Umstandes wird zum Beispiel für längere Zeit auf die Einrichtung von Jugendämtern verzichtet, so daß die sozialpädagogische Arbeit der Jugendgerichtshilfe auf einer unsystematischen Basis von privaten Verbänden betrieben wird, was sich als wenig effektiv insbesondere für eine Zusammenarbeit zwischen Gerichten und Jugendgerichtshilfe darstellt.[101] Ein weiterer Grund für die verhältnismäßig geringe Anwendung der Erziehungsmaßregeln sei der den Grundprinzipien des allgemeinen Strafrechts widersprechende Freiwilligkeitsgedanke bei der Auferlegung besonderer Verpflichtungen.[102] Anhand des Umgangs mit den Erziehungsmaßregeln in der Praxis zeigt sich, wie wenig Interesse und auch Experimentierfreude an der Umsetzung des Konzepts „Erziehung" besteht.

Die besonderen Aspekte der Erziehung werden nach Erlaß des JGG 1923 zunächst kaum erörtert. *Webler* gibt mit seiner „Streitschrift" im Jahre 1929 einen neuen Impuls. Wie bereits im Zusammenhang mit den Altersgrenzen dargestellt, fordert er provokant, die Behandlung der jugendlichen Rechtsbrecher bis zum 18.

---

98 Strafe verfehle in dieser Hinsicht ihren Zweck, nur durch Erziehung könne die Jugend sozial brauchbar gemacht werden, so *Noppel/v. Düring*, ZblJugR 1927/28 (19. Jg.), S. 200(205ff.).

99 Vgl. z.B. *Noppel/Francke*, ZblJugR 1927/28 (19. Jg.), S. 227(228f.); *Francke* wendet sich hier gegen *v. Dürings* These, daß „unbestritten" die Strafe hinsichtlich der Resozialisierung durchweg den Zweck verfehle.

100 Vgl. den Versuch einer Datenerfassung bei *Pfeiffer*, Kriminalprävention 1989, S. 42. Die Angaben aus der damaligen Zeit über Verurteilte, bei denen zu Gunsten einer Erziehungsmaßregel von Strafe abgesehen wird, schwanken zwischen 27,2% im Jahre 1926 in überwiegend städtischen Bezirken und durchschnittlich 15-20% zwischen 1923-1933 im gesamten Gebiet, so *Pfeiffer*, Kriminalprävention 1989, S. 40 unter Bezugnahme auf *Hammerschlag*.

101 Vgl. die nachträgliche Beurteilung bei *Pfeiffer*, Kriminalprävention 1989, S. 43; *Wolff/Dörner*, RdJB 1990, S. 54(55), jeweils m. w. N.

102 So die Einschätzung von *Pfeiffer*, Kriminalprävention 1989, S. 41.

Lebensjahr an Stelle des Jugendgerichts generell dem Vormundschaftsrichter zu übertragen.[103] Er behauptet, daß die Einsicht von der Notwendigkeit, Jugendliche in erster Linie unter psychologischen und pädagogischen Gesichtspunkten zu beurteilen, in das Strafrecht, dem „in seiner Funktion als letztem Bollwerk gesellschaftlicher Ordnung eine natürliche Tendenz zum Konservativismus" innewohne, nur langsam vordringe, und stellt die These auf, daß sich Rechtsstrafverfahren und Rechtsstrafe einerseits und Erziehung andererseits absolut widersprechen.[104] Gegenüber Jugendlichen blieben die Strafzwecke der Vergeltung, Abschreckung, „Unschädlichmachung" und dergleichen ohne Berechtigung in der Gesellschaft und ohne tieferen Sinn[105] und eine Kombination von Strafandrohung und Erziehung sei pädagogisch sinnlos.[106] Schließlich führe die durch die Kombination von Vormundschafts- und Jugendrichter in einer Person hervorgerufene Zwitterstellung zu einem „berechtigten Mißtrauen der Jugendlichen".[107] Eine unmittelbar anknüpfende Reaktion auf diese auch den Reformkreisen gegenüber zu verstehende Provokation bleibt aus und die Auseinandersetzung mit den Thesen erfolgt erst ab Mitte der 30er Jahre.

b) Der nationalsozialistische Einfluß

In der nationalsozialistischen Zeit nimmt das Interesse der Literatur an der Einordnung der Erziehung im jugendstrafrechtlichen System erheblich zu. *Webler* selbst revidiert seine Forderung nach Abschaffung des Jugendgerichts. Er behält zwar die Grundeinstellung bei, daß „der Strafrichter und sein Apparat" zur Erziehung ungeeignet sei und daß Rechtsstrafe und Erziehung in einem inneren Widerspruch zueinander stehen, und er fordert auch weiterhin, grundsätzlich den Vormundschaftsrichter für jugendliche Straftäter für zuständig zu erklären, nunmehr aber mit der Einschränkung, ihm die Überweisung einzelner schwerer Fälle an den Strafrichter anheimzugeben.[108] Von seinen Bedenken hinsichtlich der Mißtrauen erweckenden „Zwitterstellung" von Vormundschafts- und Jugendrichter nimmt er aber offenbar Abstand.

---

103 S. *Webler*, Wider das Jugendgericht 1929, S. 21.

104 Vgl. *Webler*, Wider das Jugendgericht 1929, S. 3, s. auch die Einzelheiten auf S. 9f.

105 Wobei die Gegnerschaft gegen das Jugendgericht nicht auf einer Ablehnung der Strafe, auf „Humanitätsduselei" beruhe - man wende sich lediglich gegen die Strafe eines unpädagogischen Zwangsapparats zugunsten eines rein pädagogisch orientierten Verhaltens, das Erziehungsstrafe nicht ausschließe, so *Webler*, Wider das Jugendgericht 1929, S. 8ff.

106 *Webler*, Wider das Jugendgericht 1929, S. 15.

107 So *Webler*, Wider das Jugendgericht 1929, S. 21.

108 Vgl. *Webler*, ZBlJugR 1935/36 (27. Jg.), S. 47(49f.).

In der Praxis scheint sich dagegen die Überzeugung durchzusetzen, daß in vielen Fällen die Tat des Jugendlichen Sühne, also Strafe fordere, daneben aber auch zur „inneren Festigung“ eine erzieherische Beeinflussung notwendig sei, so daß häufig Strafe und Erziehungsmaßnahmen nebeneinander angeordnet werden.[109] Durch eine geänderte Betrachtungsweise erlangt die Erziehung einen anderen Stellenwert. Die „nationalsozialistische Gesellschaft“ steht nunmehr im Vordergrund.

Bereits im Jahre 1934 zeigt sich die geänderte Einstellung zu diesem Thema. *Behnke* führt in einem Aufsatz aus, daß zwar vom Staat und anderen Erziehungsinstitutionen gegenüber früher erheblich gesteigerte und in das Familienleben eingreifende Erziehungsansprüche erhoben würden, diese sich aber nur auf Teilgebiete beschränkten, da die Erziehung in einer „gesunden, erziehungsfähigen, staatstreuen“ Familie den höchsten Stellenwert genieße.[110] Und nur ausnahmsweise trete der Staat in Fällen, in denen die Elternerziehung fehle, unzulänglich oder gefährdet sei oder wo ein Strafanspruch bestehe, mit einem „totalen Erziehungsanspruch“ auf.[111] Der Eingriff des Staates ist (noch) als Ausnahme konzipiert. Es fällt aber die weite Formulierung ins Auge und es stellt sich die Frage, wer die Maßstäbe für die „gesunde, erziehungsfähige und staatstreue Familie“ festsetzten soll. Zuständig dafür werden die öffentlichen Stellen, wodurch de facto der Vorrang der elterlichen Erziehung beseitigt wird. In dem gleichen Aufsatz stellt *Behnke* dann auch zur Erörterung, ob nicht in der „Gefährdetenerziehung, aus Unterschätzung des Interesses der Volksgemeinschaft, aus Überschätzung des individuellen Rechts von Vater und Mutter, selbst bei einwandfreier feststehender erheblicher moralischer Minderwertigkeit der Eltern viel zu sehr „Erziehung zur Rückkehr in die eigene Familie“ getrieben“ werde, statt völlige Lösung und völliges Selbständigmachen des Minderjährigen anzustreben und ob nicht viele „Versager“ gerade hierauf zurückzuführen seien.[112]

Bei der Frage zum Verhältnis von Erziehung und Strafe zeigen sich nunmehr radikale Positionsbestimmungen. Dabei finden die Überlegungen keinen Zuspruch, das Jugendstrafrecht durch ein einheitliches Jugenderziehungs- und Jugendfürsorgerecht oder sogar insgesamt durch ein Wohlfahrtsrecht zu ersetzen. Dies lehne „der Nationalsozialismus“ mit aller Entschiedenheit ab, da die Überlegung auf der Vorstellung fuße, daß dem Menschen die freie Willensbestimmung fehle, daß er das Opfer der Gesellschaft, daß er zum Verbrechen verdammt

---

109 Vgl. die Einschätzung der praktischen Handhabung bei *Keßler*, ZAkDtR 1938, S. 120; für ein Nebeneinander auch *Borst*, ZAkDtR 1939, S. 127.

110 Vgl. *Behnke*, ZblJugR 1933/34 (25. Jg.), S. 296.

111 Dort müsse eine staatliche oder im Staatsauftrag ausgeführte Gesamterziehung stattfinden, so *Behnke*, ZblJugR 1933/34 (25. Jg.), S. 296.

112 *Behnke*, ZblJugR 1933/34 (25. Jg.), S. 296(302).

sei.[113] Der Erziehungsgedanke sei zwar betont, er herrsche aber nicht.[114] Im Gegenteil geht der Trend hin zu einer Trennung von Strafe und Erziehung. *Oetker*, als Vertreter der konservativen Kreise, spricht sich zum Beispiel für die Streichung der §§ 5, 6 JGG 1923 aus.[115] Der Gesetzesinhalt, daß trotz der Strafbarkeit keine Strafe verhängt werden soll, wenn Erziehungsmaßnahmen für ausreichend erachtet werden, eröffne die Möglichkeit, nach freiem Ermessen statt strafend mit bloßer Erziehung zu reagieren, wobei der Sinn und Zweck sowohl von Strafe als auch von Erziehung verkannt werde.[116] „Der strafende Staat kann nicht sowohl Erzieher als auch Erhalter der Autorität und der Sicherheit des Rechts sein."[117] Deutlich weist *Oetker* darauf hin, daß die im Jugendstrafrecht erkennbare Tendenz der Gleichstellung von Strafe und Erziehung jedenfalls der Strafauffassung des Nationalsozialismus widerspreche.[118] Auch andere Stimmen treten dafür ein, daß nicht das Strafgericht in einem nicht passenden strafprozessualen Rechtsgang über Erziehungsmaßnahmen entscheiden solle, sondern der Vormundschaftsrichter in einem freigestalteten inquisitorischen Verfahren, wobei er an ein Strafurteil gebunden sein soll.[119] Dem Jugendstrafrecht komme eine Sühneaufgabe zu und dementsprechend sei die Erziehung von der „Sühnestrafe" zu trennen; es solle nicht durch Strafe erzogen werden, sondern die Erziehung werde neben der Strafe durchgeführt - wenn auch beeinflußt von der strafbaren Handlung.[120]

Auch Stimmen, die nicht dem konservativen Lager zuzurechnen sind, fordern mit anderer Begründung aber ebenso vehement die strikte Trennung von Erziehung und Strafe. Die Ansicht von *Webler* ist bereits dargestellt worden. Auch *Schaffstein* fordert von einer Erneuerung des deutschen Jugendstrafrechts, daß sie

---

113 Der Mensch im Nationalsozialismus sei für sein Tun verantwortlich, so *Peters*, ZBlJugR 1935/36 (27. Jg.), S. 37(39). Allerdings spricht man sich bisweilen für eine Zusammenfassung der Vorschriften in einem einheitlichen Jugendgesetz aus, vgl. *Messerer*, ZStW 56 (1937), S. 485(487).

114 *Peters*, ZBlJugR 1935/36 (27. Jg.), S. 37(40f.); es gebe Fälle, in denen es das „gesunde Volksempfinden" nicht verstehen würde, wenn die Tat an dem Täter nicht ihre Sühne durch Strafen finden würde.

115 Also für die Streichung des Prinzips der Subsidiarität der Strafe, vgl. *Oetker*, GS 106 (1935), S.94(98ff.).

116 Strafzweck sei - auch für Jugendliche - einzig die Vergeltung und könne nicht Besserung sein, vgl. die Einzelheiten bei *Oetker*, GS 106 (1935), S. 94(98f).

117 *Oetker*, GS 106 (1935), S. 94(100).

118 Vgl. *Oetker*, GS 106 (1935), S. 94(103f.).

119 Vgl. *Schoetensack*, GS 106 (1935), S. 156(159); gegen die Ansichten der klassischen Strafrechtsschule argumentiert *Kohlrausch*, ZStW 56 (1937), S. 459(466f.) m. w. E.

120 Vgl. *Neeße*, Leitsätze 1938, S. 95f., der kritisiert, daß die „liberalistische Zeit" den Grundsatz „Erziehung durch Strafe" habe verwirklichen wollen und es doch nur zu einer „Strafe durch Erziehung" gebracht habe.

statt zu einer Verschmelzung zu einer radikalen Trennung von Strafe und Erziehung führen solle.[121] Der Gesetzgeber solle zugunsten eines Erziehungsversuchs auf ein strafrechtliches Einschreiten dort verzichten, wo Strafe nicht unumgänglich sei; wenn dann aber Strafe verhängt werde, solle sie auch eine „ernste und wirkliche“ sein.[122] Darum solle der Vormundschaftsrichter die Anordnung der Erziehungsmaßregeln einschließlich des Jugendarrests treffen, wobei der Staatsanwalt das Verfahren bei bestimmten (leichten) Taten von vornherein unter Verzicht auf die Anklage dem Vormundschaftsgericht zur Erledigung überweisen solle.[123] So würde vermieden, daß zwei verschiedene Gerichte Erziehungsmaßregeln nach unterschiedlichen Gesichtspunkten und Anschauungen verhängten.[124] Allerdings - lenkt *Schaffstein* ein - solle es dem Jugendgericht auch in Zukunft unbenommen bleiben, Erziehungsmaßregeln an Stelle oder neben der Strafe anzuordnen, wenn es das nach den Ergebnissen der Hauptverhandlung für zweckentsprechend halte.[125] Mit dieser Einschränkung erscheint die Forderung nach scharfer Trennung von Strafe und Erziehungsmaßregeln als eher halbherzig.

Der Forderung wird dann auch deutlich entgegengetreten.[126] Wenn *Schaffstein* nach seiner Konzeption die Strafe allein für „Unerziehbare“ fordere, sei zum einen bereits die Feststellung von „Unerziehbarkeit“ problematisch; zum anderen würde dies die Strafe für die große Mehrzahl der „jugendlichen Übel-

---

121 *Schaffstein*, DR 1936, S. 64(65); *ders.*, Erneuerung des Jugendstrafrechts, S. 8.

122 So die Forderungen von *Schaffstein*, DR 1936, S. 64(65) vor dem Hintergrund, daß Jugendstrafrecht „Ehrstrafrecht“ und Strafe gegen Jugendliche ihrem Wesen nach „Ehrstrafe“ sein müsse; diese Forderung wird auch in § c des von ihm formulierten Gesetzesentwurfs umgesetzt, vgl. *ders.*, Erneuerung des Jugendstrafrechts, S. 24. *Gallas*, ZStW 56 (1937), S. 635(638) geht der bei *Schaffstein* genannte Anwendungsbereich für Strafe nicht weit genug.

123 Dieses stelle die Schuld fest und habe die Möglichkeit, wenn es doch Strafe als notwendig erachte, das Verfahren zur Anklageerhebung an die Staatsanwaltschaft zurückzugeben, so die Vorstellung von *Schaffstein*, DR 1936, S. 64(67).

124 *Schaffstein*, DR 1936, S. 64(67).

125 *Schaffstein*, DR 1936, S. 64(68); diese Einschränkung bezeichnet *Kohlrausch*, ZStW 56 (1937), S. 459(482) als „natürlich das einzig richtige, eine Zurückverweisung an den Vormundschaftsrichter wäre theoretische Überspitzung und unnatürlich“.

126 *Gallas*, ZStW 56 (1937), S. 635(640f.) vertritt gerade vor dem Hintergrund des neuen „Ehrstrafrechts“ für Jugendliche die Ansicht, daß es zur Ehre des Jugendlichen gehöre, für die Gemeinschaft erzogen zu werden und daher die Jugendstrafe ehrmindernd sei, wenn sie die Erziehungswürdigkeit verneine; außerdem könne die Trennung de facto nicht durchgehalten werden und selbst *Schaffstein* durchbreche sie. Nach *Borst*, DJ 1939, S. 39(40) müsse bei einem noch erziehungsfähigen Jugendlichen die Strafe auch Erziehungsfunktion haben und daher „Erziehungsstrafe“ sein; vgl. auch *Messerer*, ZStW 56 (1937), S. 485(489), der sowohl Strafe als auch Erziehung als notwendig erachtet.

täter" nahezu beseitigen; echte Strafe, die dem Jugendlichen zu Gemüte führe, daß er für sein Tun einzustehen, eine Schuld zu büßen habe, könne aber wirksamstes und unentbehrliches Erziehungsmittel sein.[127] Darüber hinaus sollte bereits aus praktisch-pädagogischen Erwägungen die endgültige Erledigung eines einheitlichen Falls, der teilweise erzieherische, teilweise Strafprobleme stelle, tunlichst in eine Hand gelegt werden.[128] Bei einer Trennung müsse auch bedacht werden, daß das Strafverfahren das einzige Band sei, das die Erziehungsmaßregel noch mit dem Gedankenbereich des Strafens zu verbinden vermag; bei Aufgabe dieses Zusammenhangs bestehe die Gefahr, daß auch das Gefühl schwinde, für kriminelles Tun von der Gemeinschaft wenn auch nicht bestraft, so doch immerhin zur Verantwortung gezogen zu werden.[129] Außerdem sei zu überlegen, ob nicht die Loslösung der staatlichen Maßregel vom Strafgedanken einem gesunden Rechtsgefühl der Gemeinschaft widerspreche.[130] Speziell gegen das Konzept von *Webler* wird angeführt, daß es eine Überspannung eines theoretischen Prinzips bedeute, aus einem „entweder - oder" der Maßnahmen den Schluß zu ziehen, daß diese auch nur entweder der Vormundschaftsrichter oder der Strafrichter anordnen könne.[131] Zwar dürfe der Vormundschaftsrichter als solcher nicht echte Strafen verhängen; der Jugendrichter könne aber nur dann schlechthin ungeeignet sein, eine Erziehungsmaßregel anzuordnen, wenn er über schlechtere Erkenntnisquellen verfüge, als der Vormundschaftsrichter oder wenn man solches mit der Würde eines Strafgerichts und dem „Pathos" des Strafverfahrens für unvereinbar halte; beides ist nach der Ansicht von *Kohlrausch* nicht der Fall.[132] Schließlich wäre es auch mit der Stellung der Staatsanwaltschaft nicht vereinbar, wenn bei 16- und 17jährigen der Vormundschaftsrichter allein darüber zu entscheiden hätte, ob eine Sache vor den Strafrichter komme.[133] Auch nach der Ansicht *Freislers* ist die Strafe immer subsidiär zu anderen Mitteln, insbesondere Erziehungsmaßnahmen, und anzuwenden, wenn diese nach gewissenhafter Prognose nicht mehr ausreichten; dann allerdings müsse Strafe angewendet werden.[134] Es müsse aber bei jedem Jugendlichen der sich immer lohnende Versuch gemacht

---

127 So *Kohlrausch*, ZStW 56 (1937), S. 459(471).

128 So die Ansicht von *Kohlrausch*, ZStW 56 (1937), S. 459(480f.); ähnlich *Messerer*, ZStW 56 (1937), S. 485(489f.).

129 Wobei von der Erweckung eines solchen Verantwortungsgefühls aber nicht zuletzt der Erziehungserfolg abhänge, so *Gallas*, ZStW 56 (1937), S. 635(641).

130 *Gallas*, ZStW 56 (1937), S. 635(641).

131 So sehr deutlich *Kohlrausch*, ZStW 56 (1937), S. 459(465).

132 Vgl. *Kohlrausch*, ZStW 56 (1937), S. 459(465).

133 *Kohlrausch*, ZStW 56 (1937), S. 459(465f.).

134 Vgl. die Zusammenfassung der Ausführungen *Freislers* auf der Reichstagung des Sozialen Amtes der Reichsjugendführung 1939 bei *Kümmerlein*, DJ 1939, S. 167(168f.).

werden, ihn für die „Volksgemeinschaft“ zu retten, auch wenn dies nur in wenigen Fällen gelinge.[135]

Gerade an dieser Aussage kann man den bedeutungsvollen Wandel in der Grundeinstellung zur Erziehung erkennen, der sich unabhängig von der Diskussion um die Frage nach ihrem Verhältnis zur Strafe vollzogen hat. Es wird die bereits angedeutete Tendenz noch deutlicher, daß nicht mehr um des Jugendlichen selbst erzogen werden soll, sondern um den Jugendlichen für den Staat (die „Volksgemeinschaft“) „zu retten“ beziehungsweise zu erhalten. Das „Volkswohl“ und die „Volksgemeinschaft“ werden im Dritten Reich über alles gestellt, auch über das Individuum. Dies widerspricht dem Grundgedanken des JGG 1923, welches ausdrücklich als Täterstrafrecht konzipiert war und bei dem die Person des Jugendlichen im Vordergrund stehen sollte. In diesem Sinne führt *Freisler* dann auch aus, daß die Begriffe Erziehung und Strafe keine Gegensätze bildeten, vielmehr die Strafe keinen Sinn mache, wenn nicht der Jugendliche durch den Strafvollzug zur Besinnung gebracht werde, ein ordentliches Leben zu führen.[136]

Die Frage nach der Stellung der Erziehung im Jugendstrafrecht, insbesondere nach ihrem Verhältnis zur Strafe wird nicht abschließend geklärt. Dafür driften die Ansichten bereits im Ansatz zu weit auseinander. Es wird aber deutlich, daß unter „wirksamer Erziehung“ - entsprechend den pädagogischen Theorien des Nationalsozialismus - die scharfe Reaktion der Staatsautorität zur Disziplinierung jugendlicher Straftäter verstanden wird; Erziehungsmaßnahmen werden als „pädagogische“ Strafen begriffen.[137] Wirklich bemerkenswert ist aber der Wandel in der Annahme des Grundes für ein erzieherisches Eingreifen des Staates bei jugendlichen Delinquenten. Und so wird auch im nachhinein das gefundene Ergebnis bestätigt, daß jene Interpretation des Erziehungsgedankens vorwiegend den Nutzen für die „nationalsozialistische Volksgemeinschaft“ im Auge gehabt habe[138] und nicht mehr das Individuum.

2. Die Erziehungsmaßregeln

In § 7 JGG 1923 werden die Erziehungsmaßregeln aufgezählt. Genannt sind Verwarnung, Überweisung in die Zucht der Erziehungsberechtigten oder der Schule, Auferlegung besonderer Verpflichtungen, Unterbringung, Schutzaufsicht sowie Fürsorgeerziehung, wobei auch andere Erziehungsmaßregeln von der

---

135 So der Bericht von *Kümmerlein*, DJ 1939, S. 167(168).

136 Vgl. dazu den Bericht von *Kümmerlein*, DJ 1939, S. 167(169); ähnlich *v. Schirach*, DjD 1939, S. 153(158).

137 Vgl. auch diese Einschätzung bei *Wolff*, ZNR 1991, S. 41(50).

138 Diese nachträgliche Bewertung gibt *Wolff*, ZfRSoz 1986, S. 123(137).

Reichsregierung mit Zustimmung des Reichsrats für zulässig erklärt werden können. Eine Möglichkeit, die Maßregeln bei Nichtbefolgung zwangsweise durchzusetzen, gibt es nicht.

Eine Inhalts- und Zielbestimmung für die Erziehungsmaßregeln findet sich im Gesetz nicht und wird dementsprechend nach Erlaß des JGG 1923 in der jugendstrafrechtlichen Literatur diskutiert. In diesem Zusammenhang ist insbesondere die Umfrage des „Deutschen Archivs für Jugendwohlfahrt" unter Jugendrichtern zu deren Erfahrungen mit den Erziehungsmaßnahmen zu nennen, deren Ergebnisse *van Dühren* vorstellt.[139] Danach sollen die Erziehungsmaßregeln nicht dazu bestimmt sein, einen Ausgleich für die Straftat zu schaffen; vielmehr wird die Tat nur als der äußere Anlaß gesehen, diejenigen Maßnahmen zu treffen, die nach der Persönlichkeit des Jugendlichen notwendig sind.[140] Nach der Umfrage bildet ein zu großen Mißverhältnis zwischen Tat und Maßnahme die äußerste Grenze.[141] Das Hauptziel wird unter den Praktikern darin gesehen, daß der Jugendliche das Urteil versteht und als gerecht empfindet.[142]

Zu den einzelnen Erziehungsmaßregeln: Die anpassungsfähigste, weiteste, individuellste und wohl auch umstrittenste Erziehungsmaßregel ist die Auferlegung besonderer Verpflichtungen, § 7 Abs. 1 Ziff. 3 JGG 1923. Die Praxis steht ihr - nach den Umfrageergebnissen von *van Dühren* - zunächst recht skeptisch gegenüber. Für sie sei neben Strafe und sonstigen Maßnahmen kein Raum, da mit den Sanktionen nicht übertrieben werden dürfe, weil dies Trotzreaktionen seitens des Jugendlichen zur Folge habe.[143] Auf dem 6. Jugendgerichtstag wird dann aber gefordert, dem Ausbau der individuell angepaßten Verpflichtungen fortgesetzte Aufmerksamkeit zu schenken.[144] Ihr besonderer Wert wird darin gesehen, daß ein Einfluß des Richters von längerer Dauer möglich ist.[145]

Insbesondere wird bei der Auferlegung besonderer Verpflichtungen die Problematik empfunden, daß sie nicht zwangsweise durchgesetzt werden können. Dieses Problem stellt sich zwar bei allen Maßregeln, wird aber bei dieser am häufigsten diskutiert. Nach einer Ansicht mache gerade die Freiwilligkeit diese Maßnahme so wertvoll und sollte sie nicht freiwillig erfüllt werden, müsse der

---

139 *Van Dühren*, ZblJugR 1925/26 (17. Jg.), S. 77ff.

140 S. *van Dühren*, ZblJugR 1925/26 (17. Jg.), S. 77(78).

141 *Van Dühren*, ZblJugR 1925/26 (17. Jg.), S. 77(78).

142 Vgl. *van Dühren*, ZblJugR 1925/26 (17. Jg.), S. 77(78).

143 Vgl. *van Dühren*, ZblJugR 1925/26 (17. Jg.), S. 77(78), der diese Ansicht jedoch ablehnt, da dies für alle Maßnahmen des JGG gelten müsse.

144 *Entschließung I*, 6. Jugendgerichtstag 1924, S. 56.

145 Vgl. *Hammerschlag*, Erziehungsmaßregeln 1927, S. 52.

Richter eher über eine andere Maßregel nachdenken, als über Zwang.[146] In der nationalsozialistischen Zeit wird dagegen argumentiert, daß eine Verpflichtung nur dann effektiv sei, wenn deren Befolgung auch irgendwie nachgewiesen und kontrolliert werden könne.[147] Dem entspricht die Forderung nach einem Instrumentarium zur zwangsweisen Durchsetzung, etwa die Schaffung eines „eigenen Jugendvergehens".[148] Dem Vorschlag wird aber sofort heftig widersprochen, denn es handele sich bei dem Ansatz „nicht nur um eine einzelne Reformmaßnahme, sondern um eine Umkehrung und eine Verkennung von Grundsätzen".[149] Die Schaffung eines Durchsetzungsinstrumentariums bedeute eine Umkehrung aller Werte, indem der Diebstahl nicht, dagegen aber die Nichterfüllung einer Erziehungsmaßnahme bestraft werden würde.[150] Das Prinzip der Freiwilligkeit wird später auch als ein weiterer Grund dafür angesehen, warum von den Erziehungsmaßregeln nach Erlaß des JGG 1923 so wenig Gebrauch gemacht wird. Sie seien nämlich nur angeordnet worden, wenn ganz sicher gewesen sei, daß der Jugendliche sie auch freiwillig befolgen würde, was zu einer Auslese von wenigen Fällen geführt habe.[151] Der Richter könne diese Erziehungsmaßregel zwar nach freiem Ermessen anordnen, welches aber beschränkt sei durch den Eingriff in die Rechtssphäre des Jugendlichen und die Bestimmungen der Weimarer Reichsverfassung.[152]

---

146 Außerdem habe der Richter einige faktische Druckmittel; er könne den Jugendlichen vorladen oder ihn vorführen lassen und ihm ins Gewissen reden, so *van Dühren*, ZblJugR 1925/26 (17. Jg.), S. 77(78f.); ähnlich *Hammerschlag*, Erziehungsmaßregeln 1927, S. 53.

147 Vgl. *Keßler*, ZAkDtR 1938, S. 120f., der es als falsch einstuft, daß der Erziehungsversuch als mißlungen gelten solle, wenn sich der Jugendliche widersetze, weil er gemerkt habe, daß kein Zwang dahinter stehe, der aber auch beobachtet, daß die meisten Maßnahmen freiwillig erfüllt werden.

148 Vgl. die Forderung von *Keßler*, ZAkDtR 1938, S. 120(121); dabei denkt er auch an den Jugendarrest (der weiter unten noch im Detail behandelt werden wird) als Sanktionsmittel. *Crohne*, Jugendarrest 1940, S. 60(65f.) spricht sich gegen eine besondere Ungehorsamsstrafe aus, denn Strafen dürften nur dann verhängt werden, wenn Erziehungsmaßregeln nicht ausreichten und nicht durch die Hintertür wieder eingeführt werden.

149 Vgl. die Erwiderung von *Borst* auf den Aufsatz von *Keßler* in: ZAkDtR 1939, S. 127f.

150 *Borst*, ZAkDtR 1939, S. 127.

151 Vgl. die Einzelheiten bei *Pfeiffer*, Kriminalprävention 1989, S. 43.

152 *Hammerschlag*, Erziehungsmaßregeln 1927, S. 54ff. weist in dieser Deutlichkeit (zunächst) als einziger auf die Problematik einer Beschränkung durch die Grundrechte der Weimarer Reichsverfassung hin und hat z.B. bei Art. 135 (Glaubens- und Gewissensfreiheit), Art. 159 (Koalitionsfreiheit) und Art. 124 (Freiheit zur Vereins- oder Gesellschaftsgründung) Bedenken; in Art. 118 (Meinungsäußerungsfreiheit)

Einige Beispiele für die angeordneten Erziehungsmaßregeln werden ein Abbild der Praxis geben, um dem Leser zu verdeutlichen, welche Werte man den Jugendlichen nahebringen will. Es gibt die Verpflichtung, sich um Arbeit zu bemühen[153], die Lehrzeit zu beenden, die Großstadt zu verlassen und eine „Landstelle" anzunehmen und auch, sich einem bestimmten Verein anzuschließen.[154] Unter Hinweis auf Art. 124 WRV[155], der allen Deutschen das Recht zuerkennt, Vereine oder Gesellschaften zu bilden, werden verfassungsrechtliche Bedenken gegen die zuletzt genannte Erziehungsmaßregel erhoben, welche aber kein Hindernis für die Erteilung eines Rates mit selbigem Inhalt bilden solle.[156] Des weiteren wird der Jugendliche verpflichtet, sich bei dem Jugendrichter vorzustellen, auch mit dem Zusatz, daß er in sauberen und ordentlichen Kleidern zu erscheinen habe, oder die Verpflichtung zu sparen. [157] Dem Untersagen von Trinken und Rauchen, bestimmte Stätten oder Straßen zu besuchen und nicht Motorrad oder Rad zu fahren wird dagegen nur dann ein Erfolg zugesprochen, wenn dies auch kontrolliert werden könnte.[158] Hervorzuheben (da aus heutiger Sicht sehr modern) ist die Verpflichtung zur Wiedergutmachung in Geld oder in natura, bei der der erzieherische Effekt auf der Hand liege.[159] Zu bedenken sei aber, daß die Jugendlichen und Eltern häufig kein Verständnis für eine weitere Strafverfolgung nach erfolgter Schadensbegleichung hätten und daß ein Urteil, welches ausschließlich die Schadenswiedergutmachung zum Gegenstand habe, dieses Unverständnis noch fördere.[160] Für die Zukunft spricht sich *Keßler* für die Aufnahme der Wiedergutmachung im Gesetz aus.[161] Eine weitere Verpflichtung, der Erfolg zugesprochen wird, ist die „Abbitte" bei dem Verletzten. Dies sei eine reine Erziehungsmaßnahme mit dem Zweck, den Jugendlichen zur inneren Einsicht zu

---

und Art. 111 (Freizügigkeit) könne dagegen mit einfachen Gesetzen wie das JGG eingegriffen werden.

153 *Van Dühren*, ZblJugR 1925/26 (17. Jg.), S. 77(79), wobei es aber keine Möglichkeiten gibt, den Jugendlichen bei der Suche zu unterstützen.

154 *Van Dühren*, ZblJugR 1925/26 (17. Jg.), S. 77(79f.).

155 Weimarer Reichsverfassung vom 11.08.1919, RGBl., Jg. 1919, S. 1383(1406).

156 So *van Dühren*, ZblJugR 1925/26 (17. Jg.), S. 77(80); vgl. auch *dens.*, Jugendrichter 1927, S. 17(27).

157 *Van Dühren*, ZblJugR 1925/26 (17. Jg.), S. 77(79f.).

158 So *Crohne*, Jugendarrest 1940, S. 60(64).

159 Vgl. *van Dühren*, ZblJugR 1925/26 (17. Jg.), S. 77(80); *ders.*, Jugendrichter 1927, S.17(27); ähnlich *Crohne*, Jugendarrest 1940, S. 60(63); nach *v. Schirach*, DjD 1939, S. 153(156) entspreche die Schadenswiedergutmachung durch Arbeit dem Rechtsempfinden des Volkes, durch Geldbußen aber nicht; ähnliche Bedenken gegen die Geldbuße äußert auch *Hammerschlag*, Erziehungsmaßregeln 1927, S.61 ff.

160 S. *van Dühren*, ZblJugR 1925/26 (17. Jg.), S. 77(80).

161 *Keßler*, ZAkDtR 1938, S. 120(121).

bringen und „seinen Trotz zu brechen".[162] Bei der Leistung von Geldbußen besteht zwar weitgehende Einigkeit darüber, daß einer solchen Maßregel kein Erziehungsgehalt zukomme[163] und daß sie bei den Erziehungsmaßregeln falsch angesiedelt sei.[164] Erfolg wird der Maßnahme - ähnlich wie bei der Geldstrafe - nur zugesprochen, wenn die Geldleistung nicht von den Eltern übernommen werde[165] und wenn sie in einen inneren Zusammenhang mit Tat oder Täter stehe.[166] Allerdings wird diese Verpflichtung offenbar sehr häufig ausgesprochen, gerade aufgrund des positiven Aspekts, daß sie nicht in das Strafregister eingetragen werde.[167] So wird dann auch gefordert, daß die Geldbuße als besondere, jugendgemäße und leichteste Strafe in das Sanktionssystem des JGG unter Streichung der Geldstrafe eingegliedert werden soll.[168] Neben den genannten wird nach 1933 die Auflage, in die Hitlerjugend einzutreten, für „verzärtelte und verzogene Jungen" in Betracht gezogen, wenn dies nach Rücksprache mit dem zuständigen HJ-Führer als tragbar erscheine; problematisch sei hierbei aber, daß die Hitlerjugend es ablehnen müsse, Jugendliche aufzunehmen, die vorher nicht eintreten wollten.[169]

Nun noch einige Worte zu den anderen im JGG 1923 genannten Erziehungsmaßregeln: An die Stelle des Verweises im allgemeinen Strafrecht tritt im Jugendstrafrecht die „Verwarnung". Sie wird grundsätzlich positiv bewertet und stelle eine große Milderung dar, weil keine Eintragung in das Strafregister erfolgt.[170] Geteilter Ansicht ist man darüber, ob sie auch erzieherisch wirke, da mit ihrem Ausspruch die Wirkung bei den meisten Jugendlichen auch schon vorbei

162 *Keßler*, ZAkDtR 1938, S. 120(122). Der größeren Wirkung wegen solle die Abbitte vor Gericht geleistet werden, so *v. Schirach*, DjD 1939, S. 153(156); vgl. zu den Bedenken bei diesem Erziehungsmittel *Crohne*, Jugendarrest 1940, S. 60(63).

163 Hier seien die gleichen Bedenken anzumelden, wie bei der Geldstrafe, s. dazu weiter unten in diesem Kapitel; vgl. auch *van Dühren*, ZblJugR 1925/26 (17. Jg.), S. 77(80).

164 *Keßler*, ZAkDtR 1938, S. 120(121).

165 *Müller*, 6. Jugendgerichtstag 1924, S. 3(10f.); so auch *Keßler*, ZAkDtR 1938, S. 120(121).

166 *Müller*, 6. Jugendgerichtstag 1924, S. 3(10) nennt dazu einige Beispiele.

167 Vgl. die Beobachtung von *Keßler*, ZAkDtR 1938, S. 120(121).

168 Vgl. *Keßler*, ZAkDtR 1938, S. 120(121).

169 S. *Keßler*, ZAkDtR 1938, S. 120(122), der aber Ausnahmen dort machen will, wo der Nichteintritt durch die Eltern oder andere Umstände herbeigeführt worden sei.

170 *Zentralblatt/Francke*, ZblJugR 1923/24 (15. Jg.), S. 125(127); so auch *Zentralblatt/Bogenhard*, ZblJugR 1923/24 (15. Jg.), S. 185, der darauf hinweist, daß der Verweis sowieso nicht als Strafe empfunden wird; vgl. auch *Müller*, 6. Jugendgerichtstag 1924, S. 3(9).

sei.[171] Daher wird es als am eindrucksvollsten empfunden, die Verwarnung nicht direkt nach der Hauptverhandlung auszusprechen, sondern den Jugendlichen gesondert vorzuladen.[172] Als wenig effektiv wird die „Überweisung in die Zucht der Erziehungsberechtigten oder der Schule" eingeordnet. Ersteres habe eventuell noch eine gewisse Berechtigung, weil dies an das Verantwortungsgefühl der Erziehungsberechtigten appelliere oder ihre Autorität gegenüber dem Jugendlichen stärke; die Einwirkungsmöglichkeiten der Schule wird dagegen als gering eingeschätzt.[173] Eine Überweisung in die Hitlerjugend, wie sie in der NS-Zeit dann des öfteren vorkommt, wird kategorisch abgelehnt, weil die HJ ihre Erziehungsmaßnahmen gegenüber ihrem Mitglied souverän bestimmen können solle.[174] Die „Unterbringung" erlangt kaum praktische Bedeutung. Erstrebtes Ziel sei zwar die Herauslösung des Jugendlichen aus seiner Umgebung; es gebe aber viele Unklarheiten, wie zum Beispiel die grundlegende Frage, wo der Jugendliche untergebracht werden soll.[175] Auch könne sie mangels geeigneter Unterbringungsmöglichkeiten und Gelder nicht realisiert werden.[176] Einzelheiten zur „Schutzaufsicht" und „Fürsorgeerziehung" werden - wie bereits angesprochen - laut § 7 Abs. 3 JGG 1923 durch das JWG geregelt. Die Schutzaufsicht wird zu jener Zeit wohl häufig angewendet und deren erzieherischer Wert fast durchgängig gelobt.[177] Sie beschränke sich nicht auf eine Bewachung oder Überwachung des Jugendlichen, sondern solle im Sinne einer persönlichen erzieherischen Einwirkung ausgestaltet sein.[178] Die einschneidendste Maßnahme ist die Anordnung der Fürsorgeerzie-

---

171 Eher ablehnend: *van Dühren*, ZblJugR 1925/26 (17. Jg.), S. 77f.; *Hammerschlag*, Erziehungsmaßregeln 1927, S. 42; ähnlich *Crohne*, Jugendarrest 1940, S. 60(61), nach dessen Ansicht sie in der Praxis keine Bedeutung gewonnen habe.

172 Er sei dann konzentrierter und habe nicht das Gefühl, das Verfahren ende für ihn ohne Sanktion, so *van Dühren*, ZblJugR 1925/26 (17. Jg.), S. 77(78); ähnlich auch *Hammerschlag*, Erziehungsmaßregeln 1927, S. 43f.

173 Z.B. *van Dühren*, ZblJugR 1925/26 (17. Jg.), S. 77(78); *Hammerschlag*, Erziehungsmaßregeln 1927, S. 50; ähnliches berichtet *Müller*, 6. Jugendgerichtstag 1924, S. 3(12f.) von den Hamburger Verhältnissen; vgl. auch *Crohne*, Jugendarrest 1940, S. 60(61).

174 *V. Schirach*, DjD 1939, S. 153(156).

175 Fürsorgeerziehung und Unterbringung bei den Erziehungsberechtigten scheiden aus, da diese selbständig geregelt werden; also bleiben öffentliche Anstalten, fremde Familien und zuverlässige Lehrherren, so die Ansicht von *Hammerschlag*, Erziehungsmaßregeln 1927, S. 66ff.

176 *Van Dühren*, ZblJugR 1925/26 (17. Jg.), S. 77(80f.).

177 Vgl. *Müller*, 6. Jugendgerichtstag 1924, S. 3(11f.); *van Dühren*, ZblJugR 1925/26 (17. Jg.), S. 77(81); *Keßler*, ZAkDtR 1938, S. 838(839); *Crohne*, Jugendarrest 1940, S. 60(61f.).

178 Vgl. *Hammerschlag*, Erziehungsmaßregeln 1927, S. 73ff., der den erheblichen Eingriff in Elternrechte zu Bedenken gibt.

hung. Sie wird sehr restriktiv gehandhabt und es wird angemerkt, daß häufig gar nicht so tiefe Einblicke in die Lebensführung des Jugendlichen möglich seien, um diese Maßnahme tatsächlich zu rechtfertigen.[179] In der NS-Zeit wird die Streichung der Fürsorgeerziehung angeregt.[180]

3. Ergebnis

Mit der Einführung der Erziehungsmaßregeln in das Sanktionssystem des JGG ist ein großer Schritt getan, um die Ideen der Jugendgerichtsbewegung zu verwirklichen. Die Umsetzung der theoretischen Überlegungen in der Praxis erfolgt jedoch zögerlich und langsam. Die neuen Reaktionsformen und die Unsicherheit im Umgang stellen (wie im anschließenden Kapitel noch deutlicher wird) in der NS-Zeit das Tor dar, durch das die nationalsozialistische Ideologie in das Jugendstrafrecht Einzug halten kann. Zum Ende der 30er Jahre ist die Entwicklungstendenz mit dem Schlagwort „Erziehung um des Staates willen" zu kennzeichnen. Die von der Jugendgerichtsbewegung angestrebte „Erziehung um des Jugendlichen willen" tritt völlig in den Hintergrund.

IV. Der Arrest

Die Überschrift „Der Arrest" ist bewußt sehr offen formuliert worden, denn zu Beginn des hier behandelten Zeitabschnitts existiert noch keine Sanktion mit diesem Namen.

1. Der Jugendarrest als zusätzliche Sanktion

Das JGG 1923 führt einen Arrest gegen Jugendliche nicht in seinem Sanktionensystem auf. Bald nach der Verabschiedung des Gesetzes wird an die Überlegungen der vorausgegangenen Jahre zur Einführung eines Arrests angeknüpft und diese diskutiert. Problematisiert werden insbesondere seine Einordnung in das Sanktionengefüge und auch seine Ausgestaltung.

---

179 *Van Dühren*, ZblJugR 1925/26 (17. Jg.), S. 77(81); ähnlich auch *Müller*, 6. Jugendgerichtstag 1924, S. 3(12).

180 Sie habe im Ansehen des Volkes keinen hohen Stellenwert, weil sie als Maßnahme der Bestrafung gewertet werde, so *Keßler*, ZAkDtR 1938, S. 838(839); für eine Umgestaltung und Umbenennung spricht sich *v. Schirach*, DjD 1939, S. 153(157f.) aus; vgl. auch *Crohne*, Jugendarrest 1940, S. 60(65).

a) Diskussion bis zur „gesetzlichen" Einführung

Die Reformdebatte jener Zeit ist deutlich von der Vorstellung geprägt, daß ein Jugendarrest systematisch den Erziehungsmaßregeln zugeordnet werden müsse. Überlegt wird, ob der Jugendarrest nicht bereits nach geltendem Recht als Erziehungsmaßregel gemäß § 7 JGG 1923 verhängt werden könne. Aber *Hellwig* macht darauf aufmerksam, daß dies nicht zulässig sei.[181] Auch *Müller* bedauert auf dem 6. Jugendgerichtstag, daß „die ja schon in den früheren Jahren erörterte und vorgeschlagene" Möglichkeit eines Arrests unter den gesetzlichen Erziehungsmaßregeln fehle.[182] Mit der Begründung, daß der Arrest wegen des Eingriffs in die persönliche Freiheit nicht als Erziehungsmaßregel im Sinne des § 7 Abs. 1 Nr. 3 JGG 1923 (Auferlegung besonderer Verpflichtungen) zulässig sei, weist *Müller* darauf hin, daß die Reichsregierung ihn gestützt auf § 7 Abs. 2 JGG 1923 durch Verordnung einführen könne.[183] Die bereits im Zusammenhang mit den Erziehungsmaßregeln angesprochene Umfrage des „Deutschen Archiv für Jugendwohlfahrt" ergibt, daß der Jugendarrest als neues Erziehungsmittel für dringend erforderlich gehalten wird, weil die anderen Erziehungsmaßnahmen kaum als Übel empfunden würden.[184] Gleiches gelte für die Gefängnisstrafen, weil in der Mehrzahl der Fälle sowieso Bewährung angeordnet werde; der erzieherische Wert, den ein sofort wirksam werdendes Übel wie der Jugendarrest haben würde, werde vom JGG unterschätzt.[185] Es verstehe sich aber von selbst, daß der Arrest kein „Allheilmittel" sei, sondern nur eine Ergänzung des bereits bestehenden Erziehungssystems darstellen könne.[186]

In der darauffolgenden Zeit wird der Jugendarrest kaum diskutiert. Erst unter Einfluß von nationalsozialistischen Strömungen im Jahre 1936 wird die Debatte durch *Schaffstein* erneut angeregt.[187] Dieser hält eine kurze abschreckende Freiheitsentziehung für zweckmäßig und nützlich, die in der Form des Jugendarrests

---

181 Vgl. *Hellwig*, JGG 1923, § 7 Anm. 12, der dies bedauert und die Einführung einer solchen Maßnahme wünscht.

182 So *Müller*, 6. Jugendgerichtstag 1924, S. 3(11).

183 *Müller*, 6. Jugendgerichtstag 1924, S. 3(11).

184 Vgl. die Zusammenfassung des Ergebnisses bei *van Dühren*, ZBlJugR 1925, S. 77(82).

185 *Van Dühren*, ZBlJugR 1925, S. 77(82).

186 So *van Dühren*, ZBlJugR 1925, S. 77(82), nach dessen Ansicht die Einführung den Vorteil bringe, daß Geldbußen seltener angewendet würden.

187 Vgl. *Schaffstein*, DR 1936, S. 64ff. sowie *ders.*, Erneuerung des Jugendstrafrechts, wobei die Schrift eine erweiterte Fassung des Aufsatzes darstellt. Zu den Grundzügen der Reformdiskussion von 1936 - 1939 vgl. auch *Meyer-Höger*, Jugendarrest 1998, S. 42ff.

als neue Erziehungsmaßregel zuzulassen sein soll.[188] Damit ordnet er den Jugendarrest systematisch immer noch den Erziehungsmaßnahmen zu. In seinen anschließenden Ausführungen relativiert er seine Einordnung und bezeichnet diese Sanktion als eine nur dem Jugendstrafrecht eigene und seinen besonderen Notwendigkeiten entspringende kurze aber harte „Erziehungsstrafe".[189] *Gallas* wendet sich in seiner direkten Stellungnahme zu den Erwägungen *Schaffsteins* gegen die Einordnung als reine Erziehungsmaßregel und möchte den Arrest eher bei den Strafen einordnen.[190] *Borst* lehnt den Jugendarrest ab, weil diese Institution „weder Fisch noch Fleisch, weder gehauen noch gestochen ist".[191] Erziehung und Strafe könnten nicht getrennt, einer Freiheitsentziehung nicht die diskriminierende Wirkung genommen werden.[192]

In der nationalsozialistischen Zeit ändert sich die Denkweise über die systematische Stellung des Jugendarrests. In den Debatten der amtlichen Strafrechtskommission, die - wie in der Einleitung geschildert - das Jugendstrafrecht nur am Rande berühren, wird unter dem Namen Jugendarrest eine kurzfristige Freiheitsstrafe als besondere Strafart für Jugendliche vorgeschlagen.[193] Und die Sitzungen des Jugendrechtsausschusses der Akademie für Deutsches Recht wirken sich prägend auf die spätere Ausgestaltung des Jugendarrests aus.[194] Es zeichnet sich immer weiter die Tendenz ab, den Jugendarrest nicht mehr als erzieherische Maßnahme einzuordnen, sondern ihn zunehmend als strafende Sanktion zu sehen. Der Jugendarrest „soll den ehrliebenden, rassisch an sich gesunden jugendlichen Rechtsbrecher zweckentsprechend treffen, dessen Tat zwar der Sühne bedarf, dessen Persönlichkeit aber verspricht, in der natürlichen Fremd-, Selbst- und

---

188 Denn nur als Erziehungsmaßregel könne der Jugendarrest seinen Zweck erfüllen, so *Schaffstein*, DR 1936, S. 64(66); *ders.*, Erneuerung des Jugendstrafrechts, S. 15.

189 S. *Schaffstein*, DR 1936, S. 64(66); *ders.*, Erneuerung des Jugendstrafrechts, S.15; vgl. auch seine Vorstellung von den Einzelheiten zur Ausgestaltung des Jugendarrests in Erneuerung des Jugendstrafrechts, S. 15f.

190 Vgl. *Gallas*, ZStW 56 (1937), S. 635(639), der kritisiert, daß auf die „läuternde und damit erzieherische Kraft der Entsühnung" durch die Einordnung unter die reinen Erziehungsmaßregeln bewußt verzichtet werde.

191 *Borst*, DJ 1939, S. 39(43).

192 So *Borst*, DJ 1939, S. 39(43), der daher den Ausgangspunkt der *Schaffstein'schen* Überlegungen für falsch hält.

193 Vgl. nur *Meyer-Höger*, Jugendarrest 1998, S. 47ff., die einen guten Überblick über die Arbeit der amtlichen Strafrechtskommission insbesondere im Hinblick auf den Jugendarrest gibt.

194 Vgl. die Übersicht über die Sitzungsinhalte des Jugendrechtsausschusses zum Thema Jugendarrest (am 10. und 11.12.1937, am 05.08.1938 und am 13.03.1939) bei *Meyer-Höger*, Jugendarrest 1998, S. 50-56.

Gemeinschaftserziehung gesund weiter zu wachsen".[195] Er soll also durch die Strenge des Vollzugs die begangene Tat sühnen und im Gegensatz zur Gefängnisstrafe von jeder ehrmindernden Erscheinung freigehalten werden.[196] Er soll „als Mittel der Zucht dem Jugendlichen durch eine kurze, harte Freiheitsentziehung seine Verfehlung zum Bewußtsein" bringen und ihn „auf diese Weise energisch von dem beschrittenen Wege" zurückrufen.[197] Er wird als Ersatz für die von allen Seiten als schädlich empfundene kurzfristige Freiheitsstrafe gesehen.[198] Und auch die Geldstrafe soll durch ihn ersetzt werden.[199] Eine Eintragung ins Strafregister ist nicht vorgesehen.[200] Um den erhofften Erfolg zu gewährleisten, soll die Aburteilung und Vollstreckung so schnell wie möglich erfolgen.[201]

Auch auf der Reichstagung des Sozialen Amtes der Reichsjugendführung im Jahre 1939 ist der Jugendarrest zentrales Thema. *Freisler* sieht den Jugendarrest als eine jugendgemäße Strafe mit „brillanter" Schockwirkung, bei der aber dem Jugendlichen wegen der zu unterlassenden Aufnahme in das Strafregister in seinem Fortkommen kein Schaden zugefügt werde.[202] Und *Schilf* führt in seiner erst 1941 veröffentlichten, aber vor Einführung des Jugendarrests verfaßten Schrift aus, daß dieser kurze, harte und fühlbare Denkzettel Jugendarrest eine Schockwirkung auslösen solle, die den Jugendlichen seine Verfehlung erkennen lasse, ihn zur Reue führe und ihn durch Furcht vor dem Übel von weiteren Verfehlungen abhalte, wobei diese Wirkung nur durch eine - im wirklichen Sinne des Wortes - schlagartig einsetzende Reaktion auf die Tat erzielt werde.[203] Ihm ge-

---

195 *Freisler* im Zusammenhang mit der „rassebiologischen Auslese des jugendlichen Rechtsbrechers im werdenden Jugendrecht" auf der Sitzung des Jugendrechtsausschusses der Akademie für deutsches Recht am 13.03.1939, MSchrKrimBiol 1939, S. 209(211).

196 So *v. Schirach*, DjD 1939, S. 153(159); ähnlich auch *Boldt*, ZStW 59 (1940), S. 336(349).

197 *Boldt*, ZStW 59 (1940), S. 336(352).

198 Vgl. z.B. *Behnke*, ZblJugR 1933/34 (25. Jg.), S. 296(297); *Schmidhäuser*, MSchrKrimBiol 1939, S. 257(265; 271ff.; 278; 281 und auch die detaillierten Vorschläge zu der Ausgestaltung des Vollzugs auf S. 283ff.); *v. Schirach*, DjD 1939, S. 153(159); *Boldt*, ZStW 59 (1940), S. 336(337f.). Zu den Nachteilen der kurzzeitigen Freiheitsstrafe vgl. die Zusammenfassung von *Vornefeld*, DJ 1940, S. 1205f.; *Schmidhäuser*, MSchrKrimBiol 1939, S. 257f.

199 *Schmidhäuser*, MSchrKrimBiol 1939, S. 257(279); *Boldt*, ZStW 59 (1940), S. 336(337).

200 Vgl. zu dieser wohl übereinstimmenden Forderung z.B. *Freisler*, MSchrKrimBiol 1939, S. 209(211); *Schmidhäuser*, MSchrKrimBiol 1939, S. 257(285); *v. Schirach*, DjD 1939, S. 153(159).

201 S. *Schmidhäuser*, MSchrKrimBiol 1939, S. 257(286).

202 Vgl. den Bericht von *Kümmerlein*, DJ 1939, S. 167(169).

203 Vgl. *Schilf*, Jugendarrest 1941, S. 58.

bühre eine Sonderstellung als neuartiges jugendgemäßes Zuchtmittel zwischen der Strafe und den Erziehungsmaßregeln.[204] Allerdings empfindet er eine dritte Gruppe mit dem Zuchtmittel Jugendarrest als störend für den Aufbau und die Systematik, so daß er vorschlägt, eine Gruppe mit „Maßregeln“ ganz allgemein zu bilden, wobei sich zugleich die Möglichkeit ergebe, die Maßregeln nach dem logischen Aufbau in Maßregeln der Zucht, der Erziehung und der Bewahrung zu staffeln.[205] Nachdem die Reformdiskussion in den oben genannten Gremien abgeschlossen ist, wird der Jugendarrest durch das federführende Reichsjustizministerium kodifiziert.[206] Die Einführung des Jugendarrests erfolgt dann durch die JugendarrestVO vom 4. Oktober 1940.[207]

In diesem Zeitabschnitt zeigen sich bei der Beurteilung des Jugendarrests deutliche Akzentverschiebungen. Von der Einordnung unter die Erziehungsmaßregeln wird in der NS-Zeit immer weiter abgerückt und deutlicher der Strafcharakter hervorgehoben. *Sieverts* hält es später ausdrücklich für erwähnenswert, daß der Gedanke des Jugendarrests aus den Bedürfnissen der Praxis und aus einer pädagogischen Grundauffassung schon lange vor 1933 entwickelt worden sei.[208] Dagegen vertritt *Eisenhardt* die Ansicht, daß der Jugendarrest in nationalsozialistischer Zeit sein Gesicht erhalten habe.[209]

b) Die JugendarrestVO - Reaktionen

§ 1 JugendarrestVO ordnet an, daß bei einer mit Strafe bedrohten Handlung eines Jugendlichen an Stelle von Gefängnis oder Haft auf Jugendarrest erkannt werden kann. Außerdem wird darin das zeitliche Maß bestimmt (mindestens eine Woche oder ein Wochenende und höchstens ein Monat) und die Vollstreckung geregelt. Nach § 2 JugendarrestVO kann Jugendarrest im beschleunigten Verfahren verhängt und für sofort vollstreckbar erklärt werden. § 6 Abs. 2 JugendarrestVO bestimmt eine begrenzte Rückwirkung der Verordnung, nämlich ihre Geltung auch für Taten in der Zeit vom 1. Januar 1940 bis zum Inkrafttreten der Verordnung (eine Woche nach Verkündung, also am 11.10.1940). Und gemäß § 6 Abs. 3 JugendarrestVO werden sowohl Justiz- als auch Innenminister zum Erlaß weiterer Rechts- und Verwaltungsvorschriften befugt. Dies geschieht in der Folgezeit auch durch zahlreiche Verordnungen und Allgemeinverfügungen zur praktischen

---

204 S. *Schilf*, Jugendarrest 1941, S. 55; vgl. auch Nr. 1 der Leitsätze, S. 75.
205 So das Konzept von *Schilf*, Jugendarrest 1941, S. 57.
206 Vgl. die ausführliche Beschreibung der Kodifikationsarbeit von *Meyer-Höger*, Jugendarrest 1998, S. 58-64.
207 RGBl. I., Jg. 1940, S. 1336ff.
208 *Sieverts*, Jugendarrest 1961, S. 150(157).
209 Vgl. *Eisenhardt*, Kurze Haft 1980, S. 13.

Durchführung.[210] Darin wird unter anderem auch die Ausgestaltung des Jugendarrestvollzugs detailliert geregelt. Systematisch wird der Jugendarrest als Zuchtmittel zwischen den Erziehungsmaßregeln und den Strafen angesiedelt.[211]

Zur Einführung des Jugendarrests lädt die Akademie für deutsches Recht zu einer feierlichen Kundgebung ihres Jugendrechtsausschusses ein, bei der die Absichten und Ziele dargelegt werden, die mit der Neuerung angestrebt werden.[212] Der Jugendarrest soll die als besonders nachteilig bekannte kurzfristige Freiheitsstrafe und die Verurteilung unter Bewilligung von Bewährungsfrist, deren erzieherischer Erfolg mehr als fraglich sei, ersetzen.[213] Aber nicht mehr Jugendarrest, sondern Jugendgefängnis oder Zuchthaus sei angezeigt, wenn das Verschulden so groß oder die Tatfolgen so schwer seien, daß mit dem Zuchtmittel dem Sühnebedürfnis der Volksgemeinschaft nicht genügt würde oder bei erheblicher verbrecherischer Gesinnung.[214] Begründet wird die Einführung des Jugendarrestes zeitlich vor einem neuen Jugendgerichtsgesetz mit der Aufrechterhaltung der Jugenddisziplin im Krieg.[215] Den letzten Anstoß hätten die strengen Anordnungen gegeben, die zur Sicherstellung der Arbeitsleistung ergangen seien - der Jugendarrest solle die Jugendlichen zur Ordnung rufen, die sich „im Arbeitsleben außerhalb der Reihe ihrer pflichtbewußten Kameraden stellen".[216] Und *Freisler* sieht die Einführung des Jugendarrests als „Ansatzpunkt für die Entwicklung eines starken deutschen Jugendehrrechts neben dem Jugendstrafrecht".[217] Voraussetzung müsse sein, daß er bei Jugendlichen angewendet werde, die „solcher Aufrüttelung ihres Ehrgefühls zugänglich sind", daß der Vollzug straff und verständnisvoll gestaltet sei und auch unverzüglich vollstreckt werde und daß er in der Öffentlichkeit nicht als Schande, aber auch als ernstzunehmend anzusehen

---

210 Eine Zusammenstellung findet sich z.B. bei *Mellwitz*, Bestimmungen über Jugendarrest 1942, S. 18ff.; vgl. auch die Besprechung der Vorschriften bei *Meyer-Höger*, Jugendarrest 1998, S. 67ff. sowie die Auflistung im dortigen Quellenverzeichnis, S. 173-176.

211 Ausdrücklich wird dies in der JugendarrestVO zunächst nicht genannt, dann aber in § 1 Abs. 1 der VO zur Durchführung der VO zur Ergänzung des Jugendstrafrechts vom 28.11.1940, RGBl. I, Jg. 1940, S. 1541f.

212 Über die Veranstaltung berichtet *Webler* in DJugh 1940/41 (32. Jg.), S. 132ff.

213 Vgl. *Axmann*, Jugendarrest 1940, S. 37.

214 *Axmann*, Jugendarrest 1940, S. 38f.

215 Die Mittel des Jugendstrafrechts reichten dazu nicht, so *Axmann*, Jugendarrest 1940, S. 39.

216 S. *Axmann*, Jugendarrest 1940, S. 39f.

217 *Freisler*, Jugendarrest 1940, S. 44; der Jugendarrest wolle „die aufrüttelnde Wirkung einer hart gestalteten kurzen Freiheitsentziehung dem Wachschütteln des Ehrgefühls des Jugendlichen dienstbar machen, ohne ihn für die Zukunft ehrmindernd zu treffen".

sei.[218] Der Jugendarrest werde nicht jugendgemäße Strafen und nicht ernst genommene Strafdrohungen sowie nicht zweckmäßige Strafen verdrängen, aber auch in das Gebiet der Erziehungsmaßnahmen eingreifen.[219]

Die Reaktionen auf den Arrest nach dieser Veranstaltung sind durchweg positiv. Die Regelung wird als „die Einführung des größten Teils eines neuen nationalsozialistischen Jugendstrafrechts“ bewertet.[220] Begrüßt wird, daß mit ihm die abschreckende Wirkung der Gefängnishaft auch tatsächlich erzielt, die das Fortkommen hindernde Eintragung in das Strafregister aber vermieden werde.[221] Positiv sei daran, daß ihn seine Ausgestaltung als ein hartes Zuchtmittel von dem Gefängnisstrafvollzug durch größere Strenge und Schärfe abhebe.[222] Der Jugendarrest stelle ein Zuchtmittel eigener und neuer Prägung dar, das durch einen kurzen, strengen, den Jugendlichen an der Ehre „packenden“ Freiheitsentzug diesem seine Verfehlung zu Bewußtsein bringen und ihn durch einen fühlbaren Ordnungsruf vom beschrittenen Wege zurückreißen solle.[223] Und im Unterschied zur ausgesetzten Gefängnisstrafe werde der Jugendarrest auch tatsächlich vollstreckt, so daß er nicht einfach nur an deren Stelle trete.[224] Damit der Jugendarrest die an ihn gestellten Forderungen aber auch verwirklichen könne, müsse nunmehr von der Verhängung der kurzzeitigen Freiheitsstrafe grundsätzlich abgesehen werden.[225] Deutlich wird in der folgenden Zeit auch darauf hingewiesen, daß „für sittlich Verdorbene oder kriminell Veranlagte, für schwer Gefährdete oder Verwahrloste, erst recht für abartig Bewahrungsbedürftige“ die Anwendung des Jugendarrests ausscheide, da er seinem Wesen nach nicht geeignet sei, tiefgreifende Erziehungsmängel oder Fehlentwicklungen auszugleichen.[226] *Kümmerlein* tritt dafür ein, von § 2 Abs. 2 der JugendarrestVO Gebrauch zu machen, also in aller

---

218 *Freisler*, Jugendarrest 1940, S. 44f.; vgl. auch dort dessen Vorstellungen vom Vollzug.

219 So die Vorstellung von *Freisler*, Jugendarrest 1940, S. 47ff., der dabei an die Geld- und Haftstrafen sowie die kurzfristigen und Gefängnisstrafen zur Bewährung denkt.

220 So z.B. *Vornefeld*, DJ 1940, S. 1205(1206); auch nach *Boldt*, DR 1940, S. 2033 trage die Einführung in einem allgemeinen rechtspolitischen Sinne besondere Bedeutung in sich und mit ihm gehe eine entscheidende inner Umwälzung des ganzen bisherigen Systems des Jugendstrafrechts Hand in Hand (S. 2035).

221 Vgl. z.B. *Vornefeld*, DJ 1940, S. 1205(1206ff.); *Freisler*, DJ 1940, S. 1405(1406).

222 Vgl. *Vornefeld*, DJ 1940, S. 1205(1207f.); so auch *Freisler*, DJ 1940, S. 1405(1409).

223 So die Ausführungen von *Boldt*, DR 1940, S. 2033(2034).

224 *Freisler*, DJ 1940, S. 1405(1409); vgl. den Bericht über die Annahme und die Bewährung des Jugendarrests in der Praxis von *Kümmerlein*, DjD 1942, S. 12(13ff.; 17).

225 Vgl. die Forderung von *Boldt*, DR 1940, S. 2033(2034).

226 Damit wird das Problem der Arrestgeeignetheit angesprochen, vgl. *Kümmerlein*, DjD 1942, S. 12(15).

Regel die sofortige Vollstreckung des Jugendarrests anzuordnen, auch dann, wenn das Urteil nicht im beschleunigten Verfahren ergangen sei.[227] Schließlich wird auch ein neuer Gedanke zur Diskussion gestellt: Aufgrund der Erzielung einer möglichst nachhaltigen „Schockwirkung" sei der Vollzug abzubrechen, wenn seine bestmögliche Wirkung erreicht worden sei und der weitere Vollzug eher eine Abschwächung als eine Verstärkung dieser Wirkung erwarten lasse.[228]

Insgesamt wird also der Erlaß der JugendarrestVO begrüßt. Eine Gesamtschau der Äußerungen ergibt aber, daß auch nach seiner Einführung keineswegs Einigkeit darüber herrscht, wie der Jugendarrest zu den anderen Sanktionen konkret abzugrenzen ist und in welchen Fällen er tatsächlich zur Anwendung kommen soll. Insgesamt wird deutlich, daß die Einführung des Arrests zur Verschärfung des Jugendstrafrechts beiträgt.[229]

c) Ergebnis

Es zeigt sich, daß mit dem „Schnellschuß" der Einführung des Jugendarrests bei weitem nicht die Fragen, die sich zuvor um ihn rankten, geklärt worden sind. Vielmehr bleiben die Unsicherheiten bei seiner Einordnung und Ausgestaltung auch nach seiner Einführung bestehen, so daß trotz der positiven Aufnahme eine Tendenz der Unsicherheit im Umgang mit diesem neuen Zuchtmittel zu erkennen ist. Das wird auch bei der Diskussion um die Integration des Jugendarrests in die Neufassung des JGG deutlich. Die sofortige Vollstreckbarkeit des Jugendarrests macht ein weiteres Mal die geringe Wertigkeit der Rechtsposition des Jugendlichen deutlich.

2. Der Ungehorsamsarrest

Wie bereits im Zusammenhang mit den Erziehungsmaßregeln angesprochen, wird für diese, insbesondere für die Auferlegung besonderer Verpflichtungen gemäß § 7 Abs. 1 Ziff. 3 JGG 1923, ein Instrumentarium zur zwangsweisen Durchset-

---

227 Dies eröffne die Möglichkeit, den Jugendarrest im unmittelbaren Anschluß an die Hauptverhandlung zu vollziehen, und ein solches „schneidiges Verfahren" sei außerordentlich wirkungsvoll, so *Kümmerlein*, DjD 1942, S. 57(58).

228 Die Idee stammt von *Kümmerlein*, DjD 1942, S. 57(63), wobei er zur Verwirklichung dieses Gedankens die Übertragung von Gnadenbefugnissen auf den Jugendrichter vorschlägt.

229 So auch die nachträgliche Bewertung von *Pfeiffer*, Kriminalprävention 1989, S. 44f.

zung gefordert. Dabei wird als Sanktion auch der Jugendarrest vorgeschlagen.[230] Er soll zu diesem Zweck als Strafe ausgestaltet werden und auch bei schlechter oder säumiger Erfüllung einer Erziehungsmaßregel angeordnet werden können.[231] Dies trifft nicht überall auf Zustimmung. Gegen einen derartige Ungehorsamstatbestand spreche, daß man die Gefängnisstrafe, die man zunächst habe vermeiden wollen, durch die Hintertür einer Bestrafung im Falle der Nichterfüllung der Auflagen wieder hereinlasen würde.[232] Bei Einführung des Jugendarrests durch die JugendarrestVO wird diese Forderung nicht umgesetzt.

V. Die Geldstrafe

Das JGG 1923 geht von der Möglichkeit der Verhängung von Geldstrafe gegen Jugendliche aus. Zum Beispiel § 14 S. 1 JGG 1923 benennt diese ausdrücklich.

Die Anwendung von Geldstrafe bei Jugendlichen wird heftig kritisiert. Es wird unter anderem eingewandt, daß sie zur Bevorzugung der Jugendlichen aus einem vermögenden Elternhaus führt, denn die Strafe wird häufig von den Eltern gezahlt und dann von den Jugendlichen nicht als solche empfunden. Dieser Aspekt wird aber als nicht so gravierend angesehen, da diese Fälle selten seien und man ihnen aus dem Weg gehen könne, indem man die Hintergründe erforsche und dann nicht auf Geldstrafe erkenne.[233] Auch wird kritisiert, daß die Geldstrafe oft wirkungslos bleibe, wenn sie von einem Jugendlichen überhaupt nicht gezahlt werde, weil dieser über kein Vermögen verfüge.[234] Dies sei aber bei Heranwachsenden nicht der Fall, da sie häufig ein geregeltes, wenn auch mäßiges Einkommen hätten, so daß sie die Geldstrafe um so mehr treffe und eine bessere Wirkung habe.[235] Eine weitere negative Wirkung der Geldstrafe wird darin gesehen, daß es sich bei ihr um eine „echte Strafe" handelt, die demgemäß auch in das Zentralregister eintragen werden müsse.

---

230 Nach *Meyer-Höger*, Jugendarrest 1998, S. 52 ist die „Geburtsstunde" des Ungehorsamsarrests auf der zweiten Sitzung des Jugendrechtsausschusses am 05.08.1938 auszumachen; vgl. aber auch den Vorschlag von *Keßler*, ZAkDtR 1938, S. 120(121). Später spricht sich auch *Boldt* dafür aus (ZStW 59 (1940), S. 336(359)).

231 So *Keßler*, ZAkDtR 1938, S. 120(121); vgl. auch dessen Formulierungsvorschlag zur gesetzlichen Einführung des Ungehorsamsarrests in ZAkDtR 1938, S. 838(839).

232 Es würde sogar eine Umkehrung aller Werte eintreten, indem der Diebstahl nicht bestraft, dagegen aber die Nichterfüllung einer Erziehungsmaßnahme bestraft werden würde, so *Borst*, ZAkDtR 1939, S. 127.

233 Vgl. zum Meinungsstand *Schaffstein*, DJ 1937, S. 347(349).

234 S. *Schaffstein*, DJ 1937, S. 347(349).

235 *Schaffstein*, DJ 1937, S. 347(349f.).

Die nationalsozialistische Denkweise prägt die folgende Überlegung: Es sei erzieherisch völlig falsch, dem Jugendlichen auf diese Art und Weise deutlich zu machen, daß er sich von seinem gemeinschaftsschädlichen Verhalten mit Geld freikaufen könne; zwar würden die Jugendlichen bei ihrem geringen Einkommen empfindlich getroffen, gleichwohl entstehe der Eindruck, daß mit Geld alles auszugleichen sei, was sich bei seinem zukünftigen Verhalten fortsetze.[236] Damit werde „das Aufkommen eines nationalsozialistischen Gemeinschaftsbewußtseins" erschwert, da der Jugendliche von einer Geringwertigkeit der gemeinschaftlichen Gebote ausgehe.[237] Dies gelte gerade bei gut verdienenden Jugendlichen; eine Ausnahme soll aber doch gemacht werden können, wenn sicher sei, daß die Strafe nicht von Dritten bezahlt werde und wenn der Tat des Jugendlichen kein gemeinschaftsschädliches Unrecht innewohne.[238] Zusammengefaßt wird die Geldstrafe für Jugendliche als ausschließlich negativ eingeordnet mit der übereinstimmenden Forderung nach ihrer Abschaffung.

VI. Das Jugendstrafverfahren

Auch anhand der Entwicklung des Jugendstrafverfahrens läßt sich der Umbruch von der Weimarer in die nationalsozialistische Zeit und den nationalsozialistischen Einfluß auf das Jugendstrafrecht aufzeigen.

1. Das förmliche Jugendstrafverfahren

Das JGG 1923 setzt hinsichtlich der Ausgestaltung des Verfahrens viele Forderungen der Jugendgerichtsbewegung um, bleibt aber vornehmlich beim Strafverfahren.

a) Die Regelung im JGG 1923

Die Regelungen, die Verfahrensfragen betreffen, enthält das JGG 1923 in einem zweiten Abschnitt ab den §§ 17ff. Nach § 18 gelten subsidiär die Vorschriften des GVG und der StPO. Die endgültige Gesetzesfassung überrascht nicht, sondern setzt weitgehend die Vorschläge der *E 1920* und *E 1922* um. § 19 Abs. 1 JGG 1923 formuliert vorsichtig, daß bei Amtsgerichten mit mehreren Richtern

236 Vgl. diese Betrachtungsweise bei *Freisler*, DJ 1940, S. 1405(1408).
237 Vgl. *Freisler*, DJ 1940, S. 1405(1408).
238 Wie z.B. bei leichten Fahrlässigkeitsdelikten, vgl. *Freisler*, DJ 1940, S. 1405(1408).

die Geschäfte des Jugendrichters und des Vormundschaftsrichters demselben Richter übertragen werden sollen. § 31 JGG 1923 übernimmt aus den Entwürfen die Anordnung der frühzeitigen und umfassenden Ermittlung der Lebensverhältnisse, wobei ausdrücklich das Jugendamt zur Erforschung der Umstände zuzuziehen ist. In der Hauptverhandlung ist nach § 33 JGG 1923 die Berührung mit erwachsenen Angeklagten zu vermeiden und der Jugendliche kann bei bestimmten Erörterungen von der Verhandlung ausgeschlossen werden. Gemäß § 23 JGG 1923 ist die Verhandlung vor dem Jugendgericht einschließlich der Verkündung der Entscheidung nicht öffentlich, wobei Personen mit einem besonderen Interesse am Verfahren Zutritt gewährt werden kann. Eine Verteidigerbestellung kommt bei besonders schweren Fällen oder aus anderen besonderen Gründen, wie eine „verwickelte Sach- oder Rechtslage" in Betracht, § 29 JGG 1923. Die Privatklage gegen Jugendliche ist unzulässig, Strafbefehle und Strafverfügungen nur eingeschränkt möglich (§ 38ff. JGG 1923).

Es bleibt in dem neuen Gesetz bei der bereits aus den Entwürfen bekannten Regelung des § 9 Abs. 4 JGG 1923, wonach bei Vergehen und Übertretungen in besonders leichten Fällen von Strafe abgesehen werden kann. Und nach § 32 JGG 1923 kann der Staatsanwalt mit Zustimmung des Jugendrichters von der Erhebung der Klage absehen, wenn bereits eine Erziehungsmaßregel angeordnet worden ist und weitere Maßnahmen nicht erforderlich sind, oder wenn anzunehmen ist, daß das Gericht nach § 9 Abs. 4 mit Zustimmung der Staatsanwaltschaft die Einstellung des Verfahrens beschließt. Bei bereits erhobener Klage kann das Gericht mit Zustimmung der Staatsanwaltschaft die Einstellung des Verfahrens beschließen.

b) Reaktionen

Im Hinblick auf das förmliche Verfahren lassen sich kaum Reaktionen auf die gesetzliche Umsetzung im jugendstrafrechtlichen Schrifttum finden. Dies hängt wohl damit zusammen, daß die Anforderungen, die die Reformkreise an die grundlegenden Verfahrensvorschriften gestellt hatten, weitgehend erfüllt wurden. Vereinzelt wird die Einstellungsthematik aufgegriffen. Wenn eine Einstellung des Verfahrens absehbar ist, solle der Richter möglichst auf die Hauptverhandlung verzichten, denn der Jugendliche erwarte von dieser mit Recht ein gewisses sichtbares und greifbares Ergebnis; wenn es ausbleibe, würde er den Eindruck haben, freigesprochen worden zu sein - dies sei erzieherisch falsch.[239] Auch wird

239 So die Einschätzung von *van Dühren*, Jugendrichter 1927, S. 17(24).

bedauert, daß § 32 JGG 1923 bei der Einstellung nicht die Möglichkeit eröffne, außerhalb der Hauptverhandlung Erziehungsmaßregeln anzuordnen.[240]

c) Nationalsozialistische Zeit

Unter nationalsozialistischem Einfluß nimmt die Diskussion um das Strafverfahren gegen Jugendliche deutlich zu. Die Verfahrensvorschriften des Jugendstrafrechts werden unter anderem im Zusammenhang mit der Überlegung diskutiert, bei einer - bereits angesprochenen - Gesamtreform des Strafrechts das komplette materielle Jugendstrafrecht in einem (allgemeinen) Strafgesetzbuch zu behandeln.[241] Neue Vorstellungen finden sich dabei nicht.[242] Allerdings wird erneut eine grundlegende Diskussion über die Frage geführt, welches Gericht über die Anordnung von Erziehungsmaßnahmen entscheiden soll. Wie bereits im Zusammenhang mit der Erziehung dargestellt, flammt aus unterschiedlichen Diskussionsrichtungen die Forderung auf, zwischen echter Strafe und den Erziehungsmaßregeln scharf zu trennen. Insoweit wird auf entsprechenden Ausführungen in diesem Kapitel Bezug genommen.

Ein Wunsch in verfahrensrechtlicher Hinsicht von *Exner* im Zusammenhang mit der VO zum Schutz gegen jugendliche Schwerverbrecher ist ausdrücklich zu erwähnen. Voraussetzung für die Verurteilung als jugendlicher Schwerverbrecher ist grundsätzlich eine Anklage beim Erwachsenengericht, vor dem auch grundsätzlich die allgemeinen Verfahrensvorschriften gelten. Nach *Exner* solle es aber von der Praxis als Grundsatz anerkannt werden, „bei jeder Anklage gegen jugendliche Schwerverbrecher jene Regeln des Jugendprozeßrechts anzuwenden, die mit dem Normalverfahren vereinbar sind."[243] Dies widerspreche weder der Prozeßordnung, noch dem Geist der VO, und bereits wegen der Entscheidung über die Frühreife seien Erhebungen über die Persönlichkeit und das Leben des Jugendlichen erforderlich.[244] Nach den Erkenntnissen *Exners* verfahre die Praxis hier sehr unterschiedlich.[245] Die Motivation *Exners* zu dieser Forderung bleibt offen. Entweder möchte er das Verfahren zum Wohle des Jugendlichen ausdrücklich „jugendgemäß" gestalten, oder er will die in dem Verfahren nach Jugendstrafrecht eröffneten Möglichkeiten nutzen, von bestimmten Verfahrensvor-

---

240 Dies wünscht *van Dühren*, Jugendrichter 1927, S. 17(25).
241 Vgl. *Schoetensack*, GS 106 (1935), S. 156.
242 Vgl. z.B. die Erörterungen von *Schoetensack*, GS 106 (1935), S. 156(157ff.), der die Jugendgerichte und die verfahrensrechtlichen Sondervorschriften grundsätzlich beibehalten will.
243 Vgl. *Exner*, ZStW 60 (1941), S. 335(346).
244 So die Begründung von *Exner*, ZStW 60 (1941), S. 335(346f.).
245 Vgl. die Einzelheiten bei *Exner*, ZStW 60 (1941), S. 335(347).

schriften abzuweichen, was zur Beschneidung von Verfahrensrechten führen könnte. Jedenfalls zeigt bereits die Überlegung - inwieweit sie in der Praxis umgesetzt wird, konnte nicht geklärt werden - den unbesorgten und offenbar gesetzlich nicht vorgegebenen Umgang mit dem (Verfahrens)Recht.

2. *Beschleunigtes Verfahren - vereinfachtes Verfahren*

Nach § 38 Abs. 2 JGG 1923 findet § 211 StPO gegenüber Jugendlichen keine Anwendung, es soll also nicht in dem sogenannten „beschleunigten Verfahren“ (ohne schriftlich erhobene Anklage und ohne Eröffnung des Hauptverfahrens) entschieden werden. Mitte der 30er Jahre findet sich die Überlegung, neben dem formellen ein formloses Verfahren ohne schriftliche Anklage, ohne Eröffnungsbeschluß und ohne die „feierliche Hauptverhandlung“ einzuführen.[246] Nach den Vorstellungen von *Peters* solle es sich ausdrücklich nicht um ein Schnellverfahren handeln, da Schnelligkeit nicht das Entscheidende sei, sondern allein die Wirkung auf den Jugendlichen.[247] Der Jugendstaatsanwalt solle die Entscheidung über die Verfahrensart nach freien Ermessen treffen, wobei ihm das Maß seiner Mitwirkung freistehe. Wenn aber die Verhängung einer Freiheitsstrafe zu erwarten sei, solle das in den Förmlichkeiten beschränkte Verfahren ausgeschlossen sein.[248]

Einige Jahre später wird dann in § 2 Abs. 1 der JugendarrestVO[249] die (vermeintlich) gesetzliche Grundlage für das sogenannte „vereinfachte Jugendverfahren“ gelegt. Danach wird nunmehr bei Jugendlichen das beschleunigte Verfahren, wie es in den §§ 29 bis 31 der VO über die Zuständigkeit der Strafgerichte, die Sondergerichte und sonstige strafverfahrensrechtliche Vorschriften vom 21. Februar 1940[250] erfaßt worden war, für zulässig erklärt, wenn zu erwarten ist, daß auf Jugendarrest erkannt wird. Weitgehend Einigkeit herrscht über die Annahme, daß jedes Zuchtmittel um so eindringlicher ist, je schneller es der Tat folgt.[251] Daher wird die Einführung des beschleunigten Verfahrens für den Jugendarrest überwiegend begrüßt. Die Zulassung dieser Verfahrensart werde besonders dazu

246 Vgl. den Vorschlag von *Peters*, ZBlJugR 1935/36 (27. Jg.), S. 37(44).
247 *Peters*, ZBlJugR 1935/36 (27. Jg.), S. 37(44).
248 Vgl. *Peters*, ZBlJugR 1935/36 (27. Jg.), S. 37(44).
249 Verordnung zur Ergänzung des Jugendstrafrechts vom 04. Oktober 1940, RGBl., Jg. 1940, Teil I, S. 1336.
250 RGBl. I, Jg. 1940, S. 405(409). Nach § 28 Abs. 2 dieser Verordnung war noch ausdrücklich die Anwendung des beschleunigten Verfahrens auf Jugendsachen ausgeschlossen.
251 Vgl. z.B. *Boldt*, DR 1940, S. 2033(2037).

beitragen, die Strenge des Jugendarrests und auch seine Andersartigkeit gegenüber den Erziehungsmaßregeln des JGG sowohl dem Jugendlichen gegenüber fühlbar werden zu lassen, als auch in der „Volksüberzeugung“ zu verfestigen, daß das Fehlen der Schärfe gegenüber der Strafe verfahrensrechtlich gewissermaßen auf andere unschädliche Weise ersetzt werden könne.[252] Das Verfahren müsse im Dienste der angestrebten Schockwirkung des Jugendarrests stehen.[253]

Die Einführung des beschleunigten Verfahrens wird nicht ohne Bedenken hingenommen. Den Beschleunigungsmöglichkeiten würden in Jugendsachen besondere Schwierigkeiten entgegenstehen, die sich daraus ergeben, daß eine sinnvolle Handhabung von Strafen und Maßnahmen die eingehende Kenntnis der Persönlichkeit und der Lebensverhältnisse des Beschuldigten voraussetze.[254] Die Durchführung eines wirklich beschleunigten Jugendverfahrens hänge im wesentlichen davon ab, ob es gelinge, die Ermittlungen der Jugendgerichtshilfe zeitlich mit den Erfordernissen eines solchen schnellen Verfahrens in Einklang zu bringen.[255]

Anknüpfend an das beschleunigte Verfahren wird über ein Konzept für ein zukünftiges „vereinfachtes Jugendverfahren“ nachgedacht, welches beschränkt ist auf die Anordnung von Erziehungsmaßregeln (mit Ausnahme der Fürsorgeerziehung) und Zuchtmitteln und bei dem der Jugendstaatsanwalt von der Anwesenheit in der Hauptverhandlung freigestellt werden soll.[256]

3. Ergebnis

Auffällig für diesen Zeitabschnitt ist die „Ruhe“ in der Diskussion im direkten Anschluß an den Erlaß des JGG 1923 und das erneute Aufflammen der Debatte unter nationalsozialistischem Einfluß. Letzteres hängt weitgehend mit dem bereits aufgezeigten geänderten Grundverständnis von Strafe und Erziehung zusammen. Auch die Einführung des beschleunigten Verfahrens durch die JugendarrestVO ist dem nationalsozialistischem Einfluß zuzuschreiben. Im Zusammenhang mit den Überlegungen zur Verfahrensbeschleunigung keimt auch die neue Idee eines vereinfachten Jugendverfahrens auf.

---

252 S. *Boldt*, DR 1940, S. 2033(2037).
253 So *Kümmerlein*, Dt. Jugendrecht, H. 2 (1942), S. 53(54).
254 *Kümmerlein*, Dt. Jugendrecht, H. 2 (1942), S. 53(54f.); *ders.*, DjD 1942, S. 57.
255 So die Einschätzung von *Kümmerlein*, Dt. Jugendrecht, H. 2 (1942), S. 53(55); vgl. auch *ders.*, DjD 1942, S. 57f.
256 Vgl. die Einzelheiten bei *Kümmerlein*, Dt. Jugendrecht, H. 2 (1942), S. 53(57): Das Interesse des Staatsanwalts sei dadurch gewahrt, daß er es in der Hand habe, den Antrag auf Aburteilung in diesem Verfahren zu stellen; *ders.*, DjD 1942, 57(58).

Nicht unerwähnt bleiben darf, daß zahlreiche Verordnungen im Krieg erlassen werden, die zwar jeweils nur einzelne Bereiche betreffen, de facto aber zu einer grundsätzlichen Umgestaltung auch des Jugendgerichtsverfahrens führen. Als Beispiel ist die Verordnung zur weiteren Vereinfachung der Strafrechtspflege vom 13.08.1942[257] zu nennen, nach der unter anderem die Hauptverhandlung ohne den Staatsanwalt durchgeführt werden kann und die Aburteilung eines abwesenden Angeklagten unter erleichterten Bedingungen ermöglicht wird.[258] Inwieweit die sich zum Ende des Zweiten Weltkriegs häufenden Verordnungen in der Praxis tatsächlich umgesetzt werden, war mangels entsprechender Berichte im Detail nicht zu klären. Alle Vorschriften zu erfassen, würde den Rahmen der vorliegenden Arbeit sprengen, und könnte im Ergebnis auch wegen der Ausnahmesituation des Krieges keine Tendenzen über den relativ kurzen Zeitabschnitt hinaus aufzeigen.

VII. Die an der Entscheidungsfindung beteiligten Personen

Das JGG 1923 verlangt keine besondere Qualifikation von den Richtern und Staatsanwälten, die in der Jugendgerichtsbarkeit tätig sind, und auch keine besonderen charakterlichen Eigenschaften.

1. Richter und Staatsanwälte in der Jugendgerichtsbarkeit

Dennoch bleibt das Thema weiterhin in der Diskussion. Im Zusammenhang mit den an der Entscheidungsfindung beteiligten Personen finden sich lediglich die Regelungen, daß gemäß § 17 JGG 1923 für Strafsachen von Jugendlichen das Jugendgericht zuständig ist, daß der Vorsitzende des Jugendgerichts „Jugendrichter" genannt wird (§ 19 Abs. 1 JGG 1923) und daß nach § 21 JGG 1923 die Bearbeitung der Jugendsachen bei jeder Staatsanwaltschaft „tunlichst" in den Händen bestimmter Beamter zu vereinigen ist.

Hier setzt das neue JGG nicht die Forderung der jugendstrafrechtlichen Reformkreise um. Anknüpfend an die bereits im vorherigen Kapitel beschriebenen Forderungen sollen Richter und Staatsanwälte nämlich besondere persönliche und fachliche Merkmale aufweisen. An dieser Forderung wird auch im gesamten hier behandelten Zeitabschnitt festgehalten. Außer den Qualitäten, die jeder Richter besitzen müsse, habe ein Jugendrichter für den Beruf pädagogisches

257 RGBl. I, Jg. 1942, S. 508ff.
258 Vgl. die Einzelheiten bei *Kümmerlein*, DJ 1942, S. 602ff.

Feingefühl, eine gründliche pädagogische und psychologische Schulung sowie Erfahrung mitzubringen.[259] Im Vordergrund der Diskussion stehen aber weniger die charakterlichen Eigenschaften als die fachlichen Qualifikationen. Bald nach Erlaß des JGG 1923 wird gefordert, für einen besonders geeigneten jugendrichterlichen und auch jugendstaatsanwaltschaftlichen Nachwuchs zu sorgen.[260] Die dienstliche Ausstattung des Geschäftskreises und die Gehaltseinstufung müßten es dem Jugendrichter ermöglichen, wenn er als „berufen" erkannt worden sei, auf diesem Posten zu bleiben.[261] Der gesamte 7. Jugendgerichtstag widmet sich dem Thema „Die Durchführung des Jugendgerichtsgesetzes als Personenfrage". Nach dort vertretener Ansicht *Clostermanns* „stehe und falle" mit dem Jugendrichter das Jugendverfahren.[262] Es sei eine besondere Laufbahn des Jugendrichters mit juristischer und fürsorgepädagogischer Bildung zu eröffnen.[263] *Clostermann* fordert eine Sonderausbildung mit einer Vor- und einer Fortbildungsphase jeweils in Theorie und Praxis.[264] Die Fortbildung habe durch eigene Tätigkeit des Jugendrichters und durch staatliche Hilfe und auch im Austausch mit anderen Jugendrichtern sowie Organen des Jugendverfahrens zu erfolgen.[265] Der Jugendgerichtstag verabschiedet in Übereinstimmung mit diesen Vorschlägen eine Entschließung über die fachliche Ausbildung.[266] Der geschäftsführende Ausschuß wird beauftragt, einen Plan für die zusätzliche Ausbildung der im Jugendgerichtswesen tätigen Juristen auszuarbeiten.[267] Die daraufhin einberufene Sachverständigenkonferenz der *DVJJ* kommt zu dem Ergebnis, daß „eine gründliche psychologisch-soziologische und fürsorgerisch-sozialpädagogische Schulung der Jugendrichter einschließlich der Vormundschaftsrichter, Jugendstaatsanwälte und Leiter von Jugendgefängnissen unumgänglich notwendig ist, wenn die diesen Stellen eingeräumten Machtvollkommenheiten nicht in Willkür ausarten (...) sol-

259 So *van Dühren*, Jugendrichter 1927, S. 17(42f.), der darauf hinweist, daß hinsichtlich der Schulungen von staatlicher und privater Seite viel geschieht.

260 Vgl. *Krall*, 6. Jugendgerichtstag 1924, S. 20(24), wobei diese Eignung nicht ohne weiteres durch ein gutes Staatsexamen erwiesen werde, sondern infolge Interesses insbesondere auf pädagogischen Gebieten und praktischer Arbeit; auch sei es mit den Aufgaben des Gesetzes unvereinbar, den Posten des Jugendstaatsanwaltes mit jungen Referendaren zu besetzen; ähnlich bereits *Zentralblatt/Francke*, ZblJugR 1923/24 (15. Jg.), S. 125(128).

261 So die Forderung von *Krall*, 6. Jugendgerichtstag 1924, S. 20(25).

262 Er sei der „geistige Mittelpunkt", der „entscheidende Faktor", so *Clostermann*, 7. Jugendgerichtstag 1927, S. 40(41).

263 So *Clostermann*, 7. Jugendgerichtstag 1927, S. 40(44).

264 Vgl. zu den Inhalten der einzelnen Phasen *Clostermann*, 7. Jugendgerichtstag 1927, S. 40 (44ff.).

265 So die Ideen von *Clostermann*, 7. Jugendgerichtstag 1927, S. 40(48ff.).

266 Vgl. die *Entschließung I*, 7. Jugendgerichtstag 1927, S. 127f.

267 *Entschließung I*, 7. Jugendgerichtstag 1927, S. 127.

len".[268] Als am besten geeigneter Zeitpunkt für diese Schulung wird die Assessorenzeit angesehen; eine frühe Spezialisierung an der Universität sei nicht erforderlich.[269] Damit ist das erste detailliertere Konzept eines speziellen Ausbildungslehrgangs erarbeitet worden.[270]

Auch in der NS-Zeit ändert sich an den grundsätzlichen Forderungen nach spezieller Aus- und Fortbildung nichts.[271] Es wird sogar für die Ausgestaltung einer Sonderausbildung auf die eben beschriebene Eingabe der *DVJJ* verwiesen.[272] Es müsse sichergestellt werden, daß dem Jugendrichter für seine weitere berufliche Laufbahn im Hinblick auf die Rückkehr in die „Erwachsenen-Justiz" und bei der Besetzung von gehobenen Richterstellen keine Probleme aus der Tätigkeit erwachsen.[273] Aber wichtiger als die fachliche Qualifikation wird nunmehr der persönliche Hintergrund angesehen. Auf die Personenfrage komme nahezu alles an.[274] In der Tendenz werden zwar die gleichen Forderungen wie zu „Weimarer Zeiten" erhoben. Dahinter verbergen sich aber andere Absichten. Der im System besonders verwurzelte Jugendrichter soll die Möglichkeiten der politischen Einflußnahme und Machtausübung sicherstellen. So müsse der Jugendrichter, um der „neuen Erziehung" gerecht werden zu können, das Leben der Jugend selbst erlebt und sich zu irgendeiner Zeit in dieser Jugend praktisch betätigt haben.[275] *Hauber* beschreibt Hintergrund und Absichten später treffend:[276] „Der Jugendrichter sollte Jugendführer werden mit der Möglichkeit politischer Machtausübung und Indoktrination und hervorgekommen sein aus der Hitlerjugend, wo er sich bereits als HJ-Richter bewährt haben sollte."

---

268 *DVJJ*, ZStW 50 (1930), S. 658(659).

269 Vgl. die Ergebnisse der Sachverständigenkonferenz bei *DVJJ*, ZStW 50 (1930), S. 658(659ff.), wobei die Sonderausbildung aus praktischer Arbeit und theoretischer Schulung bestehen und ca. 1 Jahr dauern soll.

270 Die Ergebnisse der Beratungen werden an das Reichsjustizministerium weitergeleitet, s. *DVJJ*, ZStW 50 (1930), S. 658(659); vgl. dazu auch *Hauber*, ZblJugR 1977, S. 315(319f.).

271 Vgl. z.B. *Messerer*, ZStW 56 (1937), S. 485(493f.).

272 Zum Beispiel nimmt *Kohlrausch* in ZStW 56 (1937), S. 459(484) darauf Bezug und verweist auf eine neue Schulungsmöglichkeit, den „Durchgang durch die nationalsozialistischen Jugendverbände".

273 So die Forderung von *Kohlrausch*, ZStW 56 (1937), S. 459(484); ähnlich auch *Messerer*, ZStW 56 (1937), S. 485(493).

274 Vgl. *Kohlrausch*, ZStW 56 (1937), S. 459(483) mit der näheren Beschreibung, wie er sich den Jugendrichter vorstellt; auch *Messerer*, ZStW 56 (1937), S. 485(494) hält den Charakter für die Hauptsache; ähnlich *v. Schirach*, DjD 1939, S. 153(155); *Theek*, DJugh 1940/41, 32. Jg., S. 222(223).

275 Z.B. als HJ-Richter oder als Rechtsreferent der HJ, so *v. Schirach*, DjD 1939, S. 153(155); *Freisler*, MSchrKrimBiol 1939, S. 209(213f.).

276 *Hauber*, ZblJugR 1977, S. 315(321).

Zusammengefaßt kann also die im JGG 1923 unterlassene Regelung über besondere Eigenschaften von Jugendrichtern und -staatsanwälten in persönlicher wie fachlicher Hinsicht die Diskussion in diesem Themenbereich nicht stoppen. Im Gegenteil wird die Forderung nach Aus- und Fortbildung differenzierter und erstmalig von einem umfangreichen Konzept gestützt. Dieses wird auch in der NS-Zeit für gut befunden, jedoch mit der Absicht, den Jugendrichter für die besonderen nationalsozialistischen Zielrichtungen einzusetzen und in der Konsequenz letztendlich zu mißbrauchen.

2. *Der Verteidiger in Jugendsachen*

§ 29 JGG 1923 regelt die Möglichkeiten der Bestellung eines Pflichtverteidigers im Jugendstrafverfahren. Regelungen über eine besondere Stellung und Funktion des Verteidigers, etwa seine Verteidigung der erzieherischen Zielsetzung des JGG zu unterwerfen, finden sich im JGG 1923 nicht. Auch das jugendstrafrechtlichen Schrifttum der Weimarer Zeit zeigt daran wenig Interesse.

In der NS-Zeit wird dieses Thema wieder aufgegriffen und gefordert, den Typ eines besonderen Jugendverteidigers herauszubilden. In der Praxis sei zu beobachten, daß die meisten Anwälte vom Jugendstrafverfahren keine besondere Ahnung und von den besonderen Zielen und Aufgaben keine nähere Kenntnis hätten.[277] Eine besondere Zulassung für Jugendanwälte solle als Anreiz, sich dem Jugendrecht mehr zu widmen, geschaffen werden.[278] Die Forderung des Jugendverteidigers ergebe sich auch aus dem vor sich gegangenen grundsätzlichen Wandel auf dem Gebiete des Jugendrechts.[279] Wenn die Rechtspflege alle Organe nach den Gesichtspunkten der zu leistenden Jugend- und Erziehungsarbeit auswähle und ausrichte, dann auch den Verteidiger.[280] Er solle über spezielle Kenntnisse des Jugend- und Jugendstrafrechts verfügen, und er müsse Erzieher

277 Ein voller Erfolg könne aber nur sichergestellt sein, wenn alle beteiligten Rechtspflegeorgane in der praktischen Jugendarbeit geschult seien und über entsprechende Spezialkenntnisse verfügten, so *Keßler*, ZAkDtR 1938, S. 841; *ders.*, DR 1940, S. 2038.

278 *Keßler*, ZAkDtR 1938, S. 841.

279 Vor der „nationalsozialistischen Revolution“ habe es ein wirkliches Jugendrecht noch gar nicht gegeben, so *Keßler*, DR 1940, S. 2038.

280 Denn er könne nicht „als einzigster ungeschult und zufällig sein“, so *Keßler*, DR 1940, S. 2038; anders *Theek*, DJugh 1940/41, 32. Jg., S. 222(223), der meint, gerade auf den Jugendverteidiger verzichten zu können, wenn der Jugendrichter immer die ausgewählte, möglichst vollkommene Persönlichkeit wäre, da dann „alle Belange des Jugendlichen zum Besten der Volksgemeinschaft“ wahrgenommen würden.

sein.[281] Entsprechend dieser inhaltlichen Forderungen schlägt *Theek* vor, dem Jugendgerichtshilfevertreter die Befugnisse des Verteidigers zu übertragen.[282] Und es wird auch angeregt, die Rechtsreferenten der Hitlerjugend zu Jugendverteidigern zu bestellen. Diese seien besonders geeignet, weil sie mitten in der Jugendarbeit stehen würden.[283] Die Anwaltschaft selbst bekundet aber (noch) kein besonderes Interesse an diesem juristischen Gebiet.

3. *Schöffen in Jugendsachen*

Gemäß § 17 Abs. 1 S. 2 JGG 1923 nehmen die Schöffengerichte die Aufgaben der Jugendgerichte wahr. § 20 JGG 1923 trifft besondere Regelungen für die Wahl von Jugendschöffen, wobei entsprechend dem *E 1922* von einer zwingenden Besetzung durch einen Mann und einer Frau abgesehen wurde. Eine besondere erzieherische Befähigung oder Vorbildung wird nicht vorausgesetzt. *Allmenröder* beschreibt, daß die Schöffen zunächst ihrer Aufgabe recht hilflos gegenüber gestanden und den Sinn des neuen Gesetzes nicht verstanden hätten.[284] Von anderer Seite werden sie als Persönlichkeiten beschrieben, die gern bereit seien, ein Opfer für die Jugend zu erbringen.[285]

Unter nationalsozialistischem Einfluß werden sie gewünscht als „Berufserzieher, lebenserfahrene Väter und Mütter kinderreicher Familien", wobei sie in der Zukunft auch aus dem Kreis der HJ-Führer und BDM-Führerinnen gewählt werden sollten.[286] Die gesetzliche Regelung im JGG 1923 trägt dazu bei, daß in der Zeit nach seinem Erlaß das Interesse an dem Thema Jugendschöffen verblaßt und auch während der NS-Zeit nur noch vereinzelt aufgegriffen wird.

---

281 Vgl. die Einzelheiten zu dessen Aufgaben im Verfahren bei *Keßler*, DR 1940, S. 2038(2039f.).

282 *Theek*, DJugh 1940/41 (32. Jg.), S. 222(224f.), denn das, was nach *Keßler* Aufgabe des Jugendverteidigers sein soll, werde ohnehin längst von Fürsorgern durchgeführt, so daß i. d. R. für Jugendverteidiger keine nennenswerte Betätigungsmöglichkeit mehr bleibe.

283 *Keßler*, ZAkDtR 1938, S. 841.

284 *Zentralblatt/Allmenröder*, ZblJugR 1923/24 (15. Jg.), S. 125f.

285 Dies verbunden mit der Überlegung, bei den Jugendschöffen von einer Entschädigung abzusehen, damit die Hauptverhandlung so schnell wie möglich, ohne Rücksicht auf Ersparnis, angesetzt werden könne, *Zentralblatt/Bogenhard*, ZblJugR 1923/24 (15. Jg.), S. 185f.

286 So die Vorstellung von *Keßler*, DR 1940, S. 2038.

4. Ergebnis

Anknüpfend an die Diskussion vor Erlaß des JGG 1923 wird auch weiterhin und verstärkt eine Spezialausbildung für Richter und Staatsanwälte in der Jugendgerichtsbarkeit gefordert. Über die inhaltliche und formale Ausgestaltung bestehen jedoch wenig konkrete Vorstellungen. Bemerkenswert ist, daß diesbezüglich erstmalig ein Konzept vorgelegt wird. Über das Erfordernis von besonderer Persönlichkeit für jene Ämter wird nicht mehr ganz so häufig wie in den Jahren zuvor referiert. Am Übergang zu der NS-Zeit zeichnet sich dann die Tendenz ab, neben besonderen fachlichen Qualifikationen wieder vermehrt an die Charaktereigenschaften anzuknüpfen. Über den Jugendrichter und auch den Verteidiger soll die staatliche Einflußnahme auf die Jugend in der NS-Zeit ausgebaut werden.

VIII. Zusammenfassung

Insgesamt zeigt sich, daß der aus damaliger Sicht progressive Inhalt des JGG 1923 nur begrenzt umgesetzt wird. Als Ursache dafür muß - entsprechend der nachträglichen Bewertung von *Pfeiffer* - zum einen die juristische Denktradition dieser Zeit herangezogen werden, die der Anwendung der pädagogischen Ansätze wohl entgegengestanden hat.[287] Daneben ist das geringe Interesse der Finanzpolitiker am Ausbau des Jugendrechts zu nennen, wobei sicherlich die ökonomischen Krisen bestimmend waren.[288]

In der NS-Zeit kommt ein „von Gewalt und Angst geprägtes politisches Klima“ hinzu und der Erlaß einer Vielzahl von Einzelbestimmungen, die schließlich den Regelungsgehalt des JGG 1923 de facto fast vollständig außer Kraft setzen. Mit diesen verstreuten Regelungen verstärkt sich die Macht von NSDAP und Reichsjugendführung, was zu vermehrtem Schutz, aber auch gleichzeitig zur erhöhten Kontrolle der Jugend führt und was die Absonderung und Vernichtung derjenigen rechtfertigen sollte, die den nationalsozialistischen Vorstellungen nicht entsprechen.[289] Das Rechtsverständnis insgesamt - nicht nur das Jugendstrafrecht - ist gekennzeichnet von den Tendenzen zu Generalklauseln und rechtlicher Entgrenzung.[290] Diese Entwicklung im Jugendstrafrecht zeigt sich zum Beispiel an dem Aufweichen der Altersgrenzen, aber auch den Änderungen und Neuerungen im Verfahrensbereich. Darüber hinaus ist insbesondere bei der Ein-

287 Vgl. *Pfeiffer*, Kriminalprävention 1989, S. 44.
288 Entsprechend auch *Pfeiffer*, Kriminalprävention 1989, S. 44.
289 Vgl. nur die treffende Zusammenfassung jenes Zeitabschnitts von *Wolff*, ZfRSoz 1986, S. 123(129).
290 *Wolff*, ZNR 1991, S. 41(63).

ordnung der Erziehung ein Wandel im grundsätzlichen Verständnis festzustellen. Im Vordergrund steht nunmehr die „Volksgemeinschaft“ und die Position des Individuums tritt dahinter zurück.

Kapitel 3 - Die Tendenzen in der Zeit zwischen 1943 und 1953

Dieser Zeitabschnitt ist in jugendstrafrechtlicher Hinsicht geprägt von dem Erlaß einer Neufassung des JGG, dem Ende des Zweiten Weltkriegs, wobei dieses Ereignis die jugendstrafrechtliche Diskussion kurzzeitig zum Erliegen bringt, sowie der dann doch relativ schnell wieder einsetzenden Reformdebatte.

I. Einführung

Noch im Verlauf des Zweiten Weltkriegs wird im Jahre 1943 das Jugendgerichtsgesetz neu gefaßt. In dieser Neufassung sind einige grundlegende Änderungen enthalten.

1. Das RJGG von 1943

Der Reichsminister der Justiz erläßt am 6. November 1943 aufgrund des „Erlasses des Führers über besondere Vollmachten des RJM vom 20.08.1942“[1] die „Verordnung über die Vereinfachung und Vereinheitlichung des Jugendstrafrechts“ (JugendstrafrechtsVO)[2]. § 1 Abs. 1 dieser VO setzt die dort in der Anlage angefügte Neufassung des Reichsjugendgerichtsgesetzes (im Folgenden: RJGG) mit Wirkung zum 1. Januar 1944 in Kraft.[3] § 1 Abs. 2 JugendstrafrechtsVO bestimmt, daß das RJGG auch auf Taten anzuwenden ist, die vor seinem Inkrafttreten begangen worden waren. Als Grund für diese Anordnung der Rückwirkung wird die Vermeidung von Übergangsschwierigkeiten angegeben, welche aus dem Nebeneinanderstehen von altem und neuem Recht erwachsen könnten.[4]

§ 2 JugendstrafrechtsVO zählt die Vorschriften auf, die durch die Neufassung gegenstandslos werden oder ihr entgegenstehen. Das sind zum Beispiel das JGG 1923, die Verordnung zum Schutz gegen jugendliche Schwerverbrecher, die

1 RGBl. I, Jg. 1943, S. 535.
2 RGBl. I, Jg. 1943, S. 635ff.
3 Damit wird das RJGG nicht in einem förmlichen Gesetzgebungsverfahren, sondern im Versordnungsweg erlassen, so daß es genaugenommen kein Gesetz darstellt; zur Vereinfachung wird jedoch im Folgenden dieser Begriff verwendet.
4 Vgl. *Kümmerlein*, DJ 1943, S. 529(531); *Sieverts*, ZAkDtR 1944, S. 5(6).

Verordnung zur Ergänzung des Jugendstrafrechts vom 4. Oktober 1940, die Verordnung über die unbestimmte Verurteilung Jugendlicher, auch das österreichische Jugendgerichtsgesetz, die österreichische Jugendgerichtsverordnung und noch einige mehr. § 4 JugendstrafrechtsVO ermächtigt sowohl den Reichsminister der Justiz als auch der Reichsminister des Inneren, zur Durchführung der Verordnung die entsprechenden Rechts- und Verwaltungsvorschriften zu erlassen und Zweifelsfragen im Verwaltungsweg zu entscheiden. Diese Ermächtigung bildet die Grundlage für die am 15. Januar 1944 erlassenen Richtlinien zum RJGG (im Folgenden: *RiRJGG*). Die *RiRJGG* sind Erläuterungen zu den einzelnen Vorschriften des RJGG, sollen eine einheitliche Praxis bei der Anwendung des RJGG sicherstellen und Zweifelsfragen beheben.[5] Sie binden zu jener Zeit den Rechtsanwender und werden später als „sehr wirksames juristisches Instrumentarium zur gezielten Beeinflussung von Entscheidungsinhalten" angesehen.[6] Das neue RJGG stellt auf den ersten Blick kein typisch nationalsozialistisch geprägtes Gesetz dar, denn es werden viele der Reformvorschläge verwirklicht, die bereits vor 1933 in Betracht gezogen worden sind. Trotzdem kann das Gesetz seine nationalsozialistische Grundeinstellung nicht vollständig verleugnen.

§ 1 RJGG legt den Anwendungsbereich des Gesetzes fest. Erfaßt werden jugendliche Straftäter, also Delinquenten zwischen 14 und 18 Jahren, grundsätzlich aber nur Deutsche. Auf „Angehörige anderen Volkstums" kann das Gesetz - falls für diese keine Spezialregelung existiert - sinngemäß angewendet werden, § 1 Abs. 2 RJGG.

§ 2 Abs. 1 und 2 RJGG unterteilt die Reaktionsmöglichkeiten auf Straftaten Jugendlicher in Strafe, Zuchtmittel und Erziehungsmaßregeln. Nach Abs. 3 soll von Strafe und Zuchtmitteln abgesehen werden, wenn Erziehungsmaßregeln oder die Unterbringung in einer Heil- oder Pflegeanstalt die Ahndung der Tat durch den Richter entbehrlich machen. Im Gegensatz zum JGG 1923, in dem die Erziehungsmaßregeln an erster Stelle der Sanktionsmöglichkeiten genannt wurden, erhalten sie im RJGG keine gesetzessystematische Vorrangstellung.

Strafrechtlich verantwortlich ist der Jugendliche gemäß § 3 Abs. 1 RJGG, wenn er zur Zeit der Tat aufgrund seiner sittlichen und geistigen Entwicklung reif genug zur Unrechtseinsicht und dementsprechend handlungsfähig ist. Neu an dieser Regelung ist neben der positiven Formulierung, daß als zusätzliches Kriterium zu der Einsichtsfähigkeit das Handlungsvermögen hinzutritt. Das JGG 1923 hat demgegenüber nur darauf abgestellt, ob der Jugendliche fähig war, seinen Willen der Einsichtsfähigkeit nach zu bestimmen. Außerdem ist es nun nicht mehr das „Ungesetzliche" der Tat, zu dessen Einsicht der Jugendliche fähig sein

---

5 Vgl. *RiRJGG* - Einführung, Sonderveröff. der DJ Nr. 30, S. 3.

6 So von *Meyer-Höger*, Jugendarrest 1998, S. 109f.

muß, sondern das „Unrecht“. Damit wird auf die Wertevorstellung des Jugendlichen abgestellt und nicht mehr nur auf die Kenntnis des verletzten Rechtsguts. Sollte ein Jugendlicher strafrechtlich nicht verantwortlich sein, aber der Erziehung bedürfen, kann der Strafrichter die Maßnahmen anordnen, die einem Vormundschaftsrichter zur Verfügung stehen, § 3 Abs. 1 S. 2 RJGG. § 3 Abs. 2 S. 1 RJGG setzt die absolute Strafmündigkeitsgrenze auf 14 Jahre fest. Diese Grenze kann unter den Voraussetzungen von S. 2 durchbrochen werden: Ist der Delinquent mindestens 12 Jahre alt, soll er nach dem RJGG zur Verantwortung gezogen werden, wenn eine strafrechtliche Ahndung um des „Schutzes des Volkes“ willen gefordert wird, wobei dann aber die Vorschriften über jugendliche Schwerverbrecher ausdrücklich nicht zur Anwendung kommen.

§ 4 RJGG ordnet an, daß die Strafe für Jugendliche ausschließlich die Verurteilung zu Jugendgefängnis ist, und gemäß § 65 RJGG ist die Strafe in besonderen Jugendgefängnissen zu vollziehen. Mit dieser Regelung wird die Anwendung der freiheitsentziehenden Sanktionen gegen Erwachsene auf Jugendliche gesetzlich ausgeschlossen. Voraussetzung für die Verhängung von Jugendstrafe sind entweder „Größe der Schuld“ oder „schädliche Neigungen“, die in der Tat des Jugendlichen hervortreten, jedoch nur, wenn „das Bedürfnis der Volksgemeinschaft nach Schutz und Sühne“ diese Strafe fordert, § 4 Abs. 2 RJGG. Damit wird - im Gegensatz zum JGG 1923 - nicht der Jugendliche in den Vordergrund gestellt, sondern das „Bedürfnis der Volksgemeinschaft“.

§§ 5 und 6 RJGG bestimmen den Umfang der Strafe: Mindestens drei Monate, höchstens zehn Jahre kann Jugendgefängnis verhängt werden. Jugendgefängnis von unbestimmter Dauer ist gemäß § 6 Abs. 1 RJGG anzuordnen, wenn eine Strafe zwischen neun Monaten und vier Jahren angezeigt ist und wenn sich wegen schädlicher Neigungen „nicht voraussehen läßt, welche Strafdauer erforderlich ist, um ihn durch die Erziehung im Strafvollzug wieder in die Volksgemeinschaft einzuordnen“. Die ohnehin sehr umstrittene Geldstrafe wird in das RJGG nicht mehr aufgenommen.

In §§ 7 bis 10 RJGG finden sich die Regelungen über den neuen Sanktionentyp der Zuchtmittel. Diese sind der bereits per Verordnung in das Jugendstrafrecht eingeführte Jugendarrest (§ 8 RJGG) und die neu geschaffenen Zuchtmittel „Auferlegung besonderer Pflichten“ (§ 9 RJGG) und „Verwarnung“ (§ 10 RJGG). Die §§ 11 bis 13 RJGG befassen sich mit den Erziehungsmaßregeln, wobei nochmals auf deren nachrangige Stellung hinter der Strafe und den Zuchtmitteln im Gesetzesaufbau hinzuweisen ist. Die §§ 14f. RJGG treffen ausführliche Regelungen für den Fall, daß ein Jugendlicher mehrere Straftaten begangen hat.[7] Welche verschiedenen Maßnahmen nebeneinander angeordnet beziehungsweise miteinander verbunden werden können, regelte § 18 RJGG. In § 20 RJGG wird inhaltlich die im vorigen Kapitel behandelte Verordnung zum Schutz gegen jugendlicher Schwerverbrecher vom 04.10.1939 mit einigen Veränderungen in das Gesetz aufgenommen.

Die §§ 21 bis 55 RJGG behandeln in einem zweiten Teil des Gesetzes die Jugendgerichtsverfassung und das Jugendstrafverfahren, wobei insbesondere auf die §§ 48 bis 50 RJGG hinzuweisen ist, welche erstmalig ein sogenanntes „vereinfachtes Verfahren“ zur Verfügung stellen. Auch § 40 RJGG stellt eine Neuerung dar, indem er dem verurteilten Jugendlichen die Möglichkeit zur (allerdings relativ beschränkten) Anfechtung des Urteils eröffnet.

Der dritte Teil des RJGG bezieht sich in den §§ 56 bis 68 auf die Vollstreckung und den Vollzug der verschiedenen Sanktionen.

2. *Reaktionen auf das RJGG*

Erklärtes Ziel der Neufassung des Jugendgerichtsgesetzes ist, das durch die Vielzahl der Änderungen in der NS-Zeit unübersichtlich gewordene Jugendstrafrecht zusammenzufassen und damit erheblich zu vereinfachen, zu vereinheitlichen und zu verbessern. Diesen Erwartungen wird es aus der damaligen Sicht auch gerecht.[8] Es erhält sogar die Bezeichnung „modernstes Jugendgerichtsgesetz der Welt“[9], nicht nur weil die Erfahrungen der Jugendstrafrechtspflege der letzten 20 Jahre Einfluß genommen hätten, sondern auch weil ausländisches Material darin ausgewertet und verarbeitet worden sei. Das Schrifttum ordnet das RJGG als ein vollständig neues Gesetz ein. Daß der Gesetzgeber dies so nicht beurteilt habe, sei darauf zurückzuführen, daß wesentliche Neuerungen aufgrund der Kriegsverordnungen beziehungsweise durch die Anwendung in der Praxis faktisch bereits geltendes Recht gewesen seien.[10]

Zwar wird auch anerkannt, daß das JGG 1923 eines der „besten Gesetze der sogenannten Systemzeit“ gewesen sei und in der Gesamtentwicklung des Jugendstrafrechts einen erheblichen Fortschritt dargestellt habe, ja, die darin festgelegten Grundlagen mittlerweile selbstverständliches Gedankengut darstellten.[11] Bei

---

7 Auch dies stellte in seiner Ausführlichkeit eine Neuerung dar, denn zu der Frage hatte § 26 JGG 1923 nur angeordnet, daß mehrere Sachen gegen denselben Jugendlichen verbunden werden sollten.

8 Vgl. z.B. *Sieverts*, ZAkDtR 1944, S. 5.

9 *Sieverts*, ZAkDtR 1944, S. 5.

10 Vgl. *Kümmerlein*, DJ 1943, S. 529(530).

11 Vgl. *Thierack*, Dt. Jugendrecht, H. 4 (1944), S. 5(7).

der Umsetzung in der Praxis jener Zeit sei dies aber gerade nicht berücksichtigt worden, weil zum Beispiel trotz des eindeutigen Vorrangs der Erziehungsmaßregeln überwiegend Strafen verhängt und (aufgrund der Problematik um die kurze Freiheitsstrafe) meist nicht vollstreckt worden seien.[12] „Ein Zeitalter, das die Bindungslosigkeit als sein Ideal betrachtete und die Erziehung um der Einzelpersönlichkeit willen förderte, konnte naturgemäß der Erziehungsarbeit der Jugendstrafrechtspflege kein brauchbares Fundament geben."[13]

Und wie bereits angedeutet, läßt sich in dem RJGG auch nationalsozialistisches Gedankengut finden. So kann man lesen, daß „das Gesetz lebendiger Ausdruck nationalsozialistischen Rechtswollens und nationalsozialistischer Erziehungsgrundsätze" sei und daß „darin das nationalsozialistische Rechtsdenken in reifer Lösung Gestalt gewonnen hat", auch wenn nicht alle Reformforderungen verwirklicht worden seien.[14] Außerdem dürfe das RJGG Anspruch darauf erheben, als ein Beweis nationalsozialistischer Rechtskultur zu gelten.[15] Durch das neue RJGG sei auf einem weiteren wesentlichen Teilgebiet des Jugendrechts und des Strafrechts nationalsozialistisches Rechtsdenken verwirklicht worden.[16]

Das RJGG soll keineswegs lediglich eine Lösung nur für die Zeit des Krieges darstellen. Vielmehr wird hervorgehoben, daß trotz des Kriegs die Grundsätze nationalsozialistischer Jugenderziehung gesetzlich manifestiert worden seien, wobei in der Diskussion um Reformen kein Stillstand eintreten solle.[17] Der Umstand, daß ein solch umfassendes Gesetz im Krieg entstehen könne, werde in der Zukunft ein „besonderes Zeugnis deutscher Kraft" darstellen.[18]

Die grundsätzliche Weiterentwicklung des RJGG und damit des Jugendstrafrechts wird an folgendem Punkt festgestellt: Im JGG 1923 sei der Anknüpfungspunkt die Erwachsenenstrafe gewesen und die Sonderstellung der 14- bis 18jährigen Delinquenten habe sich aus der Milderung dieser Strafen ergeben; das RJGG hingegen halte zwar auch am Schuldprinzip fest, sehe die Schuld des Jugendlichen aber nicht als quantitativ geringer gegenüber der eines Erwachsenen an, sondern als etwas qualitativ völlig anderes, woraus folge, daß der jugendliche Delinquent nicht milder, sondern anders zu behandeln sei, als der erwachsene.[19]

Und die neue Zielrichtung des Gesetzes wird so gesehen: Als oberste Aufgabe des allgemeinen Strafrechts habe „der Führer" den Schutz des Volkes angeord-

---

12 So die Beobachtung von *Thierack*, Dt. Jugendrecht, H. 4 (1944), S. 5(7).
13 *Thierack*, Dt. Jugendrecht, H. 4 (1944), S. 5(7).
14 Vgl. *Thierack*, Dt. Jugendrecht, H. 4 (1944), S. 5.
15 *Thierack*, Dt. Jugendrecht, H. 4 (1944), S. 5(10).
16 S. *Kümmerlein*, DJ 1943, S. 529(530).
17 Vgl. *Axmann*, Dt. Jugendrecht, H. 4 (1944), S. 17(21).
18 *Sieverts*, ZAkDtR 1944, S. 5.
19 Vgl. *Sieverts*, ZAkDtR 1944, S. 5.

net, wobei dieser Schutzgedanke entweder durch spezialpräventive oder durch generalpräventive Maßnahmen habe verwirklicht werden können, und im Jugendstrafrecht würde die spezialpräventive Richtung durch den Erziehungsgedanken eingeschlagen, da so am besten der „Schutz der Volksgemeinschaft" sichergestellt werde; Abschreckungsgedanken sollten völlig in den Hintergrund treten, weil danach kaum Bedürfnis bestehe.[20]

Von einer Verweichlichung des Strafgedankens oder gar dessen Auflösung könne aber nicht gesprochen werden, da trotz der Betonung des Erziehungsgedankens nicht vollständig von Strafe und Zuchtmitteln abgesehen werde, wenn diese notwendig seien.[21] Eine seiner Qualitäten wird darin erblickt, daß es eine große Anzahl von Möglichkeiten für den Jugendrichter anbiete, erzieherische Gesichtspunkte bei den Sanktionen in den Vordergrund zu stellen.[22]

3. Die weitere Entwicklung nach 1945

Mit dem Erlaß des RJGG wendet sich das Interesse nicht vom Jugendstrafrecht ab. Vielmehr wird gerade in diesem Bereich weiter diskutiert. Auch nach Kriegsende wird dieses Thema - nach einer kurzen Ruhephase - weiter bearbeitet. Nach 1945 findet kein Bruch mit dem geltenden Jugendstrafrecht zum Beispiel durch Erarbeitung neuer jugendstrafrechtlicher Vorschriften statt.[23] Der Bedarf für eine grundlegende Reform wird aus verschiedenen Gründen verneint. Zum einen spiele die weitgehende personelle Kontinuität in Justizverwaltung und jugendrechtlicher Praxis eine große Rolle.[24] Daneben wird auch das RJGG der „guten" Tradition der Jugendgerichtsbewegung zugeordnet, weil es einen großen Teil der zu jener Zeit geforderten Reformen verwirklicht und damit eben nicht insgesamt rein nationalsozialistisches Gedankengut enthalten habe.[25] Außerdem gewähre das RJGG einen sehr weiten Ermessensspielraum, so daß dem Richter und den anderen Organen der Jugendgerichtsbarkeit viele Möglichkeiten der Interpretation und Anpassung an das jeweilige System blieben.[26]

---

20 Vgl. die Ausführungen bei *Thierack*, Dt. Jugendrecht, H. 4 (1944), S. 5(11).
21 So *Axmann*, Dt. Jugendrecht, H. 4 (1944), S. 17(23).
22 *Claussen*, ZBlJugR 1950, S. 77(78).
23 Vgl. die Einzelheiten zu der Entwicklung des Jugendstrafrechts in der Nachkriegszeit als „Beispielsfall für die Rückkehr der Normalität in Rechtsordnung und Justiz" (zit. aus dem Vorwort) bei *Wolff/Egelkamp/Mulot*, Zwischen Nationalsozialismus u. Demokratie.
24 Vgl. die Einzelheiten bei *Dörner*, ZNR 1994, S. 58(75).
25 So die Einschätzung von *Dörner*, ZNR 1994, S. 58(75f.); ähnlich auch *Wolff*, ZNR 1991, S. 41(50f.).
26 Vgl. *Peters*, Stand u. Neuordnung 1949, S. 90(93).

Um die Spuren der Gewaltherrschaft der NSDAP vollständig zu beseitigen, muß das RJGG „entnazifiziert“ werden. Die Entnazifizierung aller Gesetze wird vom alliierten Kontrollrat vorgenommen.[27] Gesetze politischer Natur und Ausnahmegesetze werden direkt außer Kraft gesetzt; für die Gesetze, die nicht aufgehoben werden, hat die Wiederherstellung der Gleichheit vor dem Gesetz stattzufinden, und es wird verboten, Handlungen auf Grund von Analogie oder im Hinblick auf das sogenannte „gesunde Volksempfinden“ weiterhin für strafbar zu erklären.[28] Für das RJGG bedeutet die Entnazifizierung, daß es weiterhin anzuwenden ist unter den Einschränkungen, daß jeder Jugendliche gleich behandelt werden muß, beziehungsweise daß jene Bestimmungen nicht anwendbar sind, die Jugendliche wegen ihrer Rasse, Staatsangehörigkeit, Religion oder aus einem anderen Grunde unterschiedlich behandeln.[29] Außerdem dürfen keine militärische Erziehung und keine kriminalbiologische Untersuchung erfolgen, wobei letzteres Verbot den Sinn habe, derartige Untersuchungen für rassische oder erbbiologische Zwecke zu vermeiden.[30] Daneben scheidet das „gesunde Volksempfinden“ als Kriterium für die Verurteilung Jugendlicher aus.

Ungefähr zwei Jahre nach Kriegsende setzt die Reformdiskussion im Jugendstrafrecht wieder ein, aber nicht, wie vielleicht zu erwarten ist, unter dem Gesichtspunkt, die NS-Zeit zu überwinden, sondern unter Anknüpfung an das Bestehende. Daß das RJGG insgesamt noch gültig ist, wird allgemein anerkannt. Jedoch gehen die Auffassungen in der Frage, inwieweit einzelne Bestimmungen bei dem Vorgang der „Entnazifizierung“ außer Kraft getreten sind, weit auseinander.

Ende Mai 1949 veranstaltet das Hauptjugendamt in Berlin anläßlich der „Jugendnot“ der Nachkriegsjahre die erste große Tagung über „Stand und Neuordnung der Jugendgerichtsbarkeit“. 1950 findet der 8. Jugendgerichtstag in Bad Godesberg statt. Auf beiden Tagungen werden Entwürfe für ein neues Jugendgerichtsgesetz (sogenannte Berliner und Godesberger Entwürfe) erarbeitet. Die Berliner Entwürfe beschränken sich ausdrücklich auf bestimmte Bereiche, weil die übrigen Fragen (wie zum Beispiel die Hinaufsetzung der Strafmündigkeitsgrenze, die Abschaffung der Jugendgefängnisstrafe für Jugendliche unter 18 Jahren) einer Regelung im Rahmen einer völligen Neufassung des Gesetzes vorbe-

---

27 Der alliierte Kontrollrat ist ab dem 30.07.1945 das oberste alliierte Regierungsorgan in Deutschland, dem die Oberkommandierenden aller vier Zonen angehören.

28 Die Gerichte haben also jedes Gesetz, welches sie anwenden wollen, darauf zu überprüfen. Dies führt zu einer gewissen Rechtsunsicherheit, weil bei jeder Überprüfung und gegebenenfalls erforderlichen Abänderung des Gesetzes ein Beurteilungsspielraum eingeräumt ist, vgl. weitere Einzelheiten bei *Dörner*, ZNR 1994, S. 57(76).

29 Vgl. dazu nur *Dörner*, ZNR 1994, S. 57(76f.).

30 *Peters*, Stand u. Neuordnung 1949, S. 90(91).

halten bleiben sollen.[31] Das Bundesjustizministerium erarbeitet im Frühjahr 1951 einen Referentenentwurf eines Gesetzes zur Änderung des RJGG, der von der Bundesregierung verabschiedet und im April 1952 nach Beratung und Änderung durch den Bundesrat im Bundestag in erster Lesung beraten wird (im Folgenden: *E 1952*).[32] Die Amtliche Begründung weist ausdrücklich auf die Planungen hin, „in absehbarer Zeit nach Erlaß des vorgeschlagenen Gesetzes die Arbeiten in einem großen Rahmen fortzusetzen und das ganze Gebiet des Jugendstrafrechts nach gründlicher Vorbereitung neu zu ordnen,...".[33] Der Bundestag überweist den Entwurf zur Beratung an die Ausschüsse für Rechtswesen und Verfassungsrecht und für Fragen der Jugendfürsorge. Ein aus Mitgliedern beider Ausschüsse gebildeter Unterausschuß arbeitet den Entwurf in 14 Sitzungen zu einer - insbesondere in der Systematik - neuen Vorlage um, weil ihm die Änderungen bislang nicht weit genug gehen.[34] Aufgrund der nunmehr sehr viel weiterreichenden Neugestaltung des Jugendstrafrechts wird ein Bedürfnis nach alsbaldiger vollständiger Überarbeitung des gesamten Sachgebiets nicht mehr gesehen.[35] Um deutlich zu machen, daß es - anders als von der Regierung beabsichtigt - nicht nur um eine Änderung des RJGG geht, sondern daß man sich jedenfalls von der Zeit, der es entstammt, distanzieren will, wird der neue Entwurf im Anschluß an das erste Gesetz aus dem Jahre 1923 wieder „Jugendgerichtsgesetz" genannt.[36]

II. Die Altersgrenzen

Die Problematik der Altersgrenzen ist auch nach Erlaß des RJGG Gegenstand der Diskussion, wobei sich der Streitgegenstand im Laufe der Zeit auf die Heranwachsendenproblematik konzentriert.

---

31 So die einleitenden Worte zu den *Berliner Entwürfen*, Stand u. Neuordnung 1949, S. 210.

32 Vgl. den Entwurf sowie die Amtliche Begründung unter *E 1952*, Verhandlungen des Bundestages, S.1ff.; vgl. auch die Zusammenfassung der Beratung bei *Dörner*, ZNR 1994, S. 58(80).

33 Um die baldige Verabschiedung des Entwurfs zu ermöglichen, seien zahlreiche Reformvorschläge zunächst zurückgestellt worden, so *E 1952*, Verhandlungen des Bundestages, S. 35.

34 Vgl. den schriftlichen Bericht des Ausschusses für Rechtswesen und Verfassungsrecht bei *Ewers*, Bericht E 1952, S. 1; zu dem Ergebnis auch *Dörner*, ZNR 1994, S. 58(81).

35 Vgl. *Ewers*, Bericht E 1952, S. 1.

36 Vgl. *Dörner*, ZNR 1994, S. 58(81).

1. Die absolute Strafmündigkeitsgrenze

§ 3 Abs. 2 S. 1 RJGG beläßt es bei der absoluten Strafmündigkeitsgrenze von 14 Jahren. Diese starre Altersgrenze wird aber für unzulänglich gehalten. Denn schon seit längerem sei eine fortschreitende Vorverlagerung der Reifezeit bei Jugendlichen zu beobachten, die in den letzten Jahren bei Einzelfällen schwerster Verbrechen 12- und 13jähriger besonders kraß in Erscheinung getreten sei.[37] In diesem Sinne bringt § 3 Abs. 2 S. 2 RJGG eine Neuerung, die deutlich von nationalsozialistischem Denken geprägt ist: Die Möglichkeit der Anwendung von Jugendstrafrecht auf 12- bis 14jährige, wenn „der Schutz des Volkes wegen der Schwere der Verfehlung eine strafrechtliche Ahndung fordert". Zwar behält sich der Reichsjustizminister die Zustimmung zur Strafverfolgung in diesen Fällen persönlich vor;[38] die als Ausnahme gedachte Herabsetzung der absoluten Altersgrenze wird aber nicht einmal in das Ermessen des Richters gestellt.[39] Hier fordere der „Schutz des Volkes" ein strafrechtliches Einschreiten, welches nicht mehr nur danach frage, inwieweit der Täter „für seine Abartigkeit etwas kann".[40]

Aus heutiger Sicht verwundert der Umstand, daß nach dem Zweiten Weltkrieg die Weitergeltung von § 3 Abs. 2 S. 2 RJGG umstritten ist. Keineswegs wird die Ungültigkeit per se angenommen. *Peters* spricht sich zum Beispiel ausdrücklich für die Ungültigkeit der Norm aus, denn sie sei Ausfluß eines übertriebenen Strafgedankens und bedeute eine unzulässige Strafschärfung, typisch für die vergangene Epoche.[41] Außerdem werden allgemeine Bedenken erhoben, wie der Widerspruch zu Gerechtigkeit, Erziehung und die Unzweckmäßigkeit, Kinder in den Strafvollzug zu schicken.[42]

Und auch die Diskussion um die Anhebung der absoluten Strafmündigkeitsgrenze hat an Aktualität nichts verloren. Gegen den (wieder einmal) erhobenen Vorschlag, die Grenze auf 16 Jahre anzuheben, wird angeführt, daß die Strafe für 14- bis 16jährige zwar sehr sparsam verwendet werden solle, sie aber als äußerstes und letztes Mittel für besonders schwere Fälle doch zur Verfügung zu halten sei.[43] Man trifft auch wieder auf den Vorschlag, die Altersgrenze nur für die An-

---

37 Vgl. *Kümmerlein*, DJ 1943, S. 529(531); *Sieverts*, ZAkDtR 1944, S. 5(6); *Thierack*, Dt. Jugendrecht, H. 4 (1944), S. 5(13).

38 Nr. 1 der *RiRJGG* zu § 3 Abs. 2, Sonderveröff. der DJ Nr. 30, S. 5 sieht zwar nur eine Berichtspflicht vor, *Kümmerlein*, DJ 1943, S. 529(532) und *Sieverts*, ZAkDtR 1944, S. 5(7) ziehen daraus aber ein Zustimmungserfordernis.

39 Vgl. den Wortlaut von § 3 Abs. 2 S. 2 RJGG: „Ist der Täter zur Zeit der Tat wenigstens zwölf Jahre, so wird er wie ein Jugendlicher..."

40 So der Kommentar von *Mezger*, Dt. Jugendrecht, H. 4 (1944), S. 83(93).

41 *Peters*, Stand und Neuordnung 1949, S. 90(91).

42 Vgl. *Peters*, Stand u. Neuordnung 1949, S. 90(92).

43 Vgl. *Hirschberg*, Stand u. Neuordnung 1949, S. 180(183f.).

ordnung der Gefängnisstrafe auf 16 Jahre heraufzusetzen[44], also verschiedene Altersgrenzen für die unterschiedlichen Sanktionstypen einzurichten. Ein Bedürfnis für Reformen wird aber nicht wirklich gesehen. Das Problem sei bereits durch die Praxis gelöst, da in den Jugendstrafanstalten sowieso nur eine sehr kleine Gruppe von Jugendlichen zwischen 14 und 15 Jahren einsitze.[45] Bei den Beratungen zum *E 1952* wird wiederum die Anhebung des Strafmündigkeitsalters auf das vollendete 16. Lebensjahr erwogen. Dafür spreche die Erhöhung des volksschulpflichtigen Alters in verschiedenen Ländern und auch die inzwischen gesammelten Erfahrungen auf dem Gebiete der Jugendpsychologie.[46] Auch in diesem Zusammenhang wird die Frage wegen der geringen Anzahl von 14- bis 16jährigen in den Jugendstrafanstalten bis zu einer späteren erhofften Gesamtreform zurückgestellt.[47]

Tendenziell wird der 14-Jahres-Grenze für die absolute Strafmündigkeit also zugestimmt - mit den Bestrebungen, den nationalsozialistischen Einfluß auf das Jugendstrafrecht zu beseitigen. Hervorzuheben ist, daß die Problematik der Reifebeurteilung nach § 3 Abs. 1 S. 1 RJGG in jener Zeit nicht diskutiert wird, was an der „Aufweichung" der unteren Altersgrenze liegen mag, also der Tendenz, den Jugendlichen sowieso eher früher als strafrechtlich verantwortlich einzustufen. § 3 Abs. 1 S. 1 *E 1952* übernimmt die Formulierung zum Reifeerfordernis aus § 3 Abs. 1 S. 1 RJGG.[48]

2. § 20 RJGG - Anwendung des allgemeinen Strafrechts

§ 20 Abs. 1 RJGG geht aus der „Verordnung zum Schutz gegen jugendliche Schwerverbrecher" vom 04.10.1939 und auch aus dem Entwurf für die „Zweite Verordnung zum Schutz gegen jugendliche Schwerverbrecher" hervor.[49] Danach ist allgemeines Strafrecht anzuwenden, wenn der Jugendliche nach seiner Entwicklung zur Zeit der Tat einem über 18 Jahre alten Täter gleichgestellt werden kann und das „gesunde Volksempfinden" die Anwendung wegen besonders ver-

---

44 S. *Claussen*, ZBlJugR 1950, S. 77(79).

45 Vgl. die Zahlen bei *Peters*, Stand u. Neuordnung 1949, S. 90(94), der sich demgemäß gegen die Abänderung der 14-Jahres-Grenze ausspricht.

46 Die Stellungnahme der Arbeitsgemeinschaft für Reform des Jugendstrafvollzugs ist abgedruckt bei *Ratsch*, UJ 1952, S. 210(211). Die Bedeutung des 16. Lebensjahres als eines wichtigen Entwicklungsabschnitts sei inzwischen anerkannt worden, so *Sieverts*, UJ 1952, S. 252(253f.).

47 Vgl. *Sieverts*, UJ 1952, S. 252(254). Der § 3 Abs. 2 E 1952 behält also die 14-Jahres-Grenze bei (*E 1952*, Verhandlungen des Bundestages, S. 19).

48 *E 1952*, Verhandlungen des Bundestages, S. 19.

49 Vgl. zu den Einzelheiten auch *Dörner*, ZNR 1994, S. 58(73f.).

werflicher Gesinnung und wegen der Schwere der Tat fordert. Die unterste Anwendbarkeitsgrenze von 16 Jahren wird nunmehr völlig fallengelassen, die Geltung für 12- bis 14jährige durch § 3 Abs. 2 letzter HS RJGG aber ausgeschlossen. Darüber hinaus wird im Verhältnis zu den genannten Verordnungen zum einen die Persönlichkeit des Täters durch das Erfordernis der Frühreife stärker hervorgehoben und bildet den Ausgangspunkt der Beurteilung; zum anderen wird klargestellt, daß sowohl die geistige als auch die sittliche Reife zu beachten sind. Die weitere Neuerung, daß für den „jugendlichen Schwerverbrecher" das Jugendgericht zuständig ist, wird als sinnvollere Lösung begrüßt, weil die Einordnung des Jugendlichen die besonderen Kenntnisse und Erfahrungen eines Jugendgerichts voraussetze.[50]

Der Abs. 2 von § 20 RJGG bringt im Vergleich zu der Verordnung von 1939 etwas Neues, wenn hier über die Forderung nach dem „Schutz des Volkes" das Erwachsenenstrafrecht bei „charakterlich abartigen Schwerverbrechern" unabhängig von einem bestimmten Alter für anwendbar erklärt wird. Das allgemeine Strafrecht kann danach auch dann angewendet werden, wenn der Jugendliche nicht nach der sittlichen und geistigen Entwicklung einem Erwachsenen entspricht. Für die Beurteilung der „charakterlichen Abartigkeit" soll eine Persönlichkeitserforschung und die Gesamtwürdigung der Tat erforderlich sein.[51] Die Reaktionen in der jugendstrafrechtlichen Literatur auf diese Vorschrift sind positiv. Mit der Regelung werde nicht vom allgemeinen Prinzip des Jugendstrafrechts abgewichen, jugendliche Delinquenten auch „jugendgemäß" zu behandeln, denn der unter diese Vorschrift fallende Jugendliche entspreche seinem Wesen nach gerade nicht dem Bild eines jugendlichen Menschen.[52] Vielmehr sei er ein „unjugendlicher Jugendlicher", der aus dem Rahmen der jugendlichen Durchschnittsart herausfalle.[53]

§ 20 Abs. 1 und Abs. 2 RJGG sind völlig unterschiedlich konzipiert. Anknüpfungspunkt bei Abs. 1 ist die Verantwortlichkeit für das Handeln eines „normalen" Menschen, der einen bestimmten Reifegrad erreicht hat, einer Verantwortlichkeit, „die gerade für nationalsozialistisches Denken und seine Ethik eines gesunden Volksempfindens unerschütterlich feststeht"[54]. Abs. 2 dagegen vollzieht die „Ausmerzung des Abartigen aus der Volksgemeinschaft", ganz gleichgültig, ob und inwieweit der Mensch für seine Art „etwas kann" und solle damit dem

50 So *Sieverts*, ZAkDtR 1944, S. 5(8).
51 S. *Mezger*, Dt. Jugendrecht, H. 4 (1944), S. 83(90).
52 Vgl. *Sieverts*, ZAkDtR 1944, S. 5(8).
53 Vgl. insbes. auch zu dem Typ „unjugendlicher Jugendlicher" *Mezger*, Dt. Jugendrecht, H. 4 (1944), S. 83(85f.).
54 So *Mezger*, Dt. Jugendrecht, H. 4 (1944), S. 83(91).

Gedanken einer „rassischen Aufartung des Volkes“ dienen.[55] Wie bereits im vorigen Kapitel im Zusammenhang mit der Verordnung zum Schutz gegen jugendliche Schwerverbrecher von 1939 festgestellt wurde, kann und soll mit der Begründung einer Maßnahme zum „Schutz des Volkes“ der NS-Justiz die Möglichkeit geschaffen werden, gegen Jugendliche einzuschreiten, auch ohne daß die formalen Anwendungsvoraussetzungen des RJGG vorliegen müssen.

Erstaunlicherweise gehen - wie bei § 3 Abs. 2 RJGG - die Ansichten darüber auseinander, ob § 20 RJGG nach dem Ende des Zweiten Weltkriegs weitergilt. Es gibt keinen Konsens; vielmehr finden sich ebenso Vertreter, die sich für die Weitergeltung, wie solche, die sich dagegen aussprechen, wobei letztere Stimmen wohl überwiegen.[56] Im Jahre 1951 entscheidet der *BGH*, daß § 20 Abs. 2 RJGG nicht mehr geltendes Recht ist,[57] womit ausgesprochen worden sei, was die überwiegenden Mehrzahl aller am Jugendstrafrecht Interessierten gefordert habe.[58]

Die Frage nach der Fortgeltung von Abs. 1 läßt der *BGH* ausdrücklich offen, da der dem Urteil zugrunde liegende Tatbestand keine Gelegenheit geboten habe, das nicht unmittelbar zum Fall gehörende Problem zu entscheiden.[59] Die bewußte Unterscheidung zwischen Abs. 1 und 2 kann zum einen so interpretiert werden, daß die Unwirksamkeit von Abs. 2 nicht automatisch die von Abs. 1 zur Folge hat[60], zum anderen aber auch, daß gerade wenn Abs. 2 nicht mehr anzuwenden ist, dies auch für Abs. 1 gelten muß. Noch im Jahre 1952 wird die Ansicht vertreten, daß § 20 Abs. 1 RJGG weiterhin gilt. Schuld und Sühne würden nur dann richtig im Verhältnis stehen, wenn unabhängig vom Geburtsdatum der seiner Reife nach Erwachsene bei schwerer Straftat und besonders verwerflicher Gesinnung auch wie ein Erwachsener bestraft und umgekehrt der in der Entwicklung zurückgebliebene Mensch milder bestraft werden müsse, als es seinem Geburtsdatum entspreche.[61] Der *E 1952* macht dem Streit ein Ende, indem er § 20 RJGG nicht übernimmt.[62]

---

55 So eindeutig *Mezger*, Dt. Jugendrecht, H. 4 (1944), S. 83(91).

56 Vgl. die näheren Ausführungen bei *Dörner*, ZNR 1994, S. 58(76ff.).

57 BGHSt. 2, S. 88.

58 So *Kohlhaas*, UJ 1952, S. 166.

59 BGHSt. 2, S. 88(89); vgl. auch *Kohlhaas*, UJ 1952, S. 166.

60 So die Ansicht von *Kohlhaas*, UJ 1952, S. 166.

61 So *Kohlhaas*, UJ 1952, S. 166(168).

62 Vgl. die Begründung zu *E 1952*, Verhandlungen des Bundestages, S. 35; 44; dies entspreche der überwiegenden Meinung der Fachkreise, so *Sieverts*, UJ 1952, S. 252(254).

3. *Sonderbehandlung der 18- bis 21jährigen*

Der Forderung nach Einbeziehung der Gruppe der 18- bis 21jährigen Delinquenten in das Jugendstrafrecht wird - trotz unermüdlichen Wiederholens von vielen Seiten - auch in der NS-Zeit durch das RJGG nicht nachgekommen. Der Grund dafür sei, daß die meisten der Altersgruppe sich zu jener Zeit bei der Wehrmacht befänden und bei ihnen aus „Gründen der Manneszucht" eine so differenzierte Behandlung, wie sie das RJGG vorsehe, nicht möglich sei.[63] Die Einbeziehung dieser Gruppe müsse aber vordringliches Ziel sofort nach Beendigung des Krieges sein.[64] Einige Regelungen im RJGG leiten diese Entwicklung bereits ein. Zum Beispiel ist nunmehr in § 65 Abs. 3 RJGG geregelt, daß der Strafvollzug bei Delinquenten bis zu 24 Jahren in Jugendstrafanstalten durchgeführt werden kann. Weiterhin soll bei der Begehung mehrerer Straftaten vor und nach dem 18. Lebensjahr ausschließlich Jugendstrafrecht angewendet werden, wenn das Schwergewicht bei den Taten im Jugendalter liegt, § 15 RJGG. Schließlich werden auch weiterhin durch die Geschäftsverteilung im Verwaltungsweg Jugendgerichte für das Verfahren gegen 18- bis 21jährige für zuständig erklärt, wenn jene dort anklagt werden.[65]

Nach Kriegsende wird trotz dieser Verfahrenspraxis gefordert, per Gesetz eine Wahlmöglichkeit für der Gerichtszuständigkeit zu schaffen, wofür notwendig sei, daß das materielle Jugendstrafrecht überhaupt Anwendung finde.[66] Damit ist aber noch nicht die Frage geklärt, wie eine derartige Einbeziehung umgesetzt werden kann. Ein Hauptproblem bei der Erfassung der Gruppe der 18- bis 21jährigen für das Jugendstrafrecht wird in der unterschiedlichen Entwicklung gesehen. Durch die Kriegs- und Nachkriegsverhältnisse seien einige Delinquenten „überreif" und darüber hinaus „verhärtete, verstockte, grausame, höchst egoistische Übeltäter" geworden.[67] Andere seien in einem nicht vorstellbaren Maße geistig, seelisch oder körperlich zurückgeblieben, so daß es also keinen einheitlichen Typen des „normal" entwickelten Heranwachsenden gebe.[68] Ein großer Prozentsatz jener Altersgruppe habe noch nicht die Reife der Erwachsenen, bei ihnen stelle sich gegenüber früheren Generationen zwar die Pubertät zeitiger ein,

63 Vgl. *Kümmerlein*, DJ 1943, S. 529(531); *Sieverts*, ZAkDtR 1944, S. 5(6).
64 So die Forderung von *Sieverts*, ZAkDtR 1944, S. 5(6).
65 Vgl. zu den Einzelheiten der Sonderbehandlung von Heranwachsenden *Kümmerlein*, DJ 1943, S. 529(531); *Sieverts*, ZAkDtR 1944, S. 5(6).
66 S. *Peters*, Stand u. Neuordnung 1949, S. 90(101f.).
67 Vgl. *Hirschberg*, Stand u. Neuordnung 1949, S. 180(181).
68 So *Hirschberg*, Stand u. Neuordnung 1949, S. 180(181); ähnlich auch bereits *Peters*, Werdendes Jugendstrafrecht 1947, S. 14.

eine entsprechend raschere Reifung sei meist aber nicht zu beobachten.[69] Eine unterschiedslose Anwendung des Jugendstrafrechts auf alle „Halberwachsenen" (wie sie auch zu jener Zeit noch genannt werden) wird daher von niemanden gewünscht.[70] Es geht vielmehr um die Frage, ob grundsätzlich Jugendstrafrecht anwendbar sein soll, mit der Möglichkeit, das Erwachsenenstrafrecht in Ausnahmefällen anzuwenden, oder ob die Anwendung des Jugendstrafrechts die Ausnahme darstellen soll. Nach *Peters* müsse das kommende Gesetz Möglichkeiten bieten, Jugend- oder Erwachsenenstrafrecht anzuwenden, wobei letzteres den Ausgangspunkt darstellen soll.[71] Auf der Berliner Tagung im Jahre 1949 wird überlegt, immer dann Jugendstrafrecht anzuwenden, wenn das allgemeine Strafrechts eine nicht zu rechtfertigende Härte darstellen würde, insbesondere bei Mängeln in der sittlichen, geistigen oder körperlichen Reife und bei Erziehungsmängeln.[72] Darüber hinaus könnte der Anklagezwang gegen die „Halberwachsenen" über § 153 StPO gelockert[73] oder das Jugendstrafrecht mit einigen Änderungen aber grundsätzlich auf diese Altersgruppe angewendet werden.[74] Jedenfalls sieht die Entschließung des 8. Jugendgerichtstags in Bad Godesberg ein dringendes Bedürfnis für die sofortige Einbeziehung der 18- bis 21jährigen Straffälligen in das Jugendstrafrecht.[75] Und auch die Mehrheit der Stimmen in der jugendstrafrechtlichen Literatur spricht sich für die grundsätzliche Anwendung des JGG auf Delinquenten zwischen 18 und 21 Jahren aus, jedoch mit der Möglichkeit, in besonders begründeten Ausnahmefällen die Vorschriften des allgemeinen Strafrechts anzuwenden.[76] Schließlich wird auch bei den Beratungen zum *E 1952* das Bedürfnis

---

69 Diese körperlich Akzelerierten seien besonders gefährdet, weil die Diskrepanz zwischen körperlicher und sittlicher Reife besonders ausgeprägt sein könne, so *Ehrhardt*, UJ 1952, S. 371(372).

70 So auch die Einschätzung von *Hirschberg*, Stand u. Neuordnung 1949, S. 180(182).

71 *Peters*, Werdendes Jugendstrafrecht 1947, S. 14; vgl. auch §§ 1, 3, 4 und 6 seines Gesetzesentwurfs (S. 53ff.) sowie die Bemerkungen hierzu (S. 82ff.).

72 Vgl. den Vorschlag von *Hirschberg*, Stand u. Neuordnung 1949, S. 180(182); s. auch die verschiedenen Gesetzesvorschläge unter *Berliner Entwürfe*, Stand u. Neuordnung 1949, S. 210(215f.).

73 Z.B. wenn keine höhere Strafe als drei Monate zu erwarten ist und dem Beschuldigten Pflichten oder Weisungen in entsprechender Anwendung der §§ 9 und 12 RJGG auferlegt werden, vgl. zu den Einzelheiten der Forderung *Hirschberg*, Stand u. Neuordnung 1949, S. 180(182).

74 *Hirschberg*, Stand u. Neuordnung 1949, S. 180(182f.) schlägt als Änderung z.B. die Anwendung der Geldstrafe vor, die Eintragung ins Strafregister auch wenn von Rechtsstrafe Abstand genommen wird und die Anpassung des Verfahren und der Zuständigkeit an das materielle Strafrecht.

75 S. *Panka*, Bericht 8. Jugendgerichtstag 1950, S. 247(257).

76 Dann, wenn der Jugendliche in der geistig und sittlichen Reife einem Erwachsenen gleichstehe oder wenn die Rechtsfolgen des Jugendstrafrechts nicht ausreichen, so

nach einer Sonderbehandlung gesehen.[77] Der E 1952 übernimmt aber ausdrücklich nicht die Vorschläge der vorhandenen Gesetzesentwürfe (Berliner und Godesberger Entwürfe[78]), die eine nahezu vollständige Eingliederung der Heranwachsenden in das Jugendstrafrecht vorsehen.[79] § 20 Abs. 1 *E 1952* enthält also die Regelung, ausnahmsweise Jugendstrafrecht auf 18- bis 21jährige anzuwenden, zum einen dann, wenn eine Gesamtwürdigung den Gleichstand der geistigen und sittlichen Entwicklung des Täters mit einem Jugendlichen ergibt, zweitens dann, wenn es sich um eine unverkennbare Jugendverfehlung handelt und schließlich drittens, wenn die Verfehlung überwiegend auf nachhaltig ungünstigen Umweltbedingungen beruht und erzieherische Einwirkungen nach dem JGG Erfolg versprechen.[80] Gerade der letzte Vorschlag wird als ein „Zeugnis für das sozialpädagogische Feingefühl der Verfasser des Entwurfs" bezeichnet.[81] Es sei darin kein Widerspruch zu dem den beiden zuvor genannten Gründen zugrunde liegenden Prinzip der Rücksicht auf die Täterpersönlichkeit zu sehen, da für die Beurteilung der Täterpersönlichkeit die Umwelteinflüsse zu beachten seien.[82] Die praktische Bedeutung des letzten Vorschlags werde aber in demselben Maße zu-

---

z.B. die Arbeitsgemeinschaft für Reform des Strafvollzugs, Stellungnahme bei *Ratsch*, UJ 1952, S. 210(211).

77 Weil die Entwicklung der Heranwachsenden durch den Krieg empfindlich gestört und die soziale Eingliederung in die Gemeinschaft erschwert sei, weil Heranwachsende den beweglichen Reaktionsmitteln des Jugendstrafrechts zugänglicher seien, als den starren Formen des allgemeinen Strafrechts und außerdem es auch eine gesicherte Erkenntnis der modernen Wissenschaft sei, daß die charakterliche, insbesondere sittliche Reifung nicht mehr mit der körperlichen und intellektuellen Reifung Schritt halte, so die Amtliche Begründung zum *E 1952*, Verhandlungen des Bundestages, S. 35.

78 Vgl. *Berliner Entwürfe*, Stand u. Neuordnung 1949, S. 210ff. (insbes. S. 215f.); über die Verhandlungen des 8. Jugendgerichtstags in Bad Godesberg existiert nur ein zusammenfassender Bericht von *Panka* (Bericht 8. Jugendgerichtstag 1950), in dem er die Entwürfe nicht wörtlich wiedergibt.

79 Insbesondere, weil für die Ausgestaltung dieses Sonderrechts noch keine praktischen Erfahrungen vorlägen; diese sollten erst gesammelt werden und darauf aufbauend würde dann einer Gesetzesänderung nichts im Wege stehen, *E 1952*, Verhandlungen des Bundestages, S. 36f.; dem zustimmend *Ewers*, Bericht E 1952, S. 2f.; ebenso z.B. *Ehrhardt*, UJ 1952, S. 371.

80 Vgl. auch die Begründung zu § 20 *E 1952*, Verhandlungen des Bundestages, S. 44; dazu *Sieverts*, UJ 1952, S. 252(254f.).

81 Vgl. *Sieverts*, UJ 1952, S. 252(255); damit sollen vor allem die Fälle erfaßt werden, in denen der Heranwachsende der Entwicklungsstufe eines Jugendlichen zwar entwachsen ist, aber in nachhaltig ungünstigen Umweltbedingungen der Kriegs- und Nachkriegszeit, die einen „permanenten Erziehungsnotstand" bedeuten, aufwachsen mußte.

82 So *Sieverts*, UJ 1952, S. 252(255).

rückgehen, wie sich die allgemeinen Lebensverhältnisse besserten.[83] In der weiteren Diskussion wird aber gefordert, geistig und charakterlich normal entwickelte Heranwachsende weiter wie Erwachsene zu behandeln, also die 3. Variante zu streichen.[84]

4. Ergebnis

Zusammengefaßt geht die Tendenz bei der absoluten Strafmündigkeitsgrenze dahin, die 14-Jahres-Grenze auf Dauer beizubehalten. Hinsichtlich der Anwendung des § 20 RJGG überrascht es, daß ihm nicht sofort nach Kriegsende jegliche Wirkung abgesprochen wird. In Bezug auf die Gruppe der 18- bis 21jährigen läßt sich der Zeitabschnitt derart charakterisieren, daß zwar die allgemeine Übereinstimmung besteht, daß diese Altersgruppe anders zu behandeln ist, als die erwachsenen Straftäter. Im speziellen ist aber umstritten, ob der richtige Weg die grundsätzliche Anwendung von Jugend- oder von Erwachsenenstrafrecht ist. Zwar wird bereits erkannt und darauf hingewiesen, daß die Beurteilung, bei wem und wann die jeweilige Ausnahme eingreifen soll, problematisch sein wird. Die sich darum rankende Diskussion tritt aber zunächst noch hinter der generellen Forderung nach Sonderbehandlung zurück.

III. Fortschreitende Wandlung des Erziehungsbegriffs

Im vorangegangenen Kapitel wurde dargestellt, wie sich die Grundeinstellung zur Erziehung im Jugendstrafrecht unter nationalsozialistischem Einfluß gewandelt hat. Diese geänderte Grundeinstellung findet im RJGG Niederschlag und verfestigt sich im jugendstrafrechtlichen Schrifttum. Als der nationalsozialistische Einfluß nach dem Zweiten Weltkrieg wegfällt, erfährt die Vorstellung von Erziehung wiederum einen Wandel.

---

83 So die Einschätzung der Amtlichen Begründung zu *E 1952*, Verhandlungen des Bundestages, S. 36f., welche ausdrücklich die Option enthält, die Maßnahme wieder zu beseitigen, sobald auch nach den allgemeinen Vorschriften erzieherisch angemessenen Maßnahmen zulässig werden.

84 *Ewers*, Bericht E 1952, S. 3; 12; 32.

1. Der Erziehungsbegriff im Jugendstrafrecht

a) Unter nationalsozialistischem Einfluß

Von dem durch nationalsozialistisches Gedankengut bestimmten Verständnis von Erziehung wird auch das RJGG geprägt. Den geänderten Stellenwert zeigt bereits der Aufbau des Gesetzes, wenn an erster Stelle in § 2 Abs. 1 RJGG Strafe und Zuchtmittel genannt und sich erst in § 2 Abs. 2 RJGG die Erziehungsmaßregeln wiederfinden. Durch die systematische Vorrangstellung von Strafe und Zuchtmitteln wird das in § 5 JGG 1923 enthaltene Regel-Ausnahme-Prinzip für das Verhältnis von Erziehungsmaßregeln und Strafe in das Gegenteil verkehrt. Absatz 1 wird als „Kernsatz" des neuen RJGG angesehen.[85] Dieser Verschiebung der Rangfolge wird der Grundgedanke entnommen, daß jeder Jugendliche grundsätzlich für seinen schuldhaft begangenen Rechtsbruch einzustehen habe.[86] Somit wird die strafrechtliche Orientierung des neuen Gesetzes betont.

Trotz der gesetzlich angeordneten strikten Trennung der Erziehung von den ahndenden Sanktionen solle nach der nationalsozialistischen Erziehungsidee - wenn es notwendig sei - durch die Ahndung der Tat Erziehung erfolgen können.[87] Das Jugendstrafrecht wolle in erster Linie den Täter um des Ganzen willen wieder in die Gemeinschaft eingliedern, wobei es aber unmittelbar dem Einzelnen zugewandt sei.[88] Das Verhältnis von Strafe und Erziehung bestimme sich durch den Begriff „Erziehung durch sühnende Strafe".[89] Die Strafe sei „das letzte und zugleich tiefstgreifende Erziehungsmittel überhaupt", welches den Erziehungsprozeß durch Schuld und Sühne hindurchführe.[90] Parallelen zwischen den Erziehungsgrundsätzen des RJGG und denen der Hitler-Jugend sind gewollt; die Erziehungsarbeit der Jugendrechtspflege solle auf die Erziehungsgrundlage der Hitler-Jugend ausgerichtet sein.[91]

Aber nicht alle dem Jugendstrafrecht unterliegenden Delinquenten werden als „erziehungswürdig" angesehen. Zwar fordere einerseits der „Schutz der Volksgemeinschaft" für alle erziehbaren delinquenten Jugendlichen ein Eingreifen mit

---

85 Vgl. *Kümmerlein*, DJ 1943, S. 529(533); *Thierack*, Dt. Jugendrecht, H. 4 (1944), S. 5(12).

86 S. *Kümmerlein*, DJ 1943, S. 529(533); *Sieverts*, ZAkDtR 1944, S. 5(7).

87 *Thierack*, Dt. Jugendrecht, H. 4 (1944), S. 5(12).

88 Für den Sinn und Zweck der Strafe folge daraus, daß im Jugendstrafrecht die Generalprävention hinter der Spezialprävention zurücktrete, so *Lange*, Strafe und Erziehung 1944, S. 53(59f.).

89 Also „Erziehung durch Sühne", so *Lange*, Strafe und Erziehung 1944, S. 53(60).

90 *Lange*, Strafe und Erziehung 1944, S. 53(76).

91 Vgl. *Kümmerlein*, DJ 1943, S. 553(555).

Erziehungsmitteln; andererseits solle - wiederum um die Gemeinschaft zu schützen - der Jugendliche, der praktisch nicht mehr erziehbar sei, aus der Gemeinschaft ausgegliedert werden.[92] Im Gegensatz zu dem „unbegrenzten Erziehungsoptimismus“ des JGG 1923 ziehe das nationalsozialistische Jugendstrafrecht dem Erziehungsgedanken Grenzen, indem er nur Anwendung finde, wenn der Jugendliche nach seinen Anlagen einer Erziehung zugänglich sei.[93] Also soll unter nationalsozialistischer Herrschaft der Jugendliche zwar grundsätzlich erzogen werden. Hält man Erziehung aber - aus welchen Gründen auch immer - für nicht möglich, wird er für die Gesellschaft als wertlos betrachtet und nicht integriert. Ein weiterer Wandel im Grundverständnis der Erziehung ist deutlich sichtbar: Das JGG 1923 hat nicht zwischen „Erziehungsfähigkeit“ und „Erziehungsunfähigkeit“ differenziert. Im übrigen drängt sich die Frage nach der Beurteilungsgrundlage auf: Wann ist ein Jugendlicher nicht mehr erziehungsfähig und wer bestimmt dies? Und schließlich wird auch die Zielrichtung der Erziehung deutlich durch nationalsozialistisches Denken geprägt, denn ein wesentliches Ziel der Jugenderziehung soll die Anerkennung der Staatsautorität darstellen.[94]

Das RJGG klärt das bislang umstrittene Verhältnis von Jugend- und Vormundschaftsrichter. § 22 fordert auch weiterhin möglichst eine Personalunion von Jugend- und Vormundschaftsrichter.[95] Nach § 37 kann der Jugendrichter dem Vormundschaftsrichter im Urteil die Auswahl und Anordnung von Erziehungsmaßregeln und Zuchtmitteln überlassen, wobei der Vormundschaftsrichter an die grundsätzliche Anordnung im Urteil gebunden ist, wenn sich nicht die Umstände geändert haben.[96]

b) *Die Zeit nach 1945*

Nach dem Ende des Zweiten Weltkriegs wird die Zielsetzung der Erziehung, ihr Standort im Jugendstrafrecht und ihr Verhältnis zur Strafe nicht grundlegend neu bedacht oder ausdrücklich von der nationalsozialistischen Prägung Abstand genommen. *Peters* fordert zwar, künftig dem Erziehungsgedanken deutlich den Vorrang vor den Strafen einzuräumen.[97] Die Begrifflichkeit ist aber letztlich in der Zeit um 1950 völlig unklar. So soll zum Beispiel der Strafe trotz ihres Ge-

---

92 Vgl. die Einzelheiten bei *Axmann*, Dt. Jugendrecht, H. 4 (1944), S. 17(21).

93 So *Thierack*, Dt. Jugendrecht, H. 4 (1944), S. 5(12).

94 Vgl. *Axmann*, Dt. Jugendrecht, H. 4 (1944), S. 17(24).

95 Vgl. dazu auch die *RiRJGG* zu § 21, 22, Sonderveröff. der DJ Nr. 30, S. 19.

96 Vgl. die *RiRJGG* zu § 37, Sonderveröff. der DJ Nr. 30, S. 38.

97 *Peters*, Werdendes Jugendstrafrecht 1947, S. 19. Dementsprechend stellt er dann auch in seinem Gesetzesentwurf systematisch die Erziehungsmaßregeln wieder an den Anfang der Reihe der Sanktionen (vgl. § 5, S. 54; Bemerkungen dazu, S. 83).

gensatzes zu Zuchtmitteln und Erziehungsmaßregeln eine Erziehungsfunktion zukommen, da sie zwar echte Kriminalstrafe, ihrem Zweck nach aber auch das letzte und intensivste Erziehungsmittel sei.[98] Die erzieherische Wirkung müsse von der Ausgestaltung des Vollzugs ausgehen.[99] Es erfolgt keine klare Grenzziehung zwischen den Anforderungen an die Sanktion als solche und deren Vollzug. Vielmehr wird die Wirkung der Strafe und ihre Sühnefunktion mit der Forderung nach erzieherischer Ausgestaltung des Strafvollzugs vermischt.

Man versucht aber, sich unter den gesetzlichen Gegebenheiten von der nationalsozialistischen Prägung abzuwenden. Trotz der Tendenz des RJGG, stärker den Strafgedanken zu unterstützen, sei es in der ständigen Praxis der Jugendgerichtsbarkeit möglich, dem Erziehungsgedanken eine eindeutige Vorrangstellung einzuräumen, denn im „Normalfall“ würden Zuchtmittel oder Erziehungsmaßnahmen angeordnet und die Jugendstrafe bilde die Ausnahme.[100]

Den Versuch, Klarheit in die Begrifflichkeit zu bringen, unternimmt *Clostermann*, der die Ansicht vertritt, daß der Fehler des bisherigen Jugendstrafrechts darin liege, daß es mit einem falschen Strafbegriff arbeite.[101] Das Gegenpaar „Strafe - Erziehung“ mit dem Prinzip „erst Erziehung, dann Strafe“ sei nicht wirkungsvoll, sondern produziere den Vorwurf, die Reaktionskraft des Jugendstrafrechts auf schwere Kriminalität zu schmälern.[102] An Stelle jenes Begriffspaares solle das Paar „Rechtsstrafe - pädagogische Strafe“ treten, welches den Gedanken der dem Jugendlichen adäquaten, ihn nicht schädigenden und den Rückfall verhindernden wirksamen Behandlung zum Ausdruck bringe.[103] Die Rechtsstrafe solle die vom Gesetz nach Art und Umfang festgesetzte langandauernde, diffamierende Reaktion der Gemeinschaft auf den sein, der die Gemeinschaftsgesetze schuldhaft verletze; die pädagogische Strafe aber solle vom Erzieher bei schuldhafter und tadelnswerter Fehlleistung des Zöglings auf dem Wege zum Erziehungsziel erfolgen, nach freiem Ermessen festgesetzt werden und nicht diffamierend wirken.[104] Beide „Strafarten“ sollten also general- und spezialpräventive Bedeutung haben und ein Unterschied nur bei der Diffamierung und der Inadäquanz der Rechtsstrafe bestehen; die Jugendstrafe entspreche der Rechtsstrafe, alle anderen Maßnahmen sollten unter den Begriff der pädagogischen

98 Was aus dem Wortlaut der §§ 5 Abs. 2 und 6 Abs. 1 RJGG deutlich hervorgehe, so *Claussen*, ZBlJugR 1950, S. 77(79).
99 *Claussen*, ZBlJugR 1950, S. 77(79).
100 So die Einschätzung von *Claussen*, ZBlJugR 1950, S. 77.
101 Vgl. *Clostermann*, Stand u. Neuordnung 1949, S. 28(33ff.).
102 *Clostermann*, Stand u. Neuordnung 1949, S. 28(33).
103 So der Vorschlag von *Clostermann*, Stand u. Neuordnung 1949, S. 28(33).
104 *Clostermann*, Stand u. Neuordnung 1949, S. 28(33).

Strafe fallen.[105] Die verwendete Terminologie hat sich zwar nicht durchsetzen können. Deutlich wird aber die Unsicherheit im Umgang mit den Begriffen „Strafe und Erziehung", wie sie vermischt werden und daß völlig ungeklärt ist, wo genau Unterschiede und Gemeinsamkeiten zu finden sind.

Die Frage nach einem einheitlichen Jugendrecht unter Aufgabe des Jugendstrafrechts spielt in der Diskussion zu jener Zeit keine Rolle. Es bleibt aber bei der gelegentlichen Forderung, tatsächlich Jugendstraf- und Vormundschaftsrichter in einer Person zu vereinigen.[106]

Um den Vorrang des Erziehungsgedankens nach Außen hin deutlich zu machen, ändert § 2 *E 1952* die systematische Reihenfolge der Rechtsfolgen wieder.[107] Außerdem fordert § 22 Abs. 1 *E 1952* weiterhin möglichst die Personalunion von Jugendrichter und Vormundschaftsrichter.[108]

2. Die Erziehungsmaßregeln

Das RJGG bringt eine Neuerung nicht nur im Zusammenhang mit der Sanktionshierarchie, sondern auch bei der Formulierung des § 2 Abs. 2 RJGG. Erziehungsmaßregeln sollen „aus Anlaß der Tat" angeordnet werden und nicht, wie Zuchtmittel und Strafe, zur „Ahndung" einer Straftat. Der grundlegende Unterschied zwischen Erziehungsmaßregeln einerseits und Zuchtmitteln beziehungsweise Strafe andererseits wird durch § 2 Abs. 3 RJGG deutlich: Von Zuchtmitteln und Strafe ist abzusehen, wenn die Erziehungsmaßregeln die Ahndung der Tat entbehrlich machen.

Nach § 11 RJGG gibt es drei Arten von Erziehungsmaßregeln, nämlich die Weisungen, die Schutzaufsicht und die Fürsorgeerziehung. Diese Liste ist im Vergleich zu § 7 JGG 1923 deutlich kürzer. § 13 RJGG bestimmt ausdrücklich, daß sich die Voraussetzungen für die Schutzaufsicht und die Fürsorgeerziehung nach den Vorschriften über die Jugendwohlfahrt richten. Die Erziehungsmaßregeln, die darüber hinaus in § 7 JGG 1923 genannt waren, sind nunmehr als Zuchtmittel eingeordnet worden, wie die Verwarnung und die Auferlegung besonderer Pflichten oder werden von dem Oberbegriff „Weisungen" erfaßt.

---

105 Vgl. *Clostermann*, Stand u. Neuordnung 1949, S. 28(34f.).

106 Vgl. *Messerer*, UJ 1951, S. 2f.

107 *E 1952*, Verhandlungen des Bundestages, S. 19; vgl. auch die Begründung, S. 39; zum System der Maßnahmen s. auch *Ewers*, Bericht E 1952, S. 2; *Sieverts*, UJ 1952, S. 290.

108 *E 1952*, Verhandlungen des Bundestages, S. 24; auch *Sieverts*, UJ 1952, S. 327(328).

§ 12 RJGG definiert Weisungen als Ge- oder Verbote, die die Lebensführung des Jugendlichen regeln und dadurch Einfluß auf seine Erziehung nehmen. Einige Weisungen werden genannt. Der Richter kann Weisungen hinsichtlich einer Lehr- oder Arbeitsstelle erteilen oder dem Jugendlichen aufgeben, bei einer Familie oder in einem Heim zu wohnen. Er kann dem Jugendlichen verbieten, einen Aufenthaltsort zu verlassen, mit bestimmten Personen zu verkehren, Gaststätten aufzusuchen, geistige Getränke zu trinken oder zu rauchen. Damit werden auch einige früher als „besondere Pflichten" eingeordnete Erziehungsmaßnahmen in das Gesetz als Weisungen aufgenommen. Aus der Formulierung „der Richter kann namentlich..." folgt, daß die Aufzählung nicht abschließend ist. Eine genauere Zweckbestimmung oder Anhaltspunkte für die Umsetzung in der Praxis enthalten die *RiRJGG* nicht.

3. Ergebnis

Es herrscht eine deutliche Unsicherheit darüber, wie erzieherische Ansätze im Jugendstrafrecht konkret eingebracht und umgesetzt werden können. Unterschiede vor und nach Kriegsende lassen sich in der Prägung der Begrifflichkeiten und Zielsetzungen feststellen. Das nationalsozialistische Jugendstrafrecht stellt den Straf- und Sühnegedanken in den Vordergrund und will um „der Volksgemeinschaft willen" erziehen. Dem wird nach Kriegsende sowohl in der Literatur als auch in der Praxis entgegengetreten. Tiefgehende und umfassende Diskussionen in der jugendstrafrechtlichen Literatur werden nicht geführt, obwohl der Erlaß eines neuen Jugendgerichtsgesetzes bevorsteht und ein entsprechender Entwurf gefertigt wird.

IV. Die Zuchtmittel

Im Bereich der Zuchtmittel finden sich die weitestgehenden Neuerungen des RJGG.

1. Allgemeines

In den §§ 7 bis 10 RJGG werden erstmalig in einem Jugendgerichtsgesetz Regelungen über Zuchtmittel getroffen. Gemäß § 7 Abs. 2 RJGG sind dies der Jugendarrest, die Auferlegung besonderer Pflichten[109] und die Verwarnung.[110] Das JGG 1923 zählte die beiden zuletzt genannten Sanktionen noch zu den Erziehungsmaßregeln.

Die rechtlich Einordnung der Zuchtmittel ist nicht einfach.[111] Man sieht sie als der Strafe sehr nahestehend an, weil sie in § 7 Abs. 1 RJGG als kurzzeitige, tatorientierte Übelszufügung charakterisiert werden, ihnen somit ahndender Charakter zukommt. Die Übelszufügung soll sich aber in der Vollstreckung vollständig erschöpfen, denn die durch die Eintragung in das Strafregister und die Rückfallbegründung entstehende Dauerwirkung der formellen Strafe ist für Zuchtmittel ausgeschlossen, § 7 Abs. 3 RJGG. Daneben sollen sie stärker als die Strafe auf den Erziehungsgedanken, das heißt auf die Persönlichkeit des Jugendlichen ausgerichtet sein.[112]

Bei der Gegenüberstellung von Zuchtmitteln und Erziehungsmaßregeln zeigt sich am deutlichsten, daß die Abgrenzung zwischen den verschiedenen Sanktionsmitteln im RJGG nicht geglückt ist. Die Unterscheidung wird als künstliche Fehlkonstruktion betrachtet.[113] Als Kriterium für eine Abgrenzung wird die Schwere des Eingriffs in die Rechtssphäre des Jugendlichen vorgeschlagen, wobei die Klärung jener Frage der Gesetzgebung in ruhigeren Zeiten vorbehalten bleiben soll.[114]

2. *Der Arrest*

Der Jugendarrest ist bereits per Verordnung im Jahre 1940 in das jugendstrafrechtliche Sanktionensystem aufgenommen und durch die zahlreichen in diesem Zusammenhang erlassenen Vorschriften detailliert geregelt worden. Daher konnte die Praxis inzwischen Erfahrung mit diesem Sanktionsmittel sammeln. Wegen seiner als positiv eingeordneten Wirkungen wird gar nicht in Betracht gezogen, den Jugendarrest nunmehr nicht in das neue RJGG aufzunehmen.

---

109 § 9 RJGG enthält eine nicht abschließende Aufzählung dieser Pflichten; genannt sind z.B. die Entschuldigung, die Wiedergutmachung und die Geldbuße.

110 Die Zielsetzung, das Unrecht der Tat eindringlich vorzuhalten und eine scharfe Mißbilligung und Zurechtweisung auszusprechen, rechtfertige die Einordnung der Verwarnung als Zuchtmittel, so *Kümmerlein*, DJ 1943, S. 529(535).

111 Vgl. z.B. die Beschreibung der Zuchtmittel bei *Sieverts*, ZAkDtR 1944, S. 5(7).

112 Vgl. *Kümmerlein*, DJ 1943, S. 529(534).

113 So *Hirschberg*, Stand u. Neuordnung 1949, S. 180(188), der darauf hinweist, daß eine klare Abgrenzung zwischen der Auferlegung besonderer Pflichten nach § 9 RJGG und den Weisungen gemäß § 12 RJGG nicht möglich ist.

114 Vgl. nur *Hirschberg*, Stand u. Neuordnung 1949, S. 180(188).

a) Der Jugendarrest

Der Jugendarrest wird der neu geschaffenen Gruppe der Zuchtmittel zugeordnet, vgl. § 7 Abs. 2 Nr. 1 RJGG. Die Regelung zum Jugendarrest findet sich in § 8 RJGG. Es gibt die Dreiteilung Dauerarrest, Freizeitarrest und Kurzarrest. Der in der JugendarrestVO als mißglückt angesehene Ausdruck „Wochenendkarzer" wird nicht übernommen. Diese Sanktion heißt ab jetzt „Freizeitarrest". In §§ 61, 62 RJGG finden sich die Regelungen zur Vollstreckung. Der Jugendarrest kann danach nicht zur Probe ausgesetzt werden. Der Charakteristik als schnelle, der Tat auf dem Fuße folgende Reaktion trägt § 62 Abs. 5 RJGG Rechnung, wenn er ausspricht, daß der Jugendarrests nicht vollstreckt werden darf, wenn seit Eintritt der Rechtskraft ein Jahr verstrichen ist. § 66 Abs. 1 RJGG regelt das Vollzugsziel des Jugendarrests: Der Arrest soll den Jugendlichen in seinem Ehrgefühl aufrütteln und ihm eindringlich zum Bewußtsein bringen, daß er für das ihm begangene Unrecht einzustehen hat. Die Abs. 2 bis 5 enthalten Regelungen über die nähere Ausgestaltung des Vollzugs.

Nr. 1 *RiRJGG* zu § 8 verdeutlicht, daß der Jugendarrest ein geeignetes Zuchtmittel bei kleinen und mittleren Verfehlungen „gutgearteter oder undurchschaubarer Jugendlicher" sein soll, die durch eine „kurze, harte, in Einzelhaft durchgeführte Freiheitsentziehung, den damit verbundenen Zwang zur Selbstbesinnung und die Betreuung durch den Jugendrichter noch erziehlich beeinflußt werden können".[115]

Auch nachdem der Jugendarrest in das RJGG eingefügt worden ist, wird über ihn diskutiert. Über seine rechtliche Einordnung herrscht Unklarheit.[116] Ein Hauptpunkt der Diskussion ist die zweimonatige „Sanktionslücke", die sich aus der Oberbegrenzung des Jugendarrests auf vier Wochen (§ 8 Abs. 2 RJGG) und der Mindestbestrafung mit drei Monaten Jugendgefängnis (§ 5 Abs. 1 RJGG) ergibt. Beispielsweise *Kümmerlein* ist aber der Ansicht, daß gar keine Lücke existiere, da die Justizführung erwarte, daß der Jugendrichter den Mut zu einer klaren Entscheidung entweder zu Jugendgefängnisstrafe oder ein Jugendarrest habe.[117] Von anderer Seite wird aber auch gefordert, diese „Lücke" zu schließen.[118]

Nach dem Zweiten Weltkrieg wird ausdrücklich darauf hingewiesen, daß sich der Jugendarrest in der Jugendgerichtspraxis bewährt habe und er eine geeignete

115 Nr. 1 *RiRJGG* zu § 8, Sonderveröff. der DJ Nr. 30, S. 10.

116 Vgl. zu dieser Problematik ausführlich *Lange*, Strafe und Erziehung 1944, S. 53(65ff.).

117 Vgl. *Kümmerlein*, DJ 1943, S. 529(533f.): Nur derjenige könne eine Lücke beklagen, der den das Jugendstrafrecht beherrschenden Zweckgedanken nicht erkannt habe.

118 Vgl. dazu die Überlegungen von *Claussen*, ZBlJugR 1950, S. 77(83).

Maßnahme sei, die kurze Freiheitsstrafe zu ersetzen.[119] Wie wenig geklärt allerdings der Zweck beziehungsweise die Einordnung des Jugendarrests in das Sanktionensystem zu jener Zeit ist, zeigt sich, als durch § 2 Abs. 3 des Straffreiheitsgesetzes vom 31.12.1949[120] im Wege der Amnestie rechtskräftig anerkannter Jugendarrest erlassen wird. Der Erlaß des Jugendarrests sei nicht mit dem Grundgedanken des RJGG vereinbar, da Amnestie immer einen Verzicht auf Sühne bedeute, das Zuchtmittel Jugendarrest aber gerade nicht unter dem Aspekt der Sühne, sondern zur Erziehung des Jugendlichen angeordnet werden solle.[121] Auch sei gerade der Erlaß des Jugendarrests, also einer bereits ausgesprochenen Maßnahme erziehungswidrig, denn dies habe erfahrungsgemäß eine bedenkliche Bestärkung in der bereits eingeschlagenen falschen Richtung zur Folge.[122] „Wenn man so oft zu Gunsten des Jugendlichen Erziehungsgesichtspunkten gegenüber denen der Gerechtigkeit den Vorrang gibt, so muß es auch einmal (wenigstens dem äußeren Anschein nach) zu seinen Ungunsten geschehen“.[123] Dieser Ansatz wird nicht weiter verfolgt.

Im Zusammenhang mit einer Tagung zum Entwurf eines Gesetzes zur Änderung des RJGG im Jahre 1952 wird darauf hingewiesen, daß die bisherige Praxis der Anordnung und Durchführung des Jugendarrests erschreckende Mängel entsprechend der kurzzeitigen Freiheitsstrafe habe erkennen lassen.[124] Daher ist er nach einigen Stimmen abzuschaffen, die restlichen Teilnehmer sehen diese Mängel aber als behebbar an.[125]

Alles in allem hat es den Anschein, daß trotz seiner Einführung bereits im Jahre 1940 der Jugendarrest noch unausgereift ist, sehr unterschiedlich gehandhabt wird und auch wenig geeignete Einrichtungen für seine individuelle Vollstreckung zur Verfügung stehen.

b) Der Ungehorsamsarrest

Eine weitere Neuerung im RJGG ist § 19, der die Anordnung von Jugendarrest als Folge der schuldhaften Nichtbefolgung von Weisungen oder Pflichten festlegt. Damit wird die Forderung nach einem Durchsetzungsinstrumentarium für die Erziehungsmaßregeln erfüllt. Nach den *RiRJGG* soll der Jugendarrest das

---

119 Vgl. nur *Peters*, Werdendes Jugendstrafrecht 1947, S. 85.
120 Gesetz über die Gewährung von Straffreiheit vom 31.12.1949, BGBl., Jg. 1950, S. 37ff.
121 So *Mantler*, UJ 1950, S. 44; zustimmend *Claussen*, ZBlJugR 1950, S. 77(83).
122 Vgl. *Mantler*, UJ 1950, S. 44(45).
123 *Claussen*, ZBlJugR 1950, S. 77(83).
124 *Ratsch*, UJ 1952, S. 210(211).
125 Näheres dazu in dem Bericht von *Ratsch*, UJ 1952, S. 210(211).

schärfste Mittel zur Sanktionierung bei der Nichterfüllung von Pflichten oder Weisungen darstellen.[126]

Die Regelung wirft erhebliche Probleme auf. Als Sanktionsmittel sowohl bei Nichtbefolgung einer Erziehungsmaßregel als auch bei Verstoß gegen ein Zuchtmittel kann nunmehr das Zuchtmittel Jugendarrest angeordnet werden. Dies bedeutet für die Sanktionenhierarchie, daß Zuchtmittel und Erziehungsmaßregeln jedenfalls nicht als in einem Stufenverhältnis zueinander stehend angesehen werden.[127] Außerdem bleibe bei dieser Regelung ungeklärt, ob § 19 RJGG die Ahndung einer früheren Straftat anordne oder ob es sich um einen neuen, eigenständigen Straftatbestand handele.[128]

Es zeigt sich, daß bei Einführung des Durchsetzungsinstruments nicht geklärt ist, wie es in das Gesamtgefüge der jugendstrafrechtlichen Sanktionen einzupassen ist.

3. *Ergebnis*

Die Zuchtmittel sind - mit Ausnahme des Jugendarrests - neue Sanktionstypen und bei der Einführung wenig ausgereift. Ihre Einordnung in das Sanktionensystem ist schwierig und ihre praktische Umsetzung bereitet Probleme, teils wegen Unsicherheiten in der Anwendung, teils weil der äußere Rahmen - wie auch geeignete Örtlichkeiten - nicht vorhanden ist.

Die Aufnahme des Jugendarrests in das RJGG kommt dagegen nicht überraschend und ist nicht mit grundlegenden Änderungen verbunden. In der Diskussion werden die bereits zuvor angesprochenen Bedenken wieder aufgegriffen; insgesamt ist man aber mit seiner Einführung und Beibehaltung sehr einverstanden. Skeptisch wird dagegen der neu geschaffene Ungehorsamsarrest begutachtet. Zwar scheint auf breiter Ebene ein Durchsetzungsinstrument willkommen; die Umsetzung jener Forderung wird aber vielfach als mißglückt oder jedenfalls als sehr problembehaftet angesehen.

---

126 *RiRJGG* zu § 19, Sonderveröff. der DJ Nr. 30, S. 18: Insbesondere eine formlose Ermahnung des Jugendlichen soll bei leichten Zuwiderhandlungen ausreichen können.

127 Diesen Schluß zieht *Kümmerlein*, DJ 1943, S. 529(536).

128 Vgl. nur *Kümmerlein*, DJ 1943, S. 529(536).

V. Das Jugendstrafverfahren

Die §§ 21 bis 55 RJGG regeln die Jugendgerichtsverfassung und das Jugendstrafverfahren. Sie sind als „Sondervorschriften“ bezeichnet, so daß die Vorschriften des allgemeinen Strafrechts anzuwenden sind, wenn nicht eine Spezialregelung des RJGG eingreift.

1. Das förmliche Jugendstrafverfahren

Das Gesetz beginnt in § 1 Abs. 1 RJGG mit einer Neuerung. Danach ist für die Zuständigkeit des Jugendgerichts nicht mehr (wie bei § 17 Abs. 1 JGG 1923) das Alter zur Zeit der Anklageerhebung entscheidend, sondern das Alter zur Zeit der Tat. § 26 Abs. 2 RJGG regelt ausdrücklich, daß das Jugendgericht auch für Taten „jugendlicher Schwerverbrecher“ zuständig ist. Damit hat sich der im vorigen Kapitel beschriebene Wunsch *Exners* verwirklicht.

§ 28 RJGG bestimmt, daß nach Einleitung des Verfahrens umgehend die Person des Jugendlichen sowie seine Lebensumstände ermittelt werden sollen. Bei diesen Ermittlungen erhält der Staatsanwalt Unterstützung von der Jugendgerichtshilfe, die nach § 25 RJGG neben der Hitler-Jugend im gesamten Verfahren zur Mitarbeit herangezogen werden soll. Die RiRJGG bestimmen aber, daß die Ermittlungen die schnelle Durchführung des Verfahrens nicht beeinträchtigen dürfen.[129] Die Hauptverhandlung ist auch weiterhin nicht öffentlich, wobei bestimmte Personen zugelassen werden können, § 32 RJGG. Nicht mehr im Gesetz, sondern (nur noch) in den *RiRJGG* zu § 32 RJGG findet sich die Anordnung, daß in der Hauptverhandlung eine Berührung des Jugendlichen mit erwachsenen Angeklagten zu vermeiden ist.[130] § 33 RJGG eröffnet in Ausnahmefällen die Möglichkeit, die Hauptverhandlung ohne den Angeklagten stattfinden zu lassen.[131] Und nach § 34 RJGG soll der Angeklagte für die Dauer solcher Erörterungen von der Verhandlung ausgeschlossen werden, die Nachteile für die Erziehung bringen können. § 42 RJGG bestimmt, daß dem Beschuldigen ein Verteidiger zu bestellen ist, wenn auch einem Erwachsenen ein Verteidiger zu bestellen wäre und wenn dem Erziehungspflichtigen und dem gesetzlichen Vertreter ihre Rechte nach diesem Gesetz entzogen sind. Schließlich ist nach § 51 Abs. 2 RJGG weiterhin das beschleunigte Verfahren des allgemeinen Strafverfahrens unzuläs-

129 Vgl. die *RiRJGG* zu § 28, Sonderveröff. der DJ Nr. 30, S. 27ff.
130 *RiRJGG* zu § 32, Ziff. 2, Sonderveröff. der DJ Nr. 30, S. 36.
131 Vgl. auch die *RiRJGG* zu § 33, Sonderveröff. der DJ Nr. 30, S. 36.

sig.[132] Auch die verschiedenen Möglichkeiten zur Einstellung des Verfahrens behält das Gesetz bei. Nach § 30 Abs. 2 RJGG kann der Staatsanwalt in besonders leichten Fällen oder wenn eine erzieherische Maßnahme bereits angeordnet ist, die eine Ahndung durch den Jugendrichter entbehrlich macht, von der Verfolgung der Tat absehen, wobei die Zustimmung des Jugendrichters nicht (mehr) erforderlich ist. Der Jugendrichter muß dagegen gemäß § 31 RJGG die Zustimmung des Staatsanwalts zur Einstellung des Verfahrens einholen, wenn eine erzieherische Maßnahme bereits angeordnet ist und diese eine Ahndung der Tat entbehrlich macht.

2. *Diskussion und weitere Entwicklung*

Es wird ausdrücklich betont, daß die Gestaltung des gesamten Verfahrens im Dienst der angestrebten erzieherischen Wirkung stehen müsse.[133] Und um diesem Grundsatz gerecht zu werden, wird gefordert, daß das Verfahren in einer dem Jugendlichen verständlichen Weise durchgeführt werde.[134]

Seitens der Staatsanwaltschaft werden die Einstellungsmöglichkeiten erkannt und vermehrt genutzt. Es wird beobachtet, daß die Jugendstaatsanwälte in steigendem Maße von der Möglichkeit Gebrauch machen, beim Jugend- oder Vormundschaftsrichter eine erzieherische Maßnahme anzuregen und nach deren Ausführung von der Verfolgung abzusehen.[135] Dabei bedauern die Jugendstaatsanwälte vielfach, daß sie nicht selbst Arbeitsauflagen oder wenigstens eine Ermahnung erteilen können. *Kümmerlein* bemerkt, daß dies aus verfahrensökonomischen Gesichtspunkten zwar zweckmäßig wäre, der Jugendrichter aber Verantwortungsträger für sämtliche erzieherischen Maßnahmen bei straffälligen Jugendlichen bleiben müsse.[136]

Der bereits angesprochene Gesetzesentwurf von *Peters* aus dem Jahre 1947 enthält bezüglich der Verfahrensvorschriften keine grundlegenden Abweichungen von den Bestimmungen des RJGG. Zu beachten ist aber, daß der Entwurf ausdrücklich hinsichtlich der Persönlichkeitsforschung alles beseitige, „was sich aus der typisch nationalsozialistischen Einstellung zu Volk, Rasse und Sippe ergibt“

---

132 Genauso wie das Strafbefehlsverfahren (§ 51 Abs. 1) und die Privat- und Nebenklage (§ 53).

133 Vgl. *Kümmerlein*, DJ 1943, S. 553(555); *Peters*, ZAkDtR 1944, S. 35(38).

134 Vgl. *Peters*, ZAkDtR 1944, S. 35(38).

135 Diese Entwicklung beruhe auf der vermehrten Anwendung der Arbeitsauflagen, so *Kümmerlein*, DJ 1945, S. 2(8).

136 *Kümmerlein*, DJ 1945, S. 2(8).

und der Mitwirkung der Jugendgerichtshilfe wieder den ihr zukommenden Raum einräume.[137]

3. Das vereinfachte Jugendverfahren

Ein Novum im RJGG ist das sogenannte „vereinfachte Jugendverfahren". Allgemein anerkannt ist inzwischen die Annahme, daß eine erzieherische Wirkung nur eintritt, wenn die Maßnahme der Straftat des Jugendlichen auf dem Fuße folgt.[138] Nunmehr erhält die Praxis mit den §§ 48ff. RJGG die Möglichkeit, mittels Abweichung vom formellen Gang des Jugendstrafverfahrens eine Beschleunigung herbeizuführen. Das vereinfachte Jugendverfahren löst das mit § 2 der JugendarrestVO im Jugendstrafrecht eingeführte „beschleunigte Verfahren" ab.

Voraussetzung ist nach § 48 RJGG, daß ausschließlich Zuchtmittel und Erziehungsmaßnahmen (mit Ausnahme der Fürsorgeerziehung) zu erwarten sind und daß die Staatsanwaltschaft beantragt, im vereinfachten Jugendverfahren zu entscheiden.[139] Der Jugendrichter kann dies ablehnen, wenn sich die Sache hierzu nicht eignet, § 49 Abs. 1 RJGG. Als Verfahrensgrundsatz ist in § 50 Abs. 1 RJGG die Entscheidung per Urteil aufgrund einer mündlichen Verhandlung (an der ein Staatsanwalt nicht teilzunehmen braucht) festgeschrieben, und § 50 Abs. 2 RJGG als zentrale Vorschrift bestimmt, daß zur Vereinfachung, Beschleunigung und jugendgemäßen Gestaltung des Verfahrens von Verfahrensvorschriften abgewichen werden darf, soweit dadurch die Erforschung der Wahrheit nicht beeinträchtigt wird; dabei müssen aber die Vorschriften über die Anwesenheit des Angeklagten, die Stellung der Erziehungspflichtigen und die Mitteilung von Entscheidungen beachtet werden.[140]

Die Einführung dieser neuen, zweiten Verfahrensart[141] trifft im jugendstrafrechtlichen Schrifttum auf breite Zustimmung. Der Vorzug sei vor allem die Beweglichkeit, die es gestatte, das Verfahren der Eigenart des Einzelfalls anzupassen und es jugendgemäß und beschleunigt durchzuführen.[142] *Kümmerlein* berichtet 1945, daß dieses Verfahren in den meisten Bezirken des „Altreichs" zum

---

137 Vgl. die Bemerkungen zu § 37 von *Peters*, Werdendes Jugendstrafrecht 1947, S. 90.

138 Vgl. z.B. *Kümmerlein*, DJ 1943, S 553(556) und später auch *Claussen*, ZBlJugR 1950, S. 77(79).

139 Was der Staatanwalt in der Regel tun soll, vgl. (auch zu weiteren Einzelheiten) die *RiRJGG* zu § 48, Sonderveröff. der DJ Nr. 30, S. 46.

140 Vgl. die *RiRJGG* zu § 50, Sonderveröff. der DJ Nr. 30, S. 47f.

141 Vgl. die entsprechende Einstufung von *Peters*, ZAkDtR 1944, S. 35(37).

142 So *Kümmerlein*, DJ 1945, S. 2; auch *Peters*, Werdendes Jugendstrafrecht 1947, S. 45.

Regelverfahren geworden sei.[143] Die Umsetzung der Verfahrensvorschriften in der Praxis erfolge jedoch nicht einheitlich, was sich zum Beispiel an der unterschiedlichen Handhabung des Teilnahme des Jugendstaatsanwalts an der mündlichen Verhandlung zeige.[144] Allerdings ist insgesamt umstritten, ob überhaupt dessen Teilnahme erzieherisch erwünscht ist.[145] Auch von der Möglichkeit, von anderen Verfahrensvorschriften abzuweichen, wird in sehr unterschiedlichem Umfang Gebrauch gemacht, der eröffnete Spielraum aber wohl „zum Teil in sehr erfreulicher Weise" ausgenutzt.[146] Begrüßt wird insbesondere die Möglichkeit nach § 50 Abs. 2 RJGG, einen Wahlverteidiger nicht zuzulassen.[147] In der Praxis finden sich auch die Stimmen die meinen, daß die Vorgabe, von der Gewährung des rechtlichen Gehörs und der Unmittelbarkeit der Beweisaufnahme nicht abzuweichen, zu eng sei.[148]

Die Hauptschwierigkeit bei der beschleunigten Durchführung des vereinfachten Verfahrens liege in der Beschaffung der erforderlichen Unterlagen und Informationen für die Beurteilung der Persönlichkeit des Jugendlichen.[149] Zwischen Tat und Aburteilung gibt es häufig größere Zeitspannen. Ursache sei die oft mangelnde Beweglichkeit der an Aufklärung und Aburteilung beteiligten Stellen und die schlechte Zusammenarbeit mit der Jugendgerichtshilfe.[150] Trotz dieser Schwierigkeiten wird gefordert, an dem Grundsatz der beschleunigten Durchführung festzuhalten, da es besser sei, „in einem Einzelfall einmal die Möglichkeit eines Fehlgreifens in der Auswahl und Bemessung der Maßnahmen in Kauf zu nehmen, als durch eine Verschleppung des Verfahrens der gesamten Jugendstrafrechtspflege die Schlagkraft zu nehmen".[151]

---

143 S. *Kümmerlein*, DJ 1945, S. 2.

144 Vgl. *Peters*, Stand u. Neuordnung 1949, S. 90(104).

145 Dabei geht eine Ansicht davon aus, daß der Jugendliche für die Zweiteilung der Funktionen keinerlei Verständnis habe, und eine andere Ansicht mißt gerade dem Auftreten des Staatsanwalts besondere erzieherische Bedeutung bei, vgl. zu dem Meinungsstand *Kümmerlein*, DJ 1945, S. 2(3), der betont, daß diese Frage nicht einheitlich zu beantworten ist und zum einen die Persönlichkeit des Jugendrichters und -staatsanwalts und zum anderen Gründe der Arbeitsökonomie zu berücksichtigen seien.

146 Vgl. die Einschätzung von *Kümmerlein*, DJ 1945, S. 2(4).

147 Z.B. von *Kümmerlein*, DJ 1945, S. 2(4).

148 So der Bericht von *Kümmerlein*, DJ 1945, S. 2(4), der aber wohl diese Einschränkung beibehalten will.

149 *Kümmerlein*, DJ 1945, S. 2(4f.).

150 Dies wird mit den Kriegsverhältnissen begründet, vgl. *Axmann*, Dt. Jugendrecht, H. 4 (1944), S. 17(24); *Kümmerlein*, DJ 1945, S. 2(5), aber auch für die Zeit danach festgestellt, vgl. *Claussen*, ZBlJugR 1950, S. 77(79).

151 So *Kümmerlein*, DJ 1945, S. 2(5).

Vereinzelt wird über die Einführung eines Jugendgerichtsbefehlsverfahrens als Ersatz für das vereinfachte Verfahren nachgedacht, aber sofort wieder verworfen, da der Jugendgerichtsbefehl nur einen Strafbefehl unter anderem Namen darstelle und die vollständige Beseitigung des Strafbefehls im Jugendstrafverfahren durch das RJGG einen erheblichen Fortschritt bedeutet habe.[152] Es sei aus erzieherischen Gründen geboten, eine Hauptverhandlung durchzuführen und das Urteil in Gegenwart des Jugendlichen zu sprechen.[153]

4. Ergebnis

Das vereinfachte Jugendverfahren stellt die wesentliche Neuerung des RJGG dar. Es etabliert sich schnell, wird aber wegen der freien Gestaltungsmöglichkeit in sehr unterschiedlichem Maße umgesetzt. An den weiterhin auftretenden Verfahrensverzögerungen kann das vereinfachte Jugendverfahren grundsätzlich nichts ändern. Daran mag die Kriegssituation einen überwiegenden Teil tragen. Gefordert wird vereinzelt die noch weitgehendere Abschaffung der Verfahrensgrundsätze für diese Verfahrensart. Ein Bewußtsein dafür, daß bei dem vereinfachten Verfahren noch eher als beim „normalen" Jugendstrafverfahren Verfahrensgrundsätze durchbrochen werden, die dem Schutz des Angeklagten dienen, und daß damit dem Jugendlichen unter Umständen ein großes Maß an Rechtssicherheit genommen wird, findet sich jedenfalls in der jugendstrafrechtlichen Literatur nicht. Der *E 1952* übernimmt die Verfahrensvorschriften des RJGG im wesentlichen.

VI. Die an der Entscheidungsfindung beteiligten Personen

Als erstes Gesetz in der Geschichte der deutschen Strafrechtspflege fordert das RJGG ausdrücklich eine besondere Qualifikation für die Ämter des Jugendrichters und des Jugendstaatsanwaltes.

1. Jugendrichter und Jugendstaatsanwalt

Gemäß § 24 RJGG sollen Jugendrichter und Jugendstaatsanwalte „erzieherisch befähigt und in der Jugenderziehung und Jugendführung erfahren" sein. Ausge-

---

152 Vgl. *Peters*, Werdendes Jugendstrafrecht 1947, S. 45.
153 *Peters*, Werdendes Jugendstrafrecht 1947, S. 45f.; 94.

füllt wird die schlagwortartige Vorgabe durch Nr. 1 der *RiRJGG* zu § 24, wonach Jugendrichter und Jugendstaatsanwälte möglichst in der Hitlerjugend mitarbeiten sollen, um ihre Erfahrungen ständig zu vertiefen und „in lebendiger Fühlung zur Jugend zu bleiben“[154]. Bereits im vorigen Kapitel wurde darauf hingewiesen, daß sich die mit den Forderungen bezweckten Absichten in der nationalsozialistischen Zeit geändert haben. Dies hat nunmehr auch im Gesetz Niederschlag gefunden. Dementsprechend wird später kritisch angemerkt, daß bereits das Wort „Jugendführung“ die eigentliche Intention des nationalsozialistischen Gesetzgebers aufzeige, daß nämlich die Jugendrichter ihre Stellung bei den Jugendlichen zur politischen Machtausübung und Indoktrination nutzen sollten.[155]

Mit § 23 RJGG verwendet erstmalig ein Gesetz den Begriff „Jugendstaatsanwalt“, welcher für die Verfahren bestellt werden soll, die zur Zuständigkeit der Jugendgerichte gehören.[156]

Weiterhin ungeklärt bleibt aber, welche Anforderungen im einzelnen an den vom Gesetz vorgesehenen Jugendrichter und Jugendstaatsanwalt zu stellen sind. Es werde aus einer Gesamtschau der Verfahrensvorschriften deutlich, daß beide große Verantwortung für „das Werden und die Entwicklung des Jugendlichen“ tragen.[157] Der Idealtyp eines Jugendstaatsanwaltes - und dem entsprechend auch eines Jugendrichters - sei derjenige, der im „Väteralter“ sei, selbst Kinder habe, sich durch eine Beziehung zur Jugend, Güte und Umsicht auszeichne, aber auch scharf durchgreifen könne, wo es nötig sei.[158] Seine Haltung solle grundsätzlich „soldatisch“ sein, wobei er durch Hitlerjugend sowie Wehrmacht Führerqualitäten erlangt haben solle.[159] Hinzu müsse ein umfassendes juristisches Können treten, ergänzt durch kriminologische Wissensgebiete und Kenntnis vom Niveau und Milieu der umliegenden Anstalten.[160] Die Bezugnahme auf die Hitlerjugend und eine „soldatische Haltung“ wird im Nachhinein als Bestätigung dafür angesehen, daß die politischen Tendenzen in RJGG und *RiRJGG* offen zu Tage treten.[161]

Nach dem Zweiten Weltkrieg ändern sich die Argumentationsstränge nicht. Nach § 32 des Entwurfs von *Peters* sollen die Jugendrichter und Jugendstaatsanwälte sowohl erzieherisch befähigt, als auch in der Jugenderziehung erfahren und

---

154 *RiRJGG* zu § 24, Sonderveröff. der DJ Nr. 30, S. 24f.

155 Vgl. *Weil/Wilde*, ZblJugR 1983, S. 497.

156 Vgl. auch Nr. 1 der *RiRJGG* zu § 23, Sonderveröff. der DJ Nr. 30, S. 23.

157 Vgl. *Peters*, ZAkDtR 1944, S. 35(36).

158 So das Bild bei *Jung*, DJ 1944, S. 194f.

159 Insbesondere kämen nach *Jung*, DJ 1944, S. 194 keine Eigenbrötler, Gelehrtennaturen und Einzelgänger in Betracht.

160 Vgl. *Jung*, DJ 1944, S. 194(195).

161 Vgl. *Hauber*, ZblJugR 1977, S. 315(321).

jugendkundlich ausgebildet sein.[162] Die Forderung nach bestimmten angeborenen Charaktereigenschaften von Jugendrichtern bleibt aufrecht erhalten, ebenso wie nach Spezialkenntnissen und bestimmter Aus- und Fortbildung.[163] Auch der Wunsch nach ausreichenden Beförderungsmöglichkeiten wird wiederholt.[164] Frauen seien für dieses Amt nicht grundsätzlich ungeeignet; jedenfalls für die Aburteilung von Mädchen treffe genau das Gegenteil zu.[165] Die grundsätzlichen Überlegungen in diesem Bereich bleiben über die folgenden Jahre hinweg nahezu identisch, auch wenn die dahinter stehenden Intentionen deutlich von denen der NS-Zeit Abstand nehmen und wieder an die der Weimarer Zeit anknüpfen.

2. Der Verteidiger in Jugendsachen

§ 42 Abs. 2 RJGG stellt nunmehr ausdrücklich auch an den Pflichtverteidiger die Anforderungen der erzieherischen Befähigung und Erfahrung in Jugenderziehung und Jugendführung.[166] Der Wahlverteidiger muß diese Voraussetzungen nicht erfüllen, wogegen auch das zu schützende Vertrauensverhältnis zwischen Mandanten und Wahlverteidigers sprechen würde.[167] Bei der gerichtlichen Verteidigerbestellung solle sich die Wahl eines besonders qualifizierten Verteidigers als „Leitstern" auswirken und als Maßstab für andere Verteidiger gelten, sich beson-

---

162 Wobei die Anknüpfung an eine „jugendkundliche Ausbildung" einen neuen Terminus einbringen würde, vgl. *Peters*, Werdendes Jugendstrafrecht 1947, S. 63, sowie die Bem. zu § 32 auf S. 89.

163 Vgl. *Panka*, Bericht 8. Jugendgerichtstag 1950, S. 247(253; 254); auch z.B. Ziff. 1 der Entschließung des 8. Jugendgerichtstags, abgedruckt bei *Panka*, Bericht 8. Jugendgerichtstag 1950, S. 247(257); zu den Einzelheiten auch *Messerer*, UJ 1951, S. 2ff.; eine „gründliche Zusatzausbildung" fordert *Sieverts*, UJ 1952, S. 290(293).

164 Vgl. *Messerer*, UJ 1951, S. 2(5).

165 Jungen dieses Alters hielten es allerdings oft nicht mit ihrem „Männerstolz" für verträglich, sich von Frauen aburteilen zu lassen, und es gebe auch eine derartige Widersetzlichkeit und Ablehnung jeglicher Autorität, daß diesen Jungen nur ein energischer Mann „imponieren" und „den Schneid abkaufen" könne, so die Ansicht von *Messerer*, UJ 1951, S. 2(5); i. E. so auch *Peters*, Werdendes Jugendstrafrecht 1947, S. 36.

166 Vgl. auch die *RiRJGG* zu § 42 Abs. 1, Sonderveröff. der DJ Nr. 30, S. 42, wonach der Vorsitzende sowohl Anwaltskammer als auch Gebietsrechtsreferenten der Hitlerjugend um Benennung eines geeigneten Verteidigers ersuchen kann (Nr. 1) und wonach der Verteidiger auf die erzieherische Bedeutung der Hauptverhandlung hingewiesen werden soll, wenn er zum ersten Mal vor dem Jugendgericht auftritt (Nr. 2).

167 In diesen Fällen bleibe es dem Richter überlassen, den Jugendlichen vor einer „falschen Verteidigung" zu schützen, so *Kümmerlein*, DJ 1943, S. 553(560).

dere jugendkundliche Fähigkeiten anzueignen.[168] Ausdrücklich wird darauf hingewiesen, daß durch eine ungeeignete Verteidigung die gesamte erzieherische Wirkung des Verfahrens in Frage gestellt werden könne.[169] Eine rein geschäftsmäßige Behandlung der Jugendsache oder das Bestreben, den Jugendlichen vor jeglicher Sanktion zu bewahren, könne schwere Folgen für den Jugendlichen auslösen.[170]

Nach 1945 hält sich diese Ansicht. So soll nach *Peters* der vom Jugendgericht bestellte Verteidiger - wie auch der Jugendrichter und Jugendstaatsanwalt - erzieherisch befähigt und in der Jugenderziehung erfahren sowie jugendkundlich ausgebildet sein; um die freie Auswahl bei der Wahlverteidigung sicherzustellen, sieht er aber in seinem Gesetzesentwurf von einer generellen Einführung eines besonderen Jugendverteidigers ab.[171] Der *E 1952* sieht in § 42 Abs. 2 die erzieherische Befähigung und Erfahrung des Pflichtverteidigers vor, übernimmt jedoch nicht den Vorschlag von *Peters*, auch eine „jugendkundliche" Ausbildung zu fordern.[172]

3. Schöffen beim Jugendgericht

Die Frage, ob auch Schöffen eine besondere persönliche oder auch fachliche Eignung aufweisen müssen, stellt sich in der nationalsozialistischen Zeit nicht. Das RJGG kennt als Jugendgerichte den Jugendrichter, die Jugendkammer und den Einzelrichter, § 21 Abs. 2 RJGG. Besetzt sind die Jugendgerichte ausschließlich mit Berufsrichtern. Die Möglichkeit der Beteiligung von Jugendschöffen - wie im übrigen von allen Laienrichtern in der Gerichtsbarkeit - war bereits zu Beginn des Zweiten Weltkriegs beseitigt worden.[173]

Peters Entwurf zu einem neuen JGG sieht wieder Jugendschöffengerichte vor, wobei nach § 29 Abs. 1 nur solche Jugendschöffen berufen werden sollen, die er-

---

168 So die Forderung von *Kümmerlein*, DJ 1943, S. 553(560); *Peters*, ZAkDtR 1944, S. 35(36).

169 Vgl. *Kümmerlein*, DJ 1943, S. 553(560), der insbesondere auf die Vertrauensstellung und die damit bedingten tiefen Einblicke in die persönlichen und familiären Verhältnisse abstellt.

170 *Peters*, ZAkDtR 1944, S. 35(36).

171 Vgl. *Peters*, Werdendes Jugendstrafrecht 1947, S. 37, 63, sowie die Bem. zu § 33 auf S. 89; ebenso § 42 Abs. 3 der *Berliner Entwürfe*, Stand u. Neuordnung 1949, S. 210(213).

172 *E 1952*, Verhandlungen des Bundestages, S. 28.

173 Vgl. die §§ 13ff. der Verordnung über Maßnahmen auf dem Gebiete der Gerichtsverfassung und der Rechtspflege vom 01.09.1939 (sog. „Vereinfachungsverordnung"), RGBl. I, Jg. 1939, S. 1658ff.

zieherisch befähigt sind.[174] Von sachverständigen Beisitzern oder Schöffen sieht er im Interesse der Volksnähe ab.[175] Nach dem Zweiten Weltkrieg werden zunächst in den einzelnen Ländern und dann durch das Gesetz zur Wiederherstellung der Rechtseinheit aus dem Jahre 1950[176] für das gesamte Bundesgebiet die Schöffengerichte wieder eingerichtet - nicht aber die Jugendschöffengerichte.[177] Die Besetzung der Jugendgerichte ist zu jener Zeit je nach Gerichtsbezirk völlig uneinheitlich.[178] Grund dafür sei die Unklarheit über die Weitergeltung von Normen des RJGG mit nationalsozialistischem Bezug.[179] Die generelle Wiederherstellung der Jugendschöffengerichte wird als dringendste Forderung - jedenfalls für schwere Fälle - angesehen, die an eine Reform des Jugendstrafrechts zu stellen sei.[180]

4. Ergebnis

Das RJGG nimmt sich der in der Wissenschaft diskutierten Schlagwörter zur Eignung und Befähigung von Jugendrichter und Jugendstaatsanwalt an und trifft erstmalig Regelungen zu der Frage der Qualifikation der an der Entscheidungsfindung im Jugendstrafverfahren hauptsächlich beteiligten Personen. Dabei stehen die persönlichen Eigenschaften im Vordergrund. Neue Konzepte für Aus- und Fortbildung lassen sich dagegen nicht finden, was mit der politischen Situation des Landes erklärbar ist. Ob und wie die gesetzliche Vorgabe tatsächlich in der Praxis umgesetzt wird, kann wegen mangelnder Berichterstattung nicht nachvollzogen werden. Natürlich ist auch hier die besondere Situation der Kriegs- und Nachkriegszeit zu beachten. Die Unsicherheiten der Nachkriegszeit zeigen sich

---

174 Vgl. *Peters*, Werdendes Jugendstrafrecht 1947, S. 62.

175 So die Begründung von *Peters*, Werdendes Jugendstrafrecht 1947, Bem. zu § 29, S. 89.

176 Artikel 1, Nr. 26 Gesetz zur Wiederherstellung der Rechtseinheit auf dem Gebiete der Gerichtsverfassung, der bürgerlichen Rechtspflege, des Strafverfahrens und des Kostenrechts vom 12.09.1950, BGBl., Jg. 1950, S. 455ff.

177 Nach Nr. 24 des Gesetzes zur Wiederherstellung der Rechtseinheit auf dem Gebiete der Gerichtsverfassung, der bürgerlichen Rechtspflege, des Strafverfahrens und des Kostenrechts vom 12.09.1950, BGBl., Jg. 1950, S. 455ff. bestimmt sich die Zuständigkeit in Jugendsachen nach dem Jugendgerichtsgesetz; vgl. zu diesem Problem auch *Messerer*, UJ 1951, S. 2(6).

178 Vgl. z.B. die Verhandlungspraxis der Bezirksjugendgerichte in Groß-Berlin bei *Hirschberg*, Stand u. Neuordnung 1949, S. 180(184).

179 Vgl. *Hirschberg*, Stand u. Neuordnung 1949, S. 180(184).

180 So *Messerer*, UJ 1951, S. 2(6); ähnlich bereits *Hirschberg*, Stand u. Neuordnung 1949, S. 180(184).

deutlich bei der Besetzung der Jugendgerichte, insbesondere hinsichtlich der Schöffen.

VII. Zusammenfassung

Die Zäsur durch das Ende des Zweiten Weltkriegs prägt den hier behandelten Zeitabschnitt. Bis dahin übt das nationalsozialistische Terrorregime immer stärkeren Einfluß auf das Jugendstrafrecht aus und hebt die gesetzlichen Vorgaben aus den Fugen. Dies zeigt sich an dem Verständnis des Erziehungsgedankens im Nationalsozialismus, an der Beeinflussung der Gerichte durch die NSDAP, der Aussonderung nichtdeutscher Jugendlicher und letztendlich der Vernichtung. Im Detail werden seit langem erhobene Forderungen verwirklicht, die das NS-Regime überdauern.

Nach Kriegsende gibt es Irritationen über die Geltung des RJGG. Nach nicht allzu langer Zeit setzt die Reformdiskussion wieder ein, wobei relativ zeitnahe ein Entwurf für ein neues Jugendgerichtsgesetz präsentiert wird. Dabei bleibt kaum Zeit für eine ausgiebige Debatte - man ist noch mit den verheerenden Folgen des Kriegs beschäftigt. Wie sich in den folgenden Kapiteln zeigen wird, merkt man das dem neuen JGG nicht an. Dieses bildet im Wesentlichen die Grundlage für das noch heute gültige Jugendstrafrecht.

Kapitel 4 - Die Tendenzen im Zusammenhang mit dem Erlaß des JGG 1953

Dieser Zeitabschnitt ist geprägt von einem Abwarten auf die Reaktionen der Praxis auf das neue Jugendgerichtsgesetz. In der Praxis wiederum zeigt sich einige Unsicherheit im Umgang mit dem Jugendstrafrecht, was ebenfalls zu einem zögerlichen Verhalten führt.

I. Einführung

Das neue Jugendgerichtsgesetz (im Folgenden: JGG 1953) tritt am 1. Oktober 1953 in Kraft.[1]

1. Der Inhalt des JGG 1953

Das JGG 1953 umfaßt 124 gegenüber den 82 Paragraphen des RJGG und ist völlig neu geordnet. Die während der NS-Zeit geschaffenen Verschärfungen und Verfremdungen des Jugendstrafrechts werden weitgehend rückgängig gemacht. So gibt es zum Beispiel die Einschränkung des Anwendungsbereichs auf Deutsche nicht mehr.

Nach § 1 JGG 1953 ist Jugendlicher, wer zur Zeit der Tat 14, aber noch nicht 18 Jahre alt ist. Gemäß § 3 JGG 1953 ist ein Jugendlicher strafrechtlich verantwortlich, wenn er zur Zeit der Tat nach seiner sittlichen und geistigen Entwicklung reif genug ist, das Unrecht der Tat einzusehen und nach dieser Einsicht zu handeln.

Der Gesetzgeber übernimmt die bestehende Einteilung der Sanktionen in Erziehungsmaßregeln, Zuchtmittel und Jugendstrafe, stellt aber die Erziehungsmaßregeln im Gesetzesaufbau wieder an den Anfang und die Jugendstrafe an den Schluß der Aufzählung, §§ 5, 9 ff. JGG 1953. Außerdem beläßt er es bei der Regelung, daß Jugendarrest als Ungehorsamssanktion zur Verfügung steht, §§ 11 Abs. 2, 15 Abs. 3 JGG 1953.

Neu für das Jugendstrafrecht ist unter anderem die Heraufsetzung des Mindestmaßes der Jugendstrafe von drei auf sechs Monate in § 18 Abs. 1 JGG, die

1 Verkündet im BGBl. I, Jg. 1953, S. 735ff.

Unterstellung unter die Aufsicht eines Bewährungshelfers nach § 29 JGG und die Einbeziehung der 18- bis 21jährigen in seinen Anwendungsbereich durch § 105 JGG. Nach § 108 JGG sind für Verfehlungen von Heranwachsenden die Jugendgerichte zuständig, auch wenn allgemeines Strafrecht angewendet wird.

In § 17 Abs. 1 und § 92 Abs. 1 JGG 1953 wird eine bindende Verpflichtung zu einem Jugendstrafvollzug normiert. Nach § 114 kann bis zum 24. Lebensjahr in eine Jugendstrafanstalt eingewiesen werden, wenn sich der Verurteilte dafür eignet. § 19 JGG 1953 sieht die Verurteilung zu einer Jugendstrafe von unbestimmter Dauer für die Fälle vor, in denen sich nicht voraussehen läßt, welche Zeit erforderlich ist, um den Jugendlichen durch den Strafvollzug zu einem rechtschaffenen Lebenswandel zu erziehen. In den §§ 20ff. JGG 1953 wird die Aussetzung der Jugendstrafe zur Bewährung in bewußter Anlehnung an das JGG 1923 wieder eingeführt.[2] Daneben kann die Verhängung der Jugendstrafe unter den Voraussetzungen des § 27 JGG 1953 ausgesetzt werden, wenn nicht mit Sicherheit beurteilt werden kann, ob in der Straftat schädliche Neigungen hervorgetreten sind, die eine Jugendstrafe erforderlich machen.

In einem „Zweiten Hauptstück“ des Gesetzes finden sich die Vorschriften über die Jugendgerichtsverfassung und das Jugendstrafverfahren (§§ 33 bis 81 JGG 1953), wobei ein besonderer Augenmerk auf die Einstellungsmöglichkeiten in den §§ 45, 47 JGG 1953 zu richten ist. Im Anschluß daran werden in den §§ 82 bis 101 JGG 1953 („Drittes Hauptstück“) die Vollstreckung und der Vollzug der Sanktionen geregelt.

2. *Reaktionen und weitere Entwicklung*

Die ersten Kommentare zu dem neuen JGG klingen sehr optimistisch. *Holzschuh* beispielsweise meint anläßlich des 1953 stattfindenden 9. Jugendgerichtstages, daß das Gesetz gerade im Bereich der ambulant-erzieherischen Maßnahmen dem Richter fast unbegrenzte Anwendungsmöglichkeiten biete.[3] Und auch *Sieverts* ist voller Optimismus, wenn er davon spricht, daß der Gesetzgeber nun fast alle Wünsche der deutschen Jugendgerichtsbewegung erfüllt habe und das neue Gesetz der Jugendgerichtsbarkeit eine Reihe von Rechtsfolgen in die Hand gebe, um die richtige spezialpräventive, pädagogische Maßnahme für jeden einzelnen zu

---

2 *Potrykus*, JGG, Vorbem. vor § 20.
3 *Holzschuh*, 9. Jugendgerichtstag 1955, S. 165(168).

finden, mehr als je zuvor.[4] Nun hänge der Erfolg von der Umsetzung der Vorschriften durch die Jugendrichter ab.[5]

Die positive Einstellung und der Optimismus bezüglich der Neuerungen spiegeln sich in der Folgezeit in der Praxis nicht wider. Insbesondere bleibt es bei einer am Erwachsenenstrafrecht orientierten Anwendung der JGG-Vorschriften.[6] Die Entwicklung nach 1953 stellt zunächst eine Wiederholung der Entwicklung nach dem Erlaß des JGG 1923 dar. Auf ein neu geschaffenes Gesetz, das zunächst als Möglichkeit für einen breiten pädagogischen Handlungsspielraum gehandelt wird, folgt die restriktive Handhabung der Vorschriften in der Praxis.[7]

1953 findet der bereits erwähnte 9. Deutsche Jugendgerichtstag in München statt unter dem Generalthema „Neue Wege zur Bekämpfung der Jugendkriminalität“. Auf dieser Veranstaltung wird über die Durchführung des neuen JGG beraten und diskutiert. Ein Jahr später wird in Marburg eine Arbeitstagung von Jugendrechtlern, Jugendpsychiatern und Jugendpsychologen zu der Frage veranstaltet, welche Kriterien man bei der Abgrenzung von Jugendlichen und Heranwachsenden anlegen soll. Am 01.03.1955 treten Richtlinien zum JGG 1953 (im Folgenden: *RiJGG*) in Kraft, die von einem aus Vertretern der Justizverwaltungen und jugendrechtlichen Praktikern bestehenden Ausschuß erarbeitet wurden und kraft Vereinbarung der Landesjustizverwaltungen Gültigkeit erlangen.[8] Der 10. Jugendgerichtstag 1956 in Marburg/Lahn hat das Thema „Die Rechtsbrüche der 18 bis 21jährigen Heranwachsenden“. Am 25. Mai des selben Jahres wird zu diesem Thema eine Tagung des Hauptausschusses des Deutschen Vereins für öffentliche und private Fürsorge in Kiel abgehalten. Die Häufung der Veranstaltungen zu der Problematik der Behandlung der Heranwachsenden zeigt, daß bei der Frage großer Beratungsbedarf besteht. Und die sogenannten „Halbstarkenkrawalle“ Mitte der 50er Jahre tragen das Thema Jugendstrafrecht insgesamt durch die teils ausufernde Berichterstattung in die breite Öffentlichkeit.

Wegen der sich in der Praxis zeigenden Umsetzungsprobleme der Regelungen des JGG 1953 findet sich bereits im Jahr 1958 die Forderung nach einer Ge-

---

4 *Sieverts*, 9. Jugendgerichtstag 1955, S. 28.

5 Vgl. *Sieverts*, 9. Jugendgerichtstag 1955, S. 28f.

6 So auch die nachträgliche Einschätzung von *Pfeiffer*, Kriminalprävention 1989, S. 47.

7 Vgl. auch *Pfeiffer*, Kriminalprävention 1989, S. 48.

8 Sie stellen das Gegenstück zu den Richtlinien für das Strafverfahren (RiStV) dar, die am 01.08.1953 gleichfalls auf Grund einer Vereinbarung der Landesjustizverwaltungen Gültigkeit erlangen und gehen diesen vor. Nach ihrer Zweckbestimmung wenden sich die *RiJGG* in erster Linie an den Jugendstaatsanwalt, dem sie für den Regelfall Anleitungen und Anweisungen geben, enthalten aber auch Hinweise und Empfehlungen für den Jugendrichter (vgl. *RiJGG*, Einführung, Amtl. Handausgabe, S. 6).

samtreform für das Jugendstrafrecht mit dem Argument, daß die Planungen auf dem gesamten Gebiet des Jugendrechts einheitlich sein müßten; die Anpassung des Jugendrechts an die Gegenwart sei nur als „Totalreform“ möglich.[9] Weil die sich in der Praxis bei der Anwendung des neuen JGG zeigenden Mängel nicht allein mit einem unzureichenden Inhalt des Gesetzes begründet werden, sondern auch mit nicht ausreichenden Aus- und Fortbildungen der in der Jugendgerichtsbarkeit tätigen Berufsgruppen und mit Finanz- und Organisationsproblemen[10], hat dann auch der 11. Jugendgerichtstag im Jahre 1959 in Darmstadt die „Jugendkriminalrechtspflege als Personenfrage und Aufgabe der Zusammenarbeit“ zum Gegenstand.

Der am Anfang zum Ausdruck gekommene Optimismus hinsichtlich des neuen JGG kann also in der Folgezeit durch die Praxis nicht bestätigt werden und hält auch in der Lehre nicht lange an.

II. Die Altersgrenzen im JGG 1953

Nach Erlaß des JGG 1953 wird die Diskussion um das „richtige“ Strafmündigkeitsalter wieder aufgenommen, jedoch nicht derart intensiv geführt, wie in den vorangegangenen Jahren. Vielmehr verlagert sich das Interesse auf die Behandlung der Heranwachsenden.

1. Absolute / relative Strafmündigkeit

Das neue JGG behält die Grenze von 14 Jahren für die absolute Strafmündigkeit bei, vgl. § 1 Abs. 3 JGG 1953. Nach § 3 JGG 1953 ist ein Jugendlicher nur dann strafrechtlich verantwortlich, wenn er „zur Zeit der Tat nach seiner sittlichen und geistigen Entwicklung reif genug war, das Unrecht der Tat einzusehen und nach dieser Einsicht zu handeln“.

In der Diskussion um die Grenzziehung bei einem bestimmten Alter wiederholen sich die bereits vorgestellten Argumente pro und contra bestimmter Altersstufen. Für die 14-Jahres-Grenze wird darüber hinaus mit der Praxis argumentiert und angeführt, daß faktisch bei 14- bis 15jährigen nur dann ein förmliches Strafverfahren eingeleitet werde, wenn ihnen der Unrechtsgehalt ihrer Taten offenbar

---

9 Weil eine Teilreform immer nur zu Teilzielen führe, so *Riedel*, ZBlJugR 1958, S. 25.

10 Vgl. zunächst nur die Feststellungen von *Pfeiffer*, Kriminalprävention 1989, S. 50.

sei, und auch dann komme es fast ausschließlich zu erzieherischen Maßnahmen.[11] Ein 14jähriger habe aber durchaus ein Empfinden für Recht und Unrecht, und dies müsse durch ein Strafgericht bewußt gemacht werden.[12] Ein Verzicht auf das Jugendstrafrecht für diese Altersgruppe könne letztendlich dazu führen, daß einem gefährdeten Jugendlichen zu spät der volle Ernst seines Versagens bewußt werde.[13] Zwangsläufige Folge eines Anhebens der absoluten Strafmündigkeitsgrenze sei außerdem, daß insgesamt deutlich weniger Erziehungsmaßnahmen verhängt würden, sich das Schwergewicht auf die Jugendstrafe verlagern und die Jugendgerichtsbarkeit ihre Charakteristik - den Erziehungsgedanken - verlieren würde.[14] Vereinzelt wird der Vorschlag wieder aufgegriffen, die absolute Strafmündigkeitsgrenze auf 18 Jahre zu erhöhen und nur ausnahmsweise (bei besonders schwerwiegenden Delikten) die Grenze bei 16 Jahren zu ziehen.[15] Dies habe unter anderem den Vorteil, daß das Problem der Beurteilung der Reife bei § 3 JGG 1953 beseitigt werde, da das JGG bei Jugendlichen eben nicht angewendet werde und das JWG an Bedeutung gewinne.[16] Also auch die Reifeentscheidung nach § 3 JGG 1953 wird weiterhin als Problem erkannt und angesprochen.

2. Die Heranwachsenden

Man muß wirklich sagen: „Endlich“ werden besondere Regelungen für die Altersgruppe der 18- bis 21jährigen in das neue Jugendgerichtsgesetz (§§ 105ff. JGG 1953) eingefügt.

a) Die Einbeziehung der Heranwachsenden

Bei den Reaktionen auf diese gesetzliche Regelung steht der Hinweis im Vordergrund, daß der Gesetzgeber ausdrücklich mit den Regelungen das Heranwachsendenproblem nicht lösen wollte, daß es sich hierbei vielmehr nur um einen Kompromiß handele, wobei von vornherein die Überprüfung des „Experiments“ durch die Praxis abgewartet werden soll.[17] Dies trifft die Stimmung in jener Zeit,

11 So die Beobachtung von *Roestel*, NJW 1956, S. 1383.
12 Was gegen die Herausnahme aus der Sphäre des Strafrechts spreche, so *Roestel*, NJW 1956, S. 1383.
13 Vgl. *Roestel*, NJW 1956, S. 1383(1384).
14 So die Befürchtung von *Roestel*, NJW 1956, S. 1383(1384).
15 Vgl. *Riedel*, ZblJugR 1958, S. 25(34f.).
16 S. *Riedel*, ZblJugR 1958, S. 25(35).
17 Vgl. z.B. *Hinrichsen*, RdJ 1955, S. 44(46); *Schaffstein*, 10. Jugendgerichtstag 1959, S. 16.

immer noch zögerlich und vorsichtig mit der Frage umzugehen und kein endgültiges Votum für oder gegen die Einbeziehung abgeben zu wollen.

Die Einbeziehung der Heranwachsenden in das Jugendstrafrecht wird wie folgt umgesetzt: Der Altersstufe der Heranwachsenden ist eine Person zuzuordnen, die zur Zeit der Tat 18 aber noch nicht 21 Jahre alt ist, so die Legaldefinition in § 1 Abs. 2 JGG 1953. Nach § 105 Abs. 1 JGG 1953 werden die §§ 4 bis 32 JGG 1953 dann auf einen Heranwachsenden angewendet, wenn er zur Zeit der Tat nach seiner sittlichen und geistigen Entwicklung noch einem Jugendlichen gleich stand (Ziff. 1) oder wenn es sich um eine typische Jugendverfehlung handelte (Ziff. 2). Damit wird der 3. Vorschlag des *E 1952*, Jugendstrafrecht anzuwenden, wenn die Verfehlung auf ungünstigen Umweltbedingungen beruht und Resozialisierung durch das JGG Erfolg verspricht, nicht übernommen. Bei der Anwendung von Jugendstrafrecht auf Heranwachsende begrenzt § 105 Abs. 2 JGG 1953 die Jugendstrafe auf höchstens 10 Jahre. § 109 JGG 1953 bestimmt, welche Vorschriften des Jugendstrafrechts bei einem Heranwachsenden keine Anwendung finden. Wird Erwachsenenstrafrecht angewendet, kann gemäß § 106 Abs. 1 JGG 1953 die Strafe gemildert werden. Und nach § 108 JGG 1953 sind bei Verfehlungen Heranwachsender die Jugendgerichte ausschließlich zuständig.

Zu den zentralen Regelungen im einzelnen:

aa) § 105 Abs. 1 Ziff. 1 - Beurteilung des Reifegrades

§ 105 Abs. 1 Ziff. 1 JGG 1953 fordert für die Beurteilung des Reifegrades die Gesamtwürdigung der Persönlichkeit des Heranwachsenden unter Berücksichtigung der Umweltbedingungen zur Zeit der Tat. Völlig ungeklärt ist, welche Kriterien für die Beurteilung des Reifegrades herangezogen werden sollen. Erste Anhaltspunkte formuliert *Potrykus*: Die bloße Wiederholung des Gesetzeswortlautes jedenfalls genüge nicht; in einfacheren Sachen solle der persönliche Eindruck des Richters reichen, bei ausgesprochen kriminellem Einschlag bedürfe es zusätzlicher Ermittlungen hinsichtlich des sozialen und charakterlich-sittlichen Entwicklungsstandes, die eine Hinzuziehung eines Sachverständigen notwendig mache.[18]

Schwierigkeiten werden darin gesehen, einen Entwicklungsstand zu beurteilen, der unter Umständen bereits Jahre zurück liegt.[19] Außerdem könne man nicht eindeutig den Entwicklungstyp „des Jugendlichen“ von dem „normalen“

18 Vgl. *Potrykus*, NJW 1956, S. 654(657f); so auch die zeitlich sehr dicht folgende Entscheidung des *BHG* vom 29.07.1954, NJW 1954, S. 1617.

19 *Schaffstein*, NJW 1955, S. 1577(1579).

Heranwachsenden unterscheiden.[20] In der Nachkriegsjugend stehe weit häufiger als früher die charakterliche Retardierung einer körperlichen Akzeleration gegenüber, so daß die gesetzliche Annahme, daß mit Vollendung des 18. Lebensjahres der pubertäre Reifungsprozeß im wesentlichen abgeschlossen sei, nicht zutreffe.[21]

In der Folgezeit bemüht man sich, weitere Kriterien zu finden, die eine einfachere und einheitliche Beurteilung gewährleisten sollen. Die Teilnehmer der Arbeitstagung von Jugendpsychiatern, Jugendpsychologen und Jugendrechtlern, die am 24. und 25. April 1954 im Institut für ärztlich-pädagogische Jugendhilfe der Universität Marburg unter der Leitung des Jugendpsychiaters *Villinger* zu dem Thema „Probleme der §§ 105, 21, 43, 3, 104 JGG 1953" stattfindet, erarbeiten die sogenannten „Marburger Richtlinien" zu § 105 JGG 1953.[22] Nach den Richtlinien ist ein Heranwachsender einem Jugendlichen gleichzustellen, wenn seiner Persönlichkeit insbesondere folgende Züge fehlen: Eine gewisse Lebensplanung; die Fähigkeit zu selbständigen Urteilen, Entscheidungen und zu zeitlich überschaubarem Denken; die Fähigkeit, Gefühlsurteile rational zu unterbauen; eine ernsthafte Einstellung zur Arbeit und eine gewisse Eigenständigkeit im Verhältnis zu anderen Menschen.[23] Jugendtypisch sind danach folgende Wesensmerkmale: Eine ungenügende Ausformung der Persönlichkeit, Hilflosigkeit (die sich nicht selten hinter Trotz und Angst versteckt), naiv-vertrauensseliges Verhalten, Leben im Augenblick, starke Anlehnungsbedürftigkeit, spielerische Einstellung zur Arbeit, Neigung zum Tagträumen, Hang zu abenteuerlichem Handeln, Hineinleben in selbstwerterhöhende Rollen, mangelhafter Anschluß an Altersgenossen.[24] Um das diagnostische Ergebnis abzusichern, soll zusätzlich zu den Kriterien berücksichtigt werden, ob der Heranwachsende noch mit den Maßnahmen des JGG geformt werden könne.[25]

Neben diesen „Marburger Richtlinien" werden weitere Bewertungsgrundlagen erörtert. Die Unterscheidung zwischen Jugendlichen und Heranwachsenden könne auch von den Deliktsarten her vorgenommen werden, wobei vorab zu klären sei, ob es auch eine partielle Reifeverzögerung je nach Deliktsart gebe.[26] Als

20 Vgl. *Schaffstein*, NJW 1955, S. 1577.
21 Vgl. *Illchmann-Christ*, 9. Jugendgerichtstag 1955, S. 36(41); der vom Gesetz als Ausnahme vorausgesetzte Fall stelle sich somit aus der Sicht der empirischen Forschung beinahe als Regel dar, so *Schaffstein*, NJW 1955, S. 1577.
22 Der Bericht über die Tagung und die Richtlinien finden sich unter *Mitteilungen*, MschrKrim 1955, S. 58ff.
23 *Mitteilungen*, MschrKrim 1955, S. 60.
24 *Mitteilungen*, MschrKrim 1955, S. 60.
25 Vgl. *Mitteilungen*, MschrKrim 1955, S. 60.
26 *Schaffstein*, NJW 1955, S. 1577(1579).

Beispiel für eine mögliche Verknüpfung von Reifeentscheidung und Straftat werden die Verkehrsstraftaten angeführt.[27] Nach anderer Ansicht gibt es keine partielle Reifeverzögerung, da jede Reifeverzögerung notwendig die gesamte einheitliche und unteilbare Persönlichkeit umfasse und damit auch alle „deliktischen Äußerungen".[28] Was bei den „Marburger Richtlinien" lediglich zur Absicherung des Ergebnisses gedacht ist, nämlich die Klärung der Frage der voraussichtlichen Beeinflußbarkeit des Heranwachsenden durch die jeweilige Sanktion, wird auch als eigenständiger weiterer Lösungsansatz diskutiert. Die Entscheidung solle also vom Ergebnis her gefällt werden, unter der Fragestellung: Passen die Reaktionen des Jugendstrafrechts oder die des Erwachsenenstrafrechts auf den Heranwachsenden?[29] Die insoweit notwendige Prognose sei dabei jedoch genauso unsicher, wie bei den anderen Lösungsansätzen.[30]

Dieser ergebnisorientierte Ansatz bietet Anlaß, weitere, über die gesetzlichen Möglichkeiten hinausgehende Beurteilungsvorschläge zu formulieren. Es wird die Frage aufgeworfen, ob allein die (spezialpräventive) Erfolgsaussicht die Anwendbarkeit von Jugendstrafrecht rechtfertigen könne, auch wenn ein Heranwachsender weder als in seiner Entwicklung Verzögerter, noch seine Tat als eine typische Jugendverfehlung bewertet werden könne.[31] Die Erfolgsaussicht sei auch sonst im JGG maßgebend für die Anwendung der einzelnen Maßnahme[32] und daher müsse sie als ein das ganze Jugendstrafrecht beherrschendes Prinzip auch bei der Auslegung des § 105 zugrunde gelegt werden.[33] Die Aussage, daß das JGG nur Aussicht auf Erfolg biete, wenn sich der Jugendliche noch in der Entwicklung befinde, lasse sich umkehren: Wenn Aussicht auf Erfolg bestehe,

27 Bei diesen habe der Heranwachsende in der Regel die Reife eines Erwachsenen, denn oft würden sich die Jugendlichen und Heranwachsenden mit Motortypen, Verkehrsvorschriften und Notwendigkeiten einer modernen Verkehrsregelung besser auskennen, so *Becker*, NJW 1954, S. 335.

28 Vgl. *Schaffstein*, 10. Jugendgerichtstag 1959, S. 16(25), wobei dieser selbst darauf hinweist, daß dies eigentlich dem Begriff „typische Jugendverfehlung" entgegenstehe; ähnlich auch schon *Hinrichsen*, RdJ 1955, S. 44(47).

29 Diese Vorgehensweise sei legitim, weil das Jugendstrafrecht insgesamt mehr aus der Dogmatik heraus zur Empirie geführt und der Richter auch sonst manchmal Entscheidungen ohne juristische Erwägungen im Blick auf das Ergebnis fällen und die Entscheidung erst später mit den erforderlichen juristischen Gedankengängen untermauern würde, so *Becker*, NJW 1954, S. 335.

30 Vgl. zu den weiteren Einzelheiten der Kritik *Schaffstein*, NJW 1955, S. 1577(1578f.).

31 S. *Schaffstein*, NJW 1955, S. 1577(1579).

32 Insbesondere in den §§ 5 Abs. 2, 17, 19 und bei der Strafaussetzung zur Bewährung, so *Pelle*, UJ 1954, S. 427.

33 Vgl. *Pelle*, UJ 1954, S. 427.

befinde sich der Heranwachsende noch in der Entwicklung.[34] Der letzte Ansatz wird in der Folgezeit nicht näher diskutiert.

Insgesamt wird der Umstand begrüßt, daß nunmehr die Möglichkeit besteht, Heranwachsende dem Jugendstrafrecht zu unterstellen. Über die konkrete Anwendung der Vorschriften wird aber heftig debattiert. Sie ruft auch erhebliche Probleme in der praktischen Umsetzung hervor. Weitgehende Zustimmung findet aber der Ausspruch, daß die Möglichkeit, daß ein eigentlich als Erwachsener zu behandelnder Heranwachsender zu Unrecht als Jugendlicher behandelt werde, gegenüber der umgekehrten Gefahr völlig zurücktrete.[35]

bb) § 105 Abs. 1 Ziff. 2 - Typische Jugendverfehlung

Als Beurteilungsgrundlagen für die „typische Jugendverfehlung" sind nach § 105 Abs. 1 Ziff. 2 JGG 1953 die Art der Tat, die Umstände oder die Beweggründe des Delinquenten heranzuziehen. Auch dieser auf den ersten Blick doch verständlich und greifbar wirkende und konkret zu bestimmende Begriff birgt Probleme in sich. Es bedürfe einer umfassenden Würdigung der Tat in objektiver und subjektiver Hinsicht und im jeweiligen Einzelfall.[36] Keinesfalls sei bei der Beurteilung an den juristischen Straftatbestand anzuknüpfen.[37] Bei dem Begriff der Jugendverfehlung habe der Gesetzgeber wohl an kleine, relativ harmlose Delikte gedacht; die Praxis ziehe aber den Kreis viel weiter und erkenne an, daß die Anwendung grundsätzlich bei jedem Delikt möglich sei.[38]Also auch hier ergeben sich in der Praxis Probleme mit der Ausfüllung des Begriffs.

b) Jugendstrafrecht für Heranwachsende - zu milde?

So willkommen die Einbeziehung der Heranwachsenden in das Jugendgerichtsgesetz in weiten Kreisen der jugendstrafrechtlichen Fachwelt auch ist, so finden

---

34 So *Pelle*, UJ 1954, S. 427(428); diesem Vorschlag tritt *Schaffstein* in NJW 1955, S. 1577(1579) heftig entgegen.

35 Z.B. *Potrykus*, JGG, § 105 Bem. 4; *Hinrichsen*, RdJ 1955, S. 44(48); *Illchmann-Christ*, 9. Jugendgerichtstag 1955, S. 36(76).

36 Vgl. *Potrykus*, JGG, § 105 Bem. 5, nach dessen Ansicht typische Jugendverfehlungen Jugendtorheiten und Streiche seien, sowie Taten, bei denen schlechte Lektüre und ungeeignete Kinobesuche den Jugendlichen enthemmt hätten, Sittlichkeitsdelikte, die sich häufig als Pubertätsdelikte herausstellen würden und banden- und serienweise ausgeführte Diebstähle oder KfZ-Entwendungen; vgl. auch z.B. *BGH* NJW 1955, S. 1606.

37 So *Hinrichsen*, RdJ 1955, S. 44(48).

38 Vgl. *Hinrichsen*, RdJ 1955, S. 44(48); zu Einzelheiten auch *Schaffstein*, 10. Jugendgerichtstag 1959, S. 16(26).

sich zahlreiche Kritiker. Zu jener Zeit entwickelt sich dann auch die These, daß die Anwendung des Jugendstrafrecht für den Heranwachsenden im Gegensatz zum allgemeinen Strafrecht die viel günstigere Folge darstellt und die generell leichtere Reaktion zur Folge hat. Insbesondere durch die sogenannten „Halbstarkenkrawalle" Mitte der 50er Jahre wird die Diskussion von der Fachwelt in die Öffentlichkeit getragen.[39] In der damaligen Presse wird fast jeden Tag über randalierende Straftäter berichtet, die der Altersgruppe der Jugendlichen, insbesondere aber der Heranwachsenden angehören. In der Gesellschaft festigt sich die Ansicht, daß die Jugendgerichte „zu weich" seien und das Jugendstrafrecht mit seiner spezialpräventiven Zielsetzung ungeeignet sei, die Allgemeinheit zu schützen.[40] Gegen diese sogenannten „Halbstarken" helfe nur ein hartes, abschreckendes Vorgehen, und dafür sei nur das allgemeine Strafrecht geeignet, so die allgemeine Meinung in der Öffentlichkeit.[41] Diese Ansicht beschränkt sich in der Folgezeit jedoch nicht nur auf die Heranwachsenden. Auch Anfang der 60er Jahre wird die Tendenz festgestellt, daß sich das noch vor einigen Jahren vorhandene Verständnis für die besondere psychologische und soziologische Lage der Jugendlichen und die Befürwortung von „milden" und „weichen" Maßnahmen dahingehend gewandelt habe, daß das JGG als zu milde eingestuft werde und daß die Jugendlichen zumindest nicht die Behandlung erfahren würden, die von einer energischen Verbrechensbekämpfung erwartet werde.[42]

Diese Meinung in der Öffentlichkeit wird in der jugendstrafrechtlichen Fachliteratur als eine Gefahr für die Bestrebungen der Reform insbesondere im Heranwachsendenrecht angesehen.[43] Es müsse unterschieden werden zwischen der allgemeinen Kriminalitätsentwicklung (wobei diese keinen Anlaß zur Besorgnis gebe) und der Umschichtung innerhalb der Heranwachsendenkriminalität.[44] Die

---

39 Einen lesenswerten Bericht über die Erscheinung der Halbstarkenkrawalle, insbesondere ihre Entwicklung und das Bild der sogenannten Halbstarken bieten *Bondy/Braden/Cohen/Eyferth*, Halbstarkenkrawalle 1957; auch *Kaiser* (Randalierende Jugend 1959) hat dieses Thema aufgegriffen und von allen Seiten beleuchtet (jeweils m. w. N.).

40 Vgl. die Beobachtung bei *Schaffstein*, 10. Jugendgerichtstag 1959, S. 16(17).

41 *Schaffstein*, 10. Jugendgerichtstag 1959, S. 16(17); lesenswert ist die Beschreibung der typischen Erscheinungsform „halbstarker Verhaltensweisen" bei *Kaiser*, Randalierende Jugend 1959, S. 23ff.

42 Vgl. diese Beobachtung von *Becker*, RdJ 1960, S. 70.

43 Vgl. *Schaffstein*, 10. Jugendgerichtstag 1959, S. 16(18).

44 *Schaffstein*, 10. Jugendgerichtstag 1959, S. 16(19ff.) gibt Beispiele für die „Umschichtung": Die zunehmende Motorisierung spiele eine Rolle für die Zunahme der Verkehrsdelikte bei den Heranwachsenden, und aus der Kriminalität der wirtschaftlichen Notzeiten sei man hinübergeglitten in eine Kriminalität der Wirtschaftskonjunktur, der Vollbeschäftigung, des Alkoholkonsums, der Sexualisierung des Lebens; gerade in Deutschland existiere eine „erschreckende geistige Leere", die

„Sozialgefährlichkeit" der „Halbstarken" sei im ganzen qualitativ und quantitativ nicht erheblich, so daß kein Anlaß zur Dramatisierung oder Anordnung „dramatischer Maßnahmen" bestehe.[45] Von der Jugendgerichtsbarkeit dürfe nicht zu viel erwartet werden, denn sie könne jenes Problem nicht lösen, sondern nur einzelne Symptome kurieren.[46] Aber sie sei die richtige Stelle für die Bearbeitung des Problems, denn das „Rowdytum" weise ausgesprochen pubertäre Züge auf und auch die Sanktionen seien hier zumindest bei den leichteren Fällen geeigneter, als die des Erwachsenenstrafrechts.[47]

Die Ansicht, daß das Jugendstrafrecht milder als das allgemeine Strafrecht für Erwachsene ist, wird auch zunächst von der höchstrichterlichen Rechtsprechung vertreten. Den Grundsatz des Reichsgerichts, auch über 14jährige Angeklagte „in dubio pro reo" freizusprechen, wenn sich nicht klären läßt, ob die Straftat vor Vollendung des 14. Lebensjahres begangen worden war, überträgt der *BGH* nunmehr auf den Fall, in dem unklar ist, ob der Angeklagte die Straftat vor oder nach dem Zeitpunkt begangen hat, von dem ab er dem Erwachsenenstrafrecht untersteht; im Zweifel sei Jugendstrafrecht anzuwenden.[48] Man stützt sich auf den bereits erwähnten Standpunkt, daß die unrichtige Einordnung eines Heranwachsenden als Jugendlicher als kriminalpolitisch weit weniger bedenklich sei, als der umgekehrte Fall eines Mißgriffs durch unzulängliche Berücksichtigung der erzieherischen Bedürfnisse.[49] Gegen diese systematische Betrachtung wird aber eingewendet, daß der Grundsatz „in dubio pro reo" nicht generell im Sinne einer Anwendung von Jugendstrafrecht auf den Heranwachsenden gedeutet werden dürfe; das Jugendstrafrecht sei zwar häufig, aber nicht immer das mildere Recht.[50] Vielmehr gebe es im Jugendstrafrecht im allgemeinen tiefergehende Eingriffe in Freiheit und Persönlichkeitsrechte und auch längere Strafen, wobei allerdings der Hauptakzent eben nicht auf Vergeltung, Abschreckung und Sühne liege, sondern auf Erziehung und Wiedereingliederung.[51] Zum Beispiel zeige die unbestimmte Verurteilung, daß die strafrechtliche Behandlung eines jugendlichen Angeklagten im Einzelfall auch die strengere sein könne.[52] Der *BGH* relativiert

---

Mehrzahl der Heranwachsenden treibe steuerlos dahin und die Autorität von Staat und Recht genieße nur geringes Ansehen.

45 So das Ergebnis bei *Kaiser*, Randalierende Jugend 1959, S. 209ff. (insbes. S. 220).

46 So *Schaffstein*, 10. Jugendgerichtstag 1959, S. 16(21).

47 Vgl. *Schaffstein*, 10. Jugendgerichtstag 1959, S. 16(22); ähnlich auch *Kaiser*, Randalierende Jugend 1959, S. 225ff.

48 So *BGHSt.* 5, 366f.

49 So z.B. *BGHSt.* 12, S. 116(119); vgl. *Potrykus*, JGG, § 105 Bem. 4.

50 Vgl. z. B. *Schaffstein*, NJW 1955, S. 1577(1578); *ders.*, 10. Jugendgerichtstag 1959, S. 16(18); genauso *Blau*, MDR 1958, S. 731(732).

51 S. *Becker*, RdJ 1960, S. 70.

52 *Potrykus*, NJW 1954, S. 1349; ähnlich: *ders.*, JGG, § 105, Bem. 6.

dann seine anfänglich strikte Anwendungspraxis und weist ausdrücklich darauf hin, daß die Sonderbehandlung nach dem Jugendstrafrecht nicht durchweg milder als die Anwendung des allgemeinen Strafrecht sei.[53]

c) Reformforderungen

Bereits nach wenigen Jahren der Geltung wird beobachtet, daß die §§ 105ff. JGG 1953 in der jugendgerichtlichen Praxis sehr unterschiedlich gehandhabt werden.[54] Dies könne einen Verstoß gegen den verfassungsrechtliche Grundsatz der Gleichheit vor dem Gesetz aus Art. 3 GG bedeuten, was als rechtspolitisch bedenklich kommentiert wird.[55] Bei der Anwendung der Vorschriften ergeben sich die folgenden Probleme: Zum einen hat sich - wie bereits angesprochen - gezeigt, daß es keinen „Normalfall eines Jugendlichen" gibt; das Regel-Ausnahme-Verhältnis des Gesetzgebers, daß mit der Vollendung des 18. Lebensjahres der Reifeprozeß abgeschlossen sei, sei reine Fiktion.[56] Die Übergänge seien fließend, und es müsse immer auch die Reifeverzögerung der Nachkriegsjugend beachtet werden.[57] Oft begehe der Richter den Fehler, ohne Hinzuziehung eines Sachverständigen von der körperlichen auf die geistige Reife zu schließen.[58] Die Hinzuziehung eines Sachverständigen sei auch nicht immer möglich oder zweckmäßig und sehr kostspielig; wenn dann aber ein Sachverständiger - überwiegend bei schwereren Delikten - hinzugezogen werde, erhöhe sich die Wahrscheinlichkeit, daß eine Reifeverzögerung festgestellt und Jugendstrafrecht angewendet werde.[59] Dementsprechend wird im „unteren Bereich der Kriminalität" (wie zum Beispiel bei Verkehrsdelikten) in großem Umfang Erwachsenenstrafrecht und im „oberen Bereich" überwiegend Jugendstrafrecht angewendet. Ein weiterer Grund für diese Anwendungspraxis sei, daß man sich gerade bei leichteren Delikten die Mög-

---

53 Der *BGH* (*BGHSt.* 12, S. 116(119)) führt dann aber auch aus, daß der Erziehungsgedanke es erfordere, den Heranwachsenden im Zweifelsfall nicht von der jugendgemäßen strafrechtlichen Behandlung auszuschließen, mit der Konsequenz, daß bei Nichtfeststellbarkeit des Reifestadiums Jugendstrafrecht anwendbar ist; diese Auffassung vertritt der *BGH* bis heute.

54 Vgl. diese Beobachtung von *Schaffstein*, NJW 1955, S. 1577; *ders.*, 10. Jugendgerichtstag 1959, S. 16(26).

55 *Schaffstein*, 10. Jugendgerichtstag 1959, S. 16(27).

56 So *Schaffstein*, NJW 1955, S. 1577; *ders.*, 10. Jugendgerichtstag 1959, S. 16(23); ähnlich auch *Hinrichsen*, RdJ 1955, S. 44(45).

57 Vgl. *Illchmann-Christ*, 9. Jugendgerichtstag 1955, S. 36(41); *Schaffstein*, NJW 1955, S. 1577; *ders.*, 10. Jugendgerichtstag 1959, S. 16(23).

58 *Schaffstein*, NJW 1955, S. 1577; *ders.*, 10. Jugendgerichtstag 1959, S. 16(23).

59 *Schaffstein*, 10. Jugendgerichtstag 1959, S. 16(23).

lichkeit des Strafbefehls erhalten wolle.[60] Diese praktischen Konsequenzen werden überwiegend als nicht dem Wesen des JGG entsprechend abgelehnt. Schließlich erweise sich die Unterscheidung in § 105 Abs. 1 JGG 1953 bei den zu Freiheitsstrafe zu Verurteilenden als Etikettenschwindel, weil in jedem Fall der Vollzug in einer Jugendstrafanstalt stattfinde.[61]

Als Folge dieser Diskussion wird bald für die Heranwachsenden eine einheitliche Regelung in materieller wie in prozeßrechtlicher Hinsicht im Sinne einer strafrechtlichen Zwischenstufe mit besonderem Strafrahmen und der Möglichkeit einer elastischen Strafzumessungspraxis gefordert.[62] Ein Ausschuß des 10. Jugendgerichtstags diskutiert eine Fassung von § 105, in der Ausgangspunkt die generelle Anwendung des Jugendstrafrechts ist und das allgemeine Strafrecht nur dann zur Verfügung stehen soll, wenn der Heranwachsende durch die jugendrechtlichen Maßnahmen nicht mehr beeinflußbar ist oder wenn die Maßnahmen des Jugendstrafrechts zur Ahndung der Tat nicht ausreichen.[63] Man einigt sich letztendlich auf die Reformforderung, Heranwachsende grundsätzlich dem Jugendstrafrecht zu unterstellen und das Rechtsfolgensystem um diejenigen Möglichkeiten anzureichern, die noch fehlen.[64] Umgesetzt werden diese Vorschläge jedoch in der nächsten Zeit nicht.

3. Ergebnis

Die Einbeziehung der Heranwachsenden in das JGG 1953 bringt nicht die in vielen Kreisen erhoffte Ruhe in der Diskussion. Vielmehr sind die Heranwach-

---

60 Was natürlich nicht den Vorstellungen des Gesetzgebers entspreche, so *Schaffstein*, 10. Jugendgerichtstag 1959, S. 16(24); vgl. auch *Lackner*, 10. Jugendgerichtstag 1959, S. 32(36f.), der einen weiteren Grund dieser Praxis in der „Lücke“ zwischen Jugendarrest und Jugendstrafe sieht.

61 *Schaffstein*, 10. Jugendgerichtstag 1959, S. 16(27), der aber einräumt, daß es Unterschiede bei der Bemessung der Freiheitsstrafe je nach Anwendung gebe.

62 So der Vorschlag von *Illchmann-Christ*, 9. Jugendgerichtstag 1955, S. 36(76).

63 Vgl. den Vorschlag des Ausschusses für eine neue und endgültige Fassung bei *Schaffstein*, 10. Jugendgerichtstag 1959, S. 16(28), der ihn aber als zu unbestimmt ansieht und bemerkt, daß es keine Patentlösung gebe; vgl. auch die Bedenken von *Lackner*, 10. Jugendgerichtstag 1959, S. 32(34f.).

64 Zum Beispiel die Obergrenze von Jugendstrafe bei schwersten Taten zu modifizieren, so *Lackner*, 10. Jugendgerichtstag 1959, S. 32(35f.). *Schaffstein* schließt sich auf dem Jugendgerichtstag später den Ausführungen *Lackners* an mit der Begründung, daß seine - i. E. nicht weit genug gehenden - Vorschläge aus der Annahme entstanden, daß ihm keiner zuhöre, wenn er den Vorschlag mache, alle Heranwachsenden dem Jugendstrafrecht zu unterstellen, so *Schaffstein*, 10. Jugendgerichtstag 1959, S. 158f.

senden in dem hier behandelten Zeitabschnitt ein Kernpunkt der Fachdebatte und auch in der täglichen öffentlichen Meinungsbildung präsent. Das Thema scheint geprägt von schier unüberwindbaren Meinungsverschiedenheiten, die die Unsicherheit im Umgang mit dieser Altersgruppe aufzeigen und die nicht zu einer Vereinheitlichung der Behandlung in der Praxis beitragen können. Auch der eigentlich eher dogmatische Streit, ob das Jugendstrafrecht milder als das Strafrecht für Erwachsenen ist, hat drastische Auswirkungen auf die praktische Handhabung. Die Überlegung des Gesetzgebers zum JGG 1953, die Vorschriften zunächst zu testen, um dann übereinstimmend eine Lösung zu finden, hat genau das Gegenteil bewirkt. Die Meinungen gehen immer weiter auseinander und die Probleme in der praktischen Anwendung verstärken die Kritik an der gesetzlichen Regelung. Dahinter tritt die Frage der „richtigen" Altersgrenze für die absolute Strafmündigkeit fast völlig zurück.

III. Der Erziehungsbegriff, insbesondere die Weisungen

Auch im JGG 1953 nimmt die Erziehung eine zentrale Stellung ein. Dabei sind Einordnung und Umsetzung der Vorstellung von Erziehung im Jugendstrafrecht weiterhin umstritten.

1. Der Erziehungsgedanke im JGG 1953

Im Anschluß an den *E 1952* erhält der Erziehungsgedanke in Abänderung der Systematik des RJGG bereits äußerlich seine Vorrangstellung zurück. Die Erziehungsmaßregeln werden in § 5 Abs. 1 JGG 1953 (wie schon im JGG 1923) an die erste Stelle der Aufzählung der unterschiedlichen Sanktionen gesetzt. § 5 Abs. 2 JGG 1953 ordnet an, daß Zuchtmittel oder Jugendstrafe erst dann in Betracht kommen, „wenn Erziehungsmaßregeln nicht ausreichen". Ausdrücklich wird darauf hingewiesen, daß dies nicht lediglich ein Programmsatz sei, sondern den Richter verpflichte, in jedem Straffall zu prüfen, ob Erziehungsmaßregeln ausreichen.[65] Die Vorrangstellung der Erziehung kommt auch dadurch zum Ausdruck, daß die Erziehungsmaßregeln überall zuerst genannt werden, wo eine Wahlmöglichkeit existiert, wie zum Beispiel in den §§ 5, 8 Abs. 3, 39 JGG 1953.

Auch wenn die Frage eines einheitlichen Jugendrechts zu jener Zeit nicht debattiert wird, behält das JGG 1953 die enge Verknüpfung des Jugendstrafrechts mit dem Vormundschaftsrecht bei. Nach § 34 Abs. 2 JGG 1953 ist eine Perso-

65 *Potrykus*, JGG, § 5 Bem. 1, 4.

nenidentität zwischen Jugend- und Vormundschaftsrichter weiterhin erwünscht; jedenfalls sollen in der Hand des Jugendrichters auch die vormundschaftsrichterlichen Erziehungsaufgaben für Minderjährige über 14 Jahren liegen. Und § 53 JGG 1953 bestimmt, daß dem Vormundschaftsrichter die Auswahl und Anordnung von Erziehungsmaßregeln überlassen werden kann, wenn nicht Jugendstrafe verhängt wird.[66]

Über den Erziehungsgedanken als solchen, Sinn und Zweck und Umsetzungsmöglichkeiten im Jugendstrafrecht wird nach Erlaß des JGG 1953 im jugendstrafrechtlichen Schrifttum zunächst kaum diskutiert. Eine Ausnahme bildet die umfangreiche Schrift von *Hellmer* aus dem Jahre 1957 mit dem Titel „Erziehung und Strafe". Im ersten Teil seiner Arbeit wendet sich *Hellmer* dem hier interessierenden Wesen der Erziehung und deren Tauglichkeit für das Strafrecht zu.[67] Mit der Annahme, daß Jugendkriminalität auf einen Kulturverfall und dieser wiederum auf eine geistige Fehlhaltung des Menschen zurückzuführen sei, man dieser Fehlhaltung aber nicht mit den „Mitteln des Rechts" beikommen könne, gelangt er zu dem Ergebnis, daß Erziehung im Strafrecht erforderlich sei.[68] Die Rechtsfolge müsse eine Mischung aus Strafe und Erziehung bilden, in Form eines Nebeneinanders der Maximen „Erziehung durch Strafe" und „Erziehung ohne Strafe".[69]

Auf dem 11. Jugendgerichtstag im Jahre 1959 wird dann das Thema „Junge Menschen im Spannungsfeld von Recht und Erziehung" vom Standpunkt der Erziehungswissenschaften aus beleuchtet mit dem Ergebnis, daß zwischen Strafe und Erziehung eine „schroffe Antinomie" gesehen wird.[70] Strafe als solche sei ihrem Wesen nach kein erzieherischer Akt, sondern bereite „im besten Falle bei sorgsamem menschlichem Umgang den Boden für pädagogische Akte eigener Art" vor; in der Strafsituation werde die Chance ergriffen, Erziehung als einen Vorgang eigener Art einzuführen.[71] Diese sehr grundsätzlichen Überlegungen bleiben theoretischer Natur und haben keine weitergehenden Auswirkungen in der jugendstrafrechtlichen Praxis.

66 Vgl. zu den Einzelheiten die *RiJGG* zu § 53, Amtl. Handausgabe, S.43.

67 Um in einem zweiten Hauptteil die „Auswahl und Zumessung der Rechtsfolgen" zu behandeln, vgl. *Hellmer*, Erziehung und Strafe 1957.

68 Vgl. die Details bei *Hellmer*, Erziehung und Strafe 1957, S. 73ff.;

69 Also „Erziehung über Strafe hinaus" bzw. „Erziehung getrennt von Strafe", vgl. die Einzelheiten bei *Hellmer*, Erziehung und Strafe 1957, S. 124ff.

70 Vgl. *Wenke*, 11. Jugendgerichtstag 1959, S. 17(34ff.; 36).

71 Der Jugendrichter sei also kein Erzieher, er sei aber an einem wichtigen Erziehungswerk beteiligt, so daß er eine erzieherische Funktion habe, so *Wenke*, 11. Jugendgerichtstag 1959, S. 17(36ff.).

2. *Die Erziehungsmaßregeln*

Die Bestimmungen über die Erziehungsmaßregeln finden sich in den §§ 9ff. JGG 1953.

a) Allgemeines

Weisungen, Schutzaufsicht und Fürsorgeerziehung werden unter dem Begriff Erziehungsmaßregeln zusammengefaßt. Gemäß § 12 JGG 1953 richten sich Voraussetzungen, Ausübung und Ausführung sowie die Beendigung von Schutzaufsicht und Fürsorgeerziehung (auch weiterhin) nach dem JWG, bilden also keine vornehmlich jugendstrafrechtlich geprägte Materie und werden infolge dessen hier nicht näher behandelt.

In § 10 JGG 1953 sind die Voraussetzungen für die Anordnung von Weisungen genannt und verschiedene Weisungen - nicht abschließend - aufgezählt. Zum Teil entspricht der Katalog dem des § 12 RJGG; hinzu gekommen sind die Weisungen, einer Arbeitsauflage nachzukommen, an einem polizeilichen Verkehrsunterricht teilzunehmen und die „heilerzieherische Behandlung" (§ 10 Abs. 2 JGG 1953).

Nach § 10 Abs. 1 S. 1 JGG 1953 sollen Weisungen in Form von Ge- und Verboten die Lebensführung des Jugendlichen regeln und dadurch seine Erziehung fördern und sichern. Nach ihrer nunmehr sehr detaillierten Zweckbestimmung in den *RiJGG* und der jugendstrafrechtlichen Literatur sollen sie aus Anlaß der Straftat angeordnet werden und diese nicht sühnen oder ahnden, sondern erkennbar gewordene Erziehungsmängel durch erzieherische Einwirkung beseitigen.[72] Alle in § 10 JGG genannten Weisungen seien Versuche, die unmittelbaren und mittelbaren Ursachen für ein erneutes Straffälligwerden auszuschalten und die Voraussetzungen für eine Lebensführung zu schaffen, die der Rechtsordnung entspreche.[73] Sie sollen bei nicht allzu schwerwiegenden Verfehlungen „im Grunde Gutgearteter" angeordnet werden, die durch äußere Einflüsse, Erziehungsmängel, seelische, geistige oder charakterliche Schwächen bedingt seien, jedoch bei verwahrlosten oder schwer gefährdeten Jugendlichen nicht isoliert.[74] Als besonders wirksam und daher empfehlenswert werden die Weisungen angesehen, die mit der Straftat in erkennbarem Zusammenhang stehen.[75] Außerdem

---

72 *RiJGG* zu § 9, Amtl. Handausgabe, S. 10.

73 So *Vins*, UJ 1955, 97(99f.).

74 *RiJGG* zu § 10 Nr. 1, Amtl. Handausgabe, S. 11; vgl. hierzu auch *Potrykus*, JGG, § 10 Bem. 2; ähnlich *Holzschuh*, 9. Jugendgerichtstag 1955, S. 165(169).

75 *RiJGG* zu § 10 Nr. 1, Amtl. Handausgabe, S. 11; so auch *Holzschuh*, 9. Jugendgerichtstag 1955, S. 165(169).

seien die die Lebensführung gestaltende Gebote den Verboten im allgemeinen vorzuziehen.[76]

Nach dem Wortlaut des Gesetzes fehlt es den Weisungen an jeglichem Züchtigungs- beziehungsweise Strafelement. Dies wird zunächst von einem Teil des Schrifttums bestätigt[77], aber dann auch kritisiert. Bedauert wird in diesem Zusammenhang zum Beispiel, daß die Arbeitsauflage eine Erziehungsmaßnahme darstelle und nun nicht mehr zur Sühne angeordnet werden dürfe, denn sie sei gerade als Sühnemaßnahme für „Dummejungenstreiche" besonders geeignet.[78] Die Straftat verliere dadurch an Eigengewicht und erhalte den Charakter eines „Symptoms zur Aufdeckung von Erziehungsmängeln".[79] Nach einem anderen Teil der Literatur wird der generelle Ausschluß eines Züchtigungselements relativiert: Zwar komme den Erziehungsmaßregeln in erster Linie kein Sühnecharakter zu und sie würden vornehmlich den Zweck verfolgen, sichtbar gewordene Erziehungsmängel zu beseitigen; aber auch hierbei könne eine sühnende Wirkung eintreten und die Maßnahme dadurch vom Betroffenen durchaus als repressiv verstanden werden.[80] Zum Beispiel enthielten die Maßnahmen des § 10 Abs. 1 Nr. 4, 6 und 7 JGG 1953 (Arbeitsauflage, Alkohol- und Nikotinverbot, polizeilicher Verkehrsunterricht) sühnende Elemente.[81]

Die unterschiedlichen Ansichten weisen bereits auf die Problematik der Unterscheidung zwischen Weisungen (Erziehungsmaßregeln) und Auflagen (Zuchtmittel) hin und der Ansatz wird sehr schnell aufgegriffen. Eine begriffliche Abgrenzung oder eine hinsichtlich der Repressionswirkung sei durch die gesetzestechnische Lösung nicht erreicht worden.[82] Eine Unterscheidung könne man höchstens dahingehend treffen, daß bei den Weisungen der Erziehungsgedanke und die erzieherische Förderung, also die Individualprävention im Vordergrund stehen müsse und sie nicht ausschließlich der Sühne dienen dürfen, während die Auflage der „jugendmäßigen Sühne" auch bei nicht erziehungsbedürftigen Delinquenten diene.[83]

---

76 *RiJGG* zu § 10 Nr. 2, Amtl. Handausgabe, S. 11; vgl. auch *Holzschuh*, 9. Jugendgerichtstag 1955, S. 165(172).

77 Z.B. *Göbel*, NJW 1954, S. 15(16) weist ausdrücklich darauf hin, daß Weisungen keinen Sühnecharakter aufweisen dürfen.

78 Vgl. *Cohnitz*, RdJ 1955, S. 139(140), der diese Maßnahme eher als Zuchtmittel einordnet.

79 Vgl. die Charakterisierung von *Göbel*, NJW 1954, S. 15(16).

80 S. *Potrykus*, JGG, § 9 Bem. 1.

81 So *Potrykus*, NJW 1954, S. 821, wobei sie natürlich nicht ihren Charakter als Erziehungsmaßregeln verlieren würden (S. 822).

82 So die Ansichten von *Potrykus*, JGG, § 10 Bem. 1; *ders.*, NJW 1954, S. 821f.; *Vins*, UJ 1955, S. 97(98).

83 Vgl. *Potrykus*, JGG, § 10 Bem. 1; *Vins*, UJ 1955, S. 97(99; 102).

In der Praxis werden die Erziehungsmaßregeln in der Folgezeit im Vergleich zu Jugendstrafe und Zuchtmitteln nur selten angeordnet.[84] Dies belegt die auch weiterhin bestehende Unsicherheit im Umgang, eine gewisse Scheu vor dem Experiment mit den sich bietenden neuen Möglichkeiten, aber auch die Behäbigkeit des Justizapparats.

b) *Weisungspraxis des Jugendrichters Holzschuh*

Von dem Grundsatz, daß die Weisungen eher gemächlich in der Praxis Einzug halten, gibt es - wohl je nach Persönlichkeit des Jugendrichters - im Einzelfall Ausnahmen. Eine dieser Ausnahmen ist derart augenfällig, daß ihr hier ein Abschnitt gewidmet wird. Die Rede ist von der kreativen und innovativen Weisungspraxis eines Jugendrichters aus Darmstadt namens *Holzschuh*, die fast als berühmt zu bezeichnen ist, aber auch viele Kritiker auf den Plan ruft. Nach dem Verständnis *Holzschuhs* von Erziehung solle mit den Weisungen der, der zerstört, wieder aufrichten, wer die Gesundheit eines anderen schädigt für dessen Wiederherstellung etwas tun, und wer jemandem Schmerz zufügt, ihm oder einem anderen Freude bereiten.[85] Nach seiner Ansicht wirke ein „Werk der Pietät" oft tiefer als harte Maßnahmen, die bloße Hilfe könne wirken und schlechte Einflüsse seien durch gute zu ersetzen.[86] Um diese Vorstellungen umzusetzen, macht er - offenbar in zahlreichen Fällen - von der sich nach § 10 JGG 1953 bietenden Möglichkeit Gebrauch, andere als dort genannte Weisungen zu verhängen.

Einige Beispiele sollen die Besonderheiten seiner Weisungen verdeutlichen. Sehr bekannt ist das sogenannte „Schokoladenurteil", mit dem *Holzschuh* die Bezeichnung „Schokoladenrichter" erwirbt: Einer 16jährigen, die für Süßigkeiten Geld aus einer Börse eines Gastes des Haushaltes, in dem sie tätig war, genommen hatte, gibt *Holzschuh* auf, drei Monate hindurch in einem Kinderheim zu helfen, bei jedem Besuch Schokolade mitzubringen und diese vom Taschengeld zu kaufen.[87] Einem anderen Jugendlichen, der auf eine Taube geschossen, sie nicht tödlich getroffen und daher gegen eine Wand geworfen und auf sie getreten hatte, gibt er auf, sich einen Vogel anzuschaffen und für ihn zu sorgen.[88] Für den Diebstahl von Abenteuerheftchen gibt er unter anderem die Aufgabe, jeden Mo-

---

84 Vgl. die nachträgliche Beurteilung von *Pfeiffer*, Kriminalprävention 1989, S. 48; aber auch *Potrykus*, JGG, Vorbem. zu § 9 macht sehr früh diese Beobachtung.

85 S. *Holzschuh*, 9. Jugendgerichtstag 1955, S. 165(170).

86 *Holzschuh*, 9. Jugendgerichtstag 1955, S. 165(171).

87 Vgl. die nähere Beschreibung des Verfahrens bei *Holzschuh*, Jugendrichter 1957, S. 85-100.

88 *Holzschuh*, Jugendrichter 1957, S. 111-114.

nat vom Taschengeld ein gutes Jugendbuch dort zu kaufen, wo die Heftchen gestohlen worden sind, die Bücher zu lesen, einen Aufsatz zu schreiben und die Bücher der Schule zu stiften.[89] Für den durch eine Motorradfahrt verursachten Tod des mitfahrenden Freundes bekommt der Jugendliche auferlegt, ein Jahr hindurch das Grab seines Freundes jeden Sonntag aufzusuchen und einen Blumenstrauß niederzulegen.[90] Und für die „Überlistung" eines Zigarettenautomaten muß der Jugendliche ein halbes Jahr jeden Sonntag zu der Zeit der Tat Zigaretten aus dem Automaten ziehen und sie anschließend im Altersheim vorbeibringen.[91]

Ob diese Handhabung der Weisungen, die Sühne als eine Art Siegelbild der Tat zu gestalten, der richtige Weg ist, wird angezweifelt.[92] Bei einer solchen Vorgehensweise sei zu befürchten, daß der Jugendliche nicht ernst genug genommen und in seinem Bewußtsein für die eigene Würde und in seiner Vorstellung von der Würde des Gerichts und der Autorität des Rechts etwas zerstört werde.[93] Die durch Originalität gekennzeichnete Behandlungsweise könne leicht, wenn sie „Allgemeinbrauch" werde, zusammen mit einer regelmäßig die Pointe verpassenden Zeitungsberichterstattung beim Jugendlichen und in der öffentlichen Meinung zu einer nicht genügend ernsten und klaren oder völlig falschen Auffassung der Jugendgerichtsbarkeit und seiner Aufgabe führen.[94] Es wird sogar von „Irrwegen" gesprochen, die in keiner Weise geeignet seien, das Vertrauen zu dem Jugendgericht, zu der Rechtspflege überhaupt und damit zum Staat zu stärken.[95]

Die aufgezeigte Weisungspraxis ist offensichtlich sehr medienwirksam und zieht große Aufmerksamkeit auf sich - nicht nur in jugendstrafrechtlichen Kreisen, sondern auch außerhalb der Fachliteratur. Aus heutiger Sicht fällt die Unbedachtheit hinsichtlich der inhaltlichen Grenzen im Hinblick auf die rechtliche Stellung des Jugendlichen ins Auge. Die Publizität in der breiten Öffentlichkeit, die in dieser Form bislang unbekannt ist, hat jedoch sicherlich dazu geführt, anderen an der Entscheidungsfindung im Jugendstrafrecht Beteiligten Denkanstöße zu geben und die Weisungen für sie interessanter zu machen, indem die vielfältigen Möglichkeiten verdeutlicht werden. Letztendlich wird dies auch dazu beige-

---

89 Einzelheiten bei *Holzschuh*, Jugendrichter 1957, S. 136-148.

90 *Holzschuh*, Jugendrichter 1957, S. 177-179.

91 *Holzschuh*, Jugendrichter 1957, S. 187f.

92 Vgl. z.B. *Vins*, UJ 1955, S. 97(102): „Womit du denn gesündigt hast, damit sollst du zur Sühne nun Gutes tun" - so einfach sei die menschliche Seele (auch die des Jugendlichen) nicht angelegt; ähnlich auch *Knögel*, NJW 1958, S. 609ff.

93 So *Vins*, UJ 1955, S. 97(98ff.); ähnlich auch *Knögel*, NJW 1958, S. 609(611).

94 So die Befürchtung von *Vins*, UJ 1955, S. 97(103).

95 Vgl. *Knögel*, NJW 1958, S. 609(612).

tragen haben, überhaupt die Fragen nach den Grenzen aufzuwerfen und zu diskutieren, wie es der folgende Abschnitt aufzeigt.

c) Verfassungsmäßigkeit und Grenzen der Weisungen

Bald wird mit zunehmender Energie in der jugendstrafrechtlichen Literatur ein Streit darüber ausgefochten, ob die im Gesetz benannten Weisungen überhaupt verfassungsgemäß sind, beziehungsweise, wo die Grenzen insbesondere der unbenannten Weisungen liegen. Wie in Kapitel 2 dargestellt, wurde die Frage bislang eher verhalten gestellt und die Erziehungsmaßnahmen an der Weimarer Reichsverfassung gemessen, dem Thema aber insgesamt sehr wenig Aufmerksamkeit geschenkt. Grund dafür könnte der Umstand sein, daß die Grundrechte der Weimarer Reichsverfassung häufig nur unverbindliche Programmsätze darstellten und weitgehend unter einem Gesetzesvorbehalt standen. Angesichts dieser Einschränkungsmöglichkeit durch einfache Gesetze lag ein Eingriff jedenfalls nicht auf der Hand.

Das Grundgesetz ist in dem in diesem Kapitel behandelten Zeitraum erst wenige Jahre alt und offenbar ist der Umgang mit den Grundrechten noch ungewohnt. Die grundlegende Diskussion wird angestoßen von *Hellmer* und dreht sich vornehmlich um die Problematik, ob die Weisungen in das Erziehungsrecht der Eltern aus Art. 6 Abs. 2 GG[96], die Freizügigkeit des Jugendlichen nach Art. 11 GG[97], die Berufsfreiheit aus Art. 12 Abs. 2 und 3 GG[98] sowie das Grundrecht auf persönliche Freiheit nach Art. 2 GG[99] eingreifen. Der Aufsatz von *Hellmer*, in dem er diese Fragen zur Diskussion stellt und entsprechende Bedenken äußert, löst eine Welle der Empörung aus. Man könnte fast meinen, ein Aufschrei geht durch das jugendstrafrechtliche Schrifttum, wie es denn jemand wagen könne, dies so neue, moderne und bahnbrechende Gesetz anzuzweifeln.

Mit Ausnahme einzelner Stimmen wird massiv gegen *Hellmer* Stellung bezogen, zum Teil mit aus heutiger Sicht sehr eigentümlich anmutender Argumentation. Die Kernaussagen sind im Folgenden zusammengestellt: Das JGG könne schon deshalb nicht verfassungswidrig sein, weil es in einem förmlichen Rechtssetzungsverfahren eingehend durchgearbeitet worden sei.[100] Dem Bundesgesetz-

96 Vgl. zu den Einzelheiten *Hellmer*, RdJ 1955, S. 137(138f.).
97 S. dazu *Heinen*, 9. Jugendgerichtstag 1955, S. 149(161); *Cohnitz*, RdJ 1955, S. 139(140).
98 Details der Diskussion finden sich bei *Heinen*, 9. Jugendgerichtstag 1955, S. 149(161); *Cohnitz*, RdJ 1955, S. 139(140).
99 Vgl. *Heinen*, 9. Jugendgerichtstag 1955, S. 149(161).
100 So *Müller*, RdJ 1955, S. 143.

geber sei ein solch grober Verstoß nicht zuzutrauen.[101] Auch die Wichtigkeit der Erziehungsmaßregeln für das moderne Strafrecht spreche dagegen, daß die Frage der Verfassungsmäßigkeit übersehen worden sei.[102] Bisher sei noch niemand auf den absurden Gedanken gekommen, die Weisungen des JGG an der Verfassung zu messen, und es bestehe dadurch die Gefahr, die Verfassung abzunutzen, „bevor sie überhaupt im Bewußtsein des Volkes gewachsen ist und ein eigenes Leben entfaltet hat."[103] Für den Augenblick würde die Verfassungswidrigkeit bedeuten, daß zu einem Jugendstrafrecht einer überwunden geglaubten (Straf-) Epoche zurückgekehrt und der gesamte bisherige Fortschritt annulliert würde.[104] Die Ansätze werden als „gedankliche Spielereien in der dünnen Luft der reinen Jurisprudenz ohne konkreten Hintergrund" abgetan[105] oder als Ziel des Verfassers, die neue Erziehungsarbeit und damit den Fortschritt zu „hintertreiben" zugunsten der Jugendgefängnisse und der Jugendarrestanstalten mit „möglichst zackigem Betrieb".[106]

Die Diskussion wird aber auch auf einer sachlicheren Ebene geführt - und trotzdem werden Grundrechtseingriffe relativ schnell ausgeschlossen. Ein Eingriff in Art. 6 GG liege nicht vor, da die Strafgewalt des Staates aus historischen Gründen über der Verfassung stehe, ganz bestimmt aber außerhalb ihres Bereichs, auf einer ganz anderen Ebene.[107] Gegen einen völligen Ausschluß der Eingriffsmöglichkeit des Staates spreche der Wortlaut, Sinn und Zweck von Art. 6 Abs. 2 S. 1 GG, denn den Eltern werde das Elternrecht nur mit der Einschränkung „zuvörderst" und somit nicht ausnahms- und bedingungslos übertragen, und Art. 6 Abs. 2 S. 2 GG unterwerfe die Betätigung der elterlichen Gewalt

101 *Potrykus*, RdJ 1955, S. 145f.

102 So *Riedel*, RdJ 1955, S. 146.

103 Vgl. *Middendorff*, RdJ 1955, S. 141(142), der offensichtlich die (bereits angesprochene) Frage von *Hammerschlag* nach der Vereinbarkeit der Erziehungsmaßregeln mit der Weimarer Reichsverfassung übersieht.

104 So *Müller*, RdJ 1955, S. 143.

105 *Middendorff*, RdJ 1955, S. 141(142).

106 So die Alternativerklärung von *Middendorff*, RdJ 1955, S. 141(142).

107 Vgl. *Middendorff*, RdJ 1955, S. 141: Es habe rechtsprechende Gewalt vor und später neben dem Staat und unabhängig von ihm und seiner Verfassung gegeben. „Historisch gesehen ist die Rechtsprechung nicht von Anbeginn Aufgabe des Staates, wie er in Europa nach dem Verfall des Römischen Reiches entstand. Es gab bereits vorher örtliche und für bestimmte Gemeinwesen tätige Gerichte in den Gauen und in den Standschaften. Jede Gemeinschaft, ob weltlicher oder religiöser Art, empfand und empfindet allgemein das Bedürfnis nach einer Art Gericht." Gegenargumente zu dieser Systembewertung und Einzelheiten bringt *Hellmer*, RdJ 1955, S. 137(138); 235(236).

ausdrücklich der „Wacht“ durch die staatliche Gemeinschaft.[108] Nach der Ansicht *Hellmers* umfaßt dieses Überwachungsrecht aber gerade nicht das Recht des Staates, in das Erziehungsrecht einzugreifen.[109] Ein weiteres Argument ergebe ein Umkehrschluß zu Art. 6 Abs. 3 GG: Dort sei die Trennung des Kindes von der Familie an ganz bestimmte Voraussetzungen geknüpft, und daraus folge, daß der Gesetzgeber andere, mildere Eingriffe gerade nicht an diese Voraussetzungen habe binden wollen.[110] Wieder von anderer Seite wird argumentiert, daß ein Eingreifen immer von den Voraussetzungen des Art. 6 Abs. 3 GG abgedeckt sei.[111]

Auch verfahrenstechnische Fragen würden gegen die Verfassungswidrigkeit von Weisungen sprechen, denn es führe zu einer wesentlichen Beschränkung des jugendgerichtlichen Verfahrens, wenn man die bewährte Weisungsbefugnis einengen würde.[112] Schließlich wird die Ansicht vertreten, daß der Schutz der elterlichen Erziehung dort seine Grenzen finde, wo Dritte durch die strafbaren Handlung des Jugendlichen in ihrem Grundrecht aus Art. 2 GG beeinträchtigt würden.[113]

Im übrigen gelangen selbst die Autoren, die Grundrechtseingriffe bejahen, über eine verfassungskonforme Auslegung des JGG zu einer Vereinbarkeit der Weisungen mit der Verfassung.[114] Mögliche Eingriffe in das Grundrecht des Jugendlichen aus Art. 11 Abs. 1 GG seien von der Schrankenregelung des Abs. 2 GG gedeckt,[115] und mögliche Eingriffe in Art. 2 GG seien über Art. 2 Abs. 2 S. 3 GG gerechtfertigt.[116] Es scheine, daß die Arbeitsauflage gegen Art. 12 Abs. 2 und 3 GG verstoße, weil der Jugendliche durch Jugendarrest zu einer bestimmten Arbeit gezwungen werde; aber auch sie wird nicht grundsätzlich als verfassungswidrig angesehen, da der Hauptzweck nicht die vom Jugendlichen zu leistende Arbeit sei, sondern eine, wenn auch kurz andauernde Freiheitsentziehung, denn

---

108 So *Müller*, RdJ 1955, S. 143(144); *Potrykus*, RdJ 1955, S. 145. Der Begriff „Überwachen“ impliziere aber nicht ein passives Verhalten des Staates; ihm müsse auch eine Eingriffsmöglichkeit zustehen, um überhaupt wirksam überwachen zu können, so *Cohnitz*, RdJ 1955, S. 139; ähnlich auch *Heinen*, 9. Jugendgerichtstag 1955, S. 149(161).

109 Sondern eben nur, es zu überwachen, so *Hellmer*, RdJ 1955, S. 137(138).

110 Vgl. *Cohnitz*, RdJ 1955, S. 139: Abs. 3 sei überflüssig, wenn diese Voraussetzungen bei jedem Eingriff des Staates vorliegen müßten.

111 *Potrykus*, RdJ 1955, S. 145; nach der Ansicht von *Hellmer* (RdJ 1955, S. 235(236)) könne Art. 6 Abs. 3 GG aber gerade nicht generell herangezogen werden, da nicht bei jeder jugendlichen Verfehlung eine drohende Verwahrlosung vorliege.

112 So *Riedel*, RdJ 1955, S. 146.

113 Vgl. *Cohnitz*, RdJ 1955, S. 139.

114 Vgl. die Einzelheiten bei *Hellmer*, RdJ 1955, S. 137(138); S. 235(236). *Cohnitz*, RdJ 1955, S. 139(140).

115 Diese Ansicht vertritt bereits *Heinen*, 9. Jugendgerichtstag 1955, S. 149(161).

116 Vgl. *Heinen*, 9. Jugendgerichtstag 1955, S. 149(161).

der Jugendliche soll als Ausgleich für seine Tat ein Opfer in seiner Freizeit bringen; da die Freiheitsentziehung richterlich angeordnet werde, verletze der Zwang zur Arbeit Art. 12 Abs. 3 GG nicht.[117] Und die Weisungen, eine Lehr- oder Arbeitsstelle anzunehmen oder eine andere als die bisherige zu suchen, seien von Art. 2 GG gedeckt, wenn der bisherige Beruf kausal für die begangene Straftat gewesen sei und damit gerechnet werden müsse, daß der Jugendliche bei Beibehaltung des Berufes rückfällig werde.[118]

Es ist erstaunlich, mit welcher Vehemenz die einzelnen Standpunkte vertreten werden und welche „Diskussionswelle" verbunden mit Empörung über die Fragestellung überhaupt und sehr schneller jeweiliger Reaktion ausgelöst wird. Angesichts der im Ergebnis weitgehenden Übereinstimmung, daß die Weisungen verfassungskonform sind, werden keine gesetzgeberischen Konsequenzen gefordert. Nach einigen wenigen Jahren scheint der Streit ausgeschrieben.[119]

Im Zusammenhang mit der Frage nach der Verfassungsmäßigkeit von Weisungen steht die Problematik, wo die Grenzen in der mannigfachen Auswahl und Ausgestaltung der unbenannten Weisungen zu ziehen sind. Dem JGG 1953 sind hierfür keine Anhaltspunkte zu entnehmen, und im jugendstrafrechtlichen Schrifttum besteht darüber keine Einigkeit. Es wird die These aufgestellt, daß grundsätzlich für jede Weisung die Grenze im Grundgesetz gefunden werden müsse.[120] Enger ist die Aussage, daß „die Grenzen für den Inhalt der Weisungen die Grundrechte der menschlichen Persönlichkeit und der Sittenordnung" bilden sollten.[121] Ferner müßten die Weisungen genügend klar bestimmt und ihre Einhaltung überwachbar sein.[122] Sie sollten im rechten Verhältnis zur Jugendverfehlung stehen, also den Umständen angepaßt werden.[123] Wie bereits angesprochen kann sich der Ansatz, den Inhalt der Weisungen dadurch zu beschränken, daß ihre ausschließliche Bestimmung in der Erziehungsfunktion bestehe und daß ihnen kein repressiver Charakter anhaften dürfe[124], nicht durchsetzen. Dieses

---

117 *Cohnitz*, RdJ 1955, S. 139(140). Er vertritt allerdings die Ansicht, daß die Rechtslage wesentlich klarer sei, wenn die Arbeitsauflage nicht als Weisung, sondern als Zuchtmittel eingeordnet worden wäre, vgl. RdJ 1955, S. 139(140f).

118 So *Cohnitz*, RdJ 1955, S. 139(140).

119 Vgl. die Beurteilung und Zusammenfassung des Diskussionsstandes bei *Burkhardt*, RdJ 1959, S. 177(178ff.)

120 S. *Müller*, RdJ 1955, S. 143(144).

121 Vgl. *Potrykus*, NJW 1954, S. 821(822); *ders.*, RdJ 1955, S. 145; *ders.*, JGG, § 10 Bem. 3; ähnlich *Heinen*, 9. Jugendgerichtstag 1955, S. 149(162) und *Holzschuh*, 9. Jugendgerichtstag 1955, S. 165(171).

122 *Potrykus*, NJW 1954, S. 821(822); *ders.*, RdJ 1955, S. 145; *ders.*, JGG, § 10 Bem. 3.

123 S. *Potrykus*, JGG, § 10 Bem. 3.

124 *Göbel*, NJW 1954, S. 15(16).

Unterscheidungskriterium wird als unrichtig angesehen, da in verschiedenen Legalbeispielen der Weisungen unzweifelhaft wesentliche sühnende Elemente neben den erzieherischen vorhanden seien.[125]

Mittels immer spezifischerer Umschreibungen werden weitere Kriterien für die Grenzziehung bei den Weisungen gesucht. Sie müßten einzelfallbezogen sein und nicht weiter gehen, als es zur Erreichung des zulässigen Zwecks erforderlich sei.[126] Da die Erforderlichkeit bestimmter Erziehungsmaßnahmen schwer überprüfbar sei, sei pflichtgemäßes Ermessen auszuüben,[127] wobei sich die Richter vor einer Überschreitung ihrer Kompetenzen hüten sollten.[128] Weil der Richter Lücken in der elterlichen Erziehung ausfülle, dürfe er nicht weiter gehen, als es verständige Eltern aus gleichem Anlaß tun würden - sie hätten die menschliche Würde und das Recht der Kinder auf Eigenpersönlichkeit zu respektieren.[129] Zu beachten sei, daß sich Grenzen auch aus der erfolgenden außergerichtlichen Reaktion ergeben würden.[130] Zusammengefaßt wird neben den Erfordernissen der Verfassungsmäßigkeit, Verhältnismäßigkeit und Bestimmtheit zusätzlich gefordert, daß die Weisungen verständlich, erfüllbar, zweckbestimmt, zeitlich und inhaltlich bestimmt und in der Rechtssphäre verhaftet seien.[131] Schließlich liege die Schranke einer Weisung dort, wo sie ihres tatvergeltenden Inhalts wegen dem Zuchtmitteltypus „Auferlegung besonderer Pflichten“ zugeordnet werden müsse.[132]

3. *Ergebnis*

Von einer „Erziehungseuphorie“, wie in den letzten Kapiteln beschrieben, kann nicht mehr die Rede sein. Vielmehr wird in dem hier behandelten Zeitabschnitt gezielter nach dem Sinn und Zweck sowie den Umsetzungsmöglichkeiten des Erziehungsgedankens im Jugendstrafrecht gefragt, wobei die Stellung der Erziehung abstrakt kaum diskutiert wird. Insgesamt ergeben sich erhebliche Probleme bei dem Umgang mit den Weisungen. Ein wenig erstaunt der Umstand, daß erst

---

125 So *Potrykus*, RdJ 1955, S. 145.
126 Vgl. die Umschreibung bei *Cohnitz*, RdJ 1955, S. 139(140).
127 So die Vorstellung von *Cohnitz*, RdJ 1955, S. 139(140).
128 Vgl. *Vins*, UJ 1955, S. 97(103).
129 *Heinen*, 9. Jugendgerichtstag 1955, S. 149(162).
130 *Vins*, UJ 1955, S. 97(104) weist in diesem Zusammenhang darauf hin, daß auf die Jugendlichen neben Angst, Scham und Reue auch Maßregelungen durch Eltern und Erzieher, Mißachtung und berufliche Nachteile zukommen würden.
131 Vgl. *Burkhardt*, RdJ 1959, S. 177(179ff.).
132 Zu diesem Ergebnis kommt *Göbel*, NJW 1954, S. 15(16).

jetzt eine Diskussion auf breiter Ebene um eine mögliche Verfassungswidrigkeit der Weisungen aufgenommen wird, denn bereits das JGG 1923 benennt konkrete Erziehungsmaßregeln, und die Weimarer Reichsverfassung enthielt auch einen Grundrechtskatalog. Die Ursachen für diese „späte“ Diskussion um die Verfassungsmäßigkeit liegen wohl darin, daß die Grundrechte der Weimarer Reichsverfassung eine andere Wertigkeit besaßen, als die des Grundgesetzes und daß erst der Erlaß des Grundgesetzes im Jahre 1949 und dann anschließend des JGG 1953 (jedenfalls im jugendstrafrechtlichen Bereich) den Anlaß gegeben hat, das Bewußtsein für den individuellen Grundrechtsträger und die Bedeutung der Grundrechte zu schärfen.

IV. Die Zuchtmittel

Die sogenannten „Zuchtmittel“ werden im JGG 1953 übernommen, ohne daß dieser im Dritten Reich geschaffene Sanktionstyp in Frage gestellt oder grundlegend überarbeitet wird.

1. Allgemeines

Die Zuchtmittel werden in den §§ 13ff. JGG 1953 geregelt. Es gibt entsprechend dem RJGG weiterhin die Verwarnung, die Auferlegung besonderer Pflichten und den Jugendarrest, vgl. § 13 Abs. 2 JGG 1953. Zielsetzung und Rechtswirkung bleiben gleich. Wegen der Stellung der Zuchtmittel zwischen Erziehungsmaßregeln und Strafe bereitet deren Definition auch weiterhin erhebliche Schwierigkeiten.[133]

Bezüglich der Verwarnung zeigt sich eine Tendenz, die man mit vorsichtiger Zurückhaltung und einer gewissen Scheu und Skepsis ihr gegenüber beschreiben kann und die nicht unbedingt dazu beiträgt, daß sie sich als ein in der Praxis gängiges Zuchtmittel durchsetzt.[134]

---

133 Einzelheiten dazu bei: *Potrykus*, JGG, § 13 Bem. 2; *Holzschuh*, 9. Jugendgerichtstag 1955, S. 165(172); *Vins*, UJ 1955, S. 97(98ff.).

134 *Heinen*, 9. Jugendgerichtstag 1955, S. 149(150) bezeichnet sie als „pädagogische Sofort-Strafe“ und nach *Potrykus*, JGG, § 13 Bem. 2 unterscheide sie sich nicht von einer Erziehungsmaßregel.

Die „besonderen Pflichten“ werden nunmehr abschließend aufgezählt.[135] Die Entschuldigungsauflage findet zunächst keinen Anklang[136], und auch die Wiedergutmachung wird nicht - jedenfalls nicht im strafrechtlichen Schrifttum - beachtet. Von der Geldauflage allerdings wird gerade zu jenen Zeiten der Vollbeschäftigung auch bei Jugendlichen häufig Gebrauch gemacht.[137] Dies stößt auf Kritik. Die überragende Rolle der Geldauflage im Verhältnis zur Wiedergutmachung und Entschuldigung finde ihren Grund in der Bequemlichkeit vieler Richter, solle jedoch eher vermieden werden, um beim Jugendlichen nicht den Eindruck zu erwecken, begangenes Unrecht könne durch Geld abgegolten werden.[138] Weiterhin wird als problematisch angesehen, daß häufig der Falsche, nämlich der Erziehungsberechtigte die Geldauflage trage.[139] In jener Zeit lenken die Zuchtmittel mit Ausnahme des Jugendarrests kaum Interesse auf sich.

2. Der Arrest

Das JGG 1953 übernimmt den Jugendarrest aus dem RJGG und behält auch die Möglichkeit bei, den Jugendarrest zur Erzwingung von Erziehungsmaßregeln und Zuchtmitteln anzuordnen.

a) Der Jugendarrest

Nunmehr findet sich die Regelung zum Jugendarrest in § 16 JGG 1953. Dabei wird die Dreiteilung in Freizeitarrest, Kurzarrest und Dauerarrest sowie Höchst- und Mindestdauer aus dem RJGG übernommen. Nach den *RiJGG* ist der Jugendarrest zu verhängen bei nicht allzu schweren Verfehlungen gutgearteter Jugendlicher, die durch eine kurze, strenge Freiheitsentziehung und dem damit verbundenen Zwang zur Selbstbesinnung und Betreuung noch erzieherisch beeinflußbar sind.[140] Die Durchführung des Vollzugs regelt nunmehr § 90 JGG 1953. Um die Gerichte zu einer schnelleren Vollstreckung des Jugendarrests anzuhalten, enthält

135 Dies sind die Wiedergutmachungsverpflichtung, die Pflicht, sich persönlich beim Verletzten zu entschuldigen, sowie die Pflicht, einen Geldbetrag zugunsten einer gemeinnützigen Einrichtung zu entrichten, § 15 Abs. 1 JGG 1953.

136 Vgl. *Potrykus*, JGG, § 15 Bem. 2b).

137 So die Beobachtung von *Potrykus*, UJ 1957, S. 355.

138 Vgl. *Potrykus*, JGG, § 15 Bem. 2c).

139 So *Potrykus*, JGG, § 15 Bem. 2c).

140 *RiJGG* zu § 16 Nr. 1, Amtl. Handausgabe, S. 16; vgl. auch *Potrykus*, JGG, § 16 Bem. 1.

§ 87 Abs. 4 JGG 1953 auch weiterhin ein Vollstreckungsverbot, wenn seit Eintritt der Rechtskraft ein Jahr verstrichen ist.

Zwar soll die Straftat mit dem Jugendarrest gesühnt werden, der erzieherische Zweck aber dennoch im Vordergrund stehen. Der Jugendarrest wird als kurzzeitige Freiheitsentziehung eigener Art gesehen, bei der die Fernwirkung der Strafe vermieden wird, die Sofortwirkung jedoch aufrechterhalten, durch das Verbot bedingter Aussetzung sogar verstärkt.[141] Das entspricht dem Verständnis von dieser Sanktion bereits bei deren Einführung.

Der Jugendarrest scheint sich dann auch als eigenständige Sanktion zu etablieren. Im Jahre 1957 stellt *Jung* fest, daß der Jugendarrest in der Praxis häufig angewendet wird.[142] Nur ab und zu wird das Thema in der Folgezeit wieder aufgegriffen. So wird zum Beispiel die bereits angesprochene „Sanktionslücke" zwischen dem Höchstmaß des Jugendarrests und dem Mindestmaß der Jugendstrafe (nunmehr 6 Monate, § 18 Abs. 1 JGG 1953) auch weiterhin kritisiert.[143] Und die große Zeitspanne, die zwischen Verhängung und Vollzug liege, habe eine nachteilige Wirkung auf die erzieherische Aufgabe des Jugendarrests.[144] Ein weiterer Kritikpunkt ist die Ausgestaltung des Vollzugs. Um den erzieherischen Auftrag zu erfüllen, fehle es an geeignetem Personal; es wird ein pädagogisch ausgestalteter Jugendarrestvollzug gefordert.[145]

Aus alldem folgt, daß die Entscheidung für die Beibehaltung des Jugendarrests als Sanktionsform im JGG 1953 nicht auf einem allgemeinen Konsens über die Einordnung und Wirkung beruht. Die Probleme sind in der Zwischenzeit nicht gelöst worden und auch das JGG 1953 bietet keine umfassende Lösungsmöglichkeit an. Vielmehr herrschen gerade in diesem Bereich große Unsicherheiten.

b) Der Ungehorsamsarrest

Gemäß § 11 Abs. 2 JGG 1953 kann gegen einen verurteilten Jugendlichen Jugendarrest verhängt werden, wenn er den ihm auferlegten Weisungen nicht nach-

---

141 Vgl. *Potrykus*, JGG, § 5 Bem. 3a; § 16 Bem. 1.

142 Vgl. *Jung*, RdJ 1957, S. 83.

143 Vgl. Einzelheiten bei *Potrykus*, JGG, § 16 Bem. 8: Gegen eine Verlängerung der Höchstdauer spreche das Wesen des Jugendarrests, das gerade in der kurzen, heftigen Schockwirkung bestehe; auch die Arrestanstalten seien darauf nicht zugeschnitten. Die „Lücke" könne im Einzelfall mit Hilfe von Erziehungsmaßregeln geschlossen werden, so der Vorschlag von *Potrykus*, JGG, Vorbem. zu § 9.

144 *Jung*, RdJ 1957, S. 83(84) geht von einer Spanne zwischen 40 bis 60 Tagen aus, nach deren Ablauf bei vielen der Anlaß zum Arrest kaum noch gegenwärtig sei.

145 Vgl. *Jung*, RdJ 1957, S. 83(84f.).

kommt. Dies gilt nach § 15 Abs. 3 JGG 1953 bei den besonderen Pflichten entsprechend. Damit wird an die Regelung des § 19 RJGG angeknüpft. Da der Jugendarrest als Erzwingungsmittel immer noch das schärfste Mittel darstellt, soll bei leichten Zuwiderhandlungen eine formlose aber energische Ermahnung oder Zurechtweisung ausreichen.[146]

Immer noch ist auch dieses Institut nicht frei von Problemen in der praktischen Anwendung. Es stellt sich zum Beispiel die Frage, was als „Nichterfüllung“ zu beurteilen ist. Dies müsse anhand des konkreten Einzelfalls geprüft werden.[147] Und die rechtliche und systematische Einordnung dieses Durchsetzungsinstrumentariums ist weiterhin ungeklärt.[148]

3. Ergebnis

Bei den Zuchtmitteln wird die Anknüpfung an das RJGG besonders deutlich. Ohne sie wirklich in Frage zu stellen, wird dieser Sanktionstypus beibehalten. Probleme, wie die Abgrenzung der Zuchtmittel zu den Erziehungsmaßregeln oder die Einordnung des Ungehorsamsarrests, werden durch das neue Gesetz nicht gelöst. Damit zeigt sich gerade bei den Zuchtmitteln, daß das neue Gesetz nicht in jedem Bereich das Ergebnis hinreichend umfassender Reformarbeiten ist. Die sich anschließende Diskussion um den Jugendarrest verweilt weitgehend bei den alten Kritikpunkten und Positionen. Insbesondere finden sich keine neuen Lösungsansätze, weder im JGG 1953 noch in der fachlichen Diskussion.

V. Das Jugendstrafverfahren

Die Vorschriften über das Jugendstrafverfahren finden sich nunmehr in den §§ 43ff. JGG 1953, bringen aber im Ergebnis keine Neuerungen, sondern knüpfen an die Vorschriften der vorherigen Jugendgerichtsgesetze an.

---

146 *RiJGG* zu § 11 Nr. 3, Amtl. Handausgabe, S. 12; vgl. auch *Potrykus*, JGG, § 11 Bem. 7, wie dies auch schon in den RiRJGG geregelt war.

147 Vgl. *Potrykus*, JGG, § 11 Bem. 7.

148 Vgl. die Einzelheiten bei *Potrykus*, JGG, § 11 Bem. 4, der den Ungehorsamsarrest nicht als neuen Tatbestand ansieht, sondern als Ergänzung des eine Weisung erteilenden Urteils und die Möglichkeit zur Durchsetzung desselben gebe.

1. Das förmliche Jugendstrafverfahren

Nach § 1 Abs. 2 i.V.m. Abs. 1 JGG 1953 richtet sich die Zuständigkeit des Jugendgerichts auch weiterhin nach dem Alter zur Zeit der Tat. § 43 JGG 1953 bestimmt wie schon § 28 RJGG, daß der persönliche Hintergrund des Jugendlichen so bald wie möglich nach Einleitung des Verfahrens ermittelt werden soll. Die Vertreter der Jugendgerichtshilfe sollen bereits in diesem frühen Stadium hinzugezogen werden und haben im gesamten Verfahren die Aufgabe, die erzieherischen, sozialen und fürsorgerischen Gesichtspunkte zur Geltung zu bringen, § 38 JGG 1953. Die Verhandlung ist nach § 48 JGG 1953 auch künftig grundsätzlich nicht öffentlich, wobei nach Abs. 3 die Öffentlichkeit zugelassen wird, wenn auch Heranwachsende oder Erwachsene angeklagt sind, in diesem Falle aber die Öffentlichkeit doch wieder im Interesse eines mitangeklagten Jugendlichen ausgeschlossen werden kann.

Es findet sich auch weiterhin der Wunsch in den *RiJGG*, die Berührung von Jugendlichen und nun auch Heranwachsenden mit Erwachsenen in der Verhandlung zu vermeiden.[149] Der jugendliche Angeklagte soll zeitweilig von der Verhandlung ausgeschlossen werden, wenn sich aus den Erörterungen Nachteile für seine Erziehung ergeben könnten (§ 51 JGG 1953). Die Regelung über die notwendige Verteidigung findet sich nunmehr in § 68 JGG 1953 und wurde im Verhältnis zu § 42 RJGG erweitert auf die Fälle, in denen die Hauptverhandlung vor der Jugendkammer stattfindet und wenn zur Vorbereitung eines Gutachtens über den Entwicklungsstand eine Unterbringung in einer Anstalt in Frage kommt. Auch die enge Verknüpfung des Jugendstrafrechts mit dem Vormundschaftsrecht bleibt erhalten. Nach § 34 Abs. 2 JGG 1953 soll der Jugendrichter nach Möglichkeit auch Vormundschaftsrichter sein oder jedenfalls sollen ihm für die Minderjährigen über 14 Jahren die vormundschaftsrichterlichen Erziehungsaufgaben übertragen werden. § 53 JGG 1953 bestimmt, daß dem Vormundschaftsrichter die Auswahl und Anordnung von Erziehungsmaßregeln überlassen werden kann, wenn nicht Jugendstrafe verhängt wird.[150] Schließlich bleibt es auch bei der Anordnung, daß das Strafbefehls-, das beschleunigte Verfahren, die Privatklage und die Nebenklage gegen Jugendliche unzulässig ist, §§ 79f. JGG 1953.

Anknüpfend an die §§ 30 und 31 RJGG bleibt die Möglichkeit erhalten, in bestimmten Konstellationen das Verfahren abzukürzen, zu vereinfachen und zu beenden, ohne daß ein Urteil erlassen wird. Die §§ 45 und 47 JGG 1953 sind inhaltlich differenzierter ausgestaltet als ihre „Vorgänger“.

---

149 *RiJGG* zu § 48 Nr. 4, Amtl. Handausgabe, S. 39.
150 Vgl. zu den Einzelheiten die *RiJGG* zu § 53, Amtl. Handausgabe, S.43.

§ 45 JGG 1953 soll die Reaktionsbeweglichkeit der Staatsanwaltschaft erhöhen und unnötige Hauptverhandlungen vermeiden. Neu ist die ausdrückliche Anknüpfung an ein Geständnis des Jugendlichen. Die früher in § 30 Abs. 2 RJGG vorgesehene Möglichkeit, das Verfahren durch die Staatsanwaltschaft in besonders leichten Fällen ohne Schuldfeststellung einzustellen, kennt das JGG 1953 nicht mehr.[151] Gemäß § 45 Abs. 1 JGG 1953 hat der Staatsanwalt also bei einem geständigen Jugendlichen von der Verfolgung abzusehen, wenn er die Ahndung der Tat für entbehrlich hält und der Richter auf seine Anregung hin bestimmte Maßnahmen, die explizit genannt sind, anordnet. Und nach § 45 Abs. 2 JGG 1953 bedarf es für die Einstellung nicht der Zustimmung des Richters, wenn entweder eine erzieherische Maßnahme bereits angeordnet ist (Nr. 1) oder die Voraussetzungen von § 153 StPO vorliegen (Nr. 2). Zu beachten ist, daß der Begriff „erzieherische Maßnahme" nach Nr. 1 nicht nur die Maßnahmen erfassen soll, die von Organen der Justiz ausgehen, sondern alle, die zur Erziehung von Personen oder Stellen getroffen werden, denen Erziehungsaufgaben dem Jugendlichen gegenüber obliegen.[152] Von einer Einstellung nach Nr. 2 soll nach den *RiJGG* nur selten Gebrauch gemacht werden, da von dem Absehen von der Verfolgung ohne Anordnung irgendeiner Maßnahme eine nachteilige erzieherische Wirkung ausgehe.[153]

Gemäß § 47 JGG 1953 kann nach Anklageerhebung der Richter mit Zustimmung des Staatsanwalts das Verfahren einstellen, wenn er eine Ahndung für entbehrlich hält und Maßnahmen nach § 45 Abs. 1 JGG 1953 anordnet (Ziff. 1), die Voraussetzungen von § 45 Abs. 2 JGG 1953 vorliegen (Ziff. 2) oder der Angeklagte nicht strafrechtlich verantwortlich ist, weil ihm die notwendige Reife fehlt (Ziff. 3). Diese Vorschrift entspricht im wesentlichen der Regelung des § 31 RJGG, wobei auch hier der Angeklagte nunmehr geständig sein muß.

Es besteht keine Möglichkeit, die angeordneten Maßnahmen nach Einstellung des Verfahrens etwa durch Ungehorsamsarrest nachträglich zu erzwingen, da gemäß §§ 45 Abs. 1 S. 2, 47 Abs. 1 Ziff. 1 JGG 1953 die §§ 11 Abs. 2 und 15 Abs. 3 JGG 1953 nicht anwendbar sind.

2. *Reaktionen und Diskussion*

Insbesondere zur Umsetzung des Erziehungsgedankens im Jugendstrafrecht wird - auch weiterhin - die Beschleunigung des allgemeinen Jugendstrafverfahrens als

---

151 Vgl. die Feststellung von *Potrykus*, JGG, § 45 Bem. 1.
152 Vgl. *Potrykus*, JGG, § 45 Bem. 8.
153 *RiJGG* zu § 45 Nr. 2, Amtl. Handausgabe, S. 37.

zentrales Ziel angesehen.[154] Denn es hält sich die These, daß je kürzer die Zeitspanne zwischen Tatbegehung und Sanktionierung, desto größer die Wirkung der Maßnahme ist.[155] Bei einer längeren Zeit zwischen Tatbegehung und Urteilsspruch wird dem Verfahren ein nur noch geringer erzieherischer Wert zugesprochen, weil oftmals die innere Beziehung des Jugendlichen zur Tat verloren gehe und er dann die Sanktionierung nicht verstehe beziehungsweise er sie als mehr oder weniger unverständliches Übel ansehe.[156] Dem Grundsatz der Verfahrensbeschleunigung steht allerdings die Forderung gegenüber, die Persönlichkeit des Jugendlichen von Verfahrensbeginn an zu erforschen, da die jeweilige Maßnahme dann letztendlich um so passender sei.[157] Die Richtlinien zum JGG 1953 räumen - wie bereits die *RiRJGG* - aber dem Beschleunigungsgrundsatz Vorrang ein und regeln ausdrücklich, daß die gebotenen Ermittlungen die schnelle Durchführung des Verfahrens nicht beeinträchtigen darf.[158]

Ebenfalls nicht überraschend schließt das Gesetz auch weiterhin die Öffentlichkeit in der Hauptverhandlung aus. Eine eventuelle Verunsicherung des Jugendlichen durch Anwesende sei der Wahrheitsfindung abträglich.[159] Im Gegensatz zu dem erzieherischen Interesse stehe oft das Interesse der Allgemeinheit an möglichst eingehender Berichterstattung und Teilnahme am Geschehen.[160] Es solle verhindert werden, daß eine breite Öffentlichkeit von den näheren Umständen der Tat erfahre und dadurch das Fortkommen des Jugendlichen erschwert werde.[161] Ebenso solle sich der Jugendliche nicht in der Rolle des „im Mittelpunkt Stehenden“ wohl fühlen.[162] Verfahren gegen Heranwachsende dagegen sind grundsätzlich öffentlich. Ausnahmen ergeben sich - wie im allgemeinen Strafverfahren - aus den §§ 171a, 172 GVG und gemäß § 109 Abs. 1 S. 2 JGG 1953 im Interesse der Erziehung.

An den Regelungen im JGG 1953 über das förmliche Jugendstrafverfahren sind die jugendstrafrechtlichen Diskussionskreise jener Zeit nicht interessiert. Dies liegt an der weitgehend unveränderten Übernahme der Vorschriften aus den

---

154 Vgl. die *RiJGG* zu § 55 Nr. 1, Amtl. Handausgabe, S. 45; so auch *Potrykus*, JGG, § 55 Bem. 1.

155 *RiJGG* zu § 43 Nr. 5, Amtl. Handausgabe, S. 34; vgl. auch *Potrykus*, JGG, § 55 Bem. 1; *BGHSt.* 10, S. 198(199).

156 Vgl. für die wohl allgemeine Meinung nur *Potrykus*, JGG, Vorbem. 2 vor § 43 u. § 55 Bem. 1.

157 So die ebenfalls weitgehend unbestrittene Ansicht, vgl. nur *Potrykus*, JGG, § 43 Bem. 1.

158 Vgl. die *RiJGG* zu § 43 Nr. 5, Amtl. Handausgabe, S. 34.

159 S. *Potrykus*, JGG, § 48 Bem. 1; *Becker*, RdJ 1960, S. 70(71).

160 Vgl. *Becker*, RdJ 1960, S. 70.

161 Vgl. *Potrykus*, JGG, § 48 Bem. 1; *Becker*, RdJ 1960, S. 70(71).

162 Vgl. *Potrykus*, JGG, § 48 Bem. 1; *Becker*, RdJ 1960, S. 70(71).

vorherigen Gesetzen. Vereinzelt trifft man dennoch auf Überlegungen zur praktischen Ausgestaltung des Verfahrens im Detail. So findet sich zum Beispiel der Ansatz, daß zwischen den Anträgen des Staatsanwaltes und des Verteidigers und der gerichtlichen Entscheidung keine zu große Diskrepanz bestehen dürfe, da der Jugendliche dies nicht nachvollziehen könne und der Richterspruch dadurch für ihn entwertet werde.[163] Daher sollten zwischen Staatsanwalt, Verteidiger, Jugendgerichtshelfer und Richter die problematischen Fragen ganz offen erörtert werden, wofür Jugendlicher und Angehörige nach Schluß der Beweisaufnahme auszuschließen seien; die Anwesenheit des Verteidigers hierbei gebe für den Jugendlichen ausreichend Rechtsgarantie.[164] Bei einem solchen Vorschlag fehlt es offensichtlich an einem Bewußtsein für eine gesicherte rechtliche Stellung des Jugendlichen. Eine derartige Praxis findet auch im Gesetz keine Grundlage, denn wie bereits oben dargestellt sind Hauptverhandlungen in Abwesenheit des Jugendlichen nur ausnahmsweise in begründeten Fällen möglich und sollen eigentlich die Ausnahme bleiben.

Auch die Regelung der §§ 45, 47 JGG 1953 werden vereinzelt kritisiert, wie zum Beispiel der Umstand, daß der Jugendrichter nur auf eine geringe Zahl von Maßnahmen festgelegt ist.[165] Es solle aber überprüft werden, ob nicht in stärkerem Umfang als vielerorts üblich auf die Durchführung eines förmlichen Strafverfahrens verzichtet werden könne.[166] Aus erzieherischen Gründen solle auch der nach § 47 ergehende Beschluß nicht auf die bloße Einstellung beschränkt sein, sondern sei grundsätzlich mit einer Ermahnung oder anderen Maßnahmen nach § 45 Abs. 1 S. 1 JGG 1953 zu verbinden, denn der Jugendliche könnte die Einstellung des Verfahrens für einen Freispruch halten.[167]

3. *Das vereinfachte Jugendverfahren*

Auch hier knüpft das JGG 1953 an die Regelung im RJGG an. In den §§ 48ff. RJGG fanden sich erstmals Vorschriften über ein vereinfachtes Jugendverfahren. Diese werden weitgehend übernommen.

Nach § 76 Abs. 1 JGG 1953 kann der Staatsanwalt das vereinfachte Jugendverfahren beantragen, wenn lediglich Weisungen, Schutzaufsicht oder Zuchtmit-

---

163 So die Einschätzung von *Heinen*, UJ 1957, S. 204(209).

164 Nach *Heinen*, UJ 1957, S. 204(209) sei dies bei verschiedenen Gerichten so üblich und er praktiziere dies selbst.

165 Z.B. von *Potrykus*, ZBlJugR 1953, S. 237(239).

166 *Roestel*, NJW 1956, S. 1383(1384).

167 Vgl. *Potrykus*, JGG, § 47 Bem. 3.

tel zu erwarten sind.[168] Ablehnen kann der Richter die Entscheidung im vereinfachten Verfahren, wenn sich die Sache für diese Verfahrensart nicht eignet, § 77 Abs. 1 JGG 1953. Eine Sache eigne sich für das vereinfachte Verfahren zum Beispiel dann nicht, wenn erzieherische Gründe eine Aburteilung gebieten, wenn die Persönlichkeit noch weiter zu erforschen sei oder dies Schwierigkeiten bereite oder wenn der Angeklagte hartnäckig leugne.[169]

Wie in § 50 RJGG ergeht nunmehr gemäß § 78 Abs. 1 JGG 1953 die Entscheidung aufgrund einer mündlichen Verhandlung durch Urteil. Von Verfahrensvorschriften kann abgewichen werden, wenn dies zur Vereinfachung, Beschleunigung und jugendgemäßen Gestaltung des Verfahrens angezeigt ist und dadurch die Erforschung der Wahrheit nicht beeinträchtigt wird, § 78 Abs. 3 JGG 1953. Der Staatsanwalt ist nicht zur Teilnahme an der Verhandlung verpflichtet (§ 78 Abs. 2 JGG 1953). Nach den *RiJGG* ist auch bei der Durchführung des vereinfachten Jugendverfahrens die Gewährung des rechtlichen Gehörs und die Unmittelbarkeit der Beweisaufnahme zwingend.[170]

Das vereinfachte Verfahren wird als eine eigene, dem förmlichen Jugendstrafverfahren gleichartige Verfahrensart, die aber weitgehend von dessen Formvorschriften befreit ist, eingeordnet.[171] Seine Beibehaltung in dem neuen Gesetz wird allgemein begrüßt. In ihm wird die Chance gesehen, der Forderung nachzukommen, der Straftat die jugendstrafrechtliche Reaktion auf dem Fuße folgen zu lassen, indem das Verfahren beschleunigt, vereinfacht und jugendgemäß gestaltet wird. So solle der Jugendstaatsanwalt großzügig davon Gebrauch machen, allerdings nur, wenn Tat und Täterpersönlichkeit noch keine Anzeichen drohender krimineller Verwahrlosung aufweisen würden beziehungsweise durch die schwere Störung der Rechtsordnung das öffentliche Interesse keine Verhandlung mit einem Staatsanwalt fordere.[172] Es sei aber dabei zu bedenken, daß der Verzicht auf den Staatsanwalt eine Verlagerung des Prozesses aus der öffentlichen Sphäre in einen intimeren Bereich bedeute.[173] Der Grundsatz der Verfahrensbeschleunigung werde von einigen Jugendgerichten übertrieben. In der Praxis gebe es Verhaltensweisen, die zwar unter dem Gesichtspunkt der Verfahrensbeschleunigung

---

168 Bei Heranwachsenden tritt an die Stelle der §§ 76 bis 78 das beschleunigte Verfahren der §§ 212ff. StPO.

169 Vgl. die *RiJGG* zu § 76 Nr. 1, Amtl. Handausgabe, S. 57; vgl. auch *Potrykus*, JGG, § 77 Bem. 1.

170 *RiJGG* zu § 78 Nr. 1, Amtl. Handausgabe, S. 58; vgl. auch *Potrykus*, JGG, § 78 Bem. 4.

171 Also gewissermaßen ein Zucht- und Erziehungsverfahren eigener Art, so *BGHSt.* 12, S. 180(182).

172 Vgl. z.B. *Heinen*, UJ 1957, S. 204(205).

173 Vgl. *Heinen*, UJ 1957, S. 204(206).

verständlich, aber unzulässig seien, wie zum Beispiel das Unterlassen der Bekanntgabe von Urteilen an den Staatsanwalt, wenn dieser nicht an der Verhandlung teilgenommen hatte, oder die automatische Annahme der Rechtskraft bei geständigen Angeklagten.[174] Grundsätzlich ist man also dem vereinfachten Verfahren gegenüber positiv eingestellt, aber wie auch in den anderen Bereichen gibt es zu jener Zeit Probleme und Unsicherheiten bei der Umsetzung der gesetzlichen Vorgaben in der Praxis.

4. Ergebnis

Die Vorschriften über das Jugendstrafverfahren orientieren sich weitgehend an den Regelungen des RJGG. Grundlegende Neuerungen sind nicht erkennbar. Das vereinfachte Jugendverfahren findet man ebenso wie die Möglichkeiten, das Verfahren in den verschiedenen Stadien einzustellen. In der Praxis wird aber trotz des Bagatellecharakters der weitaus meisten Delikte Jugendlicher von der Möglichkeit der Reduzierung des Verfahrensaufwands nur sehr begrenzt Gebrauch gemacht.[175] Der gesamte Bereich der Verfahrensvorschriften vermag in der jugendstrafrechtlichen Diskussion kaum Interesse auf sich zu ziehen. Wenn dieses Gebiet ausnahmsweise zur Sprache kommt, werden die grundlegenden Thesen über die erzieherische Wirkungsmöglichkeit des Verfahrens und die Forderungen daran wiederholt, ohne neue Aspekte in die Diskussion einzubringen.

VI. Die an der Entscheidungsfindung beteiligten Personen

Auch weiterhin wird ein besonderes Anforderungsprofil in persönlicher und fachlicher Hinsicht der Jugendrichter, Jugendstaatsanwälte, aber auch der Verteidiger und Schöffen für notwendig erachtet und eingehend diskutiert.

1. Jugendrichter und Jugendstaatsanwalt

§ 37 JGG 1953 ordnet an, daß Jugendrichter und Jugendstaatsanwälte erzieherisch befähigt und in der Jugenderziehung erfahren sein sollen. Damit entfällt das

---

174 Vgl. die Beobachtungen von *Potrykus*, NJW 1956, S. 654(657).

175 Vgl. die Zahlen bei *Pfeiffer*, Kriminalprävention 1989, S. 48 (Einstellungsvorschriften kommen in der Zeit von 1955 bis 1965 nur in 17,3% bis 21,4% aller anhängigen Verfahren zur Anwendung).

in § 24 RJGG genannte Erfordernis der „Erfahrung in der Jugendführung“, also das Element, mit dem typisch nationalsozialistisches Gedankengut verbunden wird. Die Vorschrift bleibt eine bloße Ordnungsvorschrift, deren Nichtbeachtung zum Beispiel eine Revision nicht begründen kann.[176] Nach den *RiJGG* zu § 37 soll bei der Auswahl der Personen in besonderem Maße auf Eignung und Neigung Rücksicht genommen werden, ist ein häufiger Wechsel zu vermeiden und sollen Kenntnisse auf den Gebieten der Pädagogik, Jugendpsychologie, Jugendpsychiatrie, Kriminalbiologie und Soziologie sehr von Nutzen sein.[177]

Auch weiterhin wird über die „richtigen“ charakterlichen Eigenschaften nachgedacht. Neue Ideen lassen sich nicht ausmachen. Die Person des Jugendrichters müsse eine „wohltuende“ Abgeklärtheit, Erfahrung und besondere Menschenkenntnis aufweisen[178] und ein „gerütteltes Maß von theoretischem Wissen und praktischer Erfahrung mitbringen“.[179] Richter werden weiterhin für geeigneter gehalten als Richterinnen, da viele männliche Jugendliche im „Flegelalter“ sich von weiblichen Strafrichtern nicht beeindrucken ließen.[180]

Auch Defizite in fachlicher Hinsicht werden bemängelt und behauptet, die amtierenden Jugendrichter seien nicht hinreichend vorgebildet.[181] Demgemäß seien Spezialausbildungskurse in den Sondergebieten der Jugendkunde beziehungsweise den Hilfswissenschaften notwendig[182], die aber nur zweckmäßig seien, wenn der Jugendrichter das Amt auch längere Zeit ausübe.[183] Nach den Feststellungen des 11. Jugendgerichtstags sei zu jener Zeit (also Ende der 50er Jahre) ein häufiger Wechsel der Jugendrichter in der Besetzung der Stellen kaum noch zu finden.[184]

Weit engagierter und detaillierter als bisher werden konkrete, aber ganz unterschiedliche Vorschläge für eine spezielle jugendrichterliche Ausbildung ausgearbeitet, wie zum Beispiel ein spezieller Ausbildungsgang in Studium, Refe-

176 So bis heute std. Rspr., vgl. *BGHSt.* NJW 1958, S. 639.
177 *RiJGG* zu § 37, Amtl. Handausgabe, S. 30.
178 Vgl. *Potrykus*, JGG, § 37 Bem. 2.; ähnlich *Becker*, RdJ 1955, S. 362(363).
179 So *Becker/Hinrichsen*, RdJ 1955, S. 362(366).
180 So die Ansicht von *Potrykus*, JGG, § 37 Bem. 4, wobei aber die Ausnahme die Regel bestätige.
181 Vgl. *Potrykus*, RdJ 1955, S. 361f.; zustimmend: *Becker/Cohnitz*, RdJ 1955, S. 362(364); *Becker/Hinrichsen*, RdJ 1955, S. 362(367).
182 Vgl. *Potrykus*, RdJ 1955, S. 361(362), dem die von der DVJJ veranstalteten Schulungen auf den sog. Jugendrichterwochen nicht ausreichen.
183 Vgl. *Potrykus*, RdJ 1955, S. 361(362); für eine längere Verweildauer auch *Becker/Cohnitz*, RdJ 1955, S. 362(365) aus.
184 Insoweit scheint sich diese lang erhobene Forderung erfüllt zu haben, vgl. *Mantler*, 11. Jugendgerichtstag 1959, S. 50(53).

rendariat oder beidem[185] oder eine juristisch-pädagogische Ausbildung, bei der bereits während des Studiums einige Gebiete wie Handels- oder Steuerrecht den pädagogisch-psychologischen Studien weichen sollten und die in ein juristisch-pädagogisches Staatsexamen münde, auf das ein auf die Jugendrichtertätigkeit orientierter Referendardienst mit wiederum spezieller Prüfung folge.[186] Von anderer Seite wird eine Spezialausbildung in den anderen Wissensgebieten auf Kosten der allgemeinen juristischen Ausbildung abgelehnt, da diese Ausbildung zu keinem anderen Beruf befähige und die rechtlichen Fragen wegen der Sicherung gegen Fehlurteile nicht vernachlässigt werden dürften.[187] Es genüge daher, den jungen Assessor zunächst als Beisitzer einer Jugendkammer zuzuweisen und ihn durch den Vorsitzenden beurteilen zu lassen.[188] Oder der Arbeit als Jugendrichter solle eine ungefähr fünf Jahre dauernden Betätigung als Jugendstaatsanwalt vorangehen bei einer unteren Altersgrenze von 35 Jahren.[189] Nach wieder anderer Meinung solle es ausreichen, sich vor Antritt des Amtes das erforderliche Wissen anzueignen und Fortbildungsmöglichkeiten in Form von Studienwochen, aber auch durch einen ausreichenden Stand an einschlägiger Literatur bereitzustellen.[190] Der Vorschlag einer Kombination von universitärer Ausbildung und gezielter - aber nicht obligatorischer - Beschäftigung im Referendariat beim Jugendgericht, -kammer, -staatsanwalt und -amt, findet sich auf dem 11. Jugendgerichtstag im Jahre 1959.[191] Es wird aber deutlich gemacht, daß der Jugendrichter in erster Linie die Aufgabe habe, Strafrechtspflege zu betreiben.[192]

Eine völlig neue Sichtweise stellt *Hellmer* zur Diskussion. Er behauptet, daß eine besondere Vorbildung im Sinne einer zusätzlichen theoretischen Ausbildung

---

185 Vgl. *Waldeck*, RdJ 1955, S. 232 vor dem Hintergrund, daß ein vielbeschäftigter Richter kaum die Zeit für Lehrgänge o.ä. finde; dagegen spricht sich *Sell*, RdJ 1956, S. 293 aus, der mehr als den Erwerb psychologischer und erziehungswissenschaftlicher Grundeinsichten während des Studiums für utopisch hält; vgl. schließlich auch die direkte Erwiderung auf *Sell* von *Waldeck*, RdJ 1957, S. 87(88f.).

186 Vgl. *Stettner*, RdJ 1954, S. 297(298f.), der auch weitere Spezialkurse während der Amtszeit vorschlägt.

187 So *Becker/Cohnitz*, RdJ 1955, S. 362(364).

188 S. *Becker/Cohnitz*, RdJ 1955, S. 362(365).

189 So der Vorschlag von *Becker*, RdJ 1955, S. 362(363f.).

190 Vgl. diese Anregungen von *Hinrichsen* (*Becker/Hinrichsen*, RdJ 1955, S. 362(367)) mit dem deutlichen Hinweis, daß die Hauptlast der Fortbildung die Justiz tragen müsse.

191 Vgl. *Mantler*, 11. Jugendgerichtstag 1959, S. 50(54f.).

192 Vgl. *Mantler*, 11. Jugendgerichtstag 1959, S. 50(54), der bei einer zu großen Betonung der Psychologie und Pädagogik Mißgriffe bei richterlichen Entscheidungen befürchtet.

gerade gegen das Gesetz verstoße.[193] Eine Spezialausbildung widerspreche dem Wesen des Richteramts, führe zu einer Verwässerung der einheitlichen Rechtsidee, der er zu dienen habe und verursache eine Ungleichheit in der Stellung der Richter; § 37 JGG 1953 werde allein durch eine Kombination von angeborener Befähigung und durch praktische Übung erworbene Erfahrung gewährleistet.[194] All diese theoretischen Überlegungen finden in der Praxis kaum Niederschlag.

2. *Der Verteidiger in Jugendsachen*

Die Regelung des § 42 Abs. 2 RJGG, wonach auch der Pflichtverteidiger im Jugendstrafverfahren erzieherisch befähigt und erfahren sein sollte, war - wie oben ausgeführt - zunächst auch im *E 1952* enthalten, wird dann aber nicht in das JGG 1953 übernommen. Nunmehr trifft § 68 JGG 1953 die Regelungen zur notwendigen Verteidigung, jedoch nicht zu den Anforderungen an die Person des Verteidigers. Nur noch die *RiJGG* zu § 68 enthalten die Vorgabe, daß der Verteidiger möglichst erzieherisch befähigt und erfahren sein soll.[195]

Die Reaktionen auf diese gesetzliche Neuerung fallen unterschiedlich aus. Eine Seite hält es für einen „eigenartig anmutenden Zustand", daß damit die mitzubringenden Voraussetzungen für den dritten gleichberechtigten Prozeßbeteiligten nicht geregelt werden, was aber gerade wegen der Vernachlässigung des Jugendstrafrechts durch die Anwaltschaft dringend erforderlich sei.[196] Von anderer Seite wird der gesetzlichen Umsetzung zugestimmt, denn wenn der Richter den Verteidiger wegen seiner Nichtbefähigung ausschließen könne, sei er nicht mehr mit den anderen Prozeßbeteiligten gleichberechtigt.[197] Außerdem binde § 142 StPO den Richter bei der Auswahl des Pflichtverteidigers an pflichtgemäßes Ermessen, und dieser werde sowieso nur erzieherisch Befähigte auswählen.[198]

---

193 Vgl. *Becker/Hellmer*, RdJ 1955, S. 362(365f.); dagegen spricht sich entschieden *Middendorff*, RdJ 1956, S. 292 aus, denn die Tendenz *Hellmers* widerspreche den modernen Bestrebungen aller westlichen Länder.

194 Der Einheitlichkeit der Rechtsprechung sei dies nicht dienlich, so *Becker/Hellmer*, RdJ 1955, S. 362(365f.), der dann die richtige Auswahl des Jugendrichter als ein „Wagnis", ein menschliches Problem ohne starre Grenzen der Vorbildung ansieht.

195 *RiJGG* zu § 68, Amtliche Handausgabe, S. 51.

196 Vgl. z.B. *Potrykus*, JGG, § 68, Bem. 3.

197 So die Ansicht von *Cohnitz*, RdJ 1956, S. 196(197) mit dem Hinweis darauf, daß der Nachweis der erzieherischen Befähigung unmöglich sei.

198 Vgl. *Hellmer/Herold*, RdJ 1956, S. 198(201); ähnlich unter Hinweis auf *RiJGG* zu § 68 *Hellmer/Hinrichsen*, RdJ 1956, S. 198(201); bei Wahlverteidigern fordert er das Recht, Rechtsanwälte „ein für allemal vom Auftreten vor den Jugendgerichten auszuschließen", wobei aber Auswüchse selten seien.

In der Tendenz wird also entsprechend der *RiJGG* zu § 68 auch weiterhin ein Pflichtverteidiger gefordert, der erzieherisch befähigt und in der Jugenderziehung erfahren ist.[199] Denn es komme immer wieder vor, daß ungeeignete Verteidiger auftreten, die durch die „jugendwidrige Führung der Verteidigung“ die erzieherische Wirkung des Urteils in stärkstem Maße beeinträchtigen.[200] Die Führung der Verteidigung müsse sich aber in erster Line an erzieherischen Gesichtspunkten orientieren und dürfe nicht auf Freispruch oder milde Bestrafung abzielen.[201] Auch solle er die Eltern zu einem erzieherisch richtigen Verhalten veranlassen[202] oder sie jedenfalls auf Erziehungsfehler hinweisen.[203] Der Wunsch nach einem Jugendverteidiger wird aber als in der Praxis schwer umsetzbar angesehen. Die Aufwendungen zur Erlangung der zusätzlichen Qualifikation machten sich wohl nicht bezahlt.[204] Interessierte Anwälte seien daher zu den für die Jugendrichter vorgesehenen Fortbildungskursen einzuladen.[205]

Schließlich wird auch die gesamte Diskussion in Frage gestellt. Entsprechend der Ansicht, die *Hellmer* zu der Person von Jugendrichter und Jugendstaatsanwalt vertritt, meint er, ein Verteidiger habe zunächst die Pflicht, der Verteidigung wie im Erwachsenenstrafrecht zu genügen und alle entlastenden Umstände vorzubringen - auch wenn sie geeignet seien, erzieherisch ungünstig zu beeinflussen.[206]

3. Die Jugendschöffen

Nunmehr regelt § 35 Abs. 1 JGG 1953 die Wahl von Jugendschöffen, wobei im Anschluß an die frühere Diskussion jeweils die gleiche Anzahl von Männern und

---

199 *Potrykus*, JGG, § 68 Bem. 3; *Becker*, RdJ 1955, S. 362(364) verlangt z.B. ein gewisses Mindestmaß an Vorbildung auf den jugendkundlichen Gebieten.

200 So *Potrykus*, RdJ 1955, S. 361(362); zustimmend: *Cohnitz*, RdJ 1956, S. 196.

201 Die Anwaltschaft sei sich der hohen Bedeutung ihrer Aufgabe vielfach nicht annähernd bewußt, so *Hellmer/Potrykus*, RdJ 1956, S. 198(202); vgl. auch *Cohnitz*, RdJ 1956, S. 196(198), der meint, der Verteidiger dürfe nicht auf Freispruch plädieren, wenn die Schuld des Jugendlichen bekannt sei, da ein ungerechtfertigter Freispruch für den Jugendlichen auf lange Sicht ein Unglück sei.

202 So *Potrykus*, JGG, § 68 Bem. 1.

203 Vgl. *Becker*, RdJ 1955, S. 362(364).

204 S. *Hellmer/Hinrichsen*, RdJ 1956, S. 198(201).

205 *Cohnitz*, RdJ 1956, S. 196(197); zustimmend *Hellmer/Herold*, RdJ 1956, S. 198(201); ähnlich ist auch die Forderung von *Hellmer/Potrykus*, RdJ 1956, S. 198(202f.), der aber auch dafür eintritt, daß die Anwaltschaft selbst Fortbildungskurse abhält.

206 So *Hellmer*, RdJ 1956, S. 198(199).

Frauen zu wählen sind. Die Schöffen sollen nach § 35 Abs. 2 S. 2 erzieherisch befähigt und in der Jugenderziehung erfahren sein. Diese Regelung findet Anklang.[207] Allerdings sei wegen der Gefahr der „Verwässerung des Laienelements" nicht erwünscht, Personen „lediglich" aus pädagogischen und jugendfürsorgerischen Berufen auszuwählen.[208] Weitere Einzelheiten, die diesen Bereich betreffen, werden nicht diskutiert.

4. Ergebnis

Zu der fachlichen und persönlichen Qualifikation des Jugendrichters und Jugendstaatsanwaltes werden in die Diskussion keine neuen Ansätze eingebracht. Erstmals ganz deutlich wird aber darauf hingewiesen, daß es auch Rechte des Jugendlichen gibt, die in einem Strafverfahren, wie es das Verfahren nach dem JGG ist, über den Verteidiger gesichert werden müssen und dies nicht hinter dem Ziel „Erziehung" zurücktreten darf. Die Frage, ob (auch) weibliche Schöffen geeignet oder sogar empfehlenswert sind, ist gesetzlich geklärt.

VII. Zusammenfassung

Der hier behandelte Zeitabschnitt nach Erlaß des JGG 1953 stellt sich als eine Zeit der Ruhe und des Optimismus dar. Es ist ein gespanntes Abwarten spürbar, wie das neue Gesetz in der Praxis aufgenommen wird und wie es sich umsetzen läßt. Die Diskussionspunkte ranken sich um die Anwendbarkeit des Gesetzes, um seine Praktikabilität. Schnell stellt sich aber auch eine gewisse Enttäuschung ein, als bemerkbar wird, daß wenig Neues in das Jugendstrafrecht gebracht wurde. Und die sogenannten „Halbstarkenkrawalle" Mitte der 50er Jahre lassen die einzig wirkliche Neuerung, nämlich die Möglichkeit der Einbeziehung der Heranwachsenden in das Jugendstrafrecht, als wenig effektiv erscheinen. In der Öffentlichkeit entsteht das Bild einer zu milden, nahezu wirkungslosen gesetzlichen Regelung.

---

207 Z.B. von den Teilnehmern des 11. Jugendgerichtstags, vgl. den zusammenfassende Bericht von *Mantler*, 11. Jugendgerichtstag 1959, S. 50(51).

208 Praktische Erfahrungen mit jungen Menschen und ihren Problemen sei jedoch Eignungsvoraussetzung, vgl. *Mantler*, 11. Jugendgerichtstag 1959, S. 50(51).

Kapitel 5 - Die Tendenzen in den 60er und 70er Jahren

Dieser Zeitabschnitt bringt im Verhältnis zum vorangegangenen Kapitel eine wesentlich differenziertere jugendstrafrechtliche Debatte und auch bemerkenswerte neue Ansätze.

I. Überblick über die weitere Entwicklung

Bis Anfang der 60er Jahre wird im jugendstrafrechtlichen Schrifttum hauptsächlich über das JGG 1953 diskutiert und darüber, wie sich die (neuen und auch beibehaltenen) Regelungen am sinnvollsten in der Praxis umsetzen lassen. Dann ist eine Veränderung erkennbar: Nicht mehr das JGG und seine Umsetzung stehen im Vordergrund, sondern die Möglichkeit von Reformen.

Festmachen läßt sich der Einschnitt in der Entwicklung der jugendstrafrechtlichen Diskussion an einer im Jahre 1960 von der Deutschen Vereinigung für Jugendgerichte und Jugendgerichtshilfen (im Folgenden: *DVJJ*) veranstaltete Umfrage. Mit dieser werden Informationen darüber gesammelt, welche Vorschriften sich seit der Geltung des JGG 1953 als änderungsbedürftig erwiesen haben und daher im Zuge der gerade in Angriff genommenen Reform des allgemeinen Strafrechts berichtigt werden sollen. Da das JGG in seiner gegenwärtigen Fassung gerade zehn Jahre in Kraft sei und die „Große Strafrechtsreform" in das Stadium parlamentarischer Beratung eintrete, wird dieser Zeitpunkt als günstig für Änderungsvorschläge angesehen.[1] Die Ergebnisse der Umfrage der DVJJ bilden in der Folgezeit die Arbeitsgrundlage für die Beratungen des „Ausschusses zur Reform des JGG"[2]. Der Ausschuß der DVJJ arbeitet eng mit den Referenten für jugend-

---

1 Vgl. *Schüler-Springorum*, MschrKrim 1964, S. 1f.

2 Der Ausschuß setzt sich zusammen aus Mitgliedern des Vorstandes und des Geschäftsführenden Ausschusses der DVJJ; letzterer besteht wiederum aus Mitgliedern folgender Berufsfelder: Jugendgericht, -staatsanwaltschaft, -strafvollzug, Rechtsanwaltschaft, Jugendkriminalpolizei, -gerichtshilfe, Freie Jugendwohlfahrt, Heimerziehung, Rechtswissenschaft, Jugendpsychiatrie und -psychologie. Hinzugewählt wurden einige besonders fachkundige und erfahrene Vertreter einzelner Wissensgebiete sowie Angehörige noch nicht oder nicht genügend vertretener Berufszweige (z.B. Bewährungshilfe, Sozialpädagogik), vgl. *Schüler-Springorum*, MschrKrim 1964, S. 1(2).

rechtliche Fragen im Bundesjustizministerium und im Bundesministerium für Familie und Jugendfragen zusammen und berät in den Jahren 1961 und 1962 insgesamt dreimal. Auf einer vierten Zusammenkunft am 3. Oktober 1962 wird die Arbeit abgeschlossen. Die Ergebnisse faßt *Schüler-Springorum* im Auftrag der *DVJJ* in einer „Denkschrift über die Reform des Jugendgerichtsgesetzes im Rahmen der großen Strafrechtsreform“ zusammen, die der Ausschuß autorisiert hat und die konkrete Reformvorschläge enthält.[3]

In Zusammenhang mit der Reformarbeit warnt *Sieverts* davor, mit der bevorstehenden Reform einen revolutionären Bruch mit dem bisherigen Gesetzeszustand herbeizuführen und fordert, eine folgerichtige Evolution anzustreben.[4] Denn zunächst müßten zwar die Mängel festgestellt werden, danach sei aber zu fragen, ob sie wirklich auf einem Fehler des Wortlautes oder der Systematik des geltenden Gesetzes oder vielleicht eher auf Schwächen in der Praxis beruhten[5], deren Beseitigung auch zum Beispiel durch Verwaltungsanordnungen der Justizverwaltungen und Jugendbehörden erfolgen könne.[6] Das geltende JGG ermögliche der Praxis ein dem Stand der heutigen Erkenntnis entsprechendes Höchstmaß an Individualprävention gegenüber jugendlichen Delinquenten, und Mängel in der Durchführung und eben nicht des Gesetzeswortlautes seien dafür verantwortlich, wenn diese Möglichkeiten noch nicht überall richtig angewendet und voll ausgeschöpft würden.[7] Auch die *DVJJ* weist darauf hin, daß die Ursachen für die Schwierigkeiten in der Jugendkriminalrechtspflege, die sich in der erhebliche Zunahme der Jugendkriminalität in den letzten Jahren zeigten, eher in einem Finanz- als in einem Rechtsproblem zu finden seien.[8] Das JGG könne daher für unbefriedigende Erfolge in der Bekämpfung der Jugendkriminalität nicht verantwortlich gemacht werden.[9]

Trotzdem schlage eine „Welle der Überbetonung des Strafrechts“ über das Jugendstrafrecht hinweg, was in einem Entwurf zu einem StGB aus dem Jahre 1962 zum Ausdruck komme, wodurch die Gefahr bestehe, daß die „große jugendpsychologische, jugendsoziologische und jugendpädagogische Bewegung, die ihre erste große Frucht im JGG 1923 gebracht habe, nicht mehr genügend Kraft und Elan aufbringe, so daß sich ihr unheilvolle Gegentendenzen entgegen-

---

3 Die Denkschrift ist abgedruckt bei *Schüler-Springorum*, MschrKrim 1964, S. 1ff.

4 *Sieverts*, MschrKrim 1961, S. 222(223).

5 Als Beispiele dafür gibt er an: Überlastung des Personals, ungenügende Vorbildung für die juristischen und sozialpädagogischen Spezialaufgaben, ungenügende finanzielle Sachmittel, Überfüllung der Anstalten.

6 Vgl. *Sieverts*, MschrKrim 1961, S. 222(223).

7 S. *Sieverts*, MschrKrim 1961, S. 222(226).

8 Vgl. *Schüler-Springorum*, MschrKrim 1964, S. 1.

9 *Schüler-Springorum*, MschrKrim 1964, S. 1.

stellen“ würden.[10] Im Jahr 1962 wird dann der 12. Jugendgerichtstag 1962 in Regensburg veranstaltet, auf dem es um die „kriminell stark gefährdeten Minderjährigen“ geht, und im Oktober 1965 findet zu dem Thema „Erst- und Frühkriminalität“ der 13. Jugendgerichtstag in Münster statt. Bald darauf, 1968, wird in Braunschweig der 14. Jugendgerichtstag unter dem Generalthema „Die Jugendkriminalrechtspflege im Lichte der kriminologischen Forschung“ durchgeführt.

Ab Mitte der 60er Jahre kommt die Diskussion im Jugendstrafrecht richtig in Schwung. Man trifft allerdings auf eine Stimmung von Resignation und die unterschwellige Annahme, daß das bestehende jugendstrafrechtliche System nicht funktioniert oder sogar versagt hat. Diese Tendenz führt zu grundlegenden Änderungswünschen. Die Jugendrechtskommission der Arbeiterwohlfahrt legt 1967 Vorschläge für ein erweitertes Jugendhilferecht vor, die ein umfassendes neues Jugendhilfegesetz enthalten, welches an die Stelle bisheriger Jugendgesetze, insbesondere des JWG und des JGG treten soll. Mit diesem erweiterten Jugendhilferecht würde das herkömmliche System völlig umgestaltet. In seinem Generalreferat auf dem 14. Jugendgerichtstag 1968 führt *Schüler-Springorum* zum Stand der Jugendgerichtsbarkeit aus, daß zwar die Neufassung des JGG 1953 einen großen Schritt voran bedeutet habe und auch die Verdienste derer außer Frage stünden, die in der Jugendkriminalrechtspflege tätig seien, daß aber die kriminologische Forschung die Konzeption des Jugendstrafrechts und noch mehr seine bisherige Verwirklichung grundsätzlich in Frage stelle.[11] Er hält zwei der zahlreichen Ursachen für besonders gewichtig, zum einen den chronischen Mangel an persönlichen und sachlichen Mitteln und zum anderen, daß es der Novelle von 1953 wohl doch nicht geglückt sei, die Jugendkriminalrechtspflege hinreichend vom strafrechtlichen Denken zu lösen.[12]

Sowohl das Erste[13] als auch das Zweite Gesetz zur Reform des Strafrechts[14] werden 1969 verabschiedet. Die parallel angestrebte grundlegende Reform des JGG muß zurückstehen und wird dann auch nicht mehr zeitnah erwartet, weil die

10 *Peters*, UJ 1965, S. 289(298).

11 Vgl. *Schüler-Springorum*, MschrKrim 1969, S. 1(13).

12 So die Einschätzung von *Schüler-Springorum*, MschrKrim 1969, S. 1(13f.), wobei letzteres entweder daran liege, daß die Juristen überfordert seien, die Polarität zwischen den Straftatbeständen des StGB und den Rechtsfolgen des JGG durchweg im pädagogischen Sinn aufzulösen oder daran, daß der Begriff „Erziehungsstrafrecht“ selbst ein Unbegriff sei.

13 1. StrRG vom 25.06.1969, BGBl. I, Jg. 1969, S. 654ff.: Die Neuerungen treten überwiegend am 01.04.1970 in Kraft, gelten aber teilweise schon seit dem 01.09.1969.

14 2. StrRG vom 04.07.1969, BGBl. I, Jg. 1969, S. 717ff., welches erst am 01.10.1973 in Kraft tritt.

Strafrechtsreform alle Kraft gekostet habe.[15] Die in Art. 11 des 1. StrRG vorgenommenen Änderungen des JGG liegen im wesentlichen im Bereich der Strafaussetzung, der Entlassung und regeln die Koordination des JGG mit dem neuen StGB.[16] Das 2. StrRG wirkt sich auf das Jugendstrafrecht nicht aus. Das Einführungsgesetz zum Strafgesetzbuch vom 02.03.1974 bringt eine ganze Reihe von Änderungen des JGG mit sich, die jedoch insgesamt keine derartigen Auswirkungen haben, daß sie hier im Detail vorgestellt werden müßten.[17]

Im Jahr 1970 gibt die DVJJ eine „Denkschrift über die Behandlung von kriminell stark gefährdeten jungen Tätern in Vollzugsanstalten" heraus. Die Denkschrift gibt die Ergebnisse der Beratungen einer Kommission wieder, die beauftragt worden war, auf dem Stand der empirischen Forschung und nach den Erfahrungen in der Praxis bestimmte und zugleich in näherer Zukunft realisierbare Forderungen zur Behandlung von kriminell stark gefährdeten jungen Tätern zu formulieren.[18] Anfang der 70er Jahre nimmt sich eine im Auftrag der Bundesregierung tätige Expertenkommission des Themas „eigenständiges Jugendrecht" an, greift die Vorschläge der Arbeiterwohlfahrt auf und konkretisiert sie in dem *DiskussionsE JHG 1973*.[19]

Auch in der folgenden Zeit beunruhigt der Anstieg der Jugendkriminalität, und es wird die Tauglichkeit des JGG in Zweifel gezogen. *Hellmer* weist aber darauf hin, daß auch ein vollkommeneres Jugendstrafrecht den Kriminalitätsanstieg nicht hätte verhindern können, da das beste Jugendstrafrecht nichts bewirken könne, wenn nicht zusätzlich die kriminogenen Faktoren in der Gesellschaft bekämpft und eliminiert würden.[20] Es handele sich ja nur um einen Ausschnitt aus der repressiven Verbrechensbekämpfung und damit könne nicht wirklich in das kriminelle Geschehen eingegriffen werden.[21]

Der 15. Jugendgerichtstag im September 1971 in Heidelberg steht unter dem Gesamtthema „Möglichkeiten und Methoden der Behandlung in der Jugendkriminalrechtspflege". Im Anschluß an diesen Jugendgerichtstag setzt die DVJJ eine Kommission zur Erarbeitung der Grundzüge eines künftigen neuen „Jungtäter-

15 Vgl. die Äußerung von *Thiesmeyer*, RdJB 1970, S. 33.

16 Vgl. die detaillierte Zusammenstellung der Änderungen bei *Thiesmeyer*, RdJB 1970, S. 33(34).

17 BGBl. I, Jg. 1974, S. 469ff.; die Änderungen des JGG finden sich ab S. 525.

18 Vgl. zu Entstehung, Methode und Aufbau der Denkschrift *DVJJ*, Denkschrift 1970, S. 9ff.

19 *BMJFG, DiskussionsE JHG 1973*; vgl. die Stellungnahme der *DVJJ* dazu, verfaßt von *Walter* in ZblJugR 1974, S. 41ff.

20 So *Hellmer*, ZblJugR 1973, S. 42(52).

21 Als Vergleich dürfe nur der Zustand herangezogen werden, der bestehen würde, wenn es das JGG gar nicht gebe, und dann habe die momentane Lage Vorteile, so die Ansicht von *Hellmer*, ZblJugR 1973, S. 42(52).

rechts" ein; konkrete Vorschläge werden aber in der Folgezeit zurückgestellt, weil das zu erwartende neue Jugendhilferecht sehr tief in das Jugendkriminalrecht eingreifen würde.[22] Auf dem 16. Jugendgerichtstag 1975 in Darmstadt wird über die „Jugendgerichtsbarkeit und Sozialarbeit" diskutiert. Der 17. Jugendgerichtstag 1977 in Saarbrücken behandelt „junge Volljährige im Kriminalrecht". Nachdem sich abzeichnet, daß die Zweispurigkeit von Jugendstraf- und Jugendhilferecht beibehalten bleibt, nimmt die „Jungtäterrechts-Kommission" der DVJJ ab November 1974 ihre Arbeit unter abgeänderter Fragestellung erneut auf und veröffentlicht im Jahr 1977 die „Denkschrift über die kriminalrechtliche Behandlung junger Volljähriger". Insgesamt ist also ein deutlicher Anstieg der Aktivitäten im jugendstrafrechtlichen Bereich spürbar, ausgelöst durch eine gewisse Ernüchterung im Hinblick auf die Möglichkeiten des Jugendstrafrechts.

II. Die Altersgrenzen

Insbesondere im Zusammenhang mit der Forderung nach einem einheitlichen Jugendrecht werden die bestehenden Altersgrenzen in Frage gestellt. Man sucht nach Alternativen. Der besondere Augenmerk liegt aber weiter bei den Heranwachsenden.

1. Die absolute Strafmündigkeitsgrenze

Zu Anfang der 60er Jahre besteht wegen der Übereinstimmung mit jugendpsychologischen Erkenntnissen eine breite Akzeptanz der geltende Strafmündigkeitsgrenze von 14 Jahren. Besonders im Zusammenhang mit der Diskussion um ein einheitliches Jugendrecht wird die Diskussion über die bestehenden Altersgrenzen wieder belebt. Zweifel an der Grenzziehung kommen durch die geringe Zahl der im Jugendstrafvollzug befindlichen Delinquenten im Alter unter 16 Jahren auf.[23] Daher wird im Laufe der Zeit immer deutlicher gefordert, eine zweite Grenze der „Bestrafungsmündigkeit" bei 16 Jahren für die Verhängung von Jugendstrafe zu ziehen.[24] Dagegen wird angeführt, es gebe für eine größere Anzahl von Jugendlichen keine alternativen Reaktionsmöglichkeiten zum Jugendstraf-

22 Vgl. das Vorwort bei *DVJJ*, Denkschrift 1977, S. 1f.
23 Vgl. z.B. *Peters*, UJ 1965, S. 289(295).
24 So z.B. ein Grundgedanke der *AWO*, Denkschrift 1967, S. 8.

vollzug[25] und dieser sei auch wegen der Gefährlichkeit bestimmter Straftaten Jugendlicher für die Allgemeinheit zu berücksichtigen.[26]

Noch weiter geht und ausdrücklich wieder aufgegriffen wird die Forderung nach Anhebung der Strafmündigkeitsgrenze insgesamt auf das 16. Lebensjahr. So enthält zum Beispiel § 11 des *DiskussionsE JHG 1973* die Regelung, daß das JGG erst gelten soll, wenn ein Jugendlicher nach Vollendung des 16. Lebensjahres eine Straftat begeht und wenn Erziehungshilfen nicht mehr gewährt werden dürfen oder keinen Erfolg mehr versprechen.[27]

Die Argumente sind nicht neu. Es wird behauptet, daß im Durchschnitt die in § 3 JGG 1953 vorausgesetzte Reife erst mit dem 16. Lebensjahr eintrete, insbesondere weil der Schulabschluß vielerorts ein bis zwei Jahre nach hinten verlegt worden sei und weil die entwicklungspsychologische Forschung einen Entwicklungsabschnitt bei Eintritt des 16. Lebensjahres ergeben habe.[28] Angesichts der Reformen im allgemeinen Strafrecht zu jener Zeit wird den Forderungen wenig Erfolg zugesprochen, zumal aufgrund der zunehmenden Schwere der „Kinderkriminalität" auch der Ruf in der Öffentlichkeit nach Herabsetzung der Strafmündigkeitsgrenzen auf das vollendete 12. Lebensjahr laut wird.[29] Und so bleibt es bei der 14-Jahres-Grenze.

2. *§ 3 JGG - Reifebeurteilung*

In dieser Zeit wird auch weiterhin die Frage gestellt, anhand welcher Kriterien die Reife eines Jugendlichen zu beurteilen ist. In der praktischen Umsetzung wird die Reifebeurteilung nach § 3 als ähnlich problematisch angesehen, wie die Beurteilung der Reife von Heranwachsenden nach § 105 JGG 1953. Die Handhabung des § 3 JGG scheine dem Sachverständigen und damit dem von ihm berate-

---

25 Vgl. *Thiesmeyer*, ZblJugR 1978, S. 7(19); ähnlich auch schon *Sieverts*, MschrKrim 1961, S. 222(225), der vorschlägt, den Hinweis, bei dieser Altersgruppe mit der Jugendstrafe besonders zurückhaltend zu sein, nicht in das JGG, sondern nur in die RiJGG aufzunehmen.

26 *Thiesmeyer*, ZblJugR 1978, S. 7(19).

27 *BMJFG*, DiskussionsE JHG 1973, S. 16; vgl. auch die Begründung auf S. 78f.; § 11 sieht in einer Ziff. 2 die Anwendung des JGG nach Vollendung des 16. Lebensjahres erst vor bei einer besonders schweren Tat und der erforderlichen sittlichen und geistigen Reife; geteilter Ansicht ist man in der *DVJJ* zu diesem Vorschlag, vgl. *Walter*, ZblJugR 1974, S. 41(45)

28 Diese Argumente werden z.B. im Zusammenhang mit der Großen Strafrechtsreform diskutiert, vgl. *Sieverts*, MschrKrim 1961, S. 222(225).

29 So die Einschätzung von *Thiesmeyer*, ZblJugR 1978, S. 7(19).

nen Richter einen oft fast an Willkür grenzenden Spielraum zu bieten.[30] Und von Sachverständigenseite wird eingewandt, daß sich trotz aller ergänzenden Erläuterungen mit den Kriterien „Willensbestimmbarkeit, Willensbildungsfähigkeit u.s.w." kein psychologisch rekonstruierbares Reifebild umschreiben lasse und es daher völlig ausgeschlossen sei, Abweichungen von der Norm (Reifeeintritt mit 14 Jahren) zu bestimmen.[31] Dementsprechend wird die Berechtigung des § 3 JGG im Rahmen der modernen Jugendgerichtsbarkeit bezweifelt und die Abschaffung gefordert.[32] Das Jugendstrafrecht habe sich sowieso zu einem fast reinen Erziehungsrecht gewandelt und biete eine so breite Skala von Einwirkungsmöglichkeiten, daß auch dem noch so unreifen Jugendlichen ohne weiteres Gerechtigkeit zuteil werden könne.[33] *Schaffstein* ist dagegen der Ansicht, daß das Jugendstrafrecht keineswegs reines Erziehungsrecht sei, und er könne sich daher der Forderung nach Abschaffung - jedenfalls wenn Jugendstrafe in Betracht komme - nicht anschließen.[34] Jedoch ist er für die Abschaffung des § 3, soweit es Erziehungsmaßregeln und Zuchtmittel betrifft.[35] Ein weiterer Sachverständiger ist wiederum Ansicht, daß in den meisten Fällen zumindest in negativer Hinsicht eine empirisch-psychologische Aussage über die Strafmündigkeit getroffen werden könne.[36] Aber auch er tritt für die Abschaffung von § 3 JGG ein. Diese Vorschrift sei für einen Kinder- und Jugendpsychiater äußerst unbefriedigend, insbesondere weil sich „juristisch unerlaubte Nebengedanken" vom Ergebnis her bei seiner Begutachtung einschleichen würden.[37] Legt man die Äußerungen im Schrifttum zugrunde, ist hier der Trend nicht die Forderung nach Reformen, sondern nach kompletter Abschaffung der Vorschrift – wohl mit der Konsequenz, daß auch auf strafbare Handlungen von Kindern mit Jugendstrafrecht reagiert werden soll.

30 Kritisiert *Schaffstein*, ZStW 77 (1965), S. 191(196).
31 S. *Bresser*, ZStW 74 (1962), S. 579(592).
32 Vgl. *Bresser*, ZStW 74 (1962), S. 579(594).
33 So *Bresser*, ZStW 74 (1962), S. 579(590f.).
34 Insbesondere auf die Feststellung einer den Schuldvorwurf zulassenden Reife als Voraussetzung der Jugendstrafe könne nicht verzichtet werden, so *Schaffstein*, ZStW 77 (1965), S. 191(196).
35 Dazu näher bei *Schaffstein*, ZStW 77 (1965), S. 191(206ff.).
36 *Lempp*, RdJB 1972, S. 326(327ff.); vgl. dort auch eine Zusammenfassung zum Stand der Diskussion.
37 So *Lempp*, RdJB 1972, S. 326(330), der insgesamt die Abschaffung des Jugendstrafrechts zugunsten eines einheitlichen Jugend(konflikt)rechts befürwortet.

3. Die Heranwachsenden

Die Heranwachsenden bilden einen zentralen Gegenstand der Reformdiskussion in den 60er und 70er Jahren.

a) Diskussionspunkte der Arbeitstagung der DVJJ (Denkschrift 1964)

Bereits in der Einleitung wurden die Reformarbeit der DVJJ Anfang der 60er Jahre vorgestellt. Wesentliche Thematik der Dialoge im „Ausschuß zur Reform des JGG" bilden die Heranwachsenden. Die Forderung nach der generellen Anwendung von Jugendstrafrecht auf Heranwachsende wird zum einen begründet mit der Tendenz in der Praxis, die straffälligen Heranwachsenden nahezu ausnahmslos dem Jugendstrafrecht zuzuweisen.[38] Auch machten Gutachter übereinstimmend geltend, daß das Alter von 18 Jahren weder biologisch noch medizinisch als Zäsur haltbar sei.[39] Außerdem gebe es keine Unerziehbarkeit bei Menschen unter 21 Jahren.[40] Die DVJJ fordert daher:[41] Wegfall der Reifeprüfung, Differenzierungen je nach Persönlichkeitsstruktur in Bezug auf die konkreten Rechtsfolgen, nicht bezüglich des anzuwendenden Strafrechts, einfache Regelungen.

Für die Umsetzung dieser Forderungen werden verschiedene Ansätze diskutiert, wie zum Beispiel die „Umkehrung des § 105", also die Anwendung des allgemeinen Strafrecht als Ausnahme zu konzipieren, was aber aus Praktikabilitätsgründen von den Teilnehmern der Tagung einhellig abgelehnt wird.[42] Der weitere Vorschlag, ein „eigenes Jungtäterrecht" zu schaffen, erfordere eine ganze Kategorie neuer Sondernormen, würde das Strafrecht insgesamt erheblich komplizieren und wird daher ebenso wieder verworfen.[43]

Nach dem Ergebnis der Tagung verbleibt daher allein die Lösung, die Heranwachsenden generell dem JGG zu unterstellen und für diese Gruppe bei der Anwendung Modifikationen vorzunehmen. Die Bestimmung dieser Modifikationen bereitet allerdings wiederum erhebliche Schwierigkeiten. Diskutiert wird zum Beispiel ein besonderes Strafmaß über 10 Jahre Jugendstrafe hinaus bei

38 Vgl. *Schüler-Springorum*, MschrKrim 1964, S. 1(5).

39 So *Schüler-Springorum*, MschrKrim 1964, S. 1(5); das Ergebnis könne also sowieso nur eine „Scheinexaktheit" darstellen.

40 *Schüler-Springorum*, MschrKrim 1964, S. 1(6).

41 Vgl. die Zusammenfassung bei *Schüler-Springorum*, MschrKrim 1964, S. 1(6f.).

42 Weil dies wieder eine Reifeprüfung erfordere und dafür keine befriedigenden Abgrenzungskriterien zu Verfügung stünden, vgl. *Schüler-Springorum*, MschrKrim 1964, S. 1(8f.).

43 S. *Schüler-Springorum*, MschrKrim 1964, S. 1(7).

Straftaten mit schwerster Schuld.[44] Daneben werden Sonderbestimmungen für Täter angeregt, bei denen die Maßnahmen des geltenden JGG nicht genügen, um den Zweck der jugendkriminalrechtlichen Reaktion zu erreichen; dem entsprechend könnten auch Maßregeln der Besserung und Sicherung aus dem allgemeinen Strafrecht für anwendbar erklärt werden.[45] Die Einführung einer Art Geldstrafe wird nicht befürwortet, weil Zuchtmittel und Weisung bereits die Möglichkeit eröffnen, Geldbußen anzuordnen.[46] Auch solle für Heranwachsende die „Lücke" zwischen Jugendarrest und Jugendstrafe verkleinert oder geschlossen werden.[47] Schließlich wird vorgeschlagen, bei hartnäckig Rückfälligen die Möglichkeit der Anordnung von Gefängnis- anstelle von Jugendstrafe zu schaffen.[48] Als Ergebnis der Tagung legt die DVJJ konkrete Reformvorschläge zu den einzelnen Bestimmungen des JGG vor, in denen die Heranwachsenden in das Jugendstrafrecht einbezogen werden.[49]

b) Kritik und Reformforderungen

Auch in großen Bereichen der jugendstrafrechtlichen Literatur wird das Thema „Heranwachsende" diskutiert. Zentraler Punkt ist hier ebenfalls die Reifeentscheidung nach § 105 Abs. 1 Ziff. 1 JGG 1953. Es festigt sich die Ansicht, daß sich eine solche Formel nicht für die in ihren Folgen schwerwiegende Grenzziehung zwischen Jugend- und Erwachsenenstrafrecht eignet.[50] Der durchschnittlich entwickelte 18jährige sei kein bereits „fertiger" und „reifer" Mensch, so daß kriminelle Verfehlungen bei ihm nicht mehr oder doch nur in Ausnahmefällen als

44 Die erzieherische Einwirkung könne dieses Strafmaß jedoch nicht mehr begründen; vielmehr müsse die Erhöhung mit der Notwendigkeit einer gewissen Härte begründet werden und zwar über Sühne und Generalprävention, die „Optik" und die Rücksicht auf die öffentliche Meinung, also Strafzwecke, die dem JGG sonst fremd seien, vgl. *Schüler-Springorum*, MschrKrim 1964, S. 1(9f.).

45 S. *Schüler-Springorum*, MschrKrim 1964, S. 1(11).

46 S. *Schüler-Springorum*, MschrKrim 1964, S. 1(11).

47 Mittels Anhebung der Höchstgrenze für Jugendarrest auf acht Wochen, vgl. *Schüler-Springorum*, MschrKrim 1964, S. 1(11ff.).

48 Vgl. *Schüler-Springorum*, MschrKrim 1964, S. 1(13f.): Auch dies wird wieder verworfen, weil die Erkenntnismöglichkeiten des Richters in der Hauptverhandlung nicht ausreichen würden, um die Frage der geeigneten Vollzugsart wirklich persönlichkeitsbezogen zu entscheiden und mit den Termini „Eignung" und „Nichteignung" keine befriedigenden Ergebnisse gefunden werden könnten.

49 Vgl. die Einzelheiten bei *Schüler-Springorum*, MschrKrim 1964, S. 1(16ff.).

50 Vgl. z.B. *Sieverts*, MschrKrim 1961, S. 222(228); *Schaffstein*, Heranwachsende 1962, S. 130(134); *Asbrock*, ZRP 1977, S. 191(192); aus Gutachtersicht *Bresser*, Festschrift für Schaffstein 1975, S. 323(324ff.) m. w. N.

reifebedingte Entgleisungen angesehen werden dürften.[51] Es sei festzustellen, daß die im Sinne des Gesetzes altersgemäß entwickelten Heranwachsenden viel eher und viel wirksamer durch die Maßnahmen des JGG „gebessert" würden, als die unreif erscheinenden.[52] Wie schon in den vorherigen Jahren wird immer wieder kritisiert, daß aus praktischen Erwägungen Jugendstrafrecht häufiger bei schwereren Straftaten und Erwachsenenstrafrecht vermehrt bei den leichteren Verfehlungen angewendet wird.[53] Neben den bereits genannten Gründen scheine das Gericht wohl vor den zu hohen Mindeststrafen des allgemeinen Strafrechts zurückzuschrecken und umgekehrt scheine sich bei der kleineren und mittleren Kriminalität das Bedürfnis zu zeigen, aus Sühnegründen (Erwachsenen)Strafe zu verhängen.[54] Wiederholt wird auch die Auffassung, daß in dieser Praxis eine Gefährdung, wenn nicht sogar eine Verletzung des Gleichbehandlungsgebots liege.[55]

Ebenso wird die Verbesserung des Heranwachsendenrechts diskutiert. Eine Extremposition, nämlich die Rückkehr zu dem Rechtszustand vor 1953, als das Jugendstrafrecht noch nicht auf die Heranwachsenden anwendbar war, nimmt dabei aber niemand ein.[56] Nach Ansicht von *Sieverts* bestehe bei „allen erfahrenen Praktikern der Jugendkriminalrechtspflege, aber auch in der Wissenschaft Einmütigkeit darüber, daß grundsätzlich alle heranwachsenden Täter" dem Jugendstrafrecht zu unterstellen seien mit Ausnahme der wenigen Fälle der extrem Frühreifen, wenn sie erhebliche Straftaten begangen hätten.[57] Ob tatsächlich eine solche einmütige Stimmung auszumachen ist, darf bezweifelt werden. So meint zum Beispiel *Schaffstein*, daß gegen die generelle Anwendung des Jugendstrafrechts die gleichen Bedenken aufgeworfen werden, die bereits 1953 den Gesetzgeber diesbezüglich negativ gestimmt hätten.[58] Und gegen die „Umkehrung des § 105"

---

51 S. *Schaffstein*, Heranwachsende 1962, S. 130(140).

52 So *Bresser*, Festschrift für Schaffstein 1975, S. 323(329).

53 Um noch einmal die Ursachen dieser Praxis zu wiederholen: Bei der Aburteilung von schweren Delikten werden viel häufiger Sachverständige mit dem Hang zur Anwendung von Jugendstrafrecht herangezogen, als bei leichten Delikten, und die leichteren Delikte werden wiederum häufig im Strafbefehlsverfahren erledigt, was die Anwendung von Erwachsenenrecht voraussetze, vgl. zu den Einzelheiten *Schaffstein,* 10. Jugendgerichtstag 1959, S. 16(24); *ders.*, Heranwachsende 1962, S. 130(137ff.).

54 Vgl. *Schaffstein,* Heranwachsende 1962, S. 130(137f.).

55 *DVJJ*, Denkschrift 1977, S. 3.

56 So auch die Einschätzung von *Schaffstein,* Heranwachsende 1962, S. 130(139).

57 *Sieverts*, MschrKrim 1961, S. 222(228f.), was nicht zu einer „lascheren Behandlung", sondern zu einer nicht nur einfacheren, sondern auch sehr viel folgerichtigeren, intensiveren und konstruktiven Behandlung dieser Altersgruppe führe.

58 Vgl. *Schaffstein,* Heranwachsende 1962, S. 130(141).

spreche außerdem, daß dies nicht die problematische Reifeentscheidung umgehe.[59] Auch findet sich der Vorschlag wieder, bei grundsätzlicher Unterstellung der Heranwachsenden unter das Jugendstrafrecht speziell für sie das Rechtsfolgensystem zu erweitern, wobei die unterschiedlichen Reifegrade die Differenzierung begründen. Auch dieser Vorschlag sei nicht wirklich brauchbar, da sich dabei ebenfalls die Frage nach den Kriterien stelle.[60]

Schaffstein resigniert und zieht aus der gesamten Diskussion den Schluß, daß wohl jede differenzierte Lösung bereits aus Praktikabilitätsgründen abzulehnen sei und daher die generelle Anwendung des Jugendstrafrechts auf alle Heranwachsenden der einzig gangbare Weg zu sein scheine.[61]

Vereinzelt enthält der Dialog aber auch neue Ansatzpunkte, wie zum Beispiel den, bei der Anwendung von Jugendstrafrecht die Ausnahmen im Vollstreckungs- und Vollzugsrecht und nicht im materiellen Recht vorzusehen, indem ausnahmsweise bei Nichteignung des Heranwachsenden für den Jugendstrafvollzug der Vollstreckungsleiter die Überweisung in die Jungmännerabteilung des allgemeinen Strafvollzugs anordnen solle.[62] Allerdings trifft der Vorschlag kaum auf Resonanz.

Die sich 1972 abzeichnende Herabsetzung der Volljährigkeitsgrenze von 21 auf 18 Jahre läßt den inzwischen favorisierten Vorschlag, Heranwachsende insgesamt dem Jugendstrafrecht zu unterstellen, wiederum fraglich erscheinen. Insbesondere ergebe sich das Problem, ob bei Volljährigen Erziehungsmaßregeln, Erziehungsbeistandschaft und Fürsorgeerziehung überhaupt noch angeordnet werden dürften.[63]

Demgegenüber wird aber auch über die Anhebung der Obergrenze über 21 Jahre hinaus nachgedacht.[64] Als Mitte der 70er Jahre dann tatsächlich das (zivilrechtlichen) Volljährigkeitsalter auf 18 Jahre herabgesetzt wird,[65] erhebt man prompt die Forderung, doch wieder alle Heranwachsenden dem allgemeinen

---

59 S. *Schaffstein*, Heranwachsende 1962, S. 130(144).

60 Vgl. auch die Einzelheiten zu den Differenzierungsmöglichkeiten bei *Schaffstein*, Heranwachsende 1962, S. 130(144ff.).

61 Vgl. *Schaffstein*, Heranwachsende 1962, S. 130(148).

62 *Sieverts*, MschrKrim 1961, S. 222(229) sieht dies als individualpräventiv angemessenste, aber auch am meisten gerechte Lösung des Ausnahmeproblems an.

63 Es handele sich eigentlich vorwiegend um Maßnahmen des Jugendwohlfahrtsrechts, so *Thiesmeyer*, RdJB 1972, S. 339ff.(341).

64 Vgl. die Überlegungen hierzu bei *Thiesmeyer*, RdJB 1972, S. 339(341f.), der persönlich eine Grenze bei etwa 24 Jahren am ehesten für realisierbar hält; vgl. auch *Asbrock*, ZRP 1977, S. 191(194).

65 Vgl. Art. 1 Nr. 1 des Gesetzes zur Neuregelung des Volljährigkeitsalters vom 31.07.1974, BGBl. I, Jg. 1974, S. 1713.

Strafrecht zu unterstellen.[66] Wie zu erwarten, wird dagegen im jugendstrafrechtlichen Schrifttum heftig Protest erhoben und die Weiterentwicklung in die andere Richtung, weg vom Erwachsenenstrafrecht gefordert.[67] Die Forderungen gehen so weit, daß Bedarf nach einem - wie es nun genannt wird - eigenständigen „Jungtäterrecht" unter Abschaffung der §§ 105ff. JGG 1953 angemeldet wird.[68] Unter diesem Begriff verbirgt sich kein ausgearbeitetes Konzept, sondern die Überlegung, für Delinquenten ab 18 Jahren ein eigenes Recht zu schaffen; schon zur Obergrenze gibt es unterschiedliche Vorstellungen und die Altersgrenzen von 21, 25 oder 27 Jahren sind im Gespräch.[69] Es müsse ein Katalog von Maßnahmen gefunden werden, die bei diesen „Jungtätern" wegen ihrer Prägbarkeit in besonderem Maße anwendbar, bei Volljährigkeit auch rechtlich zulässig und nicht zu eng gefaßt seien, und auch die Verfahrens- und Vollstreckungsvoraussetzungen müßten angepaßt werden.[70] Die DVJJ entscheidet sich in der Denkschrift aus 1977 aus praktischen Erwägungen ausdrücklich gegen ein solches Jungtäterrecht und fordert die einheitliche Unterstellung der Heranwachsenden unter das Jugendstrafrecht mit Anpassung des Rechtsfolgensystems an die jungen Volljährigen.[71] Es bedürfe keines eigenständigen neuen Strafrechtssystems, welches weitere Komplikationen mit sich bringe.[72] Auf dem 17. Jugendgerichtstag erinnert *Kreuzer* an den Willen des Gesetzgebers von 1953, § 105 lediglich eine Übergangsfunktion zukommen zu lassen; nachdem reichlich Erfahrungen gesammelt worden seien, müsse nun der zweite Schritt getan und die Heranwachsenden entsprechend dem Vorschlag der DVJJ in ein modifiziertes Jugendstrafrecht einbezogen werden.[73] Auf jenem Jugendgerichtstag spricht sich dann auch der

---

66 So z.B. *Bresser*, Festschrift für Schaffstein 1975, S. 323(330f.) m. w. N., evtl. mit Anpassung des Strafrahmens an das junge Lebensalter.

67 Vgl. z.B. *Schaffstein*, MschrKrim 1976, S. 92(95ff.; 100f.) m. w. E.; auch *Asbrock*, ZRP 1977, S. 191(193).

68 Vgl. *Schaffstein*, MschrKrim 1974, S. 325(329); *Thiesmeyer*, RdJ 1972, S. 339(341f.); *Becker*, RdJB 1974, S. 129(131ff.) sieht das „Jungtäterrecht" als ein „Gebot der Stunde"; vgl. auch *Asbrock*, ZRP 1977, S. 191(193f.).

69 Vgl. im einzelnen dazu z.B. *Becker*, RdJB 1974, S. 129(132ff.).

70 Vgl. Einzelheiten zur Ausgestaltung bei *Thiesmeyer*, RdJB 1972, S. 339(342); *Schaffstein*, MschrKrim 1976, S. 92(104ff.); *Asbrock*, ZRP 1977, S. 191(195).

71 So die zentrale Forderung der *DVJJ*, Denkschrift 1977, S. 8f.; zu dem Rechtsfolgensystem s. S. 15ff., vgl. dort insbes. die Ausführungen zu den ambulanten Maßnahmen, S. 48ff. und schließlich auch die verfahrensrechtlichen Vorschläge, S. 60ff. Zu einigen Details der Verfahrens- und Reaktionsmodelle bezieht *Kreuzer* kritisch Stellung (in: MschrKrim 1978, S. 1(15ff.)).

72 S. *DVJJ*, Denkschrift 1977, S. 8.

73 *Kreuzer*, MschrKrim 1978, S. 1; vgl. dort (S. 2ff.) auch die Einzelheiten zu der Kritik an diesem Vorschlag sowie die Argumente , die für eine Einbeziehung (S. 4ff.) sprechen, auf deren Wiederholung hier verzichtet wird.

Arbeitskreis I einstimmig für die generelle Ausdehnung des Jugendstrafrechts auf alle Heranwachsenden aus.[74]

4. Ergebnis

Die Diskussion um eine Änderung der absoluten Strafmündigkeitsgrenze wird weiterhin geführt, jedoch bewirkt sie keine grundlegenden Änderungen in Gesetz oder Praxis. Bei der Reifebestimmung nach § 3 JGG ist man inzwischen zu ähnlichen Problemen gelangt, wie sie sich bei § 105 JGG stellen; aus Gutachtersicht wird daher sogar die Abschaffung der Reifeprüfung gefordert. Zum Thema Heranwachsende spürt man zu Beginn des hier behandelten Zeitabschnitts Resignation. Wiederbelebt wird das Interesse durch die Änderung des Volljährigkeitsalters im Zivilrecht. In dem sich daran anschließenden Meinungsaustausch zeichnen sich zwei Hauptströmungen ab: Zum einen, die Heranwachsenden generell in das bestehende Jugendstrafrecht einzubeziehen, gegebenenfalls mit einigen Modifikationen; zum anderen die Schaffung eines eigenständigen Jungtäterrechts, über dessen Ausgestaltung aber kaum detaillierte Vorstellungen existieren. Die Diskussion kreist immer wieder um die gleichen Probleme.

III. Die Erziehung im Jugendstrafrecht

Drehte sich die Diskussion im Zeitabschnitt des vorangegangenen Kapitels im wesentlichen um die Verfassungsmäßigkeit und Grenzen der Weisungen, zieht nunmehr (wieder) das Verhältnis von Erziehung und Strafe die Aufmerksamkeit auf sich, wobei die Frage nach der Herauslösung des JGG aus dem strafrechtlich geprägten Gesamtzusammenhang und einem einheitlichen Jugendrecht im Vordergrund steht.

1. Erziehung / Erziehungsmaßregeln

Das Verhältnis von Erziehung und Strafe (ohne die Verknüpfung mit der Frage nach einem einheitlichen Jugendstrafrecht) und die Erziehungsmaßregeln werden nur gelegentlich angesprochen. Eine Stimme fordert, daß die „Wissenschaft vom Jugendstrafrecht“ endlich damit aufhören müsse, Strafe und Erziehung als auf

74 Vgl. *Arbeitskreis I*, 17. Jugendgerichtstag 1977, S. 215(216).

derselben Stufe stehende Begriffe anzusehen.[75] Es gebe kein anderes Verhältnis als das des Mittels zum Zweck.[76] In einer Zeit, in der viel von Demokratie und Liberalismus geredet werde, sehe sich die Jugend als Objekt einer autoritären Herrschaftsgesellschaft gegenüber, die in ihrer Überheblichkeit übersehe, daß sie selbst erziehungsbedürftig sei.[77] Mitte der 60er Jahre wird die Problematik der Verfassungsmäßigkeit von Weisungen (noch einmal) aufgegriffen.[78] Eine erneute Aussprache zu diesem Thema bleibt aber aus. Auch im Jahre 1977, auf dem 17. Jugendgerichtstag, wird die Problematik im Zusammenhang mit den Heranwachsenden, insbesondere der Absenkung des Volljährigkeitsalters, behandelt. Konsens besteht darüber, daß verfassungsrechtliche Bedenken gegen die erzieherische Einwirkung auf Heranwachsende nicht bestehen, aber ein Spannungsverhältnis zwischen kriminalpädagogisch Sinnvollem und Wünschenswertem und den verfassungsrechtlichen Schranken.[79]

Holzschuh referiert auf dem 13. Jugendgerichtstag im Jahre 1965 über die von ihm in der Zwischenzeit gesammelten Erfahrungen mit „seiner" Weisungspraxis,[80] wie sie ausführlich im letzten Kapitel dargestellt wurde. Er gesteht offen, daß er einige Weisungen aus der Anfangszeit zu jener Zeit nicht mehr erteilen würde und aufgrund der neuen Erkenntnisse und Erfahrungen in manchen Fällen statt der Weisung auf einen Freiheitsentzug erkennen oder eine Weisung wählen würde, die psychologisch und pädagogisch sinnvoller und damit wirksamer sei.[81] Konkret weist er auf die erhebliche Zunahme von Suchtkriminalität hin und warnt in diesem Zusammenhang vor Weisungen, die Verbote aussprechen (etwa Trink- oder Rauchverbote), da deren Erfüllung nicht überwacht werden könne und aus psychologischer Sicht der Reiz hervorgerufen werde, dem Verbot zuwider zu handeln.[82]

---

75 Vgl. *Haegert*, RdJB 1969, S. 44(45).

76 So *Haegert*, RdJB 1969, S. 44(45), der die Ansicht vertritt, daß das Wort „Erziehungsstrafe" entweder einen Pleonasmus oder einen gedanklichen Fehler bedeute.

77 So *Haegert*, RdJB 1969, S. 44(45), nach dessen Ansicht es um das Gefühl der absoluten Machtlosigkeit der betroffenen Minderjährigen gegenüber der Welt der entscheidenden Erwachsenen gehe.

78 Vgl. die Einzelheiten bei *Miehe*, Bedeutung der Tat 1964, S. 103ff.

79 Mit der Begründung, daß der Heranwachsende - anders als der Jugendliche - uneingeschränkter Teilhaber der Grundrechte sei, vgl. *Arbeitskreis VI*, 17. Jugendgerichtstag 1977, S. 384.

80 *Holzschuh*, 13. Jugendgerichtstag 1965, S. 74ff.

81 Er habe die Methoden verbessert und der Fortentwicklung des Jugendstrafrechts sowie den veränderten Umständen Rechnung getragen, so *Holzschuh*, 13. Jugendgerichtstag 1965, S. 74(75), wobei er insbesondere die sich durch die Bewährungsauflagen eröffnenden Möglichkeiten bei schwereren Fällen begrüßt (S. 78).

82 Vgl. *Holzschuh*, 13. Jugendgerichtstag 1965, S. 74(78).

Man beobachtet, daß die Weisungen in der Praxis sehr unterschiedlich gehandhabt werden.[83] Auch wird vereinzelt angeregt, die Weisungen, einer Arbeitsauflage nachzukommen oder an einem polizeilichen Verkehrsunterricht teilzunehmen, in den Katalog der besonderen Pflichten zu übernehmen, da sie eher deren Charakter als den von die Lebensführung regelnden Geboten aufwiesen,[84] und daher den Zuchtmitteln näher stünden als den Erziehungsmaßregeln. Auf dem 17. Jugendgerichtstag wird gefordert, Auflagen, Weisungen und Verpflichtungen in einem einheitlichen offenen Katalog zusammenzufassen, da einerseits auch Weisungen ahndenden Charakter hätten, andererseits Auflagen auch erzieherisch wirkten und sich die theoretische Abgrenzung in der Praxis kaum verwirklichen und vermitteln lasse.[85]

Angesichts dieser sowohl inhaltlich als auch zahlenmäßig zurückhaltenden Kommentare über den hier behandelten verhältnismäßig langen Zeitraum zeigt sich die Verlagerung des Interesses.

2. *Diskussion um ein einheitliches Jugendrecht*

Mitte der 60er Jahre zieht *Peters* aus § 9 des Gesetzesentwurfes für ein StGB aus dem Jahr 1962[86] den Schluß, daß darin auch äußerlich eine stärkere Verknüpfung des JGG mit dem StGB und damit die Tendenz im Jugendstrafrecht zu einer Verstärkung des Strafgedankens zum Ausdruck komme, die auch im Schrifttum deutlich werde.[87] Zwar manifestiere sich zum einen in dieser Regelung die zu begrüßende Ablehnung der Forderung, das Jugendstrafrecht in das Strafgesetzbuch mit aufzunehmen, zum anderen aber auch eine einseitige Verknüpfung des jugendlichen Verhaltens mit dem Strafgesetz und damit eine Entwicklung der Jugendgerichtsbarkeit hin zu einer Strafgerichtsbarkeit.[88] Das JGG dürfe aber nicht nur in Verbindung mit dem StGB gesehen werden, sondern wegen seines Erziehungsaspekts auch mit dem JWG.[89] Um dem Erziehungsgedanken die ihm eigentlich zugedachte Rolle zu geben, müsse sich das Jugend- aber vom Erwachse-

---

83 Manche Weisungen werden von vornherein zeitlich begrenzt, manche werden intensiv, manche kaum überwacht und manche laufen einfach still aus, vgl. *Schüler-Springorum*, MschrKrim 1964, S. 1(17).

84 S. *Schüler-Springorum*, MschrKrim 1964, S. 1(17).

85 Vgl. die Thesen von *Arbeitskreis VI*, 17. Jugendgerichtstag 1977, S. 384.

86 Wortlaut § 9: „Für Taten von Jugendlichen und Heranwachsenden gilt dieses Gesetz nur, soweit im Jugendgerichtsgesetz nichts anderes bestimmt ist."

87 Vgl. *Peters*, UJ 1965, S. 289(290f.).

88 So *Peters*, UJ 1965, S. 289ff.

89 *Peters*, UJ 1965, S. 289(290).

nenstrafrecht ablösen.[90] Das Denken vom strafrechtlichen Tatbestand her sei für das Jugendrecht unbrauchbar, weil die Tatbestände und die Tat für den Jugendlichen eine völlig andere Bedeutung und Wertigkeit haben, als für einen Erwachsenen; diese Vorgänge bedürften einer Antwort vom Erzieherischen her.[91] Anknüpfend an die Tendenz der Entwicklung weg vom JWG, hin zum Strafrecht und der Erkenntnis, daß Erziehung mit dem Jugendstrafrecht kaum oder gar nicht geleistet werde, fordert *Peters* in seinem Generalreferat zum 13. Jugendgerichtstag im Jahre 1965 eine wissenschaftliche Neuorientierung hin zu einem Jugendrecht (etwa unter dem Begriff „Jugendkonfliktrecht"), von dem nur ein Teil das Jugendstrafrecht darstellen solle und bei dem die Kriminalstrafe an den Rand der Betrachtung rücken müsse.[92] Die Ursachen für die zunehmende Annäherung an das Strafrecht lägen nicht beim Gesetzgeber, sondern vielmehr in der Wissenschaft, denn es fehle zum Beispiel an einer zusammenfassenden Lehre des Jugendrechts, und das Jugendstrafrecht werde vornehmlich von Vertretern der Strafrechtslehre gelehrt.[93] Auf einem Mißverstehen des Erziehungsgedankens beruhten die Bedenken, daß eine Loslösung des Jugendkonfliktrechts vom Strafrecht die ethische Grundordnung in Frage stelle, das Verantwortungsbewußtsein des jungen Menschen mindere, wertvolle menschliche Vorstellungen (wie den Gedanken an Schuld und Sühne) ausschalte und die staatliche Autorität und die Wirksamkeit der Rechtsordnung herabsetze.[94] Denn jede Erziehung habe das Ziel, daß der junge Mensch durch die ihm gewährte Hilfe den Weg zur Gesellschaftsordnung und deren ethische Grundlagen finde und zur Erreichung dieser Aufgabe bedürfe es einer eindeutigen Anerkennung des Erziehungsgedankens als Grundlage des gesamten Erziehungsrechts.[95] Das Ergebnis der Ausführungen von *Peters* ist aber noch nicht die Forderung nach einer umfassenden Gesetzesreform. Der Weg zu einem eindeutigen Erziehungsrecht als Grundlage der Behandlung der Konflikte junger Menschen mit Normen des Strafrechts sei in § 1 Abs. 1 JWG und Art. 2 Abs. 1 GG vorgezeichnet, und es müßten durch eine „innere Re-

90 Vgl. *Peters*, UJ 1965, S. 289(292).

91 So *Peters*, UJ 1965, S. 289(292): Vom Jugendstrafrecht solle erst dann gesprochen werden, wenn es sich entweder um eine besonders schwere Straftat handele oder das Verhalten eindeutig kriminelle Neigungen verrate.

92 *Peters*, MschrKrim 1966, S. 49ff.

93 So daß nach der Ansicht von *Peters*, MschrKrim 1966, S. 49(50f.) die Verbindung zum Strafrecht auf der Hand liege.

94 Vgl. *Peters*, MschrKrim 1966, S. 49(56).

95 *Peters*, MschrKrim 1966, S. 49(56): Der Einwand, Erziehung bedeute Beschränkung der Freiheit und Aufdrängung fremder Vorstellungen, beruhe auf einem Mißverständnis der Pädagogik; es müsse grundsätzlich darum gehen, durch Fremderziehung zur Selbsterziehung zu gelangen.

form" die gesetzlichen Gegebenheiten ausgeschöpft und damit neu gestaltet und der Erziehungsgedanke neu belebt, tiefer durchdacht und entschieden werden.[96]

Weiterentwickelt werden die Gedanken von einer „Jugendrechtskommission" der Arbeiterwohlfahrt, die als Ergebnis ihrer Arbeit grundlegende Reformvorschläge in Form einer Denkschrift veröffentlicht.[97] Ausgangspunkt für die Reformvorschläge ist die Überlegung, daß man im ganzen Bereich der Erziehung und Jugendhilfe frühzeitig einsetzen müsse und daher die historisch entstandene Spaltung des Jugendrechts den Aufgaben ebenso wenig gerecht werde, wie den Erkenntnissen der Psychologie, Soziologie und Pädagogik.[98] Zur Beseitigung der Spaltung wird vorgeschlagen, das gesamte Jugendhilferecht in einem Gesetz zusammenzufassen und Jugend(straf)gericht und Vormundschaftsgericht zu einem einheitlichen Jugend(erziehungs)gericht (mit einheitlichem Verfahren) zusammenzulegen.[99] Bei den bestehenden Grenzen der Strafmündigkeit bestehe ebenso wie an der herkömmlichen Einteilung in Kinder, Jugendliche und Heranwachsende kein Änderungsbedarf.[100] Der Schwerpunkt der Neuregelung liegt in einem nach dem Alter und der Art des Erziehungsnotstandes stark differenzierten Maßnahmenkatalog, der die Anwendung von Strafmaßnahmen für Minderjährige durch Jugendgerichte grundsätzlich ausschließt, mit Ausnahme der Fälle schwerster Kriminalität Heranwachsender.[101] Eine Neuerung stellt auch der Umstand dar, daß die Maßnahmen von den Jugendbehörden und nicht von den Justizbehörden ausgeführt werden sollen.[102]

---

96 So das Resultat bei *Peters*, MschrKrim 1966, S. 49(61f.).

97 Vgl. *AWO*, Denkschrift 1967. Die Kommission setzt sich aus Pädagogen, Psychologen, Juristen, Dezernenten der öffentlichen und freien Jugendhilfe und Praktikern in der Erziehung straffälliger, verwahrloster und psychisch geschädigter Jugendlicher zusammen, vgl. die zusammenfassende Stellungnahme von *Simonsohn*, 14. Jugendgerichtstag 1968, S. 138ff.

98 Vgl. hierzu nur *Simonsohn*, 14. Jugendgerichtstag 1968, S. 138(139).

99 Der Vorschlag umfaßt nicht die Bildung von neuen Zweigen der Gerichtsbarkeit, fordert aber eine zusätzliche Ausbildung für Jugendrichter und eine Zusammenlegung von Vormundschafts- und Jugendgerichten, die ja schon teilweise durch Personalunion vorbereitet sei; aus rechtsstaatlichen Gründen wird daran festgehalten, daß Eingriffe in das Erziehungsrecht der Eltern nur aufgrund richterlicher Entscheidung erfolgen könnten, wobei aber grundsätzlich Einverständnis und Entscheidung der Eltern einbezogen werden sollen, vgl. *Simonsohn*, 14. Jugendgerichtstag 1968, S. 138(139ff.).

100 S. *Simonsohn*, 14. Jugendgerichtstag 1968, S. 138(141).

101 Wobei die Ausnahme ausdrücklich auf der praktischen Überlegung beruht, daß dann das Konzept in der Öffentlichkeit auf mehr Akzeptanz trifft, vgl. *Simonsohn*, 14. Jugendgerichtstag 1968, S. 138(141f.).

102 Vgl. *Simonsohn*, 14. Jugendgerichtstag 1968, S. 138(142).

Schüler-Springorum gehen die Vorschläge nicht weit genug. Er bemerkt daher auf dem 14. Jugendgerichtstag im Jahre 1968 spitz, daß wenn überhaupt Reformen diskutiert würden, man sich einsetzen müsse für ein umfassend verstandenes Erziehungsrecht und ernst machen mit differenzierten Hilfe- und Behandlungsvorschlägen.[103] Die Vorschläge der Arbeiterwohlfahrt seien zwar verlokkend, aber auch bedenklich vor dem Hintergrund, daß Maßnahmen, die nicht wenigstens irgendwie an das Prinzip der Tatschuldadäquanz gebundenen seien, zu einer „Masseninternierung" führen können.[104] Da zur Sozialisation das Hineinwachsen in die Rechtsordnung und dazu wiederum der Schutz der Rechtsgüter durch das Strafrecht gehöre, müsse der delinquente Jugendliche wenigstens mit einer pädagogisch eingefärbten Mischform des Strafrechts konfrontiert werden.[105] Schließlich bestehe noch die Gefahr eines „Etikettenschwindels", denn auch wenn das gesamte Vokabular des gegenwärtigen Erkenntnisstandes in ein Gesetz einfließe, müsse sich nicht zwangsläufig etwas wirklich entscheidendes an den sachlichen und persönlichen Mitteln ändern.[106]

Nach dem *DiskussionsE JHG 1973* soll es für unter 16jährige ohne Ausnahme keine Unterscheidung zwischen Jugendverwahrlosung (Dissozialität) und Jugendkriminalität (Delinquenz) mehr geben, für die Altersstufe darüber bis zur Volljährigkeit nur in bestimmten Fällen.[107] Dem entsprechend bestimmt § 11 *DiskussionsE JHG 1973*, daß das Jugendgerichtsgesetz Anwendung findet, wenn zum einen ein Jugendlicher nach Vollendung des 16. Lebensjahres eine Verfehlung begeht, die nach den allgemeinen Vorschriften mit Strafe bedroht ist und wenn wegen erreichter oder bevorstehender Volljährigkeit Erziehungshilfe nicht mehr gewährt werden darf oder keinen Erfolg verspricht, zum zweiten, wenn eine besonders schwere Tat und die entsprechende Reife des Jugendlichen vorliegt und schließlich für die Unterbringung in einem sozial-therapeutischen Jugendzentrum.[108]

Der *DiskussionsE JHG* stößt - jedenfalls hinsichtlich des Teils, der sich auf Hilfen oder Sanktionen straffälliger Jugendlicher bezieht - auf heftige Kritik. Im Grundsatz bedürfe es keines neuen gesetzlichen Programms, da bislang noch nicht alle mit dem JGG zur Verfügung stehenden Möglichkeiten ausgenutzt wor-

103 *Schüler-Springorum*, MschrKrim 1969, S. 1(16).
104 Vgl. *Schüler-Springorum*, MschrKrim 1969, S. 1(14f.).
105 So *Schüler-Springorum*, MschrKrim 1969, S. 1(15).
106 *Schüler-Springorum*, MschrKrim 1969, S. 1(15).
107 Vgl. Einzelheiten in der Begründung zum *BMJFG*, DiskussionsE JHG 1973, S. 78ff. Bis zum Eintritt der Volljährigkeit sollen also grundsätzlich nur Hilfen zur Erziehung gewährt werden.
108 *BMJFG*, DiskussionsE JHG 1973, S. 16.

den seien.[109] Zwischen den Aktivitäten für Jugendliche, die aus einer Sorge um sie motiviert, und denen, die wegen seines sozialen Fehlverhaltens eingeleitet würden, bestehe ein letztlich nicht aufhebbares Spannungsverhältnis.[110] Im Grunde führe der Entwurf wieder an das herkömmliche Strafdenken heran, denn das JGG werde zu jenem Recht gestempelt, in dem nicht mehr die an sich für erforderlich gehaltene Hilfe geleistet werden könne.[111] An der dennoch beschränkten Anwendbarkeit des JGG wird kritisiert, daß gerade diese davon erfaßten schwersten Problemfälle mit den bedeutendsten Sozialisationsschäden in Jugendgerichtsbarkeit und Jugendstrafvollzug bekanntlich am „schlechtesten" aufgehoben seien.[112] Darüber hinaus verlange die Rechtssicherheit ein rechtlich garantiertes Verfahren, auch wenn den Jugendlichen keine schwerwiegenden Verfehlungen zur Last gelegt würden; Verwaltungsbehörden könnten daher nicht die Tätigkeit von Jugendrichtern übernehmen, und eine rechtstaatlich unbedenkliche Tataufklärung sei bei dem vom Entwurf propagierten vormundschaftsgerichtlichen Verfahren kaum gewährleistet.[113] Die für die Reformforderungen notwendigen materiellen und personellen Voraussetzungen seien in absehbarer Zeit nicht zu erfüllen.[114] Schließlich wird auch der Aspekt wiederholt, daß die Jugendlichen auf ein „Erwachsensein" zugeführt werden sollten, zu dem auch die Konfrontation mit dem Strafrecht gehöre.[115] Angesichts der Kritik wird auf hergebrachte Gedanken zurückgegriffen und vorgeschlagen, die richterliche Tätigkeit stärker zu betonen und das Amt des Vormundschaftsrichters und des Jugendrichters in sinnvoller Weise zu vereinen.[116]

Weder die Vorschläge der Arbeiterwohlfahrt noch die des *Diskussionsentwurfs JHG 1973* können sich durchsetzen, denn die Jugendgerichtsbarkeit wehrt sich vehement und mit Erfolg gegen die vorgesehene Verschmelzung von Jugendhilfe und Jugendstrafrecht.[117] Mit welchem Engagement, um nicht zu sagen mit welcher Verbissenheit die jeweiligen Stellungen verteidigt werden, zeigt sich daran, daß der im Sommer 1974 angesetzte 5. Jugendhilfetag zu dem Thema „Ju-

---

109 Vgl. die Stellungnahme der DVJJ e.V., bei *Walter*, ZblJugR 1974, S. 41.

110 Insofern seien der Einbeziehung des bisherigen Jugendstrafrechts in ein Jugendhilferecht Schranken gesetzt, wolle man den Begriff Jugendhilfe nicht pervertieren, so *Walter*, ZblJugR 1974, S. 41(42); zustimmend *Kaiser*, ZRP 1975, S. 212(215).

111 S. *Walter*, ZblJugR 1974, S. 41(44).

112 Vgl. *Kaiser*, ZRP 1975, S. 212(215).

113 Vgl. die Bedenken von *Walter*, ZblJugR 1974, S. 41(43); *Becker*, RdJB 1974, S. 129(133).

114 So *Walter*, ZblJugR 1974, S. 41(43ff); *Thiesmeyer*, RdJB 1972, S. 339(343).

115 Vgl. *Thiesmeyer*, RdJB 1972, S. 339(343); ähnlich *Kaiser*, ZRP 1975, S. 212(214).

116 So *Becker*, RdJB 1974, S. 129(133); ähnlich auch *Walter*, ZblJugR 1974, S. 41(74).

117 Vgl. diese (nachträgliche) Einschätzung von *Pfeiffer*, Kriminalprävention 1989, S. 50.

gend und Recht" wegen der heftigen Spannungen zwischen den Lagern abgesagt werden muß.[118] Und bereits 1975 resümiert *Kaiser*: „Inzwischen ist das Ziel der gesetzlich-organisatorischen Vereinheitlichung des Jugendrechts nicht nur zu Grabe getragen, sondern nahezu in sein Gegenteil verkehrt." Der Referentenentwurf eines Jugendhilfegesetzes aus dem Jahr 1974 schlägt dann eine deutliche „Rückzugsstrategie" ein, indem er das Nebeneinander von JHG und JGG verfestigt.[119] Im Ergebnis enthält er keine Änderung des damaligen Rechtszustandes im Bereich des Jugendstrafrechts, und es bleibt in der Folgezeit bei der sogenannten „Zweispurigkeit" von Jugendstrafrecht und Jugendhilferecht.

3. Ergebnis

Das Interesse nicht nur der jugendstrafrechtlichen Fachwelt konzentriert sich auf das Thema „einheitliches Jugendrecht". Innerhalb weniger Jahre werden Vorschläge zur grundlegenden Änderung der Rechtsordnung in diesem Bereich unterbreitet, paukenschlagartig diskutiert und dann „ad acta" gelegt. Das gilt aber nicht für die den gesamten Aktivitäten zugrunde liegenden Ansicht, daß nicht nur das Jugendhilfe-, sondern auch das Jugendstrafrecht reformbedürftig sei.

IV. Die Zuchtmittel, insbesondere der Jugendarrest

Um die neben dem Jugendarrest existierenden Zuchtmittel kümmert man sich zu jener Zeit eher weniger. Das Interesse gilt um so mehr aber nun diesem.

1. Allgemeines

Im jugendstrafrechtlichen Schrifttum jener Zeit findet sich wenig zu den Zuchtmitteln „Verwarnung" und „Auferlegung besonderer Pflichten". Gelegentlich wird das Thema aufgegriffen, wie zum Beispiel von *Holzschuh* auf dem 13. Jugendgerichtstag.[120] Dabei gibt er Tips, wie nach seiner Ansicht die Verwarnung

---

118 Vgl. insoweit *Kaiser*, ZRP 1975, S. 212(213).

119 Vgl. *Kaiser*, ZRP 1975, S. 212(216) m. w. E., der dies wir folgt kommentiert: Es scheine nicht verwunderlich, daß nach dem Höhenflug und dem inflationistischen Gebrauch der Bezeichnung „Jugendhilfe" der (Rück-)Fall um so tiefer erfolgen müsse.

120 S. *Holzschuh*, 13. Jugendgerichtstag 1965, S. 74(81ff.).

die größte Wirkung zeigt und fordert, von den Auflagen „Entschuldigung“ und „Wiedergutmachung des Schadens“ viel größeren Gebrauch zu machen.[121]

Die Geldauflage ist die wohl am meisten verhängte Maßnahme.[122] Hat man ihrer häufigen Anwendung im Schrifttum der 50er Jahren eher kritisch gegenübergestanden, so will zum Beispiel *Schüler-Springorum* ihre Voraussetzungen Mitte der 60er Jahre nunmehr erweitern. Er fordert, § 15 Abs. 2 JGG, also die genaue Vorgabe, wann der Richter nur die Zahlung eines Geldbetrags anordnen soll, ersatzlos zu streichen, denn sie binde das Ermessen des Richters zu sehr.[123] Und seitdem Jugendliche und Heranwachsende immer mehr über eigene Geldmittel verfügten, sei die Gefahr einer „pekuniären Sippenhaft“, die den Erlaß der Bestimmung seinerzeit mitmotivierte, nicht mehr gegeben.[124]

Insgesamt bieten also die Zuchtmittel (mit Ausnahme des Jugendarrests) in den 60er und 70er Jahren wenig Anlaß zur Auseinandersetzung. Hinzuweisen ist noch auf eine redaktionelle Änderung des § 15 JGG durch das EStGB von 1974.[125] Die Überschrift wird von „Auferlegung besonderer Pflichten“ entsprechend dem gängigen Begriff in „Auflagen“ geändert.

2. *Der Jugendarrest*

Die Diskussion um den Jugendarrest frischt dagegen in den 70er Jahren auf, wobei sich aber die Kritikpunkte wiederholen. Seine dogmatische Einordnung ist weiterhin nicht geklärt.[126] Mit dem häufigen Gebrauch des Wortes „Jugendarreststrafe“ komme zum Ausdruck, daß nicht zwischen Zuchtmitteln und Jugendstrafe differenziert, vielmehr beide Begriffe beliebig vermischt würden.[127] Außerdem werde die Verhängung von Jugendarrest sehr unterschiedlich gehandhabt.[128] Und auch das „Zuviel“ an Jugendarrest müsse geändert werden, denn darin komme das überwiegend strafrechtlich orientierte Denken oder auch eine Verlegenheitsantwort vieler Jugendrichter zum Ausdruck.[129] Zu kritisieren sei noch immer, daß

121 *Holzschuh*, 13. Jugendgerichtstag 1965, S. 74(82).

122 So die Einschätzung von *Holzschuh*, 13. Jugendgerichtstag 1965S. 74(82), der mit ihr auch positive Wirkungen verbindet, wenn sie mit der Tat in innerem Zusammenhang steht.

123 Die meisten festzustellenden Umstände seien doch nicht exakt erkennbar, so *Schüler-Springorum*, MschrKrim 1964, 1(17).

124 *Schüler-Springorum*, MschrKrim 1964, 1(17).

125 BGBl. I, Jg. 1974, S. 469(526).

126 Vgl. z.B. *Becker*, MDR 1974, S. 106(108).

127 S. *Ullrich*, RdJ 1967, S. 244.

128 Vgl. die Beobachtung von *Ullrich*, RdJ 1967, S. 244(245).

129 So *Ullrich*, RdJ 1967, S. 244(246); ähnlich auch *Becker*, MDR 1974, S. 106(108).

die jugendrichterliche Praxis den gesetzlichen Anforderungen und Absichten des JGG nur teilweise gerecht werde, denn sie versage bei der Auslese der für den Jugendarrest geeigneten Delinquenten.[130] Auch *Schaffstein* sieht die eigentliche Misere des Jugendarrests in seiner Anwendung auf „arrestuntaugliche Täter"[131] sowie in der Anwendung auf jene Jugendlichen oder Heranwachsenden, bei denen eine Arbeitsauflage oder eine Geldbuße ausreichen würden.[132]

Um das „Lückenproblem" zwischen Jugendarrest und Jugendstrafe ist es zwischenzeitlich allerdings stiller geworden.[133] Außerdem wird die „Lücke" als „sachlich richtig" bezeichnet, denn vier Wochen Jugendarrest seien ein so schweres Übel, daß dadurch die Kürze des Arrests mehr als wettgemacht werde.[134]

Hinsichtlich der Vollstreckung wird kritisiert, daß sie so viel Aufschub und Verzögerung erleide, daß der beabsichtigte kriminalpolitische Effekt der Schockwirkung in Frage gestellt werden müsse.[135] Die Arrestanten würden meist erst nach mehrmonatiger Wartezeit einberufen, wenn der Eindruck der Gerichtsverhandlung und noch mehr der Tat, die dann nicht selten schon über ein Jahr zurück liege, längst verpufft und der Sinnzusammenhang zwischen Tat und Verurteilung abgerissen sei.[136]

In der Tagespresse, die bislang die „weiche Welle" des Jugendgerichts zum Anlaß der Kritik nahm, wird Mitte der 60er Jahre - anläßlich der Einführung einer JAVollzO einheitlich für alle Bundesländer - die Überzeugung vertreten, in den Arrestanstalten würden mittelalterliche Methoden praktiziert.[137] Oft herrsche aber kaum ein anderer Betrieb als im Jugendstrafvollzug.[138] Der Vollzug sei ausschließlich auf Disziplinierung und Abschreckung angelegt.[139] *Eisenhardt* erstellt Anfang der 70er Jahre im Auftrag und mit Unterstützung des Bundesjustizministeriums ein Gutachten zur Reform des Jugendarrests, welches sich auf die Voll-

---

130 Vgl. *Kaiser*, MschrKrim 1969, S. 16(25).

131 Zu diesem Ergebnis gelangt *Schaffstein* (ZStW 82 (1970), S. 853(863)) aufgrund der Auswertung einer Reihe von kriminologischen Untersuchungen zum Jugendarrest; vgl. dort auch den Versuch einer Definition von Arrestuntauglichkeit (S. 863ff.).

132 S. *Schaffstein*, ZStW 82 (1970), S. 853(868).

133 Vgl. die Beobachtung von *Sieverts*, Jugendarrest 1961, S. 150(165).

134 So *Sieverts*, Jugendarrest 1961, S. 150(165).

135 *Kaiser*, MschrKrim 1969, S. 16(25).

136 Vgl. *Sieverts*, Jugendarrest 1961, S. 150(169); *Hellmer*, ZblJugR 1973, S. 41(50); vgl. auch bei *Hellmer*, aaO., die Zusammenstellung der im Vollzug auftretenden Probleme.

137 Vgl. die Zusammenfassung bei *Ullrich*, UJ 1967, S. 30ff., der dagegen anführt, hier werde Kritik um der Kritik willen betrieben.

138 Vgl. *Becker*, MDR 1974, S. 106(108).

139 S. *DVJJ*, Denkschrift 1977, S. 34.

zugswirkungen konzentriert. Die Ergebnisse sind niederschmetternd. Hier eine Auswahl: Die gesamte Konzeption des Jugendarrests stecke voller Widersprüche, die nicht mehr eindeutig analysierbar seien.[140] Bei den meisten Jugendlichen bewirke der Arrest zu Beginn einen Schock, der spätestens nach 10 Tagen durch eine Phase der Gewöhnung abgelöst werde.[141] Der momentane Arrestvollzug sei für alle Jugendlichen nicht tauglich und damit seien auch die Jugendlichen für den derzeitigen Vollzug nicht tauglich.[142] Neben ganz geringen positiven Effekten ließen sich überall gravierende negative Auswirkungen feststellen.[143]

Trotz der Erkenntnis, daß der Jugendarrest in Form des Dauerarrests - wenn überhaupt - nur bei einen Teil der Arrestanten die in ihn gesetzten Erwartungen erfüllt, wird zunächst seine Abschaffung nicht verlangt.[144]

Aufgrund der vielen Problembereiche beginnt man Mitte der 70er Jahre, über die grundsätzliche Konzeption, insbesondere des Vollzugs, nachzudenken. Der *DiskussionsE JHG 1973* will in Abänderung des JGG neue Erziehungshilfen zum Beispiel in Form von Erziehungskursen einführen, die den Jugendarrest ablösen sollen.[145] Nach anderer Ansicht können die Erziehungskurse keine echte Alternative zum Jugendarrest bilden, aber als eine Ergänzung in Frage kommen.[146] Auf dem 16. Jugendgerichtstag 1974 wird neben der Zielvorstellung des Jugendarrests als kurzzeitige Abschreckung eine weitere überlegt, nämlich die Behandlung des Delinquenten in Form von Gruppenarbeit und zusätzlichen Einzelhilfen.[147] Außerdem hält der *Arbeitskreis IV* eine „Nachbehandlung" einer

140 Vgl. die Ergebnisse bei *Eisenhardt*, Kurze Haft 1980, S. 153.

141 S. *Eisenhardt*, Kurze Haft 1980, S. 489.

142 *Eisenhardt*, Kurze Haft 1980, S. 491.

143 *Eisenhardt*, Kurze Haft 1980, S. 491.

144 Nach der Ansicht *Schaffsteins* (ZStW 82 (1970), S. 853(877f.)) würden mit der Beseitigung des Jugendarrests die Schwierigkeiten nicht behoben; andere realisierbare Vorschläge für einen Ersatz seien bisher nicht gemacht worden. Nach seiner Ansicht müsse man sich noch einmal darum bemühen, durch strenge Formulierung der Voraussetzungen seiner Anwendung die Arrestungeeigneten aus ihm fernzuhalten (S. 878ff.).

145 Vgl. die Einzelheiten bei *Becker*, MDR 1974, S. 106f.

146 So die Stellungnahme von *Becker*, MDR 1974, S. 106(110), der aber die Entwicklung von brauchbaren Konzepten abwarten will. *Jung*, JZ 1978, S. 621(624f.) gibt zu bedenken, daß der Jugendarrest integrierender Bestandteil eines Systems von Zwang ist, das Konzept des Erziehungskurses doch mit freiwilliger Mitarbeit des Jugendlichen stehe und falle, spricht sich aber für ein nebeneinander beider Institute aus.

147 Vgl. *Arbeitskreis IV*, 16. Jugendgerichtstag 1974, S. 201(206f.); in den Ansätzen ähnlich auch *Schaffstein*, ZStW 82 (1970), S. 853(891).

Vielzahl von Arrestanten für erforderlich.[148] Auch *Eisenhardt* fordert aufgrund seines Gutachtens eine neue Grundkonzeption des Jugendarrests, der sich an den Behandlungsbedürfnissen der Jugendlichen orientiere.[149] Die *DVJJ* fordert gleichfalls in ihrer Denkschrift aus 1977 einen veränderten, behandlungsorientierten Jugendarrest mit beschleunigter Vollstreckung.[150] Neu ist auch der Vorschlag einer Rückholmöglichkeit von Dauerarrestanten, die mit Weisungen und Auflagen zunächst entlassen werden, zur Ableistung eines weiteren Intensivkurses.[151] Der *Arbeitskreis VII* auf dem 17. Jugendgerichtstag stimmt den Vorschlägen der Denkschrift in dieser Form nicht zu.[152] Insbesondere die Rückholmöglichkeit wird wegen verkappter Ausdehnung des Jugendarrests sowie aus verfassungsrechtlichen Bedenken abgelehnt.[153] Jener Arbeitskreis plädiert aber auch für eine Veränderung des Jugendarrestvollzugs und zwar mit Zielrichtung auf ein „soziales Training" beziehungsweise einen „sozialen Trainingskurs" in offener und geschlossener Form.[154] *Jung* greift die Forderung nach einem „sozialen Training" auf und fordert, die Ausgestaltung des Arrests stärker auf die Behandlungsbedürfnisse der Arrestanten auszurichten.[155] Er verlangt auch ein Betreuungsangebot nach der Entlassung.[156] Umgesetzt werden diese Forderungen in der Folgezeit nicht.

Ein weiterer neuer Diskussionsansatz ist der sogenannte Einstiegsarrest im Zusammenhang mit der Jugendstrafe. Gemeint ist damit die kurzzeitige Arrestverhängung zu Beginn der Bewährungszeit. Der *BGH* stellt im Jahre 1963 klar, daß wegen des Grundsatzes der „Einspurigkeit" sowie nach Sinn und Zielsetzung der beiden Sanktionen die Verbindung von Jugendstrafe und Jugendarrest verboten sei, was auch bei der Aussetzung der Verhängung der Jugendstrafe gemäß

---

148 *Arbeitskreis IV*, 16. Jugendgerichtstag 1974, S. 201(207); so auch schon *Schaffstein*, ZStW 82 (1970), S. 853(894).

149 Vgl. die Einzelheiten bei *Eisenhardt*, Kurze Haft 1980, S. 495ff.; dabei möchte er die neue Organisation in den Katalog der Erziehungsmaßnahmen einordnen und denkt inhaltlich an Gruppenbehandlung, andere Trainingskurse und auch an Nachbetreuung.

150 Insbesondere für junge Volljährige, s. *DVJJ*, Denkschrift 1977, S. 33; vgl. auch die Einzelheiten zu einem derartigen Konzept auf S. 36ff.

151 *DVJJ*, Denkschrift 1977, S. 40f.

152 Weil eine exaktere Zieldefinition und Analyse der Problemlage der Probanden vermißt werde, so die Ausführungen von *Arbeitskreis VII*, 17. Jugendgerichtstag 1977, S. 451.

153 Vgl. *Arbeitskreis VII*, 17. Jugendgerichtstag 1977, S. 453; *Jung*, JZ 1978, S. 621(624) scheint der Vorschlag der DVJJ sympathisch.

154 *Arbeitskreis VII*, 17. Jugendgerichtstag 1977, S. 451ff.

155 *Jung*, JZ 1978, S. 621(623).

156 Denn man dürfe den Probanden, nachdem man ihn zunächst über kurze Zeit relativ intensiv betreut habe, nicht einfach „hängen" lassen, so *Jung*, JZ 1978, S. 621(624).

§ 27 JGG 1953 gelte.[157] Nunmehr sieht ein Teil der Praxis den Einstiegsarrest aber als sinnvoll und erzieherisch erfolgversprechend an. Und auch die Kommission der *DVJJ* spricht sich in der Denkschrift von 1977 dafür aus.[158] Dafür spreche zum einen, daß dem Delinquenten deutlich vor Augen gehalten werde, was folgen werde.[159] Positiv und die besondere Schädlichkeit der Jugendarrestanordnung entschärfend wirke der Umstand, daß hinter dem Arrestvollzug zunächst die Kontrolle und Hilfe der Bewährungshelfer, bei Rückfall aber eine nunmehr wirklich zu vollstreckende Jugendstrafe stehen würde.[160] Außerdem könnte das Problem der unterschiedlichen Behandlung in so bezeichneten „Genossensachen", also wenn der sozial eingeordnete Angeklagte in den Jugendarrestvollzug geschickt werde, der kriminell stärker Gefährdete dagegen Jugendstrafe zur Bewährung erhalte, damit gelöst werden.[161] Und dem Argument der Doppelbestrafung könne durch die Anrechnung des Arrests bei der Strafe Rechnung getragen werden.[162]

Alles in allem ordnet man den Jugendarrest noch Anfang der 60er Jahre als ein im Grundsatz taugliches erzieherisches Mittel der Jugendkriminalrechtspflege ein und hält die Mängel nicht für strukturbedingt, und damit durchaus für behebbar.[163] Die zu Beginn des Zeitabschnitts festgestellte positive Einstellung ändert sich im Laufe der Jahre und führt dann zu der vielfach erhobenen Forderung nach einer Umgestaltung insbesondere des Vollzugs. Die Abschaffung des Jugendarrests steht dabei aber grundsätzlich nicht zur Diskussion.

3. Der Ungehorsamsarrest

Der Ungehorsamsarrest wird - wenn auch unwesentlich - durch das EGStGB von 1974 geändert: Nunmehr wird er in § 11 Abs. 3 geregelt und hinsichtlich Dauer und Vollstreckung in § 11 Abs. 3 S. 2 und 3 JGG 1953 konkretisiert.[164] Dieses Durchsetzungsinstrumentarium fließt in dem hier behandelten Zeitabschnitt eher

---

157 *BGHSt.* 18, S. 207(209ff.); diese Ansicht ist umstritten, vgl. die Nachweise bei *Schaffstein*, Gedächtnisschrift Kaufmann 1986, S. 393(403f.).

158 Insbesondere vor dem von ihr vorgeschlagenen neuen Verfahren der Bewährung in Freiheit, vgl. *DVJJ*, Denkschrift 1977, S. 25; 42f.

159 *DVJJ*, Denkschrift 1977, S. 25.

160 *Schaffstein*, ZStW 82 (1970), S. 853(886).

161 Vgl. *Schaffstein*, ZStW 82 (1970), S. 853(886); *DVJJ*, Denkschrift 1977, S. 25.

162 S. *Schaffstein*, ZStW 82 (1970), S. 853(886); *DVJJ*, Denkschrift 1977, S. 25.

163 Vgl. die Einschätzung der Ansicht der großen Mehrzahl der Jugendrichter, Jugendstaatsanwälte und auch Jugendstrafvollzugspraktiker von *Sieverts*, Jugendarrest 1961, S. 150(171).

164 Vgl. *Meyer-Höger*, Jugendarrest 1998, S. 139.

selten in die Diskussion ein. *Schaffstein* erwähnt ihn zum Beispiel im Zusammenhang mit der Frage, ob der Jugendarrest überhaupt abzuschaffen sei und führt als Gegenargument an, daß es dann gar kein Mittel gebe, um Weisungen und Auflagen durchzusetzen oder aber es doch wieder die als schädlich erkannte kurze Freiheitsstrafe sei, auf die man dann zurückgreifen müsse.[165] Und auch die *DVJJ* spricht sich im Jahre 1977 für seine Beibehaltung aus.[166]

4. Ergebnis

An den Zuchtmitteln besteht im allgemeinen zunächst kaum Interesse. Ab und zu widmet sich die Literatur diesem Thema; es dreht sich dann jedoch um bereits bekannte Probleme. Die Diskussion um den Jugendarrest erlebt ab Mitte der 70er Jahre einen Aufschwung mit neuen Ideen für den Jugendarrestvollzug und auch die Verwendung des Jugendarrests in anderer Form - dem Einstiegsarrest.

V. Das Jugendstrafverfahren

Weitgehend einig ist man sich darüber, daß die erzieherische Ausgestaltung des Jugendstrafrechts auch im Verfahren gegen jugendliche Delinquenten Niederschlag finden und sich dieses daher von dem allgemeinen Strafverfahren unterscheiden muß. Das Interesse an dem Thema wird im Laufe der Zeit dadurch belebt, daß die Rechtsstellung des Jugendlichen im Jugendstrafrecht kritisch überprüft wird. Daraus ergibt sich ein besonderes Augenmerk auf die Beachtung seiner Rechte auch und gerade im Verfahren.

1. Förmliches Jugendstrafverfahren

Auch das förmliche Jugendstrafverfahren wird Gegenstand kriminologischer Untersuchungen, und die Ergebnisse regen zur Aussprache an.

---

165 Vgl. *Schaffstein*, ZStW 82 (1970), S. 853(873), der damit seine positive Einstellung zum Ungehorsamsarrest zum Ausdruck bringt.

166 *DVJJ*, Denkschrift 1977, S. 42: Zwar bedeute das für die Arrestanstalten atypisches Klientel, das würden sie aber verkraften können.

a) Diskussion und Kritik

Ein zentraler Diskussionspunkt ist die Ausgestaltung der Hauptverhandlung. An ihr wird beanstandet, daß sie für Jugendliche verwirrend und hemmend sei und vor allem die pädagogische Atmosphäre hindere, indem sie ein echtes, zwischenmenschliches Gespräch nicht aufkommen lasse.[167] Teilweise wird ihr eine erzieherische Wirkung auf den Jugendlichen gänzlich abgesprochen. So stellt *Peters* auf dem 13. Jugendgerichtstag im Jahre 1965 fest, daß im Gerichtssaal nicht erzogen werden könne, wobei er mit dieser Aussage nicht die Stellung des Jugendrichters mindern, sondern deutlich machen wolle, daß dieser eben nicht erziehe, sondern den Weg für die Erziehung eröffne und bestimme.[168]

Im Jahre 1969 werden die Ergebnisse einer Befragung von 34 Gefangenen einer Jugendstrafanstalt zu ihren Eindrücken von der letzten Hauptverhandlung veröffentlicht.[169] Danach fühlte sich die Mehrheit der Befragten vom Richter nicht verstanden, aber auch knapp die Hälfte der Probanden ist der Ansicht, daß „sie dem Richter nichts vormachen konnten".[170] Die große Mehrheit meinte, in der Hauptverhandlung im wesentlichen alles verstanden zu haben und die Mehrzahl gab an, der Vorsitzende habe „nie geschimpft oder geschrieen", wobei seine Verhaltensweise aber eher negativ gewertet wurde (reine Routinesache, ganz ruhig, eiskalt, manchmal zu sachlich).[171] Ungefähr die Hälfte rechnete mit einer niedrigeren Strafe.[172] Die Hauptverhandlung war bei der überwiegenden Zahl der Befragten nicht das „unangenehmste Erlebnis" nach der Festnahme; dies seien vielmehr die Erlebnisse bei und mit der Polizei (41%), der Freiheitsentzug (21%) und die Beschämung gegenüber nahestehenden Personen (18%) gewesen.[173] Immerhin die Hälfte der Befragten war ohne Einschränkung der Ansicht, daß es sich um eine „faire Verhandlung" gehandelt habe, und über die Hälfte gab an, niemals Haß auf den Richter verspürt zu haben, da er ja nur seine Pflicht tue.[174] Die Ergebnisse sind zwar angesichts der niedrigen Zahl der Befragten nicht repräsentativ, geben aber einen Einblick in die tatsächliche Wirkung auf diejenigen, die es angeht. Jedenfalls hat die Hauptverhandlung wohl nicht den durchweg negativen

167 S. *Peters*, MschrKrim 1966, S. 49(58).
168 Vgl. *Peters*, MschrKrim 1966, S. 49(60).
169 *Eilsberger*, MschrKrim 1969, S. 304ff., wobei er deutlich darauf hinweist, daß diese Untersuchung keineswegs repräsentativen Charakter habe, sondern nur ein Eindruck gegeben werden solle, wie die Verurteilten die Hauptverhandlung erfahren hätten.
170 Vgl. *Eilsberger*, MschrKrim 1969, S. 304(307f).
171 *Eilsberger*, MschrKrim 1969, S. 304(309).
172 S. *Eilsberger*, MschrKrim 1969, S. 304(311).
173 *Eilsberger*, MschrKrim 1969, S. 304(312): Nur 12% erwähnten die Hauptverhandlung.
174 *Eilsberger*, MschrKrim 1969, S. 304(313).

Einfluß, wie er ihr von Teilen der jugendstrafrechtlichen Literatur zugesprochen wird, aber auch nicht den positiven, der ihr als Idealvorstellung zugrunde liegt.

Die Mitte der 70er Jahre von *Hauser* durchgeführte Studie zu dem Thema „Der Jugendrichter - Idee und Wirklichkeit" gibt nicht nur Auskunft über das Bild des Jugendrichters, welches weiter unten im Kapitel ausführlich behandelt werden wird, sondern auch über die Eindrücke verschiedener Verfahrensbeteiligter von der Hauptverhandlung.[175] Die befragten Richter betonten unter anderem eine jugendgemäße Verfahrensgestaltung und gaben an, sich um eine aufgelockerte Verhandlungsatmosphäre zu bemühen.[176] Die Untersuchung gelangt aber zu dem Ergebnis, daß diese Bemühungen nicht unbedingt erfolgreich sind. Nach Ansicht der Jugendgerichtshelfer zeigten sich noch deutliche Anlehnungen an Handlungsmuster des Erwachsenenstrafrichters, und auch viele Jugendliche ordneten die Verhandlungsatmosphäre als steif und formal ein.[177] Vor allem Ersttäter klagten über erhebliche Verständnisschwierigkeiten. Die Mehrzahl der befragten Jugendlichen glaubte nicht, daß der Richter über ihre Persönlichkeit, ihren Lebensweg, ihre Umwelt oder auch die Gründe der Straftat genügend informiert war.[178] Alles in allem ist die Untersuchung ein Zeugnis für eine unterschiedliche Wahrnehmung der Ereignisse, je nach Sichtweise, und bietet hinreichend Anlaß für die Feststellung von Schwachpunkten bei der Durchführung der Hauptverhandlung.

Ein weiterer Diskussionspunkt sind die nach dem Gesetz unerwünschten Verzögerungen des Verfahrens. Ursache sei die „notwendigerweise vielfach unzulängliche praktische Handhabung" des Verfahrens.[179] Die vom Gesetzgeber in § 43 JGG 1953 vorgesehene Art der Beschleunigung durch eine ebenso umfassende wie rasche Vorbereitung des Hauptverfahrens finde in aller Regel nicht statt.[180] Gründlich arbeitende und pädagogisch engagierte Jugendrichter brauchten unter Berücksichtigung des Pensenschlüssels so viel Zeit, daß sich die Verfahren nicht so schnell beginnen ließen, wie es wünschenswert sei, und die

---

175 Vgl. nur die Kurzbeschreibung der Untersuchung von *Hauser*, MschrKrim 1980, S. 1(4f.).

176 Vgl. die Zusammenfassung von *Hauser*, MschrKrim 1980, S. 1(9).

177 *Hauser*, MschrKrim 1980, S. 1(9).

178 *Hauser*, MschrKrim 1980, S. 1(10f.).

179 So die Ansicht von *Roestel*, ZblJugR 1973, S. 77ff.(insbes. 82).

180 Durchweg erhalte das Jugendamt erst mit Übersendung der Anklage den Auftrag, dem Gericht zu berichten, so *Roestel*, ZblJugR 1973, S. 77f., der auch beobachtet, daß das Jugendamt (um Mehrarbeit zu vermeiden) sehr häufig erst unmittelbar vor dem Termin ermittele und berichte, was zu weiteren Verzögerungen führe, zum Beispiel wenn das Gericht aus Zeitnot Zeugen nicht laden könne.

schnellen Richter würden in der Regel den pädagogischen Bedürfnissen nicht gerecht.[181]

Unter dem Gesichtspunkt beschleunigter erzieherischer Ausgestaltung wird auch § 53 JGG 1953 problematisiert, der es ermöglicht, die Schuld des Angeklagten festzustellen, die Auswahl der erforderlichen erzieherischen Maßnahme jedoch dem Vormundschaftsrichter zu überlassen. Die Vorschrift werde von den Trägern der öffentlichen Erziehung sehr geschätzt und gewinne insbesondere für die Anordnung der Fürsorgeerziehung an Bedeutung.[182] Die praktische Konsequenz sei aber eine erhebliche Verfahrensverzögerung dadurch, daß zwischen dem Erlaß des Schuldspruchs und dem neuen Termin des Vormundschaftsrichters ein gewisser Zeitraum vergehe; durch diese verzögernde Zweiteilung werde auch jeder Ansatz von Einsicht im Jugendverfahren wieder vernichtet.[183]

Einen neuen Vorschlag unterbreitet die *DVJJ* in der Denkschrift über die Reform des Jugendgerichtsgesetzes aus dem Jahre 1964. Zwar schließe § 79 Abs. 1 JGG 1953 das Strafbefehlsverfahren aus, es bestehe aber in der Praxis ein Bedürfnis für diese Art des schriftlichen Verfahrens.[184] Daher wird gefordert, als Verfahrensinstitution im Jugendstrafrecht den „jugendrichterlichen Befehl" (auch: „Jugendstrafbefehl") einzuführen.[185] Dieses Institut wird im Zusammenhang mit heranwachsenden Straßenverkehrstätern (die überwiegend nur deshalb nach allgemeinem Strafrecht verfolgt würden, weil die Vorschriften über den Strafbefehl bei der Anwendung von Jugendstrafrecht ausgeschlossen seien) diskutiert,[186] aber auch bei der Verfolgung erstmaliger und leichterer Straftaten Minderjähriger wird der Anwendungsbereich des „jugendrichterlichen Befehls" gesehen.[187] Der „jugendrichterliche Befehl" sollte nur auf Erziehungsmaßregeln in Form von Weisungen und auf Zuchtmittel lauten dürfen und mit Hilfe von Jugendarrest erzwingbar sein.[188] Der jugendrichterliche Befehl wird zwar gelegentlich wieder aufgegriffen, wie zum Beispiel in der Denkschrift der DVJJ 1977

---

181 Vgl. *Roestel*, ZblJugR 1973, S. 77(82).

182 Die eigentliche Begründung für diese Trennung der Entscheidung liege in dem Unbehagen der Erziehungsträger, die ohnehin nicht sehr beliebte Fürsorgeerziehung von einem Strafgericht angeordnet zu sehen, so die Einschätzung von *Roestel*, ZblJugR 1973, S. 77(81).

183 *Roestel*, ZblJugR 1973, S. 77(81).

184 So die Beobachtung von *Schüler-Springorum* für die *DVJJ*, in: MschrKrim 1964, S. 1(22).

185 Vgl. *Schüler-Springorum*, MschrKrim 1964, S. 1(22), wobei diese Idee keineswegs neu ist, sondern bereits in Kapitel 3 angesprochen wurde.

186 Vgl. *Schüler-Springorum*, MschrKrim 1964, S. 1(11).

187 S. *Schüler-Springorum*, MschrKrim 1964, S. 1(22).

188 So *Schüler-Springorum*, MschrKrim 1964, S. 1(22).

unter dem Namen „jugendrichterlicher Bescheid“[189], kann sich aber nicht zum Gegenstand einer umfänglichen Diskussion etablieren.

Ab Mitte der 60er Jahre nimmt die Zahl der nach §§ 45, 47 JGG 1953 eingestellten Verfahren zu[190], wobei die Gründe für den Anstieg fraglich sind. Das Schlüsselwort „Diversion“ fällt in diesem Zeitabschnitt in der deutschen jugendstrafrechtlichen Diskussion noch nicht. *Pfeiffer* mutmaßt später, daß zu dieser flexibleren Nutzung des rechtlichen Rahmens und zu einer Sensibilisierung für die Stigmatisierungsprozesse die seit dieser Zeit verstärkte Kritik an der primär repressiven Praxis der Jugendgerichtsbarkeit beigetragen habe.[191] Näher liege aber eine andere auf praktischen Gesichtspunkten gegründete Erklärung: Auch die Verfahrenszahlen seien in dieser Zeit vehement angestiegen, so daß die Richter die Arbeit nur noch hätten bewältigen können, wenn sie zumindest bei Bagatelldelikten rationellere Verfahrenstechniken einsetzten.[192]

b) Einbeziehung von Jugendlichen in das Verfahren

Einen völlig neuen Diskussionsansatz, der wohl mit der Tendenz in Zusammenhang steht, die Rechtsstellung der Jugendlichen zu verbessern, bringt die Forderung, durch eine beratende Selbstverwaltung der Jugend die „Bürokratie“ der Jugendbehörden einzuschränken und sie vor „Jugendfremdheit“ zu bewahren.[193] Dies bezieht sich nicht nur, aber auch, auf straffällige Jugendliche: Keine Entscheidung des Jugendamts, die Minderjährige betrifft, sollte ohne Beratung mit einem Ausschuß von Jugendlichen getroffen werden, der aus Menschen im Alter von 16 bis 24 Jahren besteht (und nicht aus „Berufsjugendlichen im Alter von 30 bis 40 Jahren und darüber hinaus“).[194] Auch könnten Jugendliche zum Beispiel auf freiwilliger Basis an Kontrollen in Lokalen beteiligt werden.[195]

Die Möglichkeit einer derartigen Mitarbeit von Jugendlichen insbesondere bei den Jugendämtern wird diskutiert, findet überwiegend aber keine Zustimmung.[196] Fraglich sei, ob und wie man der Jugend damit tatsächliche und nicht nur Scheinaufgaben gebe, ob man sie mit solchen Aufgaben überfordere und ob

---

189 *DVJJ*, Denkschrift 1977, S. 60.
190 So die Erfassung von *Pfeiffer*, Kriminalprävention 1989, S. 52 (Tabelle 2).
191 Vgl. *Pfeiffer*, Kriminalprävention 1989, S. 52.
192 So *Pfeiffer*, Kriminalprävention 1989, S. 53.
193 Vgl. *Haegert*, RdJB 1969, S. 44(45).
194 So die Vorstellung von *Haegert*, RdJB 1969, S. 44(45); dabei sollten diese Jugendausschüsse nicht die „pluralistische Gesellschaft“, sondern die Jugend schlechthin vertreten.
195 S. *Haegert*, RdJB 1969, S. 44(45).
196 So die Reaktion auf diesen Vorschlag von *Sach*, RdJB 1969, S. 107.

sie dadurch nichts anderes als der verlängerte Arm der staatlichen Autorität werde und damit den letzten Rest ihrer Eigenständigkeit verliere; auch die Gefahr, die Jugendlichen zu einem Denunziantentum zu erziehen, wird angesprochen.[197] Außerdem stünden Gleichaltrige - eben die jugendlichen Delinquenten - ihren aufgeschlossenen und aktiven Altersgenossen skeptisch, um nicht zu sagen, unverständig gegenüber.[198] Wenn es nicht gelinge, verantwortungsbewußte Erwachsenen zu mobilisieren, dann dürfte „das Heil" auch nicht von jungen Menschen erwartet werden, die noch im Lernprozeß begriffen seien und denen sich die gesellschaftlichen Zusammenhänge noch nicht in der erforderlichen Breite erschlossen hätten.[199] Die Vorschläge werden nicht in die Realität umgesetzt.

2. *Vereinfachtes Jugendverfahren*

Das vereinfachte Jugendverfahren hat sich inzwischen in der Praxis etabliert und findet auch - in unterschiedlichem Maße - Anwendung. Interesse an diesem Institut ist in der jugendstrafrechtlichen Diskussion der 60er und 70er Jahren kaum zu finden. 1978 setzt sich *Schaffstein* mit den in § 78 Abs. 3 JGG bestimmten Zielen und Zwecken des vereinfachten Verfahrens (Vereinfachung, Beschleunigung und jugendgemäße Gestaltung) konkret auseinander.[200] Dabei problematisiert er insbesondere die Umsetzung der „jugendgemäßen Gestaltung" des Verfahrens in der Praxis. Noch in den 50er Jahren sei der Trend dahin gegangen, der eindrucksvollen, durch die traditionellen Rituale bestimmten Verhandlungsführung des Richters eine wichtige Erziehungsfunktion zuzuerkennen.[201] Seither habe sich aufgrund neuerer psychologischer und sozialpädagogischer Einsichten, aber auch neuerer ideologischer Doktrin ein Tendenzumschwung vollzogen, weg von der strengen und ritualisierten Verfahrensform, hin zur Auflockerung der Verhandlung in Richtung einer freien, nicht durch Einschüchterung, Hemmung und Sprachbarrieren beeinträchtigten Kommunikation.[202] Zwischen den beiden Richtungen müsse ein Mittelweg gefunden werden, denn je nach Persönlichkeit und Gewicht der Tat könne eindruckskräftige Feierlichkeit oder aufgelockerte

---

197 Vgl. *Sach*, RdJB 1969, S. 107(108).
198 Vgl. die Einschätzung von *Bußmann*, RdJB 1969, S. 109.
199 *Bußmann*, RdJB 1969, S. 109.
200 Ein Ergebnis seiner Untersuchung ist, daß der Begriff „Vereinfachung" tautologisch verwendet werde und daher die beiden anderen genannten die wesentliche Zwecke seien, vgl. *Schaffstein*, MschrKrim 1978, S. 313(314).
201 So die Beobachtung und Beurteilung von *Schaffstein*, MschrKrim 1978, S. 313(315).
202 S. *Schaffstein*, MschrKrim 1978, S. 313(315).

und zwanglose Verhandlungsmodalität erzieherisch wirksam sein.[203] An einer erzieherischen Einwirkungsmöglichkeit auf den Jugendlichen durch das Verfahren hat er offensichtlich keine Zweifel.

Immer noch ist allgemein anerkannt, daß die Rechtsfolgen ihre erzieherische Funktion nur ausüben können, wenn die Zeitspanne zwischen auslösender Tat, richterlicher Anordnung und Vollstreckung so gering wie nur möglich ist. Die Beschleunigungsfunktion des Verfahrens sei also gerechtfertigt.[204] Allerdings besteht auch Einigkeit darüber, daß die Hauptaufgabe jedes Strafverfahrens, die Erforschung der Wahrheit, durch das Beschleunigungsgebot nicht existentiell gefährdet werden darf. Vor diesem Hintergrund ist problematisch, von welchen Verfahrensvorschriften der Richter im vereinfachten Verfahren abweichen kann und darf, ohne die Erfüllung der genannten Aufgabe zu beeinträchtigen. Jedenfalls müsse beachtet werden, daß § 78 JGG 1953 die Pflicht des Gerichts zur umfassenden Sachaufklärung und Persönlichkeitserforschung nicht aufhebe, sondern es darin nur freier stelle.[205] Kritisiert wird, daß bei einer schnelleren Terminierung meist kein Bericht der Jugendgerichtshilfe erstellt werden könne.[206] In der mündlichen Verhandlung dürften die Grundsätze des rechtlichen Gehörs und der Unmittelbarkeit der Beweisaufnahme, aber auch über die Belehrung des Angeklagten nicht wegfallen; an den festgelegten Gang der Verhandlung im formalen Strafverfahren, die äußere Form und die Beachtung der herkömmlichen Rituale sei der Richter hier aber nicht gebunden.[207]

3. Ergebnis

Für das förmliche Jugendstrafverfahren findet sich mit dem Vorschlag der Beteiligung von Jugendlichen ein neues Konzept, das zwar vereinzelt diskutiert wird, sich aber nicht durchsetzen kann. Ansonsten wiederholen sich die als problematisch empfundenen Punkte, wobei konkrete Änderungsvorschläge eher selten sind. Zu erwähnen ist der jugendrichterliche Befehl. Im Vordergrund der Diskussion steht die Beschleunigung des Verfahrens. Das vereinfachte Jugendverfahren wird von allen Seiten begrüßt, seine Umsetzung in der Praxis ist in den Einzelheiten sehr unterschiedlich und umstritten. Hier ist aber die Resignation hinsicht-

---

203 Vgl. *Schaffstein*, MschrKrim 1978, S. 313(315); denjenigen Delinquenten, die für ein vereinfachtes Verfahren in Betracht kämen, entspreche wohl eher eine aufgelokkerte, mehr vormundschaftsrichterlich angenäherte Verhandlungsführung.

204 Hierzu nur *Schaffstein*, MschrKrim 1978, S. 313(314).

205 Vgl. *Schaffstein*, MschrKrim 1978, S. 313(319).

206 *Schaffstein*, MschrKrim 1978, S. 313(321).

207 So die Ansicht von *Schaffstein*, MschrKrim 1978, S. 313(316ff.).

lich der Wirksamkeit nicht so deutlich zu spüren, wie in den in diesem Kapitel besprochenen anderen Bereichen.

VI. Die an der Entscheidungsfindung beteiligten Personen

Die mangelnde praktische Umsetzung der gesetzlichen Vorgabe die Person und Qualifikation von Jugendrichter und Jugendstaatsanwalt betreffend wird auch weiterhin kritisiert.

1. Jugendrichter und Jugendstaatsanwalt

Der erzieherisch befähigte Jugendrichter, den der Gesetzgeber zur Norm erhebe, sei ein Glücksfall.[208] Von den zukünftigen Jugendrichtern werde keine besondere pädagogische Ausbildung verlangt,[209] und die Einsetzung der Jugendrichter werde nach wie vor dem Geschäftsverteilungsplan (also der personellen Situation des Gerichts) und nicht von der Qualifikation bestimmt.[210] Durch diese Praxis werde das JGG mit seiner erzieherischen Zielsetzung ad absurdum geführt.[211]

Mitte der 70er Jahre führt *Hauser* eine - bereits im Zusammenhang mit dem Verfahren erwähnte - Studie zum Bild der Jugendrichters nach deren eigenen sowie der Einschätzung der jugendlichen Delinquenten und auch der Mitarbeiter der Jugendgerichtshilfe durch.[212] Im wesentlichen bestätigt das Gesamtergebnis die vermutete Diskrepanz zwischen Gesetzesanspruch und Rechtswirklichkeit.[213] Zum Beispiel spielen nach den Erhebungen jugendkundliche Kenntnisse und persönlichkeitsspezifische Berufsvoraussetzungen bei der Besetzung der Jugendrichterstellen keine Rolle.[214] Jugendrichter selbst beklagen die mangelnde berufliche Sozialisation und fordern eine bessere Aus- und Weiterbildung.[215] Auch aus der Sicht der Jugendlichen, der Jugendgerichtshelfer und der Jugendrichter selbst

---

208 So *Lehmann*, UJ 1965, S. 34(35).

209 *Haegert*, RdJB 1970, S. 175.

210 Vgl. *Ullrich*, RdJ 1967, S. 244(246).

211 So *Sach*, RdJB 1969, S. 298(300f.), nach dessen Ansicht die Vorschrift auch die Gefahr erheblicher Rechtsunsicherheit in sich berge, da keine klaren und eindeutigen Maßstäbe angelegt werden könnten.

212 Vgl. die ausführliche Beschreibung dieser Studie bei *Hauser*, Diss. 1980, S. 14ff. und eine Kurzbeschreibung *dess.* in MschrKrim 1980, S. 1(4f.).

213 So das Endergebnis bei *Hauser*, MschrKrim 1980, S. 1(18); *ders.*, Diss. 1980, S. 261ff.

214 Vgl. *Hauser*, MschrKrim 1980, S. 1(6); *ders.*, Diss. 1980, S. 25f.

215 *Hauser*, MschrKrim 1980, S. 1(7); *ders.*, Diss. 1980, S. 26ff.

entspricht das Profil des Jugendrichters nicht den gesetzlichen Vorstellungen.[216] Die Ergebnisse bestätigen die in der Wissenschaft seit jeher erhobenen Vorwürfe und lang gehegten Befürchtungen.

Die Vorschläge, wie die Vorgabe des § 37 JGG 1953 in der Praxis umgesetzt werden könnte, wiederholen sich und führen nicht zu einer grundsätzlichen Problemlösung.[217] Auch werden weiterhin unterschiedliche Auffassungen dazu vertreten, wie sich der Jugendrichter die für erforderlich gehaltenen Fähigkeiten aneignen kann.[218] Die Qualifikation des Jugendrichters solle nachprüfbar ausgestaltet werden.[219] Für die Gewinnung von Nachwuchskräften müßten weit größere Anstrengungen als bisher unternommen werden,[220] wobei aber erst eine Spezialisierung nach dem Zweiten Staatsexamen für sinnvoll erachtet wird.[221] Auch müsse es verstärkt Hilfen zur qualifizierten und kontinuierlichen Fortbildung amtierender Jugendrichter beziehungsweise aller in der Jugendgerichtsbarkeit tätigen Praktiker geben.[222]

In diesem Zusammenhang wird aber auch problematisiert, daß eine spezielle Ausbildung und ein besonderer Befähigungsnachweis im Widerspruch zu der Gerichtsverfassung stehe, welche die Befähigung zu jedem Richteramt verlange.[223] Es wird deutlich, daß das Thema in jener Zeit nicht an Aktualität verloren hat. Im Rahmen der Diskussion werden aber keine neuen Ansätze gefunden, sondern bereits bekannte Argumente und Lösungsvorschläge wiederholt.

---

216 So das Ergebnis bei *Hauser*, MschrKrim 1980, S. 1(8f); *ders.*, Diss. 1980, S. 38ff.

217 Z.B. hält *Hauber*, ZblJugR 1978, S. 377(382f.) die „statusmäßige Aufwertung des Jugendrichteramtes" durch zusätzliche Aufstiegs- und Bewährungschancen für notwendig.

218 Vgl. z.B. *Sach*, RdJB 1969, S. 298(299), der in diesem Zusammenhang auch *Hellmers* Argumentation (vgl. *Becker/Hellmer*, RdJ 1955, S. 362(365f.)) kommentiert.

219 Vgl. *Sach*, RdJB 1969, S. 298(301). Dagegen sieht *Brunner*, JR 1978, S. 499(501) eine gesetzliche Fixierung der Anforderungen an den Jugendrichter als unpraktikabel an, weil sie zu vermehrter Einlegung von Revisionen führen würde, was dem Beschleunigungsgrundsatz abträglich sein könne.

220 So die Forderung von *Kreckl*, 15. Jugendgerichtstag 1971, S. 61(62).

221 Vgl. die Einzelheiten bei *Sach*, RdJB 1969, S. 298 (300f.); *Hauber*, ZblJugR 1978, S. 377(380ff.); *Brunner*, JR 1978, S. 499(502).

222 So die Forderung von *Brunner*, JR 1978, S. 499(502), der dabei an Veranstaltungen - auch interdisziplinär - in Theorie und Praxis denkt; vgl. auch *Kreckl*, 15. Jugendgerichtstag 1971, S. 61f.

223 So *Brunner*, JR 1978, S. 499(501), der aber für ein breiteres Angebot an zwingenden Veranstaltungen im Jugendstrafrecht sowohl an der Universität als auch im Vorbereitungsdienst eintritt; vgl. auch die Darstellung des Streitstandes bei *Hauber*, ZblJugR 1978, S. 377(382), der allerdings Ausnahmen von dem „Einheitsrichter" zulassen will.

2. *Der Verteidiger in Jugendsachen*

In den 60er Jahren scheint das Interesse der jugendstrafrechtlichen Literatur an den Besonderheiten der Verteidigung im Jugendstrafverfahren erloschen. Die Problematik wird höchstens am Rande berührt. Zum Ende der 70er Jahre hin steigt das Interesse an diesem Thema dann wieder, um in den darauf folgenden Jahren um so intensiver bearbeitet zu werden.

In der Sache lassen sich trotz der längeren „Denkpause" keine wirklich neuen Ansätze finden. Grob teilt sich das Lager in jene, die eine erzieherische Befähigung und ein erzieherisches Vorgehen des Jugendverteidigers fordern und jene, die sich gegen Spezialisierung und Sonderstellung aussprechen, wobei die Anzahl der zuletzt Genannten deutlich zunimmt. Diese argumentieren, daß sich keineswegs zwingend allein aus der Existenz eines besonderen Jugendstrafrechts das Erfordernis eines Jugendverteidigers ergebe.[224] Die Spezialisierung bringe die Gefahr der Verengung und sei kein Allheilmittel.[225] Der Jugendliche erwarte von dem Verteidiger in erster Linie einen „glatten Freispruch" oder eine möglichst milde Ahndung[226], wozu der „Jugendverteidiger" wie jeder Strafverteidiger auch in erster Linie verpflichtet sei.[227] Ihn erzieherisch in die Pflicht zu nehmen, um ihm Einschränkungen aufzuerlegen, die auf Kosten der Verteidigung gehen, erscheine als hilfloser Versuch, den unaufhebbaren Gegensatz von Strafe und Erziehung auf seinem Rücken auszutragen.[228]

Es halten aber auch viele an der Ansicht fest, daß der Verteidiger in Jugendsachen erzieherisch befähigt sein muß und auch in diesem Sinne auf den Jugendlichen einzuwirken hat. Wegen der Erziehungsfunktion des Jugendstrafrechts sei der Anwalt gezwungen, von den üblichen Verteidigungsstrategien Abstand zu nehmen.[229] De lege ferenda solle der erzieherisch befähigte, erfahrene und jugendrechtlich ausgebildete Verteidiger vorgegebenes Ziel sein.[230] Gefordert werden zusätzliche Aus- und Fortbildungsmöglichkeiten für Anwälte, organisiert

---

224 Vgl. *Schlickum*, StV 1981, S. 359.

225 Vgl. *Höfner*, RdJB 1979, S. 364(365; 373f.).

226 So die Erfahrung von *Höfner*, RdJB 1979, S. 364(367).

227 So *Höfner*, RdJB 1979, S. 364(372), nach dessen Ansicht die allgemeinen Pflichten des Verteidigers pädagogischen Belangen vorzugehen haben, um nicht mit Mandats- und Standespflichten in Konflikt zu geraten.

228 Der Jugendstrafverteidiger werde sich wohl so lange ausschließlich als Verteidiger verstehen müssen, wie das Jugendstrafrecht nicht durch ein reines Erziehungsrecht abgelöst ist, so die Meinung von *Schlickum*, StV 1981, S. 359(362).

229 Um nicht durch sein Verhalten gegen den Sinn und Zweck des Jugendstrafrechts zu verstoßen, so die Ansicht von *Hauber*, RdJB 1979, S. 355(360).

230 S. *Hauber*, RdJB 1979, S. 355(359).

durch die Justizverwaltung in Zusammenarbeit mit der Anwaltschaft[231], ein Fachanwalt für Jugendstrafrecht[232] und Listen, die entweder die Richter selbst erstellen oder in die sich besonders interessierte und ausgebildete Anwälte eintragen könnten.[233]

Schließlich gibt es auch Stimmen, die zwar eine erzieherische Einflußnahme für möglich halten, jedoch kein Bedürfnis für eine Spezialisierung sehen. Gegen eine solche spreche zum Beispiel, daß es keine Garantie gebe, daß der „Jugendverteidiger" sich im erforderlichen und wünschenswerten Maß betätigen könne, was zur Folge habe, daß die wirtschaftliche Basis schmal sei und seine Spezialkenntnisse selten zum Einsatz kämen.[234] Allerdings solle ein Verteidiger in Jugendsachen doch genaue Kenntnisse des sozialen Umfeldes des Jugendlichen und der Bezugswissenschaften aufweisen.[235]

3. *Die Jugendschöffen, insbesondere jugendliche Schöffen*

Über die Rolle der Jugendschöffen wird intensiver denn je diskutiert. Immer wieder wird die Frage gestellt, welche Voraussetzungen Jugendschöffen für ihr Amt mitbringen sollten.[236] *Hauber* stellt die Laienbeteiligung in der Jugendkriminalrechtspflege grundsätzlich in Frage und meint, „daß es eine Illusion wäre, bei der gegenwärtigen Situation in der Jugendgerichtsbarkeit von den Laien einen Beitrag zu erwarten, der derart ins Gewicht fiele, daß ein völliger Verzicht darauf eine sichtbare Lücke reißen würde".[237] Ernsthaft fordert allerdings niemand die generelle Abschaffung der Jugendschöffen.

Im Vordergrund steht eher die Überlegung, die verfahrensrechtliche Stellung der Schöffen besonders auszugestalten. Zum einen wird darüber nachgedacht, Jugendschöffen durch sachkundige Beisitzer zu ersetzen. Im Vergleich zum Strafrecht hätten die Jugendschöffen eine zusätzliche Funktion, nämlich die sach- und fachgerechte Auswahl und Anwendung der jugendkriminalrechtlichen Sanktionen, die ihrerseits eine qualifizierte täterbezogene Diagnose des jugendlichen

---

231 Vgl. *Hauber*, RdJB 1979, S. 355(359), der auf den positiven Effekt von gemeinsamen Veranstaltungen mit Jugendrichtern und -staatsanwälten hinweist.

232 *Hauber*, RdJB 1979, S. 355(359).

233 Vgl. *Hauber*, RdJB 1979, S. 355(357f.), der aber ausdrücklich „schwarzen Listen" für ungeeignete Kollegen ablehnt.

234 *Höfner*, RdJB 1979, S. 364(367), der auch darauf hinweist, daß die Spezialkenntnisse dem Jugendverteidiger mit hoher Wahrscheinlichkeit den Ruf einbringen würden, für andere Rechtsgebiete ungeeignet zu sein.

235 So *Höfner*, RdJB 1979, S. 364(372).

236 Vgl. z.B. die Überlegungen von *Hauber*, ZblJugR 1978, S. 329(335f.).

237 Vgl. die Einzelheiten bei *Hauber*, ZblJugR 1978, S. 329(330ff.; 339).

Fehlverhaltens und eine wissenschaftlich abgesicherte Prognose über die künftige Entwicklung des jugendlichen Delinquenten voraussetze.[238] Daher solle ein Schöffe als zusätzliche Voraussetzung einen sozialwissenschaftlichen Beruf im weiteren Sinne aufweisen.[239]

Ein Vorschlag, der in eine ganz andere Richtung zielt und eine völlige Neuheit im Rechtssystem bedeuten würde, wird von *Haegert* zur Diskussion gestellt: Im Zusammenhang mit der Beteiligung von Jugendlichen im Jugendstrafverfahren überlegt er, bei den Gerichten junge Menschen zwischen 16 und 24 Jahren anstelle von erwachsenen Schöffen einzusetzen. Die Beteiligung von Jugendlichen könne dazu führen, daß der Angeklagte das allgemeine Normensystems eher anerkennt und ihm die subjektive Normintegration erleichtern.[240] Zu bedenken sei, daß der Jugendliche vor Gericht einem geschlossenen System der Erwachsenen als Symbol der „angeblichen Vollkommenheit“ gegenüberstehe, was zu Trotz führen könne.[241] Jugendliche Schöffen würden aufgrund ihres Entwicklungsstandes immer wieder das Neue und Einmalige sehen, im Gegensatz zum Erwachsenen, der durch die Routine „abgestumpft“ sei.[242] Allerdings müßten bei der Umsetzung des Vorschlags dem Vorsitzenden Richter mehr Rechte als bisher eingeräumt werden.[243]

Der Ansatz wird in der jugendstrafrechtlichen Literatur sofort aufgegriffen und diskutiert. So sei zwar der Ansicht, daß die Jugendschöffen häufig jugendfremd und verständnislos seien und ihren Erziehungsauftrag aus einem falsch verstandenen Autoritätsbegriff ableiteten, grundsätzlich zuzustimmen und die Möglichkeit eines positiven Einflusses erscheine einleuchtend.[244] Auch hier (wie schon im Zusammenhang mit dem Jugendstrafverfahren) gelte aber, daß wenn es

238 Vgl. *Delitzsch*, MschrKrim 1979, S. 26(29).

239 Für einen sog. „Jugendfachrichter“ spricht sich *Delitzsch* in MschrKrim 1979, S. 26(29ff.) aus; dagegen (ohne nähere Begründung) ist *Höfner*, RdJB 1979, S. 364(373).

240 S. das Konzept von *Haegert*, RdJB 1970, S. 175(176f.); dem widerspricht *Hauber*, ZblJugR 1978, S. 329(339), da kein widersprüchliches Denken der verschiedenen Interessenvertreter (hier Staat, da Jugend) zugrundegelegt werden könne, der Jugendrichter vielmehr in partnerschaftlichem Verhältnis zu der mit ihm befaßten Jugend stehe.

241 So *Haegert*, RdJB 1969, S. 44(46); *ders.* RdJB 1970, S. 175(176).

242 Vgl. *Haegert*, RdJ 1970, 175(177): Dies berge auch einen allgemeinen erzieherischen Wert für die Schöffen in sich, und es werde Gelegenheit gegeben, frühzeitig staatsbürgerliche Verantwortung zu übernehmen.

243 *Haegert*, RdJB 1969, S. 44(46): Insbesondere solle gegen seine Stimme der Schuldspruch nicht gefällt werden dürfen, und er müsse das Strafmaß nach oben hin begrenzen dürfen, denn es liege in der Eigenart der Jugend, allzu strenge Maßstäbe anzulegen.

244 Vgl. *Sach*, RdJB 1969, S. 107(108).

nicht gelinge, verantwortungsbewußte Erwachsene zu mobilisieren, dies auch nicht von jungen Menschen erwartet werden könne, die noch im Lernprozeß auch bezüglich der gesellschaftlichen Zusammenhänge begriffen seien.[245] Da es sich um tiefgreifende Entscheidungen handele, bedürfe es eines stark ausgeprägten pädagogischen, soziologischen und auch psychologischen Einfühlungsvermögens auch der Laienrichter, Anforderungen, die Jugendliche nicht erfüllen könnten.[246] Der „selbst pubertierende richtende Alterskollege" werde mit vielfältigen eigenen Konflikten überfordert sein.[247] Außerdem wird beobachtet, daß Jugendliche und Heranwachsende bei Rechtsbrüchen ihrer Altersgenossen deutlich heftig ein repressives Strafrecht verteidigten.[248] Gegen eine entsprechende Beteiligung spreche auch, daß das Jugendstrafverfahren ausschließlich der Bemühung um eine rechtsstaatlichen Erfordernissen entsprechende Tatsachenfeststellung beziehungsweise einer sinnvollen Beantwortung auf das normabweichende Verhalten diene und keine darüber hinausgehenden Ziele verwirkliche.[249] Außerdem könne die Mitwirkung von Alterskollegen bei dem in der Regel emotional bestimmten Angeklagten eine starke Aversion gegen das Gericht und damit gegen das Urteil hervorrufen.[250]

Vermittelnd, aber halbherzig ist der Vorschlag, Jugendliche als Hilfen des Gerichts einzusetzen, wobei die Entscheidung dem Jugendrichter vorbehalten bleiben solle.[251] Dies stößt jedoch auf Skepsis, ob es angesichts der mangelhaften beziehungsweise nicht vorhandenen besonderen Ausbildung vieler Jugendrichter diesen nicht durch die zusätzliche Belastung, sich mit den jugendlichen Schöffen auseinanderzusetzen, überfordere.[252]

Angesichts des dem Gesetz bislang völlig unbekannten Ansatzes und der erheblichen Schwierigkeiten in der praktischen Umsetzung erheben sich vielen Ge-

---

245 So *Bußmann*, RdJB 1969, S. 109 und zustimmend *Ullrich*, RdJB 1969, S. 303(304), wobei *Bußmann* aber auch klarstellt, daß Erwachsene, die nicht über „persönliche Kontakte zur jungen Generation" verfügten, sich aus den entsprechenden Gremien zurückziehen sollten.

246 So das Ergebnis von *Sach*, RdJB 1969, S. 107(108).

247 „Super-Jugendliche" mit den erforderlichen spezifischen Kenntnissen und Erfahrungen werden als unrealistisch angesehen, vgl. *Hauber*, ZblJugR 1978, S. 329(339); ähnlich schon *Ullrich*, RdJB 1969, S. 303.

248 So der Eindruck von *Ullrich*, RdJB 1969, S. 303.

249 Wie zum Beispiel die Erziehung und Entwicklung der jugendlichen Schöffen, so *Hauber*, ZblJugR 1978, S. 329(338).

250 Vgl. *Hauber*, ZblJugR 1978, S. 329(338); *Ullrich*, RdJB 1969, S. 303(304); ähnlich auch *Bußmann*, RdJ 1969, S. 109.

251 So der Vorschlag von *Sach*, RdJB 1969, S. 107(108).

252 Vgl. *Sach*, RdJB 1969, S. 107(108f.).

genstimmen. Der Vorschlag kann sich nicht etablieren und wird auch in den kommenden Jahren nicht weiter diskutiert.

4. Ergebnis

Bei der Frage nach den persönlichen und fachlichen Eigenschaften von Jugendrichter und Jugendstaatsanwalt steht die Diskussion um Aus- und Fortbildung weiterhin im Vordergrund. Neue Ansätze zeigen sich nicht, ein Konsens ist nicht greifbar. Vielmehr scheint die Erhebung von *Hauser* zu einer Ernüchterung ob der möglichen Erfolge beigetragen zu haben. Die Diskussion um einen Jugendverteidiger gerät in neue Bahnen, das Bewußtsein für die rechtliche Stellung des Jugendlichen ist geschärft und zwingt viele zu dem Schluß, daß einem Jugendlichen die gleiche Verteidigung zusteht, wie einem Erwachsenen, ohne die mögliche Beschneidung der Rechtsposition „zu seinem Wohl" über den Erziehungsgedanken. Über die Jugendschöffen wird viel diskutiert, auch mit einem gänzlich neuen Ansatz, der jedoch auch wegen der Skepsis gegenüber allzu unbekannten Ideen im Keim erstickt wird.

VII. Zusammenfassung

Die in diesem Kapitel behandelte Zeit ist gekennzeichnet durch Resignation hinsichtlich der mit dem JGG von 1953 verbundenen Hoffnungen. In der jugendstrafrechtlichen Diskussion wird man sich bewußt, daß das JGG 1953 zwar sehr gute Ansätze aufweist, diese aber nicht so leicht zu verwirklichen sind. Insbesondere hinsichtlich der Erziehung, ihrer Bedeutung für das Jugendstrafrecht und ihre Umsetzbarkeit tritt nahezu eine Betäubung ein, als wolle man die Erkenntnisse nicht wahrhaben. Die heftige Forderung nach der Verschmelzung von Jugendhilfe- und Jugendstrafrecht unterstreicht diese Tendenz, denn daran wird deutlich, daß der Erziehungsgedanke als nicht zu verwirklichen betrachtet wird.

Auch die extremen Ansichten (zum Beispiel einerseits die Forderung nach Abschaffung von Strafe, andererseits die Forderung, die Strafobergrenzen zu erhöhen) machen die Ratlosigkeit und fortschreitende Ernüchterung deutlich. Allerdings zeichnet sich in den letzen Jahren dieser Periode eine leise Aufbruchstimmung ab. Man beginnt, die Probleme zu akzeptieren, nach ihren Ursachen zu forschen und Reformforderungen zu entwickeln.

Kapitel 6 - Die Tendenzen in den 80er Jahren

In den 80er Jahren entflammt die Diskussion um das Jugendstrafrecht erneut. Auf einmal spricht man von einer „inneren Reform", und die „neuen ambulanten Maßnahmen" und die „Diversion" erleben den Durchbruch.

I. Überblick über die weitere Entwicklung

Die kriminologischen Forschungsarbeiten im jugendstrafrechtlichen Bereich hatten eine hohe Delinquenzbelastung sowie hohe Rückfallquoten ergeben. Dies hat im Laufe des vorangegangenen Abschnitts zu fortschreitender Resignation geführt bis zu dem Punkt, an dem das Jugendstrafrecht insgesamt in Frage gestellt wurde.

1. Ausgangspunkt der Diskussion Anfang der 80er Jahre

Den Stand der Diskussion um das Jahr 1980 beschreibt *Kaiser* treffend folgendermaßen: Wie auch immer die Alternativen lauten würden („Erziehen oder Strafen", „Heilen oder Strafen", „Helfen oder Strafen"), es gehe immer um dieselben Fragen, nämlich, ob man das Jugendstrafrecht beibehalten, erweitern oder einschränken und gegebenenfalls durch ein Interventionssystem auf psychologischer, therapeutischer oder sozialpädagogischer Grundlage ersetzen solle.[1] Eine Lösung dieser Fragen sei zwar in absehbarer Zeit nicht in Sicht, als vorläufige Bilanz lasse sich aber nach Reformeuphorie, Radikalkritik und „stiller Reformarbeit" eine verstärkte Rückbesinnung auf die nicht ausgeschöpften Möglichkeiten des JGG und deren behutsame (experimentelle) Fortentwicklung erkennen.[2] Die Ansätze der inneren Reform zeigten sich an der zunehmenden Verhängung von ambulanten Sanktionen, daran, daß vermehrt von §§ 45, 47 JGG Gebrauch gemacht und stärker nach Erst- und Mehrfachdelinquenz sowie nach Episode und Karriere unterschieden werde.[3] Die Zeit der großen Entwürfe sei vorbei, es fehle

1 Vgl. *Kaiser*, RdJB 1980, S. 266f.
2 *Kaiser*, RdJB 1980, S. 266f.; ähnlich *ders.*, RdJB 1983, S. 346.
3 S. *Kaiser*, RdJB 1983, S. 346(347).

aber nicht an Kraft, sondern man sei sich wohl der begrenzten Interventionsmöglichkeiten mit Hilfe des Rechts, aber auch der schädlichen Nebenwirkungen rechtlicher Eingriffe stärker bewußt geworden.[4]

2. Eckdaten der weiteren Entwicklung

Im Jahr 1979 erarbeitet die Arbeitsgemeinschaft Sozialdemokratischer Juristen Reformvorschläge für das JGG, die von der Kommission Rechtspolitik beim SPD-Vorstand zum Anlaß genommen werden, einer Unterkommission die Ausarbeitung einer Stellungnahme in Auftrag zu geben. Dies führt zur Formulierung von Reformthesen, die 1981 von der Kommission Rechtspolitik als Teil eines kriminalpolitischen Programms der SPD verabschiedet werden.[5] Die Thesen geben einen umfassenden Überblick über die in der Diskussion befindlichen Schwächen und Mängel des JGG.

Der 18. Deutsche Jugendgerichtstag findet 1980 in Göttingen zu dem Thema „Die jugendrichterliche Entscheidung" statt, und drei Jahre später werden die Probleme von „Jugendgerichtsverfahren und Kriminalprävention" auf dem 19. Jugendgerichtstag in München erörtert. Auch der Gesetzgeber wird aktiv. Aus einem im Jahre 1982 vom Bundesministerium der Justiz erarbeiteten „Arbeitsentwurf eines Gesetzes zur Änderung des JGG" entsteht ein Jahr später ein Referentenentwurf (im Folgenden: *RefE 1983*), der aber aus Kostengründen zunächst nicht weiter verfolgt wird. Ebenso sieht die Praxis dringenden Reformbedarf. Die Richter nutzen die Möglichkeiten, die ihnen die Vielzahl der unbestimmten Rechtsbegriffe im JGG und der breit gefächerte Sanktionenkatalog bieten, und es kommt auf wesentlichen Gebieten - auch ohne Gesetzesänderung - zu einer „Reform von unten". Dies aufgreifend trägt dann auch das so bezeichnete „Bielefelder Symposium" im Jahre 1984 das Thema „Neue ambulante Maßnahmen nach dem Jugendgerichtsgesetz". Der 20. Jugendgerichtstag findet im Jahre 1986 in Köln statt zu dem Thema „Und wenn es künftig weniger werden? - Die Herausforderung der geburtenschwachen Jahrgänge."

Die Aktivitäten im legislativen Bereich werden erneut aufgenommen. 1987 werden in einem neuen Referentenentwurf (im Folgenden: *RefE 1987*) Teile des *RefE 1983* wieder aufgegriffen und eine Reihe von neuen Änderungsvorschlägen hinzugefügt. Der *RefE 1987* will ausdrücklich den Erziehungsgedanken stärken durch Ausdehnung der Erziehungsmaßnahmen und Zuchtmittel, durch eine stärkere Betonung des erzieherischen Aspekts beim Arrest und durch die Erweite-

---

4 *Kaiser*, RdJB 1983, S. 346(351).

5 Abgedruckt bei *SPD*, ZblJugR 1982, S. 60ff.

rung der Strafaussetzung zur Bewährung, der informellen Erledigungsmöglichkeiten wie auch der Funktion der Jugendgerichtshilfe und der Regelung der einstweiligen Unterbringung in einem Erziehungsheim.[6] Viele seit langem diskutierte Problembereiche werden aber gar nicht angesprochen, wie zum Beispiel die Abänderung der Straf- oder Bestrafungsmündigkeitsgrenze, die Heranwachsendenproblematik, das Verhältnis von Erziehungsmaßregeln und Zuchtmitteln, der Jugendarrest, die Voraussetzungen für die Verhängung von Jugendstrafe, die Stellung der Jugendgerichtshilfe, die Aus- und Fortbildung von Richtern, Staatsanwälten und Rechtsanwälten, die Unterscheidung von Straftaten mit und ohne pädagogische Relevanz und das Straftaxendenken beziehungsweise die Aufschaukelungstendenzen in der Sanktionspraxis.[7]

1987 wird darauf eingegangen, daß sich die Zahlen der Jugendkriminalität auf einem hohen Niveau befänden, allerdings in letzter Zeit ein Rückgang feststellbar sei, was als Zeichen dafür gewertet werden könne, daß staatliche und auch private Maßnahmen zugunsten gefährdeter Jugendlicher zunehmend erfolgreich würden.[8] Die künftige Entwicklung der Kriminalität Jugendlicher und Heranwachsender lasse sich nur schwer abschätzen, und auch der Wissenschaft und Forschung lägen insoweit keine verläßlichen Erkenntnisse vor.[9]

Im März 1987 findet an der Kriminologischen Forschungsstelle der Universität Köln das sogenannte „Erste Kölner Symposium" zu dem Thema „Verteidigung in Jugendstrafsachen" statt. Über die „Jugendstrafrechtsreform durch die Praxis" wird auf dem „Konstanzer Symposium" im Jahre 1989 gesprochen. Ebenfalls 1989 entsteht dann auf der Grundlage des *RefE 1987* und daran anknüpfend ein Regierungsentwurf (im Folgenden: *RegE 1989*). Wie schon der *RefE 1987* hat auch der *RegE 1989* zum Ziel, das im JGG vorhandene pädagogische Potential besser auszuschöpfen und den Jugendlichen Chancen für eine gesunde und jugendgemäße Entwicklung zu geben und ihnen Zukunftsperspektiven zu eröffnen.[10] Es habe sich herausgestellt, daß Jugendkriminalität nicht notwendig zur Kriminalität im Erwachsenenalter führe, so daß Hilfe und Vermittlung von Chancen die bessere Antwort auf jugendliches Fehlverhalten seien als Vergeltung, Sühne und Abschreckung; daher müßten die erzieherischen Möglichkeiten gestärkt und die schädlichen Nebenwirkungen des Jugendstrafverfahrens

---

6 Vgl. nur die Zusammenfassung bei *Ayass*, BewHi 1988, S. 103.
7 Vgl. nur *Ayass*, BewHi 1988, S. 103.
8 Vgl. die Antwort der *Niedersächsischen Landesregierung*, ZfJ 1987, S. 344(345) auf die große Anfrage der FDP-Fraktion in diesem Jahre, wobei die Heranwachsendenkriminalität dagegen leicht ansteige.
9 *Niedersächsische Landesregierung*, ZfJ 1987, S. 344(345).
10 So *Engelhard*, ZfJ 1989, S. 22(24).

und seiner Sanktionen auf ein Mindestmaß begrenzt werden.[11] Folglich schränkt der Entwurf die freiheitsentziehenden Maßnahmen ein, erweitert die ambulanten erzieherischen Reaktionen und verstärkt die rechtsstaatlichen Absicherungen.[12] Für den Bereich der leichten und mittleren Jugenddelinquenz werden anstelle von formellen Sanktionen informelle Erledigungen angestrebt; ambulante sozialpädagogische Reaktionen werden geschaffen beziehungsweise gesetzlich festgeschrieben, um so in erster Linie für die Zukunft die straffreie Entwicklung der Jugendlichen zu fördern.[13] Rechtsstaatliche Verfahrensgarantien für Jugendliche werden verstärkt und die Beteiligung der Jugendgerichtshilfe intensiviert.[14] Völlig neu in diesem Entwurf ist die Aufnahme des Täter-Opfer-Ausgleichs in den Katalog der Erziehungsmaßnahmen und die Abschaffung der Jugendstrafe von unbestimmter Dauer.[15] In der Begründung zum *RegE 1989* wird ausdrücklich weiterer Reformbedarf ausgesprochen und die betroffenen Bereiche aufgezählt.[16]

Im gleichen Jahr, also auch 1989, findet in Göttingen der 21. Jugendgerichtstag statt, in dessen Rahmen über „Mehrfach Auffällige - Mehrfach Betroffene" gesprochen wird. In dieser Zeit befaßt sich eine von der Deutschen Bewährungshilfe (DBH) eingesetzte Ad-hoc-Arbeitsgruppe mit der Frage der gesetzlichen Verankerung des Täter-Opfer-Ausgleichs im JGG; anläßlich einer Sachverständigenanhörung wird dem Rechtsausschuß des Deutschen Bundestages am 16. Februar 1990 dazu ein Vorschlag übergeben.[17]

3. *Reaktionen auf den RefE 1987 und den RegE 1989*

Die Reaktionen auf die Gesetzesentwürfe sind zwiespältig und bewegen sich zwischen der Freude über die Möglichkeit der Durchsetzung von Reformforderungen und der Trauer über deren nur begrenzte Umsetzung. Der *RefE 1987* bringe zwar in den vorgeschlagenen Änderungen durchweg Verbesserungen, bleibe aber weit

---

11 *Engelhard*, ZfJ 1989, S. 22(24).

12 S. zu den Einzelheiten der Zielsetzung des Entwurfs *RegE 1989*, S. 2; vgl. auch die Begründung auf S. 11ff.

13 Vgl. nur *Bundesministerium der Justiz*, ZfJ 1989, S. 483.

14 *Bundesministerium der Justiz*, ZfJ 1989, S. 483f.

15 Zum Täter-Opfer-Ausgleich vgl. *RegE 1989*, S. 4 und die Begründung S. 11f., S. 17. Die Abschaffung der Jugendstrafe von unbestimmter Dauer wird mit dem zurückhaltenden Gebrauch, zuletzt nur noch in Einzelfällen, in der Praxis begründet sowie damit, daß sich der erhoffte Nutzen empirisch nicht habe nachweisen lassen, vielmehr die Rückfallergebnisse eher das Gegenteil bestätigen, *RegE 1989*, S. 12.

16 Vgl. die Begründung zum *RegE 1989*, S. 14f.

17 Abgedruckt bei *Kerner/Marks/Rössner/Schreckling*, BewHi 1990, S. 169-176.

hinter den Erwartungen zurück.[18] Immer wieder wird angemerkt, daß grundsätzlich gegen sämtliche Zielsetzungen des *RefE 1987* nichts einzuwenden sei; insbesondere die Betonung der Vorrangstellung von ambulanten Maßnahmen und die flexiblere Handhabung der Rechtsfolgen sei zu begrüßen.[19] Das neu Geregelte erscheine aber nur als Minimum-Standard; es werde eher der status quo bestätigt, als eine Weiterentwicklung.[20] Gerade die Fragen würden nicht geklärt, die in dem Alltag der Jugendgerichte zu erheblichen Problemen und Auseinandersetzungen führten oder bei denen gesetzlicher Handlungsbedarf bestehe, wie zum Beispiel die Auslegung und Anwendung von § 3 JGG, die Voraussetzungen für die Verhängung der Jugendstrafe, die Stellung des Verteidigers im Jugendstrafverfahren und die §§ 105ff. JGG.[21]

Die Kommentare zum *RegE 1989* fallen entsprechend aus. Die gebotene jugendstrafrechtliche Neukonzeption wage der *RegE 1989* nicht, sondern er wiederhole nur, was schon längst erfolgt sei.[22] Zwar werde weiterer Regelungsbedarf von unterschiedlicher Dringlichkeit angemerkt, aber selbst in diesem unverbindlichen Katalog fehlten noch Stichworte wie Entkriminalisierung, Heraufsetzung der Bestrafungs- oder Strafmündigkeit, und es sei zu bemängeln, daß der *RegE 1989* weitgehend darauf verzichte, dem Fehlgebrauch des sanktionsrechtlichen Instrumentariums durch Teile der Praxis entgegenzusteuern.[23] Der *RegE 1989* wird aber auch als ein erster wichtiger Schritt auf dem Weg gesehen, das Jugendstrafrecht zu modernisieren, wobei weitere Initiativen folgen sollen.[24] Auch wenn weiterer Regelungsbedarf in den Bereichen der strafrechtlichen Behandlung Heranwachsender, dem Verhältnis zwischen Erziehungsmaßregeln und Zuchtmitteln und den Voraussetzungen für die Verhängung von Jugendstrafe bestehe, seien die jetzt dringlichsten Sachbereiche doch gelöst worden.[25] Die Befürchtung, daß nach Inkrafttreten eines Änderungsgesetzes in absehbarer Zeit kein neuer, mutiger Wurf mehr möglich ist, macht am Ende des Zeitabschnitts der Hoffnung Platz, daß ein entsprechender weiterer Versuch unternommen wird.

---

18 So *Ayass*, BewHi 1988, S. 103(108).
19 Vgl. z. B. *Zieger*, StV 1988, S. 308f.
20 *DBH-Stellungnahme*, BewHi 1988, S. 240(247).
21 So *Zieger*, StV 1988, S. 308(309f.).
22 Vgl. *Heinz*, RdJB 1990, S. 133(134).
23 *Heinz*, RdJB 1990, S. 133(134).
24 Vgl. *Bundesministerium der Justiz*, ZfJ 1989, S. 483(484).
25 *Bundesministerium der Justiz*, ZfJ 1989, S. 483(484).

II. Die Altersgrenzen

Die Diskussion um die zutreffende Altersgrenze für die Frage, wann ein Jugendlicher strafmündig ist, kocht weiter „auf kleiner Flamme". Die Heranwachsendenproblematik, die in dem vorangegangenen Kapitel sehr ausführlich diskutiert worden ist, wird zu Anfang der 80er Jahre noch gelegentlich aufgegriffen, dann schläft das Interesse nahezu ein.

1. Absolute / relative Strafmündigkeit

Das Alter von 14 Jahren als Grenze für die absolute Strafmündigkeit ist weiterhin umstritten. Eine Konferenz der Justizminister und -senatoren im November 1980 fordert grundsätzlich die Anhebung auf 16 Jahre; soweit dies nicht möglich sei, solle jedenfalls die Grenze der sogenannten Bestrafungsmündigkeit, also die Grenze für die Verhängung der Jugendstrafe, bei diesem Alter liegen.[26] Die vorgeschlagene Alternative, die Maßnahmen der Jugendhilfe für Jugendliche zwischen 14 und 16 Jahren entsprechend auszuweiten, findet kaum Zustimmung.[27] Andere wieder sehen durchaus ein Bedürfnis für die Verhängung von Jugendstrafe auch für 14- bis 16jährige.[28]

Im Schrifttum wird - insbesondere von Gutachterseite - die Forderung erneut erhoben, die Strafmündigkeitsgrenze ganz abzuschaffen. Einerseits sei die Grenzziehung bei 14 Jahren wissenschaftlich nicht haltbar, andererseits würden dadurch für kindliche Gesetzesübertreter die diagnostischen und wirksamen erzieherischen Maßnahmen in manchen Fällen jahrelang unterbleiben und so schwerwiegende kriminelle Entwicklungen erleichtert.[29] § 3 JGG sei also einerseits inhaltlich falsch, als es (abgesehen von §§ 20 oder 21 StGB) keinen 14jährigen gebe, der nicht fähig sei, das Strafbare der altersentsprechenden Handlungen einzusehen und nach dieser Einsicht zu handeln, und andererseits

26 Vgl. Einzelheiten zu der Argumentation der Konferenz bei *Berckhauer/Steinhilper*, ZRP 1981, S. 265; ähnlich auch z.B. *Miehe*, ZblJugR 1982, S. 82(89); *Bietz*, ZRP 1981, S. 212(219) und später *DBH-Stellungnahme*, BewHi 1988, S. 240(247).

27 Vgl. *Bietz*, ZRP 1981, S. 212(219); *Berckhauer/Steinhilper*, ZRP 1981, S. 265(266), die die Jugendhilfe überfordert sehen und keine hinreichende jugendkriminologische Begründung finden.

28 *Bietz*, ZRP 1981, S. 212(219) schlägt z. B. vor, bei 14- und 15jährigen den Vollzug durch Heimerziehung zu ersetzen.

29 Vgl. *Weinschenk*, MschrKrim 1984, S. 15(24); gegen die Thesen von *Weinschenk* bezieht *Ludwig* Stellung und wirft ihm vor, Kriminalitätsfurcht schüren zu wollen und die Einschränkung rechtsstaatlicher Garantien anzustreben, in MschrKrim 1984, S. 170(172).

bewirke § 3 JGG eine zu späte Zuführung von jugendlichen Delinquenten zu wirksamer Erziehung und Resozialisierung.[30] Mit dieser Begründung fordert *Weinschenk* ein Maßregelrecht, nach dem jeder kindliche und jugendliche Gesetzesübertreter zu begutachten sei, um die Ursachen für das abweichende Verhalten zu erkennen und dann die dafür wirksame Erziehung durchführen zu können.[31]

Schließlich gibt es auch die Stimmen, die aufgrund der neueren entwicklungspsychologischen Befunde und Theorien, insbesondere zur „Moralentwicklung“, keinerlei Anlaß sehen, von der geltenden Regelung abzusehen.[32] Sie sei flexibel genug, um auch verhaltenswissenschaftliche Erkenntnisse ausreichend zu berücksichtigen.[33] Der *RefE 1987* und im Anschluß daran auch der *RegE 1989* stellen die Strafmündigkeitsgrenze selbst nicht in Frage, setzen aber auf Alternativen zur Vollstreckung von Jugendstrafe an Jugendlichen unter 16 Jahren.[34]

Auch die Reifebeurteilung nach § 3 JGG ist weiterhin Gegenstand der Kritik. Sie überfordere Richter und auch Sachverständige.[35] Die Praxis scheine nicht näher auf die Bestimmung einzugehen und grundsätzlich die nötige Einsichts- und Steuerungsfähigkeit vorauszusetzen,[36] so daß der Vorschrift so gut wie keine Bedeutung mehr zukomme.[37]

---

30 So *Weinschenk*, MschrKrim 1984, S. 15(24). *Ludwig* (MschrKrim 1984, S. 170(173)) ist allerdings der Ansicht, daß *Weinschenk* den Sinn von § 3 JGG nicht verstanden habe bzw. ihn nicht verstehen wolle.

31 So die Forderung von *Weinschenk*, MschrKrim 1984, S. 15(24); dies kritisiert auch *Dörner* in ZNR 1994, S. 58(83) und bringt *Weinschenk* in einen (eher fragwürdigen) Zusammenhang mit der NS-Zeit, indem sie dazu meint, daß das „Problem der Ausmerzung des „frühreifen Jungverbrechertums“ kein historisch Vergangenes ist“.

32 S. *Kaiser*, RdJB 1983, S. 346(356).

33 So *Berckhauer/Steinhilper*, ZRP 1981, S. 265(267); ähnlich auch *Bundesregierung 1986*, BT-Drucksache 10/6739, S. 28.

34 Zunächst soll die weitere Entwicklung der neuen ambulanten Maßnahmen und deren Annahme und Erprobung durch die Praxis abgewartet und sorgfältig beobachtet werden, was eine mögliche Änderung nicht ausschließe, sondern sie erst ermögliche, vgl. *Bundesregierung 1986*, BT-Drucksache 10/6739, S. 29.

35 Vgl. *Miehe*, ZblJugR 1982, S. 82(87): Die Bestimmung der Kriterien werfe die gleichen Probleme auf, wie die bei § 105 JGG.

36 Immer mit dem Argument, daß jugendstrafrechtliche Maßnahmen bei den nicht schuldfähigen Delinquenten ebenso passen, wie bei den schuldfähigen, so die Zusammenfassung bei *Miehe*, ZblJugR 1982, S. 82(88).

37 Vgl. *Zieger*, StV 1988, S. 308(309).

Ganz überwiegend wird nunmehr die generelle Einbeziehung aller Heranwachsenden in das Jugendstrafrecht gefordert. Zur Begründung führt man zum einen an, daß sich auch diese Altersgruppe noch in der Entwicklung befinde und daher prägbarer sei, als Erwachsene.[38] Zum anderen habe sich in der Praxis sowieso das Regel-Ausnahme-Verhältnis des § 105 JGG (insbesondere bei schweren Delikten) bereits umgekehrt und die Anwendung von Jugendstrafrecht nehme zu.[39] In der Tendenz scheint man sich aber in der jugendstrafrechtlichen Diskussion mit den §§ 105ff. JGG abgefunden zu haben. Man könne deren Handhabung - wie bisher - der Praxis überlassen, eine Handhabung, die offenbar den Bedürfnissen entspreche und gravierende Mißstände kaum habe erkennen lassen.[40]

Wer nicht dieser Ansicht ist, äußert (auch weiterhin) vornehmlich folgende Bedenken: Es werde nicht nach Maßgabe der Marburger Richtlinien entschieden.[41] Die Anwendung des jeweiligen Rechts richte sich nach Delikten oder Deliktsgruppen.[42] Jugendstrafrecht werde häufig bei schweren Straftaten beziehungsweise bei Strafschärfungen angewendet, was auf der Hinzuziehung von Sachverständigen und der in diesem Bereich vermeintlichen „größeren Milde" des Jugendstrafrechts beruhe, bei leichteren Delikten dagegen finde wegen der Möglichkeit des Strafbefehls vermehrt allgemeines Strafrecht Anwendung.[43] Die Absenkung des Volljährigkeitsalters von 21 auf 18 Jahre stehe einer Sonderbehandlung Heranwachsender nicht entgegen, da die Absenkung eine Stärkung der Stellung der 18- bis 21jährigen im sozialen Leben bedeute, nicht aber gleichzeitig den Abschluß der individuellen und sozialen Reifung.[44]

Die Bundesregierung zeigt auf die Große Anfrage der SPD im Jahre 1986 hin die Problemfelder bei den Heranwachsenden ein weiteres Mal auf, kommt aber zu dem Ergebnis, daß die Handhabung der §§ 105ff. JGG durch die Jugendgerichte in ausreichendem Maße Möglichkeiten biete, den Bedürfnissen des jeweiligen Einzelfalls gerecht zu werden und sieht für die Anhebung der oberen Al-

---

38 Vgl. z.B. *Bietz*, ZRP 1981, S. 212(219); *SPD*, ZblJugR 1982, S. 60(61).

39 So *Bietz*, ZRP 1981, S. 212(219); vgl. dort auch eine Zusammenfassung der Probleme, die eine ausnahmslose Einbeziehung der Heranwachsenden in ein - modifiziertes - Jugendkriminalrecht aufwerfen würde.

40 *Kaiser*, RdJB 1983, S. 346(356).

41 Offenbar wiesen diese einen geringen Aussagewert auf, gäben dem Richter keine bindende Orientierung und eröffneten weite Beurteilungsspielräume, in die „hausgemachte" und keineswegs immer sachgemäße Entscheidungsmuster einfließen würden, so *Miehe*, ZblJugR 1982, S. 82(85).

42 Vgl. *Miehe*, ZblJugR 1982, S. 82(85).

43 S. *Miehe*, ZblJugR 1982, S. 82(85f.).

44 So die Einschätzung von *Miehe*, ZblJugR 1982, S. 82(86f.).

tersgrenze von 21 Jahren kein Bedürfnis.[45] Der *RegE 1989* sieht dennoch ausdrücklich bei der strafrechtlichen Behandlung Heranwachsender weiteren Reformbedarf.[46]

3. *Ergebnis*

In dem hier behandelten Zeitabschnitt steht die Grenzziehung für die Strafmündigkeit bei 14 Jahren weiterhin zur Diskussion, die aber mit wenig Enthusiasmus betrieben wird. Der Reifebeurteilung nach § 3 JGG wird in der Praxis so gut wie keine Bedeutung mehr beigemessen. Ebenso ist der Disput um die §§ 105ff. JGG im Gegensatz zum vorherigen Jahrzehnt erheblich abgeflaut. Es scheint, als habe man sich mit der gesetzlichen Regelung abgefunden und sich mit ihr arrangiert. Folglich enthalten auch der *RefE 1987* und der *RegE 1989* keine Neuregelungen bezüglich der absoluten Strafmündigkeitsgrenze, der Reifebeurteilung und den Heranwachsenden.

III. Die Erziehung im Jugendstrafrecht

Im Bereich „Erziehung“ dreht sich die Diskussion in den 80er Jahren nicht mehr um die Schaffung eines umfassenden Jugendrechts, sondern um die Stellung der Erziehung im Jugendstrafrecht und die Bedeutung des Erziehungsgedankens für das JGG.

1. *Der Erziehungsgedanke im JGG*

Die Kritik am Erziehungsgedanken ist vielfältiger Natur. Zunächst werden hier die unterschiedlichen Kritikpunkte dargestellt, um dann im nächsten Abschnitt die Ansätze zur Weiterentwicklung und die Reformforderungen vorzustellen.

a) Kritik

In den 80er Jahren ist die Diskussion um den Erziehungsgedanken im Jugendstrafrecht vornehmlich von negativer Kritik geprägt. Zum einen wird der Erziehungsbegriff selbst diskutiert. So wird grundsätzlich bemängelt, daß es keine ju-

---

45 *Bundesregierung 1986*, BT-Drucksache 10/6739, S. 29.
46 *RegE 1989*, Begründung S. 14

gendstrafrechtliche Definition von „Erziehung“ gebe, obwohl der Begriff im JGG das zentrale Moment darstelle und an vielen Stellen genannt werde.[47] Auch in der Erziehungswissenschaft sei man von der Anerkennung eines einheitlichen Erziehungsbegriffs weit entfernt.[48] Und das jeweilige Verständnis von Erziehung weiche in der Erziehungs- und der Strafrechtswissenschaft deutlich voneinander ab, sei individuell verschieden und unterliege gesamtgesellschaftlich einem Wandlungsprozeß.[49] Hinzu komme, daß die Erziehung für jede jugendrichterliche Sanktion etwas ganz Unterschiedliches bedeute und wenig zu tun habe mit einem laienhaften oder auch nur „normalpädagogischen“ Verständnis von Erziehung.[50]

Daneben werden die grundlegenden Probleme mit der Umsetzung der Erziehungsidee im Jugendstrafrecht besprochen. Angesichts der in den letzten Jahrzehnten fortschreitenden Ernüchterung werden die erzieherischen Möglichkeiten durch rechtliche Intervention zurückhaltender eingeschätzt.[51] Für die Vorrangstellung des Erziehungsgedankens im Jugendstrafrecht sei immer leitend die Vorstellung gewesen, daß Straffälligkeit auf einem Erziehungsdefizit beruhe, das mit jugendstrafrechtlichen Mitteln beseitigt beziehungsweise ausgeglichen werden könne und daß ein solches Vorgehen erfolgreicher sei, als die bloße Vergeltungsstrafe.[52] Diese Grundvorstellung müsse aber in den letzten Jahrzehnten aufgrund der kriminologischen Untersuchungen und Ergebnisse, daß es sich bei Jugendkriminalität überwiegend um ein ubiquitäres, bagatellhaftes, episodenhaftes beziehungsweise passageres Phänomen handele und nicht Symptom für manifeste Erziehungsdefizite sei, korrigiert werden, und daraus folge, daß sowohl der historische Gesetzgeber als auch die Jugendstrafrechtspraxis die Erziehungsbedürftigkeit der straffällig gewordenen Jugendlichen erheblich überschätzt hätten und dies auch heute noch so sei.[53]

Zum Beispiel bezeichnen *Gerken/Schumann* den Erziehungsgedanken als ein „trojanisches Pferd“. Die Erziehung erfülle im Jugendgerichtsverfahren zwei Funktionen: Zum einen verschleiere sie, daß nicht (nur) der zu Erziehende die Ursachen für konkrete Erziehungshandlungen setze, sondern ebenso der Erzieher; zum anderen werde die strafrechtliche Kategorie „Strafe“ nach wie vor in einem juristischen Kontext aufgrund juristischer Techniken lediglich unter einem ande-

---

47 Vgl. die Kritik bei *Bietz*, ZRP 1981, S. 212(213).
48 Vgl. nur *Beulke*, Erziehung 1989, S. 65.
49 *Bietz*, ZRP 1981, S. 212(213).
50 *Schüler-Springorum*, FS für Dünnebier 1982, S. 649(654).
51 Vgl. *Kaiser*, RdJB 1983, S. 346(347); ähnlich *Schüler-Springorum*, FS für Dünnebier 1982, S. 649(653).
52 Vgl. *Heinz*, Konstanzer Symposium 1988, S. 13(18); *ders.*, RdJB 1990, S. 133(140).
53 S. *Heinz*, Konstanzer Symposium 1988, S. 13(20); *ders.*, *Heinz*, RdJB 1990, S. 133(140) m. w. N.

rem, „feineren" Namen verhängt, so daß dem Erziehungsgedanken eine Verschleierungsfunktion sowohl in Bezug auf die Gestaltung als auch bezüglich der verhängten Sanktionen zukomme.[54] Das erzieherisch begründete Strafrecht habe ein Eigenleben in der Praxis entwickelt, das unter rechtsstaatlichen Aspekten bedenklich sei.[55] Fatal sei der Umstand, daß jede Form von Intervention und Repression zum Besten des Jugendlichen geschehe und daß mit dem Erziehungsgedanken die Suspendierung mancher rechtsstaatlicher Garantien begründet, er aber in Wahrheit nur selten eingelöst werde.[56] Die dem Jugendlichen zugedachte Privilegierung schlage unter dem Deckmantel der Wohltat „Erziehung" in das Gegenteil um.[57]

Auch andere Stimmen gehen in diese Richtung. Die weite Verbreitung und Episodenhaftigkeit, vielleicht sogar entwicklungsbedingte Notwendigkeit von Jugenddelinquenz weise den erzieherischen Elan, möglichst sämtliche Auffälligkeiten junger Menschen als Erscheinungen mit erzieherischer Appellfunktion zu verstehen, als Überreaktion aus.[58] Es scheine, als beinhalte die Erziehung im Jugendstrafrecht eine Ideologie: Das Betreiben anderer „Geschäfte" als Förderung und Sozialisation, wie zum Beispiel die Verschleierung des repressiven Strafcharakters von Sanktionen, die gesellschaftlich akzeptabler gemacht werden sollen, oder das Interesse an Disziplinierung und Gefügigmachung von Jugendlichen als einer Gruppe von machtlosen Randständigen beziehungsweise die Ausdehnung und Intensivierung der sozialen Kontrolle.[59]

Strafe und Erziehung seien vom Grundsatz her völlig verschieden, denn Erziehung wolle helfen, Strafe wolle Sühne für begangenes Unrecht; die im JGG angelegte Antinomie von Strafe und Erziehung sei in Wahrheit unauflösbar, der geforderte Kompromiß in der Praxis nichts anderes als ein erheblicher Ermessensspielraum.[60]

Andere äußern Bedenken hinsichtlich der zunehmenden Annäherung des Jugendstrafrechts an das allgemeine Strafrecht.[61] Mit der Tendenz hin zum Erwachsenenstrafrecht als Tatstrafrecht und damit weg von seinem eigentlichen Erziehungsauftrag leide das Jugendstrafrecht an einem schwerwiegenden Mangel, oder

---

54 So *Gerken/Schumann* 1988, S. 7.
55 Vgl. *Gerken/Schumann* 1988, S. 2.
56 Vgl. *Gerken/Schumann* 1988, S. 3.
57 *Gerken/Schumann*, RefE, 1988, S. 138.
58 Vgl. *Walter*, Erziehung 1989, S. 59(65f.).
59 Vgl. *Walter*, Erziehung 1989, S. 59(66).
60 So die Ansicht von *Balbier*, DRiZ 1989, S. 404(405).
61 S. *Schüler-Springorum*, FS für Dünnebier 1982, S. 649.

es habe sogar versagt.[62] Kritisiert wird außerdem, daß sich die Jugendrichter von den Strafrahmen des allgemeinen Strafrechts nie völlig lösen können, und sie könnten das heute weniger denn je.[63]

Es gibt auch die Stimmen, die eine einheitliche Beurteilung der gesamten im JGG geregelten Fragen für unmöglich halten, da sich das JGG auf verschiedene Gegenstände beziehe; daher müsse auch eine Vermengung von Jugendstrafrecht und Jugendwohlfahrtsrecht scheitern.[64] Weder lasse sich das JGG auf einheitliche Grundgedanken zurückführen, noch sich das Verhältnis zwischen „Strafe und Erziehung" für das gesamte Jugendstrafrecht einheitlich bestimmen.[65] Erziehung und Strafe würden nebeneinander stehen und wirkten auch aufeinander ein.[66] Nur Erziehungsmaßregeln hätten den Inhalt, in die Erziehung des Jugendlichen einzugreifen, alle anderen jugendstrafrechtlichen Maßnahmen hätten eigentlich mit der Erziehung des Jugendlichen nichts zu tun.[67] Die gesetzliche Stufung leichte Delinquenz/Erziehung, schwere Delinquenz/Strafe sei nicht zutreffend, denn Erziehungsmaßnahmen seien nicht leichtere und mildere Reaktionen als tatbezogene Strafen, da zum einen Erziehungsmaßnahmen nach Schwere, Dauer und Intensität einschneidender sein könnten, als eine echte tatbezogene Strafe, und zum anderen wolle Erziehung helfen und Strafe wolle Sühne für begangenes Unrecht.[68]

Insgesamt wird bemängelt, daß das JGG kein genaues Erziehungskonzept habe.[69] Es gebe kein pädagogisches Konzept, das es freizulegen und zu „klären" gelte, denn es gebe gerade keinen Kompromiß zwischen der Pädagogik und dem Strafrecht und mit „Erziehung" im JGG sei Pädagogik nicht gemeint.[70] Dann wieder findet sich der Ausspruch, daß Erziehung durch strafrechtliche Maßnah-

---

62 Vgl. die einzelnen Aspekte, an denen *Kaiser* das „tatstrafrechtlich Denken" festmacht unter *Kaiser*, RdJB 1983, S. 346(350).

63 Das gelte insbesondere für Taten mit schwerwiegenden Folgen, so *Lempp*, MschrKrim 1986, S. 237(239).

64 S. *Wolf*, Strafe und Erziehung 1984, S. 354ff: Die zu verhängende Maßnahme könne nur entweder jugendstrafrechtliche oder jugendwohlfahrtsrechtliche Maßnahme sein.

65 Vgl. *Wolf*, Strafe und Erziehung 1984, S. 341. *Wolf* versucht sich an einer Definition für Strafe und Erziehung (S. 343f.), die jedoch in der fortgesetzten Diskussion nicht übernommen wird.

66 Vgl. die Einzelheiten bei *Wolf*, Strafe und Erziehung 1984, S. 345.

67 *Wolf*, Strafe und Erziehung 1984, S. 348f.

68 Vgl. *Bohnert*, JZ 1983, S. 517(519f.).

69 S. *Walter*, Erziehung 1989, S. 59(68f.); vgl. auch den Diskussionsstand zum Erziehungsziel nach dem JGG bei *Beulke*, Erziehung 1989, S. 65(69ff.).

70 S. *Pieplow*, Erziehung 1989, S. 5(45f.).

men nicht von vornherein unmöglich sei; Erziehung komme nicht ohne Strafen aus, Strafen dienten auch der Erziehung.[71]

b) Reformvorschläge

Die jeweiligen Vorstellungen von der zukünftigen Position der Erziehung im Jugendstrafrecht lassen sich verschiedenen Lagern zuordnen, angefangen bei den „Abolitionisten", die einen strafrechtlichen Einfluß völlig ablehnen und sich ausschließlich für informelle gesellschaftliche oder zivilrechtliche Lösungsansätze aussprechen bis zum sogenannten „Neoklassizismus", der für eine stärkere (Rück-)Anpassung an das (Erwachsenen-)Strafrecht eintritt.[72] Im Folgenden werden die unterschiedlichen Ansätze nebeneinander gestellt, wegen der meist nur geringen Abweichungen voneinander aber nicht strikt einer „Strömung" zugeordnet.

Die eine Extremposition ist die Forderung nach Abschaffung des Strafrechts für jugendliche Delinquenten. Dazu zu rechnen sind zum Beispiel *Gerken/ Schumann*, die mit dieser Forderung der von ihnen behaupteten Ausweitung der strafrechtlichen Kontrollfunktion entgegentreten wollen. Zu dieser Position zählt auch die eigentlich bereits im Zeitabschnitt des letzten Kapitels ausdiskutierte Idee, ein einheitliches Jugendkonfliktrecht oder ein übergreifendes Jugendhilferecht zu schaffen, welches alle Maßnahmen für Kinder und Jugendliche bis zum vollendeten 18. Lebensjahr unter einem Dach vereinigt. Gelegentlich wird diese Forderung noch aufgegriffen.[73]

Den Gegensatz bildet die Forderung, Erziehung und Strafe zu entmischen und gänzlich voneinander zu trennen. Hierzu wird ausgeführt, daß zwar grundsätzlich die Möglichkeit bestehe, die Reaktionen des JGG einheitlich dem Erziehungsgedanken zu unterstellen und im konkreten Fall auch nach dem Erziehungsbedürfnis zu bemessen; genauso bestehe aber auch die Möglichkeit, die jugendgerichtlichen Sanktionen als ein Übel auf Grund einer begangenen Straftat zu verstehen, mit der Folge, das dann das Jugendstrafrecht kein Erziehungsrecht, sondern eben

71 So die Ansicht von *Beulke*, Erziehung 1989, S. 65(74f.).

72 Vgl. eine zusammenfassende Darstellung der Strömungen bei *Schaffstein/Beulke*, Jugendstrafrecht 1998, S. 41ff. m. w. N.; einen lesenswerten Überblick über die Ansätze, insbesondere zu den Argumenten der „Neo-Klassiker" bietet auch *Beulke*, Erziehung 1989, S. 65(76ff.).

73 Vgl. z.B. *Lempp*, MschrKrim 1986, S. 237(243), wobei es nach seiner Ansicht gleichgültig sein soll, ob es sich um pädagogische, sozialtherapeutische, psychotherapeutische, strafrechtliche, familienrechtliche oder medizinisch-versicherungsrechtliche Belange handele.

Jugendstrafrecht sei.[74] Das Gesetz mache hier einen Kompromiß, bei dem es aber keine vermittelnde Lösung gebe, so daß *Bohnert* vorschlägt, vor jedem konkreten Verfahren festzustellen, welchem Prinzip der Vorrang zukommen solle, also das Jugendstrafverfahren als reines Strafverfahren getrennt von einem reinen Erziehungsverfahren zu sehen.[75]

In diese Richtung geht auch die Überlegung, daß der Erziehungsgedanke als „sozialtechnologisches Ideal" ohne Not aufgegeben werden könne, allerdings mit der Einschränkung, daß man ihn einfach als spezialpräventives Anliegen uminterpretiere, was die zahlreichen Schwierigkeiten in der praktischen Alltagsarbeit beseitige, ohne daß dabei die Errungenschaften des JGG aufgegeben werden müßten.[76] Diese vordergründige Forderung nach Abschaffung des Erziehungsgedankens verknüpft mit dem eigentlichen Anliegen, diesen anders zu benennen, weist den Weg zu dem Kernpunkt der Diskussion in jener Zeit.

Die Hauptströmung schließt sich nämlich weder der einen noch der anderen Extremposition an, sondern will den Erziehungsgedanken im Jugendstrafrecht grundsätzlich beibehalten. Nach der herrschenden Ansicht zu jener Zeit stehe und falle ein „eigenständiges Jugendstrafrecht heutiger Prägung" mit dem Erziehungsgedanken.[77] Nahezu dramatisch wird ausgeführt, daß man dem Jugendstrafrecht seine Wurzeln abschneide, wenn man den Erziehungsgedanken verbanne, und man sehe sich leicht in die Zeit vor Wirksamwerden der „Modernen Schule" und der Jugendbewegung zurückversetzt.[78] Die Erziehung im Jugendstrafrecht könne nicht als gesicherter Bestand gelten, aber ein geduldiger Einsatz lohne sich.[79] Wenn der Erziehungsgedanke falle, werde die Gefahr größer, daß sich das Jugendstrafrecht noch mehr dem Erwachsenenstrafrecht anpasse, anstatt sich von ihm abzuwenden.[80] Auch drohe die Gefahr von eher dubiosen Ersatzbegriffen[81]

---

74 So *Bohnert*, JZ 1983, S. 517(520f.).

75 Vgl. den Vorschlag von *Bohnert*, JZ 1983, S. 517(522f.), der ausdrücklich nicht für die Ausweitung des Strafrechts auf Kosten der Erziehung plädiert, sondern für eine Entmischung, wie sie schon bei gegebenem Rechtszustand durchführbar ist; bzgl. des Kompromisses ähnlich *Balbier*, DRiZ 1989, S. 404(405).

76 Vgl. die Einzelheiten dieses Ansatzes bei *Balbier*, DRiZ 1989, S. 404(407ff.), der also nicht wirklich das JGG von den bislang unter „erzieherisch" geführten Maßnahmen befreien, sondern nur die Begrifflichkeit ändern will

77 So ausdrücklich *Beulke*, Erziehung 1989, S. 65(94f.); vgl. auch *Schlüchter*, Goltdammers Archiv für Strafrecht 1988, S. 106(110) und den lesenswerten Versuch einer Definition von Erziehung sowohl aus Sicht der Erziehungswissenschaften als auch mit juristischen Konzepten (S. 110ff.).

78 S. *Schlüchter*, Goltdammers Archiv für Strafrecht 1988, S. 106(109).

79 Vgl. *Schlüchter*, Goltdammers Archiv für Strafrecht 1988, S. 106(128).

80 So *Viehmann*, Erziehung 1989, S. 111(123).

81 Vgl. *Schüler-Springorum*, FS für Dünnebier 1982, S. 649(658).

oder es würden Tatvergeltung oder Generalprävention als handlungsleitende Maxime nicht minder große Probleme aufgeben und theoretisch noch weniger befriedigen.[82] Gegenüber einem Erziehungsstrafrecht vorzugswürdige Alternativen seien nicht zu erblicken.[83] Der Erziehungsgedanke habe Verdienste und sei kein „trojanisches Pferd", denn es werde auch Positives über diese Bestimmungen ermöglicht.[84]

Zwar besteht also grundsätzlich Konsens darüber, daß der Erziehungsgedanke beibehalten werden soll. Man streitet sich jedoch heftig über seine Positionsbestimmung und seinen Zweck. *Walter* ist der Ansicht, das JGG habe kein genaues Erziehungskonzept, es sei vielmehr eine Art Ermöglichungsgesetz, das aufgrund seiner relativ unbestimmten Vorgaben Ziele, die als erzieherisch definiert sind, in sich aufzunehmen vermag.[85] Aufgrund der Spielräume sei es möglich, Erziehung zeitgemäß neu zu definieren.[86] Eine Leistung von Erziehung sei die Flexibilität - sie fungiere als Sammelbegriff für übergeordnete und ordnungsstiftende Leitgedanken.[87] Eine einheitlich geschlossene Begriffsdefinition sei nicht möglich, Erziehung diene aber als Eingangstor zur Aufnahme kriminalpolitischer Strömungen und stelle einen Identifizierungs- und keinen Deduktionsbegriff dar.[88]

Pieplow vertritt die Auffassung, daß an dem Erziehungsbegriff festgehalten werden solle, „weil sich an ihm immerhin das Unzureichende der Gesetzesfassung einer Intention erinnern läßt"[89] und weil dieser vielschichtige Prozeß von kriminalpolitischen Fortschritten und Verwerfungen (sowie sein Schneckentempo) nicht anders erinnert werden könne, als anhand dieses Terminus.[90] Er fordert einen „*ab*-geklärten, von Überhöhungen, Konzeptprojektionen und Kontinuitätsheiligenscheinen befreiten Erziehungsbegriff" und schlägt vor, Erziehung als „Chiffre" zu verstehen: Nicht „Verantwortung vor dem Erziehungsgedanken" solle nach seiner Ansicht die Überschrift lauten, sondern „Verantwortung vor dem damit kodierten Prinzip Erziehung statt Strafe".[91] Erziehung habe im spezifischen Kontext eine strategische, eine Chiffre-Funktion und deshalb müsse der

---

82 Vgl. *Kaiser*, RdJB 1983, S. 346(351).
83 So *Beulke*, Erziehung 1989, S. 65(92ff.).
84 *Viehmann*, Erziehung 1989, S. 111(117ff.).
85 Und die Formel, die einen entsprechenden Konsens ermögliche, sei „erziehen ist besser als strafen", vgl. *Walter*, Erziehung 1989, S. 59(68f.).
86 Vgl. *Walter*, Erziehung 1989, S. 59(70).
87 So *Walter*, Erziehung 1989, S. 59(70).
88 *Walter*, Erziehung 1989, S. 59(71).
89 *Pieplow*, Erziehung 1989, S. 5(44): Man habe sich auch nicht etwa von so konturenlosen Formeln wie „Rechtsstaat" oder „Demokratie" verabschiedet, weil die Nationalsozialisten gezeigt hätte, was man darunter auch verstehen könne.
90 Vgl. *Pieplow*, Erziehung 1989, S. 5(16; 57).
91 *Pieplow*, Erziehung 1989, S. 5(56).

Versuch fehlschlagen, die Begriffskonkretisierung über Nachbardisziplinen vorzunehmen.[92]

Die überwiegende Zahl der Autoren stellt spezialpräventive Anliegen in den Vordergrund. Angesichts der negativen Auswirkungen des Erziehungsaspekts auf die Jugendlichen müsse der Begriff Erziehung verfassungskonform und teleologisch als Präventionsanliegen im Sinne der Individualprävention ausgelegt werden.[93] Denn wenn mit dem JGG überhaupt noch erzogen werden dürfe, so nicht um der Erziehung willen, das heißt um der Personalisation willen, auch nicht im Interesse der Sozialisation im allgemeinen, sondern um den Beschuldigten von der Wiederholung der Straftat abzuhalten.[94] Eine generalpräventive Zielsetzung ist von Gesetzes wegen nur ausnahmsweise gemäß § 17 Abs. 2, 2. Alt. JGG (also bei Schwere der Schuld) zu verfolgen, wobei dieses Ziel wiederum durch das individualpräventive Primärziel begrenzt werde.[95]

Der Erziehungsgedanke solle verstärkt werden, ohne sich in Erziehungsillusionen zu verlieren, indem auf Straftaten junger Menschen noch individueller, differenzierter, flexibler und dabei sozialpädagogisch abgesichert reagiert werde.[96] Erzieherisch orientierte Reaktionen müßten anstreben, den Jugendlichen zu verbesserter sozialer Kompetenz, also vor allem zu Konflikt-, Kooperations- und Kommunikationsfähigkeit, zu Verantwortungsbereitschaft und Selbständigkeit zu verhelfen.[97] Da der Versuch einer Übertragung aller Pädagogik auf das Jugendkriminalverfahren scheitern müsse, sei ein spezifisch kriminalpolitischer Begriff zu bilden, der sowohl gegenüber der pädagogischen Wissenschaft als auch gegenüber den allgemeinen Inhalten des Strafverfahrens eigenständig und unabhängig sei.[98]

Heinz ist der Ansicht, daß das jugendstrafrechtliche Erziehungsziel Legalbewährung sei; neben der unbezweifelbaren inhaltlichen Funktion (Angebotsresozialisierung) habe der Erziehungsgedanke auch eine sanktionslimitierende Funktion.[99] Diese Funktion sei beizubehalten und die sozialstaatliche Funktion zu bewahren, die Sanktionsziele, Sanktionsmittel und deren Begrenzung müßten reformuliert werden.[100] Dabei sei die Erziehung selbst kein Strafzweck, sondern

92 Vgl. *Pieplow*, Erziehung 1989, S. 5(16).
93 So der Ansatz von *Ostendorf*, Erziehung 1989, S. 91(102).
94 Vgl. *Ostendorf*, Erziehung 1989, S. 91(102).
95 *Ostendorf*, Erziehung 1989, S. 91(102).
96 Vgl. *Bietz*, ZRP 1981, S. 212(214).
97 *Bietz*, ZRP 1981, S. 212(214).
98 So *Walter*, Erziehung 1989, S. 59(75); vgl. zur näheren Ausgestaltung des Begriffs S. 78ff.
99 Vgl. *Heinz*, Konstanzer Symposium 1988, S. 13(16).
100 Vgl. *Heinz*, RdJB 1990, S. 133(142), der weiter ausführt, daß der Erziehungsgedanke im Lichte neuer Befunde und Einsichten der maßgeblichen empirischen Bezugs-

Mittel zum Zweck; Zweck der Erziehung sei Spezialprävention; bei den Sanktionsmitteln müßten überzogene Erwartungen an eine spezialpräventive Wirksamkeit von justiziellen Interventionen abgebaut werden; außerdem sei die aus dem Verhältnismäßigkeitsprinzip folgende Begrenzung des strafrechtlichen Zugriffs zu beachten.[101] *Heinz* fordert also, den Erziehungsgedanken insgesamt nach diesen Vorgaben zu reformulieren.[102]

Viehmann ist der Ansicht, daß endlich aufgehört werden müsse, im Jugendstrafrecht auf den Erziehungserfolg der strafrechtlichen Maßnahmen zu warten; es sei eine Illusion, daß die beharrlichen Erziehungsbemühungen strafrechtlichen Zuschnitts am einzelnen Jugendlichen zu einem rechtschaffenen Lebenswandel führten.[103] Vielmehr müsse es im weiten Bereich der Jugendkriminalität genügen, dem Jugendlichen zu verdeutlichen, daß sein Verhalten nicht gebilligt werde und daß er im Rahmen seiner Möglichkeiten für einen Schaden aufzukommen und eine Verletztheit wieder gutzumachen habe.[104]

Der *RefE 1983* will ausdrücklich den Erziehungsgedanken verstärken, da das Jugendstrafrecht der Erziehung eine zentrale Bedeutung zumesse.[105] Der *RefE 1987* knüpft vom Grundkonzept an seinen Vorgänger an, so daß davon auszugehen ist, daß dieses Anliegen beibehalten bleibt. Auch der *RegE 1989* hält an der Grundstruktur des JGG fest und will durch Änderungen und Ergänzungen des Rechtsfolgensystems den im Vordergrund stehenden Erziehungsgedanken besser zum Tragen bringen.[106] Kritisiert wird daran, daß die in den letzen Jahrzehnten gewonnenen neueren Erkenntnisse hinsichtlich der erzieherischen Beeinflußbarkeit nur bezüglich der Erweiterung des Reaktionsspektrums bei den ambulanten Maßnahmen und den informellen Reaktionen fruchtbar gemacht werden, nicht aber für eine explizite Einschränkung formeller Erledigung und stationärer Sanktionen.[107] Ein erhebliches Defizit des *RegE 1989* bestehe darin, daß nur in wenigen Teilbereichen versucht werde, dem (oben aufgezeigten) Fehlgebrauch des

---

wissenschaften des Jugendstrafrechts und des modernen staatsrechtlichen Verständnisses, das die Grundlage strafrechtlicher Kriminalpolitik bildet, reformiert werden müsse.

101 So *Heinz*, RdJB 1990, S. 133(142).

102 *Heinz*, RdJB 1990, S. 133(142).

103 Vgl. *Viehmann*, Erziehung 1989, S. 111(127).

104 S. *Viehmann*, Erziehung 1989, S. 111(127f.); im übrigen müsse Hilfe und Förderung den berufenen, geeigneteren Stellen als der Justiz überlassen werden; Pädagogik im Jugendstrafrecht könne wegen der strafrechtlichen Rahmenbedingungen nicht funktionieren.

105 So *RefE 1983*, Begründung S. 20.

106 *RegE 1989*, Begründung S. 11.

107 *Heinz*, RdJB 1990, S. 133(141f.).

Erziehungsgedankens entgegenzuwirken.[108] Insgesamt sei er nicht entschieden genug dem Kriminalitätsverständnis und den überzogenen Erwartungen des historischen Gesetzgebers hinsichtlich der spezialpräventiven Wirkung insbesondere von stationären Sanktionen entgegengetreten.[109] Der Entwurf zeige, in welche Richtung die Reform zu gehen habe, sei aber allzu vorsichtig und ohne die nötige Konsequenz.[110]

2. *Die „neuen ambulanten Maßnahmen"*

In den letzten Jahren des vorangegangenen Kapitels zeichnet sich der Trend ab, zunehmend von ambulanten Sanktionen, bei denen es sich überwiegend um Weisungen, aber auch um Auflagen handelt, Gebrauch zu machen. Dies verdichtet sich in den 80er Jahren zu einer so bezeichneten „Reform von unten", die geprägt ist von „neuen ambulanten Maßnahmen".[111]

a) Allgemeines

In den einzelnen Zeitabschnitten wurden immer wieder Vorgehensweisen oder Sanktionen beschrieben, die in der jugendstrafrechtlichen Praxis entwickelt wurden oder die sich durch ein ständiges Praktizieren durchgesetzt haben und dann später in das Gesetz aufgenommen wurden. Entsprechendes gilt auch für die anstehende qualitative Ausweitung ambulanter unter Zurückdrängung stationärer Maßnahmen. Die Erprobung und Institutionalisierung der „neuen ambulanten Maßnahmen" gehört zu den interessantesten Entwicklungen in der Sanktionspraxis der Jugendgerichtsbarkeit in den 80er Jahren.[112] Dabei gibt es genaugenommen keine wirklich „neuen" Maßnahmen. Hinter dem Begriff verbirgt sich vielmehr eine „verwirrend bunte Palette verschiedenartigster Maßnahmen mit unterschiedlichsten Inhalten, Methoden und Zielgruppen".[113] In der wissenschaftlichen Auseinandersetzung werden mit diesem Begriff vornehmlich Arbeits- und Betreuungsweisung, erzieherische Gruppenarbeit und Wiedergutmachung beziehungsweise Täter-Opfer-Ausgleich verbunden. Dabei fällt bereits auf den ersten

---

108 Vgl. *Heinz*, RdJB 1990, S. 133(139).
109 So *Heinz*, RdJB 1990, S. 133(139).
110 So *Gerken/Schumann*, RefE, 1988, S. 138.
111 Soweit hiervon auch Zuchtmittel erfaßt werden oder andere Bereiche, wie zum Beispiel Diversion oder Bewährung betroffen sind, werden sie in diesem Kontext mit bearbeitet, um eine künstliche Aufspaltung von Zusammengehörigem zu vermeiden.
112 Vgl. auch die Einschätzung von *Heinz*, MschrKrim 1987, S. 129.
113 *Heinz*, MschrKrim 1987, S. 129.

Blick die Ungenauigkeit der Bezeichnung „neu“ auf, denn zum Beispiel die Arbeitsweisung ist seit langem bekannt.

Wie im vorangegangenen Kapitel festgestellt wurde, war das Interesse an den Weisungen in den 60er und 70er Jahren eher gering. Daher erstaunt die rasche Akzeptanz dieser „neuen Ideen“ in Wissenschaft und Praxis. Ein Arbeitskreis auf dem 19. Jugendgerichtstag 1983 bemerkt ausdrücklich, daß ambulante Reaktionsformen besser seien als stationäre und sie zu Lasten von stationären Maßnahmen ausgebaut werden müßten.[114] Und im Jahre 1987 führt *Heinz* aus, daß die Begleitforschung noch in den Kinderschuhen stecke und die mit den ambulanten Maßnahmen in spezialpräventiver Hinsicht verbundenen Erwartungen in umgekehrten Verhältnis zum hierzu vorliegenden empirisch gesicherten Wissen stünden.[115] Außerdem überrasche die Entwicklung im Hinblick auf die neu aufgebrochene Kontroverse über das Verhältnis von Erziehung und Strafe, die beträchtliche Ernüchterung hinsichtlich des Behandlungsgedankens und dem zunehmenden tatstrafrechtlichen Denken.[116] Und zum Ausgang der 80er Jahre wird angeführt, daß Befunde kriminologischer Studien die Aussage begründen könnten, daß die Jugendstrafrechtsreform durch die Praxis „auf dem richtigen Weg“ sei.[117]

b) Die wichtigsten ambulanten Maßnahmen im einzelnen

Wie bereits angesprochen, fallen unter diesem Begriff insbesondere der Täter-Opfer-Ausgleich, die Arbeitsauflage beziehungsweise die Arbeitsweisung, die Betreuungsweisung und der soziale Trainingskurs.

aa) Der Täter-Opfer-Ausgleich

Eine der wichtigsten und am deutlichsten geförderte Maßnahme ist der Täter-Opfer-Ausgleich. Darunter ist die Wiedergutmachung des Schadens durch den Täter und die „Aussöhnung“ zwischen Täter und Opfer zu verstehen. Von diesem Institut werden zahlreiche positive Impulse erwartet: Er könne die kriminalpolitisch und pädagogisch bedeutsamste Erweiterung des jugendstrafrechtlichen Reaktionsspektrums werden.[118] Die Friedens- oder Befriedigungsfunktion des Strafrechts erfahre durch den Versuch, Täter und Opfer miteinander zu versöhnen, eine gerade für das Jugendstrafrecht bedeutsame Erweiterung, und der Täter-

114 *Arbeitskreis VII*, 19. Jugendgerichtstag 1983, S. 359.
115 S. *Heinz*, MschrKrim 1987, S. 129(130).
116 Vgl. *Heinz*, MschrKrim 1987, S. 129(130).
117 S. *Heinz*, Konstanzer Symposium 1988, S. 13(21ff.) m. w. E.
118 Vgl. *Pfeiffer*, Bielefelder Symposium 1984, S. 44(53); so auch *Heinz*, Konstanzer Symposium 1988, S. 13(42f.).

Opfer-Ausgleich könne dazu beitragen, die aus der Tat entstandene psychische Belastungen für das Opfer zu reduzieren.[119] Er verbessere die Chancen des Opfers, den (materiellen) Schaden ersetzt zu erhalten.[120] Es eröffne sich eine pädagogische Chance, dem jugendlichen Täter die Folgen seiner Tat bewußt zu machen.[121] Der Delinquent werde durch Beratung und Hilfe im Rahmen des Täter-Opfer-Ausgleichs unterstützt.[122] Im übrigen sei auch ein positiver Effekt auf die Hauptverhandlung und die jugendrichterliche Sanktionsentscheidung zu erwarten.[123]

Auf dem 19. Jugendgerichtstag 1983 stellt *Schultze* verschiedene Modelle zum Schadensausgleich vor, wie zum Beispiel die Wiedergutmachung durch Zahlung an den Verletzten[124], die Erbringung andersartiger Leistungen im unmittelbaren Bereich des Geschädigten[125] und auch den mittelbaren Schadensausgleich[126]. Besonders erwähnenswert ist ein Konzept, welches bereits seit fünf Jahren in Braunschweig angewendet wird: Die Jugendgerichtshilfe hat einen durch Bußgelder und Geldauflagen finanzierten Fond eingerichtet, aus welchem je von dem Delinquenten geleisteter Arbeitsstunde ein Betrag angerechnet und an das Opfer überwiesen oder in geeigneten Fällen vom Täter an das Opfer übergeben wird.[127] Mit diesem Konzept erhalten auch die illiquiden Jugendlichen eine Chance zum materiellen Schadensausgleich.

In der praktischen Durchführung sei zu beachten, daß der Täter-Opfer-Ausgleich einer rechtlichen Absicherung zum Schutz des Opfers und des Schädigers bedürfe.[128] Bedenklich sei auch die verhältnismäßig lange Dauer der Vollstreckung, weshalb eine Verbesserung bei der Pensenberechnung für den Jugendrichter nahegelegt wird.[129]

---

119 S. *Pfeiffer*, Bielefelder Symposium 1984, S. 44(53); ähnlich *Heinz*, Konstanzer Symposium 1988, S. 13(43).

120 *Pfeiffer*, Bielefelder Symposium 1984, S. 44(53f.).

121 *Pfeiffer*, Bielefelder Symposium 1984, S. 44(54); so auch *Heinz*, Konstanzer Symposium 1988, S. 13(43).

122 S. *Pfeiffer*, Bielefelder Symposium 1984, S. 44(54).

123 Vgl. dazu insgesamt *Pfeiffer*, Bielefelder Symposium 1984, S. 44 (54).

124 Was aber voraussetze, daß der Jugendliche bzw. Heranwachsende über hinreichende Geldmittel verfüge, so *Schultze*, 19. Jugendgerichtstag 1983, S. 387(389).

125 Wie z.B. das Reparieren von durch ihn beschädigten Gegenständen, Entschuldigungsschreiben oder Bastelarbeiten, *Schultze*, 19. Jugendgerichtstag 1983, S. 387(389f.).

126 Wobei Leistungen an gemeinnützige Einrichtungen sinnvollerweise tatbezogen sein sollten, so *Schultze*, 19. Jugendgerichtstag 1983, S. 387(390).

127 Vgl. die Beschreibung von *Schultze*, 19. Jugendgerichtstag 1983, S. 387(389).

128 Wie z.B. ein Anerkenntnis oder ein außergerichtlicher Vergleich, so *Schultze*, 19. Jugendgerichtstag 1983, S. 387(393).

129 *Schultze*, 19. Jugendgerichtstag 1983, S. 387(392).

Der Täter-Opfer-Ausgleich wird als Alternativlösung zu jugendstrafrechtlichen Sanktionen sowohl im Zusammenhang mit Diversion nach § 45 Abs. 2 Nr. 1 JGG angesehen, als auch als selbständige Sanktion nach § 15 JGG, also als Zuchtmittel und schließlich auch als sanktionsbegleitende Zusatzreaktion bei der Strafaussetzung zur Bewährung nach §§ 21, 23 JGG.[130]

Die rasante Entwicklung dieser Maßnahme ist bemerkenswert. Anfang der 80er Jahre wird der Gedanke dieses speziellen Konzepts (Wiedergutmachung ist zu jener Zeit ja bereits ausdrücklich im Gesetz genannt) in der Diskussion aufgegriffen, Mitte des Jahrzehnts beginnt die praktische Arbeit an den ersten Projekten und bereits 1989 ist eine Vielzahl von Projekten entstanden.[131] Seine Anwendung werde bereits fünf Jahre nachdem die gezielte praktische Erprobung und Evaluierung durch Modellprojekte eingesetzt habe, von Wissenschaft und Kriminalpolitik einhellig befürwortet.[132] Man diskutiere nicht mehr darüber, ob der Täter-Opfer-Ausgleich überhaupt sinnvoll ist, sondern vielmehr über die Fragen und Schwierigkeiten in der praktischen Umsetzung.[133]

In der Praxis etabliert sich allerdings das Konzept nicht in der Form, wie man dies angesichts der Entwicklung hätte annehmen können. Bereits 1984 weist *Pfeiffer* darauf hin, daß die Praxis davon bislang nur wenig beeinflußt worden sei.[134] *Rössner* bestätigt 1989, daß der Gedanke der Konfliktregelung bislang kaum praktische Relevanz erlangt habe, obwohl die erzieherische Bedeutung im Jugendstrafrecht einhellig betont werde.[135] Trotz der erfolgreichen Umsetzung sei der Täter-Opfer-Ausgleich im Justizalltag eine bislang kaum verankerte Reaktionsform, die sich nicht im „Selbstlauf" etabliere.[136]

Problematisch ist die Einordnung in das Sanktionssystem. Sowohl der *RefE 1983* als auch der *RefE 1987* treffen noch keine Anordnung über den Täter-Opfer-Ausgleich. Im *RegE 1989* wird der Täter-Opfer-Ausgleich in § 10 Abs. 1 Nr. 7 JGG als Weisung verankert.[137] Daneben bleiben die Entschuldigung und

---

130 Vgl. *Rössner*, TOA 1989, S. 7(36f.).

131 In diesem Zusammenhang lesenswert ist die Zusammenstellung der seinerzeit in Deutschland durchgeführten Projekte und die Berichte darüber bei *Marks/Rössner*, TOA 1989, S. 59-329.

132 So die Beobachtung von *Marks/Schreckling*, TOA und Konfliktschlichtung 1989, S. 545.

133 *Marks/Schreckling*, TOA und Konfliktschlichtung 1989, S. 545(546).

134 S. *Pfeiffer*, Bielefelder Symposium 1984, S. 44(54).

135 Man orientiere sich weit stärker an traditionellen Strafzielen, so die Beobachtung von *Rössner*, TOA 1989, S. 7(37), was daran liegen könne, daß mit entsprechenden Wiedergutmachungsbemühungen zunehmend auf vorgerichtlichen Ebenen experimentiert werde.

136 S. *Marks/Schreckling*, TOA und Konfliktschlichtung 1989, S. 545(547f.).

137 *RegE 1989*, S. 4; Begründung S. 11; 17.

Schadenswiedergutmachung als Auflagen in § 15 Abs. 1 JGG und in § 45 Abs. 2 und 3 JGG erhalten, genauso wie im Rahmen der Strafaussetzung zur Bewährung oder nach teilweiser Strafverbüßung.

Rössner u.a. vertreten die Ansicht, daß die im *RegE 1989* vorgeschlagene Regelung den ihrer Ansicht nach inzwischen anerkannten Prinzipien des Täter-Opfer-Ausgleichs noch nicht gerecht werde und zumindest zum Teil den inzwischen gewonnenen Erfahrungen widerspreche.[138] Der Gesetzgeber verschwende keinen Gedanken an dogmatische und systematische Gegebenheiten des JGG.[139] Die Praxis habe gezeigt, daß diese Art der Konfliktregelung gerade auf den mittleren Bereich der Jugendkriminalität ziele und somit die Ahndungsbedürfnisse des Jugendarrests beseitigen könne, so daß das aufwendige Verfahren und seine konstruktive Kraft über den Bagatellbereich der Jugendkriminalität hinauswiesen und er bei den Weisungen falsch eingeordnet sei.[140] Der Täter-Opfer-Ausgleich fange als tatverarbeitendes Mittel und als Appell an die Verantwortlichkeit der Jugend all das auf, was das JGG unter reiner Ahndungsbedürftigkeit verstehe, und er müsse als zentrales strafersetzendes Mittel eingeordnet werden.[141] Konsequent angewandt könne er in dem streng der Dogmatik des Gesetzes folgenden Sinn die Zuchtmittel einschließlich des Jugendarrests überflüssig machen und auch die Jugendstrafe weiter zurückdrängen.[142] Als Weisung werde er aber zu einem Bagatellkonzept herabgestuft, das klar unterhalb eines möglichen Jugendarrests angesiedelt sei.[143]

Eigentlich gehe aber der Täter-Opfer-Ausgleich im Sinne des strafrechtlichen Subsidiaritätsprinzips generell und uneingeschränkt allen anderen jugendstrafrechtlichen Reaktionen vor, wenn und soweit er zur Wiederherstellung des Rechtsfriedens ausreiche.[144] Denn die Wiedergutmachung sei ein strafrechtliches Prinzip mit eigenständigem Charakter und könne bei der Wiederherstellung des Rechtsfriedens weder mit der erzieherischen Komponente noch mit den ahndungsorientierten Reaktionen des JGG erfaßt werden.[145] Er stehe mit dem Ge-

---

138 Denn er werde nur in das traditionelle Reaktionssystem mehr schlecht als recht eingepaßt, so die Kritik von *Kerner/Marks/Rössner/Schreckling*, BewHi 1990, S. 169.

139 So die Kritik von *Rössner*, 21. Jugendgerichtstag 1989, S. 490(502).

140 Vgl. *Rössner*, 21. Jugendgerichtstag 1989, S. 490(500); *Kerner/Marks/Rössner/Schreckling*, BewHi 1990, S. 169(170).

141 S. *Rössner*, TOA 1989, S. 7(38); *ders.*, 21. Jugendgerichtstag 1989, S. 490(501).

142 Was für die jugendstrafrechtliche Verbrechenswirklichkeit bedeuten würde, daß etwa der 90%ige Anteil jugendlicher Straftaten mit Episodencharakter entsprechend zu bewältigen sei, so die Vorstellung von *Rössner*, TOA 1989, S. 7(38).

143 *Kerner/Marks/Rössner/Schreckling*, BewHi 1990, S. 169(170).

144 S. *Kerner/Marks/Rössner/Schreckling*, BewHi 1990, S. 169(170).

145 Vgl. *Kerner/Marks/Rössner/Schreckling*, BewHi 1990, S. 169f.

danken der Wiedergutmachung den Institutionen des freiwilligen Rücktritts vom Versuch und der tätigen Reue nahe.[146]

Die Vertreter dieses Ansatzes entwickeln gesetzliche Alternativvorschläge. Die erste Variante fügt in § 5 JGG einen Absatz 3 ein mit der Regelung, daß die Ahndung unterbleibt, wenn der Jugendliche durch freiwillige Wiedergutmachungsleistungen den Rechtsfrieden wieder herstellt.[147] Die zweite und bevorzugte Variante ist die Änderung von § 4 JGG in der Form, daß die Tat auch dann nicht strafbar ist, wenn die Folgen der Tat im wesentlichen beseitigt, wiedergutgemacht oder sonst ausgeglichen worden sind.[148] Denn nehme man den Grundsatz der Subsidiarität wirklich ernst, so müsse zunächst gefragt werden, ob Taten, deren Folgen für das Opfer und die Gesellschaft beseitigt worden seien, überhaupt noch strafbar sein sollten, und dementsprechend solle der Jugendliche dann nicht bestraft werden, wenn er selbstverantwortlich und freiwillig die Folgen der Tat im wesentlichen beseitigt, wiedergutgemacht oder sonst ausgeglichen habe.[149] Darüber hinaus spreche für den Vorschlag die klare materielle Grenzziehung und eine dogmatisch widerspruchsfreie Einordnung.[150] Keiner der Vorschläge wird auf Gesetzesebene übernommen.

Zum Ende der Erprobungsphase des Täter-Opfer-Ausgleichs in der Praxis erscheint eine Ausweitung der Projekte angesichts der knappen Haushaltslage in den meisten Bundesländern und Kommunen als schwierig.[151] Vier Aufgaben stünden in der Zukunft an: die Weiterentwicklung der Konzeption, die Optimierung der Fallarbeit, die Bedarfsdeckung und die Prüfung des Täter-Opfer-Ausgleichs auf seine Anwendbarkeit im Erwachsenenstrafrecht.[152]

---

146 *Rössner*, 21. Jugendgerichtstag 1989, S. 490(502).

147 *Rössner*, 21. Jugendgerichtstag 1989, S. 490(S. 503f.).

148 Vgl. die Einzelheiten bei *Rössner*, 21. Jugendgerichtstag 1989, S. 490(504); *Kerner/Marks/Rössner/Schreckling*, BewHi 1990, S. 169(171).

149 So *Rössner*, 21. Jugendgerichtstag 1989, S. 490(503); *Kerner/Marks/Rössner/Schreckling*, BewHi 1990, S. 169(171).

150 *Kerner/Marks/Rössner/Schreckling*, BewHi 1990, S. 169(171); vgl. auch die konkreten Vorschläge zur Änderung des JGG in den §§ 4, 5, 10, 13, 15, 45, 47, 57 und 80 im Hinblick auf die Einarbeitung des Täter-Opfer-Ausgleichs auf S. 172ff.

151 So die Einschätzung von *Marks/Schreckling*, TOA und Konfliktschlichtung 1989, S. 545(547).

152 So *Marks/Schreckling*, TOA und Konfliktschlichtung 1989, S. 545(550f.).

bb) Die Arbeitsweisung bzw. -auflage

Von den Erziehungsmaßregeln wird zu jener Zeit die Weisung gemäß § 10 Abs. 1 Nr. 4 JGG, einer Arbeitsauflage nachzukommen, am häufigsten verhängt.[153] Sie enthalte ein pädagogisches Potential, welches weit über die Beeinflussung der Einstellung zur Arbeit hinausgehe.[154] Vereinzelt wird es aber auch als verfehlt angesehen, Jugendliche gerade zu Beginn des Arbeitslebens mit Arbeit als Sanktion zu konfrontieren.[155] Das *BVerfG* stellt mit Beschluß im Jahre 1987 fest, daß die Anordnung der Arbeitsweisung keine Grundrechte der jugendlichen Delinquenten verletzt und daher verfassungsgemäß ist.[156] Der Arbeitsweisung wird der maßgebliche Anteil an der Entwicklung in der Praxis weg von den stationären hin zu den ambulanten Maßnahmen zugeschrieben.[157]

Inzwischen wohl unbestritten ist, daß die Arbeitsweisung auch ein repressives Element aufweist. Der Arbeitsweisung seien aber zu enge Grenzen gesetzt, die es verböten, sie als Alternative zu Geldbuße und Jugendarrest anzuordnen.[158] Dennoch wird beobachtet, daß sie teilweise mit dem Ziel verhängt werde, den Jugenddarrest und damit ein Zuchtmittel „zu ersetzen".[159] Angesichts der umfangreichen Anwendungsmöglichkeiten wird ein Bedürfnis gesehen, sie nicht nur zu Erziehungszwecken, sondern auch zur Ahndung von Straftaten heranzuziehen. Dementsprechend wird gefordert, die Verpflichtung zur Arbeitsleistung auch für Fälle vorzusehen, in denen die repressive Komponente überwiege.[160]

Dieser Forderung nachgebend erweitern die *RefE 1983*, *RefE 1987* und *RegE 1989* den Katalog der Auflagen in § 15 Abs. 1 in Nr. 3 um die Auflage, Arbeitsleistungen zu erbringen.[161] Zur Begründung wird die Verbesserung der Reaktionsmöglichkeiten vor allem in Fällen der leichten bis mittelschweren Kriminalität

---

153 S. *Pfeiffer*, Bielefelder Symposium 1984, S. 44 (54); *Engelhard*, ZfJ 1989, S. 22(23).

154 Sie könne zum Beispiel den Wert der verletzten Rechtsgüter verdeutlichen und damit das Verantwortungsgefühl des Jugendlichen fördern, sie könne dem Jugendlichen zeigen, daß er zu sozial sinnvollen Leistungen in der Lage ist und hierdurch sein Selbstwertgefühl stärken, vgl. *Dölling*, Konstanzer Symposium 1988, S. 243(258f.).

155 So *Ayass*, BewHi 1990, S. 117(118).

156 S. *BVerfGE* 74, S. 102ff.(115ff.).

157 Vgl. *Dölling*, Konstanzer Symposium 1988, S. 243(258).

158 Die *SPD*, ZblJugR 1982, S. 60(63) äußert darüber Bedauern.

159 Vgl. *Dölling*, Konstanzer Symposium 1988, S. 243(259).

160 Vgl. *Bietz*, ZRP 1981, S. 212(215f.); *Dölling*, Konstanzer Symposium 1988, S. 243(259).

161 *RefE 1983*, S. 2; Begründung S. 20; *RefE 1987*, S. 3; *RegE 1989*, S. 4, Begründung S. 18 m. w. E., wobei die Arbeitsweisung beibehalten wird.

angeführt, wenn es etwa wegen wiederholter Auffälligkeit oder besonderer Problemlage zwar einer erzieherischen Einwirkung bedarf, die Anordnung eines mehr repressiven Zuchtmittels, vor allem des Jugendarrests, aber nicht angemessen erscheine.[162] Zum Teil wird darin aber weder ein Fortschritt noch eine Fortentwicklung gesehen, da vor dem Hintergrund des § 8 JGG 1953, wonach Erziehungsmaßregeln und Zuchtmittel ausdrücklich nebeneinander angeordnet werden können, eine Abgrenzung der Sanktionsformen schwierig sei.[163]

cc) Die Betreuungsweisung

Hinter der Betreuungsweisung verbirgt sich die Idee, dem jugendlichen und heranwachsenden Delinquenten einen in der Jugendsozialarbeit erfahrenen Betreuer als Stütze, Ratgeber, aber auch als Aufsicht zur Seite stellen. Die Erfahrungen - sie wird bereits als unbenannte Weisung angewandt - sind positiv. Die Betreuungsweisung habe sich als wertvolle Bereicherung des kriminalpädagogischen Angebots erwiesen und werde zunehmend als Alternative zur ausgesetzten Jugendstrafe akzeptiert.[164] Bereits Anfang der 80er Jahre wird diskutiert, die Betreuungsweisung in den Katalog der Weisungen aufzunehmen.[165]

Sowohl der *RefE 1983* als auch der *RefE 1987* und der *RegE 1989* nehmen die Betreuungsweisung in § 10 als Erziehungsmaßregel auf.[166] Dieser gesetzlichen Verankerung wird zwar grundsätzlich beigepflichtet, aber die Gesetzesformulierung leuchte nicht ein.[167] Es müsse deutlich werden, daß sie jedenfalls nicht hinter der Bewährungshilfe zurückbleiben dürfe und damit keine autoritären Vorstellungen im Sinne einer früheren „Schutzaufsicht" verbunden seien.[168] Mit der Ausgestaltung als Erziehungsmaßregel werde verkannt, daß sie eine schwere Freiheitsbeschränkung des Jugendlichen darstelle; die Betreuungsweisung sei nur

162 *RefE 1983*, Begründung S. 20.

163 Vgl. Einzelheiten dazu bei *Ayass*, BewHi 1988, S. 103(104); *Weyel*, ZfJ 1990, S. 566(568); *Zieger*, StV 1988, S. 308(309).

164 So die Beobachtung von *Pfeiffer*, Bielefelder Symposium 1984, S. 44(53); vgl. auch *Dölling*, Konstanzer Symposium 1988, S. 243(261) m. w. E.

165 S. *Bietz*, ZRP 1981, S. 212(215f.); *SPD*, ZblJugR 1982, S. 60(63f.); *Arbeitskreis VII*, 19. Jugendgerichtstag 1983, S. 359 unter Hinweis darauf, daß dies bereits auf dem letzten Jugendgerichtstag (1980) gefordert worden sei.

166 *RefE 1983*, S. 1, Begründung S. 20, wobei die Weisung bei leichter bis mittelschwerer Kriminalität und dem Erfordernis von repressivem Einfluß zur Anwendung kommen soll; *RefE 1987*, S. 2; *RegE 1989*, S. 4; Begründung S.11, 15f.; § 10 Nr. 5 erhält schließlich die Fassung: „sich der Aufsicht und Leitung einer bestimmten Person (Betreuungshelfer) zu unterstellen".

167 So die Kritik von *DBH-Stellungnahme*, BewHi 1988, S. 240(243).

168 *DBH-Stellungnahme*, BewHi 1988, S. 240(244).

zu rechtfertigen, wenn die Schwere der abzuurteilenden Tat freiheitsentziehende Maßnahmen rechtfertigen würde, darauf aber zum Beispiel aus spezialpräventiven Gesichtspunkten verzichtet werden könne.[169] Insgesamt wird die gesetzliche Umsetzung der Forderung begrüßt.

dd) Der soziale Trainingskurs

Unter den Überschriften „erzieherische Gruppenarbeit“, „Erziehungskurs“, „Übungs- und Erfahrungskurs“ oder auch „sozialer Trainingskurs“ will man auf der Grundlage eines gruppenpädagogischen Konzepts die Entwicklung Jugendlicher durch soziales Lernen in der Gruppe fördern und Problemlösungshilfen vermitteln.[170] Auch wenn sein Konzept aus der Erkenntnis hervorgehe, daß der Jugendarrest wirkungslos sei, handele es sich ausdrücklich nicht um eine Form des Jugendarrests, da der Aspekt der Freiwilligkeit im Vordergrund stehe.[171] Bereits zu Anfang des hier besprochenen Zeitabschnitts wird die Aufnahme in den Weisungskatalog des JGG gefordert.[172] Allerdings stehe die Sanktion auch im Rahmen der Einstellung nach §§ 45, 47 JGG und im Bewährungsverfahren zur Verfügung und wird als Alternative zu den Weisungen, aber auch zu den Auflagen, insbesondere dem Jugendarrest gesehen.[173] Mitte der 80er Jahre hätten zwar die Versuche zur Erprobung und Einführung zugenommen, eine durchgängige Anerkennung seitens der Strafrechtspflege insgesamt und in der Rechtsprechung im besonderen sei jedoch nicht zu verzeichnen.[174]

Der *RefE 1983* erkennt kein Bedürfnis für die Einstellung der Teilnahme an erzieherischer Gruppenarbeit - auch in Form sogenannter Erziehungs- oder sozialer Trainingskurse - in den Katalog der Weisungen und sieht davon ab.[175] Eine explizite Nennung im Gesetzestext wird aber unbedingt für notwenig gehalten, um die bereits zahlreich durchgeführten Kurse zu legitimieren und allen Ju-

---

169 So *Gerken/Schumann*, RefE, 1988, S. 142.

170 Nach überwiegender Ansicht wird die Weisung trotz der beanspruchten pädagogischen Gestaltungsfreiheit bzgl. der Ausgestaltung der Kurse für verfassungsgemäß gehalten, vgl. nur *Dölling*, Konstanzer Symposium 1988, S. 243(261) m. w. E.

171 Vgl. auch zu der Entstehungsgeschichte *Busch/Hartmann/Mehlich*, Soziale Trainingskurse 1986, S. 45f.

172 Vgl. *Arbeitskreis VII*, 19. Jugendgerichtstag 1983, S. 359.

173 Vgl. *Busch/Hartmann/Mehlich*, Soziale Trainingskurse 1986, S. 47, die eine Zusammenfassung von Erziehungsmaßnahmen und Zuchtmitteln fordern (S. 188).

174 So die Beobachtung von *Busch/Hartmann/Mehlich*, Soziale Trainingskurse 1986, S. 48.

175 Wobei aber ein Hinweis darauf in die Richtlinien aufgenommen werde solle, vgl. *RefE 1983*, Begründung S. 21

gendrichtern diese Reaktionsmöglichkeit vor Augen zu halten.[176] Die *RefE 1987* und *RegE 1989* fügen die Teilnahme an einem sozialen Trainingskurs dann bei den Weisungen in § 10 JGG als Nr. 6 ein.[177] Dabei wird in der Begründung zum *RegE 1989* ausdrücklich darauf hingewiesen, daß die Eingriffsintensität nicht zu unterschätzen sei und die sozialen Trainingskurse vornehmlich als Alternativen zum Jugendarrest gedacht und geeignet seien.[178] Die Frage nach einer Systemwidrigkeit, wenn der soziale Trainingskurs mit dieser Begründung bei den Erziehungsmaßregeln eingeordnet wird, muß erlaubt sein. Auch wird insoweit eine Änderung der Formulierung des *RefE 1987* gefordert, denn durch sie entstehe der Endruck, daß es ein besonderes kriminalpädagogisches Erziehungsmittel gebe zum Ausgleich von Erziehungsdefiziten, diese also gleichsam abtrainiert werden könnten, was jedenfalls empirisch nicht belegt sei.[179] Grundsätzlich steht man aber auch diesem Konzept aufgeschlossen und positiv gegenüber.

c) Reaktionen auf die „neuen ambulanten Maßnahmen“

Wie bereits deutlich wurde, wird die Entwicklung in diesem Bereich weitgehend positiv bewertet. Sehr schnell wird auch gefordert, daß die ambulanten Programme angesichts der sehr verschiedenen Problemlagen differenziert und vielgestaltig zur Verfügung stehen müßten.[180] Es scheine durch diese Kriminalpolitik „von unten“ zu gelingen, das Jugendstraf- und Jugendhilferecht über die Rechtsfolgen wieder stärker ineinander zu verzahnen.[181] Die „Jugendstrafrechtsreform durch die Praxis“ sei gekennzeichnet durch die Tendenz einer Rück-Besinnung auf den Grundgedanken des Jugendstrafrechts, nämlich den „Vorrang des Erziehungsgedankens“.[182] Sie verwirkliche in zeitgemäßer Form die dem JGG zugrundeliegenden Prinzipien der Subsidiarität und Verhältnismäßigkeit jugendstrafrechtlicher Sanktionen und ihrer Ausrichtung am Erziehungsziel.[183]

Aber man betrachtet die „ambulante Bewegung“ auch kritisch. Es sei zu verhindern, daß durch mehr ambulante Maßnahmen eine Sogwirkung auf Personen entstehe, die bislang noch nicht oder geringfügiger von jugendstrafrechtlichen

---

176 So die Forderung von *Busch/Hartmann/Mehlich*, Soziale Trainingskurse 1986, S. 186.
177 *RefE 1987*, S. 2; *RegE 1989*, S. 4; Begründung S. 10, 16 m. w. E.
178 S. *RegE 1989*, S. 16.
179 *DBH-Stellungnahme*, BewHi 1988, S. 240(244).
180 *Arbeitskreis VII*, 19. Jugendgerichtstag 1983, S. 359.
181 Vgl. *Heinz*, MschrKrim 1987, S. 129.
182 Was *Heinz*, Konstanzer Symposium 1988, S. 13(16ff.) wohl als positiv empfindet.
183 Vgl. *Dölling*, Konstanzer Symposium 1988, S. 243(264).

Maßnahmen erfaßt worden seien.[184] Untersuchungen zur Handhabung der „neuen ambulanten Maßnahmen“ legten auch den Verdacht nahe, daß es zu einer pädagogischen Überbetreuung komme.[185]

Heinz legt in zwölf Thesen den status quo der Entwicklung sowie der Reformforderungen dar, die auf den Beschlüssen und Forderungen der „Bundesarbeitsgemeinschaft für ambulante Maßnahmen nach dem Jugendrecht“ beruhen:[186] Danach habe die Jugendgerichtsbarkeit den Weg der „inneren Reform“ beschritten und versucht, den Erziehungsgedanken durch eine Kriminalpolitik „von unten“ zu verwirklichen, was zunehmend Unterstützung „von oben“ finde. Die Sanktionenpraxis eröffne die Möglichkeit, zunehmend neue ambulante Maßnahmen anzuwenden, welche auch in den letzten Jahren erheblich an Bedeutung gewonnen hätten und einem grundlegenden Bedürfnis der Rechtspflege zu entsprechen scheinen. Allerdings sei bedenklich, daß sowohl bei der Anwendung als auch der Erprobung erhebliche Unterschiede gemacht würden und keine Chance auf Gleichheit bestehe, wobei sich ihre Inhalte, Methoden und Zielgruppen nicht verändert hätten. Zu warnen sei vor der Gefahr der Überbetreuung, denn das Subsidiaritätsprinzip scheine deutlich überformt zu sein. Die neuen Maßnahmen müßten zu Lasten stationärer Sanktionen ausgebaut werden, wobei nicht abgewartet werden dürfe, bis ein flächendeckendes Angebot vorhanden sei. Und schließlich müsse die Ausweitung eines „Netzes sozialer Kontrolle“ verhindert werden.

3. Abgrenzung zwischen Erziehungsmaßregeln und Zuchtmitteln

Wie sich bereits im Zusammenhang mit der Arbeitsweisung, aber auch mit der Problematik der Eingliederung des Täter-Opfer-Ausgleichs und des sozialen Trainingskurses in das Sanktionssystem in diesem Kapitel gezeigt hat, wie aber auch schon im vorangegangenen Kapitel angesprochen wurde, wird die Abgrenzung zwischen Erziehungsmaßregeln und Zuchtmitteln als schwierig angesehen. Erziehungsmaßregeln hätten auch sühnenden Charakter und Zuchtmittel einen Schwerpunkt im Erziehungszweck, so daß eine Unterscheidung kaum möglich[187] und die Schwereabstufung fragwürdig sei.[188] In der Praxis komme es ohnehin auf

---

184 S. *Arbeitskreis VII*, 19. Jugendgerichtstag 1983, S. 359.

185 Vgl. *Heinz*, Konstanzer Symposium 1988, S. 13; *ders.*, RdJB 1990, S. 133(136f.); ähnlich auch *Dölling*, Konstanzer Symposium 1988, S. 243(264).

186 Vgl. zum Folgenden die Einzelheiten bei *Heinz*, MschrKrim 1987, S. 129(133ff.), der Mitglied des Sprecherrats der Bundesarbeitsgemeinschaft ist und sie in dieser Funktion mit vertritt.

187 So *Bietz*, ZRP 1981, S. 212(215).

188 Vgl. *Gerken/Schumann*, RefE, 1988, S. 140.

die obsolete gewordene Einteilung nicht an, weil nach § 8 JGG Erziehungsmaßregeln und Zuchtmittel ausdrücklich nebeneinander angeordnet werden könnten.[189] Es sei auch unmöglich, den jugendlichen Straftätern zu vermitteln, daß sie dieselbe Tätigkeit einmal als Erziehungsmaßregel und ein anderes Mal als Zuchtmittel zu verrichten hätten.[190] Daher wird gefordert, die Trennung von Erziehungsmaßregeln und Zuchtmitteln aufzugeben und beide Reaktionsformen zu einer Maßnahme zusammenzufassen.[191] Die Begründung zum *RefE 1983* weist ausdrücklich darauf hin, daß das Thema nicht aufgegriffen werde, da weiterer Erörterungsbedarf bestehe.[192] Auch die *RefE 1987* und *RegE 1989* ändern entgegen der deutlichen Forderungen an der Gesetzessystematik nichts.

4. Ergebnis

Mit dem Thema Erziehung im Jugendstrafrecht setzt sich das Schrifttum in einem Umfang wie nie zuvor auseinander.[193] Weitgehend übereinstimmend geht man davon aus, daß die Position der Erziehung ungeklärt und die Umsetzung bislang nicht gelungen ist. Auch und gerade die mit ihm verbundenen negativen Auswirkungen werden aufgezeigt und kritisiert. Überwiegend wird aber gefordert, an dem Grundgedanken der Erziehung im Jugendstrafrecht festzuhalten. Zum Ende der 80er Jahre bemerkt *Pieplow*, daß man bei der beginnenden Diskussion um die Abschaffung des Erziehungsbegriffs den Eindruck gewinne, daß die Gegner einer solchen Abschaffung schneller zur Stelle seien, als die, die für einen solchen Abschaffungsvorschlag einstehen wollen.[194] Insgesamt sind die Vorstellungen und Reformforderungen oftmals sehr vage und ausufernd. Die Reform „von unten" mit den „neuen ambulanten Maßnahmen" wird weitgehend positiv aufgenommen. Die Änderungen gehen aber vielen nicht weit genug.

---

189 Vgl. *Zieger*, StV 1988, S. 308(309).

190 *DBH-Stellungnahme*, BewHi 1988, S. 240(245).

191 Vgl. z.B. *Schüler-Springorum*, FS für Dünnebier 1982, S. 649(654); *Bietz*, ZRP 1981, S. 212(215), der den Oberbegriff „Erziehungsmaßnahmen" für alle einführen will, genauso wie der Reformvorschlag der *SPD*, ZblJugR 1982, S. 60(63); *Busch/Hartmann/Mehlich*, Soziale Trainingskurse 1986, S. 188.

192 *RefE 1983*, Begründung S. 21.

193 Vgl. zu weiteren Einzelheiten auch die Arbeit von *Nothacker*, „Erziehungsvorrang" und Gesetzesauslegung 1985.

194 So macht *Pieplow*, Erziehung 1989, S. 5(51) darauf aufmerksam, daß es nicht einen einzigen Vorschlag gebe, der sich per Gesetzesänderung von dem Erziehungsbegriff verabschieden wollen.

IV. Die Zuchtmittel

Der Jugendarrest ist umstrittener denn je. In jener Zeit versucht man, ihn den kriminologischen Erkenntnissen entsprechend zu reformieren. Die übrigen Zuchtmittel erlangen als „neue ambulante Maßnahmen“ eine zentralere Stellung in der Diskussion als im vorangegangenen Kapitel.

1. Allgemeines

Soweit es um das Zuchtmittel „Auferlegung besonderer Pflichten“ geht, wurden diese teilweise bereits im vorangegangenen Abschnitt Erziehung im Zusammenhang mit den „neuen ambulanten Maßnahmen“ bearbeitet. Um Wiederholungen zu vermeiden, wird insoweit nach oben verwiesen.

An den Zuchtmitteln im allgemeinen wird kritisiert, daß deren Definition als Maßnahmen, die das „Ehrgefühl eines im Grunde gutgearteten Jugendlichen“ wecken sollen, einer antiquierten Vorstellung vom Wertgefühl des Jugendlichen entspreche, denn zumindest der Jugendarrest erscheine in der üblichen praktizierten Form eher als geeignet, den Ruf des Jugendlichen und seine Selbstachtung zu gefährden, und auch der Sühnecharakter rechtfertige nicht die den Zuchtmitteln zugeschriebene dogmatische Sonderstellung, sondern fördere lediglich das Mißverständnis, daß Sühne hier zum Selbstzweck werden dürfe.[195]

2. Der Jugendarrest

Die bisherige Konzeption des Jugendarrests wird nunmehr als ein „untauglicher Versuch“ angesehen.[196] Kritisiert wird, daß kaum ausformulierte Konzepte für Heim-, Arrest- und Strafvollzug vorlägen sowie eine mangelhafte wissenschaftliche und praktische Erfahrung.[197] Bei den an der Diskussion beteiligten Autoren müsse ganz überwiegend das Recht bestritten werden, zu den jeweiligen Fragestellungen überhaupt außerhalb der Laienkompetenz Aussagen machen zu kön-

---

195 *SPD*, ZblJugR 1982, S. 60(63).

196 Vgl. *Plewig*, MschrKrim 1980, S. 20(31).

197 Zum Beispiel die Vorschläge der *DVJJ* in der Denkschrift von 1977 (im vorangegangenen Kapitel behandelt) seien nicht durchsetzbar, denn an keiner Stelle lasse der Text eine über „systemimmanentes“ Denken hinaus distanzierte Reflexion dessen erkennen, was eigentlich unter den gegebenen Bedingungen mit welchen Mitteln gewollt und tatsächlich erreicht werde, so der Vorwurf von *Plewig*, MschrKrim 1980, S. 20(23).

nen.[198] Allerdings würden an den Jugendarrest auch viel zu viele und zu hohe Anforderungen gestellt: „Wo gelingt es sonst, das gesamte Arsenal strafrechtlicher Süppchen (Sühne, Abschreckung, General- und Spezialprävention) innerhalb von maximal vier Wochen gar zu kochen!?“[199]

Vermehrt wird über die Problematik der Auswahl der Probanden und ihre Persönlichkeit geschrieben. Es hat sich von Anfang an die Formulierung in der Fachsprache etabliert, daß der Jugendarrest nur für die „gutgearteten“ Täter zur Verfügung steht und andere „arrestuntauglich“ sind. Diese persönlichkeitsbewertende Begrifflichkeit führe auf der Seite der Anwender zu Problemen und die Einteilung in „Gutartige“ und (unausgesprochen) „Bösartige“ beziehungsweise Arrestungeeignete rechtfertige den Vorwurf gegen die Instanzen sozialer Kontrolle, sie würden mit ihren Maßnahmen nicht erzieherisch helfen, sondern lediglich kontrollieren.[200] Daß die alte Arrestideologie immer noch Anhänger habe, könne in Anbetracht der sich seit 1943 kaum veränderten Richtlinien und Gesetzesbestimmungen nicht verwundern.[201] Heute reagiere aber die Praxis auf die „gutgearteten“ Delinquenten ganz überwiegend mit ambulanten Maßnahmen und das Schrifttum stehe dieser Entwicklung zunehmend positiv gegenüber.[202] Damit entfällt aber der Jugendarrest als Sanktion für die ihr ursprünglich zugedachte Klientel. Und *Pfeiffer* stellt tatsächlich auf der Grundlage einer Analyse des Schrifttums und einer 1979 durchgeführten Datenerhebung zu einer großen Anzahl Arrestanten fest, daß die Jugendgerichte entgegen der gerade beschriebenen offiziellen Arrestideologie vor allem solche Jugendliche und Heranwachsende zu Jugendarrest verurteilten, die als hochbelastet und gefährdet einzustufen sind.[203] Im Ergebnis könne der Jugendarrest also weder für die ihm ursprünglich zugedachte Klientel noch für die hochbelasteten Jugendlichen als Sanktion empfohlen werden, denn bei der ersten Gruppe erscheine die Härte in der Regel nicht erforderlich und bei den Arrestungeeigneten sei diese Härte wenig erfolgversprechend.[204] Und auch die grundsätzlichen Zweifel an der Konzeption angesichts des späten Vollstreckungszeitpunkts und der Vollzugsrealität sind zwischenzeitlich nicht ausgeräumt worden.[205]

---

198 Vgl. die deutlichen Worte von *Plewig*, MschrKrim 1980, S. 20(21).
199 Vgl. diese Einschätzung von *Plewig*, MschrKrim 1980, S. 20(24).
200 S. *Plewig*, MschrKrim 1980, S. 20(24f.).
201 Vgl. *Pfeiffer*, MschrKrim 1981, S. 28(49).
202 Eine Entwicklung, die *Pfeiffer*, MschrKrim 1981, S. 28(49) begrüßt.
203 Vgl. die Zusammenfassung des Ergebnisses bei *Pfeiffer*, MschrKrim 1981, S. 28; ähnlich *Feltes*, ZStW 100 (1988), S. 158(172).
204 So das Ergebnis von *Pfeiffer*, MschrKrim 1981, S. 28(49); s. auch *Feltes*, ZStW 100 (1988), S. 158(172).
205 Vgl. nur *Pfeiffer*, MschrKrim 1981, S. 28(49).

Die vorgeschlagenen Lösungswege zu den oben genannten Problemen sind vielfältig. Zum einen findet sich die Forderung, den Jugendarrest völlig aus dem Gesetz zu streichen, denn nach dem gegenwärtigen pädagogischen Wissenstand stelle er einen Anachronismus dar.[206] Wenn dies nicht möglich sei, müsse mit einer Reduktion bei der eingriffsintensivsten Form begonnen werden, dem Dauerarrest; allenfalls der Freizeitarrest solle als Arrestform bleiben.[207] Trotz der doch erheblichen Probleme entspricht die Forderung nach kompletter Abschaffung des Jugendarrests nicht der überwiegenden Ansicht.[208] Diese fordert zusammengefaßt, ihn - jedenfalls in Form des Dauerarrests - beizubehalten, in seiner Ausgestaltung zu reformieren und die bereits vorhandenen Möglichkeiten zu nutzen. Konkret würde das bedeuten, von der Isolierung Abkehr zu nehmen, hin zur Gruppenarbeit und Nachbetreuung und den Jugendarrest so umzugestalten, daß zwar mit dem Zwangscharakter ein Element der Strafe beibehalten wird, mit der Ausgestaltung des Vollzugs dem Jugendlichen aber Anregungen und Hilfen vermittelt und seine sozialen Handlungskompetenzen erweitert werden.[209] Ein reformierter Jugendarrest müsse ein problem- und hilfeorientiertes Reagieren und Kommunizieren ermöglichen.[210] Weitere Reformforderungen sind, einen möglichst schnellen Vollzug zu gewährleisten,[211] den Freizeit- und Kurzarrest abzu-

---

206 So *Gerken/Schumann*, RefE, 1988, S. 141f.; vgl. auch *Dünkel*, Freiheitsentzug 1990, S. 354, der jedenfalls langfristig die Abschaffung des Jugendarrests fordert.

207 Vgl. *Gerken/Schumann*, RefE, 1988, S. 141f.

208 Der *Arbeitskreis X c*, 20. Jugendgerichtstag 1986, S. 417 spricht sich für die Abschaffung des Vollzugs aus, fordert aber bis dahin die Annäherung an die ambulante Sozialarbeit. *Schaffstein*, Gedächtnisschrift Kaufmann 1986, S. 393f., wünscht z.B. die weitere Zurückdrängung des Jugendarrests durch ambulanten Maßnahmen, hält aber die völlige Beseitigung weder für erwünscht noch ohne Schaffung einer kaum zu schließenden Lücke im jugendkriminalrechtlichen Rechtsfolgensystem für möglich; auch *Feltes*, ZStW 100 (1988), S. 158(180) spricht sich gegen die Abschaffung aus.

209 Vgl. die Forderung von *Pfeiffer*, MschrKrim 1981, S. 28(50) in Anlehnung an die Konzepte der *DVJJ* in der Denkschrift von 1977 von *Eisenhardt* und von *Jung* (im vorangegangenen Kapitel behandelt); ebenso *Arbeitskreis VI*, 18. Jugendgerichtstag 1980, S. 323f; *Schaffstein*, Gedächtnisschrift Kaufmann 1986, S. 393(405); *Eisenhardt*, Jugendarrest 1989, S. 146ff., der den Terminus „Soziales Training im Arrest“ wieder aufgreift.

210 *Plewig*, MschrKrim 1980, S. 20(28f.); von dem *Arbeitskreis X c* des 20. Jugendgerichtstages 1986, S. 417f. wird ein Konzept vorgeschlagen, in dem der Arrestant zunächst einen Plan zur Verbesserung seiner Lebenssituation entwirft, dann der Arrestvollzug unterbrochen wird und eine Rückholmöglichkeit bei Nichteinhaltung des Plans gegeben ist.

211 Vgl. *Plewig*, MschrKrim 1980, S. 20(24).

schaffen[212] und die Verpflichtung zu erzieherischer Gestaltung des Arrestvollzugs gesetzlich zu verankern.[213]

Daß die Forderungen nach völliger Umgestaltung des Jugendarrests nicht gänzlich utopisch sind, zeigt zum Beispiel ein Projekt in Hamburg. Dort ist es gelungen, einen Jugendarrest zu konzipieren, bei dem die geforderten Reformen verwirklicht wurden. Das Modell ist so ausgestaltet, daß im Arrest Hilfen für die Lösung der Probleme des jeweiligen Arrestanten angeboten werden, eine Nachbetreuung stattfindet, Außenkontakte gefördert werden und es ein breites Angebot von Gruppenveranstaltungen gibt.[214] Eine Schockerfahrung soll dagegen nicht eintreten, der Vollzug versucht vielmehr, stabilisierend zu wirken.[215] Freizeit- oder Kurzarrest werden nicht verhängt, und bei den Arrestanten handelt es sich um extrem belastetes Arrestklientel.[216]

In eine ganz andere Richtung geht der Lösungsvorschlag von *Feltes*, der eine eindeutige und klare neue Zielbestimmung fordert, die von der pädagogisch legitimierten „short, sharp shock"-Ideologie wegführt: Der Jugendarrest dürfe weder zur erzieherischen Wohltat umgewandelt, noch als Schockmittel weiterverwendet werden.[217] Vielmehr sei er eine kurze Freiheitsstrafe und erfülle als solche dort seinen Zweck, wo durch seine Verhängung im konkreten Fall eine längerfristige Jugendstrafe mit den bekannten Negativeffekten vermieden werden könne.[218]

Der § 8 Abs. 2 *RefE 1983* birgt „einigen Sprengstoff" in sich.[219] Danach soll der sogenannte Einstiegsarrest, also die Koppelungsmöglichkeit von Jugendarrest und Aussetzung der Jugendstrafe zur Bewährung beziehungsweise Aussetzung der Verhängung von Jugendstrafe gesetzlich verankert werden.[220] Sogleich wird aber gegen die Einführung protestiert. Der „Einstiegsarrest" sei ein „Rückeinstieg

---

212 *SPD*, ZblJugR 1982, S. 60(64) oder auch nur den Freizeitarrest, so *Arbeitskreis VI*, 18. Jugendgerichtstag 1980, S. 323.

213 So *Bietz*, ZRP 1981, S. 212(217).

214 Vgl. *Pfeiffer*, MschrKrim 1981, S. 28(46ff.); vgl. auch die detaillierte Beschreibung dieses Modells bei *Plewig*, MschrKrim 1980, S. 20(28f.).

215 *Pfeiffer*, MschrKrim 1981, S. 28(47).

216 *Pfeiffer*, MschrKrim 1981, S. 28(47); *Plewig*, MschrKrim 1980, S. 20(28f.).

217 *Feltes*, ZStW 100 (1988), S. 158(181).

218 Er fordert also, den Jugendarrest zur Strafe „aufzuwerten", vgl. zu den Einzelheiten *Feltes*, ZStW 100 (1988), S. 158(181ff.).

219 So die Einschätzung von *Schumann*, ZRP 1984, S. 319.

220 § 8 *RefE 1983*, S. 1, wobei in der Begründung nicht darauf eingegangen wird; aber auch z. B. auf dem 18. Jugendgerichtstag wird dies - mit knapper Mehrheit - gefordert, vgl. *Arbeitskreis VII*, 18. Jugendgerichtstag 1980, S. 350(352); auch *Schaffstein*, Gedächtnisschrift Kaufmann 1986, S. 393(404f.) spricht sich - bei ausschließlicher Anwendung des Jugendarrests auf „Gutgeartete" - für die gesetzliche Einführung des Einstiegsarrests aus.

in längst abgeschlossen geglaubte Kapitel des strafrechtlichen Vergangenheit".[221] Gegen ihn spreche die Dogmatik und das Prinzip der Verhältnismäßigkeit, denn es werde ein Tag Jugendarrest mit einem Tag Jugendstrafe und damit Abschrekkung und Erziehung als Prinzip der Vollzugsgestaltung gleichgesetzt.[222] Die vorausgesetzte Abschreckungswirkung sei wissenschaftlich nicht bewiesen,[223] und die Erwartung, daß vermehrt Jugendstrafen zur Bewährung ausgesetzt würden, begegne erheblichen Zweifeln.[224] Die Praxis sehe dies allenfalls im Zusammenhang mit einer Neukonzeption der Bewährungshilfe.[225] Die Evaluationsforschung habe ergeben, daß Bewährungserfolge bei Personen mit zusätzlicher Hafterfahrung seltener seien.[226] Der Einstiegsarrest widerspreche auch der Tendenz, den Jugendarrest pädagogisch auszugestalten.[227] Und das Argument der Gerechtigkeit bei Mittätern könne nur anführen, wer Pädagogik mit Dogmatik verwechsele.[228] Schließlich sei auch die Erwartung, mit dem Einstiegsarrest werde die Kooperation mit dem Bewährungshelfer begünstigt, empirisch bislang nicht untersucht, könne aber auch nicht erwartet werden.[229]

Sowohl der *RefE 1987* als auch der *RegE 1989* übernehmen den Einstiegsarrest nicht und sehen auch von einer grundsätzlichen Umgestaltung des Jugendarrestssystems ab. Man will abwarten, in welchem Umfang die ambulanten Maßnahmen den Jugendarrest ersetzen können.[230] Eine kleine, wiederholt geforderte Korrektur nimmt der *RegE 1989* dennoch vor: Der Kurzarrest wird abgeschafft und der Freizeitarrest auf höchstens zwei Freizeiten beschränkt.[231] Insgesamt betrachtet scheint ein weitgehendes Einverständnis darüber zu herrschen, daß der

221 So die deutliche Stellungnahme von *Schumann*, ZRP 1984, S. 319(324); ähnlich auch *Arbeitskreis X c*, 20. Jugendgerichtstag 1986, S. 417.
222 Vgl. Einzelheiten bei *Schumann*, ZRP 1984, S. 319f., der darauf hinweist, daß dann entweder die Arrestideologie oder die Erziehungsideologie leeres Gerede seien; ähnlich auch *Eisenhardt*, Jugendarrest 1989, S. 148.
223 *Schumann*, ZRP 1984, S. 319(320f.); *Hügel*, BewHi 1987, S. 50(52).
224 *Hügel*, BewHi 1987, S. 50(54).
225 So *Schumann*, ZRP 1984, S. 319(321f.).
226 Vgl. die Details bei *Schumann*, ZRP 1984, S. 319(322f.); ähnlich *Dünkel*, Freiheitsentzug 1990, S. 459.
227 So *Schumann*, ZRP 1984, S. 319(320; 324), der auch darauf hinweist, daß es so zu einer Entlastung der Arrestanstalten nicht kommen könne; genauso *Hügel*, BewHi 1987, S. 50(54); ähnlich *Eisenhardt*, Jugendarrest 1989, S. 148.
228 Vgl. *Schumann*, ZRP 1984, S. 319(323): Ungleichbehandlung für gleiche Taten sei für das Jugendstrafrecht gewissermaßen Konstitutionsbedingung; dem stimmt *Hügel*, BewHi 1987, S. 50(53) zu.
229 So *Hügel*, BewHi 1987, S. 50(53).
230 Vgl. nur *RegE 1989*, Begründung S. 12, 18.
231 *RegE 1989*, Begründung S.13, 19.

Jugendarrest in seiner Ausgestaltung nicht zu akzeptieren ist. Bei der Frage um Reformen gehen die Ansichten aber weit auseinander.

3. Der Ungehorsamsarrest

Der Ungehorsamsarrest gewinnt im Zuge der Ausweitung der neuen ambulanten Maßnahmen eine erhebliche Bedeutung.[232] Seine Rechtsnatur ist weiterhin ungeklärt. Die Rechtslehre umschreibt ihn als einen besonderen, aber von dem Bestand der zugrundeliegenden Entscheidung abhängigen, spezifisch jugendrechtlichen Tatbestand des Ungehorsams.[233] Im Detail gibt es jedoch Abweichungen:[234] So möchte man ihn als „eigenen jugendstrafrechtlichen Tatbestand" oder als bedingte Zusatzsanktion einordnen; im Gespräch ist auch die Einordnung als Ordnungswidrigkeit oder als „Ordnungsmaßnahme", denn es gehe ja um die „Erzwingung eines bestimmten prozeßordnungsgemäßen Verhaltens". *Ostendorf* kommt zu dem Ergebnis, daß Ungehorsamsarrest eine selbständige Ersatzmaßnahme sein müsse, die die ursprüngliche Reaktion ersatzweise korrigiere, denn nur in Verbindung mit der Grundmaßnahme könne die Legitimation gefunden werden.[235]

Neben seiner rechtlichen Einordnung sind weitere Fragen ungeklärt, wie zum Beispiel die Möglichkeit der selbständigen Anwendung, die Ausdehnung des Ungehorsamsarrests über vier Wochen hinaus oder gegen einen Erwachsenen und die pädagogische und rechtsstaatliche Fragwürdigkeit der wiederholten Anordnung.[236] Außerdem könne sich hinter dem Tatbestand „Ungehorsam" eine Fülle von Problemen des Jugendlichen verbergen, die der Richter bei Verhängung der Weisung oder Auflage möglicherweise unterschätzt oder nicht erkannt habe.[237] So weisen diese Jugendarrestanten fast durchweg mehr Gefährdungsmerkmale auf, als die von vornherein zu Jugendarrest verurteilten.[238] Änderungsbedürftig sei schließlich auch der Umstand, daß bezüglich der in Jugendarrest-

232 So das Ergebnis bei *Dünkel*, Freiheitsentzug 1990, S. 355.

233 Vgl. den Nachweis bei *Ostendorf*, ZblJugR 1983, 563(564); so auch später *Eisenberg*, ZfJ 1989, S. 16(17); vgl. zu seiner rechtsdogmatischen Einordnung auch *Dünkel*, Freiheitsentzug 1990, S. 358ff.

234 Vgl. die ins Detail gehende Diskussion mit ihren verschiedenen Ansätzen und Gegenansichten bei *Ostendorf*, ZblJugR 1983, S. 563ff.

235 Vgl. *Ostendorf*, ZblJugR 1983, S. 563(575); ähnlich auch das Ergebnis von *Eisenberg*, ZfJ 1989, S. 16(17f.).

236 Vgl. die Zusammenstellung der Hauptproblematik in vier Fragestellungen bei *Ostendorf*, ZblJugR 1983, S. 563.

237 Vgl. *Pfeiffer*, MschrKrim 1981, S. 28(48); *SPD*, ZblJugR 1982, S. 60(64f.).

238 Vgl. die Untersuchung bei *Pfeiffer*, MschrKrim 1981, S. 28(48).

vollzugsanstalten versammelten Personen sämtliche Rechtsfolgenkategorien vertreten seien, das heißt das „gleichsam einigende Band des Ungehorsams“ die gesetzliche Differenzierung verdränge.[239] Und auch die Fragen nach der Rechtswidrigkeit und Schuld einer Nichtbefolgung bereiten immer noch Schwierigkeiten.[240]

Aufgrund der aufgezeigten Schwierigkeiten findet sich vereinzelt die Forderung, auf den Ungehorsamsarrest völlig zu verzichten. Aus der Sanktionsforschung habe sich ergeben, daß dieser eine der gefährlichsten Maßnahmen des Jugendstrafrechts darstelle.[241] Von anderer Seite wird er dagegen für unverzichtbar gehalten.[242] Jedenfalls solle dem Jugendlichen vor der Verhängung eine mündliche Anhörung angeboten werden.[243] Und es wird zusätzlich gefordert, einen Austausch zwischen Weisungen und Auflagen zu ermöglichen, die Möglichkeit, von Weisungen und Auflagen zu befreien, ernsthaft zu prüfen und ihm die Funktion eines Ersatzarrestes zukommen zu lassen.[244] Auch wird ein erzieherisch ausgestalteter ‚Beugearrest‘ von mindestens 3 Wochen Dauer mit qualifiziertem Personal gefordert.[245] Und schließlich weist *Frehsee* darauf hin, daß jeder Richter frei sei, von dem Ungehorsamsarrest zurückhaltenden Gebrauch zu machen oder auf ihn zu verzichten.[246]

4. Ergebnis

Die Zielsetzung der Zuchtmittel im allgemeinen, das „Ehrgefühl eines im Grunde gutgearteten“ Jugendlichen zu wecken, entspricht nicht mehr dem aktuellen Verständnis und Sprachgebrauch. Ein Teil der Auflagen entspricht dagegen gerade den aktuellen Strömungen, wie bei den Erziehungsmaßregeln bereits aufgezeigt wurde, so daß sogar eine Erziehungsmaßregel (die Arbeitsweisung) auch zum Zuchtmittel werden soll. Es finden sich keine Stimmen mehr, die am Jugendarrest

---

239 *Eisenberg*, ZfJ 1989, S. 16(17).

240 Vgl. *Eisenberg*, ZfJ 1989, S. 16(20).

241 Vgl. die Einzelheiten bei *Gerken/Schumann*, RefE, 1988, S. 141; auch *Frehsee*, 21. Jugendgerichtstag 1989, S. 314 gibt die klare Antwort: Abschaffen!, denkt dann aber doch über Reformen nach; auch *Dünkel*, Freiheitsentzug 1990, S. 461, 616 hält ihn für entbehrlich.

242 Vgl. z.B. *Schaffstein*, Gedächtnisschrift Kaufmann 1986, S. 393(401f.).

243 So die Forderung von *Arbeitskreis VI*, 18. Jugendgerichtstag 1980, S. 323(324); *Arbeitskreis X c*, 20. Jugendgerichtstag 1986, S. 417(418); *RegE 1989*, Begründung S. 13; *Frehsee*, 21. Jugendgerichtstag 1989, S. 314(324f.).

244 *Arbeitskreis X c*, 20. Jugendgerichtstag 1986, S. 417(418); auch *Frehsee*, 21. Jugendgerichtstag 1989, S. 314(325f.).

245 Von *Eisenhardt*, Jugendarrest 1989, S. 126f.

246 *Frehsee*, 21. Jugendgerichtstag 1989, S. 314(323f.).

in seiner ursprünglichen Konzeption festhalten wollen. Aber es gibt auch keine grundlegende Übereinstimmung hinsichtlich eines neuen Konzepts. Der Ungehorsamsarrest wird äußerst kritisch betrachtet und für ihn Reformen gefordert. Schließlich wird auch die Idee des sogenannten „Einstiegsarrests“ weiterhin diskutiert.

V. Das Jugendstrafverfahren

Anknüpfend an den Trend in den vorangegangenen Jahren schärft sich ein Bewußtsein für die rechtliche Position des jugendlichen Delinquenten und es wird insbesondere mit den Möglichkeiten einer alternativen Gestaltung der Hauptverhandlung experimentiert. Aber erst die Rezeption der Diversionsidee im deutschen Jugendstrafrecht rückt das Thema „Verfahren“ in den Mittelpunkt der Aufmerksamkeit.

1. Förmliches Jugendstrafverfahren, insbesondere die „Hauptverhandlung am Runden Tisch“

Im Diskussionsbereich „förmliches Jugendstrafverfahren“ steht auch weiterhin die Hauptverhandlung im Mittelpunkt. Inzwischen habe sich gezeigt, daß in ihrem Rahmen Erziehung wegen der zeitlichen Begrenzung, dem für den Angeklagten dominierenden Charakter einer psychologischen Ausnahmesituation und ihrer vom Strafverfahren abgeleiteten Formalität kaum möglich sei.[247] Man scheut sich aber davor, vollständig von der Möglichkeit der erzieherischen Einwirkung Abstand zu nehmen. Daher werden Konzepte erforscht, die eine erzieherische Wirkungsweise oder jedenfalls ein Verständnis des Jugendlichen für die Situation stärker hervortreten lassen sollen.

Insbesondere das Modell der „Hauptverhandlung am Runden Tisch“ beschäftigt die Jugendstrafrechtspflege.[248] Hier treffen sich all die Vorstellungen, die durch die Reduzierung der äußeren Förmlichkeiten und „autoritären Strukturen“ der herkömmlichen Hauptverhandlung eine Verbesserung der Kommunikation und Kooperation der Verfahrensbeteiligten anstreben und die dem jugendlichen

---

247 So auch die Einschätzung von *Schüler-Springorum*, FS für Dünnebier 1982, S. 649(651).

248 Dabei bedienen sich unterschiedliche Auffassungen und Tendenzen dieses Bildes, wobei ihnen gemeinsam die Kritik an Struktur und Atmosphäre des bisherigen Prozesses ist, so die Charakterisierung dieses Denkansatzes von *Schreiber*, Verhandlung am Runden Tisch 1981, S. 1(3).

Angeklagten bessere Möglichkeiten geben wollen, seine Situation in der Hauptverhandlung adäquat darzustellen.[249] Dies drückt sich zu wesentlichen Teilen im Bild der Verhandlung am „Runden Tisch“ aus: „Das Gericht setzt sich mit den anderen Beteiligten gemeinsam an einen Tisch und bespricht mit ihnen auf gleicher Ebene die Probleme des zu regelnden Falls.“[250] Ideen zur Verwirklichung des Ziels sind die Sitzanordnung auf gleicher Ebene, die Reduzierung der räumlichen Distanz, teilweise durch die Betonung der gemeinsamen Aufgabe „Konfliktlösung“ durch eine „Tischgemeinschaft“, Verzicht auf „zeremonielle“ Förmlichkeiten wie das Aufstehen oder das Tragen von Roben.[251]

Besonders zu nennen ist in diesem Zusammenhang das in Göttingen und Hannover durchgeführte Verfahrensexperiment „Runder Tisch“ Anfang der 80er Jahre.[252] Hierfür verzichtet man bei „echten“ Verhandlungen des Jugendgerichts teilweise auf die oben genannten Förmlichkeiten, teilweise führt man sie in der herkömmlichen Art und Weise durch; dies wird beobachtet und von den unabhängigen Verfahrensbeobachtern, aber auch von den Verfahrensbeteiligten bewertet.[253] Nach Auskunft von *Schöch* habe zunächst eine beträchtliche Skepsis hinsichtlich der Durchführung bestanden; mitentscheidend für den Entschluß seien aber gerade die engagierten Stellungnahmen aus der Justizpraxis gewesen, die sich nur zu einem geringen Teil zustimmend und überwiegend massiv ablehnend geäußert hätten.[254] Dementsprechend hat *Schreiber* das Ziel der Untersuchung darin gesehen, die festgefahrene Diskussion über mögliche andere Formen der Hauptverhandlung wieder in Gang zu bringen.[255] Bei der praktischen Umsetzung der Verfahrensanordnung ergaben sich dann jedoch erhebliche Abschwächungen, so daß im Kern nur die veränderte Sitzordnung und die Durchführung des Modells bei allen Verhandlungen eines Terminstags erhalten blieb.[256]

---

249 Vgl. die treffende Beschreibung von *Schöch*, Verhandlung am Runden Tisch 1981, S. 19 m. w. N.

250 So die plastische Beschreibung von *Schreiber*, Verhandlung am Runden Tisch 1981, S. 1(6), der sich über die Heftigkeit der Kritik gegen diese Thesen wundert und diese Kritikpunkte zusammenfaßt (S. 6ff.).

251 *Schöch*, Verhandlung am Runden Tisch 1981, S. 19; ähnlich auch *Schreiber*, Verhandlung am Runden Tisch 1981, S. 1(16).

252 Wobei der „Runde Tisch“ während des Verfahrensexperiments „meist ein Viereck war“, so *Schreiber*, Verhandlung am Runden Tisch 1981, S. 1(16).

253 Vgl. zu den Untersuchungszielen im einzelnen *Schöch*, Verhandlung am Runden Tisch 1981, S. 19(27ff.).

254 Ein Thema, das die Gemüter so stark bewegt, erscheint schon allein deshalb relevant und bedarf wissenschaftlicher Kontrolle, so *Schöch*, Verhandlung am Runden Tisch 1981, S. 19(20).

255 Vgl. *Schreiber*, Verhandlung am Runden Tisch 1981, S. 1(18).

256 Vgl. *Schöch*, Verhandlung am Runden Tisch 1981, S. 19(32ff.).

Als Essenz der Ergebnisse ergibt sich kaum ein Unterschied zwischen den Verhandlungen am „Runden Tisch“ und den herkömmlichen Verhandlungen des jeweiligen Richters; grundlegend verschieden waren aber die Verhandlungsstile der beteiligten Richter im Vergleich miteinander.[257] Aus dem Gesamtergebnis wird die Schlußfolgerung gezogen, daß für den Stil und die Atmosphäre der Verhandlung die Persönlichkeit des Richters weitaus wichtiger sei, als eine neue Verhandlungsform.[258] Eine allgemeine Empfehlung zur Einführung des Modells „Runder Tisch“ könne daher nicht gegeben werden.[259] Die Ergebnisse, so begrenzt sie in ihrem Aussagewert durch die Beschränkungen bei der Durchführung des Modells seien, hätten aber die Möglichkeiten eines veränderten Verhandlungsstils aufgezeigt, denen es weiter nachzugehen lohne.[260] Denn es sei als geringfügige Verbesserung hervorzuheben, daß der Angeklagte sich aktiver und spontaner am Verhandlungsgeschehen beteiligt habe, daß die richterliche Verhandlungsleitung informativer und transparenter und die Gesprächsanteile ausgewogener gewesen seien und daß insgesamt - auch unter vermehrter Einbeziehung der Eltern - eine entspanntere Atmosphäre mit besserem wechselseitigem Verständnis geherrscht habe.[261] Diese Erkenntnisse lassen dann auch den leisen Wunsch aufkommen, den Richtern, die glauben, die erzieherische Intention des Jugendstrafrechts in einer Hauptverhandlung nach dem Modell „Runder Tisch“ besser verwirklichen zu können, die Gelegenheit und geeignete Verhandlungsräume zur Verfügung zu stellen.[262]

Weitere konkrete Ansätze zur Reform des förmlichen Verfahrens finden sich in diesem Zeitabschnitt kaum. Anfang der 80er Jahre wird recht vage gefordert, daß das Verfahren der Jugendkriminalrechtspflege jedenfalls stärker als bisher als Bestandteil eines Erziehungsprozesses praktiziert werden soll unter Abstimmung seiner formalen Strukturen auf die Erreichung des Erziehungsziels.[263] Dafür müsse eine Personalunion des Jugendrichters mit dem Strafrichter ausgeschlossen und die mit dem Vormundschaftsrichter zwingend vorgeschrieben und

257 Vgl. nur *Schöch*, Verhandlung am Runden Tisch 1981, S. 19(34) m. w. N.

258 *Schöch*, Verhandlung am Runden Tisch 1981, S. 19(34f.); vgl. zu den Ergebnissen auch die Zusammenfassung S. 36ff.

259 Der Verhandlungsstil sei so stark mit der Persönlichkeit des Richters verbunden, daß der „Runde Tisch“ bei den ablehnenden Richtern eher zu Verkrampfungen oder Gegenreaktionen führen könne, so *Schöch*, Verhandlung am Runden Tisch 1981, S. 19(43).

260 *Schreiber*, Verhandlung am Runden Tisch 1981, S. 1(18).

261 So *Schöch*, Verhandlung am Runden Tisch 1981, S. 19(41f.).

262 Und sie nicht - wie gelegentlich festzustellen sei - als „Reform-Hyperthymiker“ zu belächeln oder gar als justizfeindliche Ideologen zu verdächtigen, so der Wunsch von *Schöch*, Verhandlung am Runden Tisch 1981, S. 19(40; 43).

263 *Jung*, ZRP 1981, S. 36(39).

Ritualverhalten in der Hauptverhandlung abgebaut werden.[264] Dabei heiße Vereinfachung jedoch nicht Preisgabe rechtlicher Garantien - die geringe Artikulations- und Beschwerdemacht des beschuldigten jungen Menschen zwinge sogar zum weiteren Ausbau der notwendigen Verteidigung.[265] Ein weiterer Ansatz ist unter dem Stichwort „Schuldinterlokut" die Zweiteilung der Hauptverhandlung, wobei der erste Abschnitt der Tatfeststellung dienen und in einem zweiten Abschnitt die zweckmäßige und angemessene Rechtsfolge gefunden werden soll.[266]

Die weitergehende Diskussion über das Verfahren beschränkt sich größtenteils auf die Problematik der Beschneidung der Rechte des Jugendlichen in der mündlichen Verhandlung. Weder die *RefE 1983* und *1987*, noch der *RegE 1989* beschäftigen sich mit dem Thema „Hauptverhandlung". Dies führt am Ende des hier behandelten Zeitabschnitts zu der Prognose, daß auch nach einem novellierten JGG die Jugendgerichtsverhandlung in einem hohen Maße an der wirklichen Lage des Jugendlichen vorbeigehen werde.[267] Gefordert wird - auch weiterhin - eine pädagogisch sinnvolle Hauptverhandlung mit den Schlagworten: Zügige Durchführung des Verfahrens, Schuldinterlokut, Vereinfachung der Gerichtssprache, Verbesserung der Kommunikation, Förderung der Durchschaubarkeit und Nachvollziehbarkeit, Konzentration auf die Aufklärung der Taten ohne viel „erzieherisches Geschwafel" und den Verzicht auf den Versuch, aus der Verhandlung eine sozial- und psychotherapeutische Sitzung zu machen.[268]

2. Diversion i. V. m. den §§ 45, 47 JGG

Das neue favorisierte Konzept namens Diversion bezeichnet die „Ablenkung", „Umlenkung" oder „Wegführung" vom System formeller Sozialkontrolle.[269] Unter dem schillernden Begriff Diversion werden Vorgehensweisen zusammengefaßt, durch die ein justizielles Verfahren vermieden, Stigmatisierung gemindert und letztlich frühzeitig in das Leben von Jugendlichen interveniert werden soll.[270]

---

264 Vgl. die Forderung von *Jung*, ZRP 1981, S. 36(44).
265 S. *Jung*, ZRP 1981, S. 36(44).
266 Vgl. *Jung*, ZRP 1981, S. 36(44) m. w. N.
267 So die Einschätzung von *Weyel*, ZfJ 1990, S. 566(567).
268 *Weyel*, ZfJ 1990, S. 566(567).
269 Vgl. *Heinz*, ZRP 1990, S. 7.
270 So die treffende Beschreibung von *Janssen*, Diversion 1983, S. 15.

a) Die „amerikanische Idee" und deren Rezeption in Deutschland

Die Diversionsidee hat ihren Ursprung in den USA und muß im Zusammenhang mit der Entstehung der amerikanischen Jugendgerichte und der dortigen kriminalpolitischen Situation in den 60er Jahren gesehen werden.[271] In dieser Zeit und insbesondere den 70er Jahren entwickeln sich dort zahllose Diversionsprogramme und -projekte, und angesichts des Vertrauens in das neue Konzept stehen erhebliche öffentliche und private Mittel zur Verfügung. Die Begleitforschung und Auswertung der Programme führt jedoch bald zu einer differenzierteren Betrachtung. Es zeigt sich, daß gerade Beratung und Gesprächstherapie in vielen Diversionsprogrammen angewandt werden, aber den geringsten Effekt aufweisen, also zur Vermeidung von Delinquenz völlig ungeeignet sind.[272] Wegen des Umfangs der zur Verfügung stehenden Programme erfolgt bei einer Überweisung in ein solches Programm grundsätzlich auch eine Intervention, ob diese nötig ist oder nicht.[273] Dabei sind die Mehrzahl der Überwiesenen solche Delinquenten, bei denen ohne das Vorhandensein von Diversionsprogrammen nichts geschehen wäre.[274] Sehr deutlich bestätigen die verschiedenen Untersuchungen die Ausdehnung des Netzes der sozialen oder strafrechtlichen Kontrolle (sog. „Net-Widening-Effekt").[275] *Janssen* faßt die Konsequenzen der Diversionsstrategie in den USA wie folgt zusammen:[276] Die Zahl der Jugendlichen, die der Systemkontrolle unterliegen, sei massiv erweitert, die Zahl der Jugendlichen, die weiterhin justiziell sanktioniert werden, sei nicht verringert und die Situation der Jugendlichen, die aufgrund ihrer sozialen und ökonomischen Lage sowie ihrer Rassenzugehörigkeit schon immer zu den „Deprivierten" der amerikanischen Gesellschaft gehörten, sei weiter verschlechtert worden. Die Ergebnisse führen schließlich Ende der 70er Jahre in Amerika zu der deutlichen Forderung, Diversion ohne Überweisung an Programme zu praktizieren.[277]

---

271 Bei *Janssen*, Diversion 1983, S. 15(20ff.) findet sich eine informative und detailreiche Beschreibung der Entwicklung in den USA, auf die hier Bezug genommen wird; vgl. auch *Voß*, 19. Jugendgerichtstag 1983, S. 341(344f.).

272 *Janssen*, Diversion 1983, S. 15(37) zieht daraus die logische Konsequenz, daß man mit der Diversionsklientel genausogut nichts tun könne und der Erfolg wäre derselbe.

273 Vgl. z.B. *Janssen*, Diversion 1983, S. 15(35f), der das „Helfersyndrom" der Sozialarbeiter beschreibt.

274 Die Diversionsprogramme seien also eher als Präventionsalternative als als Reaktionsstrategie aufzufassen, so *Janssen*, Diversion 1983, S. 15(38).

275 So *Janssen*, Diversion 1983, S. 15(39); vgl. auch *Voß*, 19. Jugendgerichtstag 1983 S. 341(246).

276 *Janssen*, Diversion 1983, S. 15(44).

277 Vgl. *Janssen*, Diversion 1983, S. 15(41).

In der Bundesrepublik Deutschland ist der 18. Jugendgerichtstag im Jahre 1980 die erste Veranstaltung, auf der zu diesem Stichwort in einer breiteren Fachöffentlichkeit diskutiert wird. Und die im Jahr 1981 erscheinende Schrift von *Kury/Lerchenmüller* in zwei Bänden bietet mit ausführlichen Beiträgen zum Thema Diversion eine breite Informationsbasis zum Verständnis und zum Stand der Diskussion.[278] Es werden sehr schnell Diversionsprogramme ins Leben gerufen, allerdings ohne zunächst wirklich über die Frage zu diskutieren und zu bestimmen, was genau Diversion ist und ob und inwieweit sich amerikanische Programme übertragen lassen.[279]

Entsprechend den Ergebnissen der kriminologischen Forschung im letzten Jahrzehnt sieht man auch in Deutschland einen dringenden Bedarf für Diversion:[280] Angesichts der Ubiquität oder auch Normalität leichter bis mittelschwerer Jugendkriminalität beziehungsweise deren Einordnung als passagere Erscheinung erscheint es spezialpräventiv unnötig, mit dem formellen Verfahren und entsprechenden Sanktionen zu reagieren; auch die Erkenntnisse des Labeling-Ansatzes führen dazu, Verfahren verhindern zu wollen, die mit Etikettierungen verbunden sind. Es werden Alternativen zu dem problembehafteten Jugendarrest gesucht. Außerdem scheinen sozialpädagogische Angebote außerhalb von Strafverfahren eigenständig besser zu funktionieren.

Der Versuch, den Begriff Diversion einheitlich zu definieren, wird von vornherein unterlassen. Umrissen wird das Institut mit „Ablenkung von den verschiedenen Systemen formeller strafrechtlicher Kontrolle mit dem Ziel einer Umleitung in ein System informeller sozialer Kontrolle"[281] oder auch „Umleitung des Strafverfahrens auf nicht formelle Reaktionswege"[282]. Für die Aufnahme des Diversionsgedankens in das deutsche Jugendstrafrecht bieten die §§ 45, 47 JGG eine geeignete gesetzliche Grundlage. Erfaßt werden könnten Jugendliche und Heranwachsende, die Bagatelldelikte beziehungsweise leichtere bis mittelschwere Straftaten begangen hätten, geständig und (in der Regel) nicht einschlägig vorbestraft seien beziehungsweise bei denen erzieherische Maßnahmen bevorstünden oder bereits durchgeführt worden seien.[283]

---

278 *Kury/Lerchenmüller*, Diversion 1981.

279 *Janssen*, Diversion 1983, S. 15(46) geht davon aus, daß die Konsequenzen der amerikanischer Diversionspolitik weitgehend ignoriert werden. Dagegen meint *Voß*, 19. Jugendgerichtstag 1983, S. 341(347), daß die ernüchternde USA-Erfahrung bekannt sei, man sich aber nicht entmutigen lasse und glaube, aus der Entwicklung im Ausland lernen zu können.

280 Vgl. nur die zusammenfassende und beispielhafte Darstellung der verschiedenen Ansätze bei *Kuhlen*, Diversion 1988, S. 4ff.

281 *Marks*, ZblJugR 1982, S. 25(26).

282 *Breymann*, ZfJ 1985, S. 14.

283 So die Überlegung von *Marks*, ZblJugR 1982, S. 25(29).

b) *Kernpunkte der Diskussion*

aa) *Pro Diversion*

Zu Anfang der Rezeption der Diversionsidee in das Jugendstrafrecht herrscht nahezu eine „Diversionseuphorie". Man verspricht sich erhebliche Vorteile von diesem neuen Konzept. Die Durchführung eines förmlichen Jugendstrafverfahren und die damit einhergehenden negativen Auswirkungen könnten vermieden werden.[284] Eine Hauptverhandlung (im herkömmlichen Sinne) werde entbehrlich, da der Jugendliche in vielen Fällen durch die Erfahrung des „Erwischt-Werdens" und die damit verbundenen Peinlichkeiten, den Kontakt mit der Polizei und vor allem durch den Ärger und Konsequenzen im Elternhaus ausreichend beeindruckt sei.[285] Die Gesamtverfahrenszeit könne auf ca. einen Monat abgekürzt werden, so daß dem Jugendlichen die lange Wartezeit auf die Hauptverhandlung und bis zur Urteilsverkündung erspart bleibe.[286] Überkriminalisierung und Überbewertung der Massen- und Bagatelldelinquenz sowie der Delinquenz jugendlicher Ersttäter könne ausgeschlossen und Aufschaukelungsprozesse, die in Vollzugskarrieren münden, wie auch Abstempelungsprozesse könnten vermieden werden.[287] Der Jugendrichter könne sich bei vermehrter Anwendung der Diversion intensiver um die Bewältigung der wirklich problematischen Fälle kümmern.[288] Man erhofft sich auch einen Entlastungseffekt sowohl der Strafrechtspflege als auch der Strafanstalten.[289] Schließlich versprechen auch ambulante Sanktionen eine deutlich günstigere Kosten-Nutzen-Relation als stationäre Maßnahmen.[290] Nach einigen Jahren angewandter Diversion gelangt *Heinz* auf der Grundlage von Forschungsprojekten zu Rückfallraten zu dem Ergebnis, daß gegen den vermehrten Gebrauch der informellen Erledigungsmöglichkeiten kein spezialpräventiver Einwand vorgebracht werden könne.[291] Und auch Aspekte der Generalprävention stünden dem vermehrten Gebrauch der §§ 45, 47 JGG nicht entgegen.[292]

---

284 Vgl. *Marks*, ZblJugR 1982, S. 25(28).

285 *Marks*, ZblJugR 1982, S. 25(28).

286 In der bisherigen Praxis könne der Jugendliche kaum mehr einen Zusammenhang zwischen Gerichtsverhandlung und Straftat herstellen, so *Marks*, ZblJugR 1982, S. 25(28).

287 Vgl. *Heinz*, RdJB 1984, S. 291(292f.); ähnlich auch *Breymann*, ZfJ 1985, S. 14.

288 So die Hoffnung von *Marks*, ZblJugR 1982, S. 25(28).

289 Vgl. *Heinz*, RdJB 1984, S. 291(292).

290 S. *Heinz*, RdJB 1984, S. 291(292); auch *Breymann*, ZfJ 1985, S. 14.

291 Vgl. die Einzelheiten bei *Heinz*, Konstanzer Symposium 1989, S. 13(22ff.).

292 Es sei dadurch kein Verlust des Vertrauens der Bevölkerung in die Bestands- und Durchsetzungskraft der Rechtsordnung zu befürchten, so *Heinz*, Konstanzer Symposium 1989, S. 13(28ff.).

Angesichts der positiven Effekte, die mit der Diversion in Verbindung gebracht werden, flackert die Idee auf, einen Teil der Diversionsbefugnisse auf die Polizei zu übertragen. Die Vorteile wären eine schnellere Verfahrenserledigung, weil weniger Institutionen beteiligt seien, die Kenntnisse der Verhältnisse und des sozialen Umfelds durch die Polizei, die unmittelbare Reaktion auf die Tat, der persönliche Kontakt desjenigen, der über die Diversion entscheidet und sie einleitet und eine persönliche Normvermittlung.[293] Die Idee wird aber sofort wieder verworfen, denn gegen deren Umsetzung spreche, daß zur Wahrung des Legalitätsprinzips die strikte Trennung der Zuständigkeiten für die Straftäterermittlung einerseits und die Straftäterbeurteilung andererseits beizubehalten sei,[294] wobei verkannt wird, daß diese Trennung durch die Einstellungsmöglichkeiten der Staatsanwaltschaft längst obsolet geworden ist. Auch der Gedanke, die Entscheidung über eine Diversion den Jugendämtern zu überlassen, wird mit dieser Argumentation verworfen.[295]

bb) Contra Diversion

Die anfängliche „Diversionseuphorie" hält nicht lange an. Die Kritik bezieht sich zum einen die Diversionsidee selbst und zum anderen auf deren Umsetzung in der Praxis.

An der Diversionsidee selbst wird kritisiert, daß im Rahmen der Diversion keine umfangreiche Erziehungsarbeit geleistet werden könne.[296] Auch wenn Geldbußen, Arbeits- oder Wiedergutmachungsleistungen angeordnet würden, müßten dem Jugendlichen diese als sein Beitrag zur Konfliktlösung begreiflich sein.[297] Bezüglich des Hinweises auf die seit einiger Zeit zu beobachtende Zunahme der Diversion sei zu beachten, daß sich anhand der statistischen Analysen der bundesweite Trend zeige, daß die Jugendrichter bereits seit längerem zu weniger einschneidenden Maßnahmen bei der Sanktionierung jugendlicher Täter griffen.[298] Kritisiert wird darüber hinaus, daß die meisten Diversionsprogramme

---

293 *Dietrich*, Konstanzer Symposium 1988, S. 108(112f.).

294 Einzelheiten bei *Dietrich*, Konstanzer Symposium 1988, S. 108(113), der aber die Erfahrung der Polizei im Umgang mit Jugendlichen bei der Entscheidung über das Ob und Wie der Diversion nutzen will.

295 So *Dietrich*, Konstanzer Symposium 1988, S. 108

296 Vielmehr solle dem Beschuldigten deutlich werden, daß der Hilfegedanke im Vordergrund stehe, so *Breymann*, ZfJ 1985, S. 14(16).

297 So *Breymann*, ZfJ 1985, S. 14(16).

298 *Janssen*, Diversion 1983, S. 15(51), hat hierfür zwei Erklärungsansätze, die wohl beide zutreffen: Zum einen seien die Jugendrichter durch den Arbeitsanfall überlastet und reagierten darauf vermehrt mit Einstellungen, zum anderen habe die Zahl der Ersttäter oder „harmlosen Täter" infolge veränderter Kontrollbedingungen stark

die Fälle in effektivere Betreuungsmaßnahmen hineinführten und eben nicht schlicht „ablenken“ wollten, mit der Folge, daß sie die traditionellen, strafrechtlichen Rahmenbedingungen beibehalten und für den Betroffenen der Unterschied zu der traditionellen Prozedur häufig nicht mehr wahrnehmbar sei.[299] Auch lasse sich die Befürchtung, daß Diversion durch Ausdehnung des Angebots im Bereich der Minimalintervention einen sanktionserweiternden Effekt habe, beziehungsweise zur Ausweitung des Gesamtsystems jugendrechtlicher Kontrolle führen werde, nicht ignorieren.[300] Bereits im Jahre 1983 beobachtet *Janssen*, daß durch die angebotenen Alternativprogramme eine Ausdehnung staatlicher Kontrolle erfolge.[301] Und *Heinz* teilt einige Jahre später mit, daß bei Jugendstaatsanwälten und -richtern die Vorstellung vorzuherrschen scheine, eine folgenlose Einstellung des Verfahrens sei unangebracht und es müsse aus erzieherischen Gründen irgend etwas geschehen.[302] Angesichts der negativen Aspekte vertreten einige die Ansicht, daß eine Diversion ausschließlich in Form von Nonintervention legitim sei.[303]

In der Praxis werde die Einstellungsentscheidung nach §§ 45, 47 JGG häufig durch tatstrafrechtliches Denken geleitet, was sich daran zeige, daß um so häufiger eingestellt werde, je leichter das Delikt sei.[304] Die Einstellung orientiere sich vorwiegend an Kriterien wie Schadenshöhe und anderen Merkmalen des Falls.[305] Unter dem Stichwort „der Richter vor dem Richter“ wird diskutiert, daß Diversion nicht zur Aufweichung der rechtsstaatlichen Verfahrensgrundsätze führen dürfe.[306] Auch sei die Handhabung der Verfahrenseinstellungen extrem unterschied-

---

zugenommen, so daß die Jugendrichter deshalb zu weniger einschneidenden Maßnahmen griffen.

299 So *Voß*, 19. Jugendgerichtstag 1983, S. 341(352).

300 Vgl. *Janssen*, Diversion 1983, S. 15(47f.); auch *Voß*, 19. Jugendgerichtstag 1983, S. 341(347ff.; 351); *Pfeiffer*, Bielefelder Symposium 1984; S. 44(51f.); ähnlich auch *Heinz*, Konstanzer Symposium 1989, S. 13(36f.), der aber darauf hinweist, daß empirisch gestützte Anhaltspunkte für eine Ausdehnung in dem Sinne, daß mit Maßnahmen reagiert werde, wo das Verfahren mangels Tatverdacht einzustellen wäre, nicht existieren.

301 Kriminologen würden unter völliger Ignorierung der kriminologischen Erkenntnisse (staatliche Intervention erst ab dem 3. oder 4. Mal, Ungeeignetheit der „Hilfe“ zur Delinquenzverhinderung) den neuen Profilierungsmarkt nutzen, so *Janssen*, Diversion 1983, S. 15(53).

302 *Heinz*, RdJB 1990, S. 133(134).

303 So *Janssen*, Diversion 1983, S. 15(54); auch *Kuhlen*, Diversion 1988, S. 56.

304 Vgl. statistische Einzelheiten bei *Heinz*, RdJB 1984, S. 291(298).

305 Was vornehmlich auf dem mangelnden Informationsfluß zwischen Jugendgerichtshilfe und Jugendstaatsanwalt und auf den jeweiligen Arbeitsumständen beruhe, so *Marks*, ZblJugR 1982, S. 25(30).

306 Vgl. *Breymann*, ZfJ 1985, S. 14(15).

lich und rechtsstaatlich kaum zu rechtfertigen.[307] Dies rufe erhebliche rechtsstaatliche Bedenken hervor, da die Gleichheit vor dem Gesetz in Frage gestellt werde.[308] Überdies seien zumindest in einigen Bundesländern die Jugendstaatsanwälte mit Verfahrenseinstellungen zurückhaltender als die Staatsanwälte im allgemeinen Strafverfahren.[309]

Zum Ende der 80er Jahre erhebt die Praxis den Vorwurf, daß das Stichwort von der Entlastung der Jugendrichter als Folge einer verstärkten Nutzung der Diversion durch die Jugendstaatsanwälte ein Etikettenschwindel sei.[310] Dies Institut habe vielmehr zu einer Mehrbelastung der Jugendrichter geführt, da Anträge, im vereinfachten Verfahren zu verhandeln, kaum noch gestellt würden und insbesondere die einfachen und schnell erledigten Jugendstrafverfahren, die pensenmäßig genauso zählen wie die schwierigen, weitgehend entfallen und dafür die Dezernate entsprechend der Zahl der weggefallenen einfachen Sachen mit schwierigen Sachen oder mit anderweitiger Zuständigkeit ausgefüllt worden seien.[311] Darüber hinaus werden tatsächliche Hindernisse beschrieben, wie die Beschränkung des Angebots informeller Reaktionsmöglichkeiten auf einige wenige, weil es an personeller und finanzieller Ausstattung mangele.[312] Außerdem würden sich Schwierigkeiten daraus ergeben, daß die Beteiligten oft unterschiedliche Vorstellungen damit verknüpften.[313]

c) Die weitere Entwicklung in Deutschland in den 80er Jahren

Der Diversionsgedanke wird in der Bundesrepublik Deutschland in der Form umgesetzt, daß zumeist privat betriebene Einrichtungen Einstellungsauflagen, Erziehungsmaßregeln oder Zuchtmittel anbieten, die in offener Form vollziehbar

---

307 *Kaiser*, RdJB 1983, S. 346(347); *Heinz*, RdJB 1984, S. 291(298); *ders.*, Konstanzer Symposium 1989, S. 13(30ff.) mit Tabellen zum Nachweis.

308 Vgl. *Heinz*, RdJB 1984, S. 291(298; 303); ähnlich auch *Theißen*, ZfJ 1985, S. 285(291).

309 Wobei eigentlich dem im Jugendstrafrecht herrschenden Subsidiaritätsprinzip entsprechend die Relation „Einstellung/Verurteilung" insgesamt wesentlich günstiger sein müsse, als im Erwachsenenstrafverfahren, so *Heinz*, RdJB 1990, S. 133(135).

310 Vgl. dazu *Dietrich*, Konstanzer Symposium 1988, S. 108.

311 So *Dietrich*, Konstanzer Symposium 1988, S. 108.

312 *Dietrich*, Konstanzer Symposium 1988, S. 108(111f.).

313 Das, was als Reform von unten zunächst begrüßenswert gewesen sei, habe teilweise mangels verbindlicher Leitlinien zu einem „Wildwuchs" mit Anlaß zu verfassungsrechtlichen Bedenken geführt, so *Dietrich*, Konstanzer Symposium 1988, S. 108(112).

sind.[314] Von der Möglichkeit der Diversion (oder nur von den Einstellungsmöglichkeiten des Jugendstrafrechts ?) wird im Laufe der Zeit immer häufiger Gebrauch gemacht. *Pfeiffer* wagt bereits Mitte der 80er Jahre anhand von statistischen Erhebungen die These, daß die in den letzten sechs Jahren ins Leben gerufenen Diversionsprojekte einen wesentlichen Beitrag dazu geleistet hätten, daß in den betroffenen Gebieten die förmlichen Verurteilungen deutlich zurückgegangen seien.[315] Im Jahre 1987 wird eine Große Anfrage der FDP von der Niedersächsischen Landesregierung dahin beantwortet, daß immer mehr Jugendrichter und Jugendstaatsanwälte dazu übergehen, Verfahren mit Bagatell- und Kleinstkriminalität, aber auch mit bestimmten Formen der mittleren Kriminalität ohne Durchführung eines förmlichen Verfahrens zu erledigen.[316]

Es werden Versuche unternommen, die divergierende Diversionspraxis zu typisieren und zu vereinheitlichen. Als Beispiel dafür soll der Ansatz zweier Jugendstaatsanwälte genannt werden, die in der Staatsanwaltschaft Braunschweig den Amtsgerichtsbezirk Wolfsburg gemeinsam bearbeiten. Sie versuchen, Diversion (gemäß § 45 Abs. 2 JGG) in ein pädagogisch begründetes Konzept einzuordnen und berücksichtigen bei der Umsetzung auch praktische Erfahrungen.[317] Dabei nehmen sie anknüpfend an die Frage, in welcher Weise und mit welchem Ziel reagiert wird, vier Verfahrenskategorien an, und die Zuweisung zu diesen typisierten Reaktionsmöglichkeiten erfolgt jeweils nach Ermittlung der sozialen und erzieherischen Situation des Jugendlichen und der dabei anhand der Kriterien „Sozialisationsbelastung, Verwahrlosungssymptome und Verhalten im Tatzusammenhang“ feststellbaren Kriminalitätsgefährdung.[318] Soweit dies anhand der Literatur beurteilt werden kann, wird dieses Konzept in der Folgezeit aber nicht von anderen Staatsanwaltschaften übernommen.

Mit dem Ziel, eine bessere Handhabung der Einstellung und damit der Diversion zu ermöglichen, ändert der *RefE 1983* die Systematik des § 45, indem er in Anlehnung an die Fassung von § 47 JGG die Reihenfolge der Absätze tauscht

---

314 Es werden also zum Beispiel Einstellungsauflagen, Betreuungsweisungen oder Wiedergutmachungsauflagen organisiert, *Voß*, 19. Jugendgerichtstag 1983, S. 341(347).

315 Wobei er aber deutlich darauf hinweist, daß die Daten strenggenommen noch nicht als Beweis für das Ursache-Wirkungs-Verhältnis gewertet werden können, vgl. *Pfeiffer*, Bielefelder Symposium 1984, S. 44(45ff.) m. w. E.

316 *Niedersächsische Landesregierung*, ZfJ 1987, S. 344(347).

317 Vgl. die Beschreibung der Braunschweiger und Wolfsburger Konzeption bei *Breymann*, ZfJ 1985, 14: Bei dem sog. Braunschweig-Modell steht im Mittelpunkt das Ermahnungsgespräch mit dem Staatsanwalt, dagegen wird bei dem Wolfsburger Konzept die Jugendgerichtshilfe besonders betont; beide Modelle ergänzen sich zu einem Gesamtsystem.

318 Vgl. zu den Einzelheiten des Konzepts *Breymann*, ZfJ 1985, 14(16ff.).

und Abs. 2 umstrukturiert.[319] Der *RefE 1987* behält diese Reihenfolge grundsätzlich bei und regelt nunmehr in Abs. 1 vorweg die Möglichkeit des Absehens von der Verfolgung, wenn die Voraussetzungen des § 153 StPO vorliegen; Abs. 2 wird zwingend in der Form gestaltet, daß der Staatsanwalt von der Verfolgung absieht, wenn er dem geständigen Beschuldigten eine Ermahnung erteilt hat oder eine erzieherische Maßnahme bereits durchgeführt oder eingeleitet ist, und auch Abs. 3 ist im Unterschied zu dem *RefE 1983* nicht mehr als „Kann-Vorschrift", sondern als zwingende Vorschrift ausgestaltet.[320]

Hier ist deutlich die Tendenz zu erkennen, die Kompetenzen der Staatsanwaltschaft und damit die Diversionsmöglichkeiten auszuweiten. Dieses Bemühen wird im allgemeinen begrüßt, wobei sich naturgemäß auch einzelne kritische Stimmen an dem gesetzgeberischen Vorgehen finden: So löse die redaktionelle Neufassung dringende regelungsbedürftige Fragen nicht, und es bestehe die Gefahr, daß rechtsstaatliche Verfahrensgarantien und grundrechtliche Positionen aufgrund von erzieherischem Übereifer in Vergessenheit gerieten.[321] Im Detail wird kritisiert, daß mit der Beibehaltung des Geständniserfordernisses unkontrollierten „Aushandlungsversuchen" der Staatsanwaltschaft Tür und Tor geöffnet werde, was dem Erziehungsgedanken widerspreche; außerdem seien die Geständnisse im Hinblich auf die Zuverlässigkeit und Beeinträchtigung der Verteidigungsmöglichkeiten äußerst problematisch.[322]

Zu einem wesentlichen Ziel des *RegE 1989* wird in der Begründung dann auch die Stärkung der informellen Reaktionsmöglichkeiten von Jugendstaatsanwalt und Jugendrichter erklärt, aufbauend auf der Erfahrung, daß für einen nicht unerheblichen Teil der leichteren und mittleren Jugendkriminalität das abweichende Verhalten eine eher normale Erscheinung darstelle und der Annahme, daß hierfür informelle Erledigungen als kostengünstigere, schnellere und humanere Möglichkeit der Bewältigung von Jugenddelinquenz auch kriminalpolitisch im Hinblick auf Prävention und Rückfallvermeidung höhere Effizienz zukomme.[323] Auch verdeutlicht der Entwurf ein Interesse an einer besseren und gleichmäßigeren Handhabung.[324] Bei § 45 JGG wird die in den vorangegangenen Entwürfen entwickelte Systematik beibehalten, ebenso wie die Regelung, daß der Staatsanwalt einstellen muß, wenn erzieherische Maßnahmen bereits durchgeführt oder eingeleitet sind. Die explizite Regelung des *RefE 1987*, daß der Staatsanwalt bei einem geständigen Jugendlichen selbst ermahnen kann, wird wieder aus § 45

319 *RefE 1983*, S. 5f.; vgl. auch die entsprechende Begründung S. 25.
320 *RefE 1987*, S. 6f.
321 Vgl. *Zieger*, StV 1988, S. 308(310).
322 S. *Gerken/Schumann*, RefE, 1988, S. 143f.
323 *RegE 1989*, S. 2; vgl. auch die Begründung, S. 13.
324 Vgl. *RegE 1989*, Begründung S. 13; 23 ff.

JGG herausgenommen. § 47 JGG wird den Änderungen des § 45 JGG angepaßt, enthält aber im wesentlichen keine Neuerungen.

Zusammengefaßt läßt sich in den 80er Jahren ein „diversionsfreundliches Klima“ ausmachen. Nur genannt seien als weitere Belege für diese Annahme die von der Konferenz der Justiz- und Jugendminister 1988 einstimmig gebilligten Empfehlungen der Ad-hoc-Kommission „Diversion“,[325] die Mindestgrundsätze der Vereinten Nationen für die Jugendgerichtsbarkeit (Beijing-Grundsätze)[326], die Empfehlungen des Ministerrats des Europarats und die Einführung von Richtlinien, Rundverfügungen, Erlassen u.ä. in einigen Bundesländern zur Verstärkung und Vereinheitlichung der Anwendung.[327] Auch werden empirische Untersuchungen und Forschungsprojekte insbesondere zu der unterschiedlichen Handhabung von Diversion und den Rückfallquoten durchgeführt.[328]

d) Ergebnis

Auch nach 10 Jahren „Diversionsbewußtsein“ sind die damit verbundenen rechtlichen Probleme nicht vollständig geklärt.[329] Allerdings äußert *Heinz* die Ansicht, daß sich empirisch weder die Vermutung bestätigt habe, daß es zu einer „Ausweitung des Netzes sozialer Kontrolle“ komme, noch gebe es Anhaltspunkte dafür, daß formelle Sanktionen in ihrer spezialpräventiven Wirksamkeit der informellen Erledigung überlegen seien.[330] Trotz der aufgezeigten deutlichen Kritikpunkte ist Diversion politisch gewollt, wie sich an den gesetzgeberischen Aktivitäten ablesen läßt, und wird auch im Bereich der Praxis und Lehre befürwortet.

3. Vereinfachtes Jugendverfahren

Die Aufmerksamkeit für das vereinfachte Jugendverfahren verblaßt hinter der Diskussion um die Diversion. Die Tatsache, daß mit dem Beschleunigungseffekt auch Eingriffe in die Rechtsstellung des Jugendlichen verbunden sind, wird vereinzelt angesprochen. In einem Rechtsstaat bedeute die Verbindung von Schnel-

---

325 *Bundesministerium der Justiz*, Diversion 1988.
326 *Beijing-Grundsätze*, ZStW 99 (1987), S. 253-287.
327 Vgl. nur die Zusammenstellung bei *Heinz*, ZRP 1990, S. 7.
328 Die Forschungsprojekte stellt z.B. *Heinz* in ZRP 1990, S. 7(9ff.) vor.
329 Vgl. diese Feststellung von *Heinz*, ZRP 1990, S. 7(8) m. w. N.
330 *Heinz*, ZRP 1990, S. 7(8); vgl. auch die Zusammenfassung der Befunde der empirischen Untersuchungen dort auf S. 11.

ligkeit und Richtigkeit der Rechtsprechung einen Grundwiderspruch.[331] Wenn die erforderlichen Informationen über die Person des Jugendlichen „so bald wie möglich", also möglichst gleichzeitig mit den Tatbestandsermittlungen, zusammengetragen werden sollen, so bedeute dies einen Eingriff in die Intimsphäre zu einem Zeitpunkt, zu dem der Verdacht gegen ihn noch nicht hinreichend konkretisiert sei, also einen erheblichen Eingriff in das grundgesetzlich geschützte Persönlichkeitsrecht des Jugendlichen.[332]

Vereinzelte Stimmen halten das vereinfachte Jugendverfahren im Verhältnis zu dem förmlichen Jugendstrafverfahren für die bessere Alternative. Wegen der Ernüchterung über die Erkenntnisse, wie wenig erzieherisch das Jugendstrafverfahren wirke, wird vorgeschlagen, das förmliche Verfahren nur bei Jugendlichen durchzuführen, die bereits vorher straffällig geworden seien oder bei denen wegen der Schwere der Straftat oder eines streitigen Sachverhalts eine Hauptverhandlung erforderlich werde.[333] Damit würde dieses die Ausnahme darstellen und eine Art vereinfachtes Verfahren die Regel. Die jugendstrafrechtliche Diskussion greift diesen Vorschlag nicht auf.

Bemerkenswert sei außerdem, daß die Jugendrichter immer häufiger davon absehen, das von der Staatsanwaltschaft beantragte vereinfachte Jugendverfahren gemäß § 76 JGG durchzuführen, und die entsprechenden Verfahren auch nach § 47 JGG einstellen.[334] Dem widerspricht allerdings die bereits dargestellte Erfahrung aus der Praxis, daß seitens der Staatsanwaltschaft kaum noch das vereinfachte Jugendverfahren beantragt wird.

4. Ergebnis

In der jugendstrafrechtlichen Diskussion erlebt das Verfahren gegen jugendliche Straftäter eine Renaissance. Der Grund liegt sicherlich einmal in der bereits im vorherigen Abschnitte immer wieder angesprochenen, nunmehr deutlich zu Tage tretenden Tendenz, die rechtliche Stellung des jugendlichen Angeklagten - insbesondere in der Hauptverhandlung - zu sichern. Hauptursache ist aber die „Zauberformel" Diversion. Dieses Stichwort wird im Laufe der 80er Jahre von unzähligen Autoren aufgegriffen, bildet die Grundlage für zahlreiche Untersuchungen und belebt letztendlich auch „nebenbei" das Interesse an anderen verfahrens-

---

331 Wobei der Widerspruch im Jugendstrafverfahren mehr als im allgemeinen Strafverfahren zugunsten der größeren Schnelligkeit entschieden werde, so *Scheffler*, RdJB 1981, S. 451(452).

332 *Scheffler*, RdJB 1981, S. 451(452).

333 Vgl. diesen Vorschlag bei *SPD*, ZblJugR 1982, S. 60(62f.).

334 So die *Niedersächsische Landesregierung*, ZfJ 1987, S. 344(347).

rechtlichen Themen. Es zeigt sich, daß die Diversionsidee zunächst überragenden Zuspruch erfährt, negative Kritik sowohl an ihrer Konzeption als auch an ihrer Umsetzung im deutschen Jugendstrafrecht aber nicht lange auf sich warten läßt, die jedoch an der grundsätzlichen positiven Einstellung nichts zu ändern vermag.

VI. Jugendrichter, -staatsanwalt und -verteidiger

Die Diskussion in jener Zeit rankt sich kaum noch um das Erfordernis bestimmter Wesens- und Charakterzüge von Richtern und Staatsanwälten in der Jugendgerichtsbarkeit, sondern konzentriert sich auf deren fachliche Qualifikation. Die Position des Jugendverteidigers ist Gegenstand heftigster Auseinandersetzungen.

1. Jugendrichter und Jugendstaatsanwalt

Insgesamt werden auch weiterhin bereits bekannte Aspekte angeführt.[335] Das Anliegen einer Untersuchung von *Adam/Albrecht/Pfeiffer* ist es, „bedeutsame Variablenbereiche des Berufsfelds von Jugendrichtern und Jugendstaatsanwälten zu erhellen".[336] Im Ergebnis bestätigt sich ein weiteres Mal, daß die Rechtspraxis von den Vorstellungen, die mit § 37 JGG verbunden sind, meist erheblich abweicht.[337] Die Untersuchung ergibt, daß bei der Auswahl der Jugendrichter kaum deren Neigungen berücksichtigt würden und daß eine Spezialisierung auf jugendstrafrechtliche Aufgaben meist nicht vorliege.[338] Außerdem würden häufig Jugendrichter in dem Moment in eine andere Richtergeschäftsaufgabe abberufen, in dem sie in ihre Berufsrolle hereingewachsen seien.[339] Auch hinsichtlich des Ausbildungsstandes zeige sich eine erhebliche Differenz zwischen Anspruch und Wirklichkeit.[340] Schließlich zeigten die Ergebnisse der Untersuchung auch, daß die befragten Frauen dem Leitbild des Jugendrichters beziehungsweise Jugend-

---

335 Vgl. z.B. die Zusammenfassung bei *Schaffstein*, NStZ 1981, S. 286(287ff.); auch *Weil/Wilde*, ZblJugR 1983, S. 497(498).

336 *Adam/Albrecht/Pfeiffer*, Jugendrichter und -staatsanwälte 1986, S. 1.

337 Vgl. die Zusammenfassung und Schlußfolgerung bei *Adam/Albrecht/Pfeiffer*, Jugendrichter und -staatsanwälte 1986, S. 142.

338 *Adam/Albrecht/Pfeiffer*, Jugendrichter und -staatsanwälte 1986, S.142f.

339 Dies erscheine wenig sinnvoll, so *Adam/Albrecht/Pfeiffer*, Jugendrichter und -staatsanwälte 1986, S.144f.

340 Vgl. *Adam/Albrecht/Pfeiffer*, Jugendrichter und -staatsanwälte 1986, S.145ff., die entsprechend spezielle Einführungsveranstaltungen für Jugendrichter und -staatsanwälte fordern (S. 147).

staatsanwaltes in vielfacher Hinsicht eher entsprächen, als ihre männlichen Kollegen.[341]

Neue Lösungsansätze für die Umsetzung der gesetzlichen Vorgabe in der Praxis sind nicht zu entdecken. Gegen die stärkere Verselbständigung und Spezialisierung der Jugendgerichtsbarkeit bis zur Herauslösung aus der allgemeinen Gerichtsbarkeit wird das Ideal der allseitigen Verwendbarkeit des Richters angeführt.[342] Es wird auch weiterhin überlegt, wie eine Verbesserung über die tatsächliche Anwendung oder Umgestaltung des § 37 JGG zu erreichen ist.[343] Ebenso bleiben verschiedene Ausgestaltungen der Ausbildung auf der Wunschliste.[344] In Übereinstimmung mit den Landesjustizverwaltungen erteilt die Bundesregierung den Forderungen nach einer besonderen Fortbildung für Jugendrichter eine Absage.[345] Eine Anpassung oder Änderung des § 37 JGG enthält der *RegE 1989* nicht. Trotzdem oder gerade deshalb wird aber gefordert, daß der *RegE 1989* von Maßnahmen begleitet werde, die die Voraussetzungen für seine Umsetzung in der Praxis verbessern.[346] Tendenziell werden die Erwartungen und Hoffnungen in diesem Bereich im Verhältnis zu den vorangegangenen Jahren und Jahrzehnten deutlich zurückgeschraubt. Handlungsbedarf wird in der Wissenschaft weiterhin bejaht, auf Gesetzesebene sind keinerlei Änderungen im Sinne der Reformforderungen vorgesehen und die Praxis arbeitet unter den gewohnten Gegebenheiten, innerhalb derer es auf das persönliche Engagement des jeweiligen Richters ankommt.

---

341 So *Adam/Albrecht/Pfeiffer*, Jugendrichter und -staatsanwälte 1986, S.148f.

342 So die Ansicht von *Schaffstein*, NStZ 1981, S. 286(287); *Weil/Wilde*, ZblJugR 1983, S. 497(500) sprechen sich aufgrund der von ihnen angeregten besonderen Fortbildung und Spezialisierung dafür aus.

343 Vgl. dazu z.B. *Schaffstein*, NStZ 1981, S. 286(291); *Weil/Wilde*, ZblJugR 1983, S. 497f.

344 Vgl. *Schaffstein*, NStZ 1981, S. 286(291f.); *Weil/Wilde*, ZblJugR 1983, S. 497(499f.) greifen das bereits besprochene Konzept eines zweijährigen Vorbereitungskurses nach dem Zweiten Staatsexamen von *Sach* und *Hauber* wieder auf.

345 Denn die Pflicht zur Fortbildung bestehe schon nach geltendem Landesrecht, und jeder Jugendrichter sei verpflichtet, sich im Hinblick auf die besonderen Anforderungen der Jugendgerichtsbarkeit, also über die allgemeine Fortbildungsnotwendigkeiten hinaus, weiterzubilden; auch seien ausreichend Möglichkeiten vorhanden, sich individuell oder durch Teilnahme an einer Veranstaltung fortzubilden, vgl. *Bundesregierung 1986*, BT-Drucksache 10/6739, S. 1(26).

346 S. *Heinz*, RdJB 1990, S. 133(143).

Dagegen wird in den 80er Jahren heftiger denn je über die Position des Verteidigers im Jugendstrafrecht diskutiert. *Beulke* meint auf dem 20. Jugendgerichtstag, dies gehöre zu den „Modethemen des Jugendstrafprozeßrechts".[347] Ursachen für das Interesse an dem Thema seien ein gewandeltes Verständnis von Erziehung und ein geschärfter Blick dafür, daß mittels der Rechtfertigung über den Erziehungsbegriff häufig auch Rechte des jugendlichen Delinquenten beschnitten werden.[348] Thesen zur Funktion der Verteidigung im Jugendstrafverfahren werden von dem auf dem 20. Jugendgerichtstag mit dem Thema befaßten *Arbeitskreis VIII* aufgestellt.[349] Im Jahre 1987 widmet sich das sogenannte „1. Kölner Symposium", veranstaltet von der Kriminologischen Forschungsstelle der Universität Köln, allein diesem Thema. Dabei steht die Grundfrage im Vordergrund, ob der Verteidiger „Erzieher oder Entzieher" sei.

Die Diskussionsansätze sind weiterhin vielfältig und reichen von der einen Extremposition, der Verteidiger habe im Jugendstrafverfahren ohne Einschränkung dieselben Aufgaben wahrzunehmen, wie im Strafverfahren gegen Erwachsene, bis zu der anderen Extremposition, die Beteiligung eines Verteidigers sei zwar zulässig, vom Erziehungsgedanken her aber widersprüchlich und zumindest überflüssig.[350] Über einen generellen Ausschluß des Verteidigers im Jugendstrafverfahren wird allerdings nicht (mehr) diskutiert.[351]

Im gesamten Spektrum der genannten Extrempositionen haben sich viele Ansätze angesiedelt, die immer differenzierter diskutiert werden und deren Grenzen fließend sind. Es gibt die wohl als modern zu bezeichnende Richtung, die den Strafverteidiger und nicht den „Erzieher" in den Vordergrund stellt mit folgenden Argumenten: Der Verteidiger habe ein faires Verfahren zu sichern, alles Entlastende vorzutragen und dem staatlichen Strafanspruch auch dann entgegenzutreten, wenn er sich erzieherisch gebärde.[352] Er habe darüber zu wachen, daß die

---

347 *Beulke*, 20. Jugendgerichtstag 1986, S. 328.

348 Vgl. *Walter*, 1. Kölner Symposium 1987, S. 11(13f.); *ders.*, NStZ 1987, S. 481.

349 *Arbeitskreis VIII*, 20. Jugendgerichtstag 1986, S. 345f.

350 Vgl. zum Meinungsstand *Walter*, 1. Kölner Symposium 1987, S. 11(12f.); Einzelheiten zu der Diskussion, insbes. eine sehr übersichtliche Zusammenstellung der Argumente finden sich auch bei *Bottke*, 1. Kölner Symposium 1987, S. 46(49ff.).

351 Vgl. *Walter*, 1. Kölner Symposium 1987, S. 11(26); als geradezu „überheblich" bezeichnet *ders.* in NStZ 1987, S. 481(486) diese Annahme.

352 So übereinstimmend etwa *Zieger*, StV 1982, S. 305; *Kahlert*, Verteidigung 1984, Rn. 7; *Walter*, 1. Kölner Symposium 1987, S. 11(18f.); *Bottke*, 1. Kölner Symposium 1987, S. 46(79f.); *Rieß*, 1. Kölner Symposium 1987, S. 40(43).

Feststellung der Straftat auf justizförmige Weise erfolge.[353] Gerade der „Wohlwollen signalisierende Erziehungsgedanke“ bedeute oft genug die Benachteiligung gegenüber einem Erwachsenen und die Rechtsverkürzung durch den Mangel an Waffengleichheit.[354] Es wird auch ausdrücklich darauf hingewiesen, daß § 68 JGG keinen Hinweis auf erzieherische Aufgaben enthalte.[355] Diese Strömung will sich aber wohl nicht völlig dem Erziehungsgedanken verschließen, wenn neben den genannten Argumenten doch auf erzieherische Aspekte abgestellt und ausgeführt wird, daß es durch die Bereitstellung einer Verteidigung im obigen Sinne für den Jugendlichen eine sinnvolle Erziehungserfahrung sei, von der Gesellschaft ernstgenommen zu werden.[356] Der so gefundene Urteilsspruch werde erzieherisch besser auf den Angeklagten einwirken, als nach einvernehmlicher Verhandlung.[357]

Fließend sind die Übergänge zu der Forderung, der Verteidiger in Jugendstrafsachen müsse erzieherische Qualitäten aufweisen. Aus dem Umstand, daß dies gesetzlich nicht vorgesehen sei, ergebe sich noch keine Abkoppelung des Verteidigers von dem erzieherisch konzipierten Verfahren.[358] Es sei ein Rückschritt vom Täter- zum Tatstrafrecht zu befürchten, sowie es dem Verteidiger allein um Abwehr von jugendstrafrechtlichen Reaktionen gehe.[359] Bei der Festlegung der Verteidigungshaltung könne und solle der Erziehungsgedanke berücksichtigt werden.[360]

Und schließlich wird auch innerhalb der Ansicht, daß dem Verteidiger erzieherische Aufgaben zukommen, weiter differenziert, wenn vorgeschlagen wird, daß die erzieherische Einwirkung erst nach der Schuldfeststellung stattfinden solle, weil die Aufbürdung eines Erziehungsauftrages vorher einen erheblichen

---

353 So *Schlüchter*, 1. Kölner Symposium 1987, S. 29(33); ähnlich *Rieß*, 1. Kölner Symposium 1987, S. 40(43).

354 *Viehmann*, Erziehung 1989, S. 111(117); vgl. auch dort die Darstellung der Diskussion (S. 116).

355 Und auch die *RiJGG* komme kein Verbindlichkeitscharakter zu, so *Ostendorf*, StV 1986, S. 308; vgl. auch *Rieß*, 1. Kölner Symposium 1987, S. 40(45); ähnlich auch *Zieger*, StV 1982, S. 305.

356 S. *Bottke*, 1. Kölner Symposium 1987, S. 46(82).

357 Eine Akzeptanz der strafjustiziellen Entscheidung erscheine bei der kritischen Einstellung der Jugend gegenüber staatlicher Gewalt gerade in der justiziellen Form nur auf diese Weise möglich, so *Ostendorf*, StV 1986, S. 308.

358 Er stelle zwar eine Gegenmacht zu den Strafverfolgungsbehörden dar, nicht aber eine Gegenmacht zum Jugendrecht, so *Walter*, 1. Kölner Symposium 1987, S. 11(24).

359 Diese Gefahr gelte es zu bannen, so *Schlüchter*, 1. Kölner Symposium 1987, S. 29.

360 So die Forderung von *Rieß*, 1. Kölner Symposium 1987, S. 40(42).

Verlust des „fair-trial-Grundsatzes“ bedeute.[361] Für den Tatnachweis dürfe es keine pädagogisch bedingten Grenzen für die Tätigkeit des Verteidigers geben.[362] Der Verteidiger solle eine erzieherische Funktion dort übernehmen, wo der Rechtsfolgenbereich eine erzieherische Wirkung habe,[363] denn ohne jeglichen pädagogischen Anspruch bestehe die Gefahr, daß das Jugendstrafrecht zum reinen Tatstrafrecht werde.[364]

Und schließlich wird auch auf die praktischen Grenzen und Gefahren der Beteiligung eines Verteidigers im Verfahren hingewiesen: Der Verteidiger werte das Strafverfahren indirekt auf, mit der Folge einer gewissen Dramatisierung.[365] Negativ sei auch die Vermeidung von Diversion und das Zusteuern auf eine mündliche Verhandlung aus „Gebührengründen“.[366] Schließlich gehöre es zur forensischen Alltagserfahrung, daß die Mitwirkung von Verteidigern die Verhandlungsatmosphäre verändere und sich die Wahrscheinlichkeit einer gewissen „Bestrafung“ des Angeklagten für seinen Verteidiger erhöhe.[367] All dies spreche nicht gegen eine Verteidigermitwirkung, man müsse nur lernen, damit umzugehen.[368]

Mit der Forderung nach einer besonderen (erzieherischen) Position des Verteidigers im jugendstrafrechtlichen Verfahren geht zumeist auch die Kritik an den mangelnden Fortbildungsmöglichkeiten einher,[369] verbunden mit dem Wunsch nach fundierten Kenntnissen auf dem Gebiet des Jugendrechts.[370] Die Forderun-

---

361 Im Bereich der Schuldfeststellung und des Tatsachennachweises habe der Verteidiger keine andere Aufgabe als im Erwachsenenstrafrecht, so *Wagler*, Diss. 1988, S. 30ff.

362 So *Beulke*, 20. Jugendgerichtstag 1986, S. 328(332); entsprechend dann auch die These Nr. 4 des *Arbeitskreises VIII*, 20. Jugendgerichtstag 1986, S. 345.

363 *Wagler*, Diss. 1988, S. 32ff. verneint dies bei der Jugendstrafe wegen Schwere der Schuld und sieht Probleme bei der Jugendstrafe wegen schädlicher Neigungen und dem Jugendarrest.

364 *Wagler*, Diss. 1988, S. 32ff., der damit nicht allein dasteht, vgl. mit dieser Befürchtung *Schlüchter*, 1. Kölner Symposium 1987, S. 29.

365 Vgl. *Walter*, 1. Kölner Symposium 1987, S. 11(23).

366 Vorgeschlagen wird daher eine Art „Vergleichsgebühr“ wie im Zivilrecht, welche die Einstellungsbemühungen angemessen honoriere, vgl. *Walter*, 1. Kölner Symposium 1987, S. 11(23), ähnlich *ders.*, NStZ 1987, S. 481(484).

367 Vgl. die Beobachtung von *Walter*, NStZ 1987, S. 481(485); die Scheu des Gerichts vor strengeren Sanktionen könne verloren gehen, so *Walter*, 1. Kölner Symposium 1987, S. 11(23).

368 *Walter*, NStZ 1987, S. 481(485f).

369 *Arbeitskreis VIII*, 20. Jugendgerichtstag 1986, S. 345(These 3); auch *Walter*, NStZ 1987, S. 481(485); ähnlich auch *Diehl*, ZRP 1984, S. 296(299).

370 Vgl. *Wagler*, Diss. 1988, S. 90.

gen sind lange bekannt. Auch weiterhin wird aber ein „Fachanwalt“ in diesem Bereich[371] und die Führung von Listen erfahrener Jugendverteidiger[372] abgelehnt.

3. Ergebnis

Die Diskussion um die Stellung des Verteidigers im Jugendstrafverfahren erreicht in dem hier behandelten Zeitabschnitt ihren Höhepunkt. Das hängt insbesondere zusammen mit einem geänderten Verständnis der Stellung des Jugendlichen im Verfahren. Es wird immer deutlicher ausgesprochen, daß die Sicherung eines fairen Verfahrens durch den Verteidiger im Vordergrund zu stehen und der Erziehungsaspekt dahinter zurückzutreten habe. Allerdings scheint sich auch die Ansicht zu festigen, daß der Verteidiger im Jugendstrafverfahren im Unterschied zum allgemeinen Strafverfahren doch im Rahmen seiner Möglichkeiten verstärkt erzieherisch befähigt und tätig sein solle, also bei der Übernahme eines Mandats sensibilisiert sein müsse für den Erziehungsauftrag des JGG. Auch das Thema Jugendrichter und Jugendstaatsanwalt wird weiterhin angesprochen, jedoch ohne neue Erkenntnisse oder Forderungen. Daß die Gegebenheiten als mißlich empfunden werden, zeigt die Untersuchung von *Adam/Albrecht/Pfeiffer*, die - ähnlich wie *Hauser* im vorherigen Kapitel - die Bestätigung für die Annahme bringen, gesetzliche Vorgabe und Umsetzung in der Praxis stimmen nicht überein. Dagegen ist das Interesse an den Jugendschöffen vollends erloschen.

VII. Zusammenfassung

Typisch für den in diesem Kapitel behandelten Zeitabschnitt ist eine jugendstrafrechtliche Diskussion, die gekennzeichnet ist durch ganz extreme Positionen. Dabei reicht die Spannbreite von der Forderung, sich wieder auf den Erziehungsgedanken im Jugendstrafrecht zu besinnen, bis dahin, das Jugendstrafrecht immer weiter dem tatstrafrechtlich geprägten Erwachsenenstrafrecht anzunähern, nicht nur um einer „Verschärfung“ willen, sondern auch und vornehmlich, um die Rechte des Jugendlichen im Jugendstrafrecht zu sichern.

Die Zeit ist auch von gesetzgeberischen Aktivitäten gekennzeichnet, die aber bereits zu Anfang erkennen lassen, daß es zu keinen systemändernden Neuerun-

---

371 Vgl. z.B. *Arbeitskreis VIII*, 20. Jugendgerichtstag 1986, S. 345(These 2); so auch *Wagler*, Diss. 1988, S. 90, der die Gefahr sieht, daß andere Gebiete dann nicht mit einbezogen werden.

372 Vgl. die Ansicht von *Eisenberg*, NJW 1984, S. 2913(2915, Fn. 23).

gen kommen wird. Vielmehr reagiert die Legislative nahezu ausschließlich auf die Reformen „von unten“, also die bereits in der Praxis etablierten Veränderungen in der Jugendgerichtsbarkeit. Hierzu sind vor allem die „neuen ambulanten Maßnahmen“ und die Diversionsidee zu zählen.

Kapitel 7 - Die Tendenzen in den 90er Jahren bis zur Gegenwart

Das Erste Gesetz zur Änderung des Jugendgerichtsgesetzes (im Folgenden: 1. JGGÄndG) ist kaum erlassen, da dreht sich bereits alles um die darüber hinaus zu verwirklichenden Reformen in einem Zweiten Gesetz zur Änderung des Jugendgerichtsgesetzes. In diesem letzten Zeitabschnitt der Arbeit ist eine grundlegende Änderung der Diskussionsausgangspunkte zu verzeichnen.

I. Überblick über die Entwicklung in Gesetzgebung und Praxis

Das 1. JGGÄndG tritt Anfang Dezember 1990 in Kraft.[1] Hauptanliegen der Gesetzes ist es, den Erziehungsgedanken deutlicher in den Vordergrund zu stellen, wobei die Grundstruktur des JGG 1953 nicht verändert werden soll.

1. Das 1. JGGÄndG

Im Folgenden werden die wichtigsten Punkte des Gesetzes vorgestellt:[2] Um dem Erziehungsaspekt mehr Gewicht zu verleihen, werden die ambulanten Maßnahmen durch die Einführung der Erziehungsmaßregeln Betreuungsweisung, Täter-Opfer-Ausgleich und sozialer Trainingskurs erweitert. Wie im vorangegangenen Kapitel bereits dargestellt wurde, hat die Praxis diese „neuen ambulanten Maßnahmen" längst erprobt. Die Verpflichtung, Arbeitsleistung zu erbringen wird als Auflage gesetzlich festgeschrieben. Die Änderung der Vorschriften über den Jugendarrest soll den Akzent setzen, seine Anwendung zukünftig zu reduzieren. Eine weitere Anpassung der Gesetzeslage an die Praxis bedeutet die Abschaffung der unbestimmten Jugendstrafe. Die Jugendstrafe von unbestimmter Dauer war in der Rechtsanwendung nahezu bedeutungslos geworden, so daß ihre Abschaffung durch das 1. JGGÄndG lediglich die Festschreibung der tatsächlichen Gegebenheiten bedeutet.[3] Die Änderungen bei den Einstellungsmöglichkeiten nach den

---

1 BGBl. I, Jg. 1990, S. 1853ff.

2 Vgl. z.B. die Zusammenfassungen der Neuerungen bei *Jung*, JuS 1992, S. 186(188ff.); *Ostendorf*, RdJB 1992, S. 2(3ff.); *Viehmann*, FuR 1991, S. 256(259ff.).

3 Vgl. z.B. *Jung*, JuS 1992, S. 186(191).

§§ 45, 47 JGG beschränken sich weitgehend darauf, systematische Unstimmigkeiten in der Reihenfolge und Wertigkeit der Einstellungsmodalitäten zu beseitigen. Dies soll dazu führen, die Anwendung der Vorschriften zu erleichtern und zu ihrer häufigeren Verwendung beitragen.[4] Daneben wird die Anordnungsmöglichkeit der U-Haft insbesondere bei 14- und 15jährigen eingeschränkt, verbunden mit der Absicht, die Verhängung insgesamt zurückzudrängen.[5] In Anlehnung an die neuere Tendenz, den Rechtsstatus des Jugendlichen zu verbessern, wird die notwendige Verteidigung ausgedehnt; außerdem soll die Stellung der Jugendgerichtshilfe gestärkt und den sogenannten „Gerichtsgehern" entgegengewirkt werden.[6] Schließlich sind noch kleinere verfahrensrechtliche Änderungen zu erwähnen, wie zum Beispiel die Entflechtung von Bewährungs- und Unterstellungszeit oder die verfahrensrechtlichen Neuerungen beim Jugendstrafvollzug.

Der Gesetzgeber ist sich im klaren darüber, daß mit der Novelle nur ein Teil der Reformforderungen umgesetzt wird. Dabei soll es aber nicht bleiben. Vielmehr fordert der Bundestag im Zuge der Beschlußfassung die Bundesregierung auf, bis zum 01.10.1992 den Entwurf eines zweiten Gesetzes zur Änderung des JGG (2. JGGÄndG) vorzulegen. Die Novelle zum Jugendstrafrecht soll nach dem Willen des Gesetzgebers also nur einen ersten Schritt darstellen in Richtung einer grundlegenden und umfassenden Erneuerung des Jugendstrafrechts. Bis heute ist dieses 2. JGGÄndG nicht realisiert worden!

2. Reaktionen auf das 1. JGGÄndG

Grundsätzliche Einigkeit besteht darin, daß sich das 1. JGGÄndG darauf beschränkt, die in den letzten Jahren erfolgte JGG-Reform „von unten" durch die Praxis zu stabilisieren und zur Vereinheitlichung der Rechtsanwendung sowie zum Abbau offenkundiger Defizite beizutragen.[7] *Heinz* erinnert sich an dem im zweiten Kapitel dieser Arbeit zitierten Kommentar *Radbruchs* zum Erlaß des JGG 1923 und bemüht diese ein weiteres Mal, um die Neuerungen zu charakterisieren.[8] Ansonsten fallen die Reaktionen auf das Gesetz (entsprechend den Reaktionen auf die *RefE 1987* beziehungsweise *RegE 1989*) im jugendstrafrechtlichen Schrifttum sehr unterschiedlich aus. Für einige bedeutet es „einen halbherzigen,

---

4 Vgl. *Jung*, JuS 1992, S. 186(189); *Viehmann*, FuR 1991, S. 256(259f.).
5 *Jung*, JuS 1992, S. 186(191); *Viehmann*, FuR 1991. S. 256(260f.).
6 Letzteres wird allerdings (aus Kostengründen) nur mittels einer „Soll"-Vorschrift umgesetzt, vgl. *Jung*, JuS 1992, S. 186(191).
7 Vgl. z.B. *Heinz*, ZRP 1991, S. 183(186); *ders.*, JuS 1991, S. 869(899).
8 Stichwort: „ ...daß der Sperling in der Hand besser ist als die Taube auf dem Dache", vgl. *Heinz*, ZRP 1991, S. 183(189).

kleinen Schritt in die richtige Richtung".[9] Es sei nicht die zu erwartende systemimmanente Reform des Jugendstrafrechts an „Haupt und Gliedern" beziehungsweise die gebotene jugendstrafrechtliche Neukonzeption,[10] sondern habe nur noch den Charakter einer längst überfälligen Konsolidierung[11]. Das Gesetz trage zwar zur Stabilisierung des erreichten Niveaus bei, fast alle bedeutsamen Reformschritte seien aber vertagt worden.[12] Es wird deutlich gefordert, es nicht bei diesen „halbherzigen Reformschritten" zu belassen, sondern großzügigere Lösungen bis hin zu einer Neukonzeption der Grundlagen des Jugendstrafrechts zu entwickeln.[13]

Allerdings wird angesichts des „Gezeteres" um die bescheidenen Reformen des nun in Kraft getretenen Gesetzes bezweifelt, daß es dann zu einer grundlegenden Reform kommen werde, die das Erziehungsverständnis zur Disposition stelle.[14] Die dringend nötige zweite Reform werde sich nicht so leicht durchsetzen lassen, wenn gerade kurz zuvor eine Novellierung stattgefunden habe.[15] Angesichts der traditionellen Überlastung des Rechtsausschusses und vielfältiger rechtspolitischer Anforderungen aufgrund der Einigung der beiden deutschen Staaten sei nicht zu erwarten, daß die Bundesregierung der Aufforderung des Bundestags nach einem 2. JGGÄndG innerhalb der gesetzten Zeit nachkommen werde.[16] Man bedauert, daß nunmehr Neuerungen wiederum nur durch die Ausnutzung von Spielräumen des JGG durch die Praxis eingeführt werden könnten mit der Folge von Rechtsunsicherheit durch Unsicherheiten in der Rechtsanwendung.[17] Die große Kluft zwischen den der Reform zugrundeliegenden Einsichten und Befunden, den erwartbaren und den nunmehr getroffenen Regelungen wird beklagt.[18] So kann die wohl verbreitete Meinung über das Gesetz mit *Ostendorf* dahingehend umschrieben werden, daß zwar von den richtigen Ansätzen ausgehend punktuelle, aber zum Teil nur halbherzige Verbesserungen eingeführt werden, die insgesamt nicht befriedigen könnten.[19]

Es findet sich aber durchaus auch positive Kritik: So müsse die Ehrlichkeit des Gesetzgebers anerkannt werden, die Novelle gerade nicht als „Reformge-

---

9 So *Schüler-Springorum/Block 1991*, S. 201(211).
10 S. *Heinz*, ZRP 1991, S. 183(185f.); *ders.*, JuS 1991, S. 869(899).
11 So *Jung*, JuS 1992, S. 186(187).
12 Vgl. *Jung*, JuS 1992, S. 186(192).
13 *Jung*, JuS 1992, S. 186(192).
14 So die Einschätzung von *Weyel*, ZfJ 1990, S. 566(568).
15 Vgl. die Vermutung von *Schüler-Springorum/Block 1991*, S. 201(211).
16 So die realistische Einschätzung von *Ostendorf*, RdJB 1992, S. 2(3).
17 S. *Schüler-Springorum/Block 1991*, S. 201(211).
18 *Heinz*, ZRP 1991, S. 183(185); *ders.*, JuS 1991, S. 869(899).
19 Vgl. *Ostendorf*, RdJB 1992, S. 2(3).

setz“, sondern als „Änderungsgesetz“ bezeichnet zu haben.[20] Eine umfassende Reform sei gar nicht beabsichtigt gewesen.[21] Die breite politische Zustimmung bei Regierungs- und Oppositionsparteien lasse aber auf die breite Anerkennung der dem Gesetz zugrundeliegenden rechtstatsächlichen, kriminologischen, pädagogischen, psychologischen und soziologischen Erkenntnisse durch die politischen Kräfte schließen, was eine tragfähige Basis für die weitere Reformarbeit darstelle.[22] Der kriminalpolitische Wert des Gesetzes liege in dem dadurch gegebenen Signal, daß im Freiheitsentzug allenfalls ein notwendiges Übel, nicht aber eine für das jugendstrafrechtliche Erziehungsziel besonders geeignete Maßnahme zu sehen und deshalb die stärkere Hinwendung zu informellen und ambulanten Reaktionsweisen angezeigt sei.[23] Schließlich müsse sich auch die Wissenschaft vorhalten lassen, daß sie nicht die Chance ergriffen habe, durch einen „Alternativ-Entwurf“ den Gang der Diskussion zu beeinflussen und ihre Konzeption einzubringen.[24]

3. *Unerledigte Reformforderungen*

Im Zusammenhang mit den Entwürfen zum 1. JGGÄndG - und damit im vorherigen Kapitel - wurden bereits die Bereiche näher besprochen, die nach überwiegender Ansicht nicht oder nicht weitgehend genug reformiert werden, obwohl dies als längst überfällig angesehen wird. Der Vollständigkeit halber werden diese Punkte hier noch einmal aufgegriffen und kurz zusammengefaßt.

Es wird keine Altersstufe für eine besondere Bestrafungsmündigkeit eingeführt,[25] und den Forderungen nach einer grundlegenden Änderung der Heranwachsendenregelungen wird nicht nachgekommen, ebenso wie die Vorschriften über die Jugendstrafe einschließlich der U-Haft nicht weitgehend genug reformiert werden.[26] Insbesondere sei auch die Abschaffung der Jugendstrafe wegen schädlicher Neigungen zu erwarten gewesen.[27] Der Jugendarrest wird nicht

---

20 *Ostendorf*, RdJB 1992, S. 2(3).

21 So *Viehmann*, FuR 1991, S. 256(261), der in diesem Zusammenhang darauf hinweist, daß noch Anfang der 80er Jahre kaum Konzepte vorhanden gewesen seien und erst im Verlaufe der 80er Jahre in der sich verstärkenden rechtspolitischen Diskussion die Konzeption einer Reform sichtbar wurde.

22 Vgl. *Viehmann*, FuR 1991, S. 256(257).

23 *Viehmann*, FuR 1991, S. 256(260).

24 Vgl. die selbstkritische Stellungnahme bei *Heinz*, JuS 1991, S. 896(898).

25 Vgl. *Jung*, JuS 1992, S. 186(191).

26 Vgl. *Ostendorf*, RdJB 1992, S. 2(3).

27 Vgl. *Heinz*, ZRP 1991, S. 183(185).

grundsätzlich neu gestaltet.[28] Auch die Möglichkeiten, den Vollzug freiheitsentziehender Maßnahmen zu vermeiden, hätten deutlicher ergriffen werden können, genauso wie Maßnahmen zu einem vermehrten Gebrauch der informellen Erledigungsmöglichkeiten gemäß den §§ 45, 47.[29]

Noch im Jahre 1997 wird über das 1. JGGÄndG diskutiert und für ein 2. JGGÄndG werden Reformen in folgender Hinsicht gefordert: Streichung der Jugendstrafe wegen „schädlicher Neigungen“, Anhebung der Strafmündigkeit auf 16 Jahre, die weitere Einschränkung der Voraussetzungen für die Verhängung von U-Haft und deren Ausschluß für 14- und 15jährige sowie die ausdrückliche Formulierung des Verhältnismäßigkeitsprinzips als Obergrenze für sämtliche jugendstrafrechtliche Reaktionen.[30] Ein entsprechendes Reformgesetz wird in naher Zukunft aber kaum erwartet, da diese Forderungen (mit Ausnahme des Verhältnismäßigkeitsprinzips) nicht nur rechtspolitisch, sondern auch wissenschaftlich umstritten seien.[31]

4. Die weitere Entwicklung

Im gleichen Jahr wie das 1. JGGÄndG wird aus dem JWG das Kinder- und Jugendhilfegesetz,[32] welches den Dualismus zwischen Jugendhilfe- und Jugendstrafrecht endgültig zementiert. Die wesentlichste Neuerung ist die Abschaffung der Fürsorgeerziehung. Das KJHG berührt das Jugendstrafrecht in den Bereichen der Erziehungsmaßregeln und der Jugendgerichtshilfe, beläßt es also bei der bestehenden Verzahnung zwischen JGG und Jugendhilferecht.

In den 90er Jahren gibt es zahlreiche Veranstaltungen, die sich mit dem Thema Jugendstrafrecht beschäftigen. 1990 findet ein UN-Kongreß in Havanna statt, auf dem die Richtlinien der Vereinten Nationen für die Prävention von Jugendkriminalität für alle Mitgliedsstaaten beschlossen werden (sog. „Riyadh-Richtlinien“[33]).[34] Bei diesem Regelwerk mit seinem eigentlich unverbindlichen

---

28 So *Heinz*, ZRP 1991, S. 183(185); *Ostendorf*, RdJB 1992, S. 2(3).
29 Vgl. *Heinz*, ZRP 1991, S. 183(185).
30 Vgl. die Zusammenstellung bei *Kaiser*, RdJB 1997, S. 35(37).
31 Vgl. nur *Kaiser*, RdJB 1997, S. 35(37).
32 KJHG bzw. SGB VIII vom 26.06.1990, BGBl. I, Jg. 1990, S. 1163ff.
33 Die Namensgebung erfolgt nach dem Ort des maßgeblichen internationalen Vorbereitungstreffens, hier also der saudischen Hauptstadt Riyadh, wo das „Arabische Zentrum für Sicherheitsstudien und Ausbildung“ im Frühjahr 1988 ein internationales Expertentreffen ausgerichtet hat.
34 Vgl. die Vorbemerkung zu den Richtlinien von *Schüler-Springorum*, ZStW 104 (1992), S. 169ff., in deren Anschluß die Richtlinien abgedruckt sind: *Riyadh-Richtlinie*, ZStW 104 (1992), S. 176ff.

Charakter hofft man auf weitgehende Kenntnisnahme und Akzeptanz.[35] Im Grundsatz wird in den Richtlinien als wesentliches Ziel der Kriminalpolitik die Prävention von Jugendkriminalität festgeschrieben, wobei das Wohl des jungen Menschen von früher Kindheit an im Mittelpunkt stehen müsse und die beteiligten Staaten und damit die gesamte Gesellschaft in allen nur möglichen Bereichen alles dafür zu tun habe.[36] Hervorzuheben unter den einzelnen Punkten, insbesondere als Neuerung auch für das deutsche Jugendstrafrecht, ist die Idee der Schaffung einer Figur und Funktion eines „Ombudsmans" für Kinder und Jugendliche.[37] *Schüler-Springorum* unterstreicht diesen Gedanken, da es im Gegensatz zu anderen Gruppen der Bevölkerung der Gruppe der Kinder und Jugendlichen an einer gesellschaftlichen Advokatur fehle.[38] Die abschließende Einschätzung der Richtlinien dürfe nach Ansicht *Schüler-Springorums* äußerst unterschiedlich ausfallen und von „interessant" bis „nutzlos", von „viel zu global" bis „viel zu unspezifisch" reichen.[39]

1991 nimmt in der DVJJ die Kommission zur Reform des Jugendgerichtsgesetzes unter der Gesamtleitung von *Schüler-Springorum* ihre Arbeit auf. 1992 veröffentlicht die DVJJ-Kommission zur Reform des Jugendkriminalrechts Vorschläge, die eine grundlegende Neukonzeption des gesamten jugendstrafrechtlichen Reaktionensystems vorsehen.[40] Und auch die AWO erarbeitet Reformvorschläge für ein neues JGG.[41]

Die Ergebnisse der Kommissionsarbeit werden unter anderem auf dem 22. Deutschen Jugendgerichtstag im Herbst 1992 in mehreren Arbeitsgruppen diskutiert. Dieser wird in Regensburg zu dem Thema „Jugend im sozialen Rechtsstaat: für ein neues Jugendgerichtsgesetz" durchgeführt. Das 2. Kölner Symposium im Jahre 1992 hat die „Grundfragen des Jugendkriminalrechts und seiner Neuregelungen" zum Thema. Ein Jahr später, 1993, wird ein Niedersächsischer Jugendgerichtstag zu den Problemen mit dem Freiheitsentzug bei jungen Straffälligen organisiert. 1995 schließt sich das 3. Kölner Symposium zu dem Thema: „Das Jugendkriminalrecht als Erfüllungsgehilfe gesellschaftlicher Erwartungen?" an.

---

35 So *Schüler-Springorum*, ZStW 104 (1992), S. 169(170), der klarstellt, daß die Richtlinien in der deutschen Normenhierarchie unterhalb formeller oder materieller Rechtsnormen anzusiedeln sind.

36 Vgl. *Riyadh-Richtlinie*, ZStW 104 (1992), S. 176ff.

37 Vgl. Nr. 57 der *Riyadh-Richtlinie*, ZStW 104 (1992), S. 176(188): Dieser „Ombudsman" oder ein ähnliches unabhängiges Organ soll sicherstellen, daß die Ansprüche, Rechte und Interessen junger Menschen gewahrt und die vorhandenen sozialen Dienste angemessen genutzt werden.

38 *Schüler-Springorum*, ZStW 104 (1992), S. 170(173).

39 *Schüler-Springorum*, ZStW 104 (1992), S. 170(175).

40 *DVJJ-Kommission*, DVJJ-Journal 1992, S. 4ff.

41 Abgedruckt bei *Merkle/Newinger/Risse/Skrobanek*, DVJJ-Journal 1994, S. 11ff.

Die Überschrift „Sozialer Wandel und Jugendkriminalrechtspflege: neue Herausforderungen für Jugendkriminalrechtspflege, Politik und Gesellschaft" trägt der im September 1995 in Potsdam stattfindende 23. Jugendgerichtstag. Weiterhin ist auf den im September 1998 in Hamburg veranstalteten 24. Jugendgerichtstag zu dem Thema „Ausgrenzung, Gewalt und Kriminalität im Leben junger Menschen" hinzuweisen. Der von dieser Arbeit zuletzt erfaßte Deutsche Jugendgerichtstag wird im Jahre 2001 in Marburg zu dem Thema „Jugend, Gesellschaft und Recht im neuen Jahrtausend; Blick zurück nach vorn" veranstaltet.

Auch auf der Gesetzgebungsebene sind neuerdings wieder Aktivitäten festzustellen.[42] Hervorzuheben ist der Referentenentwurf eines Gesetzes zur Reform des Sanktionenrechts (im Folgenden: *RefE Sanktionensystem 2000*), der unter anderem auch Änderungen des Jugendgerichtsgesetzes vorsieht, die sich aber im wesentlichen aus der Neuregelung des Fahrverbots als Hauptstrafe im Erwachsenenstrafrecht ergeben.[43]

II. Grundlegende Reformvorstellungen, insbesondere vor dem Hintergrund des gesellschaftspolitischen Geschehens

Angesichts der Vorgabe, baldmöglichst ein 2. JGGÄndG zu erlassen, drängt sich die Frage auf, wie die weitergehende Reform in einem 2. JGGÄndG konkret ausgestaltet werden soll. Der Entschließung des Bundestags hierzu läßt sich keine bestimmte Marschroute entnehmen. Natürlich werden die bereits im 1. JGGÄndG genannten unerledigten Reformen auch weiterhin gefordert. Daneben geht es aber um die Frage, ob das Jugendstrafrecht grundlegend umgestaltet werden soll.

1. Reformvorstellungen der Wissenschaft

Die Diskussion über die grundlegenden Änderungen des Jugendstrafrechts in der Fachliteratur knüpft an die verschiedenen Positionen an, wie sie zu dem Erziehungsbegriff eingenommen und im vorherigen Kapitel vorgestellt wurden. Diese Ansätze werden angesichts der Relevanz im Gesamtzusammenhang hier erneut aufgegriffen. Soweit es zu Überschneidungen mit der weiter unten behandelten

---

42 Vgl. die Zusammenstellung der Gesetzesinitiativen, die das Jugendstrafrecht betreffen bei *Höynck/Sonnen*, ZRP 2001, S. 245.

43 Vgl. *RefE Sanktionensystem 2000*, S. 42.

Diskussion um die Stellung der Erziehung im Jugendstrafrecht kommt, ist dies wegen der engen Verknüpfung des Themengebiets kaum zu vermeiden.

Nicht mehr gefordert wird die vollständige Ablösung des Jugendstrafrechts durch ein reines Jugendhilferecht. Allerdings wird dieser Ansatz immer wieder aufgegriffen, um umgehend darzulegen, aus welchen Gründen dies nicht mehr verlangt wird: Bei zahlreichen Jugendstraftaten seien Maßnahmen der Jugendhilfe mangels erzieherischer Defizite nicht geboten und jugendstrafrechtliche Sanktion zum Zwecke der Normverdeutlichung und als „Denkzettel" angezeigt.[44] Dem Jugendstrafrecht wohne außerdem größere Rechtssicherheit durch die Notwendigkeit einer nachhaltigeren erzieherischen Einwirkung inne.[45] Bei der anderen Extremposition, dem vollständigen Rückzug der Jugendhilfe aus dem Jugendstrafverfahren sei zu befürchten, daß Jugendrichter von erzieherischen Angeboten noch weniger als bislang zu überzeugen seien, weil sie auf deren Umsetzung und Kontrolle keinen Einfluß mehr hätten.[46] Außerdem sei im Jugendstrafrecht eine Trennung von Erziehung und Strafe gar nicht möglich.[47] Schließlich wird als mögliche Alternative auch „generelles Nichtstun" angesprochen, jedoch als nicht überzeugend abgelehnt, denn es könne nicht davon ausgegangen werden, daß die außerstrafrechtlichen Selbstregulierungskräfte in jedem Fall von Jugenddelinquenz so stark seien, daß weiterer Kriminalität in ausreichendem Maße entgegengewirkt werde.[48]

In der Tendenz wird daher von der Beibehaltung der grundsätzlichen Systems ausgegangen und punktuelle Modifikationen gefordert. Zum Beispiel solle der Anwendungsbereich des Jugendstrafrechts auf das unbedingt Notwendige begrenzt und die Sanktionen als letztes Mittel staatlicher Reaktion eingesetzt werden, um Straftatwiederholungen zu verhindern; vorrangig müsse der Bereich der pädagogischen Unterstützung und Hilfe ausgeweitet werden, weil dies in der Regel nicht nur humaner, sondern auch effektiver sei.[49]

Im Gespräch ist des weiteren die Aufteilung in ein Erziehungs- sowie ein Strafverfahren mit einer am Beginn des Verfahrens stehenden Entscheidung, welcher Weg eingeschlagen werden soll. Dagegen spreche aber, daß es vielfach für eine sachgerechte Reaktion darauf ankomme, strafrechtliche und erzieherische

---

44 So die Begründung für die Ablehnung der „Einspurigkeit" bei *Dölling*, RdJB 1993, S. 370(377).

45 *Dölling*, RdJB 1993, S. 370(377).

46 *Kaiser*, RdJB 1997, S. 35(37f.) befürchtet, daß dann wieder vermehrt Jugendstrafe angeordnet werde.

47 So auch weiterhin *Heinz*, RdJB 1992, S. 123(132f.).

48 *Dölling*, RdJB 1993, S. 370(377) lehnt die Idee deutlich ab.

49 Wofür es aber keiner Zusammenfassung der Regelungen des Jugendhilfe- und Jugendstrafrechts bedürfe, so *Ostendorf*, RdJB 1992, S. 2(8f.).

Komponenten miteinander zu kombinieren, was ein einheitliches Verfahren notwendig mache.[50] Eine Spielart des eben dargestellten Ansatzes ist die Zweiteilung der Rechtsfolgenschiene unter Hervorhebung des Täter-Opfer-Ausgleichs: Wenn eine „Versöhnung" möglich beziehungsweise bereits erfolgt sei, solle kein Strafverfahren erfolgen. In diese Richtung gehen die von *Fritschka* veröffentlichten Ergebnisse, die er für die Veranstaltung der DVJJ im Jahre 1991 (Unterkommission 4, Rechtsfolgensystem) erarbeitet hat.[51] Er sieht die bisherige Gliederung der Rechtsfolgen als überholt an, da Begriffe wie „Erziehungsmaßregeln" und „Zuchtmittel" heutigen pädagogischen Maßstäben nicht mehr entsprächen und schlägt eine neue Einteilung in „Maßnahmen zur Vermeidung des förmlichen Verfahrens", „nichtfreiheitsentziehende Maßnahmen durch Urteil" und „freiheitsentziehende Maßnahmen" vor.[52] Den Begriff der „schädlichen Neigungen" will er abschaffen, aber auch die Schwere der Schuld solle nicht zwingend zur Jugendstrafe führen.[53]

2. *Reformvorstellungen der Gesellschaft*

Die bereits in den 80er Jahren in Gang gesetzte Tendenz einer Verschärfung des Jugendstrafrechts breitet sich immer weiter aus. Härtere Sanktionen und Strafen werden nicht nur von den Bürgern, sondern auch von Politikern und Vertretern der Medien gefordert. Dies wirkt sich auch auf die Überlegungen zur Umgestaltung des Jugendstrafrechts aus. Die reaktionsschärfenden Tendenzen sind vor dem Hintergrund der gesellschaftspolitischen Entwicklung zu verstehen. *Ostendorf* beschreibt den Anfang dieses Jahrzehnts als Jahre von tatsächlicher oder vermeintlicher Zunahme von Kriminalität, insbesondere zunehmender öffentlicher, sichtbarer Gewalt, Jahre, die von Verunsicherung und Angst gekennzeichnet seien; es werde vermehrt nach staatlicher Gegengewalt, nach dem Strafrecht in Form von mehr und höheren Strafen gerufen.[54] Bestimmte Medien ver-

---

50 So *Dölling*, RdJB 1993, S. 370(377).

51 Die nähere Beschreibung findet sich bei *Fritschka*, BewHi 1991, S. 282-287.

52 Vgl. *Fritschka*, BewHi 1991, S. 282ff.: Die erstgenannten Maßnahmen sollen außergerichtlich durch Staatsanwalt oder Jugendrichter erfolgen; zu der 2. Gruppe seien Weisungen, Erziehungsbeistandschaft und Auflagen zu zählen, aber auch die Verurteilung zur Bewährung; zu den „freiheitsentziehende Maßnahmen" schließlich sei die Unterbringung in einem Heim und auch Jugendstrafe zu zählen; der Arrest sei entbehrlich, wenn gleichzeitig die Mindestjugendstrafe erheblich herabgesetzt werde.

53 S. *Fritschka*, BewHi 1991, S. 282(286).

54 So *Ostendorf*, RdJB 1994, S. 304ff.; *ders.*, ZblJugR 1995, S. 1; vgl. auch die weitgehend übereinstimmende Beschreibung von *Kaiser*, RdJB 1997, S. 35(38).

stärkten nach seiner Ansicht den Trend derartig, daß „selbst besonnene Politiker ins Grübeln kommen".[55] Ausgangspunkt dafür sei die zunehmende rechtsradikale Gewalt sowie eine Identitätskrise der Gesellschaft, trotz oder gerade wegen der Wiedervereinigung.[56] Denn die Tagesthemen jener Zeit seien rechtsradikale Gewalt- und Wiederholungstaten gerade von Jugendlichen und Heranwachsenden, sowie auch die Massenkriminalität von Jugendlichen bei Bagatelldelikten.[57]

Diese Entwicklung zur Verschärfung des Jugendstrafrechts läßt sich über das gesamte Jahrzehnt hinweg verfolgen. Auch 1997 bemerkt *Viehmann*, daß wie nie zuvor die Jugendkriminalität und das Jugendstrafrecht im Mittelpunkt der aktuellen kriminalpolitischen Diskussion stehe; Gewalttätigkeit und Alltagskriminalität junger Menschen beunruhigten in zunehmenden Maße Gesellschaft und Staat.[58] Spektakuläre Einzelfälle von Gewalttätigkeit und Kriminalität würden durch dramatisierende und skandalierende Berichterstattung der Medien zu allgemeinen jugendtypischen Phänomenen hochstilisiert, und dies führe zur Forderung nach schnellen und wirksamen, das heißt häufig freiheitsentziehenden Sanktionen nach dem Motto: „je früher desto besser, je länger, desto geeigneter für den Schutz der Gesellschaft".[59] Außerdem werde gefordert, den Erziehungsgedanken weitgehend aufzugeben und durch Strafziele und Strafzumessungsgesichtspunkte des Erwachsenenrechts, vornehmlich durch Sicherung, Abschrekkung und Schuldausgleich zu ersetzen.[60]

Die Ursachen für die Forderungen nach Verschärfung des Jugendstrafrecht liegen also zum einen in der verhältnismäßig hohen Beteiligung junger Menschen an den gewalttätigen und fremdenfeindlichen Ausschreitungen jener Jahre, zum anderen in dem nach der polizeilichen Kriminalstatistik registrierten Anstieg der Jugendkriminalität insgesamt; weitere Faktoren seien die „importierte Kriminalität" durch die Öffnung der Grenzen zu den östlichen Nachbarn und die Wiedervereinigung.[61] Mit *Kaiser* muß aus dieser Entwicklung das Fazit gezogen werden, daß sich am Ende des „Jahrhundert des Kindes" weniger Genugtuung über das Erreichte einstelle als vielmehr ein allgemeines Unbehagen, da sich Enttäuschung und Kritik häuften.[62]

---

55 *Ostendorf*, RdJB 1994, S. 304ff.; *ders.*, ZblJugR 1995, S. 1.
56 Vgl. die nähere Beschreibung der Situation bei *Ostendorf*, ZblJugR 1995, S. 1.
57 Vgl. *Ostendorf*, ZblJugR 1995, S. 1(2).
58 So *Viehmann*, ZfJ 1997, S. 437f.
59 So die Beobachtung von *Viehmann*, ZfJ 1997, S. 437f.
60 Eine Zusammenfassung der Forderungen findet sich bei *Viehmann*, ZfJ 1997, S. 437.
61 *Viehmann*, ZfJ 1997, S. 437f.
62 So *Kaiser*, RdJB 1997, S. 35(39).

Das jugendstrafrechtliche Schrifttum lehnt die Forderung nach höheren Strafen beziehungsweise schärferen Sanktionen ab. Mit Strafverschärfungen seien gesellschaftliche Probleme nicht lösbar - damit werde nur abgelenkt von den notwendigen Maßnahmen, um die Kriminalitätsprobleme an der Wurzel zu pakken.[63] Es existiere eine zwar zum Teil berechtigte, zum Teil aber auch geschürte Angst vor Kriminalität, die alle Reformtendenzen in den vergangenen Jahren und die Bereitschaft zu weiteren Reformen zu ersticken drohe; das soziale Netzwerk werde entflochten und es gebe immer größere finanziellen Einschnitte bei Jugendhilfemaßnahmen wie auch in der Straffälligenhilfe.[64] Die Angst vor Kriminalität dürfe nicht allein den Vermarktern in Medien und in Politik überlassen werden.[65] Vielmehr müßten die Kriminalitätsängste genommen und aufgeklärt werden, da sonst jede weitere Reform chancenlos sei.[66]

In einem Aufsatz im Rahmen des 3. Kölner Symposiums zieht *Schöch* verschiedene Konsequenzen aus Befunden der Kriminalpolitik zur Verbrechensfurcht und kommt unter anderem zu dem Ergebnis, daß die sachgerechte Reaktion nicht Angleichung des Jugendstrafrechts an diffuse angstbedingte Strafschärfungserwartungen sei, sondern eine Anpassung von gesellschaftlichen Fehlerwartungen an ein historisch gewachsenes und von großen demokratischen Mehrheiten getragenes Jugendstrafrecht, das sich bei tagtäglicher Anwendung legitimieren müsse.[67] *Viehmann* weist darauf hin, daß die Forderungen nach Schärfe nicht durch Befunde zur Entwicklung der Jugendkriminalität sowie der nationalen und internationalen praktischen Erfahrungen und wissenschaftlichen Einsichten legitimiert werden, denn das Jugendstrafrecht diene durch die Einwirkung auf die Lebensführung des Delinquenten dem Schutz der Allgemeinheit und es sei nicht ein milderes, sondern ein präventiv besseres Strafrecht; außerdem stelle der hohe Anteil junger Menschen an den gewalttätigen fremdenfeindlichen Ausschreitungen im Gesamtaufkommen der Kriminalität junger Menschen einen ge-

---

63 So *Ostendorf*, ZblJugR 1995, S. 1.

64 *Ostendorf*, ZblJugR 1995, S. 1(2).

65 Vgl. *Ostendorf*, ZblJugR 1995, S. 1(2), der auf internationale Kriminalitätsvergleiche hinweist, wonach Deutschland objektiv zu den sichersten Ländern der Welt gehöre, die Deutschen aber die größte Kriminalitätsangst hätten.

66 Dies ist nach der Ansicht von *Ostendorf*, ZblJugR 1995, S. 1(2) zum Beispiel möglich durch Aufklärung der Öffentlichkeit bei schwergewichtigen Taten auch von Jugendlichen.

67 *Schöch*, 3. Kölner Symposium 1995, S. 68(78f.): Über gesetzliche Konsequenzen dürfe erst nachgedacht werden, wenn eine allgemein existente, objektiv begründbare Angst dazu geführt habe, daß die strafrechtliche Antwort auf den Normbruch nicht mehr ernst genommen werde oder wenn private Sicherheitsdienste derart überhand nehmen würden, daß sich nur die Reichen den Schutz vor Verbrechen leisten könnten.

ringen Bruchteil dar.[68] In der vordergründig politischen Diskussion in der Öffentlichkeit werde der Umstand, daß eine Verschärfung kontraproduktiv sei, weil sie keineswegs den Lehren aus Praxis und Wissenschaft entspreche, an den Rand gedrängt.[69] Es müsse zum Beispiel berücksichtigt werden, daß die frühzeitige Verhängung von Freiheitsstrafen und die Verhängung langer Freiheitsstrafen zu hohen Rückfallquoten führe,[70] die Rückfallquote also ansteige, je härter zugepackt werde.[71] Ernstzunehmende Jugendstrafen könnten bereits nach geltendem Recht verhängt werden und würden auch verhängt; eine Bagatellisierung dieser Tatsache führe dazu, Abschreckungswirkungen zu schwächen.[72] Es bestehe kein Normdefizit - die bestehenden ausreichenden Möglichkeiten müßten nur genutzt werden.[73]

3. Ergebnis

In der jugendstrafrechtlichen Fachdiskussion wird für die Umgestaltung des Jugendstrafrechts an bereits bekannte Parameter und Vorschläge angeknüpft. Neue Strömungen gelangen über die gesellschaftspolitische Diskussion in das Jugendstrafrecht und beeinflussen die Auseinandersetzung. Es trennen sich zwei Lager, nämlich auf der einen Seite die von der Berichterstattung in den Medien aufgestachelte Gesellschaft, die nach immer härteren Sanktionen für jugendliche Straftäter ruft und das Jugendstrafrecht als zu milde ansieht und auf der anderen Seite die jugendstrafrechtliche Fachwelt, die vor dem Hintergrund der gesicherten kriminologischen Forschungsergebnisse besonnen auf die Kontraproduktivität jener Forderungen hinweist und die vorhandenen vielfältigen Reaktionsmöglichkeiten für ausreichend erachtet.

---

68 Vgl. *Viehmann*, ZfJ 1997, S. 437(438), wobei er darauf hinweist, daß der marginale Anteil keinen Anlaß zur Verharmlosung biete, aber auch keine Legitimation für eine Veränderung eines bewährten, gut funktionierenden jugendstrafrechtlichen Systems darstellen dürfe.

69 *Viehmann*, ZfJ 1997, S. 437(439).

70 Vgl. *Viehmann*, ZfJ 1997, S. 437(438).

71 So auch *Ostendorf*, ZblJugR 1995, S. 1.

72 *Viehmann*, ZfJ 1997, S. 437(438f.).

73 *Ostendorf*, ZblJugR 1995, S. 1(4).

III. Die Altersgrenzen

Das 1. JGGÄndG führt zu keiner Änderung der Vorschriften über die Strafmündigkeit und die Heranwachsenden. Daher gibt es auch in der Aussprache über diese Themen wenig neue Impulse.

1. Absolute / relative Strafmündigkeit

Man spricht sich im Hinblick auf die Strafmündigkeitsgrenze für die Heraufsetzung (mindestens auf das 16., wenn nicht auf das 18. Lebensjahr) in gleicher Deutlichkeit aus, wie im Zusammenhang mit den strafschärfenden Tendenzen jener Zeit für die Absenkung auf das 12. Lebensjahr.

Für die Anhebung der Grenze jedenfalls auf 16 Jahre spreche, daß angesichts der gravierenden sozialen Veränderungen und der gestiegenen Anforderungen an die Orientierungsleistung sich entwickelnder junger Menschen eine grundsätzliche gesellschaftliche Neubewertung vorgenommen werden müsse.[74] Auch wird vereinzelt der Vorschlag gemacht, das JGG für 14- und 15jährige Delinquenten erst bei Verfehlungen anzuwenden, die nach den allgemeinen Vorschriften mit einer Mindeststrafe von drei Monaten Freiheitsstrafe bedroht sind und ansonsten die Strafmündigkeitsgrenze bei 16 Jahren zu ziehen.[75]

Wegen zunehmender Kinderdelinquenz wird aber auch die Absenkung der Grenze auf das 12. Lebensjahr wieder thematisiert.[76] Argumentiert wird folgendermaßen: Bei Kindern bilde sich eine Verinnerlichung des sozialen Verständnisses und die Einsicht in die Geltung bestimmter gesellschaftlicher Normen erst allmählich heraus;[77] außerdem habe eine formelle Strafverfolgung besonders schädliche Nebenwirkungen insbesondere bei jüngeren Delinquenten.[78] Gerade Jugendliche zwischen 12 und 14 Jahre ließen sich aber durch eine konsequente erzieherische Einwirkung noch leiten und lenken und im Sinne unserer Werteordnung prägen, was ein Ziel des JGG sei.[79]

Die mit diesem Thema befaßte *Unterkommission I* des 22. Jugendgerichtstags und auch die *DVJJ-Kommission* sprechen sich mehrheitlich gegen die Heraufset-

74 Vgl. *Frehsee*, Festschrift für Schüler-Springorum 1993, S. 379(395).
75 Vgl. den entsprechenden Änderungsvorschlag zu § 1 JGG von *Fischer*, Strafmündigkeit 2000, S. 201f.
76 Vgl. zum Stand der Diskussion *Hinz*, ZRP 2000, S. 107(108).
77 Und diesem Aspekt entspreche die Regelung des § 3 JGG, so *Viehmann*, ZfJ 1997, S. 437(439).
78 *Viehmann*, ZfJ 1997, S. 437(439).
79 Vgl. *Hinz*, ZRP 2000, S. 107(111f.).

zung der Strafmündigkeit aus, wünschen eine Neuformulierung von § 3 und treten für die Einführung einer allgemeinen Bestrafungsmündigkeit ab dem 16. Lebensjahr ein.[80] Sowohl der vorgeschlagenen Anhebung der Bestrafungsmündigkeitsgrenze als auch einer Änderung des § 3 JGG tritt man in der jugendstrafrechtlichen Diskussion aus einem praktischen Grunde skeptisch gegenüber, denn beides schaffe die Legitimation, die Frage der Strafmündigkeit auf unabsehbare Zeit für erledigt zu erklären.[81] Außerdem meint *Schaffstein*, die Jugendstrafe auch zum Beispiel für 14- und 15jährige „politische Randalierer" sei bei beträchtlichen Straftaten nicht entbehrlich.[82]

Andere Ansätze sind auch weiterhin, die Jugendstrafe für 14- und 15jährige nur bei bestimmten Straftaten zuzulassen[83] oder diesbezüglich eine elastische Generalklausel zu schaffen.[84] Insgesamt sei dem Gesetzgeber ein Mittelweg anzuraten mit der Möglichkeit, bei schweren Taten dieser Altersgruppe der „positiven Generalprävention" im Sinne der Normbewährung durch schuldvergeltende Jugendstrafe Rechnung zu tragen.[85]

Auch die Regelung des § 3 JGG wird weiterhin als unbefriedigend empfunden. Verschiedene Untersuchungen bestätigten die bereits im vorigen Kapitel geäußerte Vermutung und Beobachtung, daß die Norm in der Praxis entweder schlicht ignoriert oder die Frage überwiegend mit einer inhaltslosen Leerformel abgetan wird.[86] Grundlage für die richterliche Reifebeurteilung sei „wohl immer"

---

80 *Unterkommission I*, 22. Jugendgerichtstag 1992, S. 212(217ff.), vgl. aber auch die Sondervoten 1 bis 4 (S. 225ff.), die sich für eine Anhebung auf das 16. und auch auf das 18. Jahr aussprechen; *DVJJ-Kommission*, DVJJ-Journal 1992, S. 4(11f.; 35).

81 So *Frehsee*, Festschrift für Schüler-Springorum 1993, S. 379(395).

82 *Schaffstein*, Festschrift für Schüler-Springorum 1993, S. 371(375). Zu jener Zeit beschäftigen die Nachrichten gerade die Angriffe jugendlicher Rechtsextremisten auf ausländische Asylantenbewerber und Städtenamen wie Hoyerswerda, Rostock, Mölln, Eberswalde und Quedlinburg prägen die Berichterstattung.

83 Vgl. den Vorschlag von *Schaffstein*, Festschrift für Schüler-Springorum 1993, S. 371(376), der als Beispiel den Katalog des § 74 Abs. 2 GVG nennt, diesen aber zugleich als zu eng ablehnt, da eine abschließende Aufzählung kaum durchführbar sei.

84 Nach *Schaffstein* z.B. in Anlehnung an das neue österreichische JGG(1988)-Modell mit folgender Formulierung des § 4 Abs. 2 S. 2 ÖJGG: „Ein Jugendlicher, der eine mit Strafe bedrohte Handlung begeht, ist nicht strafbar, wenn er vor Vollendung des 16. Lebensjahres ein Vergehen begeht, ihn kein schweres Verschulden trifft und nicht aus besonderen Gründen die Anwendung des Jugendstrafrechts geboten ist, um den Jugendlichen von strafbaren Handlungen abzuhalten".

85 So das Ergebnis von *Schaffstein*, Festschrift für Schüler-Springorum 1993, S. 371(377).

86 Zu den Einzelheiten vgl. *Frehsee*, Festschrift für Schüler-Springorum 1993, S. 379(383).

der Entwicklungsstand zur Zeit der Verhandlung, selbst wenn die Tat über ein Jahr zurückliege.[87] Die Hinzuziehung von Sachverständigen erfolge zwar äußerst selten, trage dann aber dazu bei, daß § 3 JGG für vernachlässigbar beziehungsweise für überflüssig gehalten werde.[88]

Auf dem 22. Jugendgerichtstag wird zwar eine Anhebung der Strafmündigkeitsgrenze abgelehnt, aber statt dessen eine Aktualisierung und Neuformulierung des § 3 gefordert im Sinne einer grundsätzlichen expliziten Prüfung und richterlichen Begründungspflicht der strafrechtlichen Verantwortlichkeit für jedes Tatbestandsmerkmal sowie der Begründung des Ergebnisses.[89] Jedoch bestehe wenig Hoffnung, daß sich dadurch an der Praxis etwas ändere.[90] Im Ergebnis wird also die Vorschrift des § 3 JGG grundsätzlich als unbefriedigend angesehen. Klarheit darüber, wie eine Verbesserung vorzunehmen sei, besteht aber weiterhin nicht.

2. *Die Heranwachsenden*

Das 1. JGGÄndG bringt auch keine Änderungen die Heranwachsenden betreffend. In der Tendenz scheint die Heranwachsendenproblematik auch nicht besonders von Interesse zu sein. Die Ursache dafür sei (weiterhin) entweder die inzwischen erfolgte Lösung der Probleme in der oder durch die Praxis oder eine gewisse Resignation, die das Interesse habe erlahmen lassen.[91] Im Zusammenhang mit den strafschärfenden Tendenzen frischt das Interesse allerdings im Laufe der 90er Jahre wieder etwas auf. Insbesondere unter den Sachverständigen, wird weiter darüber gesprochen, ob die Reifungs- und Entwicklungsfeststellung überhaupt mit wissenschaftlichen Methoden getroffen werden könne.[92] Anfang der 90er Jahre findet sich die - eher mutige - Aussage, daß nach „der einhelligen Forderung" der Jugendstrafrechtswissenschaft Heranwachsende bis zum 21. Lebensjahr grundsätzlich dem JGG zu unterstellen seien.[93] Auch die *DVJJ-Kommission* möchte § 105 JGG ersatzlos streichen.[94] Durch die vollständige

---

87 So *Frehsee*, Festschrift für Schüler-Springorum 1993, S. 379(383).

88 Zur Problematik und Praxis der Heranziehung von Sachverständigen in diesem Bereich vgl. *Frehsee*, Festschrift für Schüler-Springorum 1993, S. 379(384ff.).

89 *Unterkommission I*, 22. Jugendgerichtstag 1992, S. 212(218f.); vgl. auch das Sondervotum auf S. 229.

90 *Frehsee*, Festschrift für Schüler-Springorum 1993, S. 379(394).

91 So die Überlegungen von *Lempp*, Jugendstrafrechtsreform 1991, S. 227.

92 Vgl. *Lempp*, Jugendstrafrechtsreform 1991, S. 227(228).

93 So *Lempp*, Jugendstrafrechtsreform 1991, S. 227(234).

94 Wobei vorausgesetzt wird, daß das Rechtsfolgensystem gemäß der dortigen Vorschläge insgesamt umgestaltet wird, *DVJJ-Kommission*, DVJJ-Journal 1992,

Einbeziehung aller Heranwachsenden in das Jugendkriminalrecht erhalte der Jugendrichter ein erheblich differenzierteres Reaktionsspektrum und könne so flexiblere Antworten auf die spezifischen Problemlagen der 18- bis 20jährigen Angeklagten geben.[95] Ob diese Forderung tatsächlich „einhellig" ist, läßt sich kaum verifizieren. Sie wird jedenfalls von einem überwiegenden Teil im Schrifttum erhoben, da das Jugendstrafrecht das „bessere Strafrecht" sei und die Strafhöhen - auch für zum Beispiel rechtsradikale (heranwachsende) Gewalttäter - ausreichten.[96] Allenfalls in seltenen Extremfällen erscheinen die Sanktionsmöglichkeiten des Erwachsenenrechts angebrachter.[97]

Auch in diesem Bereich sind die Auswirkungen der neueren strafschärfenden Tendenzen in der öffentlichen Diskussion zu spüren. Denn genau entgegengesetzt zu den eben genannten Ansätzen im jugendstrafrechtlichen Schrifttum wird unter Bürgern, Politikern und in den Medien gefordert, die Heranwachsenden generell aus dem Jugendstrafrecht herauszunehmen, weil dies zu milde sei.[98] Wie bei den anderen in diesem Kapitel beschriebenen Forderungen mit strafschärfendem Charakter ist auch hier die Reaktion im jugendstrafrechtlichen Bereich ablehnend. Der Ansatz laufe allen Reformvorschlägen zuwider: „Jugendstrafrechtliche Maßnahmen als Genuß zu bezeichnen, widerspricht dem Charakter jeder strafrechtlichen Sanktion."[99] Dem entsprechend wird die Forderung nach Abschreckungsstrafen übereinstimmend in Schrifttum und Rechtsprechung abgelehnt.[100] Schließlich weist *Ostendorf* auf die Widersinnigkeit dieser Forderung hin: Die durchaus gängige und von der Wissenschaft belegte Praxis, bei der Anwendung von Jugendstrafrecht zum Teil sogar härtere Sanktionen auszusprechen, führe bei einer Herausnahme der Heranwachsenden aus dem Jugendstrafrecht de facto sogar zu einer Liberalisierung des Sanktionensystems.[101]

Bei den in der Einleitung angesprochenen Gesetzesinitiativen steht im Bereich der Heranwachsenden die Hinwirkung auf die verstärkte Anwendung des Erwachsenenstrafrechts im Vordergrund.[102]

S. 4(39). Auch die AWO befürwortet die Streichung von § 105, vgl. *Merkle/Newinger/Risse/Skrobanek*, DVJJ-Journal 1994, S. 11(15).

95 S. *DVJJ-Kommission*, DVJJ-Journal 1992, S. 4(39).

96 Vgl. z.B. *Ostendorf*, ZblJugR 1995, S. 1(3f.).

97 So *Viehmann*, ZfJ 1997, S. 437(439).

98 Parallelen dieser Entwicklung lassen sich zu den sog. „Halbstarkenkrawallen" in den 50er Jahren ziehen (s. Kapitel 4). Auch damals wurde in der Öffentlichkeit der Ruf nach strengeren Maßnahmen für jene Delinquenten, die sich im Heranwachsendenalter befanden, laut, weil das Jugendstrafrecht angeblich zu milde sei.

99 So die Reaktion von *Ostendorf*, RdJB 1994, S. 304(306).

100 So die Einschätzung von *Kaiser*, RdJB 1997, S. 35(38).

101 *Ostendorf*, RdJB 1994, S. 304(306f.).

102 Vgl. nur *Höynck/Sonnen*, ZRP 2001, S. 245(247).

3. Ergebnis

Es gibt Themenbereiche, die altern nie - wie zum Beispiel die Forderung nach Absenkung der absoluten Strafmündigkeitsgrenze auf das 12. Lebensjahr. Der Lösung der offenen Frage der Reifebeurteilung nach § 3 JGG steht man mangels wirklicher Alternativen hilflos gegenüber. Das Interesse der jugendstrafrechtlichen Wissenschaft an den Heranwachsenden scheint wieder zuzunehmen. Insbesondere das Interesse der Öffentlichkeit wird durch die strafschärfenden Tendenzen jener Zeit auf das Thema gelenkt. Hier wiederholt sich ein Phänomen aus den 50er Jahren, bei dem die „Halbstarken" den Anlaß zum Ruf nach Strafschärfung gaben, wobei nunmehr allerdings die Quellen der Empörung, die Straftaten der Jugendlichen und Heranwachsenden eine andere Qualität aufweisen. Jetzt stehen zum Beispiel rechtsradikale Anschläge auf Menschen im Vordergrund, während die „Halbstarken" in den 50er Jahren ihre Aggressionen eher gegen Gegenstände richteten und randalierten. Die Wirkung in der Gesellschaft ist jedoch vergleichbar. Die Presse widmet diesen Vorkommnissen gern reißerische Überschriften und Artikel, und die Forderung nach Verschärfung der Maßnahmen durch die Anwendung von Erwachsenstrafrecht spiegelt eine vermeintliche Lösung vor, die wissenschaftlich keineswegs fundiert ist.

IV. Die Stellung der Erziehung im Jugendstrafrecht

Das Verständnis von Erziehung bildet einen zentralen Aspekt auch in der jugendstrafrechtlichen Diskussion der 90er Jahre, wobei sich aber das Ringen um bestimmte Positionen im Vergleich zu dem vorhergehenden Zeitabschnitt deutlich entschärft. Trotz der Erweiterung des Katalogs der Erziehungsmaßregeln durch das 1. JGGÄndG (oder gerade deswegen) wird über die Erziehungsmaßregeln, ihren Zweck und ihre Wirkung weiterhin diskutiert.

1. Erziehungsbegriff - Verständnis und Positionsbestimmung

Immer noch lassen sich im Zusammenhang mit der Erziehung im Jugendstrafrecht die bereits im vorangegangenen Kapitel im einzelnen dargestellten Strömungen ausmachen. Zu erinnern ist an die Forderung nach gänzlicher Abschaffung des Strafrechts im Zusammenhang mit jugendlicher Delinquenz, verbunden mit der Schaffung eines einheitlichen Jugendrechts. Die Position wird in dieser Ausdrücklichkeit in dem hier behandelten Zeitabschnitt nicht wiederholt. Sowohl die *DVJJ-Kommission* als auch die *Unterkommission I* des 22. Jugendgerichtstags weisen darauf hin, daß die gescheiterten Versuche zugunsten eines einheitlichen Jugendrechts nicht wiederbelebt werden sollten, da Jugendhilfe und Justiz im Rahmen des Jugendkriminalsystems wesensverschiedene Aufgaben wahrzunehmen hätten.[103]

Weiterhin unterstützt wird aber die gegenteilige Ansicht, also die „Befreiung" des Jugendstrafrechts vom Erziehungsgedanken. Insbesondere *Ostendorf* ist der Ansicht, das JGG müsse sich von der Erziehungsideologie lösen, da diese strafschärfend wirke, und es müsse zu einem nüchternen Präventionsstrafrecht zurückfinden.[104] Denn niemand dürfe mit dem Ziel der Resozialisierung eingesperrt werden, dies sei nur zu Sicherungszwecken möglich.[105] Das Erziehungsstrafrecht habe diese Zielsetzung nicht nur vielfach vernebelt, sondern auch zu unnötigen Strafübeln geführt, da es viel mehr freiheitsentziehende Sanktionen gebe als im allgemeinen Strafrecht.[106] Auch die AWO tritt für eine strikte Trennung des Erziehungs- vom Strafgedanken ein, denn Jugendhilfe und Strafjustiz verfolgten wesensverschiedene Ziele.[107] Alleiniges Ziel des Jugendstrafrechts sei es, durch Strafe zur Normverdeutlichung beizutragen und die Aufgaben der Erziehung/Bildung den dafür vorgesehenen Institutionen zu überlassen.[108]

Die überwiegende Zahl der an der Diskussion Beteiligten spricht sich gegen eine Abschaffung des Erziehungsgedankens im Jugendstrafrecht aus. Dadurch würde die Einsicht der modernen Strafrechtsschule in die Unzweckmäßigkeit, ja Kontraproduktivität des klassischen tatschuldvergeltenden Strafrechts ohne erkennbaren Vorteil preisgegeben.[109] Die Begrenzungsfunktion des Erziehungsgedankens gegenüber der Tatschuldvergeltung gehe verloren.[110] Diese Konzepte würden zu einem Vergeltungsstrafrecht führen, mit der Gefahr, daß einerseits aus Gründen des Schuldausgleichs spezialpräventiv unnötige oder schädliche Sanktionen verhängt würden und andererseits zur Rückfallverhütung gebotene und geeignete jugendgemäße Reaktionen unterblieben.[111] Und eine Minimierung des

103 *DVJJ-Kommission,* DVJJ-Journal 1992, S. 4(9f.); *Unterkommission I,* 22. Jugendgerichtstag 1992, S. 212(214).

104 Vgl. *Ostendorf,* RdJB 1992, S. 2(10).

105 So *Ostendorf,* RdJB 1992, S. 2(10).

106 *Ostendorf,* RdJB 1992, S. 2(10).

107 Vgl. Einzelheiten des AWO-Vorschlags bei *Merkle/Newinger/Risse/Skrobanek,* DVJJ-Journal 1994, S. 11(16).

108 S. *Merkle/Newinger/Risse/Skrobanek,* DVJJ-Journal 1994, S. 11(16), wobei nach Ansicht der AWO Leistungen der Jugendhilfe nicht mehr mit dem Sanktionskatalog des Jugendstrafrechts in Verbindung gebracht werden dürften.

109 Vgl. *Heinz,* RdJB 1992, S. 123(131).

110 *Heinz,* RdJB 1992, S. 123(131); ähnlich *Unterkommission I,* 22. Jugendgerichtstag 1992, S. 212(215).

111 Vgl. *Dölling,* RdJB 1993, S. 370(376).

Erziehungsgedankens auf das Rechtsstaatsprinzip setze das Jugendstrafrecht vom „aliud" gegenüber dem Erwachsenenstrafrecht zum bloßen „minus" herab - der Jugendliche würde wieder zum „kleinen Erwachsenen", und dies bedeute einen Rückschlag bis hin zur Zeit vor dem Einsetzen der Jugendbewegung.[112] Der Beibehaltung des Erziehungsgedankens wird auch wegen seiner Hemmschwelle gegen die Tendenzen, zu einem Abschreckungsstrafrecht zurückzukehren, als notwendig erachtet.[113] Untersuchungen zur Rückfälligkeit rechtfertigen nicht die Annahme, daß das Jugendstrafrecht spezialpräventiv ungeeignet oder kontraproduktiv sei, indem es als stigmatisierendes Zwangssystem die betroffenen Jugendlichen in die Kriminalität treibe.[114] Schließlich wird bezweifelt, daß sich an der jugendgerichtlichen Praxis überhaupt Wesentliches ändern würde, wenn der Erziehungsgedanke als gesetzliches Leitprinzip jugendrichterlicher Entscheidungspraxis entfalle, und man stellt fest, daß es an überlegenen, konkretisierbaren Konzepten mangelt.[115]

Miehe fragt im Zusammenhang mit dem Elternrecht des Art. 6 Abs. 2 und 3 GG nach der Rechtfertigung von Erziehung im Rahmen der Verfolgung anderer staatlicher Zwecke und zieht als Beispiel die Jugendstrafrechtspflege heran, soweit sie auf Straftaten von Jugendlichen reagiert.[116] Er führt dazu aus, daß zwar immer betont werde, daß bei den jugendstrafrechtlichen Reaktionen der Erziehungsgedanke im Vordergrund stehe, daß aber die Einsicht wachse, daß das Jugendstrafrecht gleichwohl in das Strafrecht einbezogen bleibe und dessen Zielsetzung teile, nämlich die Generalprävention.[117] Erstaunt äußert sich *Miehe* darüber, daß zum Teil eine Rechtfertigung der Erziehung im Jugendstrafrecht über das staatliche Wächteramt nach Art. 6 Abs. 2 S. 2 GG erfolgt.[118] Denn die Begehung einer Straftat signalisiere - gerade im Bereich kleinerer und mittlerer Kriminalität - keineswegs notwendig eine erzieherische Gefährdung von der Stärke, daß öffentliche Aufmerksamkeit veranlaßt und ein Eingriff in das Erziehungsrecht der Eltern gerechtfertigt wäre.[119] *Miehe* gelangt zu dem Ergebnis, daß Er-

---

112 So *Schlüchter*, ZRP 1992, S. 390(392).
113 S. *Schlüchter*, ZRP 1992, S. 390(391).
114 So *Dölling*, RdJB 1993, S. 370(375).
115 Vgl. *Kaiser*, Krise des Jugendstrafrechts 1997, S.539(554ff.) m. w. E.
116 *Miehe*, Erziehung unter dem Grundgesetz 1990, S. 249(267).
117 Generalprävention weniger im Sinne von Abschreckung denn im Sinne von Normbestätigung und Normstabilisierung, so *Miehe*, Erziehung unter dem Grundgesetz 1990, S. 249(267f.).
118 Er hat insbesondere die Entscheidung des *BVerfGE* 74, 102ff. im Auge, vgl. *Miehe*, Erziehung unter dem Grundgesetz 1990, S. 249(268).
119 So *Miehe*, Erziehung unter dem Grundgesetz 1990, S. 249(268).

ziehung im Jugendstrafrecht als Komponente der strafrechtlichen Sozialkontrolle zu rechtfertigen sei.[120]

Wie bereits im Zusammenhang mit den *RefE 1983*, *RefE 1987* und dem *RegE 1989* dargestellt wurde, ist es erklärtes Ziel des 1. JGGÄndG, den Erziehungsgedanken besser zum Tragen zu bringen. Dies findet nicht überall Zustimmung, und so kann man zum Beispiel lesen, daß sich der Gesetzgeber den Vorwurf gefallen lassen müsse, daß er scheinbar unbeeindruckt von der kritischen Diskussion zum Erziehungsgedanken an der Erziehung als Leitlinie festgehalten habe.[121]

Wenn auch nach überwiegender Ansicht der Erziehungsgedanke im Jugendstrafrecht erhalten bleiben soll, ist man sich angesichts der kriminologischen Forschung der letzten Jahre (auch weiterhin) nicht darüber einig, welches Verständnis von Erziehung zugrunde zu legen ist. Die Ergebnisse der kriminologischen Forschungen der letzten Jahre werden in der Diskussion oft wiederholt und sollen hier (nochmals) kurz dargestellt werden: Danach beruht jugendliche Delinquenz nur ausnahmsweise und nicht regelmäßig auf Erziehungsmängeln, die einer erzieherischen Korrektur bedürfen.[122] Jugendkriminalität stellt sich als eine überwiegend entwicklungsbedingte Auffälligkeit dar, die nur selten und gerade nicht regelmäßig in eine „kriminelle Karriere“ mündet.[123] Nicht bestätigt hat sich in der Forschung die These, daß zwischen Intensität des Eingriffs und dem damit beabsichtigten Erfolg ein positiver Zusammenhang besteht.[124] Vielmehr ist davon auszugehen, daß verschiedene strafrechtliche Sanktionen und/oder pädagogische Interventionen bei vergleichbaren Tätergruppen im Zweifel gleich wenig oder gleich gut wirken, was zu der Erkenntnis geführt hat, daß in spezialpräventiver Hinsicht die Sanktionsmittel untereinander „austauschbar“ sind.[125] Neuere Untersuchungen belegen sogar eine Austauschbarkeit zwischen Verfahrenseinstellung und Verurteilung.[126]

Die genaue Positionsbestimmung eines „neuen“ oder „reformulierten“ Erziehungsgedankens ist allerdings heftig umstritten. Betrachtet man die Ansätze und Forderungen genauer, so haben sich diese in den vorangegangenen 10 bis 15 Jah-

---

120 Und eben nicht über die Eingriffsmöglichkeit des Staates in das Erziehungsrecht der Eltern, vgl. *Miehe*, Erziehung unter dem Grundgesetz 1990, S. 249(268).

121 Vgl. *Böttcher/Weber*, NStZ 1990, S. 561.

122 Vgl. die Ergebnisse bei *Heinz*, JuS 1991, S. 896(898); *ders.*, RdJB 1992, S. 123(129).

123 Vgl. *Heinz*, JuS 1991, S. 896(898); *ders.*, RdJB 1992, S. 123(129), jeweils mit näheren Erläuterungen und dem Ergebnis, daß insgesamt die Erziehungsbedürftigkeit in der Vergangenheit überschätzt worden sei.

124 Vgl. nur *Heinz*, JuS 1991, S. 896(898); *ders.*, RdJB 1992, S. 123(130).

125 Vgl. nur *Heinz*, JuS 1991, S. 896(898): These der „Austauschbarkeit“ bzw. der „Alternativität“; *ders.*, RdJB 1992, S. 123(130).

126 *Heinz*, RdJB 1992, S. 123(130) m. w. N.

ren kaum fortentwickelt. *Heinz* bezeichnet den Erziehungsgedanken als einen „Eckpfeiler“ im Jugendstrafrecht[127] und vertritt die Ansicht, daß über die grundsätzliche Richtung der von der jugendstrafrechtlichen Wissenschaft für erforderlich gehaltenen Reform nach der jahrzehntelangen Diskussion und nach dem Stand des empirisch gesicherten Wissens kein Zweifel bestehe.[128] Der historische Gesetzgeber müsse dort korrigiert werden, wo er irrigerweise von spezialpräventiven Wirkungen insbesondere der stationären Sanktionen ausgegangen sei und das jugendstrafrechtliche Instrumentarium entsprechend ausgestaltet habe.[129] Und die Praxis müsse dort korrigiert werden, wo sie das rechtliche Instrumentarium des JGG nicht den gesicherten Erkenntnissen gemäß anwende und wo es deshalb zu einem Fehlgebrauch des Erziehungsgedankens komme.[130] Nach der Ansicht *Pfeiffers* sei der Erziehungsgedanke zu einer gefährlich unbestimmten Leerformel geworden, mit der Eingriffe in die Rechte der Jugendlichen gerechtfertigt würden, die weit über das hinausgingen, was Strafrecht und Strafprozeßrecht sonst zulassen würden.[131] Und *Miehe* behauptet, daß mit der Zulassung und Förderung massenhafter Diversion ein erzieherischer Anspruch - wie er ursprünglich vom Jugendgerichtsgesetz erhoben worden sei - bewußt aufgegeben werde.[132] Insgesamt müsse der Anspruch an die Wirkung von Erziehung zurückgenommen werden, da die zugrundeliegenden Parameter des Jugendstrafrechts eine fehlende Beziehung zum Jugendlichen, die zeitliche Begrenzung der Einwirkungsmöglichkeit und einen mehr oder minder punktuellen Eingriff darstellten.[133]

Die Begründung zum 1. JGGÄndG lasse hinsichtlich des Erziehungsziels mit hinreichender Deutlichkeit erkennen, daß es heute nicht mehr um eine über das Strafrecht hinausgehende, umfassende „Erziehung zu einem rechtschaffenen Lebenswandel“ gehe, sondern um „Bewältigung von Jugenddelinquenz“ und um die Verbesserung der Effizienz der Sanktionen „im Hinblick auf Prävention und

---

127 S. *Heinz*, RdJB 1992, S. 123(124).

128 So *Heinz*, ZRP 1991, S. 183(187f.); *ders.*, JuS 1991, S. 896(899).

129 Vgl. *Heinz*, ZRP 1991, S. 183(188); genauso: *ders.*, JuS 1991, S. 896(899) und *ders.*, RdJB 1992, S. 123(133).

130 *Heinz*, ZRP 1991, S. 183(188); genauso: *ders.*, JuS 1991, S. 896(899) und *ders.*, RdJB 1992, S. 123(133), mit einer näheren Bezugnahme auf die Befunde der empirischen Forschung.

131 So *Pfeiffer*, DVJJ-Journal 1991, S. 114(124), der aber in der Konsequenz nicht für dessen Abschaffung eintritt.

132 Man setze auf Normverdeutlichung, die in ihrer Ausgestaltung auf die Individualität des jeweiligen jungen Beschuldigten kaum Bedacht nehme, so *Miehe*, Entwicklungstendenzen 2000, S. 141(154).

133 Vgl. *Heinz*, RdJB 1992, S. 123(132); ähnlich *Pfeiffer*, DVJJ-Journal 1991, S. 114(124).

Rückfallvermeidung".[134] Der Erziehungsbegriff des 1. JGGÄndG müsse so verstanden werden, daß er die Wesensverschiedenheit von Jugend- und Erwachsenenstrafrecht garantiere und angesichts des strafrechtlichen Bedingungsrahmens nicht mit dem pädagogischen Erziehungsbegriff übereinstimme.[135] Er sei in den verschiedenen Sachbereichen (zum Beispiel bei der Bewertung der Tat, bei der Sanktionsauswahl, in Verfahren und Vollstreckung) unterschiedlich zu qualifizieren und grenze die verschiedenen Ziele (Vergeltung, Sühne, Abschreckung gegenüber dem Beitrag zur Führung eines straffreien Lebens unter der Achtung der Rechte anderer) voneinander ab.[136] Auch *Heinz* trennt verschiedene Funktionen der Erziehung voneinander: Ihre kriminalpolitische Funktion sieht er darin, dem Gesetzgeber als „Vehikel" zu dienen, in sämtlichen jugendstrafrechtlichen Teilbereichen das tatvergeltende Kriminalrecht zurückzudrängen zugunsten von Besserungs-Spezialprävention.[137] Die normative Funktion liege darin, daß die dadurch verlangte Folgenorientierung den strafrechtlichen Zugriff anhand der Kriterien der Eignung und Erforderlichkeit bemesse, um künftiges Legalverhalten des Täters zu erreichen.[138] Und in ihrer empirischen Funktion sei die Erziehung Anknüpfungspunkt für kriminologische Befunde.[139] Außerdem müsse die sozialstaatliche Funktion bewahrt werden, die innerhalb der Grenzen des Verhältnismäßigkeitsprinzips die Grundlage für helfende, stützende und chancenverbessernde Maßnahmen bilde.[140] Und aufgrund des umfassenden strafrechtlichen Bezugsrahmens, in dem der Erziehung in allen Teilgebieten des JGG unterschiedliche Funktionen zukomme, erachtet *Heinz* eine inhaltliche Bestimmung als nicht möglich.[141]

Ausgehend von diesen Überlegungen fordert *Heinz* für eine JGG-Reform, den Erziehungsgedanken beizubehalten, um seine Begrenzungsfunktion für die Normsetzung und Normanwendung nutzbar zu machen.[142] Er hält (auch weiterhin) eine Reformulierung im Lichte neuerer Befunde der maßgeblichen empirischen Bezugswissenschaften im Hinblick auf Sanktionsziele, Sanktionsmittel und

---

134 So bei *Viehmann*, FuR 1991, S. 256(258) dargestellt.
135 Vgl. dazu näher *Viehmann*, FuR 1991, S. 256(258).
136 So *Viehmann*, FuR 1991, S. 256(258); ähnlich auch *Miehe*, Entwicklungstendenzen 2000, S. 141(157), Fn. 55.
137 Vgl. *Heinz*, JuS 1991, S. 896(897); *ders.*, RdJB 1992, S. 123(125).
138 Vgl. dazu genauer *Heinz*, JuS 1991, S. 896(897).
139 *Heinz*, JuS 1991, S. 896(897).
140 Zu allem vgl. *Heinz*, RdJB 1992, S. 123(133f.).
141 S. *Heinz*, RdJB 1992, S. 123(132).
142 *Heinz*, ZRP 1991, S. 183(188); genauso: *ders.*, JuS 1991, S. 896(899f.); *ders.*, RdJB 1992, S. 123(133f.).

deren Begrenzung für erforderlich.[143] Die *DVJJ-Kommission* fordert, dem Erziehungsgedanken klare, von der Pädagogik her definierte Konturen zu vermitteln, was gleichzeitig bedeute, daß ihm nicht mehr die Funktion des alleinigen, das gesamte Jugendkriminalrecht beherrschenden Leitprinzips zukommen könne.[144] Die Aufgabe des Erziehungsgedankens sei am besten mit dem von *Heinz* gewählten Begriff eines „Eckpfeilers" beschrieben, zu dem zwei weitere, nämlich Schuldgedanke und Verhältnismäßigkeitsprinzip hinzutreten müßten.[145]

Nach anderer Ansicht sei Erziehung nach dem JGG allein als Erziehung im Sinne jugendgemäßer Spezialprävention zu verstehen.[146] Aus den Rückfallstudien werde deutlich, daß erzieherische Einwirkung im Sinne einer spezialpräventiven Einwirkung in begrenztem Umfang möglich sei.[147] Auch die als Ersatz empfohlene Spezialprävention biete keine überlegene Lösung, da sie weder eindeutige Zielbestimmungen noch eine präzise Angabe der Alternative oder eine zielangemessene jugendrichterliche Praxis erhoffen lasse.[148] *Ostendorf* macht in diesem Zusammenhang auf die bemerkenswerte Verwendungsbreite des Erziehungsbegriffs in der Diskussion aufmerksam: Für die einen würden mit dem Erziehungsziel notwendige Strafen verhindert, für die anderen überflüssige Strafen begründet.[149]

Die Verknüpfung mit dem Vormundschaftsrecht wird nicht mehr als wesentlich eingeschätzt. Wie in den vorangegangenen Kapiteln immer wieder angesprochen wurde, bestimmte § 34 Abs. 2 S. 1 JGG 1953, daß der Jugendrichter nach Möglichkeit zugleich Vormundschaftsrichter sein soll, und es wurde in allen Zeitabschnitten eine zwingende Personalunion beider gefordert. Aber bereits die Ausführung des § 34 JGG 1953 stieß auf organisatorische Schwierigkeiten und

---

143 So *Heinz*, ZRP 1991, S. 183(188); genauso: *ders.*, JuS 1991, S. 896(900); *ders.*, RdJB 1992, S. 123(129); zustimmend *Pfeiffer*, DVJJ-Journal 1991, S. 114(124). Ein derartig reformulierter Erziehungsgedanke habe grundlegende Änderungen für die gesamte Grundstruktur des Jugendstrafrechts zur Folge. Die sich daraus für ein 2. JGGÄndG ergebenden Neuerungen führt *Heinz* in ZRP 1991, S. 183(188) und auch in JuS 1991, S. 896(900) im Detail auf.

144 So die *DVJJ-Kommission*, DVJJ-Journal 1992, S. 4(27).

145 Vgl. das Konzept der *DVJJ-Kommission*, DVJJ-Journal 1992, S. 4(27); genauso *Unterkommission IV*, 22. Jugendgerichtstag 1992, S. 514(515); *Pfeiffer*, DVJJ-Journal 1991, S. 114(124f.).

146 So *Dölling*, RdJB 1993, S. 370(376); *ders.*, Rechtsfolgen 2000, S. 181(183); die jugendkriminalrechtliche Maßnahmen hätten sich also daran zu orientieren, wie am besten weiterer Delinquenz des jungen Täters vorgebeugt werden könne.

147 *Dölling*, RdJB 1993, S. 370(375).

148 Vgl. *Kaiser*, Krise des Jugendstrafrechts 1997, S. 539(555ff.) m. w. E. zu den vorgeschlagenen Alternaiven zum Erziehungsbegriff.

149 So *Ostendorf*, RdJB 1994, S. 304; ähnlich auch schon *Heinz*, RdJB 1992, S. 123(131).

wurde selten konsequent umgesetzt. Mit dem Erlaß des KJHG werden die jugendwohlfahrtsrechtlichen Maßnahmen für gefährdete Jugendliche zu „Hilfen der Erziehung“, die Zuständigkeiten des Jugendamtes gestärkt und die des Vormundschaftsrichters geschwächt. Mit der Reform des Kindschaftsrechts im Jahre 1997[150] übernehmen die Familiengerichte alle Kompetenzen aus dem Bereich der elterlichen Sorge[151] und § 34 Abs. 2 JGG wird entsprechend geändert. Die heute in § 34 Abs. 2 und 3 JGG aufgeführten familien- und vormundschaftsrichterlichen Erziehungsaufgaben (insbesondere §§ 1666, 1666a BGB) werden unter erziehungsrichterlichem Aspekt als nicht attraktiv angesehen, weil der Richter nicht selbst erzieherische Maßnahmen initiiert, sondern den Angeboten der Jugendhilfe lediglich zur Durchführung verhelfe.[152] Eine generelle Verbindung des Jugendrichters mit dem Familienrichter wird von niemandem gefordert und wäre auch nicht umsetzbar.[153] Damit hat sich die Forderung nach zwingender Personalunion zwischen Jugend- und Vormundschaftsrichter erledigt.

2. *Die Erziehungsmaßregeln, insbesondere der Täter-Opfer-Ausgleich*

Das 1. JGGÄndG nimmt die „neuen ambulanten Maßnahmen“ Betreuungsweisung, sozialer Trainingskurses, Täter-Opfer-Ausgleichs und Arbeitsauflage in das JGG auf. Dies trifft auf breite Zustimmung.[154]

Die „Bundesarbeitsgemeinschaft für ambulante Maßnahmen“ formuliert Anfang der 90er Jahre Planungs- und Orientierungshilfen für die Praxis, sogenannte Mindeststandards.[155] Darunter versteht sie diejenigen inhaltlichen, organisatorischen und personalen Bedingungen, die für die Anordnung und Durchführung ambulanter Maßnahmen gewährleistet sein müssen, beruhend auf dem gegenwär-

---

150 Gesetz zur Reform des Kindschaftsrechts v. 16.12.1997, BGBl. I., Jg. 1997, S. 2942ff., in Kraft ab 01.07.1998.

151 Nachdem sie bereits mit dem Ersten Gesetz zur Reform des Ehe- und Familienrechts v. 14.06.1976, BGBl. I, Jg. 1976, S. 1421ff. die Zuständigkeit der kindschaftsrechtlichen Folgen von Scheidung und Trennung von dem Vormundschaftsrichter übernommen hatten.

152 *Miehe*, Entwicklungstendenzen 2000, S. 141(149) spricht von einer „Demontage“ des Jugendrichters.

153 Vgl. zu den Einzelheiten *Miehe*, Entwicklungstendenzen 2000, S. 141(149) m. w. E.

154 Vgl. z.B. *Böttcher/Weber*, NStZ 1990, S. 561(564f.); *Viehmann*, FuR 1991, S. 256(260).

155 *BAG*, Mindeststandards 1991, S. 407ff.

tigen Diskussionsstand innerhalb der Bundesarbeitsgemeinschaft.[156] Es handelt sich hierbei ausdrücklich um einen Minimalkonsens, der zur weiteren Diskussion innerhalb der Bundesarbeitsgemeinschaft, aber auch der breiten Fachöffentlichkeit führen soll.[157]

Insbesondere mit dem Täter-Opfer-Ausgleich werden große Erwartungen verbunden. Er werde in der Praxis bereits erfolgreich angewendet und habe zu einem hohen Maß an Zufriedenheit bei den jeweiligen Verfahrensbeteiligten geführt.[158] Trotzdem sind Anfang der 90er Jahre kaum praktische Erfahrungen vorhanden,[159] und zum Ende des Jahrzehnts meint *Schöch*, daß die Akzeptanz in der Justiz sich zwar langsam zu verbessern scheine, aber im Verhältnis nach wie vor gering sei.[160] Er weist darauf hin, daß eine oktroyierte Weisung dem tragenden Prinzip der Wiedergutmachung widerspreche.[161] Daher überrasche es nicht, daß diese Weisung „totes Recht" geblieben sei, während der Weg über § 45 JGG von Jahr zu Jahr zunehme.[162] Die Forderungen gehen dahin, ihn künftig in erheblich größerem Ausmaß anzuwenden und flächendeckend einzuführen.[163]

Nicht zur Zufriedenheit aller ist auch weiterhin die rechtliche Einordnung des Täter-Opfer-Ausgleichs in das Sanktionssystem. Nach den Vorstellungen der *DVJJ*, die von Teilnehmern des *22. Jugendgerichtstag* geteilt werden, sei es denkbar, mit seiner Durchführung einen persönlichen Strafausschließungsgrund (zum Beispiel im Rahmen der Neuformulierung des § 5 JGG) zu verbinden und zum anderen, ihn im Rahmen von § 45 JGG zu etablieren, und zwar in der Form, daß die Staatsanwaltschaft verpflichtet werde, von der Strafverfolgung abzusehen, wenn sich der Täter nach Kräften bemüht habe, mit dem Verletzten oder durch sonstige Wiedergutmachung die Folgen der Tat zu beseitigen.[164] Die AWO

---

156 So die *BAG*, Mindeststandards 1991, S. 407; darunter fallen z.B. Überlegungen zum Adressatenkreis, Definition von Erfolg, organisatorische und personelle Rahmenbedingungen, Träger und Öffentlichkeitsarbeit (S. 411ff.).

157 Vgl. die einleitende Vorbemerkung der *BAG*, Mindeststandards 1991, S. 407.

158 So die Einschätzung von *Böttcher/Weber*, NStZ 1990, S. 561(565); ähnlich *DBH*, BewHi 1991, S. 37; *Schöch*, RdJB 1999, S. 278(287f.).

159 Vgl. die Beobachtung von *Böttcher/Weber*, NStZ 1990, S. 561(565).

160 Vgl. *Schöch*, RdJB 1999, S. 278(288).

161 Nämlich der Anerkennung eines autonomen Beitrags zur Wiederherstellung des Rechtsfriedens durch freiwillige Verantwortungsübernahme, so *Schöch*, RdJB 1999, S. 278(280).

162 *Schöch*, RdJB 1999, S. 278(280; 287); vgl. dort auch die lesenswerten Einzelheiten zu seiner Einordnung in das System der Strafzwecke (S. 281ff.).

163 So *DBH*, BewHi 1991, S. 37. *Böttcher/Weber*, NStZ 1990, S. 561(565) z.B. halten diese Forderung zur Zeit aber für völlig irreal.

164 So die Ergebnisse der *DVJJ-Kommission*, DVJJ-Journal 1992, S. 4 (Unterkommission IV: 27ff. m. w. E.); vgl. auch die Unterkommission I (S. 13), die insbesondere auf den Zusammenhang zwischen Wiedergutmachung und der „tätigen

tritt für eine Konfliktregulierung als eigenständigen dritten Weg außerhalb des Strafrechts ein, wobei dem Strafrecht eine Initialfunktion zukommen solle.[165] *Schöch* beurteilt aber den Täter-Opfer-Ausgleich als eine Bereicherung des Sanktionssystems, weil die Vorteile überwiegen würden und weil die bisherigen Erfahrungen positiv zu werten seien.[166]

Mit der Durchführung der ambulanten Maßnahmen zeigen sich in der Praxis Probleme, die auch die ausdrückliche Benennung der Maßnahmen im Gesetz durch das 1. JGGÄndG nicht ausräumen kann. Die Bedeutung von sorgfältigen Vorbereitungen und intensiver Kooperation zwischen den Verfahrensbeteiligten werde oft unterschätzt.[167] Die hohen Anforderungen an die Mitarbeiter gingen in der Regel nicht mit einer zusätzlichen Qualifikation konform.[168] Die Umsetzungsprobleme begründeten die Gefahr, daß der Täter-Opfer-Ausgleich auf eine gerichtlich auferlegte und von Sozialarbeitern überwachte Leistung materiellen Schadensersatzes reduziert werde.[169] Und schließlich wird auf ein weiteres wichtiges Problem hingewiesen: Die Finanzierung der ambulanten Maßnahmen.[170] Tatsächlich wird nach dem Ausbau des Angebots an ambulanten Maßnahmen im Gesetz ein Stillstand, zum Teil sogar ein dramatischer Rückgang festgestellt, insbesondere werde vielen freien Trägern der (Jugend-)Straffälligenhilfe die finanzielle Grundlage entzogen.[171]

Reue“ hinweist.
Dem entsprechend auch *Unterkommission I*, 22. Jugendgerichtstag 1992, S. 212(222f.) und *Unterkommission IV*, ebenda, S. 514(516ff.).

165 S. die Vorstellungen der AWO bei *Merkle/Newinger/Risse/Skrobanek*, DVJJ-Journal 1994, S. 11(17).

166 So *Schöch*, RdJB 1999, S. 278(289), der die weiteren möglichen Einwendungen kurz zusammenfaßt (S. 288f.): „Käuflichkeit des Strafrechts, Verlust der Verfahrensförmlichkeit, Verzicht auf notwendige Entkriminalisierung, Ungleichheit der Rechtsanwendung, Reduzierung der Rechtsstellung des Verletzten wegen fehlender Beschwerdemöglichkeit und Verlagerung von Entscheidungsbefugnis vom Richter auf den Staatsanwalt“ und „Zuweisung von Täter- und Opferrolle aufgrund fragwürdiger Freiwilligkeit, nur scheinbare Autonomie der Konfliktregelung unter dem Zwang des Strafverfahrens, zweifelhafter kriminalpräventiver Effekt, Vorrang des Zivilrechts für Wiedergutmachung und Vernachlässigung der Strafzumessungsrelevanz der Wiedergutmachung“.

167 Was zu einer Reduzierung auf Einzelfallentscheidungen führen könne, befürchtet die *DBH*, BewHi 1991, S. 37(38).

168 Z.B. der Täter-Opfer-Ausgleich stelle in der Regel nur ein zusätzliches untergeordnetes Arbeitsgebiet der Sozialarbeiter dar, vgl. *DBH*, BewHi 1991, S. 37(38ff.).

169 *DBH*, BewHi 1991, S. 37(39).

170 *Dölling*, Rechtsfolgen 2000, S. 181(189), der zur Gewährleistung der Finanzierung eine genauere gesetzliche Regelung anregt.

171 Vgl. *Ostendorf*, MschrKrim 1995, S. 352(360).

3. Ergebnis

Es festigt sich die Ansicht, den Erziehungsgedanken im Jugendstrafrecht beizubehalten und ihn anhand der neuesten Erkenntnisse von Forschung und Praxis neu und speziell für das Jugendstrafrecht zu definieren. Bei einer Gesamtbetrachtung der jugendstrafrechtlichen Literatur ergibt sich ein Bild, welches zahlreiche und umfangreiche Fundstellen aber keine neuen Ideen aufweist und in denen sich die Ansätze aus den 80er Jahren wiederholen. Der Freude über Aufnahme der ambulanten Maßnahmen im JGG folgt eine Ernüchterung über die mangelnden Umsetzungsmöglichkeiten und Chancen in der Praxis. Mehr als die bereits in der Praxis verwirklichte Anwendung scheint sich kaum erreichen zu lassen. Letztendlich bilden die knappen Hauhaltsmittel die Grenze.

V. Die Zuchtmittel

Eine differenzierte Diskussion über die Zuchtmittel findet nicht statt, auch wenn einige Kritikpunkte ab und an aufgegriffen werden.

1. Allgemeines

Im Grundsatz wird bei der Reform durch das 1. JGGÄndG die eigentlich geforderte Fusion von Erziehungsmaßregeln und Zuchtmitteln vermißt.[172] Die Entscheidung des 1. JGGÄndG, die Arbeitsauflage auch als Zuchtmittel auszugestalten, wird im Unterschied zu der Erweiterungen bei den Erziehungsmaßregeln nicht durchweg positiv kommentiert. Die Angleichung und seltsame Doppelnennung illustriere die ganze Fragwürdigkeit der Unterscheidung zwischen Erziehungsmaßregeln und Zuchtmitteln; der Unterschied im Rechtsgrund sei schwer verständlich zu machen.[173] Der Arbeitsauflage im Rahmen der Zuchtmittel drohe die Gefahr der Entartung zur Strafarbeit; es bestehe ohnehin kein echtes Stufenverhältnis hinsichtlich der Eingriffstintensität.[174] Mit ihrer Ausgestaltung als Zuchtmittel werde ausdrücklich der repressive Charakter dieser Sanktion unterstrichen und in Zukunft ein Alibi geschaffen, um sich nicht um pädagogisch sinnvolle Arbeitseinsätze zu bemühen.[175] Die übrigen Zuchtmittel mit Ausnahme des

172 Vgl. *Schüler-Springorum/Block 1991*, S. 201(206).
173 *Jung*, JuS 1992, S. 186(189); ähnlich auch *Schüler-Springorum/Block 1991*, S. 201(206).
174 Vgl. *Schüler-Springorum/Block 1991*, S. 201(206).
175 *Ostendorf*, RdJB 1992, S. 2(5).

Jugendarrests werden nicht weiter beachtet. Eine Neuerung bei den Zuchtmitteln wird bei den gesetzgeberischen Aktivitäten um das Jahr 2000 ins Gespräch gebracht: Der *RefE Sanktionensystem 2000*, wie auch andere Gesetzesinitiativen sehen die Anordnung eines Fahrverbots als Zuchtmittel vor.[176]

2. *Der Jugendarrest*

Das 1. JGGÄndG beläßt es trotz heftiger Kritik bei der Grundkonzeption des Jugendarrests mit nur kleinen Änderungen beim Freizeit- und Kurzarrest sowie bei den vollstreckungsrechtlichen Vorschriften. Damit ist ein großer Teil der jugendstrafrechtlichen Lehre nicht einverstanden, denn die ursprüngliche Zielsetzung im Sinne einer Erziehungs-, Ehren- und Schockstrafe wird inzwischen vor dem Hintergrund gewandelter Erziehungsmethoden und eines gewandelten Gesetzesziels (Spezialprävention) als obsolet angesehen.[177] Auch weiterhin wird am Jugendarrest kritisiert, daß - entgegen der ursprünglichen Intention - er hauptsächlich bei hochbelasteten und hochgefährdeten Jugendlichen angewendet werde.[178] Eine „Denkzettelwirkung“ könne durch die lange Verfahrensdauer kaum erreicht werden.[179] Den Vollzugsbeginn beschleunigen soll die durch das 1. JGGÄndG geschaffene Möglichkeit des Vollstreckungsleiters, nach Ablauf von sechs Monaten seit Eintritt der Rechtskraft von der Vollstreckung aus erzieherischen Gesichtspunkten abzusehen (§ 87 Abs. 3 S. 2 JGG).[180] Die kurze Vollzugsdauer wiederum mache eine pädagogisch sinnvolle Nutzung unmöglich.[181]

Die DVJJ-Kommission zur Reform des Jugendkriminalrechts hält eine gesetzliche Neukonzeption der freiheitsentziehenden Sanktionen für nötig und spricht sich mit großer Mehrheit dafür aus, die Unterscheidung in Jugendarrest und Jugendstrafe als unterschiedliche Formen des Freiheitsentzuges aufzugeben und eine einheitliche Jugendstrafe einzuführen, die - als Ersatz für längeren Freiheitsentzug - auch von kürzerer Dauer sein könne.[182] Vor diesem Hintergrund sei

---

176 *RefE Sanktionensystem 2000*, S. 43f.; vgl. auch *Höynck/Sonnen*, ZRP 2001, S. 245(248).

177 Vgl. *Ostendorf*, MschrKrim 1995, S. 352(353); ähnlich *Schüler-Springorum/Block* 1991, S. 201(207).

178 *Schüler-Springorum/Block* 1991, S. 201(207); ähnlich auch die *DVJJ-Kommission*, DVJJ-Journal 1992, S. 4(34).

179 *Schüler-Springorum/Block* 1991, S. 201(207).

180 *Schaffstein/Beulke*, Jugendstrafrecht 1998, S. 136 begrüßen dies sehr und hoffen darauf, daß aus dieser fakultativen Möglichkeit ein Vollstreckungsverbot bei 6 Monaten oder früher wird.

181 *Schüler-Springorum/Block* 1991, S. 201(207).

182 *DVJJ-Kommission*, DVJJ-Journal 1992, S. 4(33).

der Jugendarrest ersatzlos abzuschaffen,[183] was auch auf dem 22. Jugendgerichtstag die *Unterkommission IV* mit großer Mehrheit fordert.[184] Der Ansatz, vorläufig nur den Freizeit- und Kurzarrest zu streichen und den Dauerarrest in Form eines stationären Erziehungskurses beizubehalten, erscheint den meisten Mitgliedern der Unterkommissionen sowohl der DVJJ-Kommission als auch des 22. Jugendgerichttages als inkonsequent.[185] Der Vorschlag auf ersatzlose Abschaffung findet keinen mehrheitlichen Zuspruch.[186] Aber die AWO-Kommission zum Beispiel fordert die ersatzlose Abschaffung des Jugendarrests.[187]

Da aber eine erneute Reform des Jugendstrafrechts in der näheren Zukunft als wenig realistisch erscheint, wird die innere Reform des Jugendarrests - insbesondere durch eine Reform des Vollzugs - vorbereitet. Die Problempunkte wiederholen sich im wesentlichen und entsprechend auch die Forderungen: Ziel des modernen Arrestvollzugs müsse sein, eine Hilfestellung für die Lösung derartiger Problemlagen zu geben, die über die Zeit des Arrestvollzugs hinaus Wirkung entfalten würden, wobei der strafende Charakter durch den Eingriff mit einer freiheitsentziehenden Maßnahme in die Lebenswelt des jungen Menschen erhalten bleibe.[188] Der Jugendarrest könne im Sinne einer positiven Individualprävention als stationärer sozialer Trainingskurs ausgestaltet werden.[189]

Nach den Ergebnissen einer Umfrage zur Arrestpraxis faßt *Ostendorf* folgende Forderungen zur Umsetzung der angestrebten Ziele zusammen: Die ambulanten Maßnahmen sollen dem Freiheitsentzug durch Arrest vorgehen.[190] Für den Jugendarrest bedürfe es dann eines Programmangebots, entsprechender baulicher Konzeptionen und sachlicher Ausstattung sowie der Aus- und Fortbildung des Personals.[191] Hinzu treten müsse die Öffnung der Jugendarrestanstalten, verbun-

---

183 *DVJJ-Kommission*, DVJJ-Journal 1992, S. 4(33f.).

184 Vgl. *Unterkommission IV*, 22. Jugendgerichtstag 1992, S. 514(529), die mit dem dort vorgeschlagenen neuen Reaktionensystem ein breites Spektrum an ambulanten Maßnahmen zur Verfügung stelle, die den Jugendarrest als überflüssig erscheinen lasse. So auch *Dünkel*, 22. Jugendgerichtstag 1992, S. 609(612).

185 Dann behalte der kurze Freiheitsentzug im Jugendstrafrecht das verführerische Image von Erziehung und Pädagogik, so die *DVJJ-Kommission*, DVJJ-Journal 1992, S. 4(34) und die *Unterkommission IV*, 22. Jugendgerichtstag 1992, S. 514(530).

186 Dagegen sprechen sich auch *Schaffstein/Beulke*, Jugendstrafrecht 1998, S. 132 aus.

187 *Merkle/Newinger/Risse/Skrobanek*, DVJJ-Journal 1994, S. 11(15).

188 *Ostendorf*, MschrKrim 1995, S. 352(353) faßt das Konzept zusammen: „Nicht Freizeit nehmen, sondern Freizeitbeschäftigung erlernen"; „Aufarbeitung der Problemlagen, die zu der Kriminalität beigetragen haben".

189 Vgl. *Ostendorf*, MschrKrim 1995, S. 352(353); *ders.*, ZblJugR 1995, S. 1(4f.).

190 *Ostendorf*, MschrKrim 1995, S. 352(360).

191 Zur näheren Ausgestaltung vgl. die Ansätze bei *Ostendorf*, MschrKrim 1995, S. 352(361).

den mit der besseren Kooperation und Kommunikation mit Jugendämtern und Justiz.[192] Die Vollstreckung sei zu beschleunigen.[193] Und schließlich sei die Vorbereitung zur Entlassung und eine Nachbetreuung notwendig.[194]

Und auch die Idee des Einstiegsarrest ist in der Reformdiskussion nicht ad acta gelegt.[195] Gegen dessen Einführung wird zwar neben den bereits in den vorigen Kapiteln genannten Argumenten angeführt, daß bei der kaum überwindbaren Schwerfälligkeit der Justizbürokratie nicht gewährleistet sei, daß er wirklich als solcher, nämlich alsbald, vor Beginn der Bewährungszeit vollstreckt werde.[196] Der Einstiegsarrest wird aber bei den Gesetzesinitiativen aufgegriffen und seine Einführung unter Hinweis auf seine positive Beurteilung in Wissenschaft und Praxis gefordert.[197]

Das 1. JGGÄndG berührt den Ungehorsamsarrest nur am Rande. Im Zusammenhang mit dem von der DVJJ-Kommission vorgeschlagenen Reaktionensystem wird gefordert, den Ungehorsamsarrest - jedenfalls bezogen auf Erziehungsmaßregeln - zu streichen.[198] Und auch die AWO-Kommission tritt für eine ersatzlose Abschaffung des Ungehorsamsarrests ein.[199] Im Detail wird verlangt, von der Befreiung von der ursprünglichen Maßnahme nach Verbüßung des Ungehorsamsarrests regelmäßig Gebrauch zu machen, weil dies ansonsten eine Doppelbestrafung aus erzieherischen Gründen darstelle.[200] Außerdem sei die wiederholte Anwendung rechtsstaatlich und erzieherisch problematisch und unverhältnismäßig.[201]

---

192 Vgl. zu den Einzelheiten *Ostendorf*, MschrKrim 1995, S. 352(361).

193 *Ostendorf*, MschrKrim 1995, S. 352(364).

194 Vgl. *Ostendorf*, MschrKrim 1995, S. 352(364f.).

195 Vgl. den Stand der Diskussion bei *Schaffstein/Beulke*, Jugendstrafrecht 1998, S. 171f.

196 So die von den Vorauflagen abweichende Stellungnahme von *Schaffstein/Beulke*, Jugendstrafrecht 1998, S. 171f.

197 Vgl. Einzelheiten dazu bei *Höynck/Sonnen*, ZRP 2001, S. 245(248), die darauf hinweisen, daß die positive Beurteilung in der Allgemeinheit unrichtig sei.

198 Ausnahmsweise soll bei den Auflagen der Geldbuße bzw. der gemeinnützigen Arbeit als ultima ratio eine kurzfristige Ersatzhaft in Betracht gezogen werden, vgl. *Dünkel*, 22. Jugendgerichtstag 1992, S. 609(612).

199 Vgl. *Merkle/Newinger/Risse/Skrobanek*, DVJJ-Journal 1994, S. 11(15).

200 *Ostendorf*, MschrKrim 1995, S. 352(363).

201 *Ostendorf*, RdJB 1992, S. 2(6); *ders.*, MschrKrim 1995, S. 352(364).

3. *Ergebnis*

Auch bei den Zuchtmitteln hat sich trotz aller Kritik durch das 1. JGGÄndG nichts Grundlegendes geändert. Der Jugendarrest wird in seiner derzeitigen Ausgestaltung als nicht mehr zeitgemäß angesehen. Und da eine gesetzliche Änderung nicht zu erwarten ist, wird auch in diesem Bereich eine „innere Reform“ angestrebt. Die dabei diskutierten Ansätze und Ideen sind aber keineswegs neu. Diese Vorschläge hat es bereits in den 70er und 80er Jahren gegeben. Damals konnten sie nicht umgesetzt werden. Die Umsetzung dieser Ziele würde für den Jugendarrest eine grundlegende Erneuerung bedeuten im Sinne seiner verbesserten Nutzung nach den Erfahrungen in Praxis und Lehre.

VI. Das Strafverfahren gegen Jugendliche

Nach Erlaß des 1. JGGÄndG scheint die Diskussion in den Bereichen „förmliches Verfahren“ und „vereinfachtes Jugendverfahren“ nunmehr vollends einzuschlafen. Das förmliche Verfahren wird durch das Änderungsgesetz in seinen Grundsätzen nicht tangiert. Bei dem Wunsch nach einem 2. JGGÄndG wird ein „neues Jugendverfahren“ angedacht und hierfür gefordert, den Beschuldigten „nicht als Objekt (und schon gar nicht als Objekt gutgemeinter Erziehungsbemühungen), sondern als Kommunikationspartner, als Subjekt mit rechtsstaatlich gesicherter Beschuldigtenkompetenz und einem Anspruch auf strafprozessuale Fairneß“ in den Mittelpunkt zu stellen.[202] Für die Hauptverhandlung sei ein veränderter Kommunikationsstil erforderlich, wobei die Forderung nicht über eine Hauptverhandlung am „Runden Tisch“ oder ein formelles Schuldinterlokut, sondern durch Aus- und Weiterbildung der Jugendrichter und -staatsanwälte zu lösen sei.[203] Im übrigen solle auch die Hauptverhandlung gegen Heranwachsende nichtöffentlich sein.[204]

Zum vereinfachten Jugendverfahren enthält das 1. JGGÄndG keine inhaltlichen Änderungen, sondern nur eine geringfügige Erweiterung des Anwendungsbereichs in § 76 Abs. 1 S. 1 JGG. Eher unmotiviert wird vorgeschlagen, das ver-

---

202 Vgl. *Unterkommission III*, 22. Jugendgerichtstag 1992, S. 456(457); *DVJJ-Kommission,* DVJJ-Journal 1992, S. 4(23).

203 So die *Unterkommission III*, 22. Jugendgerichtstag 1992, S. 456(459f.); *DVJJ-Kommission,* DVJJ-Journal 1992, S. 4(24); zum Gelingen der Kommunikation seien vier Verhaltensqualitäten bei dem Jugendrichter erforderlich: Verstehen, Achten-Wärme-Sorgen, Echtsein und Transparenz der Interaktionen.

204 *DVJJ-Kommission,* DVJJ-Journal 1992, S. 4(23f.); *Unterkommission III*, 22. Jugendgerichtstag 1992, S. 456(459).

einfachte Jugendverfahren (für die Übergangszeit bis die Heranwachsenden generell in das Jugendrecht einbezogen werden) auch für Heranwachsende zu öffnen.[205] Bei den gesetzgeberischen Aktivitäten im Jahr 2000 wird besonderer Wert auf eine Beschleunigung des Verfahrens gelegt und unter anderem das beschleunigte Verfahren des allgemeinen Strafrechts auch im Jugendstrafverfahren gewünscht.[206]

Das 1. JGGÄndG ändert § 45 JGG entsprechend dem *RegE 1989*. Um die Kernpunkte zu wiederholen: Die Staatsanwaltschaft kann nunmehr ohne Zustimmung des Richters von der Verfolgung absehen, wenn die Voraussetzungen von § 153 StPO vorliegen. Und sie sieht (zwingend) von der Verfolgung ab, wenn eine erzieherische Maßnahme bereits durchgeführt oder eingeleitet ist und weder eine Beteiligung des Richters noch die Erhebung der Anklage für erforderlich gehalten wird. Abs. 3 regelt dann das Zusammenspiel von Richter und Staatsanwalt, wenn dieser eine Ermahnung, Weisungen oder Auflagen bei einem geständigen Jugendlichen für erforderlich hält. Die Neuerungen in § 47 JGG sind systematischer und weniger inhaltlicher Natur.

Wie das förmliche und das vereinfachte Verfahren verliert auch der Themenkreis Diversion im wesentlichen mit Erlaß des 1. JGGÄndG an Attraktivität und bildet jedenfalls nicht mehr den zentralen Gegenstand der jugendstrafrechtlichen Diskussion wie im Zeitabschnitt des vorangegangenen Kapitels. Das Thema wird aber doch häufiger wieder aufgegriffen, als die anderen genannten Verfahrensbereiche. Einen guten Überblick über den „status quo" der Diversion zu Anfang der 90er Jahre, auf den hier zwecks Vermeidung von Wiederholungen Bezug genommen wird, präsentiert *Dölling*.[207] Er benennt Ziele und Bedenken der Diversion, beschreibt die bekannten kriminalpolitischen Befunde hierzu und die praktischen Erfahrungen damit und faßt in Thesenform den wohl zu diesem Zeitpunkt als herrschende Ansicht zu bezeichnenden Stand der Diskussion zusammen. Dabei wird im Ergebnis eine verstärkte Anwendung der §§ 45, 47 JGG begrüßt, wobei der Anwendungsbereich über Bagatelldelikte von Ersttätern herausreiche.[208] Gefordert wird, das Verfahren rechtsstaatlich einwandfrei auszugestalten, eine enge Zusammenarbeit zwischen Polizei, Jugendgerichtshilfe und Justiz herbeizuführen und sachwidrige bürokratische Hemmnisse (wie Pensenberechnung

---

205 Vgl. *Unterkommission III*, 22. Jugendgerichtstag 1992, S. 456(464); ebenso *DVJJ-Kommission*, DVJJ-Journal 1992, S. 4(26).

206 Vgl. zu den näheren Einzelheiten und auch den Bedenken gegen diese Forderung *Höynck/Sonnen*, ZRP 2001, S. 245(248f.).

207 Vgl. *Dölling*, Diversion 1992, S. 323ff., wobei es sich um den Bericht einer Arbeitsgruppe zu diesem Thema im Rahmen der Tagung „Individualprävention und Strafzumessung" handelt.

208 Vgl. *Dölling*, Diversion 1992, S. 323(327).

und Berichtspflichten) abzubauen.[209] Bedenken werden hinsichtlich der sogenannten „Polizeidiversion“, also der eigentlich unzulässigen Erledigung des Verfahrens durch Diversionsmaßnahmen der Polizei, erhoben.[210] Von anderer Seite kommt der Vorschlag, das Bemühen um informelle Erledigung per Gesetz zur Anklagevoraussetzung zu machen, um die vermehrte Anwendung zu gewährleisten.[211] Zurückhaltender ist die Forderung für die Zukunft der Diversion, auf dem vom 1. JGGÄndG vorgezeichneten Weg weiterzugehen und eine eigenständige Sanktionsspur deutlich auszubauen, die verfahrensrechtliche Absicherung zu verbessern und auch aktivere Beteiligungsmöglichkeiten der verletzten Person zu schaffen.[212] Auch der 22. Jugendgerichtstag greift das Thema auf und begrüßt die Novellierung von § 45 JGG durch das 1. JGGÄndG grundsätzlich als geeignete Ausgangsbasis für Diversion. Weiterhin wird eine einheitliche Anwendung vermißt und die entsprechende Konkretisierung des Anwendungsbereichs gefordert.[213]

Insgesamt wird auch in diesem Bereich deutlich, daß mit dem 1. JGGÄndG eine gewisse Sprachlosigkeit in der jugendstrafrechtlichen Literatur eingetreten ist und die gesamten verfahrensrechtlichen Themen wenn überhaupt, dann eher am Rande behandelt werden. Dies ist angesichts der Entwicklung nicht weiter verwunderlich, denn die Vor- und Nachteile sind bekannt und weitgehend ausdiskutiert. Die grundsätzliche Zustimmung insbesondere zur Diversion liegt vor, und man wartet die verstärkte Anwendung und Umsetzung in der Praxis ab, um empirisch Daten sammeln zu können und anhand der Ergebnisse eine Grundlage für die weitere Diskussion zu erhalten. Im übrigen ist das Thema gerade vor dem Hintergrund der sanktionsschärfenden Tendenzen Ende der 90er Jahre wenig populär.

VII. Jugendrichter, -staatsanwalt und -verteidiger

Das 1. JGGÄndG bringt in diesem Bereich keine Änderungen. Dennoch oder gerade deswegen ist das Thema auch weiterhin im Gespräch, allerdings weniger nachdrücklich als in den vorangegangenen Zeitabschnitten.

---

209 So *Dölling*, Diversion 1992, S. 323(328ff.).

210 *Miehe*, Entwicklungstendenzen 2000, S. 141(156) kritisiert, daß einige Länder die Polizeidiversion bereits in den Diversionsrichtlinien eingeführt haben.

211 Vgl. den Vorschlag von *Viehmann*, FuR 1991, S. 256(259).

212 Vgl. *Schöch*, 3. Kölner Symposium 1995, S. 68(80).

213 So die *Unterkommission II*, 22. Jugendgerichtstag 1992, S. 282(286).

1. Jugendrichter und Jugendstaatsanwalt

In der jugendstrafrechtlichen Literatur wird der Person des Jugendrichters im Hinblick auf seine charakterlichen und fachlichen Eigenschaften weiterhin besondere Bedeutung beigemessen.[214] Der junge Mensch erlebe in der Person des Jugendrichters die erste Begegnung mit dem Recht, und diese Begegnung müsse so gestaltet werden, daß sie auf sein weiteres Leben bestimmenden Einfluß habe.[215] Über die „allgemeinen Richtertugenden" hinaus setze dies einen besonderen psychologischen Scharfblick gerade im Umgang mit jungen Menschen, spezielle Kenntnisse, vor allem aber „Liebe zur Jugend und Verständnis für ihre Nöte" voraus.[216] Es wird auch weiterhin bedauert, daß die Auswahl der Jugendrichter grundsätzlich nicht der kriminalpolitischen Bedeutung der Jugendgerichtsbarkeit und der ausdrücklichen Anweisung des § 37 JGG entspricht,[217] und daher werden intensive Aus- und Fortbildungen gefordert.[218] Auch für Jugendstaatsanwälte erscheine es dringender denn je, daß die §§ 36, 37 JGG in der Praxis wirklich beachtet werden.[219]

2. Der Verteidiger in Jugendsachen

Anknüpfend an die ausführliche Diskussion in den 80er Jahren werden inzwischen im Ergebnis Zulassungsbeschränkungen auf lediglich erzieherisch befähigte Verteidiger überwiegend abgelehnt.[220] Allerdings hält sich die Ansicht, daß der Verteidiger in Jugendstrafsachen eine gewisse erzieherische Eignung beziehungsweise Ausbildung aufweisen sollte. Dies soll die Praxis selbst sichern durch Aus- und Fortbildungskurse und eine engere Zusammenarbeit von Justizverwal-

---

214 Obwohl die pädagogische Eignung in erster Linie auf angeborenen Charaktereigenschaften beruhe stehe außer Frage, daß darüber hinaus für den Jugendrichter spezielle Kenntnisse auf allen Gebieten der Jugendkunde fast unerläßlich seien, so *Schaffstein/Beulke*, Jugendstrafrecht 1998, S. 183.

215 *Schaffstein/Beulke*, Jugendstrafrecht 1998, S. 178.

216 So *Schaffstein/Beulke*, Jugendstrafrecht 1998, S. 178.

217 Vgl. z.B. *Schaffstein/Beulke*, Jugendstrafrecht 1998, S. 182f.; so auch bereits *Unterkommission II*, 22. Jugendgerichtstag 1992, S. 282(284).

218 Vgl. *Unterkommission II*, 22. Jugendgerichtstag 1992, S. 282(285); auch *Schaffstein/Beulke*, Jugendstrafrecht 1998, S. 183.

219 *Schaffstein/Beulke*, Jugendstrafrecht 1998, S. 184f.

220 Vgl. nur *Radbruch*, StV 1993, S. 553(554); zur Problematik und zum Meinungsstand s. auch *Schaffstein/Beulke*, Jugendstrafrecht 1998, S. 200f.

tungen und Anwaltschaft.[221] Teilweise wird auch die Schaffung eines Fachanwalts für Jugendstrafrecht befürwortet.[222]

Zu den Gegebenheiten in der Praxis gibt eine Befragung aller am Amtsgericht Köln zugelassenen Anwälte zur Verteidigung jugendlicher Beschuldigter von *Semrau/Kubink/Walter* Mitte der 90er Jahre Aufschluß.[223] Ausgangshypothese der Untersuchung ist, daß der Verteidiger in Jugendsachen anders verteidigen muß, als in Verfahren gegen Erwachsene, da die Ausnutzung aller Verteidigungsmöglichkeiten eine Doppelmoral schaffe, die dem Rechtsbewußtsein junger Menschen kaum förderlich sei, weil deren erster Kontakt mit der Strafjustiz Schlüsselerlebnisse zur praktischen Rechtsstaatlichkeit und Fairneß liefere.[224] Die Befragung bestätigt diese Hypothese nicht. Die Untersuchung kommt vielmehr zu dem Ergebnis, daß das Prozeßführungskonzept der Anwälte kaum konkrete erzieherische Erwägungen enthält; die Verteidiger sehen sich als reine Interessenvertreter, denen es um eine rechtsstaatlich zulässige Abwehr des staatlichen Strafanspruchs geht.[225] Außerdem wurden die Mandate von vielen Befragten wegen des erhöhten Arbeitsaufwands, verbunden mit den vergleichsweise komplexen Anforderungen als „Zuschußgeschäfte“ bewertet.[226] Nach Einschätzung einiger Anwälte führe die finanzielle Schlechterstellung des Pflichtmandats überdies dazu, daß der Einsatz des beigeordneten Verteidigers geringer ausfalle, als das Engagement des Wahlverteidigers.[227]

3. Ergebnis

Im Laufe der Zeit verschwinden die an der Entscheidungsfindung im Jugendgerichtsverfahren beteiligten Personen immer mehr aus dem Blickfeld. Die erwünschten Eigenschaften von Jugendrichtern und Jugendstaatsanwälten stehen fest. Die Vorschläge zur Sicherstellung dieser Vorgaben in der Praxis verlaufen im Sand. Die Person des Jugendschöffen ist nicht mehr Gegenstand der Diskussion. Lediglich die Frage der Stellung des Verteidigers im Jugendstrafverfahren er-

---

221 *Radbruch*, StV 1993, S. 553(554); auch nach Ansicht der *Unterkommission III* des 22. Jugendgerichtstag 1992 sollte der künftige Verteidiger in Jugendstrafsachen entsprechend aus- und fortgebildet sein, also über psychologische, pädagogische, soziologische und kriminologische Kenntnisse verfügen (S. 456(461)).

222 Z.B. von *Radbruch*, StV 1993, S. 553(554).

223 Durchführung und Ergebnisse abgedruckt bei *Semrau/Kubink/Walter,* MschrKrim 1995, S. 34ff.

224 Vgl. *Semrau/Kubink/Walter*, MschrKrim 1995, S. 34.

225 So das Ergebnis bei *Semrau/Kubink/Walter*, MschrKrim 1995, S. 34(37).

226 S. *Semrau/Kubink/Walter*, MschrKrim 1995, S. 34(39).

227 *Semrau/Kubink/Walter*, MschrKrim 1995, S. 34(39).

freut sich noch einigen Interesses. Es hat den Anschein, daß sich das jugendstrafrechtliche Schrifttum den Gegebenheiten der Praxis - nicht kampflos aber resigniert - ergeben hätte. Nur noch vereinzelt, wohl mehr aus Pflichtgefühl gegenüber der langjährigen Diskussion als aus Überzeugung, wird weiterhin eine spezielle und vermehrte Aus- und Fortbildung für Jugendrichter und -staatsanwälte gefordert. An eine baldige Umsetzung dieser Forderungen glaubt niemand, was vor dem Hintergrund der auch in der Justiz immer knapper werdenden Haushaltsmittel nicht verwunderlich ist.

VIII. Zusammenfassung

Eine derartig umfassende Diskussion zum Jugendstrafrecht, wie sie in den 80er Jahren auf wissenschaftlicher und auch praktischer Ebene geführt wurde, läßt sich in den 90er Jahren nicht ausmachen. Vielmehr scheint es, als sei eine gewisse Ruhe eingetreten und das Interesse habe sich verlagert, weg vom Jugendstrafrecht. Wenn das Thema Jugendstrafrecht aufgegriffen wird, fordert man die Rücknahme des förmlichen Strafverfahrens für jugendliche Delinquenten zugunsten verstärkter erzieherischer Einwirkungen mittels anderer Reaktionsformen, wie zum Beispiel den „neuen ambulanten Maßnahmen“.

Mitte der 90er Jahre entflammt dann die Diskussion über delinquente Jugendliche und auch Kinder auf gesellschaftlicher und politischer Ebene. In den Medien finden sich Schlagzeilen über immer jüngere Verbrecher. Es ist ein Gefühl der Ohnmacht zu spüren, und der Ruf nach härteren Sanktionen, die früher einzugreifen haben, wird immer lauter. Dem Erziehungsgedanken soll seine zentrale Rolle zugunsten vermehrter und höherer Strafen abgesprochen werden. Die Argumente sind wenig sachlich. Dieser Tendenz versucht die strafrechtliche Lehre mit Hinweis auf die Forschungsergebnisse der letzten Jahrzehnte und auch die praktischen Erfahrungen entgegenzutreten. Hinsichtlich der allgemeinen Empörung in den Medien bezüglich der angeblich zu milden Urteile und der Forderung nach harten Strafen wird in jugendstrafrechtlichen Fachkreisen die Hoffnung gehegt, daß sie in nicht allzu ferner Zeit mit dem Nachlassen ihrer Anlässe die Aktualität verlieren.[228]

Gesetzgeberische Aktivitäten sind um das Jahr 2000 zu verzeichnen, die aber keine grundlegenden Neuerungen bringen, sondern lediglich Einzelbereiche betreffen und teilweise - wie zum Beispiel das Fahrverbot - in direktem Zusammenhang mit Reformforderungen in anderen Rechtsgebieten stehen.

228 *Schaffstein*, Festschrift für Schüler-Springorum 1993, S. 371(376).

Kapitel 8 - Ergebnisse und Ausblick

Die wichtigsten Tendenzen im Jugendstrafrecht seit der Jugendgerichtsbewegung sollen zu Beginn der abschließenden Betrachtung noch einmal schlagwortartig wiederholt werden. Über die „richtige" Altersgrenze, ab der das Jugendstrafrecht Anwendung finden soll, gibt es in den Anfängen der Jugendgerichtsbewegung heftige Auseinandersetzungen, wobei aber relativ schnell das Alter von 14 Jahren für eine Grenze zur relativen Strafmündigkeit favorisiert wird. Abgesehen von der „Aufweichung" der Altersgrenzen in der nationalsozialistischen Zeit bleibt die 14-Jahres-Grenze bis heute durchweg bestehen. Bis heute wird aber auch mehr oder weniger intensiv um Änderungen derselben gerungen. Auch die Formel für die Reifebeurteilung von Jugendlichen ist in den Anfängen der Diskussion unklar. Als sie jedoch gefunden ist, bleibt sie im Kern unverändert beibehalten, obwohl sich immer mehr die Ansicht durchsetzt, daß die Kriterien ungeeignet sind. Die Praxis nimmt hier eine Korrektur vor, indem die Reifebeurteilung de facto nur noch selten vorgenommen wird. Die Sonderbehandlung von 18- bis 21jährigen im Strafrecht ist bereits vor Erlaß des JGG 1923 vereinzelt im Gespräch und verdichtet sich im Laufe der Zeit immer mehr. Die Aufnahme der Heranwachsenden in das Jugendstrafrecht durch das JGG 1953 wird als ein Experiment angesehen, da die Kriterien, nach denen sich die Beurteilung richten soll, völlig ungeklärt sind. Das Experiment führt nicht wirklich zu einem Erfolg, denn die Kriterien des § 105 JGG bleiben auch weiterhin für viele ein Rätsel. Dennoch existiert die Regelung heute noch.

Anhand der Entwicklung der Erziehung lassen sich am eindrucksvollsten die unterschiedlichen Tendenzen im Jugendstrafrecht über die verschiedenen Zeitabschnitte hinweg ausmachen. Ist der Aspekt der Erziehung zunächst nur der Anknüpfungspunkt und das Einfallstor für eine Sonderbehandlung der jugendlichen Straftäter im Verhältnis zu den Erwachsenen, so ist er im Dritten Reich das Einfallstor für die nationalsozialistische Ideologie. In den 50er Jahren zeigt sich am Erziehungsbegriff die Problematik im Umgang mit der neuen Verfassung. In den 60er und 70er Jahren entwickelt sich langsam ein Problembewußtsein hinsichtlich der weitreichenden Eingriffe in die Rechtsposition des Jugendlichen, verbunden mit erheblichen Unsicherheiten im Hinblick auf die Einordnung der Erziehung und das Verhältnis von Erziehung und Strafe. Daraus entsteht die Möglichkeit, ganz konkret über die Abschaffung der Trennung der Bereiche Strafrecht und Jugendwohlfahrtsrecht nachzudenken, bis dahin, die strafrechtlichen

Elemente in einem einheitlichen Jugendrecht vollständig aufgehen zu lassen. Die 80er Jahre sind geprägt von Resignation ob der kriminologischen Forschungsergebnisse zum (ausbleibenden) Erfolg des Jugendstrafrechts und der kaum in Aussicht stehenden Reformen. Dies führt zu der sogenannten „Reform von unten", indem die Praxis die Möglichkeiten des JGG ausnutzt und „neue ambulante Maßnahmen" vermehrt anwendet. In den 90er Jahren wird gefordert, den inzwischen gewonnenen theoretischen und praktischen Erkenntnissen und Erfahrungen Rechnung zu tragen und den Erziehungsbegriff im Jugendstrafrecht in diesem Sinne zu reformulieren.

Bei der Diskussion über die Zuchtmittel schwingt immer der leise Vorwurf mit, daß sie - jedenfalls unter dieser Bezeichnung - ein Produkt der nationalsozialistischen Zeit sind. Man stört sich an den sie bestimmenden Begrifflichkeiten, sieht jedoch offensichtlich einen Bedarf für diese Sanktionen, denn für die Abschaffung findet sich in keinem Zeitabschnitt eine breite Mehrheit. Dies gilt insbesondere für den Jugendarrest. Allerdings soll in jüngster Zeit auch hier eine „Reform von unten" die neueren Zielrichtungen des Jugendstrafrechts verwirklichen, indem man den Jugendarrest nicht nur zum „Wegsperren" und der Zufügung eines „short-sharp-shocks" verwendet, sondern die Vollzugszeit nutzt, um dem Arrestanten Angebote für seine weitere Lebensgestaltung und -planung zu machen, ihm also einen neuen Weg zu weisen.

Das Interesse an dem Jugendstrafverfahren schwankt in den verschiedenen Zeiten erheblich. Es bildet - neben dem Vollzug - den eigentlichen Startschuß für die Umsetzung der Reformideen der Jugendgerichtsbewegung dadurch, daß die Praxis selbständige Jugendgerichte schafft. Daran anknüpfend wird über die „richtige" Ausgestaltung des Jugendverfahrens zunächst viel nachgedacht. Als sich dann die Vorstellungen in den Jugendgerichtsgesetzen wiederfinden, wird es ruhig um dieses Thema. Allenfalls Überlegungen zum Beschleunigungseffekt sind immer wieder anzutreffen. Allerdings ist dieser Bereich eine dankbare Materie für kriminologische Untersuchungen und Forschungen, wie zum Beispiel das Experiment „Runder Tisch" in den 80er Jahren zeigt. Und mit der Rezeption der amerikanischen Diversionsidee befindet sich das Verfahren wieder im Mittelpunkt der Aufmerksamkeit, die sich allerdings auf dieses Thema konzentriert.

Die Diskussion um die an der Entscheidungsfindung beteiligten Personen verläuft über die Zeit hinweg völlig anders als die zum Verfahren. Manche Themen und Forderungen werden seit Anbeginn der ernsthaften jugendstrafrechtlichen Reform gebetsmühlenartig wiederholt, ohne daß dies irgendwelche Auswirkungen hätte - wie zum Beispiel eben die besonderen persönlichen und fachlichen Anforderungen an die an der Entscheidungsfindung beteiligten Personen. Von Anfang an und bis heute herrscht Einigkeit darüber, daß an diese Personen besondere Anforderungen zu stellen sind. Dies wird in relativ gleichbleibender

Intensität erörtert, ohne wirkliche Auswirkungen auf die Praxis haben. Gesetzliche Vorgaben werden ebenso wie die Forderungen der Wissenschaft weitgehend ignoriert. Angesichts der Tatsache, daß die Praxis der Jugendstrafrechtspflege nunmehr jahrzehntelang ohne allzu auffällige Mißstände funktioniert, scheint es vordergründig tatsächlich kein Bedürfnis für eine Umgestaltung zu geben. Wegen der einschneidenden und weitreichenden Entscheidungen und der Komplexität des Betätigungsfeldes und insbesondere wegen der neuen Anforderungen, die für die Zukunft an das Jugendstrafrecht gestellt werden, erscheint die Umsetzung der Forderung aber dringender denn je.

In jüngster Zeit werden nämlich neue Schwerpunkte in der Diskussion um das Jugendstrafrecht gesetzt, die sich nicht einem bestimmten jugendstrafrechtlichen Kerngebiet - auch nicht der Erziehung - zuordnen lassen. Die Anknüpfungspunkte liegen auch gar nicht im Jugendstrafrecht, sondern vielmehr in der Jugendpolitik.

In der einschlägigen Literatur der letzen Jahre finden sich immer häufiger Ausführungen darüber, daß es sich bei der Jugendstrafrechtspflege um eine Institution zur Förderung des Hereinwachsens junger Menschen in die Rechtsordnung und zum Rechtsgüterschutz handele, die als ultima ratio ergänzend eingreife, wenn es den für die Sozialisation junger Menschen primär verantwortlichen Instanzen (insbesondere Eltern, Schule, Berufsausbildung und Jugendhilfe) nicht gelinge, die jungen Menschen in ein im wesentlichen rechtstreues Leben hineinzuführen.[1] Aus diesem Verständnis von Jugendstrafrecht ergibt sich dessen Begrenzung. Denn Entwicklungen, die für längere Zeit in die falsche Richtung gelaufen seien, könnten durch jugendstrafrechtliche Maßnahmen nur begrenzt korrigiert werden, und es ergebe sich unter anderem die Notwendigkeit sinnvoller kriminalpräventiver Maßnahmen.[2] Die jugendstrafrechtliche Fachliteratur geht aber ebenso davon aus, daß auf das Jugendkriminalrecht nicht verzichtet werden könne, denn Rechtsbrüche von Gewicht müssen eindeutig zurückgewiesen und ihre Wiederholung müsse möglichst verhindert werden.[3] Insgesamt gesehen ist man sich darüber im klaren, daß die gesellschaftlichen Probleme nicht durch die Strafjustiz gelöst werden können, da das Strafrecht immer auf den jeweiligen Täter im Einzelfall reagiere und ihm gerecht werden müsse - durch andere Zielsetzungen würden die Möglichkeiten des Strafrechts, insbesondere auch des Jugendstrafrechts, überschätzt.[4]

1 Vgl. nur *Dölling*, Rechtsfolgen 2000, S. 181(182).
2 So *Dölling*, Rechtsfolgen 2000, S. 181(182).
3 Vgl. für viele *Dölling*, Rechtsfolgen 2000, S. 181(182).
4 Vgl. dazu auch *Ostendorf*, ZblJugR 1995, S. 1.

Dieses Verständnis wiederspricht dem gesellschaftspolitischen Trend der Zeit, wie er in Kapitel 7 aufgezeigt wurde, nämlich dem Ruf nach Verschärfung der Sanktionen und mehr Härte bei der Behandlung von jugendlichen Straftätern. *Viehmann* gibt einen anschaulichen Überblick über die gegenwärtige kriminalpolitische Stimmung in der Bundesrepublik.[5] Er ist, wie die überwiegende Zahl der Vertreter der jugendstrafrechtlichen Fachwelt, der Ansicht, daß sozial und jugendpolitisch reagiert und agiert werden müsse und die Bedingungen zu ändern seien, aus denen Kriminalität wachse.[6] Dabei weist er auf eine besondere Problematik in diesem Zusammenhang hin, nämlich die knappen finanziellen Mittel.[7]

Auch die letzten Jugendgerichtstage befassen sich zum überwiegenden Teil nicht mehr mit dem Jugendstrafrecht als solchem, sondern wenden sich immer mehr der Frage zu, welche neuen Herausforderungen an die Jugendkriminalrechtspflege, Politik und Gesellschaft zu stellen sind und auf welche Weise wirksam Prävention, Intervention und soziale Hilfe erfolgen kann. Zum Beispiel sehen die Teilnehmer des 23. Jugendgerichtstages einen massiven sozialpolitischen Handlungsbedarf.[8] Dabei wird die bestehende Gesetzeslage grundsätzlich als ausreichend angesehen.[9] Auch auf dem 24. Jugendgerichtstag steht die Sozialpolitik im Vordergrund, und die jugendstrafrechtlichen Möglichkeiten werden daran gemessen. Man wendet sich gegen die Verschärfung des Jugendstrafrechts und setzt auf eine Optimierung der Aufgaben der Jugendstrafrechtspflege durch die Auswahl von Jugendrichtern und Jugendstaatsanwälten nach dem gesetzlichen Gebot der erzieherischen Befähigung und Erfahrung, Aus- und Fortbildung und insbesondere durch eine angemessene personelle und sachliche Ausstattung von allen Institutionen der Jugendstrafrechtspflege und Jugendhilfe unter dem Stichwort „Ausbau statt Abbau!".[10] Gleichzeitig wird darauf hingewiesen, daß die Öffentlichkeit und die Politik die Möglichkeiten des Strafrechts, Kriminalität zu beeinflussen, überschätzten, denn mit dem Strafrecht ließen sich soziale Probleme nicht lösen.[11] Und schließlich stellt auch der 25. Jugendgerichtstag sozialpolitische Forderungen und ein Mehr an Prävention in den Vordergrund.[12] Dahinter treten die eher allgemein gehaltenen jugendstrafrechtlichen Reformforderungen

---

5 *Viehmann*, Jugendstrafrechtspolitik 1997, S. 651ff.
6 S. *Viehmann*, Jugendstrafrechtspolitik 1997, S. 651(659).
7 Nach seiner Ansicht werde die Rückkehr zu repressiver Freiheitsentziehung teurer, als die derzeit erforderliche Sozialpolitik, vgl. *Viehmann*, Jugendstrafrechtspolitik 1997, S. 651(660f.).
8 S. *Arbeitskreise*, 23. Jugendgerichtstag 1995, S. 755.
9 *Arbeitskreise*, 23. Jugendgerichtstag 1995, S. 755(768).
10 Vgl. nur *Arbeitskreise*, 24. Jugendgerichtstag 1998, S. 762(771).
11 So *Arbeitskreise*, 24. Jugendgerichtstag 1998, S. 762(771).
12 *Thesen*, 25. Jugendgerichtstag 2001, S. 1ff.

zurück, die sich im wesentlichen innerhalb der vorhandenen gesetzlichen Rahmenbedingungen bewegen und deren Verknüpfung mit den sozialpolitischen Aspekten unübersehbar ist.[13]

Wenn die vorliegende Arbeit eines verdeutlicht hat, dann ist es die Tatsache, daß das geltende Jugendgerichtsgesetz ein enormes Potential enthält, welches längst noch nicht ausgeschöpft ist und welches es zu aktivieren gilt. In der Vergangenheit ist es immer wieder gelungen, dem Jugendstrafrecht durch verstärkte Nutzung der Ressourcen neue Impulse zu geben. Teilweise wurden sogar nachträglich als „Reformen“ bezeichnete Neuerungen eingeführt, ohne daß es tatsächlich zu einer grundlegenden Umstrukturierung oder einer Gesetzesänderung gekommen ist. Bei der Bewältigung der Jugendkriminalität ist also nicht der Gesetzgeber gefragt, sondern der Normanwender, wobei immer zu beachten ist, daß das Jugendstrafrecht lediglich auf Kriminalität reagieren und erst dann eingreifen kann, wenn bereits die Schwelle zur Straffälligkeit überschritten worden ist.

Die Tendenz in der Entwicklung des Jugendstrafrechts geht dahin, sämtliche betroffenen Kräfte im Staat so zu motivieren, daß das Straffälligwerden von Jugendlichen und Heranwachsenden vermieden wird. Das Jugendstrafrecht soll also möglichst nicht zum Einsatz kommen. Diesem Bestreben ist uneingeschränkt zuzustimmen. Um wirksame Arbeit gegen die Ausweitung von Jugendkriminalität leisten zu können, muß im Leben des Jugendlichen zeitlich früher angesetzt werden. Dies kann letztlich nicht durch das Jugendstrafrecht, sondern nur durch andere Institutionen im Staat und eine umfassende soziale Kontrolle, die aber dem einzelnen Gelegenheit zur Entwicklung gibt, geleistet werden. Hier muß eine entsprechende Aufklärungsarbeit in der Gesellschaft geleistet und an den benötigten Mitteln darf nicht gespart werden. Es bedarf also der Reformen in der Sozialpolitik.

Bleibt die Hoffnung, daß sich die Tendenz zu Arbeitszielen konkretisiert und die Reformarbeit dann Früchte trägt.

---

13 Vgl. die *Thesen*, 25. Jugendgerichtstag 2001, S. 5f.

Literatur- und Quellenverzeichnis

Adam, Hansjörg / Albrecht, Hans-Jörg / Pfeiffer, Christian: Jugendrichter und Jugendstaatsanwälte in der Bundesrepublik Deutschland, Freiburg 1986.
(Zitiert: *Adam/Albrecht/Pfeiffer*, Jugendrichter und -staatsanwälte 1986)

Allmenröder, (ohne Vorn.): Das Jugendgericht in und nach der Hauptverhandlung, in: Verhandlungen des 1. Deutschen Jugendgerichtstags in Leipzig vom 15.-17.03.1909, hrsg. v. d. Deutschen Zentrale für Jugendfürsorge, Berlin/Leipzig 1909, S. 38-43.
(Zitiert: *Allmenröder*, 1. Jugendgerichtstag 1909)

Allmenröder, Karl: Die Tätigkeit des Frankfurter Jugendrichters, in: Das Jugendgericht in Frankfurt a.M., hrsg. v. Berthold Freudenthal, Berlin 1912, S. 1-18.
(Zitiert: *Allmenröder*, Jugendgericht 1912)

—*:* Straf- und Erziehungsmittel im einzelnen - ihre Anwendung und Organisation, in: Verhandlungen des 3. Deutschen Jugendgerichtstags in Frankfurt a.M. vom 10.-12.10.1912, hrsg. v. d. Deutschen Zentrale für Jugendfürsorge, Leipzig 1912, S. 67-77.
(Zitiert: *Allmenröder*, 3. Jugendgerichtstag 1912)

Anträge und Entschließung, in: Die Verhandlungen des 5. deutschen Jugendgerichtstages in Jena 1920 nebst den bisherigen Entwürfen für ein deutsches Jugendgerichtsgesetz, hrsg. v. d. Deutschen Zentrale für Jugendfürsorge, Berlin 1922, S. 72-74.
(Zitiert: *Anträge und Entschließung*, 5. Jugendgerichtstag 1920)

Appelius, (ohne Vorn.): Die Behandlung der verwahrlosten und verbrecherischen Jugend, in: Bericht der dritten Landesversammlung der Internationalen Kriminalistischen Vereinigung (Landesgruppe Deutsches Reich) am 07. u. 08.04.1893 zu Berlin, ZStW 13 (1893), S. 741-836.

Appelius, Hugo: Bericht der zweiten Landesversammlung der Gruppe Deutsches Reich, Halle a.S., den 25. und 26. März 1891, in: ZStW 11 (1891), Beilagenheft.

—*:* Die Behandlung jugendlicher Verbrecher und verwahrloster Kinder (verbd. mit dem Gesetzentwurf betr. die Bestrafung jugendlicher Verbrecher und verwahrloster jugendlicher Personen). Bericht der von der IKV (Gruppe Deutsches Reich) gewählten Kommission, Berlin 1892.
(Zitiert: *Appelius*, Behandlung jugendlicher Verbrecher 1892)

Arbeitskreis I: Entwicklungspsychologie (einschl. Probleme des § 105 JGG), in: Junge Volljährige im Kriminalrecht. Bericht über die Verhandlungen des 17. Deutschen Jugendgerichtstages in Saarbrücken vom 27.-30.09.1977, hrsg. v. d. DVJJ, München 1978, S. 215-219.
(Zitiert: *Arbeitskreis I*, 17. Jugendgerichtstag 1977)

Arbeitskreis IV: Thesen und Resolutionen in der von den Arbeitskreisen vorbereiteten und von den Teilnehmern des Kongresses am 20.09.1974 in Darmstadt beschlossenen Fassung, in: Jugendgerichtsbarkeit und Sozialarbeit. Bericht über die Verhandlungen des 16. Deutschen Jugendgerichtstages in Darmstadt vom 17.-20.09.1974, hrsg. v. d. DVJJ, Hamburg 1975, S. 210-216.
(Zitiert: *Arbeitskreis IV*, 16. Jugendgerichtstag 1974)

Arbeitskreis VI: Thesen zu Arbeitskreis VI: Weisungen, Auflagen und „Verpflichtungen", in: Junge Volljährige im Kriminalrecht. Bericht über die Verhandlungen des 17. Deutschen Jugendgerichtstages in Saarbrücken vom 27.-30.09.1977, hrsg. v. d. DVJJ, München 1978, S. 384-386.
(Zitiert: *Arbeitskreis VI*, 17. Jugendgerichtstag 1977)

—: Thesen zu Arbeitskreis VI: Der Jugendarrest als Erziehungsmaßnahme, in: Die jugendrichterliche Entscheidung - Anspruch und Wirklichkeit. Bericht über die Verhandlungen des 18. Deutschen Jugendgerichtstages in Göttingen vom 29.09.-03.10.1980, hrsg. v. d. DVJJ, München 1978, S. 323f.
(Zitiert: *Arbeitskreis VI*, 18. Jugendgerichtstag 1980)

Arbeitskreis VII: Thesen zu Arbeitskreis VII: Jugendarrest und Erziehungskurse, in: Junge Volljährige im Kriminalrecht. Bericht über die Verhandlungen des 17. Deutschen Jugendgerichtstages in Saarbrücken vom 27.-30.09.1977, hrsg. v. d. DVJJ, München 1978, S. 451-456.
(Zitiert: *Arbeitskreis VII*, 17. Jugendgerichtstag 1977)

—: Thesen zu Arbeitskreis VII: Nicht „ausgereizte" Maßnahmen im Jugendgerichtsgesetz, in: Die jugendrichterliche Entscheidung - Anspruch und Wirklichkeit. Bericht über die Verhandlungen des 18. Deutschen Jugendgerichtstages in Göttingen vom 29.09.-03.10.1980, hrsg. v. d. DVJJ, München 1978, S. 350-353.
(Zitiert: *Arbeitskreis VII*, 18. Jugendgerichtstag 1980)

—: Thesen zu Arbeitskreis VII: Mehr ambulante Maßnahmen: Mehr Hilfe oder mehr Kontrolle, in: Jugendgerichtsverfahren und Kriminalprävention. Bericht über die Verhandlungen des 19. Deutschen Jugendgerichtstages in Mannheim vom 03.10.-07.10.1983, hrsg. v. d. DVJJ, München 1984, S. 359.
(Zitiert: *Arbeitskreis VII*, 19. Jugendgerichtstag 1983)

Arbeitskreis VIII: Thesen zur Funktion der Verteidigung im Jugendstrafverfahren, in: Und wenn es künftig weniger werden ? - Die Herausforderung der geburtenschwachen Jahrgänge; Bericht über die Verhandlungen des 20. Deutschen Jugendgerichtstages in Köln vom 6.-10.10.1986, hrsg. v. d. DVJJ, München 1987, S. 345f.
(Zitiert: *Arbeitskreis VIII*, 20. Jugendgerichtstag 1986)

Arbeitskreis X c: Thesen des Arbeitskreises X c: Jugendarrest, in: Und wenn es künftig weniger werden - die Herausforderung der geburtenschwachen Jahrgänge. Bericht über die Verhandlungen des 20. Deutschen Jugendgerichtstages in Köln vom 06.-10.10.1986, hrsg. v. d. DVJJ, München 1987, S. 417f.
(Zitiert: *Arbeitskreis X c*, 20. Jugendgerichtstag 1986)

Arbeitskreise: Thesen und Ergebnisse der Arbeitskreise, in: Sozialer Wandel und Jugendkriminalität. Neue Herausforderungen für Jugendkriminalrechtspflege, Politik und Gesellschaft. Dokumentation des 23. Deutschen Jugendgerichtstages in Potsdam vom 23.-27.09.1995, hrsg. v. d. DVJJ, Bonn 1997, S. 755-781.
(Zitiert: *Arbeitskreise*, 23. Jugendgerichtstag 1995)

—: Thesen der Arbeitskreise, in: Kinder und Jugendliche als Opfer und Täter. Prävention und Reaktion. Dokumentation des 24. Deutschen Jugendgerichtstages in Hamburg vom 23.-27.09.1998, hrsg. v. d. DVJJ, Bonn 1999, S. 762-782.
(Zitiert: *Arbeitskreise*, 24. Jugendgerichtstag 1998)

Asbrock, Bernd: Plädoyer für ein Jungtäterrecht, in: ZRP 1977, S. 191(195).

Aschaffenburg, Gustav: Ein Jugendstrafgesetz, in: MSchrKrimPsych 1912/13, S. 234-238.

Aschrott, Paul Felix: Die Behandlung der verwahrlosten und verbrecherischen Jugend und Vorschläge zur Reform, Berlin 1892.
(Zitiert: *Aschrott*, Verbrecherische Jugend 1892)
AWO Bundesverband e. V (Hrsg.): Vorschläge für ein erweitertes Jugendhilferecht. Denkschrift der Arbeiterwohlfahrt zur Reform des Jugendwohlfahrtsrechts, des Jugendgerichtsgesetzes und der Vormundschaftsgerichte, Bonn 1967.
(Zitiert: *AWO*, Denkschrift 1967)
Axmann, Arthur: Zur Einführung des Jugendarrests. Abgekürzter Bericht über die Festsitzung der Akademie für Deutsches Recht am 06.11.1940 und die Jugendrichtertagung im Reichsjustizministerium am 07.11.1940, ohne Jahres- bzw. Ortsangabe, S. 35-42.
(Zitiert: *Axmann*, Jugendarrest 1940)
—: Jugendstrafrecht und Jugenderziehung, in: Deutsches Jugendrecht, hrsg. v. Reichsminister der Justiz, Reichsjugendführer der NSDAP und Jugendführer des Deutschen Reichs, Heft 4: Zum neuen Jugendstrafrecht, Berlin 1944, S. 17-25.
(Zitiert: *Axmann*, Dt. Jugendrecht, H. 4 (1944))
Ayass, Walter: Referentenentwurf zur Änderung des Jugendgerichtsgesetzes, in: BewHi 1988, S. 103-109.
—: Regierungsentwurf zur Änderung des Jugendgerichtsgesetzes, in: BewHi 1990, S. 117-123.
BAG: Leitfaden für die Anordnung und Durchführung der „Neuen Ambulanten Maßnahmen“ ('Mindeststandards`). Unveränderter Nachdruck der in 1991 und 1992 veröffentlichten Mindeststandards, in: Neue Ambulante Maßnahmen, hrsg. v. d. Bundesarbeitsgemeinschaft für ambulante Maßnahmen nach dem Jugendrecht in der DVJJ, Bonn 2000, S. 407-429.
(Zitiert: *BAG*, Mindeststandards 1991)
Balbier, Ralf-Werner: Brauchen wir ein neues Jugendstrafrecht?, in: DRiZ 1989, S. 404-409.
Becker, (ohne Vorn.): Zweifelsfragen aus dem Jugendgerichtsgesetz, in: NJW 1954, S. 335-337.
Becker, Walter u.a.: Zur Frage der Vor- und Ausbildung der Jugendrichter, in: RdJ 1955, S. 362-367.
(Zitiert: *Becker(/Verf.)*, RdJ 1955)
Becker, Walter: Jugendgericht und Öffentlichkeit, in: RdJ 1960, S. 70-74.
—: Jugendarrest und Erziehungskurs, in: MDR 1974, S. 106-111.
—: Brauchen wir ein Jungtäterrecht?, in: RdJB 1974, S. 129-136.
Behnke, Egon: Gedanken über die Rechtsformen der staatlichen Erziehung in Jugendfürsorge und Jugendstrafvollzug, in: ZblJugR 1933/34 (25. Jg.), S. 296-303.
Beijing-Grundsätze: Mindestgrundsätze der Vereinten Nationen für die Jugendgerichtsbarkeit, in: ZStW 99 (1987), S. 253-287.
Berckhauer, Friedhelm / Steinhilper, Gernot: Strafrechtlich verantwortlich erst ab 16?, in: ZRP 1981, S. 265-257.
Berent, Margarete: Weibliche Schöffen, in: Die Verhandlungen des 5. deutschen Jugendgerichtstages in Jena 1920 nebst den bisherigen Entwürfen für ein deutsches Jugendgerichtsgesetz, hrsg. v. d. Deutschen Zentrale für Jugendfürsorge, Berlin 1922, S. 54-58.
(Zitiert: *Berent*, 5. Jugendgerichtstag 1920)

Berliner Entwürfe, in: Stand und Neuordnung der Jugendgerichtsbarkeit. Bericht über die Berliner Tagung vom 22.-26.05.1949, hrsg. v. Hauptjugendamt von Groß-Berlin, Berlin 1949, S. 210-216.
(Zitiert: *Berliner Entwürfe*, Stand u. Neuordnung 1949)

Beulke, Werner: Funktionen der Verteidigung im Jugendstrafverfahren, in: Und wenn es künftig weniger werden ? - Die Herausforderung der geburtenschwachen Jahrgänge; Bericht über die Verhandlungen des 20. Deutschen Jugendgerichtstages in Köln vom 6.-10.10.1986, hrsg. v. d. DVJJ, München 1987, S. 328-337.
(Zitiert: *Beulke*, 20. Jugendgerichtstag 1986)

—*:* Wieviel Erziehung ist im Jugendstrafrecht möglich?, in: Toleranz - Erziehung - Strafe, Antworten auf Straftaten Jugendlicher, hrsg. v. Dieter Rössner, Hofgeismar 1989, S. 7-42.
(Zitiert: *Beulke*, Erziehung 1989)

Bietz, Hermann: Erziehung statt Strafe? Überlegungen zur Weiterentwicklung des Jugendkriminalrechts, in: ZRP 1981, S. 212-220.

Blau, Günter: Die Bedeutung der „Tat" im Jugendstrafrecht, in: MDR 1958, S. 731-734.

Bleek, Siegfried: Ein Entwurf eines Gesetzes über das Verfahren gegen Jugendliche, in: MSchrKrimPsych 1912/13, S. 490-497; S. 625f.

—*:* Die Aufgabe des Verteidigers im Jugendgericht, in: MSchrKrimPsych 1914, S. 238-241.

Blumenthal, Paul: Die strafrechtliche Behandlung der 18-21jährigen, in: ZblJugR 1927/28 (19. Jg.), S. 321f.

Bohnert, Joachim: Strafe und Erziehung im Jugendstrafrecht, in: JZ 1983, S. 517-523.

Boldt, Gottfried: Zur Einführung des Jugendarrests, in: DR 1940, S. 2033-2037.

—*:* Um den Jugendarrest, in: ZStW 59 (1940), S. 336-359.

Bondy, Curt / Braden, Jan / Cohen, Rudolf / Eyferth, Klaus: Jugendlichen stören die Ordnung. Bericht und Stellungnahme zu den Halbstarkenkrawallen, München 1957.
(Zitiert: *Bondy/Braden/Cohen/Eyferth*, Halbstarkenkrawalle 1957)

Borst, (ohne Vorn.): Reformfragen zum Jugendgerichtsgesetz. Eine Erwiderung, in: ZAkDtR 1939, S. 127f.

Borst, Kurt: Jugendarrest? Eine Kritik in: DJ 1939, S. 39-44.

Böttcher, Reinhard / Weber, Klaus: Erstes Gesetz zur Änderung des Jugendgerichtsgesetzes, in: NStZ 1990, S. 561-566; NStZ 1991, S. 7-11.

Bottke, Wilfried: Entwurf einer Teleologie des fairen Jugendstrafverfahrens, in: Verteidigung in Jugendstrafsachen; Symposium an der Kriminologischen Forschungsstelle der Universität zu Köln vom 26.-29.03.1987, hrsg. v. BMJ, Bonn 1987, S. 46-90.
(Zitiert: *Bottke*, 1. Kölner Symposium 1987)

Bresser, Paul H.: Jugendzurechnungsfähigkeit oder Strafmündigkeit?, in: ZStW 74 (1962), S. 579-594.

—*:* Noch immer: Die Problematik des § 105 JGG, in: Festschrift für Friedrich Schaffstein, hrsg. v. Gerald Grünwald, Olaf Miehe, Hans-Joachim Rudolphi und Hans-Ludwig Schreiber, Göttingen 1975, S. 323-332.
(Zitiert: *Bresser*, Festschrift für Schaffstein 1975)

Breymann, Klaus: DIVERSION - für wen eigentlich?, in: ZfJ 1985, S. 14-22.

Brunner, Rudolf: Der Jugendrichter - Anspruch und Möglichkeit, in: JR 1978, S. 499-503.

Bundesministerium der Justiz: Empfehlungen der Ad-hoc-Kommission „Diversion" der Jugend- und Justizministerkonferenz vom 05.02.1988, in: Diversion im deutschen Jugendstrafrecht, hrsg. v. Bundesministerium der Justiz, Bonn 1989, S. 11-43. (Zitiert: *Bundesministerium der Justiz*, Diversion 1988)
—*:* Mitteilung zum Gesetzentwurf zur Änderung des Jugendgerichtsgesetzes - Verabschiedung durch das Bundeskabinett - , in: ZfJ 1989, S. 483f.
Bundesministerium für Jugend, Familie und Gesundheit: Diskussionsentwurf eines Jugendhilfegesetzes, Bonn 1973. (Zitiert: *BMJFG*, DiskussionsE JHG 1973)
Bundesregierung: Antwort der Bundesregierung vom 11.12.1986 auf die Große Anfrage einzelner Abgeordneter und der Fraktion der SPD - Drucksache 10/5418 - Reform des Jugendgerichtsverfahrens, BT-Drucksache 10/6739, S. 1-169. (Zitiert: *Bundesregierung 1986*, BT-Drucksache 10/6739)
Burkhardt, Ehrenfried: Die rechtlichen Grenzen der Weisungen des Jugendgerichtsgesetzes, in: RdJ 1959, S. 177-181.
Busch, Max / Hartmann, Gunhild / Mehlich, Norbert: Forschungsvorhaben des Bundesministeriums der Justiz. „Soziale Trainingskurse im Rahmen des Jugendgerichtsgesetzes". Abschlußbericht, hrsg. v. Bundesministerium der Justiz, 3. Auf., Bonn 1986. (Zitiert: *Busch/Hartmann/Mehlich*, Soziale Trainingskurse 1986)
Bußmann, (ohne Vorn.): Stellungnahme zu dem Aufsatz von Haegert, RdJB 1969, S. 44-46, in: RdJB 1969, S. 109.
Calker, (ohne Vorn.) van: Gutachten über die Frage: Nach welchen Grundsätzen ist die Revision des Strafgesetzbuchs in Aussicht zu nehmen?, in: Verhandlungen des 26. Deutschen Juristentages, hrsg. v. d. Schriftführer-Amt der ständigen Deputation. Zweiter Band (Gutachten), Berlin 1902, S. 237-262. (Zitiert: *van Calker*, 26. Juristentag 1902)
Claussen, Hans: Der Erziehungsgedanke im Reichsjugendgerichtsgesetz von 1943, in: ZblJugR 1950, S. 77-83.
Clostermann, Ludwig: Der Jugendrichter, in: Die Durchführung des Jugendgerichtsgesetzes als Personenfrage, Bericht über die Verhandlungen des 7. deutschen Jugendgerichtstages in Stuttgart vom 8.-10.09.1927, hrsg. v. d. DVJJ, Berlin 1928, S. 40-59. (Zitiert: *Clostermann*, 7. Jugendgerichtstag 1927)
—*:* Gegenwärtiger Stand der Jugendgerichtsbarkeit in Westdeutschland, in: Stand und Neuordnung der Jugendgerichtsbarkeit. Bericht über die Berliner Tagung vom 22.-26.05.1949, hrsg. v. Hauptjugendamt von Groß-Berlin, Berlin 1949, S. 28-39. (Zitiert: *Clostermann*, Stand u. Neuordnung 1949)
Cohnitz, Wolf-Günter: Zur Verfassungsmäßigkeit von Erziehungsmaßregeln im Jugendgerichtsgesetz. Stellungnahmen zu dem vorhergehenden Aufsatz von Hellmer, in: RdJ 1955, S. 139-141.
—*:* Der Verteidiger in Jugendsachen, in: RdJ 1956, S. 196-198.
Cornel, Heinz: Geschichte des Jugendstrafvollzugs: Ein Plädoyer für seine Abschaffung, Weinheim Basel 1984. (Zitiert: *Cornel*, Jugendstrafvollzug 1984)
Crohne, (ohne Vorn.): Zur Einführung des Jugendarrests. Abgekürzter Bericht über die Festsitzung der Akademie für Deutsches Recht am 06.11.1940 und die Jugendrichtertagung im Reichsjustizministerium am 07.11.1940, ohne Jahres- bzw. Ortsangabe, S. 60-66. (Zitiert: *Crohne*, Jugendarrest 1940)

DBH (Deutsche Bewährungshilfe e.V.): DBH-Stellungnahme zum Referentenentwurf eines Ersten Gesetzes zur Änderung des Jugendgerichtsgesetzes (1. JGGÄndG), in: BewHi 1988, S. 240-248.
—*:* Aktuelle Lage, Umsetzungsprobleme und Handlungsbedarf, Dezember 1990, Zweites DBH-Memorandum zum Täter-Opfer-Ausgleich, in: BewHi 1991, S. 37-45.
Delitzsch, Winfried: Empfiehlt es sich, den Jugendschöffen durch einen ehrenamtlich tätigen Jugendfachrichter zu ersetzen?, in: MschrKrim 1979, S. 26-33.
Deutsche Zentrale für Jugendfürsorge (Hrsg.): Verhandlungen des 4. Deutschen Jugendgerichtstags, Kriegstagung der Deutschen Jugendgerichtshilfen vom 12.-14.04.1917, Berlin 1918.
(Zitiert: *Deutsche Zentrale*, Kriegstagung 1917)
Diehl, Elke: Der Verteidiger in Jugendsachen im Verhältnis zu anderen Verfahrensbeteiligten, in: ZRP 1984, S. 296-299.
Dietrich, Jürgen H.: Diversion: Für wen und durch wen?, in: Jugendstrafrechtsreform durch die Praxis - Informelle Reaktionen und neue ambulante Maßnahmen auf dem Prüfstand - Symposium vom 06.-09.10.1988 in der Universität Konstanz, hrsg. v. Bundesminister der Justiz, Bonn 1989, S. 108-117.
(Zitiert: *Dietrich*, Konstanzer Symposium 1988)
Dölling, Dieter: Rechtsprobleme der Jugendstrafrechtsreform durch die Praxis, in: Jugendstrafrechtsreform durch die Praxis - Informelle Reaktionen und neue ambulante Maßnahmen auf dem Prüfstand - Symposium vom 06.-09.10.1988 in der Universität Konstanz, hrsg. v. Bundesminister der Justiz, Bonn 1989, S. 243-264.
(Zitiert: *Dölling,* Konstanzer Symposium 1988)
—*:* Diversion im Jugendstrafrecht, Individualprävention und Strafzumessung. Ein Gespräch zwischen Strafjustiz und Kriminologie, hrsg. v. Jörg-Martin Jehle, Wiesbaden 1992, S. 323-331.
(Zitiert: *Dölling*, Diversion 1992)
—*:* Erziehung im Jugendkriminalrecht und Legalbewährung nach jugendstrafrechtlichen Sanktionen, in: RdJB 1993, S. 370-380.
—*:* Die Rechtsfolgen des Jugendgerichtsgesetzes, in: Das Jugendstrafrecht an der Wende zum 21. Jahrhundert. Symposium zum 80. Geburtstag von Dr. Rudolf Brunner am 17. Juni 2000 in Heidelberg, hrsg. v. Dieter Dölling, Berlin/New York 2001, S. 181-195.
(Zitiert: *Dölling*, Rechtsfolgen 2000)
Dörner, Christine: Erziehung durch Strafe. Die Geschichte des Jugendstrafvollzugs von 1871-1945, München/Weinheim 1991 (zugl. Diss. - Uni Oldenburg 1990).
(Zitiert: *Dörner*, Erziehung durch Strafe 1991)
—*:* Jugendkriminalpolitik im Dritten Reich am Beispiel der unbestimmten Verurteilung, in: MschrKrim 1991, S. 236-237.
—*:* Erziehung oder Strafe? Die Diskussion des Strafmündigkeitsalters bis zum JGG 1923, in: RdJB 1992, S. 144-157.
—*:* Bestrafung „Frühreifer" und Erziehung „Unreifer". Die Geschichte des Strafmündigkeitsalters in den drei deutschen Jugendgerichtsgesetzen von 1923, 1943 und 1953, in: ZNR 1994, S. 58-84.
Dühren, (ohne Vorn.) van: Die Erziehungsmaßregeln des Jugendgerichtsgesetzes, in: ZblJugR 1925/26 (17. Jg.), S. 77-82.
—*:* Die erzieherische Tätigkeit des Jugendrichters, in: Die erzieherische Beeinflussung straffälliger Jugendlicher. Referate der Tagung der Vereinigung für Jugendgerichte

und Jugendgerichtshilfen am 11. und 12.06.1926 zu Göttingen, Berlin 1927, S. 17-43.
(Zitiert: *van Dühren*, Jugendrichter 1927)

Dünkel, Frieder: Freiheitsentzug für junge Rechtsbrecher, Bonn 1990 (zugl. Habil.-Schr. - Uni Freiburg 1989).
(Zitiert: *Dünkel*, Freiheitsentzug 1990)

—*:* 20 Thesen zu einer Neukonzeption freiheitsentziehender Sanktionen im Jugendstrafrecht, in: Jugend im sozialen Rechtsstaat. Für ein neues Jugendgerichtsgesetz. Dokumentation des 22. Deutschen Jugendgerichtstages in Regensburg vom 26.-30.09.1992, hrsg. v. d. DVJJ, Bonn 1996, S. 609-619.
(Zitiert: *Dünkel*, 22. Jugendgerichtstag 1992)

DVJJ: Eingabe an das Reichsjustizministerium vom I. Februar 1929, in: ZStW 50 (1930), S. 658-665.

DVJJ e. V. (Hrsg.): Denkschrift über die Behandlung von kriminell stark gefährdeten jungen Tätern in Vollzugsanstalten, Göttingen 1970.
(Zitiert: *DVJJ*, Denkschrift 1970)

—*:* Denkschrift über die kriminalrechtliche Behandlung junger Volljähriger, Göttingen 1977.
(Zitiert: *DVJJ*, Denkschrift 1977)

DVJJ-Kommission: Für ein neues Jugendgerichtsgesetz. Vorschläge der DVJJ-Kommission zur Reform des Jugendkriminalrechts, in: DVJJ-Journal 1992, S. 4-39.

E 1912: Entwurf eines Gesetzes über das Verfahren gegen Jugendliche nebst Begründung, in: Verhandlungen des deutschen Reichstags, Drs. Nr. 576, Bd. 300, XIII. Leg.-Per., I. Session 1912.

E 1920: Entwurf eines Jugendgerichtsgesetzes, in: Entwurf eines Jugendgerichtsgesetzes und Entwurf eines Gesetzes über die beschränkte Auskunft aus dem Strafregister und Tilgung von Strafvermerken nebst Begründung, veröffentlicht auf Anordnung des Reichsjustizministeriums, Berlin 1920, S. 3-28.

E 1922: Entwurf eines Jugendgerichtsgesetzes, in: Verhandlungen des Reichstags, I. Wahlperiode 1920/22, Bd. 375, Anlage zu den Stenogr. Berichten Nr. 5171.
(Zitiert: *E 1922*, Verhandlungen des Reichstags)

E 1952: Entwurf eines Gesetzes zur Änderung des Reichsjugendgerichtsgesetzes nebst Begründung, in: Verhandlungen des Deutschen Bundestages, 1. Wahlperiode 1949, BT-Drs. Nr. 3264.
(Zitiert: *E 1952*, Verhandlungen des Bundestages)

E EGStGB 1929: Amtlicher Entwurf eines Einführungsgesetzes zum Allgemeinen Deutschen Strafgesetzbuch und zum Strafvollzugsgesetz, in: Verhandlungen des deutschen Reichstags, Drs. Nr. 2070, Bd. 442, IV. Wahlperiode 1928/30, Anlage zu den stenographischen Berichten.

Ehrhardt, Helmut: Die Frage der strafrechtlichen Behandlung der Heranwachsenden, in: UJ 1952, S. 371-373.

Eilsberger, Rupert: Die Hauptverhandlung aus der Sicht jugendlicher und heranwachsender Angeklagter, in: MschrKrim 1969, S. 304-313.

Eisenberg, Ulrich: Der Verteidiger im Jugendstrafverfahren, in: NJW 1984, S. 2913-2920.

—*:* Jugendarrest wegen schuldhafter Nichtbefolgung von Weisungen oder Auflagen, in: ZfJ 1989, S. 16-21.

Eisenhardt, Thilo: Die Wirkungen der kurzen Haft auf Jugendliche, 2. Aufl., Frankfurt a.M. 1980.
(Zitiert: *Eisenhardt*, Kurze Haft 1980)
—: Gutachten über den Jugendarrest, Klosters 1989.
(Zitiert: *Eisenhardt*, Jugendarrest 1989)
Elwert, (ohne Vorn.): Besonderheiten des Hauptverfahrens gegen Jugendliche, in: Verhandlungen des 2. Deutschen Jugendgerichtstags in München vom 19.09.-01.10.1910, hrsg. v. d. Deutschen Zentrale für Jugendfürsorge, Berlin/Leipzig 1911, S. 99-114.
(Zitiert: *Elwert*, 2. Jugendgerichtstag 1910)
Engelhard, Hans A. : Jugendstrafrecht - Erziehungsrecht oder Strafrecht?, in: ZfJ 1989, S. 22-24.
Entschließung I: in: Verhandlungen des 6. Deutschen Jugendgerichtstages in Heidelberg vom 17.-19.09.1924, hrsg. v. d. DVJJ, Berlin 1925, S. 56f.
(Zitiert: *Entschließung I*, 6. Jugendgerichtstag 1924)
—: in: Die Durchführung des Jugendgerichtsgesetzes als Personenfrage, Bericht über die Verhandlungen des 7. Deutschen Jugendgerichtstages in Stuttgart vom 8.-10.09.1927, hrsg. v. d. DVJJ, Berlin 1928, S. 127f.
(Zitiert: *Entschließung I*, 7. Jugendgerichtstag 1927)
Entwurf GVG/StPO 1909: Entwurf eines Gesetzes betreffend die Änderungen des GVG, einer StPO und eines zu beiden Gesetzen gehörenden Einführungsgesetzes von 1909, in: Verhandlungen des deutschen Reichstags, Drs. Nr. 1310, Bd. 254, 12. Leg.-Per., I. Session 1907/09.
Entwurf GVG/StPO 1914: Entwurf eines Gesetzes zur Änderung der GVG und der StPO, in: Verhandlungen des Reichstags, Anlage zu den Stenogr. Berichten Nr. 198, XIII. Leg.-Per., I. Session 1914, Bd. 298.
Entwurf StGB 1913: Entwurf zu einem deutschen Strafgesetzbuch der Strafrechtskommission (1913), in: Entwürfe zu einem Deutschen Strafgesetzbuch, veröffentlicht auf Anordnung des Reichsjustizministeriums, Erster Teil, Berlin 1920.
Entwurf StGB 1919: Entwurf zu einem deutschen Strafgesetzbuch von 1919, in: Entwürfe zu einem Deutschen Strafgesetzbuch, veröffentlicht auf Anordnung des Reichsjustizministeriums, Zweiter Teil, Berlin 1921.
Ewers, (ohne Vorn.): Schriftlicher Bericht des Ausschusses für Rechtswesen und Verfassungsrecht (23. Ausschuß) über den Entwurf eines Gesetzes zur Änderung des Reichsjugendgerichtsgesetzes - Nr. 3264 der Drucksachen -, in: Verhandlungen des Deutschen Bundestages, 1. Wahlperiode 1949, BT-Drs. Nr. 4437.
(Zitiert: *Ewers*, Bericht E 1952)
Exner, Franz: Die Verordnung zum Schutz gegen jugendliche Schwerverbrecher, in: ZStW 60 (1941), S. 335-350.
Felisch, (ohne Vorn.): Gesetzgeberischer Ausblick, in: Verhandlungen des 1. Deutschen Jugendgerichtstags in Leipzig vom 15. -17.03.1909, hrsg. v. d. Deutschen Zentrale für Jugendfürsorge, Berlin/Leipzig 1909, S. 85-99.
(Zitiert: *Felisch*, 1. Jugendgerichtstag 1909)
Felisch, Paul: Der Einfluß der Internationalen Kriminalistischen Vereinigung auf die Behandlung der Jugendlichen, in: Mitteilungen der IKV 21 (1914), Festband anläßlich des 25jährigen Bestehens der IKV, S. 366-388.
—: Ein deutsches Jugendgesetz, Berlin 1917.
(Zitiert: *Felisch*, Jugendgesetz 1917)

Feltes, Thomas: Jugendarrest - Renaissance oder Abschied von einer umstrittenen jugendstrafrechtlichen Sanktion?, in: ZStW 100 (1988), S. 158-183.
Fischer, (ohne Vorn.): Das Jugendgericht in und nach der Hauptverhandlung, in: Verhandlungen des 1. Deutschen Jugendgerichtstags in Leipzig vom 15.-17.03.1909, hrsg. v. d. Deutschen Zentrale für Jugendfürsorge, Berlin/Leipzig 1909, S. 30-37.
(Zitiert: *Fischer*, 1. Jugendgerichtstag 1909)
Fischer, Alexander: Strafmündigkeit und Strafwürdigkeit im Jugendstrafrecht, Frankfurt a. M. 2000 (zugl. Diss. - Uni Freiburg (Breisgau) 1999).
(Zitiert: *Fischer*, Strafmündigkeit 2000)
Foerster, Friedrich Wilhelm: Schuld und Sühne, München 1911.
(Zitiert: *Foerster*, Schuld und Sühne 1911)
—: Strafe und Erziehung - Sühne und Besserung, in: Verhandlungen des 3. Deutschen Jugendgerichtstags in Frankfurt a.M. vom 10.-12.10.1912, hrsg. v. d. Deutschen Zentrale für Jugendfürsorge, Leipzig 1913, S. 9-23.
(Zitiert: *Foerster*, 3. Jugendgerichtstag 1912)
Francke, (ohne Vorn.): Zum Entwurf eines Jugendgerichtsgesetzes, in: ZblJugR 1922/23 (14. Jg.), S. 211-213.
—: Die strafrechtliche Behandlung der über 18 Jahre alten Minderjährigen, in: ZStW 48 (1928), S. 588-603.
Frehsee, Detlev: Der Ungehorsamsarrest - repressive Antwort auf schwierige Fälle? Wege zu seiner Vermeidung, in: Mehrfach Auffällige - Mehrfach Betroffene. Erlebniswelten und Reaktionsformen. Dokumentation des 21. Deutschen Jugendgerichtstages in Göttingen vom 30.09.-04.10.1989, hrsg. v. d. DVJJ, Bonn 1990, S. 314-329.
(Zitiert: *Frehsee*, 21. Jugendgerichtstag 1989)
—: Strafreife - Reife des Jugendlichen oder Reife der Gesellschaft?, in: Festschrift für Horst Schüler-Springorum zum 65. Geburtstag, hrsg. v. Peter-Alexis Albrecht u.a., Köln/Berlin/Bonn/München 1993, S. 379-395.
(Zitiert: *Frehsee*, Festschrift für Schüler-Springorum 1993)
Freisler, Roland: Die rassebiologische Aufgabe bei der Neugestaltung des Jugendstrafrechts, in: MSchrKrimBiol 1939, S. 209-214.
—: Zur Einführung des Jugendarrests. Abgekürzter Bericht über die Festsitzung der Akademie für Deutsches Recht am 06.11.1940 und die Jugendrichtertagung im Reichsjustizministerium am 07.11.1940, ohne Jahres- bzw. Ortsangabe, S. 42-50.
(Zitiert: *Freisler*, Jugendarrest 1940)
—: Zur Handhabung des Jugendarrests, in: DJ 1940, S. 1405-1414.
Freudenthal, (o. Vorn.): Das erste deutsche Jugendgefängnis, in: DJZ 1913, Sp. 134-137.
Freudenthal, B.: Amerikanische Kriminalpolitik. Öffentlicher Vortrag auf der Versammlung der IKV, Landesgruppe Deutsches Reich ab 08.09.1906, in: ZStW 27 (1907), S. 121-141.
Freudenthal, Berthold: Denkschrift betr. die Errichtung eines Jugendgefängnisses, in: MSchrKrimPsych 1912/13, S. 577-580.
Fritschka, Peter: Überlegungen zur Veränderung des Rechtsfolgensystems im Jugendgerichtsgesetz, in: BewHi 1991, S. 282-287.
Gallas, Wilhelm: Strafe und Erziehung im Jugendstrafrecht, in: ZStW 56 (1937), S. 635-641.
Gerken, Jutta / Schumann, Karl F.: Stellungnahme zum Referentenentwurf (RefE) Erstes Gesetz zur Änderung des Jugendgerichtsgesetzes (1. JGGÄndG) Juli 1987. Wissenschaftliche Einheit Kriminalpolitikforschung - Arbeitsgruppe Jugendrecht, in: Ein

trojanisches Pferd im Rechtsstaat, hrsg. v. Jutta Gerken und Karl F. Schumann, Pfaffenweiler 1988, S. 137-147.
(Zitiert: *Gerken/Schumann*, RefE, 1988)

—: Ein trojanisches Pferd im Rechtsstaat. Der Erziehungsgedanke in der Jugendgerichtspraxis, in: Ein trojanisches Pferd im Rechtsstaat, hrsg. v. Jutta Gerken und Karl F. Schumann, Pfaffenweiler 1988, S. 1-10.
(Zitiert: *Gerken/Schumann* 1988)

Gleispach, Graf von (ohne Vorn.): Straf- und Erziehungsmittel im einzelnen - ihre Anwendung und Organisation, in: Verhandlungen des 3. Deutschen Jugendgerichtstags in Frankfurt a.M. vom 10.-12.10.1912, hrsg. v. d. Deutschen Zentrale für Jugendfürsorge, Leipzig 1912, S. 53-67.
(Zitiert: *Gleispach*, 3. Jugendgerichtstag 1912)

Göbel, Oswald: Grenzen jugendgerichtlicher Weisungen, in: NJW 1954, S. 15-16.

Haegert, Wilhelm: Einschaltung der Jugend in Jugendgerichtsbarkeit und Jugendbehörden, in: RdJB 1969, S. 44-46.

—: Jugendgerichtsbarkeit in der Krise, in: RdJB 1970, S. 175-177.

Hammerschlag, Heinz Erich: Die Erziehungsmaßregeln im Jugendgerichtsgesetz, Breslau 1927.
(Zitiert: *Hammerschlag*, Erziehungsmaßregeln 1927)

Hartung, Fritz: Die strafrechtliche Behandlung der Jugendlichen und Minderjährigen, in: Festgabe für Reinhard von Frank, Bd. 1, Tübingen 1930, S. 539-568.
(Zitiert: *Hartung*, Festschrift für v. Frank 1930)

Hauber, Rudolf: Das Bild vom Jugendrichter in der Entwicklung des Jugendkriminalrechts, in: ZblJugR 1977, S. 315-322.

—: Maßstäbe und Ausgestaltung eines Jugendrichterlichen Curriculums, in: ZblJugR 1978, S. 377-384.

—: Ist die Laienbeteiligung im Jugendstrafverfahren noch vertretbar?, in: ZblJugR 1978, S. 329-339.

—: Das Dilemma der Verteidigung jugendlicher Straftäter, in: RdJB 1979, S. 355-363.

Hauser, Harald: Der Jugendrichter - Idee und Wirklichkeit, Diss. jur., Göttingen 1980.
(Zitiert: *Hauser*, Diss. 1980)

—: Der Jugendrichter - Idee und Wirklichkeit, in: MschrKrim 1980, S. 1-19.

Heinen, Bert: Das System der ambulanten Erziehung junger Rechtsbrecher im Jugendrecht, in: Neue Wege zur Bekämpfung der Jugendkriminalität. Wiedergabe der Verhandlungen des 9. Deutschen Jugendgerichtstages in München am 08. und 09.10.1953, nebst einem kurzen Bericht über den 8. Deutschen Jugendgerichtstag in Bad Godesberg vom 20.-22.04.1950, hrsg. v. d. DVJJ, Köln/Berlin 1955, S. 149-163.
(Zitiert: *Heinen*, 9. Jugendgerichtstag 1955)

—: Die Gestaltung der Jugendgerichtsverhandlung im vereinfachten Verfahren, in: UJ 1957, S. 204-212.

Heinz, Wolfgang: Strategien der Diversion in der Jugendgerichtsbarkeit der Bundesrepublik Deutschland, in: RdJB 1984, S. 291-308.

—: Neue ambulante Maßnahmen nach dem Jugendgerichtsgesetz - Empirische Bestandsaufnahme und kriminalpolitische Perspektiven -, in: MschrKrim 1987, S. 129-154.

—: Jugendstrafrechtsreform durch die Praxis. Eine Bestandsaufnahme, in: Jugendstrafrechtsreform durch die Praxis - Informelle Reaktionen und neue ambulante Maßnah

men auf dem Prüfstand - Symposium vom 06.-09.10.1988 in der Universität Konstanz, hrsg. v. Bundesminister der Justiz, Bonn 1989, S. 13-44.
(Zitiert: *Heinz*, Konstanzer Symposium 1988)
—: Diversion im Jugendstrafverfahren, in: ZRP 1990, S. 7-11.
—: Regierungsentwurf zur Änderung des Jugendgerichtsgesetzes, in: RdJB 1990, S. 133-149.
—: Das Jugendstrafrecht auf dem Weg in das 21. Jahrhundert, in: JuS 1991, S. 896-900.
—: Das Erste Gesetz zur Änderung des Jugendgerichtsgesetzes (1. JGGÄndG), in: ZRP 1991, S. 183-189.
—: Abschied von der „Erziehungsideologie" im Jugendstrafrecht? Zur Diskussion über Erziehung und Strafe, in: RdJB 1992, S. 123-143.
Hellmer, Joachim: Zur Verfassungswidrigkeit von Erziehungsmaßregeln im Jugendgerichtsgesetz, in: RdJ 1955, S. 137-139.
—: Nochmals: Zur Verfassungswidrigkeit von Erziehungsmaßregeln im Jugendgerichtsgesetz, in: RdJ 1955, S. 235-236.
—: Erziehung und Strafe. Zugleich ein Beitrag zur jugendstrafrechtlichen Zumessungslehre, Berlin 1957.
(Zitiert: *Hellmer*, Erziehung und Strafe 1957)
—: Auswahl und Bemessung der Sanktionen im Jugendstrafrecht, in: RdJ 1967, S. 225-230.
—: Hat sich das Jugendstrafrecht bewährt?, in: ZblJugR 1973, S. 42-53.
Hellmer, Joachim u. a.: Zur Frage, ob im Jugendstrafverfahren die Mitwirkung eines Verteidigers notwendig ist, in: RdJ 1956, S. 198-204.
(Zitiert: *Hellmer(/Verf.)*, RdJ 1956)
Hellwig, Albert: Jugendgerichtsgesetz. Mit Einleitung und Erläuterungen, Berlin 1923.
(Zitiert: *Hellwig*, JGG 1923)
Hertz, Wilhelm: Vorschläge zum künftigen Jugendstrafrecht, in: Schriften des Ausschusses für Jugendgerichte und Jugendgerichtshilfen, hrsg. v. d. Deutschen Zentrale für Jugendfürsorge (e.V.), Heft 1, Berlin 1918, S. 24-39.
(Zitiert: *Hertz*, Vorschläge 1918)
—: Zum neuen Jugendstrafrecht, in: DJZ 1918, Sp. 90-93.
—: Zum Entwurf eines Jugendgerichtsgesetzes, in: ZblJugR 1922/23 (14. Jg.), S. 209-211.
Hinrichsen, Kurt: Heranwachsende und Jugendkriminalrecht, in: RdJ 1955, S. 44-48.
Hinz, Werner: Strafmündigkeit ab dem 12. Lebensjahr?, in: ZRP 2000, S. 107-114.
Hippel, Robert v.: Beiträge zur Geschichte der Freiheitsstrafe, in: ZStW 18 (1898), S. 419-494; S. 608-666.
Hirschberg, Hans Walter: Gegenwärtiger Stand der Jugendgerichtsbarkeit in Westdeutschland, in: Stand und Neuordnung der Jugendgerichtsbarkeit. Bericht über die Berliner Tagung vom 22.-26.05.1949, hrsg. v. Hauptjugendamt von Groß-Berlin, Berlin 1949, S. 180-188.
(Zitiert: *Hirschberg*, Stand u. Neuordnung 1949)
His, Rudolf: Das Strafrecht des deutschen Mittelalters, 1. Teil: Die Verbrechen und ihre Folgen im allgemeinen, Leipzig 1920.
(Zitiert: *His*, Strafrecht im Mittelalter 1920)
Höfner, Benedikt: Das Dilemma der Verteidigung jugendlicher Straftäter, in: RdJB 1979, S. 364-374.

Holzschuh, (ohne Vorn.): Die Praxis der ambulanten Erziehung junger Rechtsbrecher in Deutschland, in: Neue Wege zur Bekämpfung der Jugendkriminalität. Wiedergabe der Verhandlungen des 9. Deutschen Jugendgerichtstages in München am 08. und 09.10.1953, nebst einem kurzen Bericht über den 8. Deutschen Jugendgerichtstag in Bad Godesberg vom 20.-22.04.1950, hrsg. v. d. DVJJ, Köln/Berlin 1955, S. 165-179.
(Zitiert: *Holzschuh*, 9. Jugendgerichtstag 1955)

—: Die jugendrichterlichen Maßnahmen ohne Freiheitsentzug, in: Erstkriminalität und Frühkriminalität. Bericht über die Verhandlungen des 13. Deutschen Jugendgerichtstages in Münster vom 14.-16. Oktober 1965, hrsg. v. d. DVJJ, Hamburg 1966, S. 74-83.
(Zitiert: *Holzschuh*, 13. Jugendgerichtstag 1965)

Holzschuh, Karl: ...aber ihr klagt uns an. Ein Jugendrichter erzählt, Frankfurt a.M. 1957.
(Zitiert: *Holzschuh*, Jugendrichter 1957)

—: Geschichte des Jugendstrafrechts bis zum Ende des neunzehnten Jahrhunderts (unter besonderer Berücksichtigung der deutschen Entwicklung), Diss. jur., Mainz 1957.
(Zitiert: *Holzschuh*, Diss. 1957)

Höynck, Theresia / Sonnen, Bernd-Rüdeger: Jugendstrafrecht als Spielball im Prozeß politischer Meinungsbildung in: ZRP 2001, S. 245-250.

Hügel, Christine: Der Einstiegsarrest aus kriminologischer und praxisorientierter Sicht, in: BewHi 1987, S. 50-55.

IKV: Bericht der zweiten Landesversammlung der Gruppe Deutsches Reich, Halle a.S., den 25. und 26. März 1891, in: ZStW 11 (1891), Beilagenheft, S. 10ff.

IKV-Jahresversammlung: Erste Jahresversammlung der Internationalen kriminalistischen Vereinigung, in: ZStW 9 (1889), Beilagenheft, S. 25f.

IKV-Satzung: Satzungen der internationalen kriminalistischen Vereinigung, in: ZStW 9 (1889), Beilagenheft, S. 1-3.

Illchmann-Christ, (ohne Vorn.): Die 18 - 21jährigen Täter (Heranwachsende) und das Jugendgerichtsgesetz vom 4. August 1953. Ihre Kriminologie, ihre kriminalrechtliche Stellung und ihre Behandlung, in: Neue Wege zur Bekämpfung der Jugendkriminalität. Wiedergabe der Verhandlungen des 9. Deutschen Jugendgerichtstages in München am 08. und 09.10.1953, nebst einem kurzen Bericht über den 8. Deutschen Jugendgerichtstag in Bad Godesberg vom 20.-22.04.1950, hrsg. v. d. DVJJ, Köln/Berlin 1955, S. 36-77.
(Zitiert: *Illchmann-Christ*, 9. Jugendgerichtstag 1955)

Janssen, Helmut: Diversion: Entstehungsbedingungen, Hintergründe und Konsequenzen einer veränderten Strategie sozialer Kontrolle - oder: Es gibt viele zu packen, tun wir es ihnen an, in: Diversion statt Strafe? Probleme und Gefahren einer neuen Strategie strafrechtlicher Sozialkontrolle, hrsg. v. Hans-Jürgen Kerner, Heidelberg 1983, S. 15-54.
(Zitiert: *Janssen*, Diversion 1983)

Jung, (ohne Vorn.): Der Jugendstaatsanwalt, in: DJ 1944, S. 194-196.

Jung, Heike: Der Jugendarrest im jugend(straf)rechtlichen Sanktionensystem, in: JZ 1978, S. 621-625.

—: Die jugendrichterlichen Entscheidungen - Anspruch und Wirklichkeit, in: ZRP 1981, S. 36-45.

—: Zur Reform des Jugendstrafrechts - eine Zwischenbilanz, in: JuS 1992, S. 186-192.

Jung, Hermann: Wie steht es um den Jugendarrest?, in: RdJ 1957, S. 83-86.

Kahl, (ohne Vorn.): Berichterstatter auf dem 26. Deutschen Juristentag, in: Verhandlungen des 26. Deutschen Juristentages, hrsg. v. d. Schriftführer-Amt der ständigen Deputation. Dritter Band (Verhandlungen), Berlin 1903, S. 210-240.
(Zitiert: *Kahl*, 26. Juristentag 1902)

Kahlert, Christian: Verteidigung in Jugendstrafsachen, Heidelberg 1984.
(Zitiert: *Kahlert*, Verteidigung 1984)

Kaiser, Günther: Randalierende Jugend. Eine soziologische und kriminologische Studie über die sogenannten „Halbstarken", Heidelberg 1959.
(Zitiert: *Kaiser*, Randalierende Jugend 1959)

—: Zum Stand der Behandlungs- und Sanktionsforschung in der Jugendkriminologie, dargestellt am Beispiel des Jugendarrests, in: MschrKrim 1969, S. 16-28.

—: Jugendstrafrecht oder Jugendhilferecht, in: ZRP 1975, S. 212-217.

—: Möglichkeiten der Entkriminalisierung nach dem Jugendgerichtsgesetz im Vergleich zum Ausland, in: RdJB 1980, S. 266-278.

—: Der gegenwärtige Stand und die Möglichkeiten zur Fortentwicklung des Jugendstrafrechts, in: RdJB 1983, S. 346-358.

—: Zwanzig Jahre Jugendstrafrecht, in: RdJB 1997, S. 35-40.

—: Krise und Zukunft des Jugendstrafrechts, in: Entwicklungstendenzen und Reformstrategien im Jugendstrafrecht im europäischen Vergleich, hrsg. v. Frieder Dünkel, Anton van Kalmthout, Horst Schüler-Springorum, Mönchengladbach 1997, S. 539-563.
(Zitiert: *Kaiser*, Krise des Jugendstrafrechts 1997)

Kerner, Hans-Jürgen / Marks, Erich / Rössner, Dieter / Schreckling, Jürgen: Täter-Opfer-Ausgleich im Jugendstrafrecht, in: BewHi 1990, S. 169-176.

Keßler, (ohne Vorn.): Der Jugendverteidiger, in: DR 1940, S. 2038-2040.

Keßler, Edmund: Die besonderen Erziehungsmaßnahmen des Jugendgerichtsgesetzes, in: ZAkDtR 1938, S. 120-122.

—: Reformfragen zum Jugendgerichtsgesetz, in: ZAkDtR 1938, S. 838-841.

Kiesow, (ohne Vorn.): Zum Entwurf eines Jugendgerichtsgesetzes, in: ZblJugR 1922/23 (14. Jg.), S. 205-209.

Klein, (ohne Vorn.): Gutachten über die Frage: Die strafrechtliche Behandlung der jugendlichen Personen, in: Verhandlungen des 27. Deutschen Juristentages, hrsg. v. d. Schriftführer-Amt der ständigen Deputation. Erster Band (Gutachten), Berlin 1904, S. 97-136.
(Zitiert: *Klein*, 27. Juristentag 1904)

Knögel, Walter: Jugend, Jugendrichter und Jugendkriminalität, in: NJW 1958, S. 609-612.

Kohlhaas, Max: Zur Weitergeltung des § 20 JGG, in: UJ 1952, S. 166-168.

Kohlrausch, Eduard: Für das Jugendgericht. Gedanken über das künftige Jugendstrafrecht, in: ZStW 56 (1937), S. 459-484.

Köhne, Paul: Entwurf zu einem Reichsgesetz, betreffend die Ahndung und Verfolgung strafbarer Handlungen, welche von jugendlichen Personen begangen werden, nebst Begründung, Berlin 1908, in: Beiträge zur Reform des Strafprozesses, hrsg. v. Franz Adickes, P.F. Aschrott, Karl v. Lilienthal, Franz v. Liszt, Bd. I, Berlin 1909, S. 1-32.
(Zitiert: *Köhne*, E 1908)

—: Epilog zum Jugendgerichtsgesetz, in: DtStrafRZ 1914, Sp. 298-301.

Krall, (ohne Vorn.): Die praktische Handhabung des deutschen Jugendgerichtsgesetzes, in: Verhandlungen des 6. Deutschen Jugendgerichtstages in Heidelberg vom 17.-19.09.1924, hrsg. v. d. DVJJ, Berlin 1925, S. 20-31.
(Zitiert: *Krall*, 6. Jugendgerichtstag 1924)

Kreckl, F.: Fachliche Voraussetzungen persönlicher Hilfen, in: Möglichkeiten und Methoden der Behandlung in der Jugendkriminalrechtspflege. Bericht über die Verhandlungen des 15. Deutschen Jugendgerichtstags in Heidelberg vom 22.-24.09.1971, hrsg. v. d. DVJJ, Hamburg 1972, S. 61-70.
(Zitiert: *Kreckl*, 15. Jugendgerichtstag 1971)

Kreuzer, Arthur: Junge Volljährige im Kriminalrecht - aus juristisch-kriminologisch-kriminalpolitischer Sicht. Erweiterte und dokumentierte Fassung des Eröffnungsreferats zum 17. Deutschen Jugendgerichtstag, in: MschrKrim 1978, S. 1-21.

Krohne, (ohne Vorn.): Bericht der zweiten Landesversammlung der Gruppe Deutsches Reich, Halle a.S., den 25. und 26. März 1891, in: ZStW 11 (1891), Beilagenheft.

—: Berichterstatter auf dem 27. Deutschen Juristentag, in: Verhandlungen des 27. Deutschen Juristentages, hrsg. v. d. Schriftführer-Amt der ständigen Deputation. Vierter Band (stenographische Berichte), Berlin 1905, S. 655-663.
(Zitiert: *Krohne*, 27. Juristentag 1904)

Kuhlen, Lothar: Diversion im Jugendstrafverfahren, Heidelberg 1988.
(Zitiert: *Kuhlen*, Diversion 1988)

Kümmerlein, (ohne Vorn.): Jugend und Recht. Die Ergebnisse der Reichstagung des Sozialen Amts der Reichsjugendführung in München, in: DJ 1939, S. 167-174.

—: Vereinfachungsverordnung und Jugendstrafrechtspflege, in: DJ 1942, S. 602-601.

—: Vereinfachungen in der Jugendstrafrechtspflege, in: DJ 1945, S. 2-11.

Kümmerlein, Heinz: Wege zur Beschleunigung des Verfahrens in Jugendstrafsachen, in: Deutsches Jugendrecht, hrsg. v. Staatssekretär Dr. Roland Freisler, Heft 2: Gegenwartsfragen der Jugendrechtspraxis, Berlin 1942, S. 53-58.
(Zitiert: *Kümmerlein*, Dt. Jugendrecht, H. 2 (1942))

—: Ein Jahr Jugendarrest, in: DjD 1942, S. 12-21; 57-64.

—: Das neue Reichsjugendgerichtsgesetz, in: DJ 1943, S. 529-538; 553-564.

Kury, Helmut / Lerchenmüller, Hedwig: Diversion. Alternativen zu klassischen Sanktionsformen, Bochum 1981.
(Zitiert: *Kury/Lerchenmüller*, Diversion 1981)

Lackner, (ohne Vorn.): „Koreferat" zu Schaffstein, Die Heranwachsenden vor dem Jugendgericht. Erfahrungen und Forderungen, in: Die Rechtsbrüche der 18- bis 21jährigen Heranwachsenden. Ihre Kriminologie und ihre Behandlung. Bericht über die Verhandlungen des 10. Jugendgerichtstages in Marburg/Lahn vom 10.-13.10.1956, hrsg. v. d. DVJJ, Köln/Berlin 1959, S. 31-37.
(Zitiert: *Lackner*, 10. Jugendgerichtstag 1959)

Lange, Richard: Strafe und Erziehung im Jugendstrafrecht (Probleme der Strafrechtserneuerung, Eduard Kohlrausch zum 70. Geburtstag dargebracht, 1944), in: Weg und Aufgabe des Jugendstrafrechts, hrsg. v. Friedrich Schaffstein i.V.m. Olaf Miehe, Darmstadt 1968 (Nachdruck: 1975), S. 53-90.
(Zitiert: *Lange*, Strafe und Erziehung 1944)

Lange, Thomas: Der „Steglitzer Schülermordprozeß" 1928, in: „Mit uns zieht die neue Zeit." Der Mythos Jugend, hrsg. v. Thomas Koebner, Rolf-Peter Janz, Frank Trommler, Frankfurt a.M. 1985, S. 412-437.
(Zitiert: *Lange*, Schülermordprozeß 1928)

Lehmann, Walter: Reform des Jugendgerichtsgesetzes?, in: UJ 1965, S. 34f.
Lempp, (ohne Vorn.): Das Problem der Strafmündigkeit aus kinder- und jugendpsychiatrischer Sicht, in: RdJB 1972, S. 326-331.
Lempp, Reinhart: Jugendliche Straftäter zwischen Prävention und Sanktion, in: MschrKrim 1986, S. 237-243.
—*:* Probleme für den jugendpsychiatrischen Sachverständigen bei der Abgrenzung von Jugendlichen und Heranwachsenden, in: Drogendelinquenz, Jugendstrafrechtsreform, hrsg. v. Christel Frank und Gerhart Harrer, Berlin/Heidelberg/New York 1991, S. 227-235.
(Zitiert: *Lempp*, Jugendstrafrechtsreform 1991)
Liepmann, (ohne Vorn.): Unter welchen Voraussetzungen kann von Anklage, Strafurteil und Strafvollstreckung abgesehen werden?, in: Die Verhandlungen des 5. deutschen Jugendgerichtstages in Jena 1920 nebst den bisherigen Entwürfen für ein deutsches Jugendgerichtsgesetz, hrsg. v. d. Deutschen Zentrale für Jugendfürsorge, Berlin 1922, S. 29-37.
(Zitiert: *Liepmann*, 5. Jugendgerichtstag 1920)
Lilienthal, Karl v.: Der Entwurf eines Gesetzes über das Verfahren gegen Jugendliche, in: DJZ 1912, Sp. 1201-1207.
Liszt, Elsa v.: Bericht über die Sachverständigenkonferenz des Ausschusses für Jugendgerichte und Jugendgerichtshilfen der Deutschen Zentrale für Jugendfürsorge am 24./25. November 1922, in: ZblJugR 1922/23 (14. Jg.), S. 221-223.
Liszt, (ohne Vorn.) v.: Gutachten über die Frage: Nach welchen Grundsätzen ist die Revision des Strafgesetzbuchs in Aussicht zu nehmen?, in: Verhandlungen des 26. Deutschen Juristentages, hrsg. v. d. Schriftführer-Amt der ständigen Deputation. Erster Band (Gutachten), Berlin 1902, S. 259-302.
(Zitiert: *v. Liszt*, 26. Juristentag 1902)
—*:* Bericht der 13. Kommission über den Entwurf eines Gesetzes über das Verfahren gegen Jugendliche - Nr. 576 der Drucksachen -, in: Verhandlungen des Reichstags, Anlagen zu den Stenographischen Berichten, Nr. 1054, XIII. Leg.-Per., I. Session 1914, Bd. 302, S. 1733-1867 nebst Anlagen.
(Zitiert: *v. Liszt*, Bericht 13. Kommission 1913)
Liszt, Franz v.: Der Zweckgedanke im Strafrecht, in: ZStW 3 (1883), S. 1-47.
—*:* Die Kriminalität der Jugendlichen. Vortrag, gehalten auf der 72. Jahresversammlung der rheinisch-westfälischen Gefängnisgesellschaft am 18.10.1900, in: Strafrechtliche Aufsätze und Vorträge von Franz von Liszt, Bd. II, Berlin 1905, S. 331-335.
(Zitiert: *v. Liszt*, Kriminalität 1900)
Ludwig, Wolfgang: Soll die staatliche Zwangsbehandlung gegenüber abweichenden Gesellschaftsmitgliedern schon mit der Geburt beginnen? - Anmerkungen zu Weinschenk -, in: MschrKrim 1984, S. 170-175.
Mantler, (ohne Vorn.): Zusammenfassender Bericht über die Beratungen des Arbeitskreises I, in: Die Jugendkriminalrechtspflege als Personenfrage und als Aufgabe der Zusammenarbeit, Bericht über die Verhandlungen des 11. Deutschen Jugendgerichtstages in Berlin vom 22.-24.10.1959, hrsg. v. d. DVJJ, Köln/Berlin/Bonn/München 1962, S. 50-58.
(Zitiert: *Mantler*, 11. Jugendgerichtstag 1959)
Mantler, Herbert: Jugendarrest und Amnestie, in: UJ 1950, S. 44f.

Marks, Erich: Es geht auch ohne Anklage. Diversionsmöglichkeiten auf der Ebene der Staatsanwaltschaft im Rahmen des Jugendgerichtsgesetzes, in: ZblJugR 1982, S. 25-31.

Marks, Erich / Rössner, Dieter (Hrsg.): Täter-Opfer-Ausgleich. Vom zwischenmenschlichen Weg zur Wiederherstellung des Rechtsfriedens, Bonn 1989.
(Zitiert: *Marks/Rössner*, TOA 1989)

Marks, Erich / Schreckling, Jürgen: Anmerkungen zur aktuellen Lage und zum Handlungsbedarf im Bereich von Täter-Opfer-Ausgleich und Konfliktschlichtung, in: Täter-Opfer-Ausgleich. Vom zwischenmenschlichen Weg zur Wiederherstellung des Rechtsfriedens, hrsg. v. Erich Marks und Dieter Rössner, Bonn 1989, S. 545-558.
(Zitiert: *Marks/Schreckling*, TOA und Konfliktschlichtung 1989)

Mellwitz, Artur: Die Bestimmungen über den Jugendarrest nebst ergänzenden Vorschriften, Berlin/Leipzig/Wien 1942.
(Zitiert: *Mellwitz*, Bestimmungen über Jugendarrest 1942)

Merkle, Tobias / Newinger, Beate / Risse, Karen / Skrobanek, Irene: Vergleich der Reformvorschläge der DVJJ und der AWO zum Jugendkriminalrecht, in: DVJJ-Journal 1994, S. 11-18.

Messerer, Richard: Die Zukunft des Jugendgerichts, in: ZStW 56 (1937), S. 485-494.

—*:* Der Jugendrichter, in: UJ 1951, S. 2-6.

Meyer-Höger, Maria: Der Jugendarrest, Baden-Baden 1998 (zugl. Diss. Jur., Uni Münster 1996/97).
(Zitiert: *Meyer-Höger*, Jugendarrest 1998)

Mezger, (ohne Vorn.): Der jugendliche Schwerverbrecher, in: Deutsches Jugendrecht, hrsg. v. Reichsminister der Justiz, Reichsjugendführer der NSDAP und Jugendführer des Deutschen Reichs, Heft 4: Zum neuen Jugendstrafrecht, Berlin 1944, S. 83-94.
(Zitiert: *Mezger*, Dt. Jugendrecht, H. 4 (1944))

Middendorff, Wolf: Zur Verfassungsmäßigkeit von Erziehungsmaßregeln im Jugendgerichtsgesetz. Stellungnahmen zu dem vorhergehenden Aufsatz von Hellmer, in: RdJ 1955, S. 141-143.

—*:* Die Heranwachsenden und der Jugendrichter, in: RdJ 1956, S. 273- 276; S. 292f.

Miehe, Olaf: Die Bedeutung der Tat im Jugendstrafrecht. Zugleich ein Beitrag zur verfassungsrechtlichen Kritik der jugendrichterlichen Zumessung, Göttingen 1964.
(Zitiert: *Miehe*, Bedeutung der Tat 1964)

—*:* Die Anfänge der Diskussion über eine strafrechtliche Sonderbehandlung junger Täter, in: Weg und Aufgabe des Jugendstrafrechts, hrsg. v. Friedrich Schaffstein i.V.m. Olaf Miehe, Darmstadt 1968 (Nachdruck: 1975), S. 1-30.
(Zitiert: *Miehe*, Anfänge der Diskussion 1968)

—*:* Die neuere Entwicklung der Altersgruppenfrage im Strafrecht und Strafprozeßrecht, in: ZblJugR 1982, S. 82-92.

—*:* Erziehung unter dem Grundgesetz, in: Rechtsentwicklung unter dem Bonner Grundgesetz. Ringvorlesung der Juristischen Fakultät der Ruprecht-Karls-Universität Heidelberg aus Anlaß der 40. Wiederkehr des Inkrafttretens des Bonner Grundgesetzes, hrsg. von Reinhard Mußgnug, Heidelberg 1990, S. 249 - 269.
(Zitiert: *Miehe*, Erziehung unter dem Grundgesetz 1990)

—*:* Entwicklungstendenzen im Jugendstrafverfahren, in: Das Jugendstrafrecht an der Wende zum 21. Jahrhundert. Symposium zum 80. Geburtstag von Dr. Rudolf Brunner

am 17. Juni 2000 in Heidelberg, hrsg. v. Dieter Dölling, Berlin/New York 2001, S. 141-164.
(Zitiert: *Miehe*, Entwicklungstendenzen 2000)

Mitteilungen: Arbeitstagung der Deutschen Vereinigung für Jugendpsychiatrie - Bericht, in: MschrKrim 1955, S. 58-62.

Müller, (ohne Vorn.): Die praktische Handhabung des deutschen Jugendgerichtsgesetzes, in: Verhandlungen des 6. Deutschen Jugendgerichtstages in Heidelberg vom 17.-19.09.1924, hrsg. v. d. DVJJ, Berlin 1925, S. 3-20.
(Zitiert: *Müller*, 6. Jugendgerichtstag 1924)

Müller, Karl Friedrich Wilhelm: Zur Verfassungsmäßigkeit von Erziehungsmaßegeln im Jugendgerichtsgesetz. Stellungnahmen zu dem vorhergehenden Aufsatz von Hellmer, in: RdJ 1955, S. 143-145.

Neeße, Gottfried: Leitsätze für ein deutsches Jugendrecht, Stuttgart/Berlin 1938.
(Zitiert: *Neeße*, Leitsätze 1938)

Niedersächsische Landesregierung: Antwort der Niedersächsischen Landesregierung auf die Große Anfrage der Fraktion der FDP im Nieders. Landtag zu Jugendkriminalität und Reform des Jugendstrafrechts vom 14.1.1987 - LT-Drucksache 11/519, in: ZfJ 1987, S. 344-355.

Noppel, Constantin u.a.: Jugendzeit und Strafmündigkeit, in: ZblJugR 1927/28 (19. Jg.), S. 200-207; 227-231.
(Zitiert: *Noppel(/Verf.)*, ZblJugR 1927/28 (19. Jg.))

Nothacker, Gerhard: „Erziehungsvorrang" und Gesetzesauslegung im Jugendgerichtsgesetz. Eine systematisch-methodologische Analyse jugendstrafrechtlicher Rechtsanwendungsprinzipien, Berlin 1985.
(Zitiert: *Nothacker*, „Erziehungsvorrang" und Gesetzesauslegung 1985)

o. V.: Denkschrift des Deutschen Ausschusses für Jugendgerichte und Jugendgerichtshilfen betreffend den Gesetzentwurf über das Strafverfahren gegen Jugendliche, in: ZblJugR 1917/18 (9. Jg.), S. 175f.

—: Die strafrechtliche Behandlung der über 18 Jahre alten Minderjährigen, in: ZblJugR 1927/28 (19. Jg.), S. 106-108.

—: Ein Jugendrechtsausschuß bei der Akademie für Deutsches Recht, in: ZBlJugR 1934/35 (26. Jg.), S. 277-279.

Oetker, F.: Strafe und Erziehung nach den §§ 5, 6 des Jugendgerichtsgesetzes, in: GS 106 (1935), S. 94-106.

Ostendorf, Heribert: Wider die Verselbständigung des sog. Ungehorsamsarrestes zu einer zusätzlichen jugendgerichtlichen Sanktion, in: ZblJugR 1983, 563-576.

—: Die Pflichtverteidigung im Jugendstrafverfahren, in: StV 1986, S. 308-312.

—: Maßloses Erziehungsstrafrecht oder gebändigtes Präventionsstrafrecht, in: Beiträge zur Erziehung im Jugendkriminalrecht, hrsg. v. Michael Walter, Köln/Berlin/Bonn/München 1989, S. 91-110.
(Zitiert: *Ostendorf*, Erziehung 1989)

—: Das 1. Änderungsgesetz zum JGG - nur ein erster Schritt zur Reform des Jugendstrafrechts, in: RdJB 1992, S. 2-11.

—: Jugendstrafrecht am Scheideweg: Gegen eine Verschärfung des Jugendstrafrechts, in: RdJB 1994, S. 304-309.

—: Reform des Jugendarrests, in: MschrKrim 1995, S. 352-365.

—: Jugendstrafrecht und Straffälligenhilfe - Utopien und Perspektiven, in: ZblJugR 1995, S. 1-5.

Panka, Heinz: Zusammenfassender Bericht über die Verhandlungen des 8. Deutschen Jugendgerichtstages vom 20.-22.04.1950 in Bad Godesberg, in: Neue Wege zur Bekämpfung der Jugendkriminalität. Wiedergabe der Verhandlungen des 9. Deutschen Jugendgerichtstages in München am 08. und 09.10.1953, nebst einem kurzen Bericht über den 8. Deutschen Jugendgerichtstag in Bad Godesberg vom 20.-22.04.1950, hrsg. v. d. DVJJ, Köln/Berlin 1955, S. 247-257.
(Zitiert: *Panka*, Bericht 8. Jugendgerichtstag 1950)

Pelle, Leo: Nochmal „Zur Problematik des § 105 JGG" (zu Heft 6/1954, S. 261ff.), in: UJ 1954, S. 427f.

Pemerl, (ohne Vorn.): Strafe und Erziehungsmaßnahmen sowie deren Abgrenzung, in: Verhandlungen des 2. Deutschen Jugendgerichtstags in München vom 19.09.-01.10.1910, hrsg. v. d. Deutschen Zentrale für Jugendfürsorge, Berlin/Leipzig 1911, S. 127-145.
(Zitiert: *Pemerl*, 2. Jugendgerichtstag 1910)

Peters, Karl: Vorschläge zum Jugendstrafrecht, in: ZBlJugR 1935/36 (27. Jg.), S. 37-46.

—*:* Die Behandlung der Halberwachsenen im kommenden Strafrecht, in: ZStW 56 (1937), S. 495-522.

—*:* Das neue Jugendgerichtsgesetz (Verfahrensrechtlicher Teil), in: ZAkDtR 1944, S. 35-38.

—*:* Werdendes Jugendstrafrecht, Bonn 1947.
(Zitiert: *Peters*, Werdendes Jugendstrafrecht 1947)

—*:* Gegenwärtiger Stand der Jugendgerichtsbarkeit in Westdeutschland, in: Stand und Neuordnung der Jugendgerichtsbarkeit. Bericht über die Berliner Tagung vom 22.-26.05.1949, hrsg. v. Hauptjugendamt von Groß-Berlin, Berlin 1949, S. 90-106.
(Zitiert: *Peters*, Stand u. Neuordnung 1949)

—*:* Tendenzen der Jugendstrafrechtsreform, in: UJ 1965, S. 289-298.

—*:* Die Grundlagen der Behandlung junger Rechtsbrecher; Generalreferat auf dem 13. Dt. Jugendgerichtstag 1965, in: MschrKrim 1966, S. 49-62.

Pfeiffer, Christian: Jugendarrest - für wen eigentlich? Arrestideologie und Sanktionswirklichkeit, in: MschrKrim 1981, S. 28-25.

—*:* Ambulante Maßnahmen nach dem JGG, in: Neue ambulante Maßnahmen nach dem Jugendgerichtsgesetz - Erfahrungen und Perspektiven -. Bielefelder Symposium vom 22.-24.11.1984, hrsg. v. Bundesministerium der Justiz, 4. Aufl., Bonn 1992, S. 44-58.
(Zitiert: *Pfeiffer*, Bielefelder Symposium 1984)

—*:* Kriminalprävention im Jugendgerichtsverfahren: Jugendrichterliches Handeln vor dem Hintergrund des Brücke-Projekts, 2. Aufl., Köln/Berlin/Bonn/München 1989.
(Zitiert: *Pfeiffer*, Kriminalprävention 1989)

—*:* Unser Jugendstrafrecht - eine Strafe für die Jugend?, in: DVJJ-Journal 1991, S. 114-129.

Philipp, (ohne Vorn.): Die richterliche Verwarnung Jugendlicher, in: ZblJugR 1915/16 (7. Jg.), S. 279-281.

Pieplow, Lukas: Das deutsche Jugendgericht - ein Original und seine Vorbilder, in: Kriminologische Forschung in den 80er Jahren: Projektberichte aus der Bundesrepublik Deutschland, hrsg. v. Günter Kaiser, Helmut Kury und Hans-Jörg Albrecht, Freiburg 1988, S. 605-626.
(Zitiert: *Pieplow*, Deutsches Jugendgericht 1988)

—: Erziehung als Chiffre, in: Beiträge zur Erziehung im Jugendkriminalrecht, hrsg. v. Michael Walter, Köln/Berlin/Bonn/München 1989, S. 5-57.
(Zitiert: *Pieplow*, Erziehung 1989)
Plewig, Hans-Joachim: Zur Reform des Jugendarrests oder: Was man so alles über „kriminelle Jugendliche" weiß, in: MschrKrim 1980, S. 20-32.
Potrykus, Gerhard: Gerichtsverfassung, Zuständigkeit und Verfahren nach dem neuen Jugendgerichtsgesetz, in: ZblJugR 1953, S. 137-143; 237-243.
—: Kommentar zum Jugendgerichtsgesetz, 3. Aufl., Darmstadt 1954.
(Zitiert: *Potrykus*, JGG)
—: Neue Zweifelsfragen nach dem Jugendgerichtsgesetz, in: NJW 1954, S. 1349-1351.
—: Weitere Zweifelsfragen nach dem neuen Jugendgerichtsgesetz, in: NJW 1954, S. 821-824.
—: Zur Verfassungsmäßigkeit von Erziehungsmaßegeln im Jugendgerichtsgesetz. Stellungnahmen zu dem vorhergehenden Aufsatz von Hellmer, in: RdJ 1955, S. 145f.
—: Der Jugendrichter und die Anforderungen an seine Vorbildung, in: RdJ 1955, S. 361f.
—: Weitere Zweifelsfragen nach dem Jugendgerichtsgesetz 1953, in: NJW 1956, S. 654-658.
—: Streitfragen aus dem Jugendstrafrecht, in: UJ 1957, S. 355-363.
Radbruch, Gustav: Jugendgerichtsgesetz vom 16. Februar 1923 (RGBl. I S. 135). Mit Erläuterungen von Reichsjustizminister a. D. Prof. Dr. Gustav Radbruch, M. d. R., in: ZblJugR 1922/23 (14. Jg.), S. 249-264.
Radbruch, Jochen: Zur Reform der Verteidigung in Jugendstrafsachen, in: StV 1993, S. 553-558.
Raschke, Marie: Die strafrechtliche Behandlung der Kinder und Jugendlichen, 3. Aufl., Berlin 1904.
(Zitiert: *Raschke*, Strafrechtliche Behandlung 1904)
Ratsch, Wilhelm: Zur Reform des Jugendgerichtsgesetzes. Stellungnahme der Arbeitsgemeinschaft für Reform des Strafvollzugs, in: UJ 1952, S. 210-213.
RefE 1983: Referentenentwurf: Erstes Gesetz zur Änderung des Jugendgerichtsgesetzes (1. JGGÄndG) vom 18.11.1983, der Verf. in Kopie zur Verfügung gestellt vom Bundesministerium der Justiz.
RefE 1987: Referentenentwurf: Erstes Gesetz zur Änderung des Jugendgerichtsgesetzes (1. JGGÄndG) - Stand: Juli 1987 -, der Verf. in Kopie zur Verfügung gestellt vom Bundesministerium der Justiz.
RefE Sanktionensystem 2000: Referentenentwurf vom 08.12.2000, Gesetzentwurf der Bundesregierung: Entwurf eines Gesetzes zur Reform des Sanktionenrechts, veröffentlicht im Internet, homepage: www.bmj.bund.de, Stichwort „Gesetzgebungsvorhaben".
RegE 1989: Entwurf eines Ersten Gesetzes zur Änderung des Jugendgerichtsgesetzes (1. JGGÄndG), Bundestagsdrucksache 11/5829 v. 27.11.1989.
Reichskriminalstatistik 1882: Kriminalstatistik für das Jahr 1882, in: Statistik des Deutschen Reichs, hrsg. vom kaiserlichen statistischen Amt, Berlin 1883.
Riedel, Hermann: Zur Reform des Jugendgerichtsgesetzes, in: ZblJugR 1958, S. 25-37.
—: Zur Verfassungsmäßigkeit von Erziehungsmaßegeln im Jugendgerichtsgesetz. Stellungnahmen zu dem vorhergehenden Aufsatz von Hellmer, in: RdJ 1955, S. 146.
Rieß, P.: Der Verteidiger als Garant verfahrensrechtlicher Garantien gegenüber dem Erziehungsauftrag des Jugendstrafverfahrens, in: Verteidigung in Jugendstrafsachen.

Symposium an der Kriminologischen Forschungsstelle der Universität zu Köln vom 26.-29.03.1987, hrsg. v. BMJ, Bonn 1987, S. 40-46.
(Zitiert: *Rieß*, 1. Kölner Symposium 1987)

RiJGG: Richtlinien zum Jugendgerichtsgesetz vom 15.2.1955, in: Jugendgerichtsgesetz vom 4.8.1953 - BGBl. I S. 751 - und Richtlinien zum Jugendgerichtsgesetz (RiJGG) vom 15.2.1955. Amtliche Handausgabe, Hamburg/Berlin/Bonn 1955.
(Zitiert: *RiJGG* zu § x, Amtl. Handausgabe)

—: Richtlinien zum Reichsjugendgerichtsgesetz aufgrund der Jugendstrafrechtsverordnung vom 06.11.1943, RGBl. I, S. 635, AV des RJM vom 15.01.1944, Sonderveröffentlichung der DJ Nr. 30, 1944.
(Zitiert: *RiRJGG* zu § x, Sonderveröff. der DJ Nr. 30)

Riß, (ohne Vorn.): Das Jugendgericht im Vorverfahren, in: Verhandlungen des 1. Deutschen Jugendgerichtstags in Leipzig vom 15.-17.03.1909, hrsg. v. d. Deutschen Zentrale für Jugendfürsorge, Berlin/Leipzig 1909, S. 14-23.
(Zitiert: *Riß*, 1. Jugendgerichtstag 1909)

Riyadh-Richtlinie: Die Richtlinien der Vereinten Nationen für die Prävention von Jugendkriminalität. Text, in: ZStW 104 (1992), S. 176-189.

Roestel, Günther: Ist das Strafmündigkeitsalter für Jugendliche zu niedrig?, in: NJW 1956, S. 1383f.

—: Kann das Jugendgerichtsverfahren zugleich beschleunigt und erzieherisch wirksam gestaltet werden?, in: ZblJugR 1973, S. 77-82.

Rössner, Dieter: Wiedergutmachen statt übelvergelten. (Straf-)theoretische Begründung und Eingrenzung der kriminalpolitischen Idee, in: Täter-Opfer-Ausgleich. Vom zwischenmenschlichen Weg zur Wiederherstellung des Rechtsfriedens, hrsg. v. Erich Marks und Dieter Rössner, Bonn 1989, S. 7-41.
(Zitiert: *Rössner*, TOA 1989)

—: Täter-Opfer-Ausgleich und Konfliktverarbeitung - mehr als nur ein Diversionskonzept für Bagatellkriminalität?, in: Mehrfach Auffällige - Mehrfach Betroffene. Erlebniswelten und Reaktionsformen. Dokumentation des 21. Deutschen Jugendgerichtstages in Göttingen vom 30.09.-04.10.1989, hrsg. v. d. DVJJ, Bonn 1990, S. 490-504.
(Zitiert: *Rössner*, 21. Jugendgerichtstag 1989)

Roth, Andreas: Die Entstehung eines Jugendstrafrechts. Das Problem der strafrechtlichen Behandlung von Jugendlichen in der Zeit vor dem Ersten Weltkrieg, in: ZNR 1991, S. 17-40.

Rupprecht, (ohne Vorn.): Vor- und Ausbildung des Jugendrichters, in: Dt.StrafRZ 1914, Sp. 500-506.

Ruscheweyh, Herbert: Die Entwicklung des deutschen Jugendgerichts, in: Schriften des Ausschusses für Jugendgerichte und Jugendgerichtshilfen, hrsg. v. d. Deutschen Zentrale für Jugendfürsorge (E.V.), Heft 2, Weimar 1918.
(Zitiert: *Ruscheweyh*, Jugendgericht 1918)

Sach, Joachim: Die Jugend nicht überfordern..., in: RdJB 1969, S. 107-109.

—: Jugendrichterausbildung: Erzieherisch befähigt und in der Jugenderziehung erfahren?, in: RdJB 1969, S. 298-301.

Schaffstein, Friedrich: Die Erneuerung des Jugendstrafrechts, Berlin, ohne Jahrgangsangabe.
(Zitiert: *Schaffstein*, Erneuerung des Jugendstrafrechts)

—: Strafe und Erziehung im künftigen Jugendstrafrecht, in: DR 1936, S. 64-68.

—: Das Problem der Halberwachsenen im künftigen Strafrecht, in: DJ 1937, S. 347-351.

—: Zur jugendstrafrechtlichen Behandlung der Heranwachsenden. Die Problematik des § 105 JGG, in: NJW 1955, S. 1577-1581.
—: Die Heranwachsenden vor dem Jugendgericht. Erfahrungen und Forderungen, in: Die Rechtsbrüche der 18- bis 21jährigen Heranwachsenden. Ihre Kriminologie und ihre Behandlung. Bericht über die Verhandlungen des 10. Jugendgerichtstages in Marburg/Lahn vom 10.-13.10.1956, hrsg. v. d. DVJJ, Köln/Berlin 1959, S. 16-31; 158f. (Zitiert: *Schaffstein*, 10. Jugendgerichtstag 1959)
—: Die Behandlung der Heranwachsenden im künftigen Strafrecht (ZStW 74 (1962), S. 1-26), in: Weg und Aufgabe des Jugendstrafrechts, hrsg. v. Friedrich Schaffstein i.V.m. Olaf Miehe, Darmstadt 1968 (Nachdruck: 1975), S. 130-155. (Zitiert: *Schaffstein*, Heranwachsende 1962)
—: Die Jugendzurechnungsunfähigkeit in ihrem Verhältnis zur allgemeinen Zurechnungsfähigkeit, in: ZStW 77 (1965), S. 191-208.
—: Zur Problematik des Jugendarrests, in: ZStW 82 (1970), S. 853-895.
—: Jugendkriminologische Bemerkungen zur Verurteiltenstatistik 1972, in: MschrKrim 1974, S. 325-329.
—: Die strafrechtliche Verantwortlichkeit Heranwachsender nach Herabsetzung des Volljährigkeitsalters, in: MschrKrim 1976, S. 92-107.
—: Das vereinfachte Jugendverfahren. Ziele, Gesetz und Wirklichkeit, in: MschrKrim 1978, S. 313-323.
—: Zur Situation des Jugendrichters, in: NStZ 1981, S. 286-293.
—: Zum Funktionswandel des Jugendarrests, in: Gedächtnisschrift für Hilde Kaufmann, hrsg. v. Hans Joachim Hirsch, Günther Kaiser, Helmut Marquardt, Berlin/New York 1986, S. 393-408. (Zitiert: *Schaffstein*, Gedächtnisschrift Kaufmann 1986)
—: Strafmündigkeit ab 16 Jahren?, in: Festschrift für Horst Schüler-Springorum zum 65. Geburtstag, hrsg. v. Peter-Alexis Albrecht u.a.; Köln/Berlin/Bonn/München 1993, S. 371-378. (Zitiert: *Schaffstein*, Festschrift für Schüler-Springorum 1993)
Schaffstein, Friedrich / Beulke, Werner: Jugendstrafrecht. Eine systematische Darstellung, 13. Aufl., Stuttgart/Berlin/Köln 1998. (Zitiert: *Schaffstein/Beulke*, Jugendstrafrecht 1998)
Scheffler, Uwe: Legitimation und Funktion des Beschleunigungsprinzips im Jugendstrafrecht, in: RdJB 1981, S. 451-464.
Scheidt, (ohne Vorn.): Der Jugendrichter als Einzelrichter für straffällige Minderjährige im Alter von 18 - 20 Jahren, in: ZblJugR 1927/28 (19. Jg.), S. 13f.
Schilf, Werner: Der Jugendarrest im kommenden Jugendstrafrecht, Berlin 1941. (Zitiert: *Schilf*, Jugendarrest 1941)
Schirach, Baldur v.: Jugend vor dem Richter. Rede vor dem Jugendrechtsausschuß der Akademie für Deutsches Recht, gehalten am 13.03.1939, in: DjD 1939, S. 153-160.
Schlickum, Gunter: Verteidigung in Jugendsachen: Mithilfe zur Verurteilung?, in: StV 1981, S. 359-362.
Schlüchter, Ellen: Der Erziehungsgedanke als Leitbild der Verteidigung im Jugendstrafverfahren, in: Verteidigung in Jugendstrafsachen; Symposium an der Kriminologischen Forschungsstelle der Universität zu Köln vom 26.-29.03.1987, hrsg. v. BMJ, Bonn 1987, S. 29-40. (Zitiert: *Schlüchter*, 1. Kölner Symposium 1987)

—: De nihilo nihil - oder: Der Erziehungsgedanke im Jugendstrafrecht, in: Goltdammers Archiv für Strafrecht 1988, S. 106-128.
—: Wider die Entwurzelung des Jugendstrafrechts. Reformbestrebungen und Zweck des Jugendstrafrechts, in: ZRP 1992, S. 390-395.
Schmidhäuser; Hermann: Zur Frage des Jugendarrests, in: MschrKrimBiol 1939, S. 257-285.
Schmölder, (ohne Vorn.): Die verwahrlosten Kinder und die jugendlichen Verbrecher, in: GS 49 (1894), S. 157-210.
Schöch, Heinz: Dialogischer Verhandlungsstil - Erwartungen und Erfahrungen -, in: Die Jugendgerichtsverhandlung am „Runden Tisch", hrsg. v. Hans-Ludwig Schreiber, Heinz Schöch, Dieter Bönitz, Göttingen 1981, S. 19-43.
(Zitiert: *Schöch*, Verhandlung am Runden Tisch 1981)
—: Die Entdeckung der Verbrechensfurcht und die Erkundung der Vorstellungen und Erwartungen der Geschädigten als Forschungsgegenstand, in: Das Jugendkriminalrecht als Erfüllungsgehilfe gesellschaftlicher Erwartungen? (3. Kölner Symposium), hrsg. v. BMJ, Bonn 1995, S. 68-82.
(Zitiert: *Schöch*, 3. Kölner Symposium 1995)
—: Täter-Opfer-Ausgleich im Jugendrecht, in: RdJB 1999, S. 278-290.
Schoetensack, August: Bemerkungen über das Verfahren gegen Jugendliche im künftigen Strafrecht, in: GS 106 (1935), S. 156-159.
Schreiber, Hans-Ludwig: Die Hauptverhandlung nach dem Modell „Runder Tisch" - Utopie oder realisierbare Möglichkeit?, in: Die Jugendgerichtsverhandlung am „Runden Tisch", hrsg. v. Hans-Ludwig Schreiber, Heinz Schöch, Dieter Bönitz, Göttingen 1981, S. 1-18.
(Zitiert: *Schreiber*, Verhandlung am Runden Tisch 1981)
Schüler-Springorum,, Horst: Denkschrift über die Reform des Jugendgerichtsgesetzes im Rahmen der großen Strafrechtsreform, in: MschrKrim 1964, S. 1-23.
—: Die Jugendkriminalrechtspflege im Lichte der kriminologischen Forschung. Generalreferat auf dem 14. Dt. Jugendgerichtstag 1968, in: MschrKrim 1969, S. 1-16.
—: Zur aktuellen Diskussion über Strafe und Erziehung in der deutschen Jugendgerichtsbarkeit, in: Festschrift für Hanns Dünnebier, hrsg. v. Ernst-Walter Hanack, Peter Rieß und Günter Wendisch, Berlin/New York 1982.
(Zitiert: *Schüler-Springorum*, FS für Dünnebier 1982)
—: Die Richtlinien der Vereinten Nationen für die Prävention von Jugendkriminalität. Vorbemerkung, in: ZStW 104 (1992), S. 169-176.
Schüler-Springorum, Horst / Block, Kornelia: Zur Reform des Jugendstrafrechts in der Bundesrepublik Deutschland (Erstes JGG-Änderungsgesetz), in: Drogendelinquenz, Jugendstrafrechtsreform, hrsg. v. Christel Frank und Gerhart Harrer, Berlin/Heidelberg/New York 1991, S. 201-212.
(Zitiert: *Schüler-Springorum/Block*, Jugendstrafrechtsreform 1991)
Schultz, Anna: Der Entwurf zu einem Jugendgerichts-Notgesetz, in: MSchrKrimPsych 1914, S. 45-48.
Schultze, W.: Der Täter-Opfer-Ausgleich im Jugendstrafrecht, in: Jugendgerichtsverfahren und Kriminalprävention. Bericht über die Verhandlungen des 19. Deutschen Jugendgerichtstages in Mannheim vom 03.10.-07.10.1983, hrsg. v. d. DVJJ, München 1984, S. 387-394.
(Zitiert: *Schultze*, 19. Jugendgerichtstag 1983)

Schumann, Karl F.: Der „Einstiegsarrest" - Renaissance der kurzen Freiheitsstrafe im Jugendrecht?, in: ZRP 1984, S. 319-324.
Sell, Ludwig: Der Jugendrichter, in: RdJ 1956, S. 293-295.
Semrau, Michael / Kubink, Michael / Walter, Michael: Verteidigung junger Beschuldigter aus der Sicht von Rechtsanwälten, in: MschrKrim 1995, S. 34-41.
Sieverts, Rudolf: Das neue Reichsjugendgerichtsgesetz (Materieller Teil), in: ZAkDtR 1944, S. 5-8.
—: Der Entwurf eines Gesetzes zur Änderung des Jugendgerichtsgesetzes, in: UJ 1952, S. 252-256; 290-293; 327-332.
—: Einleitende Ausführungen des Vorsitzenden, in: Neue Wege zur Bekämpfung der Jugendkriminalität. Wiedergabe der Verhandlungen des 9. Deutschen Jugendgerichtstages in München am 08. und 09.10.1953, nebst einem kurzen Bericht über den 8. Deutschen Jugendgerichtstag in Bad Godesberg vom 20.-22.04.1950, hrsg. v. d. DVJJ, Köln/Berlin 1955, S. 28f.
(Zitiert: *Sieverts*, 9. Jugendgerichtstag 1955)
—: Die Erziehungsaufgabe des Jugendarrests, in: Kriminologie und Vollzug der Freiheitsstrafe, hrsg. v. Thomas Würtenberger, Stuttgart 1961, S. 150-172.
(Zitiert: *Sieverts*, Jugendarrest 1961)
—: Die „Große Strafrechtsreform" und das materielle Jugendkriminalrecht, in: MschrKrim 1961, S. 222-229.
Simonsohn, B.: Die Grundgedanken der „Denkschrift der Arbeiterwohlfahrt zur Reform des Jugendwohlfahrtrechtes, des Jugendgerichtsgesetzes und der Vormundschaftsgerichte", in: Die Jugendkriminalrechtspflege im Lichte der kriminologischen Forschung. Bericht über die Verhandlungen des 14. Deutschen Jugendgerichtstages in Braunschweig vom 03.-05. Oktober 1968, hrsg. v. d. DVJJ, Hamburg 1969, S. 138-144.
(Zitiert: *Simonsohn*, 14. Jugendgerichtstag 1968)
SPD: Thesen der SPD zur Reform des Jugendkriminalrechts, in: ZblJugR 1982, S. 60-68.
Stettner, Heinz: Um ein echtes Jugendgericht, in: RdJ 1954, S. 297-299.
Theek, Karl: Der Jugendverteidiger, in: DJugh 1940/41 (32. Jg.), S. 222-225.
Theißen, Rolf: Die informelle Verfahrenserledigung nach §§ 45, 47 JGG, in: ZfJ 1985, S. 285-291.
Thesen, in: „Jugend, Gesellschaft und Recht im neuen Jahrtausend; Blick zurück nach vorn". 25. Deutscher Jugendgerichtstag 2001 vom 28.09.-02.10.2001 in Marburg, veröffentlicht im Internet, homepage: www.dvjj.de/jugendgerichtstag2001.
(Zitiert: *Thesen*, 25. Jugendgerichtstag 2001).
Thierack, Georg: Dem neuen Jugendstrafrecht zum Geleit, in: Deutsches Jugendrecht, hrsg. v. Reichsminister der Justiz, Reichsjugendführer der NSDAP und Jugendführer des Deutschen Reichs, Heft 4: Zum neuen Jugendstrafrecht, Berlin 1944, S. 5-16.
(Zitiert: *Thierack*, Dt. Jugendrecht, H. 4 (1944))
Thiesmeyer, Heinrich: Jugendgerichtsgesetz und Strafrechtsreform, in: RdJB 1970, S. 33-40.
—: Die voraussichtliche Weiterentwicklung des Jugendstrafrechts, in: RdJB 1972, S. 339-343.
—: Stand und Entwicklung des Jugendstrafrechts im Hinblick auf seine Nahtstellen zum Jugendstrafvollzug, in: ZblJugR 1978, S. 7-29.
Ullrich, Hans: Jugendarrest - der ‚moderne Hexenhammer'?, in: UJ 1967, S. 30-34.
—: Zuviel Jugendarrest?, in: RdJ 1967, S. 244-246.

—: Minderjährige Jugendschöffen?, in: RdJB 1969, S. 303f.
Unterkommission I: Ergebnisse der Unterkommission I: Entkriminalisierung, in: Jugend im sozialen Rechtsstaat. Für ein neues Jugendgerichtsgesetz. Dokumentation des 22. Deutschen Jugendgerichtstages in Regensburg vom 26.-30.09.1992, hrsg. v. d. DVJJ, Bonn 1996, S. 212-229.
(Zitiert: *Unterkommission I*, 22. Jugendgerichtstag 1992)
Unterkommission II: Ergebnisse der Unterkommission II: Ermittlungsverfahren/Diversion, in: Jugend im sozialen Rechtsstaat. Für ein neues Jugendgerichtsgesetz. Dokumentation des 22. Deutschen Jugendgerichtstages in Regensburg vom 26.-30.09.1992, hrsg. v. d. DVJJ, Bonn 1996, S. 282-295.
(Zitiert: *Unterkommission II*, 22. Jugendgerichtstag 1992)
Unterkommission III: Ergebnisse der Unterkommission III: Jugendverfahren, in: Jugend im sozialen Rechtsstaat. Für ein neues Jugendgerichtsgesetz. Dokumentation des 22. Deutschen Jugendgerichtstages in Regensburg vom 26.-30.09.1992, hrsg. v. d. DVJJ, Bonn 1996, S. 456-467.
(Zitiert: *Unterkommission III*, 22. Jugendgerichtstag 1992)
Unterkommission IV: Ergebnisse der Unterkommission IV: Rechtsfolgensystem, in: Jugend im sozialen Rechtsstaat. Für ein neues Jugendgerichtsgesetz. Dokumentation des 22. Deutschen Jugendgerichtstages in Regensburg vom 26.-30.09.1992, hrsg. v. d. DVJJ, Bonn 1996, S. 514-542.
(Zitiert: *Unterkommission IV*, 22. Jugendgerichtstag 1992)
Viehmann, Horst: Anmerkungen zum Erziehungsgedanken im Jugendstrafrecht aus rechtschaffender Sicht, in: Beiträge zur Erziehung im Jugendkriminalrecht, hrsg. v. Michael Walter, Köln/Berlin/Bonn/München 1989, S. 111-133.
(Zitiert: *Viehmann*, Erziehung 1989)
Viehmann, Horst: Die Reform des Jugendkriminalrechts in der Bundesrepublik Deutschland, in: FuR 1991, S. 256-262.
—: Statt Verschärfung des Jugendstrafrechts: Verbesserung der Lebenslagen - In der Jugendstrafrechtspolitik droht der Verlust der Rationalität -, in: Entwicklungstendenzen und Reformstrategien im Jugendstrafrecht im europäischen Vergleich, hrsg. v. Frieder Dünkel, Anton van Kalmthout, Horst Schüler-Springorum, Mönchengladbach 1997, S. 651-661.
(Zitiert: *Viehmann*, Jugendstrafrechtspolitik 1997)
—: Die Kriminalität der Jugendlichen in der aktuellen politischen Diskussion des Jahres 1997, in: ZfJ 1997, S. 437-440.
Vins, Wilhelm: Weisungen und Pflichten. Von den Grenzen richterlicher Freiheit und Verantwortung, in: UJ 1955, S. 97-104.
Vorentwurf StGB: Vorentwurf zu einem Deutschen Strafgesetzbuch nebst Begründung. Bearbeitet von der hierzu bestellten Sachverständigen-Kommission. Veröffentlicht auf Anordnung des Reichs-Justizamtes, Berlin 1909.
(Zitiert: *Vorentwurf StGB*, Reichs-Justizamt 1909)
Vornefeld, (ohne Vorn.): Die Jugendkriminalität im Weltkrieg, in: DJ 1939, S. 1862-1864.
—: Auf dem Wege zu einem neuen Jugendstrafrecht, in: DJ 1940, S. 1205-1209.
Voß, M. : Die ambulanten Maßnahmen auf dem Prüfstand: Mehr Hilfe oder mehr Kontrolle im Jahr 1984?, in: Jugendgerichtsverfahren und Kriminalprävention. Bericht

über die Verhandlungen des 19. Deutschen Jugendgerichtstages in Mannheim vom 03.-07.10.1983, hrsg. v. d. DVJJ, München 1984, S. 341-358.
(Zitiert: *Voß*, 19. Jugendgerichtstag 1983)

Wagler, Kai Michael: Probleme der Verteidigung in Jugendstrafverfahren, Diss. jur., München 1988.
(Zitiert: *Wagler*, Diss. 1988)

Waldeck, Manfred: Der Jugendrichter. Gedanken eines Psychologen, in: RdJ 1956, S. 216f.; S. 232f.; RdJ 1957, S. 87-89.

Walter, Michael: Zum Diskussionsentwurf eines Jugendhilfegesetzes. Stellungnahme der DVJJ e.V., in: ZblJugR 1974, S. 41-53.

—: Stellung und Bedeutung des Strafverteidigers im jugendkriminalrechtlichen Verfahren, in: NStZ 1987, S. 481-486.

—: Der Strafverteidiger im Jugendkriminalrecht, in: Verteidigung in Jugendstrafsachen; Symposium an der Kriminologischen Forschungsstelle der Universität zu Köln vom 26.-29.03.1987, hrsg. v. BMJ, Bonn 1987, S. 11-28.
(Zitiert: *Walter*, 1. Kölner Symposium 1987)

—: Über die Bedeutung des Erziehungsgedankens für das Jugendkriminalrecht, in: Beiträge zur Erziehung im Jugendkriminalrecht, hrsg. v. Michael Walter, Köln/Berlin/Bonn/München 1989, S. 59-89.
(Zitiert: *Walter*, Erziehung 1989)

Webler, (ohne Vorn.): Zur Neuordnung des Jugendstrafrechts, in: DJugh 1938/39 (30. Jg.), S. 339-341.

—: Zum Jugendarrest, in: DJugh 1940/41 (32. Jg.), S. 132-134.

Webler, Heinrich: Wider das Jugendgericht. Eine Streitschrift, Berlin 1929.
(Zitiert: *Webler*, Wider das Jugendgericht 1929)

—: Vorschläge zum Jugendstrafrecht, in: ZBlJugR 1935/36 (27. Jg.), S. 47-52.

Weil, Klaus / Wilde, Ricarda: Der Jugendrichter im Jugendstrafverfahren, in: ZblJugR 1983, S. 497-500.

Weinschenk, Curt: Beginnt die Schuldfähigkeit wirklich erst mit der Vollendung des 14. Lebensjahres?, in: MschrKrim 1984, S. 15-25.

Welker, August: Die Stellung jugendlicher Täter in älteren deutschen Strafgesetzen, in: RdJB 1969, S. 306-309.

Wellstein, (ohne Vorn.): Der Entwurf eines Gesetzes über das Verfahren gegen Jugendliche in der Kommission des Reichstags, in: MSchrKrimPsych 1914, S. 193-216.

Wenke, Hans: Junge Menschen im Spannungsfeld von Recht und Erziehung, in: Die Jugendkriminalrechtspflege als Personenfrage und als Aufgabe der Zusammenarbeit. Bericht über die Verhandlungen des 11. Deutschen Jugendgerichtstages in Berlin vom 22.-24. Oktober 1959, hrsg. v. d. DVJJ, Köln/Berlin/Bonn/München 1962, S. 17-41.
(Zitiert: *Wenke*, 11. Jugendgerichtstag 1959)

Weyel, Frank: Was bringt uns das neue Jugendstrafrecht?, in: ZfJ 1990, S. 566-568.

Winkler, (ohne Vorn.): Die Einigungsstelle für Jugendliche, in: Deutsche Jugendgerichtsarbeit 1917, S. 41-43.
(Zitiert: *Winkler*, Dt. Jugendgerichtsarbeit 1917)

Wolf, Gerhard: Strafe und Erziehung nach dem Jugendgerichtsgesetz, Marburg 1984.
(Zitiert: *Wolf*, Strafe und Erziehung 1984)

Wolff, Jörg: Die Entwicklung der Gesetzgebung im Jugendstrafrecht, in: ZfRSoz 1986, S. 123-142.

—: Jugend und Strafrecht im Nationalsozialismus, in: ZNR 1991, S. 41-66.

—: Jugendliche vor Gericht im Dritten Reich. Nationalsozialistische Jugendstrafrechtspolitik und Justizalltag, München 1992.
(Zitiert: *Wolff*, Jugendliche im Dritten Reich)

—: Jugendstrafrecht im Dritten Reich, in: Jugend im sozialen Rechtsstaat. Für ein neues Jugendgerichtsgesetz. Dokumentation des 22. Deutschen Jugendgerichtstages in Regensburg vom 26.-30.09.1992, hrsg. v. d. DVJJ, Bonn 1996, S. 644-659.
(Zitiert: *Wolff*, 22. Jugendgerichtstag 1992)

Wolff, Jörg / Dörner, Christine: Jugendstrafrecht zwischen Weimar und Nationalsozialismus, in: RdJB 1990, S. 54-66.

Wolff, Jörg / Egelkamp, Margreth / Mulot, Tobias: Das Jugendstrafrecht zwischen Nationalsozialismus und Demokratie: Die Rückkehr der Normalität, Baden-Baden 1997.
(Zitiert: *Wolff/Egelkamp/Mulot*, Zwischen Nationalsozialismus u. Demokratie)

Zentralblatt: Die praktische Bewährung des Jugendgerichtsgesetzes. Eine Umfrage, in: ZblJugR 1923/24 (15. Jg.), S. 125-128; 150-153; 185-187.
(Zitiert: *Zentralblatt/Verf.*, ZblJugR 1923/24 (15. Jg.))

Zieger, Matthias: Verteidiger in Jugendstrafsachen - Erfahrungen und Empfehlungen, in: StV 1982, S. 305-313.

—: Zum Referentenentwurf eines Ersten Gesetzes zur Änderung des Jugendgerichtsgesetzes (JGGE), Juli 1987, in: StV 1988, S. 308-312.

SCHRIFTEN ZUM STRAFRECHT UND STRAFPROZESSRECHT

Herausgegeben von Manfred Maiwald

Band 1 Christian-Peter Frees: Die steuerrechtliche Selbstanzeige. Zur kriminalpolitischen Zweckmäßigkeit des § 371 AO. 1991.

Band 2 Norbert Joachim: Der Hörensagenbeweis im Strafverfahren. 1991.

Band 3 Alfred A. Göbel: Die Einwilligung im Strafrecht als Ausprägung des Selbstbestimmungsrechts. 1991.

Band 4 Karl-Heinz Vehling: Die Abgrenzung von Vorbereitung und Versuch. 1991.

Band 5 Heiko Hartmut Lesch: Das Problem der sukzessiven Beihilfe. 1992.

Band 6 Dirk Schwerdtfeger: Besondere persönliche Unrechtsmerkmale. 1992.

Band 7 Stefan Göhring: Polizeiliche Kontrollstellen und Datenverarbeitung. § 163 d StPO und novellierte Polizeigesetze der Länder zwischen Strafverfolgung, Gefahrenabwehr und vorbeugender Straftatenbekämpfung. 1992.

Band 8 Werner Kemper: Horizontale Teilrechtskraft des Schuldspruchs und Bindungswirkung im tatrichterlichen Verfahren nach der Zurückverweisung. §§ 353, 354 Abs. 2 StPO. 1993.

Band 9 Ovvadias Namias: Die Zurechnung von Folgeschäden im Strafrecht. 1993.

Band 10 Jan Zopfs: Unfallflucht bei eindeutiger Haftungslage? Unverzüglichkeitsgebot und Wahlmöglichkeit in § 142 Abs. 2 und 3 StGB. 1993.

Band 11 Stefan Hiebl: Ausgewählte Probleme des Akteneinsichtsrechts nach § 147 StPO. 1994.

Band 12 Ralf Krack: List als Straftatbestandsmerkmal. Zugleich ein Beitrag zu Täuschung und Irrtum beim Betrug. 1994.

Band 13 Henning Radtke: Zur Systematik des Strafklageverbrauchs verfahrenserledigender Entscheidungen im Strafprozeß. 1994.

Band 14 Bernd J. A. Müssig: Schutz abstrakter Rechtsgüter und abstrakter Rechtsgüterschutz. Zu den materiellen Konstitutionskriterien sog. Universalrechtsgüter und deren normentheoretischem Fundament – am Beispiel der Rechtsgutsbestimmung für die §§ 129, 129a und 324 StGB. 1994.

Band 15 Heinz Koriath: Über Beweisverbote im Strafprozeß. 1994.

Band 16 Burkhard Niepoth: Der untaugliche Versuch beim unechten Unterlassungsdelikt. 1994.

Band 17 Karsten Altenhain: Die Strafbarkeit des Teilnehmers beim Exzeß. 1994.

Band 18 Ina Walbaum: Schuldspruch in der Revisionsinstanz nach freisprechendem Urteil des Tatgerichts. 1996.

Band 19 Birgit Dalbkermeyer: Der Schutz des Beschuldigten vor identifizierenden und tendenziösen Pressemitteilungen der Ermittlungsbehörden. 1994.

Band 20 Thomas Hackner: Der befangene Staatsanwalt im deutschen Strafverfahrensrecht. 1995.

Band 21 Hartmut Loritz: Kritische Betrachtungen zum Wert des strafprozessualen Zwischenverfahrens. 1996.

Band 22 Heinz-Hermann Berghof: Therapie und Strafe im Betäubungsmittelrecht. Recht und Wirklichkeit der Behandlung Drogenabhängiger unter besonderer Berücksichtigung der §§ 35 ff BtMG. 1995.

Band 23 Oliver Mertens: Strafprozessuale Grundrechtseingriffe und Bindung an den Wortsinn der ermächtigenden Norm. 1996.

Band 24 Sönke Bahnsen: Das Akteneinsichtsrecht der Verteidigung im Strafverfahren. Dogmatische Grundlagen und Einzelprobleme im Lichte einer rechtsstaatlichen Verfahrensgestaltung. 1996.

Band 25 Dirk Schwieger: Der Vorteilsbegriff in den Bestechungsdelikten des StGB. 1996.

Band 26 Stephanie Meinecke: Die Auswirkungen von Verfahrensfehlern auf die Strafbarkeit nach den Aussagedelikten. 1996.

Band 27 Ute Lambrecht: Strafrecht und Disziplinarrecht. Abhängigkeiten und Überschneidungen. 1997.

Band 28 Carsten Momsen: Verfahrensfehler und Rügeberechtigung im Strafprozeß. Die Strukturen der Revisionsberechtigung unter besonderer Berücksichtigung des Begriffs "Rechtsnormen, die lediglich zugunsten des Angeklagten gegeben sind" in § 339 StPO. 1997.

Band 29 Ursula Epp: Die Abgeordnetenbestechung – § 108 e StGB. 1997.

Band 30 Bernd Scheiff: Wann beginnt der Strafrechtsschutz gegen kriminelle Vereinigungen (§ 129 StGB)? 1997.

Band 31 Ulrike Fontaine: Max Grünhut (1893-1964). Leben und wissenschaftliches Wirken eines deutschen Strafrechtlers jüdischer Herkunft. 1998.

Band 32 Claudia Keiser: Das Kindeswohl im Strafverfahren. Zur Notwendigkeit eines am Kindeswohl orientierten Umgangs mit minderjährigen Opfern und Zeugen, den Möglichkeiten de lege lata und den Erfordernissen de lege ferenda. 1998.

Band 33 Wiebke Schürer-Mohr: Erlaubte Risiken. Grundfragen des "erlaubten Risikos" im Bereich der Fahrlässigkeitsdogmatik. 1998.

Band 34 Stephan Voigtel: Zum Freibeweis bei Entscheidungen der Strafvollstreckungskammer. Eine Untersuchung zu ausgewählten Fragen des Beweisrechts im gerichtlichen Verfahren in Strafvollstreckungs- und Strafvollzugssachen. 1998.

Band 35 Volkmar Wißgott: Das Beweisantragsrecht im Strafverfahren als Kompensation der richterlichen Inquisitionsmaxime. Die Judikatur des Reichsgerichts zum strafprozessualen Beweisrecht. 1998.

Band 36 Susanne Merz: Strafrechtlicher Ehrenschutz und Meinungsfreiheit. 1998.

Band 37 Uwe Schlömer: Der elektronisch überwachte Hausarrest. Eine Untersuchung der ausländischen Erfahrungen und der Anwendbarkeit in der Bundesrepublik Deutschland. 1998.

Band 38 Michael Liedke: Die Vermögensstrafe gemäß § 43a StGB in ihrer kriminalpolitischen Bedeutung. 1999.

Band 39 Danja Domeier: Gesundheitsschutz und Lebensmittelstrafrecht. Zur Konkretisierung der Verkehrspflichten und ihrer Strafbewehrung, insbesondere mit Blick auf §§ 8 ff. LMBG. 1999.

Band 40 Ritva Westendorf: Die Pflicht zur Verhinderung geplanter Straftaten durch Anzeige. Eine kritische Betrachtung der §§ 138, 139 StGB im Kontext der Unterlassungsdelikte. 1999.

Band 41 Hans Theile: Tatkonkretisierung und Gehilfenvorsatz. 1999.

Band 42 Nicole Lange: Vorermittlungen. Die Behandlung des staatsanwaltschaftlichen Vorermittlungsverfahrens unter besonderer Berücksichtigung von Abgeordneten, Politikern und Prominenten. 1999.

Band 43 Tanja Gunder: Der Umgang mit Kindern im Strafverfahren. Eine empirische Untersuchung zur Strafverfolgung bei Sexualdelinquenz. 1999.

Band 44 Sven-Markus Thiel: Die Konkurrenz von Rechtfertigungsgründen. 2000.

Band 45 Jan Schlüter: Die Strafbarkeit von Unternehmen in einer prozessualen Betrachtung nach dem geltenden Strafprozeßrecht. 2000.

Band 67 Bettina Noltenius: Kriterien der Abgrenzung von Anstiftung und mittelbarer Täterschaft. Ein Beitrag auf der Grundlage einer personalen Handlungslehre. 2003.

Band 68 Bettina Kraft: Tendenzen in der Entwicklung des Jugendstrafrechts seit der Jugendgerichtsbewegung. 2004.

Peter Lang · Europäischer Verlag der Wissenschaften

Anke Richmann

Die Beteiligung des Erziehungsberechtigten und des gesetzlichen Vertreters am Jugendstrafverfahren

Frankfurt am Main, Berlin, Bern, Bruxelles, New York, Oxford, Wien, 2002.
323 S.
Europäische Hochschulschriften: Reihe 2, Rechtswissenschaft. Bd. 3438
ISBN 3-631-39232-X · br. € 50.10*

Das Jugendstrafverfahren nimmt in der Praxis eine zunehmende Bedeutung ein. Da es vom Erziehungsgedanken getragen ist, stellt sich hier die Frage, in welcher Intensität die Eltern bei diesem Verfahren mitwirken sollen und müssen. Dabei sind insbesondere die Einflussmöglichkeiten durch erzieherische Maßnahmen auf den Jugendlichen von wesentlichem Belang. Die Arbeit gibt einen kurzen historischen Abriss über die rechtlich vorgesehenen Mitwirkungsrechte der Eltern im Strafverfahren gegen Jugendliche. Weiterhin zeigt sie zum einen die derzeit geltenden rechtlichen Grundlagen der Mitwirkungsmöglichkeiten der Eltern nach dem Jugendgerichtsgesetz auf, untersucht ihre Mitwirkung in der Praxis und diskutiert zum anderen die pädagogischen Möglichkeiten einer Erziehung im Jugendalter.

Aus dem Inhalt: Rechtliche Grundlagen und praktische Relevanz der Mitwirkung der Erziehungsberechtigten im Jugendstrafverfahren · Untersuchung der pädagogischen Einflussmöglichkeiten auf Jugendliche

Frankfurt am Main · Berlin · Bern · Bruxelles · New York · Oxford · Wien
Auslieferung: Verlag Peter Lang AG
Moosstr. 1, CH-2542 Pieterlen
Telefax 00 41 (0) 32 / 376 17 27

*inklusive der in Deutschland gültigen Mehrwertsteuer
Preisänderungen vorbehalten

Homepage http://www.peterlang.de

www.ingramcontent.com/pod-product-compliance
Ingram Content Group UK Ltd.
Pitfield, Milton Keynes, MK11 3LW, UK
UKHW021917290926
8980IPUK00015B/1316